BEATE SANDER

DIE BESTEN AKTIENSTRATEGIEN FÜR FORTGESCHRITTENE

BEATE SANDER

DIE BESTEN AKTIENSTRATEGIEN FÜR FORTGESCHRITTENE

Endlich Millionär werden mit breit gestreuter Langzeitanlage

FBV

Bibliografische Information der Deutschen Nationalbibliothek
Die Deutsche Nationalbibliothek verzeichnet diese Publikation in der Deutschen Nationalbibliografie; detaillierte bibliografische Daten sind im Internet über **http://d-nb.de** abrufbar.

Für Fragen und Anregungen:
info@finanzbuchverlag.de

4. unveränderter Nachdruck 2020 der 5., vollständig überarbeiteten Auflage 2019

Nymphenburger Straße 86
D-80636 München
Tel.: 089 651285-0
Fax: 089 652096

Die früheren Auflagen dieses Buches erschienen unter dem Titel *Die besten Aktienstrategien für Profis*.

Korrektorat: Silke Panten
Umschlaggestaltung: Sonja Vallant, München
Umschlagabbildung: shutterstock/dominic8
Satz: Beate Sander; Satzwerk Huber, Germering
Druck: Florjancic Tisk d.o.o., Slowenien
Printed in the EU

ISBN Print 978-3-95972-241-4
ISBN E-Book (PDF) 978-3-96092-449-4
ISBN E-Book (EPUB, Mobi) 978-3-96092-450-0

Weitere Informationen zum Verlag finden Sie unter

www.finanzbuchverlag.de

Beachten Sie auch unsere weiteren Verlage unter www.m-vg.de

Aus dem Inhalt

Vorwort

Liebe Leserinnen und Leser,

vielleicht fragen Sie sich: Warum soll ich gerade dieses Buch in seiner 5., komplett neu bearbeiteten Auflage für Fortgeschrittene und erfahrene Könner auswählen? Die Antwort: Es ist auf Ihre Bedürfnisse ausgerichtet, eignet sich zum „Querlesen", überfrachtet Sie nicht mit Fachchinesisch. Es vermittelt jenes Rüstzeug spannend und leicht verständlich, das Sie für Ihren Börsenerfolg mit dem Ziel brauchen, langfristig und breit gestreut in die Aktien-Millionärsliga aufzusteigen. Es gibt keine unwahren Behauptungen und leeren Versprechen. Ich zeige erprobte und neue Wege auf, die für zielstrebige Anleger begehbar sind. Börse ist weder Kindergeburtstag noch Schnupperveranstaltung. Ohne Lernbereitschaft, Fleiß, Geduld, Disziplin und Selbstkritik geht es nicht. Ratschläge für Zocker und Spekulanten fehlen.

„Beste Aktien-Strategien für Fortgeschrittene" als Vertiefungsbuch ergänzt den fortlaufend aktualisierten Bestseller **„Der Aktien- und Börsenführerschein"**. Das Aufarbeiten von Fehlern und Festigen gelungener Strategiezüge sind Schwerpunkte – angereichert mit neuen Themen. Industrie 4.0, die digitalisierte Welt mit Künstlicher Intelligenz und Robotik sind auf dem Vormarsch. Bei der Frage nach dem eigenen Börsenerfolg wird mit der Aussage: *„Andere waren viel schlechter als ich!"* die Chance vertan, bessere Lösungswege zu finden. Es ist so, als ob ein Schüler den Eltern eine Mathearbeit mit „mangelhaft" vorlegt und erklärt, dass es auch die Note 6 gab. Er verschweigt, dass einige Tests mit sehr gut und gut bewertet wurden.

Sich an den Besseren zu messen, bedeutet, nicht auf ausgetretenen Pfaden zu laufen. Beobachten Sie den Markt. Setzen Sie sich mit unterschiedlichen Strategien gründlich auseinander. Entscheiden Sie sich für eine Marschroute, die Ihrem Risikobewusstsein entspricht und die Sie innerlich bejahen. Dann werden Sie in schwierigen, von Crash geprägten Börsenzeiten wie 2000 bis 2003 und 2008 bis 2009 nicht Ihre Strategie über Bord werfen und in unkontrollierte Hektik verfallen. Die eigene Methode zu wechseln wie ein Hemd, kennzeichnet Verlierer. Ein Seemann, der nicht weiß, welches Ufer er ansteuern soll, für den ist kein Wind richtig.

Es gilt, in jeder Marktlage vernünftig zu entscheiden. Statt zu wehklagen, eröffnet selbst ein Crash Gewinnchancen. Machen Sie es wie ich: ***„Kauf im Tief – Teilverkauf im Hoch."*** Die unfehlbare, im Bullen- und Bärenmarkt gleichermaßen funktionierende Strategie gibt es nicht. Selbst Experten liegen bisweilen schief. Das Börsengeschehen ist von so vielen Faktoren abhängig, dass hundertprozentige Trefferquoten zur Kursentwicklung der Indizes und einzelner Aktien unmöglich sind. Dauerhafter Anlageerfolg beruht zwar auch auf Zufall, ist aber großteils der Lohn für Wissbegier, Disziplin, Ausdauer, Mut, Konzentration und Selbstkontrolle.

Mit Leidenschaft habe ich dieses Buch auch in seiner rasch erfolgenden 5. Auflage komplett neu bearbeitet. Es ist ein ehrliches Buch aus der Praxis für die Praxis mit Überlegungen für den Börsenalltag. Das Strategiebuch will Ihnen helfen, große Fehler zu vermeiden und aus kleinen zu lernen. Sie wollen mit Aktien ordentlich Geld verdienen, was am sichersten mit Langzeitanlagen gelingt. Ich will auch engagierten fortgeschrittenen Anlegern etwas bieten. Wichtig ist eine praxisnahe, mit Beispielen belegte Abgrenzung: **Wann Aktien? Wann ETFs? Wann Aktienfonds?** Meine Kurslisten mit wichtigen Eckdaten sollen Sucharbeit und Zeit sparen, wenn es darum geht, aktuelle Informationen mit Charts im Internet aufzuspüren.

Orientieren Sie sich nicht nur am DAX. Seien Sie offen für andere Indizes, für mittlere und kleinere Werte, für Schwellenländer und Frontier-Märkte. *„Breit gestreut – nie bereut!“* ist die Voraussetzung für einen nachhaltigen Börsenerfolg. Der DAX als **Performanceindex** bezieht die Dividende mit ein. Jeder Börsentag kann ein Kauf- oder Verkaufstag für einzelne Titel sein. Es ist unsinnig, im Crash sein Depot komplett auszuräumen und nur dann einzusteigen, wenn charttechnische Widerstandslinien durchstoßen werden. Ich zeige Ihnen, wie Kombinationsgeschäfte funktionieren auf dem Weg zum selbstfinanzierten Depot.

Die folgenden Abschnitte bieten Ihnen interessante Infos sowie bewährte und neuartige Erkenntnisse mit Beispielen:

Zukunftsmärkte in der digitalisierten Welt (Einfluss von Industrie 4.0 und Internet der Dinge – Biotechnologie, Medizintechnik und Pharma als Nutznießer des demografischen Wandels – drei Musterdepots für Aktien in Zukunftsmärkten)

ETFs als interessante Welt auch für Privatanleger (Was Sie als Anleger über börsengehandelte Indexfonds wissen müssen – Eine Branchen-ETF-Auswahl zur Orientierung – Drei ETF-Musterdepots passend zu den drei Anlegertypen)

Mit Investmentfonds das Profiwissen nutzen (Was Sie als Anleger über Aktienfonds wissen sollten – Nebenwerte- und Branchenfonds als große Renner – Die besten Aktienfonds weltweit – Aktienfonds duellieren ETFs und Einzelaktien)

Zauberformel Hoch-/Tief-Mutstrategie (Wichtige Informationen zur Mutstrategie – Rückblick: Beispiele für Mutstrategie Altbestand – Mutstrategie greift auch beim Aktienneubestand – 1.000-Prozent-Aktien untermauern Langzeitstrategien)

Die innovative Börsenwerkstatt (Baukasten-Aufbaumodell Aktien, ETFs und Fonds – Aktien-Musterdepots für alle Anlegertypen mit dem Nebenwerteglanzlicht **„Klein, aber fein!“** – Alles verstanden? 5 Schnelltests zum Aktienwissen). Der Nachtrag unter dem Titel **„Dies und Das“** bringt aktuelle Nachrichten.

Startkapital von 10.000 bis 100.000 € (ETFs, Aktienfonds und Aktien für alle drei Anlegertypen sicherheitsbewusst, erfolgsorientiert und risikofreudig.)

Große Chancen im demografischen Wandel (Das „geschenkte Leben" im Schnitt von 2 Jahren pro Jahrzehnt für Vermögensaufbau und Altersvorsorge nutzen, um von Altersarmut verschont zu bleiben.)

Prägen Sie sich ein, dass jeder Anleger zu den Siegern zählt, der mindestens 14 Jahre breit gestreut in Aktien anlegt. Je nach Strategie ist im Schnitt mit einem jährlichen Plus zwischen 5 % und 10 % zu rechnen. Und dies selbst in den Zeiten der Nullzinspolitik, wo das Sparbuch eine schleichende Kapitalvernichtung darstellt. Heute ist es das größte Risiko, überhaupt kein Risiko eingehen zu wollen. Seien Sie kein Aktienmuffel. Setzen Sie auf Einzelaktien, ETFs und Aktienfonds für Vermögensaufbau und Altersvorsorge. Nutzen Sie den Ersatzzins Dividende für eine gute Gewinnentwicklung mit Zinseszinseffekt. Als „Sahnehäubchen" ist zu bemerken, dass bei einer Anlage von 10 oder 20 Jahren auch die Dividende deutlich zweistellig anwachsen kann, gilt doch für die Berechnung stets der Kaufpreis.

Ich danke dem Produktleiter **Georg Hodolitsch** dafür, dass ich bei ihm stets ein offenes Ohr finde, wenn es um Neubearbeitungen oder Neuerscheinungen geht. **„Beste Aktienstrategien für Könner"** ist als erfolgreiches Buch seit 2006, also mehr als einem Jahrzehnt, am Markt. Den darauf bezogenen Langzeitbestseller **„Der Aktien- und Börsenführerschein"** in 9. Auflage gibt es seit der Jahrtausendwende, alle ein bis zwei Jahre komplett neu bearbeitet.

So wünsche ich Ihnen viel Lesefreude und ein glückliches Händchen an der Börse vor allem in den Zeiten historisch niedriger Leitzinssätze. In einem Umfeld, in dem Sie mit Sparbuch und Festgeld langsam, aber stetig Ihr Kapital vernichten, freut sich der Aktienbulle, das Symbol für steigende Kurse. Eine Rückkehr zur Hochzinspolitik ist in der Europäischen Union (EU) vorerst nicht zu befürchten. Die US-Notenbank FED hebt den Leitzinssatz maßvoll an und will pausieren. Bei Unvernunft würde der Bär, das Symbol für sinkende Kurse, in die Börsenarena tapsen und mit seinen starken Tatzen den Kursgewinn bei DAX & Co. abräumen. Also verharren Sie nicht abwartend, passiv, ängstlich und pessimistisch an der Seitenlinie des Börsenfeldes! Seien Sie so aktiv wie ich! Nutzen Sie Ihr Börsenwissen auch für Kontakte, Kommunikation, Spannung, Freizeitgestaltung, HV-Besuche, vielleicht auch für berufliches Vorankommen in unserer digitalisierten Welt.

Die Aussage ***„Auf Millionärs-Erfolgskurs"*** ist an vier Voraussetzungen gebunden. Wie hoch sind Ihr Startkapital und verfügbares Einkommen? Welchen Anlagezeitraum planen Sie? Legen Sie Dividenden wieder an? Ziehen Sie Geld ab oder stocken Sie auf? Entscheidend ist die Strategie, wobei ich behilflich sein will.

Ulm, im Frühjahr 2019

Ihre Börsenautorin Beate Sander
Beate.S.Sander@t-online.de

❶ Einführung: Grundsätzliches zur Aktienanlage

1.1 Warum Aktien? Beweggründe und Anlegertypen

Ob Börsenseminare an der Volkshochschule oder Universität, Vorträge bei Aktienclubs oder Internetkolumnen: Oft stellt sich die Frage nach der richtigen Aktienstrategie. Ich bemerke haarsträubende Fehler. So ist es riskant, sein gesamtes Vermögen in ein oder zwei DAX-Titel zu investieren, sich nur auf Auto-Aktien zu konzentrieren, auf abgehalfterte Penny Stocks zu setzen, jeder Turnaround-Story zu glauben und von einem „Einhorn" zu träumen. Es bringt auch nichts, sich nur an DAX, Einstandspreis und Kursziel zu orientieren oder lediglich bei bestimmten Chartlinien zu handeln. Zu den großen Irrtümern gehört, Volatilität als Anlegerfeind herauszustellen. Schwankungsfreudige Aktien eröffnen Chancen, die träge Dickschiffe nicht bieten. Viele Aktien führen trotz Aufwärts- oder Abwärtstrends ein Eigenleben, das es für interessante Koppelgeschäfte zu nutzen gilt.

Die einzig richtige, den Erfolg garantierende Strategie gibt es nicht. Selbst beste Methoden sind nicht in jeder Marktlage erfolgreich. Wer im Bullenmarkt die Rangliste anführt, ist in der Baisse, wenn die Bären die Börsenarena belagern, vielleicht Mittelmaß. Markt, Nachrichten und Trends prägen das Börsenklima. Selbst anerkannte Aktienexperten und Fondsmanager irren sich in ihrer Markteinschätzung. Gäbe es die unfehlbare Strategie, wären viele Messen, Seminare, Börsenbriefe, Magazine und Fachbücher überflüssig. Eine Menge Arbeitsplätze gingen verloren. Börse wäre nicht spannend, sondern ziemlich langweilig.

Wir kennen berühmte Sieger, deren Erfolgsgeschichten um die Welt gehen. Über das Heer der Verlierer wird höchstens schadenfroh berichtet. Die Opfer verkriechen sich. Im Börsencrash von 2000 bis 2003 zählte ich wegen der Vorliebe zum Neuen Markt zu den Verlierern. Längst konnte ich das Minus in ein mehrfaches Plus umwandeln, zumal meine 10 Überlebenden vom Nemax 50 ca. 500 % Kursgewinn aufweisen. Oft bremsen psychologische Faktoren den Erfolg aus. Mancher Anleger spürt, dass er etwas falsch macht, kann sich aber von eingefahrenen Verhaltensmustern nicht lösen. So macht er die entscheidenden Fehler mehrmals – entgegen guter Vorsätze. Beherzigen Sie die Grundregeln, unterlaufen Ihnen nicht die großen Patzer wie mangelnde Streuung, verfrühte Gewinnmitnahme, verdrängte Verlustbegrenzung oder Befolgen unsinniger Empfehlungen wie im Crash alles verkaufen, „raus im Mai", 100 minus Lebensalter = Aktienanteil.

Wichtig ist es, aus Fehlern zu lernen und sich vom Herdentrieb abzukoppeln. Selbstreflexion hilft, mit Vernunft statt Bauchgefühl zu entscheiden. Sie sollten sich über Ihre Beweggründe klar sein und sich von vorsichtig über chancenorientiert und risikofreudig bis spekulativ richtig einordnen. Seien Sie mutig! Langfristig eröffnen Aktien Chancen auf hohe Renditen. Üppige Dividenden sind die Antwort auf Niedrigstzinssätze. Die Börse ist spannend und eröffnet Kontakte zu Gleichgesinnten, hält geistig fit und bietet im Ruhestand neue Perspektiven und Aktivitäten.

> *„Ein alter Börsianer kann alles verlieren, nur nicht seine Erfahrung.“*
>
> **André Kostolany**
>
> *„An der Börse gibt es viele Vokabeln. ‚Hätte‘ gehört nicht dazu.“*
>
> **Steffen Bork**

Vergleichen Sie Ihr Aktiendepot mit einem Fußballbundesligateam, das mit Kampfkraft, Elan, richtiger Einstellung, Strategie und geschlossener Mannschaftsleistung die drei Punkte einfahren will. Es ist nicht zu erwarten, dass jeder Mitspieler stets eine Topleistung erbringt. Selbst der Tabellenführer muss damit leben, Ausfälle im Team zu haben. Die Leistungsträger stellen die drei Punkte sicher und bügeln die Schwäche einzelner Mitspieler aus. Erfolgreich spielt eine Fußballmannschaft, wenn sie neben erfahrenen Spielern junge Akteure, die Stars von morgen, mit einsetzt. Ohne sichere Abwehr, kreatives Mittelfeld und torhungrige Stürmer geht wenig. Wer nur Defensivkräfte einsetzt, spielt oft null zu null. Wer zu offensiv ausgerichtet ist, schießt mehr Tore, fängt dafür aber Gegentreffer ein.

Ähnlich verhält es sich mit Ihrem Aktienportfolio. Neben den DAX-Dickschiffen, den Aktien internationaler Großkonzerne, brauchen Sie wendige, manövrierfähige Schnellboote. Diese sind in Nebenwerte-Indizes wie TecDAX, MDAX und SDAX gelistet. ***„Breit gestreut – nie bereut“*** bringt Kursmusik in Ihr Depot! Drei Siegpunkte statt ein langweiliges null zu null. Fußball und Börse haben weitere Gemeinsamkeiten, z. B. bei der Sündenbocksuche. Geht ein Spiel verloren, sind Trainer oder Schiedsrichter die Schuldigen. Verspekuliert sich jemand, meldet er gegenüber seiner Depotbank Schadensersatzansprüche wegen schlechter Beratung an. Sie sollten sich für das, was Sie tun, verantwortlich fühlen.

Warum Aktien für Vermögensaufbau und Altersvorsorge?

Mutige Aktionäre werden bei langfristiger Aktienanlage mit Kursgewinnen belohnt. Da verwundert es, dass es hierzulande zu wenig Anleger gibt, die wegen der historisch niedrigen Zinsen nahe 0 % vom Sparkonto auf Aktien umsteigen. Mit dem Sparkonto ist kein Vermögensaufbau mit dem Ziel finanzieller Freiheit möglich. Wer nur auf Sicherheit setzt, verliert. Wer sich ein breit gestreutes Aktiendepot mit attraktiver Dividende aufbaut, zählt zu den Siegern. Schauen Sie sich den Kursverlauf der DAX-Familie über einen Zeitraum von bis zu 20 Jahren an.

Höchststand der DAX-Familie von 2000 bis Januar 2019			
DAX	**MDAX**	**TecDAX**	**SDAX**
13.597 Punkte	27.525 Punkte	3.050 Punkte	12.749 Punkte

Tiefster Stand der DAX-Familie von 2000 bis Januar 2019			
DAX	**MDAX**	**TecDAX**	**SDAX**
2003: 2.200 P.	2003: 2.647 P.	2003: 310 P.	2003: 1.622 P.

Kursverlauf DAX-Familie Jan. 2019; Vergleich 1, 3, 5, 10 J.			
DAX/Prozent	**MDAX/Prozent**	**TecDAX/Prozent**	**SDAX/Prozent**
-19/+8/+13/+118	-18/+13/+34/+284	-5/+44/+110/+384	-20/+15/+41/+249

Zinseszinseffekt bei einmaliger Anlage von 10.000 €			
Laufzeit: nach 10 Jahren	1 %: 11.046 €	3 %: 13.439 €	5 %: 16.289 €
Laufzeit: nach 20 Jahren	1 %: 12.202 €	3 %: 18.061 €	5 %: 26.533 €
Laufzeit: nach 30 Jahren	1 %: 13.478 €	3 %: 24.273 €	5 %: 43.219 €
Zinseszinseffekt bei monatlicher Anlage von 100 €			
Laufzeit: nach 10 Jahren	1 %: 12.623 €	3 %: 13.980 €	5 %: 15.502 €
Laufzeit: nach 20 Jahren	1 %: 26.566 €	3 %: 32.768 €	5 %: 40.753 €
Laufzeit: nach 30 Jahren	1 %: 41.968 €	3 %: 58.018 €	5 %: 81.886 €
Quelle für Zahlenspiegel:	Bankenverband und Bundesbank		

Seien Sie sich über die Beweggründe klar

> *„Die meisten Leute interessieren sich für Aktien, wenn alle anderen es tun. Die beste Zeit ist aber, wenn sich niemand für Aktien interessiert."*
>
> **Warren Buffett**

Warum interessieren Sie sich für Aktien? Nach dem Crash von 2000 bis 2003 – dem verlustreichsten Absturz seit Aufzeichnung des Aktienhandels ab 1870 in Deutschland – wichen Euphorie und überbordende Gier dem Streben nach Sicherheit und Kapitalerhalt. Im Fahrwasser der sich zum globalen Finanzdesaster ausweitenden Subprimekrise führten Vertrauensverlust, Angst und Panik zum erneuten Crash im Herbst 2008 und Frühjahr 2009. Wie groß die Unsicherheit war, zeigt das Goldpreis-Barometer. Eine Unze Gold kostete damals 1.900 US-Dollar gegenüber 1.315 Dollar Ende Februar 2019. Gold gilt als sicherer Hafen bei Inflationsgefahr und im Crash.

Blick auf die Aktionärsstruktur: Wenig Wissen, viele Vorurteile

Eine aktuelle Studie von Ende 2018 zeigt, dass gerade mal rund 10 Millionen Bundesbürger bzw. 14 % der Deutschen Aktien oder Aktienfonds besitzen. Und dabei verfügt die Gruppe der 50- bis 64-Jährigen über die besten Einkommensverhältnisse und den weitaus größten Teil aller Spareinlagen. 88 % der Nichtbesitzer haben auch nicht vor, dies zu ändern. Die Deutschen gelten als Aktienmuffel mit einem gespaltenen Verhältnis zur Geldanlage am Kapitalmarkt. Sie schätzen die Börse als „unkontrollierbares Risiko" ein – vergleichbar mit einem Spielcasino – und meinen, dass Aktien nur für Experten mit viel Geld geeignet seien.

Umfrage 2017 bei 1.000 deutschen Erwachsenen

Anlageform; Mehrfachnennungen möglich	Gesamtumfrage	18 bis 29 Jahre	30 bis 49 Jahre	50 bis 79 Jahre
Sparbuch/Festgeld/Ähnliches	**57 %**	**64 %**	**54 %**	**57 %**
Lebensversicherungen	48 %	39 %	54 %	46 %
Immobilien	**47 %**	**20 %**	**52 %**	**52 %**
Betriebliche Altersvorsorge	**44 %**	**33 %**	**48 %**	**46 %**
Private Rentenversicherung	40 %	22 %	52 %	38 %
Riester-Rentenversicherung	28 %	19 %	44 %	21 %
Wertpapiere/Aktien	**23 %**	**12 %**	**23 %**	**26 %**
Gar keine Vorsorge!	**9 %**	**10 %**	**6 %**	**10 %**

Anmerkung: **46 %** glauben, dass die Rente bei finanzieller Einschränkung reicht. **28 %** denken, dass ihr Geld im Alter reicht. **16 %** befürchten starke finanzielle Sorgen. **7 %** schätzen, dass sie mit dem Geld überhaupt nicht auskommen. **2 %** haben sich darüber noch keine Gedanken gemacht. Und **1 %** wissen es nicht!

Wie viel Prozent von 100.000 Euro würden Sie jetzt anlegen?

Wo sind bzw. wären Sie aktiv?		Wo würden Sie nicht anlegen?	
Immobilien	37 %	Unternehmensanleihen	67 %
Sparbuch, Tages-/Festgeld	24 %	Investmentfonds	63 %
Aktien	14 %	Staatsanleihen	60 %
Investmentfonds	10 %	Aktien	48 %
Staatsanleihen	9 %	Sparbuch, Tages-/Festgeld	34 %
Unternehmensanleihen	6 %	Immobilien	28 %

Interessieren Sie Wirtschaftsthemen? Sind Sie gut informiert?

Die aktuelle Umfrage vom Bundesverband Deutscher Banken ergab: *„Interessieren Sie sich für Wirtschaftsthemen?“* Sehr stark: 10 %, stark: 24 %, etwas: 39 %, kaum: 20 %, gar nicht: 7 %. *„Was haben Sie in der Schule über Wirtschaft gelernt?“* Viel: 29 %, nicht so viel: 45 %, so gut wie nichts: 18 %, kein Unterricht: 8 %.

Wer viel über Finanzen weiß, investiert am Kapitalmarkt.			
Jung & reich, viel Finanzwissen		**Jung & reich, wenig Finanzwissen**	
Geldberatung bei Bank	**45 %**	**Geldberatung bei Bank**	**68 %**
Tagesgeld	73 %	Tagesgeld	63 %
Einzelaktien	61 %	Sparbuch	51 %
Investmentfonds	58 %	Bausparvertrag	37 %
Bausparvertrag	49 %	Investmentfonds	27 %
vermögenswirksame Leistg.	43 %	Einzelaktien	25 %
Riester-/Rürup-Produkte	37 %	vermögenswirksame Leistg.	24 %
Sparbuch/Sparkonto	36 %	Riester-/Rürup-Produkte	24 %
ETFs	35 %	Sparbrief und Festgeld	24 %

Die monatliche Sparrate der Bundesbürger im Jahr 2016			
Monatsbetrag	**20 bis 39 J.**	**40 bis 59 J.**	**Ab 60 Jahre**
500 € und mehr	6 %	12 %	8 %
250 bis unter 500 €	13 %	16 %	14 %
100 bis unter 250 €	24 %	24 %	22 %
50 bis 100 €	16 %	18 %	26 %
weniger als 50 €	18 %	13 %	13 %
Nichtsparer	23 %	17 %	18 %

Wie gehen Superreiche, die Millionäre, mit ihrem Geld um?

So legten 2017 die Wohlhabenden und Reichen ihr Geld an	
„Betongold“ und Aktien bilden die größten Vermögensanteile	
Immobilien (ohne selbst genutzte Häuser und Wohnungen)	30,5 %
Aktien (Einzelaktien, Mischfonds, Aktienfonds und ETFs)	23,2 %
Bargeld, Sparbuch und Sichteinlagen	19,2 %
Staats- und Unternehmensanleihen	15,2 %
sonstige Anlagen wie Beteiligungen, alternative Fonds	17,0 %

Was spricht für Langfristanlage in Aktien, ETFs, Aktienfonds?

Ein Hauptgrund für Aktienanlagen ist die Nullzinspolitik. Es wird in Einzelaktien, Aktienfonds und ETFs angelegt – allein schon wegen der oft üppigen Dividendenzahlungen. Aber es ist noch ein weiter Weg, bis die Quote von 2001 mit 13 Mio. Aktionären in Deutschland wieder erreicht wird – wenn überhaupt.

Ins Gewicht fällt die Zahl der Belegschaftsaktionäre, die als Mitarbeiter die Anteilsscheine oft zu besonders günstigen Bedingungen beziehen können. Damit wird nicht nur die Aktienkultur gefördert. Das Management verspricht sich davon, dass sich diese Aktionäre als **U**nternehmer **i**m eigenen **U**nternehmen **(UiU)** fühlen und damit ein gewisses Maß an unternehmerischem Denken und Handeln erlernen.

Zur Altersstruktur und zum Bildungsniveau. Laut Deutschem Aktieninstitut (DAI) gibt es die meisten Aktionäre in der Altersgruppe 40 bis 59 Jahre, gefolgt von den über 60-Jährigen. Aktienfonds, von den Banken angeboten, erleichtern den Einstieg und senken durch Streuung und die Tatsache, dass hier Profis aktiv sind, das Risiko. Es überrascht nicht, dass Menschen mit hohem Bildungsniveau und überdurchschnittlichem Einkommen den Großteil der Aktionäre bilden. Deutschland gilt nicht nur als Angsthasenvolk. Auch das Börsenwissen ist großteils dürftig, da nur in wenigen Bundesländern Wirtschaft und Recht als Pflichtfach gilt.

Das Gefälle zwischen West/Ost verringert sich erfreulicherweise. Der Anteil in Ostdeutschland liegt nur noch knapp unter den Zahlen für Westdeutschland. Interessant ist, dass die Menschen in Ostdeutschland weitaus stärker auf Aktienfonds als auf Einzelaktien ausgerichtet sind. Dies hängt sicherlich auch mit der Unternehmenslandschaft zusammen.

Das gegenwärtige Hauptmotiv, Aktien zu kaufen, ist die Aussicht auf üppige Kursgewinne und eine verlässliche, attraktive Dividende, die den Bankzins mehrfach ausbremst. Es geht um den Zinseszinseffekt und das kaufmännische Grundprinzip: *Im billigen Einkauf und im teuren Verkauf liegt der Gewinn!*

Wichtige Beweggründe für den Kauf von Aktien:

- **Kursgewinn**
- **Dividende**
- **Streuung der Anlageformen**
- **Spaß und Interesse an Aktien**
- **Besuch der HV**

Wer die Aktie am Tag der Hauptversammlung (HV) besitzt, erhält die gesamte Dividende binnen drei Werktagen ausgezahlt, selbst wenn er das Papier erst am HV-Tag gekauft hat. Der Bankzinssatz bezieht sich dagegen auf ein Jahr (per annum). Trotzdem ist es unvernünftig, Aktien nur wegen einer hohen Ausschüttung zu kaufen. Läuft das operative Geschäft schlecht, sieht sich das Unternehmen vielleicht gezwungen, die Dividende empfindlich zu kürzen, wie bei Daimler, oder gar zu streichen, wie gegenwärtig bei Leoni und ElringKlinger geplant.

Wer nur auf die Dividende schaut, muss auf die meisten Biotech- und Hightechwerte verzichten. Gerade hier wird die große Zukunftskarte gespielt. Anfangs geht es um Wachstum, Forschung, Entwicklung, Investitionen, Finanzierung klinischer Phasen im Arzneimittelbereich bzw. neue Produkte und Markteroberung.

Erkennen Sie Ihren Anlegertyp und ordnen Sie sich richtig zu:

- **1. in den sicherheitsbewussten, vorsichtigen, risikoscheuen Typ** mit Blick auf eine verlässliche Dividendenrendite, Interesse an Gold sowie langfristige Anlage in Aktien-, Misch- und Rentenfonds sowie einzelne Standardaktien.
- **2. in den chancen- und erfolgsorientierten Typ mit breit gestreutem Portfolio** bei entsprechender Vermögensdecke und Interesse an guten Aktienfonds und ETFs, um wichtige globale Märkte und Zukunftstrends abzudecken.
- **3. in den risikofreudigen bis spekulativen Anlegertyp** im Extremfall mit Vorliebe für schnelles Rein und Raus, Stock Picking mit kleinen riskanten Aktien sowie möglichem Interesse an Hebelzertifikaten und Day-Trading.

Im Börsenboom Ende der 1990er-Jahre bis zum Platzen der Spekulationsblase im Frühjahr 2003 war das Interesse deutscher Anleger an Aktien groß. Mit dem Zusammenbruch des Neuen Marktes wuchs die Zahl der Aktienmuffel gewaltig.

Risikoneigung: abhängig von mehreren Faktoren

- **Alter und Geschlecht**
- **Marktlage/Börsenklima**
- **Renditeerwartungen**
- **Anlageziele**
- **Anlagezeitraum**
- **Vermögensdecke**
- **monatliche Ausgaben**
- **Börsenpsychologie**
- **Expertenempfehlungen**
- **familiäre Pflichten**

Anfangs investierten auch viele Privatanleger in den Neuen Markt. Sie kauften überteuerte Aktien und zeichneten alles, was an die Börse kam, darunter Garagenklitschen mit Wachstumsvision, aber ohne Umsatz und mit tiefroten Zahlen. Gier bestimmte den Markt, und Aktienkäufe florierten auf Pump. Seit dem Platzen der Spekulationsblase, als der DAX zwischen 2000 und 2003 von über 8.100 auf unter 2.200 Punkte und der Nemax 50 von mehr als 9.600 unterhalb 300 Punkte fiel, veränderte sich das Verhalten. Viele Aktionäre verabschiedeten sich von der Börse. Die Risikoneigung ist ein Spiegelbild der Marktlage und wird durch Herdentrieb und Börsenpsychologie geprägt. 2003/2004 gab es glänzende Chancen, die hohen Verluste nach dem Platzen der Spekulationsblase wettzumachen. Auch der mutige Zugriff auf Qualitätstitel während der Finanzkrise im Herbst 2008 und Frühjahr 2009 wurde mit hohem Kursgewinn belohnt. Selbst im Herbst 2008, als sich zu niedrigen Kursen ein steuerfreier Aktienaltbestand aufbauen ließ, wurde der Markt mit Discount- und Bonuszertifikaten überschwemmt – für mich unverständlich. Mein Langzeitbestand mit einigen Tausend-Prozent-Gewinnern bildet die Erfolgsformel schlechthin.

Deutschland – ein Angsthasenvolk. Das größte Risiko in den Zeiten der Nullzinspolitik ist, jedes Risiko vermeiden zu wollen.

Im Idealfall sollten Sie sicherheits- bis risikofreudig handeln. Für die Altersvorsorge und andere größere Vorhaben werden internationale Blue Chips mit hoher Dividendenrendite bevorzugt, seien es Einzeltitel, ETFs oder erfolgreiche Aktienfonds. Mit weniger Einsatz wird eher kurzfristig auch in riskantere Nebenwerte und Zukunftsfonds investiert. Dazu zählen chancenreiche, aber risikobehaftete Branchen wie Biotech, Medtech, Software, Internet, Netzwerke, Medien, Robotik, Erneuerbare Energien und Elektromobilität. Auch ein Investment in Einzelaktien und Aktienfonds in Schwellenländer aus Ostasien und Lateinamerika gehören dazu.

Wie erreichen Sie das Ziel: „Auf Millionärs-Erfolgskurs"?

Voraussetzung 1: Starten Sie mit 20.000, 50.000, 100.000 € oder noch mehr? Je geringer Ihr Depotkapital ist, umso länger dauert es, Millionär zu werden.

Voraussetzung 2: Der Anlagezeitraum ist entscheidend. Je länger Sie planen, umso sicherer erreichen Sie das Ziel. Schwierig in 5 Jahren, möglich in 10 Jahren, wahrscheinlich in 15 oder 20 Jahren bei entsprechendem Depotkapital.

Voraussetzung 3: Kapitalabfluss oder Zufluss? Legen Sie Dividenden wieder an? Ziehen Sie gelegentlich Geld ab, um z. B. größere Anschaffungen zu finanzieren? Oder stocken Sie Ihr Anlagekapital durch eine Erbschaft und sonstige Einnahmen öfters oder regelmäßig auf?

Voraussetzung 4: Entscheidend ist die passende, kluge Strategie. Es gilt, große Fehler zu vermeiden, aus verzeihbaren kleinen zu lernen und auch als erfahrener Anleger nicht alleingelassen zu werden: der Hauptgrund für dieses Buch.

Wo leben die meisten Milliardäre seit 2017? China: 609, USA: 552, Deutschland: 109, Indien: 100, Schweiz: 77, Russland: 68. Zu den reichsten Leuten zählen Jeff Bezos (Amazon), Bill Gates (Microsoft) und Warren Buffett (Berkshire).

Zum Nachdenken: Was sagt Ihnen der folgende Ausspruch? *„Ein Seemann, der nicht weiß, welches Ufer er ansteuern soll, für den ist kein Wind der richtige!"* Sie müssen wissen, welche Renditeerwartungen Sie haben, welche Strategie zu Ihnen passt, was Sie nervlich verkraften, wo Ihre Stärken und Schwächen liegen. Sind Sie Value-Anhänger, scheiden Biotechnologie, Software und Internet aus, während Medtech-, Pharma- und Konsumaktien Ihre Lieblinge sein können. Mögen Sie Growth? Dann fühlen Sie sich auch in der vernetzten und digitalisierten Welt mit Robotik und Biotech zuhause. Konzentrieren Sie sich auf das „Heimatliebe-Depot" DAX? Oder sind Sie global ausgerichtet? Dann steht Ihnen die ganze Welt offen. Es bieten sich auch interessante Aktienfonds und ETFs an, die unterschiedliche Indizes abbilden: Europa, Ostasien, USA, die ganze Welt.

1.2 Das magische Dreieck als Börsensignal

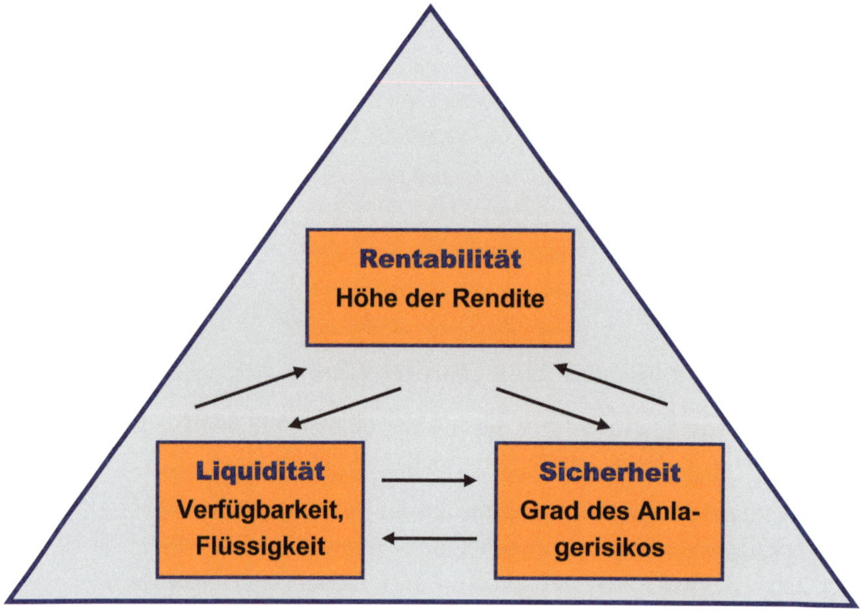

Behalten Sie bei der Geldanlage immer die drei Sachverhalte des magischen Dreiecks im Auge. Sie stehen zueinander in enger Wechselwirkung und erleichtern Ihnen die Selbsteinschätzung: *„Wer bin ich wirklich? Was will ich? Was erwarte ich? Was verkrafte ich?"* Es geht einerseits um die Höhe der Rendite, die Rentabilität bzw. Ertragsmarge. Andererseits erscheinen die Sicherheit, der Grad des Anlagerisikos und schließlich die Verfügbarkeit bzw. Liquidität wichtig.

Die Risikobereitschaft wird auch vom Anlagezeitraum mitbestimmt. Wer schnell ein- und aussteigt, geht durch die sich häufenden Transaktionskosten und den im Allgemeinen begrenzten Kursgewinn höhere Risiken ein, als wenn er über einen langen Zeitraum anlegt und selten umschichtet. Kurzfristig setzt er vielleicht sein Spielgeld spekulativ ein und träumt von „Einhorn"-Fantasien bei Start-ups, liebäugelt mit Hedgefonds, Optionsscheinen und Hebelzertifikaten. Also akzeptiert er ein höheres Risiko, um mehr Chancen auf üppige Renditen wahrzunehmen. Wer seine Altersvorsorge sichern und sich vor Altersarmut schützen will, investiert langfristig in gute Einzelaktien, ETFs, Aktien- und flexible Multi-Asset-Mischfonds. Um Risiken zu senken, bevorzugt er **Value** statt **Growth** oder mischt beides.

> **Trauerspiel Solarworld**
>
> Die Solarworld AG, deren Gründer und Vorstandschef Dr. **Frank Asbeck** zeitweilig vom DAX-Aufstieg träumte, befindet sich in der Insolvenz. Die Aktionäre verloren nach anfänglichem Höhenflug 99 % ihres Vermögens. Heute notiert die Aktie gerade mal bei 3 Cent.

Das Dreieck heißt „magisch", weil Sie zwar alle drei Ziele auf niedrigem, nie aber gleichzeitig auf höchstem Niveau erreichen können. Wer auf Sicherheit, also Kapitalerhalt setzt, muss Renditeeinbußen hinnehmen. Wem es um hohe Gewinne geht, hat den MDAX, TecDAX, SDAX, Nasdaq und DAXplus Family 30 im Blick. Er bevorzugt Biotech und Hightech, ordert auch ausländische Titel, z. B. aus China, Japan und Russland. Er investiert in wachstumsstarke Unternehmen mit Schwerpunkt Industrie 4.0, digitalisierte und vernetzte Welt, Cloud-Computing, Künstliche Intelligenz, Robotik. Er interessiert sich für Nebenwerte- und Branchenfonds mit Schwerpunkt Zukunftsmärkte in den Zeiten demografischen Wandels.

Selbst die tägliche Verfügbarkeit hat ihren Preis. Günstig kaufen und verkaufen heißt also, das magische Dreieck einzubeziehen. Allerdings machen selbst reiche Investoren den Fehler, große Summen zinslos auf Festgeld-, Spar- und Girokonten zu horten – und dies alles wegen sofortiger Verfügbarkeit. Dieses Geldspiel geschieht ohne mich. Ich habe weder Schulden noch Spar- und Festgeldkonten. Brauche ich eine größere Summe, trenne ich mich von Aktien, bei Spitzenwerten nur Teilverkauf. Stehen Ausgaben von 50.000 € an, sollte mein Aktiendepot möglichst 200.000 € wert sein.

Spekulieren Sie auf niedrigste Kaufkurse innerhalb der Talsohle, so verpassen Sie diese vielleicht, weil die Trendumkehr früher als erwartet einsetzt. Wollen Sie zum Höchstpreis verkaufen, klappt dies bei schlechten Nachrichten, geplatzten Übernahmen oder enttäuschenden Quartalszahlen und Prognosen nicht. Setzen Sie beim Kauf das Limit zu eng, um billig zu ordern, kommt es zu keinem Abschluss. Dies passiert ebenso, wenn Sie das Limit bei einer Verkaufsorder zu hoch ansetzen. Limitieren Sie gar nicht, haben Sie mit der Liquidität kein Problem, aber Sie müssen Zugeständnisse beim Preis machen. Verspüren Sie Spekulationsblut in den Adern, können Sie in unruhigen Zeiten hier und da „Abstauberlimits" für günstigen Kauf und Verkauf setzen. Dabei sollten Sie den Zeitraum für die Ausführung auf mehrere Monate ansetzen, auch, um ungünstigen Teilausführungen zu entgehen. Es ist üblich, dass die Bank Sie nur einmal mit den Kosten belastet, wenn die Transaktion mangels Angebot aufgeteilt wird. Wollen Sie schon ab 08:00 Uhr morgens und bis 22:00 Uhr abends handeln, bietet sich dies bei **Tradegate** (WKN 521 690) und **Lang & Schwarz** (645 932) an.

Blue-Chips-Orders aus DAX und DOW werden wegen hoher Handelsumsätze meist sekundenschnell ausgeführt. Sie können auf der Bildtafel 216 des **Nachrichtensenders n-tv** die aktuellen DAX-Kurse live einsehen und auf den Folgeseiten ab 219 die Realtimekurse von TecDAX, MDAX und SDAX. Bei den von Analysten und Aktionären oft vernachlässigten niedrig kapitalisierten Nebenwerten mit geringem Streubesitz kann es gelegentlich einen Tag dauern, bis eine Order ausgeführt wird. Verbauen Sie sich beste Chancen nicht durch übertriebene Gier und Geiz bezüglich Limit und geeigneter Börsenliteratur.

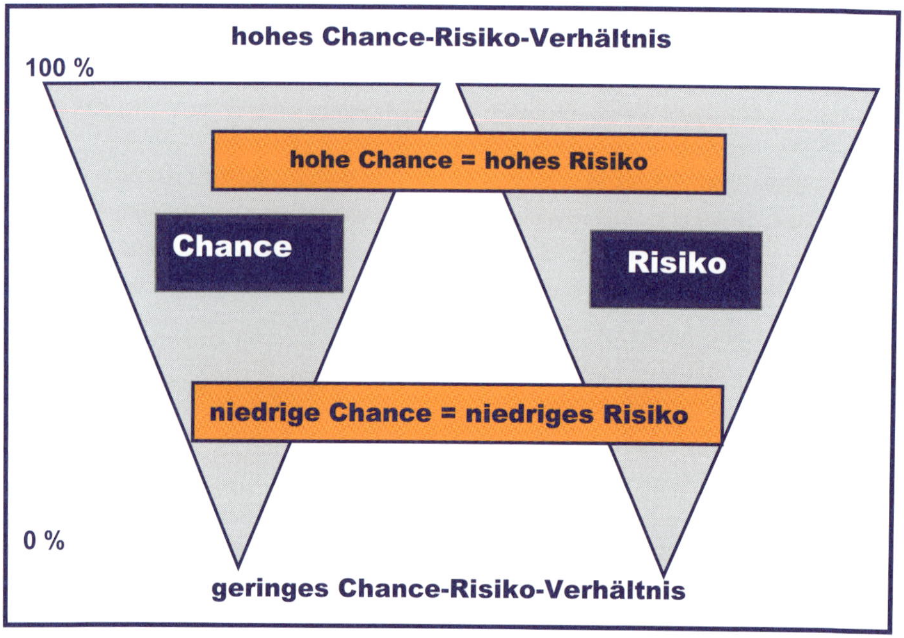

Professor Terrance Odean von der Universität Berkeley ermittelte bei einer Umfrage unter 163.000 US-Brokerkunden, dass Gewinne doppelt so oft wie Verluste realisiert würden. Börsenexperte und Buchautor Joachim Goldberg fand heraus, dass Investoren auf Verluste mit viel höherer Risikobereitschaft reagieren, und berichtet: *„Könnten Anleger zwischen einem sicheren Gewinn von 5.000 € und einer 25-prozentigen Chance auf 25.000 € (75 % gewinnen nichts) wählen, entschied sich der Großteil für 5.000 €. Müssten sie entscheiden zwischen einem sicheren Verlust von 5.000 € und einer Wahrscheinlichkeit von 25 %, dass sie alles verlieren (nämlich 25.000 €), und zu 75 %, dass sie verlustfrei blieben, dann gehe die Mehrheit die zweite Wette ein."* – Daniel Kahneman und Amos Tversky fanden heraus, dass Verluste die Emotionen zweieinhalbmal stärker berühren als die Freude über Gewinne. Das Unvermögen, wachsende Verluste zu realisieren statt zu verdrängen, führt dazu, den **Einstandskurs** als dauerhaften Orientierungspreis zu bewerten. Mitunter wird zugekauft, um den Einstiegskurs zu verbilligen. Bei Spitzenaktien kann dies funktionieren, nicht aber, wenn der Kahlschlag fundamental begründet ist. Umgekehrt wird bei Erreichen des Einstandspreises oft verkauft.

Dass von psychologisch geprägtem Verhalten Institutionelle nicht frei sind, zeigen die Machenschaften des Händlers Nicholas Leeson 1995. Der Barings-Banker wollte anfangs Fehler von Kollegen ausbügeln, scheiterte aber und erhöhte das Risiko. Verzweifelt trieb er dieses Spiel so lange weiter, bis er mit 1,4 Mrd. Dollar in der Kreide stand und das Traditionshaus zahlungsunfähig wurde.

Veränderte Einschätzungen durch demografischen Wandel und Fortschritte in Biotechnologie, Medizintechnik und Pharma.

Die Lebenserwartung steigt weiter. Eine Obergrenze ist nicht in Sicht. Pro Jahrzehnt sind dies im Schnitt 2 Jahre, in einem halben Jahrhundert eine ganze Dekade. Ein neugeborenes Baby dürfte seinen 90. Geburtstag feiern. Ihnen winkt im Schnitt bald eine Rente von 25 Jahren als Frau, etwas weniger als Mann. Das Ziel heißt, das biologische Alter niedrig zu halten, gesund und fit zu altern – mit Lebensqualität und finanzieller Freiheit. Die Grundregel heißt: Nicht rauchen, nicht saufen, sich viel bewegen, gesund ernähren. Der demografische Wandel stellt Gesundheitswesen, Rentenkassen, Volkswirtschaft, Steuer-, Sozial- und Arbeitsmarktpolitik vor große Herausforderungen. Sie müssen mit Rentenabschlag (künftig wohl unter 48 %) rechnen. Mit guten Einzeltiteln, ETFs, Aktiennebenwerte- und Branchenfonds können Sie sich langfristig einen Vermögensstock aufbauen, der Ihnen die Teilhabe an den erfreulichen Seiten des Ruhestands sichert.

Nutzen Sie den Cost-Average-Effekt

Sparpläne sind vor allem beliebt, weil sie den **Cost-Average-Effekt** nutzen. Sie erhalten bei fallenden Preisen mehr Wertpapiere und bei Kursanstieg weniger Anteile. Kaufen Sie in mehreren Tranchen Einzelaktien, so lässt sich der Cost-Average-Effekt ebenso nutzen. Sicherheitsorientierte Aktionäre bevorzugen nachhaltige, dividendenstarke Value-Titel (wie Industrie, Versorger, Konsum, Pharma) gegenüber den konjunkturabhängigen Wachstumswerten, zu denen Autohersteller, Chemie, Maschinenbauer, IT-Dienstleister, Internet, Robotik und Biotechnologie zählen.

Mehr über die Börse wissen: Geschichte und Aufgaben

Die Wertpapierbörse entstand vor über 415 Jahren. Am 20. März 1602 verbündeten sich holländische Kaufleute und gründeten die Vereinigte Ostindische Compagnie (VOC). Das „Kontor VOC“ entwickelte sich zur ersten Aktienbörse. Zwei Jahrzehnte später betrug der Kurszuwachs 300 % und 100 Jahre danach 1.200 %. Ab dann ging es steil abwärts. 1799 kam durch Missmanagement das Aus. Vom Top zum Flop: Das gab es nicht nur am Neuen Markt. Historiker leiten das Wort „Börse“ vom alten Patrizierhaus Beurse in Brügge aus dem 14. Jahrhundert ab. Die Fassade war mit dem Geschlechterwappen, drei Geldbeuteln, verziert. Das lateinische Wort „bursa“ und der griechische Begriff „byrsa“ bedeuten Leder- oder Geldtasche. In diesem Anwesen ließen sich reisende Kaufleute nieder und bildeten den Treffpunkt von Angebot und Nachfrage. Die heutige Börse als Ort des Kapitals präsentiert sich als **hoch organisierter Handelsplatz für Wertpapiere.** Dabei unterscheiden wir die **Aktienbörse** (Anteilsscheine, Dividendenwerte) und die **Rentenbörse** (verzinsliche Wertpapiere, Schuldverschreibungen, Staats- und Unternehmensanleihen). Die Transaktionen an der Wertpapierbörse sind zweiseitige Verpflichtungs- und Erfüllungsgeschäfte mit Einigung über Art, Menge und Preis.

Der Finanzmarkt Börse weist folgende wichtige Merkmale auf:

Die Wertpapiere laufen standardisiert über elektronische Handelssysteme ab wie XETRA. Gewährleistet sind eine marktgerechte Preisbildung und Transparenz. Die Leitbörse in Frankfurt behauptet ihre führende Marktposition und wendet sich mit ihrem Handelssystem XETRA bevorzugt an institutionelle Anleger. Die Skulpturen von Bulle und Bär als Markenzeichen präsentieren sich am Frankfurter Börsenplatz. Der grunderneuerte Börsensaal dient nur als Platz für die Medienpräsenz.

1.3 Wie mit den Kurslisten umgehen und das Internet sinnvoll nutzen?

Bei meinen Kurslisten scheiden sich die Geister: einerseits begeisterte Zustimmung, andererseits als unnützer Seitenfüller abgetan. Es geht viel schneller, 10 Seiten Fließtext zu schreiben. Ich mache mir aber die Mühe aus gutem Grund. Es geht nicht darum, ohne Internet auszukommen, sondern es mit der angebotenen Eingangspforte bestmöglich und zeitsparend zu nutzen.

Die Kurslisten als Grundlage für die zeitsparende Aktienauswahl mit schnellem Überblick.

Zur 1. Zeile: Wenn Sie z. B. die erfolgreichsten DAX-, MDAX-, TecDAX- und SDAX-Werte suchen, schauen Sie im Inhalts- oder noch besser Sachwortverzeichnis nach, um die entsprechenden Seiten blitzschnell ausfindig zu machen. Das erspart viel Zeit. Um ins Internet zu kommen, müssen Sie den **Aktiennamen** in korrekter Rechtschreibung eingeben. Das ist bei einigen Aktien schwierig, z. B. den MDAX-Immobilientiteln Aroundtown und Grand City Properties, den TecDAX-Gesundheitsaktien Carl Zeiss Meditec, MorphoSys und Siemens Healthineers.

Auch die **sechsstellige WKN** muss stimmen. Wer beispielsweise das große O statt der Null eingibt, läuft auf, weil es das O hier nicht gibt. Schlimm sind auch Verwechslungen wie D:0, 8:B, J:I:L, C:6:0, um nur einige Fehlerquellen zu nennen. Noch schwieriger wird es, wenn nur die zwölfstellige ISIN vorliegt. Sie wird aus Platzgründen meist nur in winziger Schrift ohne Leerschritte abgedruckt, sodass man schon Adleraugen oder eine Lupe haben muss, um sie entziffern zu können. Als Vergleich denke ich an das lästige Eintragen der IBAN bei Überweisungen.

Der angegebene **Kurs und das 52-Wochen-Hoch/-Tief** zeigen an, worauf es bei der Aktien-, ETF- und Aktienfondsauswahl ankommt. Das Internet bringt die aktuellen Zahlen. Ein Vergleich mit damals ist nicht uninteressant. Ähnliches gilt für den **1-, 3-, 5- und 10-Jahresvergleich.** Bezüglich einem Jahr erkennen Sie den Auf- oder Abwärtstrend, stellen fest, ob es jetzt besser oder schlechter ist zu ordern. Je länger die Zeitspanne, umso mehr gleichen sich die Zahlen früher/heute an.

Zur 2. und 3. Zeile, falls es sie gibt: Nicht jeder Anleger weiß, ob die Titel zum DAX, MDAX, TecDAX oder SDAX gehören, ob er beim Euro Stoxx 50, Stoxx 50, Dow Jones, Nasdaq oder S&P 500 suchen muss. Stammt der Titel aus Japan, China oder Russland? Da in den Printmedien weder der TecDAX noch der DAXplus Family 30 abgebildet wird, ist diese Information hilfreich. Das **KGV** eignet sich als Bewertungsmesser insbesondere innerhalb der gleichen Branche. In den Zeiten der Nullzinspolitik, die wohl bis 2020 anhalten wird, spielt die **Dividende** eine immer wichtigere Rolle. Steigt die Ausschüttung verlässlich und regelmäßig? Ist sie bescheiden oder üppig? Handelt es sich um ETFs oder Aktienfonds, ist der Hinweis **„thesaurierend"** oder **„ausschüttend"** interessant. Thesaurierend unterstützt den so wichtigen Zinseszinseffekt, weil hier die Dividende in neue Anteile angelegt wird. Ein kleines **Firmenprofil** rundet den ersten Überblick ab. Bei Fonds gibt es noch Gebührenhinweise, Angaben zum Alter und zum Anlagekapital.

Das Eingangstor ist geöffnet. Wie gehen Sie nun im Internet vor?

Die Internetplattform der ARD-Börse (boerse.ard.de) bietet viele Vorteile für den raschen Überblick. Gehen Sie am besten in folgender Reihenfolge vor:

1. Schritt: Ganz oben **WKN oder Name** anklicken.

2. Schritt: Auf der linken Seite **Kursnachrichten** einholen.

3. Schritt: Auf der rechten Seite **Charts** ansehen: aktuell bis 10 Jahre.

4. Schritt: Sich in der Mitte über **Börsenplätze** informieren, Zeitangabe und Häufigkeit des Handels beachten, bei Tradegate 08:00 bis 22:00 Uhr.

Sind Sie bisher zufrieden, weitermachen. Sind Sie enttäuscht, abbrechen und die nächste interessante Aktie kurz analysieren.

5. Schritt: In der ARD-Startseite, bei größeren Gesellschaften in aller Regel angeboten, die Position **„Firmennachrichten"** anklicken.

6. Schritt: Bei der **Abbildung „Kennzahlen"** erfahren Sie im 3- bis 4-Jahres-Vergleich das Ergebnis je Aktie und die Entwicklung der Dividende.

7. Schritt: Bei der **Abbildung „GuV"** vergleichen Sie im 5-Jahres-Vergleich Umsatz, operatives Ergebnis und Jahresüberschuss.

8. Schritt: Überzeugen Sie sich in der **Abbildung „Bilanz"**, dass das Fremdkapital, also die Verbindlichkeiten, in einem vernünftigen Verhältnis zum Eigenkapital steht bzw. keine hohe Verschuldung vorliegt.

9. Schritt: In der **Abbildung „Cashflow"** interessieren die Finanzmittel am Ende der Periode mit Blick auf den 5-Jahres-Vergleich.

10. Schritt: Die ARD-Börse gestaltet die **„Firmennachrichten"** gerade neu. Sie finden jetzt gleich zum Anfang bei vielen Titeln ein **Firmenprofil.**

1.4 Wann Aktien? Wann ETFs? Wann Aktienfonds?

Wann sollten Sie sich für Einzelaktien entscheiden?

Bei DAX und Dow Jones ist es nicht schwierig, Spitzentitel auszuwählen. Einzelaktien empfehle ich, wenn Sie über genug übriges Kapital, Lust, Zeit und Wissen verfügen und das Börsengeschehen aufmerksam verfolgen. Wer die Märkte beobachtet und sich gut auskennt, sollte „Marathonaktien" mit langjährigem Kursplus und verlässlicher Dividende ins Depot nehmen. Aktien sind spannender als ETFs, erlauben die Teilnahme an HVs. Falls möglich, kaufen Sie Belegschaftsaktien, die viele Firmen Mitarbeitern günstig anbieten. Zwar müssen Sie in einem größeren breit gestreuten Depot mit mehr Gebühren rechnen, als wenn Sie nur ETFs oder Aktienfonds kaufen. Umgekehrt können Sie Tiefkurse zum günstigen Zukauf nutzen und von Aktien bei Allzeit- oder Jahreshoch einen Teil verkaufen.

Wann sollten Sie börsennotierte Indexfonds bzw. ETFs wählen?

Fehlt es an Zeit, Lust, Wissen und Geld für breite Streuung, sind die preiswerten ETFs ohne Ausgabeaufschlag und mit niedriger Verwaltungsgebühr allererste Wahl. So decken Sie alle wichtigen Märkte ab. Ein ETF gewinnt nicht gegen den Vergleichsindex. Aber er verliert eben auch nicht. Kürzlich empfahl der steinreiche Starinvestor Warren Buffett seiner Frau Astrid, nach seinem Tod mit einem ETF in den S&P 500-Index zu investieren. *„Passive Fonds schneiden europaweit besser ab als aktive"*, erklärt die Analysefirma S&P Dow Jones Indices. Lassen Sie sich nicht irritieren, wenn Ihre Bank ETFs wegen geringer Provisionen ablehnt.

Wann sind Aktienfonds allererste Wahl?

Aktienfonds zu verdammen, ist bei genauem Überprüfen nicht gerechtfertigt. Es gibt hervorragende Aktienfonds, die sich auf deutsche und internationale Nebenwerte spezialisieren oder auf bestimmte Branchen und Themen in Zukunftsmärkten zugeschnitten sind. Dies sind nicht die Mogler und Schummler, die den Vergleichsindex abbilden, ganz wenig verändern und hohe Gebühren einstreichen. Innovative, aktive Fondsmanager, die auf Börsenklima und Markttrends flexibel reagieren, schneiden oft besser als die Benchmark ab. Dies gilt für die Konzentration auf hohe, verlässliche Dividenden oder den Schwerpunkt Zukunftsmärkte mit Industrie 4.0, Internet der Dinge, Digitalisierung, vernetzter Welt, selbst fahrenden Autos, Künstlicher Intelligenz, Robotik. Es betrifft Aktienfonds im Technologie- und Gesundheitssektor, die den demografischen Wandel umsetzen. Hier die kapitalstarken Pharmariesen! Dort die innovativen Biotechfirmen, die neue Wirkstoffe, Therapien und Verfahren erkunden! Geld und Ideen werden miteinander verknüpft. Dies ist ein Füllhorn für kreative, renditestarke Aktienfonds. Was bei Fonds stört und das Einprägen erschwert, sind lange, unverständliche Namensgebilde.

Aktien – Aktienfonds – ETFs im Vergleich

Vorteile und Nachteile rund um Aktien, Aktienfonds, ETFs		
Vorteile Aktien	**Vorteile Aktienfonds**	**Vorteile ETFs**
Bei niedrigen Kursen bietet sich ein spontaner Zukauf an. Nahe dem Jahres- oder Allzeithoch ist ein Teilverkauf zu überlegen.	Schichtet das Fondsmanagement um, werden Sie nicht unmittelbar mit den Transaktionskosten belastet. Sie schlagen sich in der Jahresgebühr nieder.	Da der ETF die Indexzusammensetzung widerspiegelt, wird nur selten umgeschichtet. Dies ist ein Hauptgrund für die niedrigen Gebühren.
Bei Einzelaktien entscheiden Sie selbst, ob, wann, was, wie oft und in welcher Größenordnung Sie etwas tun.	Als Anleger nutzen Sie die Fachkompetenz von Profis, sparen Zeit, Arbeit und Mühe und machen nicht die ganz großen Fehler.	Passiv gemanagte ETFs bilden den Index exakt ab. Es reicht aus, einige Male im Jahr das Depot zu überprüfen.
Ein großes Aktiendepot bietet im Crash beste Chancen für kluge Hoch-/Tief-Mut- und Kombinationsstrategien mit Zukauf/Teilverkauf.	Mit guten Spezialfonds lassen sich die attraktivsten Märkte, Indizes und Branchen durch ein geschicktes aktives Management gewinnbringend abdecken.	Selbst mit einem begrenzten Vermögen im mittleren fünfstelligen Bereich sind Sie in den wichtigsten Märkten und Branchen dabei.
Nachteile Aktien	**Nachteile Aktienfonds**	**Nachteile ETF**
Jeder Kauf und Verkauf ist mit Transaktionskosten verbunden. *„Viel hin und her macht Taschen leer."*	Ausgabeaufschläge bis zu 5 % und jährliche Managementgebühren zwischen 1,0 % und 2,0 % belasten auch das Langzeitdepot.	Zwar kein Ausgabeaufschlag und geringe Jahresgebühren. Aber Sparpläne gibt es längst nicht bei allen ETFs.
Über Aktien in den großen Indizes wird ausführlich berichtet. Infos über ausländische Nebenwerte gibt es kaum.	Spezialfonds schlagen oft den Markt. Aber 4 von 5 großen Standardfonds verlieren gegenüber dem Vergleichsindex (Benchmark).	Es ist für Privatanleger schwierig, ein klassisches passives vom aktiven Management mit Hebel II abzugrenzen.
Wer Einzelaktien ordert, verliert bei fehlendem Wissen, Herdentrieb und mangelnder Kontrolle oft viel Geld.	Die beratende Bank macht sich aus Eigennutz für eigene Aktienfonds stark und empfiehlt nur selten oder nie ETFs bzw. Indexfonds.	Die ETFs haben oft ellenlange unverständliche Namen. Die zwölfstellige ISIN in winziger Schrift führt zu Fehlern.

❷ Aus Fehlern lernen und eine passende Erfolgsstrategie aufbauen

2.1 Das eigene Anlegerverhalten hinterfragen

Um zu begreifen, wie irrationale Übertreibungen dramatische Kursabstürze bewirken und ein Boom im Crashszenario endet, zeige ich Hintergründe auf. Es geht um die Erkenntnis: Nach der Blase ist vor der Blase – abgeleitet von einer alten Fußballweisheit. Dass ein Crash unvermeidbar ist, bestätigt der Rückblick und deckt sich mit Erkenntnissen von Nobelpreisträgern.

Der Crash um die Jahrtausendwende war die Folge sich auftürmender Spekulationsblasen im Zuge der Dotcom-Euphorie, begleitet von vielen überbewerteten Titeln. Der Crash im Herbst 2008/Frühjahr 2009 entstand durch die zum Finanzdesaster mutierende Subprime-Immobilienkrise. Der anfängliche Wunsch: *„Wie werde ich am Neuen Markt schnell reich?“* wurde abgelöst von dem Ziel*: „Wie sichere ich mein Anlagekapital vor Verlusten?“* Heute ist die Markteinschätzung gespalten: hier die Hoffnung, dort die Angst. Im Zuge der Interneteuphorie in den späten 1990er-Jahren kletterte der Dow Jones auf 11.900 Punkte, der DAX auf über 8.000 Punkte und der Nemax 50 auf mehr als 9.600 Zähler. Ab Frühjahr 2000 war der Spuk vorbei. Der wundersame Traum vom Reichtum in der „New Economy“ zerplatzte wie eine Seifenblase. Die Geldvermehrung endete in riesiger Geldvernichtung. Dabei wurde übersehen, dass solche Krisen kein einmaliges Ereignis sind, sondern sich wiederholen. Man denke an die niederländische Tulpenmanie im 17. Jahrhundert, an die South-Sea-Bubble im 18. Jahrhundert, den Eisenbahn-Boom im 19. Jahrhundert, den heftigen Börsencrash von 1929 sowie das Crashszenario 1987.

Spekulationsblasen

„Je neuer ein Trend ist und je mehr die Leute darüber reden, desto skeptischer sollten Anleger sein.“

Tobias Levkovich

Ein ungehörter Warnruf

Als die Aktienkurse am Neuen Markt den Höchststand erreichten, warnte die Finanzzeitschrift BARRON'S vor der baldigen Zahlungsunfähigkeit etlicher Internetfirmen. Die als lästig empfundene Gefahr wurde verdrängt. Die Firmen verbrannten weiter ihr Geld.

Verzerrte Wahrnehmung

Etliche Firmen waren nicht börsenreif. United Internet und Freenet erholten sich neben 12 weiteren Überlebenden. Seit dem Tiefstand legten sie deutlich zu.

Die spekulativen Exzesse waren die Folge von Massenwahn, angeheizt durch Gier, Euphorie und anschließende Panik. Irrationales Verhalten benebelt den Verstand und begünstigt hohe Verluste bis hin zum finanziellen Ruin. Die Internetblase wurde parallel zur Eisenbahnhysterie von einer technologischen Revolution begleitet. Führende Ökonomen wie der Österreicher Joseph Schumpeter deuten den Crash um die Jahrtausendwende als eine Art „schöpferische Zerstörung".

Aufstieg und Fall des Neuen Marktes

Am 10. März 2000, seinem 3. Geburtstag, erklomm der Neue Markt mit 9.631 Punkten ein Allzeithoch. Die Deutsche Börse gründete 1997 das Segment für Wachstumsfirmen als deutsche Variante zur US-Technologiebörse Nasdaq. Der Handel begann mit dem Ingenieurdienstleister Bertrandt, heute im SDAX notiert, und der Mobilfunkfirma MobilCom, längst vom Kurszettel verschwunden. Zur Blütezeit waren am Neuen Markt 353 Firmen gelistet und nahmen beim Börsengang fast 24 Mrd. € ein. Die Internationalität war groß. Es gab keine Sperre für börsenunreife Garagenklitschen, die tiefrote Zahlen schrieben und allein mit Visionen brillierten. Die Zeichnungsmanie war zeitweilig so groß, dass Aktiendepots vom Neugeborenen bis zum Urgroßvater eingerichtet wurden, um die Zuteilungschancen zu erhöhen. Danach ging es rapide abwärts. Ende 2000 zeigte der Nemax 50 nur noch 2.869 Punkte. Bis zum endgültigen Niedergang betrug der Verlust über 97 %. Im März 2003 „beerdigte" die Deutsche Börse AG den Nemax und ersetzte ihn durch den TecDAX mit 30 Titeln aus den Sektoren Software, Internet, Erneuerbare Energie, Hightech, Medtech und Biotech.

Dazu ein wahres Beispiel: Ein Freimakler konnte sich um die Jahrtausendwende vor Nachfrage kaum retten, als er den Kurs für BSE-Vorzüge mit 75 € auf sein elektronisches Handelssystem einstellte. Auch institutionelle Anleger orderten. Der Hinweis, es sei eine Hightech-Emission, reichte. Details wurden kaum verlangt. Ein gelungener Aprilscherz; denn die Firma existierte nicht. BSE ist die Abkürzung für Rinderwahnsinn. Welch Schwachsinn, etwas zu ordern, was man nicht kennt!

- **Parallel zum Markt stürzten die Fonds von Investmentstar Ochner ins Bodenlose ab. Nicht minder tief war der Fall des Analysten Henry Blodget, der bei Merrill Lynch ein Jahresgehalt von 5 Mio. US-Dollar bezog.**

Im Börsenboom verflacht oft die moralische Kompetenz. Heute wird im Zuge millionenschwerer Steuerhinterziehungen, Bonuszahlungen und Abfindungen die Vorbildwirkung der Firmenchefs kritisch hinterfragt und angemahnt. Damals waren es vor allem geschönte Bilanzen, erlogene Umsätze, gefälschte Erträge. So meldete die Verkehrstechnikfirma Comroad ständig Großaufträge aus Fernost mit dem Schönheitsfehler, dass 95 % der Umsätze frei erfunden waren. Staatsanwalt Peter Noll nannte mildernde Umstände: *„Zu einem Clown gehört auch ein Zirkus, und dieser Zirkus nennt sich Neuer Markt."*

Rück- und Ausblick: 9 Überlebende vom Neuen Markt

Aktien/ Unternehmen	WKN 720 327	Kurs 01.03.19	Hoch/Tief 1 Jahr €	Kursverlauf 1, 3, 5, 10 Jahre
1&1 Drillisch	**554 550**	36,15 €	64,95/32,70	-44/-6/+40/+3.455 %
Bechtle	**515 870**	78,75 €	90,45/62,05	+9/+91/+165/+1.138 %
Dialog Semi.	**927 200**	26,85 €	27,45/12,45	+2/-10/+63/+3.157 %
EVOTEC	**566 480**	21,55 €	23,35/12,10	+44/+552+409/+3.516
MorphoSys	**663 200**	91,85 €	124,7/75,55	+11/+142/+36/+521 %
Pfeiffer Vacuum	**691 660**	137,00 €	156,5/102,2	-9/+63/+57/+248 %
Qiagen	**A2D KCH**	39,30 €	39,45/31,20	+14/+72/+66/+131 %
Sartorius Vz	**716 563**	140,80 €	160,3/103,6	+27/+142/+468/+8.400
United Internet	**508 903**	32,55 €	58,40/30,35	-42/-27/-5/+465 %

Anmerkung: Die scharfe Korrektur bis Ende 2018 zeigt, wie wichtig es ist, nahe dem Jahreshoch mit Teilverkäufen hohe Renditen einzufahren und damit preiswerte Zukäufe zu finanzieren. Jetzt wird gesät, um später zu ernten. Diese 10 Titel besitze ich. Bei Bechtle und Sartorius beträgt der Buchgewinn über 1.000 %.

Die Sichtweise der Volkswirtschaft im Einklang mit Behavioral Finance: Börsenblasen entstehen und platzen auch künftig

Wer heute Volkswirtschaft studiert, erlebt mehr wirklichkeitsnahe Situationen im Vergleich zu früher, als die Studenten mit dicken Wälzern abstrakter Theorien überschüttet wurden. In Studien begleitenden Experimenten, in denen die Mitspieler bisweilen auch echtes Geld verdienen können, erfahren sie, dass sich die Finanzmärkte oftmals nicht rational verhalten, sondern regelmäßig gleiche Muster ausbilden: Zunächst steigen die Preise weit über den fundamentalen Wert, um plötzlich abzustürzen. Nur wann, wie lange, wie heftig ist ungewiss. Dieses Grundmuster ändert sich kaum, weil die meisten Menschen an gewohnten Verhaltensweisen festhalten und eine Art Rudelinstinkt ihr Handeln prägt. Auf diesem Phänomen gründet auch die Technische Analyse bzw. Charttechnik. Die Börse ist irrational. Es gibt mehr Übertreibungen nach oben als unten. Zur Blasenbildung kommt es auch künftig. Aber die Reaktionen fallen unterschiedlich heftig aus.

Die Frage, welche Aktien Sie am besten kaufen oder verkaufen, kann die Wissenschaft nicht schlüssig beantworten. Aber sie hilft, vernünftig zu entscheiden, indem sie das Marktgeschehen strukturiert und analysiert. Überprüfen Sie Ihr eigenes Verhalten. Dazu dient die eigene elektronische Depotführung, siehe das Muster auf den Seiten 107 bis 108.

2.2 Kein schnelles Rein/Raus und keine Einwertstrategie

„In der Ruhe liegt die Kraft.“ Wer so empfindet, denkt und handelt, ist an der Börse kein Freund vom hektischen, schnellen Rein und Raus. Er wird sich auch für Day Trading nicht erwärmen. Eher dürfte er langfristig in nachhaltige, substanz- und dividendenstarke „Marathonaktien“, also „ewige Aktien“ investieren und beste Nebenwerte aus MDAX, TecDAX, SDAX ordern.

ETFs und gute Aktienfonds mit Schwerpunkt Branchen, Dividenden, Länder sollten Sie bedachtsam für Vermögensaufbau und Altersvorsorge auswählen. Sie sind maßgeschneiderte Platzhalter in einem breit gestreuten Langzeitdepot. Geduld und Disziplin sind Markenzeichen solcher Persönlichkeiten.

„Früher Vogel fängt den Wurm.“ Wer sich an dieser Lebensweisheit orientiert, findet eher Zugang zum schnellen Rein und Raus. Im Börsenalltag gern von Tradern bei Übernahmeangeboten und Leerverkäufen angewandt. Wer eine solche Strategie pflegt, realisiert im Allgemeinen schon zweistellige Gewinne, sitzt umgekehrt Verluste meist nicht aus, sondern begrenzt sie rechtzeitig.

Bei scharfer Korrektur und Crash kann ein schnelles Rein und Raus durchaus vorteilhaft sein, aber nicht bei einer Fondsanlage. Hier sollten Sie einen Zeitraum von einem Jahrzehnt und länger einplanen. Sonst amortisieren sich der Ausgabeaufschlag von bis zu 5 % und die jährliche Verwaltungsgebühr von rund 1,80 % nicht. Wer das schnelle Rein/Raus pflegt, dürfte weder Tausend-Prozent-Gewinn-Aktien noch Verlustbringer von über 90 % in seinem Depot halten. Umgekehrt wird er beste Einstiegs- und Ausstiegschancen kaum verpassen und zumindest bei spekulativen Aktien Stoppkurse setzen und diese ständig anpassen und nachziehen. Der größte Fehler wäre, im Crash hektisch alle Aktien aus dem Depot zu schleudern.

- **Frage: Was ist dagegen einzuwenden, beide Strategien miteinander zu verknüpfen?** Überlegen Sie selbst, wann es angezeigt ist, hier und da das schnelle Rein und Raus zu pflegen. Umgekehrt: Wann sollten Sie unbedingt langfristig planen und investieren?

Ein Beispiel: Im Herbst 2008, als die Kurse infolge der weltweiten Finanzkrise in den Abgrund stürzten, empfahlen viele Banken Discount- und Bonuszertifikate. Da fühlten sich die Vertreter des schnellen Rein und Raus strategisch bestätigt. Was tat ich dagegen? Ich kaufte während der gesamten Talsohle extrem niedrig bewertete Qualitätsaktien aus verschiedenen Ländern, Indizes und Branchen. Die meisten Titel befinden sich weiterhin in meinem steuerfreien Altbestand. Darunter gibt es einige Tausend-Prozent-Titel mit mittlerweile zweistelliger Dividende.

Wenn Kursträume wahr werden und die Dividendenrendite zweistellig wächst! Alle aufgeführten Titel besitze ich.

Bei den Kursraketen verkaufen Sie nur einen Teil, sofern der Restbestand pro Titel nicht zu klein gerät: Untergrenze 1.000 €. So bleiben Sie mit den besten Werten im Boot. Die Dividendenrendite ist bei vielen Spitzenwerten zweistellig und dürfte sich im Laufe der Jahre erhöhen.

Deutsche Aktien	WKN	Kauftag	Kauf-preis	Kurs am 03.04.19	Div. 2019(e) Rendite
1&1 Drillisch	554 550	15.03.11	6,75 €	34,00 €	2,00 €/29,6 %
Allianz	840 400	22.09.11	60,10 €	204,40 €	9,30 €/15,5 %
Amadeus Fire	509 310	26.08.10	22,00 €	103,60 €	4,00 €/18,1 %
Bechtle	515 870	20.09.04	6,65 €	84,95 €	1,10 €/16,5 %
CeWe Stiftung	540 390	06.07.09	20,75 €	78,80 €	2,00 €/9,6 %
Daimler	710 000	11.11.14	33,80 €	55,50 €	3,65 €/10,8 %
Datagroup	A0J C8S	15.01.08	3,10 €	37,90 €	0,50 €/16,1 %
Dt. Telekom	555 750	28.07.09	8,55 €	14,85 €	0,75 €/8,8 %
Dürr	556 520	08.08.11	6,60 €	39,50 €	1,20 €/18,2 %
Fortec Elek.	577 410	30.12.08	6,05 €	20,70 €	0,60 €/9,9 %
Freenet	A0Z 2ZZ	12.08.11	8,10 €	20,00 €	1,20 €/21,6 %
Fuchs Vz	579 043	31.03.05	3,80 €	38,25 €	1,02 €/26,8 %
Hermle Vz	605 283	28.04.11	59,05 €	317,00 €	12,90 €/21,8 %
Hochtief	607 000	29.05.03	13,50 €	130,30 €	5,50 €/40,7 %
Jungheinrich	621 993	19.08.11	6,40 €	30,50 €	0,58 €/9,1 %
Krones	633 500	14.08.02	17,00 €	82,00 €	1,90 €/11,2 %
Mensch & Ma.	658 080	13.03.08	4,90 €	30,80 €	0,55 €/11,2 %
Nemetschek	645 290	02.08.12	7,80 €	153,30 €	0,95 €/12,2 %
Rational	701 080	08.05.03	33,80 €	558,50 €	12,00 €/35,5 %
Sartorius Vz	716 563	10.01.06	5,40 €	162,20 €	0,73 €/13,5 %
Sixt Vorzüge	723 133	12.09.11	11,50 €	63,80 €	2,42 €/21,0 %
Symrise	SYM 999	28.04.10	9,80 €	82,00 €	1,02 €/10,4 %
Technotrans	A0X YGA	25.06.13	8,90 €	27,55 €	1,01 €/11,3 %
United Inter.	508 903	19.05.06	10,90 €	35,60 €	1,05 €/9,6 %
Uzin Utz	755 150	24.03.06	18,00 €	52,50 €	1,50 €/8,3 %
VIB Vermögen	245 751	29.12.08	3,70 €	24,60 €	0,60 €/16,2 %

Fazit: Mit schnellem Rein/Raus wäre bei Aktien a) kein steuerfreier Altbestand, b) kein Kursgewinn über 100 % bis 3.000 % und c) keine zweistellige Dividende möglich. Solche Chancen gibt es nur bei langem Anlagezeitraum und größerem Depot. In diesem Zusammenhang ist zu hinterfragen: Ist es tatsächlich hilfreich, bei erreichtem Kursziel seine Aktien zu verkaufen?

Weshalb ist die Einwertstrategie so gefährlich?

Wenn Sie Ihr Depot breit streuen nach Indizes, Branchen und vom Zeitpunkt her, sind Sie weniger gefährdet, bei einem Kurssturz unter Stress zu leiden, die Nerven zu verlieren, in Hektik und Panik zu geraten. Es ist psychologisch viel leichter zu verkraften, wenn der eine oder andere von 25, 50 oder 100 Werten einbricht, als der einzige mit hohem Einsatz georderte Titel. Es kommt zu Frust- und Wutausbrüchen. Vernunft und Selbstkontrolle bleiben auf der Strecke. Die Angst vor finanziellem Ruin ist so groß, dass selbst im Bullenmarkt bei guten fundamentalen Daten und charttechnisch intaktem Aufwärtstrend schon bei geringem Verlust verkauft und eine Erholungschance kaum genutzt wird. Umgekehrt wird bereits ein kleiner Gewinn mitgenommen und die richtig große Rallye verpasst. Die Einwertstrategie verhindert Ausgleichschancen, wie sie eine breite Streuung bietet. Beispiel: Ein steigender Ölpreis belastet die Luftfahrt- und Autoindustrie, kommt aber den Ölwerten und regenerativen Energietiteln zugute.

Das *Handelsblatt* schreibt in seiner Ausgabe Nr. 8 vom 13. Januar 2014 unter der Rubrik: Zehn typische Irrtümer: *„Niemals auf eine Aktie spekulieren. Auf den DAX mit ETFs zu setzen, lohnt sich dagegen. Allerdings (im Bullenmarkt) nicht als Einmalanlage, sondern möglichst in Etappen, beispielsweise mit monatlichen Sparplänen. Das vermeidet das Risiko, Aktien ausgerechnet dann zu kaufen, wenn sie am teuersten sind. – Im Durchschnitt der vergangenen Jahrhunderte ließ sich in einem Zeitraum von 15 Jahren ein Wertzuwachs von 8 % erzielen – und das jährlich. Wer aber nur eine einzelne Aktie kauft, muss auch nach 15 und mehr Jahren Verluste befürchten. Das lehrt uns die Deutsche Telekom. Sie wird ihren Kurs von 104 € aus dem Jahr 2000 wohl kaum erreichen. Auch nach dem Anstieg von 37 % im Jahr 2017 sind es bis zum alten Hoch noch weitere 750 %."*

Es gibt aber nicht nur Argumente, um über die alte Volksaktie Telekom den Stab zu brechen. Wer wie ich diesen Titel mehrmals für deutlich unter 9 € geordert hat und einen Teilverkauf machte, freut sich über eine hohe Dividendenrendite von 8 % – und dies als Ertragsgutschrift steuerfrei. Wer jetzt die Telekom-Aktie zum Kurs von 14,60 € ordert, sammelt 4,8 % Ausschüttung ein.

Zwei Extreme, die den Börsenerfolg gefährden. Es betrifft die kleine Gruppe, die sich auf einen einzigen Titel konzentriert, eine große Order mit fünfstelligem Betrag tätigt und in Day-Trading-Manier prozentual kleine Gewinne verwirklicht. Das Gegenstück bilden Aktionäre, die sich mit dreistelligen Miniorders begnügen.

Mit Glück sind binnen kurzer Zeit üppige Gewinne möglich, ebenso horrende Verluste im Bärenmarkt und bei unerwartet schlechten Nachrichten. Eine solche Strategie erinnert an das russische Roulette. **Also:** Hände weg von einer nervenaufreibenden Einwert- oder Wenig-Werte-Strategie! Fehlende Streuung wird meist bestraft, zumal die Nerven in kritischen Phasen oft nicht mitspielen.

Vorsicht: Order unter 1.000 € unrentabel – ein Fallbeispiel

Im März 2009 ordert ein Anleger 20 TecDAX-Aktien Carl-Zeiss Meditec für je 10 €. *Hinzu kommen Transaktionskosten von rund 15 €. Verkauft er, fallen nochmals gleich hohe Ordergebühren an. Die Carl-Zeiss-Meditec-Aktie muss um 2 € steigen, um den Titel nach Abzug der Abgeltungsteuer verlustfrei veräußern zu können. Der Kursgewinn von einem Fünftel verpufft wegen der viel zu geringen Menge. Erst ein Kursgewinn von 50 %, d. h., die Aktie wird zu 15 € verkauft, bringt nach Abzug der Kosten und Steuern einen Ertrag von 50 bis 60 €, beim Einsatz von nur 240 € nicht schlecht, aber auch nicht überwältigend. Vom Kursgewinn von 50 % verbleibt über den Daumen gepeilt eine Rendite von einem Drittel, für die noch eine 25-prozentige Abgeltungsteuer (plus Solidaritätszuschlag und Kirchensteuer) anfällt. Bei einem solch geringen Einsatz mag dies trotz des Zeitaufwands zufrieden stellen. Aber das Risiko ist hoch. Nicht jede Aktie steigt um 50 % – und nur selten binnen weniger Monate. Wer glaubt, dieses Beispiel wäre praxisfern, braucht bei www.boerse.ard.de nur die ein oder andere WKN/ISIN von kleinen Nebenwerten anzuklicken. Er wird erstaunt sein, wie oft an den Regionalbörsen auch Miniorders erteilt werden. Oft tun dies Ruheständler, um in ihrer Region die HV besuchen zu dürfen. Dies bietet Abwechslung, Information, Essen und Trinken.*

Ein anderer Anleger ordert 200 statt nur 20 Carl-Zeiss-Meditec-Aktien zu 10 €. *Verkauft er bei einem Kursgewinn von 20 %, nämlich zu 12 €, so beträgt das Plus 400 €. Zieht er die Gebühren ab, verbleiben ihm 370 bis 380 € Gewinn – als Altbestand steuerfrei, ansonsten steuerpflichtig. Interessant wird es, wenn der Kurs um die Hälfte auf 15 € steigt. Verkauft er komplett, erzielt er einen Gewinn von 1.000 €.*

Ein betuchter Anleger setzt 5.000 € für seine Carl-Zeiss-Aktien ein. *Bei einem Buchgewinn von über 100 % ist zu überlegen, nur ein Viertel, ein Drittel oder die Hälfte zu verkaufen. Mit dem Restbestand profitiert der Anleger bei weiterem Aufwärtstrend und ärgert sich nicht. Stürzt die Aktie ab, gerät er durch die Gewinnmitnahme kaum oder gar nicht mehr in die Verlustzone.*

Und wie sieht es mit Carl-Zeiss Meditec aus dem TecDAX und MDAX (WKN: 531 370) in meinem Depot aus? *Ich erwarb die Aktie Ende Oktober 2006 für 10,10 €. Am 1. März 2019 kostete der Titel 76 €, ein Kursgewinn von 760 %. Nahe dem Allzeithoch von 84 € Mitte März verkaufte ich einen Teil, um damit einen günstigen Zukauf zu finanzieren, nämlich **Dürr** für rund 29 €.*

2.3 Sich nicht im Netz der Börsenpsychologie verfangen

Vielleicht verbinden Sie mit Börsenpsychologie Herdentrieb und Verdrängung, Gier, die bei Verlust der Selbstkontrolle die Verstandeskräfte raubt, und Panik, bei der die Unvernunft Pate steht. Ich denke da an meinen Börsenspruch: *„Meide die gefährlichen vier – Euphorie, Panik, Angst und Gier."*

Sie sind den Fallstricken der Börsenpsychologie nicht hilflos ausgeliefert. Freuen Sie sich, dass Prof. Daniel Kahneman von der Princeton-Universität 2002 mit dem Nobelpreis für Wirtschaft ausgezeichnet wurde. Kahneman beobachtete jahrelang, dass das tatsächliche Anlegerverhalten nicht mehr vernunftbetont ist, wenn die Kurse übertrieben nach oben katapultieren oder in den Keller stürzen. Sein Buch *„Schnelles Denken – langsames Denken"* zeigt, dass die meisten Menschen Verluste mehr hassen, als sie Gewinne lieben. Sie verlassen sich auf die eigene Urteilskraft, statt das Wissen und den Erfahrungsschatz der Experten zu nutzen. Ein Crash zeigt seine hässlichste Fratze, wenn Aktien in wenigen Tagen ein Drittel, die Hälfte und mehr vom Börsenwert verlieren, obgleich sich die fundamentalen Daten nicht dramatisch verschlechtern. Computerverkaufsprogramme verstärken den Abwärtstrend. Stopp-Loss-Orders lösen eine Kettenreaktion aus. Und der Herdentrieb bremst die Vernunft aus.

Der hoch betagte Starinvestor Warren Buffett klagt darüber, dass die Anleger Aktien verschmähen, wenn sie zum Schnäppchenpreis zu haben sind, und sich umgekehrt wie Geier darauf stürzen, sobald sie oben notieren. Warum fragte sich wohl Altmeister André Kostolany, ob es mehr Aktien oder Dummköpfe an der Börse gäbe? Ein rasant fahrender Börsenexpress mit überbewerteten Aktien wird als Warnsignal kaum wahrgenommen, sondern heizt die angefachte Gier weiter an. Das Psychodrama beginnt von Neuem. Eine sich aufblähende Spekulationsblase lässt, sobald sie platzt, ein Tal der Tränen zurück. Sie, liebe Leser, können einen Crash ebenso wenig verhindern wie eine boomende Börse, gern von der Boulevardpresse mit großen Schlagzeilen ausgeschlachtet. Werden Sie nicht zum Spielball der Börsenpsychologie! Eine kritische Selbstanalyse hilft weiter: Was habe ich richtig, was falsch gemacht? Wo muss ich mich verbessern?

Mithilfe der Behavioral Finance – dem Bindeglied zwischen Ökonomie und Psychologie – können Sie psychologisch beeinflusste Verhaltensweisen an der Börse erkennen und strategisch nutzen. Der Markt wird von verzerrter Wahrnehmung und Verdrängung geprägt. In ruhigen Phasen sind dies etwa 30 bis 40 %, in Krisen 80 bis 90 %. Wer sich irrationaler Verhaltensweisen bewusst ist und weiß, dass Aktienkurse auch vom Zufall, Glück und Pech beeinflusst werden, kann richtige Lehren aus menschlichen Schwächen ziehen.

Zu den Schwachpunkten zählt die Selbstüberschätzung, an der Männer häufiger als Frauen leiden. Die Börse selbst ist nicht rational. Noch weniger sind es genervte, von Angst und Gier getriebene Investoren mit wiederkehrenden Fehlern.

Franz-Josef Buskamp stellt in seinem im FinanzBuch Verlag erschienenen Buch *„Mentale Börsenkompetenz“* die Fragen: *„Was braucht man, um an der Börse überdurchschnittlich gut abzuschneiden, um auf Dauer zu den Gewinnern zu zählen? Eine fundierte Strategie und ein individuelles Handelskonzept gehören sicherlich dazu. Aber warum scheitern viele Anleger trotz ausgefeilter Analysen oder einer ausgeklügelten Handelsmethode? Die meisten Anleger stehen sich selbst im Weg. Diejenigen, die zu den Gewinnern zählen, können ihre persönlichen Stärken und Schwächen richtig einschätzen. Die eigene Psyche hat einen maßgeblichen Einfluss auf Börsengewinne, wenn nicht sogar den bedeutendsten Anteil daran.*

Die wenigsten Investment-Entscheidungen werden aus strategischen Gesichtspunkten getroffen. Oftmals entscheiden Anleger aus dem Bauch heraus, worin sie investieren – ohne die Folgen zu bedenken. Die Psyche beeinflusst den größten Teil des Anlageverhaltens. Ängste, Wünsche, Hoffnungen, Sorgen usw. sind nahezu immer die emotionalen Begleiter. Dies kann so weit führen, dass die Emotionen börsenbezogene Investments nahezu zu 100 % beeinflussen. Nehmen wir als Beispiel die antizyklische Anlage. Dazu ist die Mehrheit der Anleger nicht wirklich fähig.

Die meisten Anleger nehmen sich keine Zeit. Alle wollen möglichst schnell gewinnen. Steigt eine Aktie nicht gleich nach einer Empfehlung und dann innerhalb weniger Wochen um möglichst 100 %, werden die ersten Anleger bereits nervös. So funktioniert das nicht; denn Ungeduld ist an den Märkten ein schlechter Partner. Aus Ungeduld werden auch Gewinne zu früh mitgenommen. Welche Aktie kann mir ganz schnell den Supergewinn bescheren? Wer so an den Markt herangeht, befindet sich auf dem Weg des Verlierers.

Joachim Goldberg und Rüdiger von Nitzsch befassen sich in ihrem im FinanzBuch Verlag erschienenen Buch *„Behavioral Finance – Gewinnen mit Kompetenz“* mit den Fallstricken der Börsenpsychologie. Sie stellen mit Behavioral Finance einen jungen Zweig der Kapitalmarkteinschätzung vor und schlagen eine Brücke zwischen Ökonomie und Psychologie. Die Autoren begründen, dass Kauf- und Verkaufsentscheidungen oft nicht cool, gelassen und überlegt gefällt, sondern durch Unvernunft beeinflusst werden. Das unlogische Verhalten hat System und neigt selbst bei erkennbarem Misserfolg dazu, sich zu wiederholen. Dabei spielt der geheime Wunsch, in die Zukunft zu blicken, die Geschehnisse von morgen richtig zu deuten, eine große Rolle. Um mit einer falschen Prognose nicht ins Hintertreffen zu geraten, stimmen selbst anerkannte Analysten ihre Vorhersagen aufeinander ab. Bei Fehleinschätzungen fällt der Einzelne nicht in Ungnade. Ist er im Recht, erregt er Aufsehen. Irrt er sich, ist dies für ihn leichter verzeihbar.

Goldberg/Nitzsch schreiben: *„Teilnehmer an den Finanzmärkten verhalten sich unterschiedlich. Ihre Motive, Mentalität und Denkart, ihre Risikobereitschaft und ihre Handelshorizonte können vollkommen verschieden sein. Menschen handeln beileibe nicht immer vernünftig. Das Motiv, überhaupt an Märkten teilzunehmen, ist nicht nur die Maximierung von Gewinnen. Es sind oftmals ganz banale Beweggründe wie die Suche nach Spannung und Unterhaltung. Oder der Wunsch nach Kommunikation. Motive verzerren jedoch die Sichtweise der Menschen. Behavioral Finance soll nicht nur das eigene Entscheidungsverhalten zu verbessern helfen, sondern zu einem umfassenderen Verständnis des tatsächlichen Verhaltens von Marktteilnehmern beitragen. Wer über die menschliche Psyche Bescheid weiß, dürfte gegenüber den anderen Akteuren einen deutlichen Vorsprung erlangen, weil er absehen kann, wie das Gros in bestimmten Situationen reagieren wird. Da bestimmte Verhaltensmuster immer wiederkehren, werden sie für Dritte auch prognostizierbar. Schon das Orakel zu Delphi lehrte, dass der Schlüssel zur Weisheit nicht in der Vorhersage der Zukunft liegt, oder – in der Sprache des Marktes – der Erfolg eines Engagements nicht allein klugen Prognosen zu verdanken ist. Auch für den modernen Marktteilnehmer gilt: ‚Erkenne dich selbst!'"*

Gefühlsüberschwang und Herdentrieb als Einflussfaktoren

Die wohl schlimmsten Fehler sind der viel zu frühe komplette statt nur teilweise Verkauf aussichtsreicher Aktien und das zu lange Aussitzen und Mitschleppen der Verlierer ohne nennenswertes Erholungspotenzial. Nachteilig ist die Scheu, Qualitätsaktien zu kaufen, wenn der Kurs schon eine Weile bergauf gerichtet ist. Die Abwehrhaltung *„Viel zu teuer! Kein Einstieg zum Höchstkurs."* hält davon ab, trotz Wachstumschance und angemessener Bewertung dabei zu sein. Erinnert sei an die Börsenweisheit: *„Der Trend ist dein Freund!"*

Was sagt die Statistik zu Gewinnmitnahmen? Die mit Kursgewinn verkauften Aktien werfen meist auch künftig höhere Renditen ab als die dafür neu ins Depot aufgenommenen Titel. Die Fortführung eines bestehenden Trends ist wahrscheinlicher als eine Trendumkehr. Für die Verliereraktien gilt Gleiches. Sie binden zudem Kapital und dürften sich kaum erholen, wenn dieser Kursrutsch fundamental begründet ist und die Charttechnik Verkaufssignale sendet.

Die Psychofalle schnappt zu, wenn ein Anleger die Fehlspekulation als persönliche Niederlage empfindet und sich rechtfertigen will. Jetzt wird der Misserfolg verdrängt, jede Information, die sich nicht mit der eigenen Sichtweise deckt, ignoriert. Selbstüberschätzung verbunden mit dem Anspruch, den Markt schlagen zu können, ist hinderlich. Meist wird nach Ausflüchten und Sündenböcken gesucht.

Die Zauberformel der Aktienbörse

Ich kann schlimmstenfalls meinen Einsatz verlieren. Nach oben aber gibt es keine Grenze.

„Aktien – Hoffnungen begraben“ von Frank Wiebe, *Handelsblatt*

„Was tun? Wer schnell agiert oder sein Geld bald verbrauchen will, kann wahrscheinlich auch jetzt noch aussteigen. Wer á la Kostolany seine Aktien kauft und bis zum Eintritt des Rentenalters liegen lässt, muss aber nicht den Weltuntergang fürchten und hektisch umschichten. Falsch wären nur zwei Strategien: jetzt noch aussteigen und zu spät wieder einsteigen. Das passiert leicht. Der ideale Einstiegszeitpunkt kommt oft schon dann, wenn alle noch ihre Wunden lecken. Die zweite falsche Strategie: Jetzt cool drin bleiben – und nahe den Tiefstkursen die Nerven verlieren und doch noch aussteigen. Die Erfahrung zeigt, dass es schwierig ist, mit häufigem Ein- und Aussteigen das Ergebnis zu verbessern.“

Eine psychologisch untermauerte Fehleranalyse

➢ **Seien Sie sich über Ihre Ziel- und Handelsbeweggründe im Klaren.**

Börsenerfolg setzt eine kritische Selbstanalyse voraus. Wie hoch sind Ihre Renditeansprüche? Was können Sie sich leisten, wenn Sie sich Ihre Vermögensdecke, Ihren monatlichen Aufwand, Ihre Verpflichtungen und Ziele vor Augen halten? Wo haben Sie in der Vergangenheit Fehler gemacht? Einmal (verständlich) oder mehrmals (darf nicht wieder vorkommen)? Denken Sie an einen ungesicherten Abgrund in einer bergigen Landschaft, von dem Sie sich besser fernhalten.

➢ **Schreiben Sie hohe Gewinne nicht nur Ihrer Cleverness und Verluste nicht allein dem Pech zu.**

Haben Sie auf Kursgewinne leichtfertig reagiert, alles auf eine Karte gesetzt, mit Ihren Erfolgen geprahlt? Kauf in 2 oder 3 Tranchen und Teilverkauf bei hohem Kursgewinn sind die richtige Antwort. Nicht jede Aktie entwickelt sich zu einer Kursrakete bzw. einem „Einhorn“. Selbst in einem Fußball-Spitzenteam wie dem FC Bayern München bringt nicht jeder Spieler immer seine Höchstleistung. Geht Ihre Strategie daneben, suchen Sie nicht nach Sündenböcken. Fühlen Sie sich verantwortlich. Wo haben Sie Chancen ausgelassen? Was war der Grund für Ihr Zögern? Ein einmaliger Fehler sollte Denkanstoß sein, dass er sich nicht wiederholt.

➢ **Glauben Sie nicht alles, was Gurus und Börsenbriefe anpreisen.**

Falls Sie sich schon von aggressiver Werbung beeinflussen ließen, bewerten Sie Werbung als emotionalen Kaufanreiz: Gut für Ihre Gefühlswelt, schlecht als Basis für Börsenentscheidungen. Werbung bringt kein dauerhaftes Glücksgefühl.

➢ **Investieren Sie nicht bei innerer Abwehr.**

Wählen Sie unter Tausenden jene Aktien aus, die Sie bezüglich Nachhaltigkeit, Substanzkraft, Umweltschutz, Ethik, Kommunikation, Produkten und Finanzzahlen mögen. Ist Ihnen das Geschäftsmodell zuwider, verkaufen Sie evtl. übereilt.

- **Haben Sie kein schlechtes Gewissen bei mehr als 50 Titeln.**

Mangelt es Ihnen nicht an Zeit, Geld, Mut und Lust, können Sie mehr Einzelaktien aufnehmen. Sie erhöhen breit gestreut die Chancen, auch beste Titel zu besitzen und langfristig zu halten – die Voraussetzung für meine Hoch-/Tief-Mutstrategie. Jeder Einsatz sollte bei mindestens 1.000 bis 2.000 € liegen, damit Teilverkäufe möglich sind und sich Gewinnmitnahmen rechnen. Wann haben Sie Fehler gemacht? Welche Erfahrungen bewerten Sie als Aufforderung zum Weitermachen?

- **Kein Herdentrieb – kein Gehen in ausgetretenen Pfaden.**

Kriminelle Gurus und Stammtischgeschwätz gefährden Ihren Börsenerfolg. Schwimmen Sie mal gegen den Strom. Tote Fische und Mitläufer treiben mit dem Fluss. Waren Sie schon selbst Opfer des Massenphänomens Herdentrieb? Was tun Sie, damit dies nicht wieder vorkommt und Sie selbstbewusst handeln?

- **Überschätzen Sie sich nicht; Sie können den Markt nicht steuern.**

In Anlehnung an den Starinvestor Warren Buffett sollten Sie bevorzugen, was Sie kennen, verstehen und mögen. Decken Sie Sektoren, in denen Ihr Wissen begrenzt ist, am besten mit einem ETF ab, der das Börsenbarometer exakt abbildet. Ließen Sie sich schon einmal hinreißen, spontan Aktien zu kaufen, ohne fundamentale Daten und charttechnische Signale zu beachten? Das größte Risiko ist allerdings in den Nullzinszeiten, überhaupt kein Risiko eingehen zu wollen.

- **Bestimmen Sie Ihren Anlagezeitraum; vermeiden Sie Hektik, aber reagieren Sie auf Trend und Marktlage.**

Wer das schnelle Rein und Raus liebt, für den gilt: *„Wer zu spät kommt, den bestraft der Markt.“* Bei Langzeitorientierung ist der Kaufzeitpunkt weniger entscheidend. Erinnern Sie sich, wann Sie bei starker Korrektur und Crash die Bodenbildungsphase klug für den Zukauf genutzt haben. Wann und warum ließen Sie dagegen solche Chancen verstreichen? Wie sieht Ihre Neuorientierung aus?

- **Pflegen Sie nicht nur das DAX-Heimatliebedepot; sondern senken Sie Ihr Risiko durch *„breit gestreut – nie bereut!“***

Hand aufs Herz! Haben Sie sich bislang ganz auf den DAX konzentriert, die Nebenwerte-Indizes MDAX, TecDAX, SDAX sowie ausländische Aktien weitgehend verschmäht? Höchste Zeit, eine Kehrtwendung einzuleiten! Schon um das Währungsrisiko zu senken, sind substanzstarke Aktien aus Dow Jones, S&P 500 und Nasdaq interessant. Ostasien und Lateinamerika, bei Risikofreude auch Russland, sollten mit klug ausgewählten Aktien, ETFs oder Aktienfonds in Ihr Depot einziehen. Dies gilt ebenso für den Stoxx 50 (Gesamteuropa) und den Euro Stoxx 50 (EU). Der angezogene Ölpreis, die Zukunftsmärkte Robotik/KI, der Brexit und die Unberechenbarkeit von Donald Trump erfordern neue Schwerpunkte.

- **Vermeiden Sie Informationsüberflutung; mitunter ist weniger mehr.**

Verzetteln Sie sich nicht, indem Sie zu viele Internetmeldungen studieren. Belasten Sie sich nicht mit Nebensächlichkeiten. Dies gilt umso mehr, wenn Sie berufstätig sind und eine Familie haben. Als Ruheständler kann dies anders aussehen. Da dürfte die gründliche Suche auch eine Art Zeitvertreib sein. Konzentrieren Sie sich auf solche Nachrichten, die inhaltlich und sprachlich überzeugen, verständlich und gut lesbar sind. Schieben Sie Kündigungen nicht unnötig auf die lange Bank!

- **Gehen Sie beharrlich Ihren eigenen Weg. Aber bedenken Sie, dass Sie nicht der Erste sind, dem Nachrichten zuteilwerden.**

Sie können es mit dem Sekundenhandel nie aufnehmen. Hart gesottene Profis verfügen früher über wichtige Infos. Hohe Renditen sind dennoch erzielbar. Meine erprobte und langfristig erfolgreiche Hoch-/Tief-Mutstrategie weist Ihnen den Weg.

- **Betrachten Sie den Trend als Freund; ohne sich einlullen zu lassen.**

Setzen Sie den kleineren Teil Ihrer Aktienauswahl für antizyklisches Handeln ein. Dies bedeutet nicht, gegen den vorherrschenden Trend zu handeln, sondern frühzeitiges Reagieren auf eine mögliche Trendumkehr. Greifen Sie neben Value zu günstigen Kursen auch bei wachstumsstarken Growth-Titeln beherzt zu.

- **Schauen Sie nicht nur auf Wachstum, sondern auf die Dividende.**

In den Zeiten des Neuen Marktes stand das Wachstum an erster Stelle. Gewinn und Dividende spielten eher eine Nebenrolle. Diese Einstellung hat sich grundlegend gewandelt. Wer Qualitätsaktien jahrelang hält, bei dem steigt die beim Einstandspreis errechnete Ausschüttungsrendite möglicherweise sogar zweistellig an. Trotz Übergewichtung von Dividendenfavoriten sollten Sie auch Aktien aus Sektoren erwerben, die wenig oder gar nicht ausschütten. Dies gilt für die Biotech-, Hightech- und Internetbranche. Wie hoch ist grob geschätzt der prozentuale Anteil an Dividendentiteln? Möglichst zwei Drittel? Sofern Sie genau Buch führen: Wie sieht es mit steuerfreien Ertragsgutschriften aus? Bei dem niedrigen Zinssatz nahe null kann allein die Dividende eine schleichende Kapitalvernichtung stoppen.

- **Versuchen Sie nie, Verluste mit spekulativen Titeln auszugleichen.**

Aus Börsenverlusten ist kein persönliches Versagen abzuleiten. Nicht jede Aktie kann ein Kurstreiber sein. Wichtig ist ein dauerhaft gutes Ergebnis insgesamt. Als schlimmster Patzer gilt, Verluste mit spekulativen Anlagen ausgleichen zu wollen.

- **Vergessen Sie über allen schönen Träumen nicht die Wirklichkeit.**

Wünsche erhöhen nicht die Wahrscheinlichkeit, dass Ihre eigene Prognose eintritt. Verdrängung, Herdentrieb und Sündenbocksuche helfen nicht weiter. Wann haben Sie überteuerte Aktien gekauft und Kursschwäche bei guten Titeln nicht genutzt?

- **Arbeiten Sie Erlebtes auf. Ein Crash brennt sich in die Seele ein.**

Viele Privatanleger verharren weiterhin passiv am Rand des Börsenspielfelds, weil die Crashwunden nicht verheilen. Hier helfen nur die kritische Selbstanalyse und die Erkenntnis, dass Sie mit dem beliebten Sparbuch bei Verzinsung nahe null Ihr Kapital schleichend vernichten. Die Dividende bildet den Ersatzzins von heute.

- **Runde Zahlen bergen Risiken. Limitieren Sie großzügig.**

Ob Limit oder Stoppkurse: Meiden Sie runde Zahlen. Bei schlechten Nachrichten fällt der Kurs oft darunter; bei guten Zahlen überspringt er glatte Zahlen. Sie müssen sich dann nicht mehr ärgern, wenn sich die runde Zahl als Bumerang erweist.

- **Ein Crash ist gut für Leute mit Mut.**

Militärisch klingt dies so: Kaufen Sie, wenn die Kanonen donnern. Abseits von Kriegsgeschrei gilt: Greifen Sie zu, wenn Angsthasen all ihre Papiere zum Tiefstkurs in den Markt werfen. Machen Sie mit Teilverkäufen Gewinne, wenn Gierige überteuert ordern. Der Crash verliert seinen Schrecken bei überlegtem Handeln.

- **Unwissenheit ist der größte Feind einer vernünftigen Aktienanlage.**

Wissen lässt sich durch gute Literatur und Seminare aufbauen. Und Sie erkennen, dass an dem Börsenspruch *„100 minus Lebensalter = Aktienanteil“* wenig Wahres dran ist. Junge Leute wollen, aber können oft nicht: geringes Einkommen, Wohnung, Familie, Auto, Karriere, Anschaffungen, Immobilie, Firmengründung.

2.4 Stoppkurse: Ja oder nein? Wem nützen sie?

In früheren Jahren wurde heftig über Sinn und Unsinn von Stoppkursen gestritten. Um dieses Thema ist es still geworden. Die Befürworter führen. Sie verdienen mit Stoppkursangaben, Kursanpassungen, Kommentaren und dadurch ausgelösten Verkauforders. Ohne sie gingen viele Arbeitsplätze verloren. Stoppkurse lösen bei Kurssturz Computerverkäufe und bei lebhaftem Handel Kettenreaktionen aus. Umgekehrt ist zu überlegen, ob man beim erreichten Kursziel stets verkaufen sollte, was ich selbst nicht tue.

Viele Marktexperten halten Stoppkurse für rational handelnde Börsianer als unverzichtbar. Sie sind es bei Unschlüssigkeit, unzureichender Marktbeobachtung und längerer Abwesenheit. Diese positive Einschätzung hat sich durchgesetzt und wird kaum kritisch hinterfragt. Nachteile bleiben unerwähnt. Wäre ich, die Autorin, in leitender Funktion an der Börse oder in einer Bank tätig, bestände die Gefahr, wegen Geschäftsschädigung meinen Arbeitsplatz zu verlieren. Was den Derivate- und Optionsscheinsektor betrifft, herrscht Einmütigkeit. Zu Recht gibt es wohl keinen einzigen Experten, der bei Hebelprodukten von Stop-Loss-Orders abrät.

Warum werden die unbestrittenen Vorzüge von Stop-Loss-Orders stets genannt, die Nachteile aber verschwiegen? Es gilt, stärker zu differenzieren, abhängig von Börsenklima, Index, Branche, Risikoneigung, Fachkompetenz und Disziplin.

Was spricht für Stoppkurse? Wo liegen die Vorteile? Schätzen Sie Stoppkurse wie eine Versicherung ein, die ihren Preis hat.

Bei starker Korrektur und Crash lohnen sich Stoppkurse eher bei Nebenwerten. Ein Abwärtstrend vollzieht sich oft schleichend. Zu den häufigsten Fehlern zählt, sich in Krisen die Buchgewinne wieder abknöpfen zu lassen. Statt Gewinne zu sichern oder Verluste zu begrenzen, bevor es richtig wehtut, wird Unangenehmes verdrängt und beiseite geschoben. Vor allem zögernde Aktionäre halten ihrem Wertpapier die Treue. Betrachten Sie Stoppkurse wie eine Versicherung, die sich bei kleinen Schäden nicht lohnt. Begrenzen Sie Stoppkurse auf riskante Titel.

Setzen Sie Ihre Stoppkurse mindestens 15 % bis 25 % unterhalb des aktuellen Kurses. Sonst werden im Bärenmarkt auch Ihre besten Aktien ausgestoppt. Der gut gemeinte Hinweis, den Titel danach günstig nachkaufen zu können, greift kaum. Erinnert sei an ein gebranntes, das Feuer scheuende Kind. Einmal weg – immer weg! Erkundigen Sie sich, ob Stoppkurse und Anpassungen etwas kosten. Wenn ja, genau auswählen oder ganz verzichten. Denken Sie daran, dass Computerverkaufsprogramme als Kettenreaktion zu weiter sinkenden Kursen führen.

Überblick: Was spricht für Stoppkurse?

- Sie begrenzen Ihre Verluste im Bärenmarkt und zögern wichtige Entscheidungen nicht aus Unentschlossenheit hinaus.
- Die ersten Verluste sind die geringsten und schmerzen am wenigsten.
- Sie müssen Ihr Depot nicht börsentäglich beobachten. Bei längerer Abwesenheit ist es beruhigend, sich mit Stoppkursen abzusichern.
- Schlechte Aktien belasten nicht länger Ihr Depot. Mit dem Geld aus Verkäufen können Sie Ihr Depot preiswert mit Qualitätstiteln aufstocken.

Was spricht gegen Stoppkurse? Im Aufwärtstrend lohnen sie sich kaum. Der Bullenmarkt wird durch Kursanstieg geprägt.

Langfristig steigen die Kurse erstklassiger Aktien. Im Bullenmarkt sind Preisabschläge eher Einstiegs- und Zukaufsignale. Im Bärenmarkt verschwinden fast alle Titel aus dem Depot. Als die Spekulationsfrist noch galt, blieb die große Chance ungenutzt, bis Ende 2008 einen steuerfreien Altbestand aufzubauen. Das Ausstoppen des Altbestands zerstörte die Erfolgsformel für die Zukunft.

Überblick: Was spricht gegen Stoppkurse?

- Sie opfern Ihre Handlungsfreiheit und übertragen diese auf automatisch arbeitende Computersysteme.
- Nebenwerte geraten schnell unter die Räder. Mal sind es schlechte Nachrichten, mal Gerüchte oder Abstrafung, weil der Marktführer enttäuschte.
- Bei einem größeren Depot summieren sich die Transaktionskosten. Der Frust ist groß, wenn sich ein Titel rasch erholt.
- Wer im Bärenmarkt niedrige Kurse für den Einstieg nutzt, läuft Gefahr, erneut ausgestoppt zu werden.
- Wenn viele computerunterstützte Stoppkursverkäufe erfolgen, stürzen die Aktien in einer Art Kettenreaktion weiter ab.
- Ärgerlich ist es, wenn die Aktie kurz vor der Hauptversammlung ausgestoppt wird und dadurch eine attraktive Dividende entfällt.
- Stoppkurse garantieren keinen bestimmten Ausführungspreis. Er kann weit unterhalb der Marke liegen. Entscheidend ist die erste Kursfeststellung, wie eine gescheiterte klinische Phase III bei Pharma- und Biotechaktien.

Es ist ärgerlich, wenn die Aktie kurz vor einer hohen Gewinnausschüttung weg ist. Zu beachten sind auch schwankungsfreudige Nebenwerte. Manch kleiner Titel verliert binnen weniger Tage ein Viertel oder Drittel vom Börsenwert, weil der Marktführer patzte oder ein böswilliges Gerücht die Runde macht. Im Aufwärtstrend sind Stoppkurse eher ungünstig. Ausgestoppte Aktien, die das Opfer von Leerverkäufen, Sippenhaft, haltlosen Gerüchten oder irrationaler Übertreibung sind, erholen sich oft schnell. Das Dilemma wird offenkundig, wenn ein Börsenkommentar verkündet: ***„Leider wurde trotz unserer positiven Einschätzung der Titel ausgestoppt. Wir nutzen die Kursschwäche zum Rückkauf."***

Ein Fallbeispiel: *Verheerend wirkten sich Stoppkurse am 6. Mai 2010 aus, als nachmittags binnen weniger Minuten der Dow Jones um 1.000 Punkte in den Keller rauschte und zur Kapitalvernichtung in Billionenhöhe führte.* ***Procter & Gamble*** *war binnen 5 Minuten 60 Mrd. US-Dollar weniger wert. Die Aktie von* ***Accenture*** *soll von 42 US-Dollar auf 1 Cent abgestürzt sein. Weltweit verloren die Indizes bis zu 15 % – dies alles durch einen Eingabe- oder Computerfehler. Komplette Aktiendepots wurden minutenschnell leergefegt*. Und Gebühren draufgesattelt.

Bei einem kräftigen Aufwärtstrend sollten Sie Ihre Stoppkurse nachziehen. Einige Discountbroker berechnen nichts für die regelmäßige Anpassung. Andere Banken bitten pro Stop-Loss-Order monatlich mit bis zu 5 € zur Kasse.

Gehören Sie zu den Stoppkursanhängern, sollten Sie auch unter diesem Aspekt Ihre Depotbank auswählen. Kein Geldinstitut ist in jedem Teilbereich am günstigsten. Klären Sie die wichtigsten Einzelheiten vor Ihrer Entscheidung ab.

Wie werden Stoppkurse gesetzt? Der Anleger erteilt seiner Bank die Stop-Loss-Order z. B. 15 bis 25 % unterhalb der aktuellen Notierung zum gewünschten Kurs und unterrichtet sie über nachzuziehende Stoppkurse zur Gewinnabsicherung. Nur wer als spekulativer Kurzzeitanleger große Summen einsetzt oder als Day Trader handelt, platziert seine Stoppmarken niedrig im einstelligen Prozentbereich. **Wo gibt es Hilfen?** Wer Anleitungen braucht, um Stoppkurs-Marken vernünftig zu setzen bzw. bei Bedarf nachzuziehen, findet im Wochenmagazin BÖRSE ONLINE, € AM SONNTAG und in anderen Finanzpublikationen nützliche Hinweise.

Was heißt dynamische Verlustbegrenzung? Ein disziplinierter, fachkundiger Anleger zieht die Reißleine „mental". Er entscheidet nach eingeholten Informationen selbst, ob ein Verkauf ratsam ist. Wenn ja, handelt er rasch und konsequent.

Wann Stoppkurse? Wann dynamische Verlustbegrenzung?

Situation, Marktlage, Anlegertyp, Börsenklima, Depotumfang usw.	Stop-Loss-Orders	dynam. Verlustbegrenzung
Bullenmarkt, Hausse, Aufwärtstrend		X
Bärenmarkt, Baisse, Abwärtstrend	X	
Sägezahnmarkt, stagnierender Markt	X	X
Langzeitanlage mit Altbestand		X
Langzeitanlage mit Neubestand	X	X
Kurzzeittrading, schnelles Rein/Raus	X	
kompetenter, disziplinierter Anleger		X
unerfahrener Anleger, Einsteiger	X	
Blue Chips, Qualitäts-Standardaktien	X, ab 10 %*	X
klassische Nebenwerte	X, ab 15 %*	X
Hightech, neue Energie, Biotech usw.	X, ab 20 %*	X
längere Abwesenheit	X	
zögerliches Verhalten	X	
ständige Marktbeobachtung		X
ausgeprägtes Risikobewusstsein		X
deutliche Sicherheitsneigung	X	
schlechtes Nervenkostüm, Angst	X	

*Preis unterhalb des aktuellen Kurses; Stoppkurse regelmäßig nachziehen!

2.5 Kein Panikausverkauf bei Krisen und im Crash

Der globale Wandel mit Digitalisierung und blitzschnellem Datenfluss wird die Crashgefahr nicht unbedingt erhöhen oder verringern, dürfte aber häufiger starke Kursschwankungen nach oben und unten auslösen. Sie können mit klugen Reaktionen statt drohender Verluste längerfristig ein kräftiges Plus erzielen. Dazu gehören Disziplin, antizyklisches Handeln und Mut. Das von Strafzöllen und Sanktionen geprägte Verhalten des US-Präsidenten Donald Trump dürfte die Unruhe an den Börsenmärkten mit erheblichen Kursschwankungen verstärken.

- **Ruhe bewahren und Kraft schöpfen, um klug reagieren zu können!**
- **Cool bleiben und Fehler durch hektische Reaktionen vermeiden!**
- **Nie aus Angst und Panik alle Aktien zu Tiefkursen in den Markt werfen!**
- **Geschickt mit Teilverkauf/Zukauf balancieren und Risiken verringern!**
- **Vernunftbetont handeln und sich vom Herdentrieb bewusst abkoppeln!**
- **Beherzt Chancen nutzen*: „Ein Crash ist gut – für Leute mit Mut!“***

Der Siegeszug der Digitalisierung, die weltweite Vernetzung, der blitzschnelle Datenfluss unterstützt von Künstlicher Intelligenz und selbst lernenden Robotern beeinflusst unser Denken. Die computergestützten Kauf- und Verkaufsprogramme, die Eingriffe der Notenbanken und Regierungen, die bahnbrechenden Erkenntnisse der Natur- und Wirtschaftswissenschaften beeinflussen Strategie und Aktivitäten. Wer glaubt, dass künftig ein Börsencrash vermeidbar ist, irrt gewaltig. Kettenreaktionen häufen sich und bewirken weitere Verwerfungen.

Aktiencrashs wiederholen sich. Auch künftig bilden sich Spekulationsblasen, die mit Getöse platzen. Aber niemand weiß, wie lange die Erholungsphase bis zum nächsten Crashszenario dauert. Den letzten großen, weltumspannenden Crash gab es im Herbst 2008 und Frühjahr 2009 begleitet von Brüllen und Toben, Bangen und Hoffen, Verkaufen und Kaufen, in Hektik verfallen und Resignieren, aber auch Wittern von Chancen und mutigem Investieren. Im Januar/Februar 2016 erlebten wir heftige Kurseinbrüche als Folge der Börsenturbulenzen in China und der auf Messers Schneide stehenden Insolvenzgefahr Griechenlands. Der überraschende Brexit Englands Ende Juni 2016 sorgte für starken Kursrückgang an wenigen Tagen. Das Börsenjahr 2018 mit einem grottenschlechten vierten Quartal führte zu einem Technologie-Branchencrash und zu weltweiten Kurseinbrüchen. Der deutsche Leitindex DAX verlor über 18 %, das schlechteste Jahresergebnis seit Langem. Der MDAX mit -18 % und der SDAX mit -20 % schnitten ähnlich negativ ab. Nur der TecDAX kam mit -5 % glimpflich davon. Erfreulicherweise setzte sich im Januar und Februar 2019 der negative Abwärtstrend nicht fort. Die Hightechwerte haben sich erholt. Der Biotechsektor erfreut sogar mit Allzeithochs.

Beim Zusammenbruch der Märkte bietet das Zitat von Arthur Schopenhauer kaum Trost: *„Kein Geld ist vorteilhafter angewandt als das, um welches wir uns haben prellen lassen. Denn wir haben dafür unmittelbar Klugheit eingehandelt."* Oft wird aus Fehlern jedoch nichts gelernt. Der Mensch neigt zu Wiederholungen, zu eingefahrenen Verhaltensweisen. Bei weltweiten Finanzbeben wird das Börsengeschehen nicht durch Klugheit, sondern Hektik und Panik geprägt.

Auch die Wissenschaft kann Blasenbildung und Crash nicht aus der Welt schaffen. Die Börse ist ein Spiegelbild menschlicher Verhaltensweisen. Dazu zählt Emotionalität. Glücklicherweise sind Sie den Börsenturbulenzen nicht hilflos ausgeliefert. Koppeln Sie sich vom Herdentrieb ab. Schlimm ist es, sich extrem spät von seinen Aktien zu trennen. Viel besser ist es, in Bodenbildungsphasen zu Tiefkursen nachzukaufen bzw. Koppelgeschäfte zu tätigen! Bei günstigen Übernahmeangeboten und Aktien, die gegen den Trend oben bleiben, bietet sich ein Teilverkauf an.

Der Mensch neigt als „Gewohnheitstier" zu wiederkehrenden Verhaltensweisen – ein Glücksfall für die davon profitierende Charttechnik. Auch Politik und Wirtschaft lernen aus ihren Fehlern wenig. Wäre es anders, hätten Unternehmer, die nach der Gründung scheitern, bessere Comeback-Chancen. So aber beobachten wir Verdrängung statt Aufarbeitung, Herdentrieb statt Tatkraft. Wir greifen zu Vorurteilen, gepflastert mit Schadenfreude und Bürokratie.

Ein kurzer Rückblick ab der Weltwirtschaftskrise 2008/2009

Viele Börsianer wurden auf dem falschen Fuß erwischt. Das von Amerika ausgehende **Subprime-Desaster** (Bauhypotheken auch bei schlechter Bonität) – vergleichbar mit neu etikettiertem Gammelfleisch oder Obstkisten mit faulen Äpfeln – entwickelte sich zur globalen Finanzkrise. Anfangs erfasste die Krise Hypothekenbanken, danach Immobilien- und Hedgefonds. Alles, was mit Immobilien zu tun hatte, wurde gnadenlos abgestraft. Die Aktienkurse stürzten weltweit in die Tiefe.

Die Probleme begannen am US-Immobilienmarkt. Nachdem der Wert der Gebäude jahrelang gestiegen war, erhöhten viele Hausbesitzer ihre Hypothekenkredite – meist einkommensschwache Schuldner. Bei steigendem Zinssatz konnten viele Hausbesitzer nicht mehr tilgen. Privatinsolvenzen und Zwangsverkäufe häuften sich. Die Wohnimmobilienpreise purzelten in den Keller. Die komplizierten verbrieften Kreditderivate wurden unverkäuflich und trieben Banken und Versicherungen an oder in den Abgrund. Die US-Notenbank FED senkte den Leitzinssatz auf nahe 0 % und flutete in Absprache mit anderen Notenbanken Milliardensummen in den Markt, um die Liquidität zu erhöhen und Banken zu helfen, ihre Finanzprobleme zu lösen. Ab Frühsommer 2009 war der Spuk vorbei. Es begann eine Rallye, die – unterbrochen von heftigen Kursausschlägen und längerem Stillstand – bis 2017 anhielt. Im April 2015 übersprang der DAX die 12.390-Punkte-Marke. 2017 gab es ein neues Allzeithoch mit 13.597 Punkten. 2018 sackte der DAX bis auf 10.280 Punkte ab.

Ab Januar 2019 begann die Erholungsjagd. Ob sie anhält, weiß niemand. Am 1. März 2019 schaffte der DAX immerhin 11.600 Punkte. Das sind mehr als 1.200 Zähler gegenüber dem Tiefstand 2018, aber auch noch 2.000 Punkte entfernt, um das Allzeithoch von 2017 zu toppen. Pessimist **Marc Faber** beugte vor: ***„Wie man sich schützen kann, wenn die Blase platzt"*** – *„Ich weiß nicht, wann es passieren wird, ob morgen, in 5 oder in 10 Jahren. Irgendwann wird es zur riesigen Zerstörung von Vermögen kommen."* Die meisten Analysten prophezeien für 2019 zwar keinen Crash, aber unruhige, volatile Börsenzeiten.

Rückblick: Das Crashszenario vor 88 Jahren und die Zeit danach

Welch bedrückende Bilder verbinden sich mit dem großen Börsencrash, der 1929 eine Weltwirtschaftskrise auslöste und von Amerika zeitlich verzögert nach Europa überschwappte! So kam es bei uns zum Schwarzen Freitag, der in den USA ein Schwarzer Donnerstag war. Gelernt haben aus dem Schreckensszenario nur wenige Börsianer. Auch 1987 wurde die Welt von einem Crash heimgesucht. Und richtig zur Sache ging es von Frühjahr 2000 bis März 2003.

Rückblick: Der große Salamicrash von 2000 bis 2003

Befeuert von der New Economy stieg der DAX im Winter 1999/2000 in 4 Monaten um 60 % auf 8.150 Punkte. Viele Aktien waren doppelt so hoch bewertet wie heute. Umsatz- und Gewinneinbruch, eine sich abschwächende Konjunktur und die Verwerfungen am Neuen Markt lösten eine heftige Abwärtsspirale aus. Hinzu kamen die Terroranschläge vom 11. September 2001, die Argentinienkrise und der Irakkrieg. Kurz vor Kriegsausbruch markierte der DAX mit 2.200 Punkten den Tiefpunkt. Danach marschierte er 5 Jahre aufwärts und griff die alte Bestmarke von 8.150 Punkten an. Es folgte ein erneutes Crashszenario, ausgelöst durch die Weltwirtschaftskrise. Im März 2009 notierte der DAX nur noch bei 3.600 Punkten. Im Juni 2014 übersprang der DAX erstmals die 10.000-Punkte-Marke. 2017 präsentierte der Deutsche Leitindex sein Allzeithoch von 13.597 Zählern.

Stenogramm der Börsencrash-Geschichte

Am 7. Februar 1637 kommt es zum Crash. Gierige holländische Spekulanten kaufen seltene Tulpenzwiebeln zu horrenden Preisen. Bei der Alkmaar-Versteigerung bleiben die Käufer weg. Die Spekulationsblase platzt. Ein Preissturz von 95 %. **Der 24. und 25. Oktober 1929** gehen in die Geschichte ein als ***Schwarzer Donnerstag*** (USA) bzw. ***Schwarzer Freitag*** (Europa). Dieser heftigste Börsencrash lässt den Dow Jones binnen drei Jahren um 86 % abstürzen. **Am 19. Oktober 1987** rauscht der **Dow Jones** erneut in den Keller. Wieder kommt es zum weltweiten Crash. Seitdem häuft sich im Oktober Crashangst. **Frühjahr 2000 bis 2003:** Überhitzte Kurse lassen die Dotcom-Blase platzen. Der **TecDAX** löst 2003 den Neuen Markt ab. Die Jahrtausendwende ist die Geburtsstunde für den tückischen „Salamicrash".

2.6 Wie auf Aktienrückkauf und Aktiensplit reagieren?

Anleger lieben Rückkaufprogramme, sei es, dass die Aktien eingezogen werden und jeder Anteilsschein an Wert gewinnt. Sei es, dass die AG eigene Aktien als Akquisitionswährung bei Übernahmen oder für Wandelanleihen einsetzt. Dagegen stößt es auf Missbehagen, wenn der Rückkauf dazu dient, die Führungskräfte mit Aktienoptionen bei Laune zu halten. Erfreulicherweise werden Optionsprogramme nur noch selten aufgelegt.

Was macht Aktienrückkäufe attraktiv?

Es entsteht zusätzliche Nachfrage. Die Aktienmenge verringert sich, sofern die Firma sie nach dem Rückkauf einzieht. Bei gleichbleibendem Ergebnis steigt der Gewinn je Aktie. Gemessen am KGV wird die Aktie preiswerter. Dies verbessert die Kurschancen. Eine solche Nachricht wirkt als Treibsatz für die Kursentwicklung. Häufig werden Aktien auch für geplante Übernahmen zurückgekauft. Laut Untersuchungen der US-Investmentbank Morgan Stanley laufen die Aktien von Firmen, die Anteilsscheine zurückkaufen, im ersten Jahr nach der Ankündigung im Schnitt um 13 % besser als der Gesamtmarkt. *„Bei der Auswahl von Aktien sind Rückkäufe also ein gutes Kriterium“,* urteilt der Analyst Ben Funnell von Morgan Stanley.

Wie sieht es mit Rückkaufprogrammen beim DAX 2018/19 aus?

Die Großkonzerne Munich Re, Allianz, Adidas und Siemens kaufen für Milliardenbeträge Aktien zurück. Sie ziehen die Aktien ein und steuern damit auf einen Zehnjahresrekord von 4,8 Mrd. € zu. Weitere Rückkäufe von 5,7 Mrd. € bei DAX-Titeln sind angekündigt. Das knappere Angebot wirkt als Kurstreiber und erhöht pro Aktie den künftigen Gewinn. Die USA sind hier Vorbild. Zwischen 2015 und 2017 investierten amerikanische Großkonzerne rund drei Fünftel bzw. 60 % ihrer Erträge in diese Form der Kurspflege. Für Anleger ist es durchaus interessant, diesen Aspekt bei Kaufplänen zu berücksichtigen. Dividenden werden binnen drei Werktagen nach der HV ausgezahlt, während sich Aktienrückkäufe über einen längeren Zeitraum erstrecken. Etliche Analysten halten den Rückkauf für den besten Weg, Aktionäre zu beteiligen, wenn Anteilsscheine eingezogen werden.

Mittlerweile gibt es bereits einige ETFs und Aktienfonds, die in europäische und weltweite Aktien mit Rückkaufprogrammen investieren. Die beiden noch jungen Indexfonds von Amundi mit den Kennnummern A14 V4W und A2H 562 sowie iShares mit WKN A12DPR überzeugen und ermöglichen auch Anlegern mit wenig Geld, Zeit und ausbaufähigem Börsenwissen einen interessanten, breit gestreuten Einstieg in Aktien mit kurz- und langfristig guten Renditechancen.

H. Köster, INVESCO Fonds, berichtet: *„Aktienrückkäufe bewahren Firmen davor, in Repräsentationsbauten zu investieren oder Firmen viel zu teuer zu übernehmen."* Aber es gibt auch kritische Stimmen.

Mitunter werden eigene Aktien eingesammelt, um sie als Akquisitionswährung zu verwenden. Dies geschieht bevorzugt bei fairer Bewertung. Ein Aktientausch bietet sich an, wenn eine Gesellschaft durch eine Übernahme weiterwachsen, neue Märkte erschließen, lästige Mitbewerber abschütteln und Synergieeffekte erzielen will. Allerdings verläuft nicht jede Übernahme erfolgreich. Marktmacht und Größe sind nicht das Maß aller Dinge. Die Firmenkultur muss passen.

Trotz eindeutiger Vorteile fehlt es nicht an Kritik

Analysten bemängeln, es sei eine vorrangige Aufgabe der Führungsspitze, neue Wachstumsfelder zu erschließen. Habe der Vorstand keine bessere Idee als eigene Anteilsscheine zurückzukaufen, sei dies eher ein Armutszeugnis. Eine verlässlich steigende Dividende wäre oft die bessere und von den Anlegern geschätzte Alternative. *„Da weiß man, was man hat!"*

Kommentar von U. Hocker, DSW: Aktienrückkauf ausdehnen

„Aktienrückkaufprogramme sind in Mode. Kaum eine der im DAX notierten Gesellschaften verzichtet darauf, eigene Anteilsscheine zurückzukaufen oder zumindest auf der HV einen entsprechenden Vorratsbeschluss zu fassen. Nun lässt sich trefflich darüber streiten, ob es nicht bessere Möglichkeiten gibt, das im Unternehmen gehortete Geld zu verwenden. Aus Aktionärs- und Unternehmenssicht wäre eine gewinnträchtige Investition die sinnvollere Alternative. Ist jedoch eine solche Möglichkeit nicht gegeben, sollte das Kapital an die Aktionäre ausgeschüttet werden. Entweder über die steuerpflichtige Dividende oder mittels eines Aktienrückkaufprogramms. Klar ist: Es kann fatal sein, Geld unnötig im Unternehmen zu bunkern, statt es an die Aktionäre auszuzahlen!"

Wie sollten Sie auf Aktienrückkaufprogramme reagieren?

Sie, liebe Leser, sollten AGs bevorzugen, die sich beim Rückkauf verpflichten, die eingezogenen Papiere zu vernichten. Gute Zahlen, steigende Dividenden, positive Prognosen und Rückkaufprogramme mit klarer Zielsetzung sind der Treibsatz für höhere Kurse. Das Management sollte jedoch nur dann an ein Rückkaufprogramm denken, wenn bei geringer Verschuldung die Bilanzstruktur gesund ist und kräftige Gewinne eingefahren werden. In unsicheren Zeiten, bei angespannter Marktlage gibt es wichtigere Herausforderungen, als Aktienrückkaufprogramme zu starten. Eine passende Übernahme zum fairen Preis kann die bessere Alternative sein. Aktuell boomen Fusionen, Beteiligungen, freundliche und feindliche Übernahmen insbesondere im Gesundheitsbereich. Pharmariesen verleiben sich Biotechfirmen ein, die bei Immun- und Gentherapie mit Ideenreichtum begeistern.

Die richtigen Lehren aus einem Aktiensplit ziehen

Wenn Aktien „Junge" bekommen, sich also Nachwuchs einstellt, freut sich trotz optischer Täuschung die Anlegergemeinde über die Stückelung, Split genannt. Aktiensplits passen gut zum Bullenmarkt. Die negative Umkehrung: Der „Reverse Split" findet eher im Bärenmarkt und bei Insolvenzgefahr statt, um einer rettenden Kapitalerhöhung den Weg zu ebnen. Eine solche Kapitalmaßnahme ist bei einer Notierung als Penny Stock verboten.

In den letzten Jahren stückelten **Bechtle, Nemetschek** und **Sartorius** (TecDAX/MDAX), **Isra Vision** (TecDAX/SDAX), **Jungheinrich** und **Grenke** (SDAX) ihre Aktien im Verhältnis 2:1, 3:1 oder 4:1 (1, 2, 3 zusätzliche Aktien neu ins Depot). Aktiensplits werden von Anlegern freudig aufgenommen. Wer nicht informiert ist oder sich nicht auskennt, befürchtet eher einen Kursabsturz. Immerhin kommt es nur zum Split, wenn der Kurs zuvor stark stieg und weiterhin Umsatz- und Ertragswachstum erwartet werden. Ein von Insolvenz bedrohter Todeskandidat halbiert seinen Kurswert ohne Stückelung. Der Wert verändert sich beim Split nicht. Der prozentuale Anteil am Grundkapital bleibt gleich. Denken Sie an eine Torte, die Sie in vier Portionen aufteilen. Solange niemand davon isst, bleibt die Menge gleich.

Ob, wann und wie oft Aktien gestückelt werden, hängt nicht nur vom Konjunkturverlauf und der Kursentwicklung ab, sondern von den Gewohnheiten des Landes. In der Schweiz kosten einzelne Titel über 1.000 €, wie **Givaudan, Lindt & Sprüngli** oder **SGS.** Umgekehrt notieren in Hongkong viele Aktien einstellig. Notiert in den USA ein Titel über 100 Dollar, steht oft ein Split ins Haus. Während **Apple** die Aktienzahl versiebenfachte, lehnt **Booking** (vorm. Priceline.com) jeden Split entschieden ab – selbst bei einem Kurs von derzeit 1.600 €.

Ungünstig für Anleger: Reverse Split bzw. Kapitalherabsetzung

Die Zusammenlegung von Aktien im Rahmen einer Kapitalherabsetzung ist eine denkbar schlechte Nachricht. Kein Unternehmen, das mit seinem Geschäftsmodell überzeugt und sich in einer margenstarken Nische behauptet, muss sein Kapital herabsetzen. Anders verhält es sich bei einem Penny Stock. Hier ist ein Reverse Split notwendig, um danach regelkonform eine Kapitalerhöhung starten zu können. Oft ist es das kleinere Übel, sich vor der Kapitalherabsetzung vom angeschlagenen Unternehmen und dessen Aktien zu trennen. Der Verlust kann dramatisch sein, siehe **Intershop.** Das Kapital wurde seit dem Jahr 2000 zweimal herabgesetzt, jeweils im Verhältnis von 10:1. Dem Anleger, der anfangs pro Aktie ein paar 100 € hinblätterte, blieb zum bitteren Ende vom ursprünglichen Bestand von angenommen 180 Stück eine einzige Aktie übrig. Das letzte verbleibende Papier kostet 1,40 €. Berechnet die Bank Depotgebühren, schreibt sich der Verlust fort.

Zur Veranschaulichung sei die Ankündigung einer Kapitalherabsetzung im Verhältnis von 10:1 beim Windkraftunternehmen Nordex aus dem TecDAX abgedruckt. Der Kapitalschnitt bewirkte, dass von zuvor 205 Aktien nur noch 20 übrig blieben. Meine Recherche ergab: Vor dem Kapitalschnitt betrug das 52-Wochen-Hoch/-Tief 1,20/0,60 €. Im November 2005 war die Aktie 4 €, im März 2006 immerhin 9 €, im Dez. 2007 sogar 31 €, im Juli 2008 nur noch 20 € wert, um 2014 bei 11 bis 16 € zu notieren. Jetzt, Anfang März 2019, kostet die Aktie nach Aufholjagd um ein Fünftel im Jahresverlauf gut 11 €. Der TecDAX/SDAX-Titel zählt zu den wenigen Werten, die einen Kapitalschnitt verkrafteten, um über Kostensenkung und Neuausrichtung in die Erfolgsspur zurückzufinden. Dennoch bleibt für Altaktionäre der Verlust hoch. Gelohnt hat sich der Kauf zum Jahresende 2005.

ISIN DE 000 **587357** 4 NORDEX-AG-AKTIEN Stück 205

Kapitalherabsetzung im Verhältnis 10:1 per Ex-Tag 11. April 2005

Die ordentliche Hauptversammlung der oben genannten Gesellschaft vom 21.02.2005 hat eine Kapitalherabsetzung im Verhältnis 10:1 in Form einer Aktienzusammenlegung beschlossen. Ihren Depotbestand werden wir daher per Stichtag 08.04.2005 abends in die WKN A0D 655 umbuchen. Eine Regulierung der eventuell entstehenden Aktienspitzen wird zu einem späteren Zeitpunkt erfolgen.

Die an der US-Technologiebörse Nasdaq gelisteten Unternehmen müssen den Index verlassen, sobald die Aktien zu Penny Stocks abrutschen. Mitunter versucht eine AG, dem traurigen Schicksal zu entgehen, indem sie den Reverse Split mit Kapitalerhöhung vornimmt. Oft ist es ein Tod auf Raten. Schon der erhebliche Imageschaden steht einer dauerhaften Erholung im Wege. Ausnahmen wie beim norddeutschen Windkraftturbinenbauer Nordex oder dem US-Unternehmen Booking sind jedoch möglich bei erfolgreicher Neuausrichtung des Kerngeschäfts. Die Aktie des führenden Onlinereiseanbieters, vor dem Kapitalschnitt für einen einstelligen Eurobetrag zu haben, kostete 2018 bis zu 1.867 €. Einen Aktiensplit soll es nicht geben. Ich stieg beim Kurs von 450 € und 875 € erneut ein und verkaufte einen Teil nahe dem Allzeithoch für über 1.850 €.

Kapitalherabsetzung

Erwirtschaftet eine Firma Verluste, kann zum Ausgleich das Kapital vermindert werden. Dies ist eine buchungstechnische Verlustbeseitigung. Danach findet oft eine Kapitalerhöhung statt, um der AG neue finanzielle Mittel zuzuführen. Misslingt das Vorhaben, droht Insolvenz.

Umbuchung von Aktien: Aufgrund des Reverse Splits erfolgt ein obligatorischer Umtausch von 6 zu 1 in Aktien der **WKN: 766 054, ISIN: US7 415 034 039, PRICELINE.COM INC. SHARES.** Die Aktien sind frei verfügbar. Entstandene Aktienspitzen werden wir gemäß der Verfahrensweise unserer Lagerstelle regulieren.

2.7 Im Mai raus? Im Herbst wieder rein?

Der Mai, im Langzeitvergleich an dritt- oder viertletzter Position, sorgt für Unruhe. Viele Börsianer stellen sich auf Urlaub, warme Sommermonate, aber auch schon auf die negativen Börsenmonate August und September ein. Bloomberg analysierte, dass der DAX in 21 von 43 Jahren im Mai sogar zulegte. Im Schnitt rutschte der DAX im Wonnemonat Mai in 32 Jahren um weniger als 1 % ab. Objektiv besteht kein nachvollziehbarer Grund auszusteigen!

„Sell in may and go away.“: richtig oder falsch?

Die frei übersetzte Empfehlung: *„Verkaufe deine Aktien im Mai und halte dich dann zunächst fern von der Börse!“* beruht nicht auf Willkür. Die Landesbank Baden-Württemberg untersuchte die DAX-Entwicklung über einen Zeitraum von 42 Jahren. Der September war der weitaus schlechteste DAX-Monat. Nach dem August folgte der Mai. Ähnliches galt von 1956 bis 1982 auch für den Dow Jones. Danach kehrte sich das Bild um. Der Analyst Dimitri Speck berichtet: *„Man erkennt deutlich, dass der Mai kein schlechter, sondern ein guter Börsenmonat war, und dass der beste saisonale Verkaufszeitpunkt jetzt im Juli lag.“*

Einbrüche bei DAX, Dow Jones und S&P 500 im August und September sind typisch und dramatisch. Oft purzeln die Kurse ab Juli in den Keller und erholen sich erst im Spätherbst. Herausragende Einmalereignisse, wie die Asienkrise im Sommer 1997, die Russlandkrise im August 1998, der Börsencrash am 11. September 2001 nach dem Einsturz der Zwillingstürme in New York und die Pleite der Großbank Lehman Brothers im September 2008, haben die Statistik verzerrt.

Fazit: Es ist sicherlich vernünftiger, den August und September zu meiden, zumal im Frühsommer viele deutsche AGs üppige Dividenden ausschütten. Zum Jahresende und Jahresanfang präsentieren sich die Indizes oft in Bullenlaune. Geballte Angst gilt zwar dem Oktober, gab es hier doch 1929 und 1987 die größten Crashszenarien und auch 2008 heftige Einbrüche. Bleibt der befürchtete Crash aus, läutet der Oktober meist eine dynamische Jahresendrallye ein.

Was ist zu tun? Zumindest einige Gewinne mitnehmen – vielleicht auch Verluste weiter begrenzen! Sich von allen Aktien zu trennen, ist unsinnig, zumal bei jeder Order Gebühren anfallen und dies zum Dividendenverzicht führt. Nutznießer sind die drei großen **B: B**örse, **B**roker, **B**anken. Je enger Sie sich an diese Börsenweisheit klammern, umso mehr Geld wandert in deren Taschen. Und noch etwas: Mancher Börsianer hat nur deshalb keinen steuerfreien Altbestand als Zauberformel im Depot, weil dies bei Befolgen des fragwürdigen Tipps unmöglich war. Ebenso wird er vergebens von Tausend-Prozent-Kursraketen träumen.

Was spricht für die Beherzigung: Sell in may and go away?	
❶	Diese Einschätzung erfüllt sich womöglich schon deshalb, weil viele Börsianer ihr Handeln – wie bei der Charttechnik – darauf ausrichten.
❷	Es herrscht Urlaubsstimmung. Die Geldanlage interessiert jetzt weniger. Das Kapital fließt in die „schönsten Wochen des Jahres“ statt in Aktien.
❸	Der Rückzug aus dem Aktienmarkt erfolgt auch aus Angst vor einem Oktobercrash. Automatische Stop-Loss-Orders verstärken den Trend.
❹	Während des Urlaubs fehlt es an Zeit und Lust, sein Depot genau zu beobachten. Zusätzliche Risiken durch neue Investments werden vermieden.

Was spricht gegen den Rat: Sell in may and go away?	
❶	Die Prophezeiung erfüllt sich nicht, wenn jahreszeitliche Faktoren durch fundamentale oder charttechnische Indikatoren überlagert werden.
❷	Sobald viele Börsianer den Rat befolgen, verschiebt sich das jahreszeitlich beeinflusste Anlageverhalten nach vorn. Niemand will der Letzte sein.
❸	Den Langzeitanleger interessieren jahreszeitlich bedingte Kursschwankungen wenig. Nur der Kurzzeitanleger ist von der Volatilität stark betroffen.
❹	Nachhaltiger als durch die Jahreszeit wird die Kursentwicklung durch Branchentrends und eine sich erneut vollziehende Branchenrotation beeinflusst.
❺	Wer im Mai aus- und im Oktober/November wieder einsteigt, streut seine Investments nicht zeitlich. Das kann sich rächen, denn die Börse spielt durch den Einfluss psychologischer Faktoren selbst bisweilen verrückt.
❻	Wer alle Aktien bis 2009 im Mai verkaufte, besitzt keinen steuerfreien Altbestand. Und wer nicht aufpasst, büßt vielleicht seine Dividende ein.
❼	Häufiges Rein/Raus erweist sich bei einem größeren Depot als echter Gebührenfresser. Erinnert sei an: ***„Viel hin und her – macht Taschen leer.“***
❽	Wer sein Geld langfristig in Aktien, ETFs und Aktienfonds anlegt, für den verlieren jahreszeitliche Transaktionen ihren Sinn.

An den besten Börsentagen dabei sein! Wer beim Ein- und Ausstieg ein schlechtes Timing zeigt, halbiert seine Gewinnchancen, wenn er an den 10 erfolgreichsten Börsentagen außen vor bleibt. Verpasst er pro Jahr die 20 besten Börsentage, sinkt seine Gewinnchance auf ein Viertel. Ist er an den 30 lukrativsten Tagen nicht investiert, schmilzt sein Kursgewinn auf ein Achtel gegenüber Anlegern, die an den 30 renditestärksten Tagen im Markt sind. Beim schnellen Rein und Raus wächst die Gefahr, die guten Börsentage zu verpassen. Wer Qualitätsaktien, ETFs und Aktienfonds jahrelang hält, ist an den besten Börsentagen dabei.

2.8 Unsinniger Rat: 100 minus Alter = Aktienanteil

Weg mit dem Vorurteil, den Aktienanteil vom Lebensalter abhängig zu machen. Wo bleibt der demografische Wandel?

Kann es einen unsinnigeren Rat geben, als einem 80-Jährigen zu empfehlen, seinen Aktienanteil auf 20 % zu reduzieren, und einem 20-Jährigen zu raten, 80 % seiner Ersparnisse in Aktien anzulegen? Am meisten Geld verdient im Schnitt die Altersgruppe der 50- bis 65-Jährigen. Da bietet es sich eher an, den Aktien- und Fondsanteil zu erhöhen, zumal mit Renteneintrittsalter die freie Zeit steigt. Nachdem Frauen schon über 21 Jahre ihre Rente genießen und es bei Männern knapp 20 Jahre sind, ist es im Ruhestand wichtig, sich neue, interessante Aufgaben und Lebensziele zu setzen. Pro Jahrzehnt steigt die Lebenserwartung um ca. 2 Jahre. Wer 50 Jahre alt ist, kann sich über ein geschenktes Leben von einem Jahrzehnt freuen. In 75 Jahren sind es 15 Jahre. Im Alter ändert sich daran nichts, ein weiterer Zugewinn von 2 bis 3 Jahren pro Jahrzehnt. Es gilt, das biologische Alter niedrig zu halten durch körperliche Bewegung, geistige Anregungen, gesunde Ernährung und Lebensführung. Nicht rauchen, nicht saufen, sich bewegen, gesund ernähren. Also wenig Zucker, Fett und Salz. Auf die schlanke Linie achten und sich Ziele setzen, die das Alter lebenswert machen, mögen auch Schmerzen, nachlassende Muskelkraft und Mobilität das Wohlbefinden schmälern.

Aktien bieten mehr als nur Geldanlage. Sie sind ein anregendes Hobby, erweitern den geistigen Horizont, eröffnen soziale Kontakte und bedeuten für mich als betagte Autorin von Büchern, Kommentaren, Kolumnen und Seminaren neue Herausforderungen und Aufgaben. Vieles geschieht ehrenamtlich, manches bringt Geld. Auch der Hauptversammlungsbesuch kann interessant sein – nicht teuer in seiner Region. Die auch von Bankern und Fondsmanagern oft verteufelten Kursschwankungen sind als Chancen zu begreifen. Es wird Zeit, sich vom schleichenden Kapitalvernichter Sparbuch zu trennen. 15 % Aktionäre in Deutschland sind zu wenig. In anderen Ländern gibt es mehr als doppelt so viele Anteilseigner.

Und wie sieht bei den jungen Leuten ab Berufsstart aus?

Beispiel: 20-jähriger Berufsanfänger oder Student, 30-jähriger Familien- oder Firmengründer. Selbst junge Leute, die sich für Aktien interessieren und nicht an Vorurteile klammern, sind eher selten aktiv: *„Das ist nur etwas für Zocker und Spekulanten!“* – *„Kleine Einsätze lohnen sich nicht!“* – *„Man muss Experte sein, sich richtig gut auskennen!“* – *„Nur ein schnelles Rein/Raus kann erfolgreich sein!“* So heißen die Gründe: Es gibt viel aufzubauen und anzuschaffen: eigener Hausstand, eigenes Auto, Familien-, vielleicht auch Firmengründung, Wunsch nach Eigentumswohnung oder Eigenheim, Zuschuss für pflegebedürftige Eltern usw. Ich hatte ohne Erbschaft vor dem 60. Geburtstag kaum Geld für Aktien verfügbar.

2.9 Mit gutem Gewissen das eigene Geld anlegen

Eine Geldanlage mit gutem Gewissen schafft Wohlbefinden durch das Gefühl, Gutes zu tun und Schäden für Umwelt, Mensch, Tier und Pflanze abzuwenden. Renditeeinbrüche sind nicht zu befürchten. Nachhaltige Geldanlagen in das Gesundheitswesen, die Softwarebranche, den Konsumgüter-, Wasser- und Immobilienbereich liegen im Trend.

Die Menschheit steht vor gewaltigen globalen Problemen bezüglich Klimawandel und dem demografischen und gesellschaftlichen Umbruch. Die internationale Naturschutzorganisation WWF misst alle zwei Jahre die Veränderungen der weltweiten Artenvielfalt und des menschlichen Konsumverhaltens. Würden wir so weiter wirtschaften wie bislang, benötigten wir bis 2040 voraussichtlich zwei komplette Planeten, um den Bedarf der wachsenden Weltbevölkerung, gepaart mit der Abnahme landwirtschaftlicher Nutzflächen, an Nahrung, Wasser und Energie decken zu können. Daraus wächst das Bestreben vieler Anleger, mit ihrem Vermögen nicht nur eine angemessene Wertsteigerung zu erzielen, sondern die Geschicke der Welt positiv zu beeinflussen. Das eigene Geld mit gutem Gewissen und nachhaltig anlegen! Und dennoch eine ordentliche Rendite erzielen! Dies ist vielen Sparern wichtig. Ob nachwachsende Rohstoffe, Wasser als „blaues Gold" oder Gesundheitswesen mit Biotech, Medtech und Pharma. Dies liegt im Trend und entspricht den Interessen künftiger Generationen.

Das Erfreuliche daran ist, dass sich Nachhaltigkeit nachweislich rechnet und Investitionen in eine lebenswerte Zukunft nicht zu geringerer Rendite führen. In rund 200 Studien wurden Nachhaltigkeitsaktien zu 21 % positiv, 20 % neutral, 13 % gemischt und 1 % negativ beurteilt. Nachhaltigkeitsfonds sind im letzten Jahrzehnt um das Fünfzehnfache gewachsen. Dazu heißt es in der Metastudie der Universität Oxford: *„Unternehmen, die verantwortungsvoll mit dem Thema Nachhaltigkeit umgehen, erwirtschaften über einen mittel- bis langfristigen Zeitraum höhere Gewinne und haben dabei durchschnittlich weniger Risiko."*

Nachhaltigkeit bezeichnet Strukturen und Ziele, die auf die Bedürfnisse der heutigen Generation zugeschnitten sind, ohne die Entwicklungschancen und Lebensqualität nachrückender Generationen zu gefährden. In Europa geht es vor allem um Umweltschutz und ethisch-soziale Fragen. In den Schwellenländern ist die Sicherung der Lebensgrundlagen vorrangig. Die Nachhaltigkeits-Ratingagentur **oekom research AG** ist Partner von institutionellen Investoren und Finanzdienstleistern, die verantwortungsvoll handeln und nachhaltige Anlagekonzepte entwickeln. Jedoch ist nicht alles nachhaltig, was unter diesem Begriff angeboten wird. Hier tummeln sich auch dubiose Firmen mit fragwürdigen Geschäftsmodellen, um unerfahrene Anleger über den Tisch zu ziehen und ihnen Geld abzuknöpfen.

Seien Sie hellhörig und misstrauisch, wenn jemand Ihnen unerfüllbare Renditewunschträume um die 10 % vorgaukelt. Solche Kapitalrenditen lassen sich mit Windkraft, Kakaobohnen und Baumbeständen aus Pappeln und schnell wachsenden Weiden nie erzielen – alles leere, betrügerische Versprechen. Niemand wird Sie daran erinnern, dass Schädlinge Pflanzen befallen, Wälder abbrennen und junge Bäume wegen des Klimawandels schlechter gedeihen als erhofft. Einerseits Hitze und Dürre, andererseits Kälte, Nässe, Orkane und Hagelschlag.

Beim Corporate Governance Kodex geht es um ethische Standards verantwortungsvoller Unternehmensführung. Er schafft Transparenz, erhöht den Anlegerschutz und bekämpft geschönte Bilanzierung und Umsatzbetrug. Eine Regierungskommission überwacht das Einhalten der Vorschriften. Immer öfter empören sich Aktionäre über Raffgier, zu hohe Bezüge, mangelnde Wertschätzung und Machtmissbrauch.

Bei Nachhaltigkeit geht es um Entwicklungen, die Bedürfnisse der heutigen Generationen erfüllen, ohne die Lebens- und Entfaltungschancen künftiger Generationen zu gefährden. In Europa sind Umweltschutz und ethisch-soziale Fragen vordringlich. Die Schwellenländer müssen die Lebensgrundlagen sichern.

Nur jeder 7. Nachhaltigkeitsfonds erfüllt bei uns Ethikkriterien: Lediglich 40 der 290 in Deutschland angebotenen Nachhaltigkeitsfonds werden den Ansprüchen umweltbewusster Anleger gerecht. Im Interesse des Umweltschutzes ist es fragwürdig, in Tiefseebohrungen, Ölsandförderung und Fracking-Verfahren bei der Gewinnung von Gas aus Schiefergestein zu investieren.

Tabu sind Kernenergie, Waffen und Rüstung, Pornografie, Kinderarbeit, Tabak und Alkohol, Glücksspiel, Tierversuche, Genmanipulation, Bilanzbetrug. Ebenso stehen Geschäfte auf der „schwarzen Liste", die Menschen-, Grund-, Arbeits- und Verbraucherrechte verletzen, Frauen diskriminieren, beruflich und gesellschaftlich benachteiligen oder die Gesundheit durch giftige Stoffe, Schmutz und unsauberes Trinkwasser gefährden. Aber es geht auch um den Erhalt kultureller Werte, um das harmonische Zusammenspiel von Traditionen und neuen Lebensformen. Beängstigend wirkt der auch in Deutschland zu beobachtende Verfall von Grundwerten, die wachsende Aggressivität in Wort und Tat oft schon bei nichtigem Anlass. Dies betrifft nicht nur Männer, sondern ebenso Frauen.

76 % der Frauen und 66 % der Männer sind hierzulande an ethischen Geldanlagen interessiert. Der Umfang nachhaltiger Investitionen und Kapitalanlagen lag in Deutschland 2005 bei 5,0 Mrd. €, 2010 bereits bei 16,9 Mrd. € und 2015 bei beeindruckenden 69,0 Mrd. €. Im Jahr 2016 stieg das Kapital, das im deutschsprachigen Raum in nachhaltige Anlageformen gesteckt wurde, um rund ein Viertel auf 420 Mrd. €. Ethische Aktienfonds spielten in den letzten fünf Jahren im Schnitt einen jährlichen Gewinn von über 11 % ein.

Beurteilungskriterien für Ethik und Nachhaltigkeit	
Verantwortung der AG	**Umweltverträglichkeit**
Für Umwelt und Klimaschutz wegen der Erderwärmung Für Mensch, Region und Gesellschaft (Angehörige, Mitarbeiter, Kunden usw.)	Schadstoffvermeidung, Energieersparnis; weiterer Ausbau Erneuerbarer Energien mit Elektromobilität Schutz für Klima, bedrohte Tiere und Pflanzen, starker Trinkwassermangel
Ethisches und ökologisches Rating	**Sozial-/Kulturansprüche, Einbindung regionaler Gepflogenheiten**
Umwelt-, Sozial- und Kulturverträglichkeit Vorbildwirkung durch im Alltag gelebte Wertschätzung Kodex Corporate (verantwortungsvolle Firmenführung)	Keine Niedrigstlöhne, keine Kinderarbeit und Menschenrechtsverstöße Keine Gewinnmaximierung auf Kosten der Mitarbeiter und Kunden Keine die Gesundheit gefährdenden Verfahren und Produkte

Eine kleine ETF-Auswahl mit umweltfreundlichen Aktien				
ETF, Name und Gesellschaft	**WKN**	**Kurs 25.01.19**	**52 Wochen-Hoch/-Tief**	**Kursverlauf 1, 3, 5, 10 J.**
ComStage MSCI	**ETF 113**	65,15 €	70,95/57,65 €	**-5/+45/+54/+257 %**
Tops: J&J/Apple/Microsoft, 182 Mio. €, Alter 10 J., Gebühr 0,25 %, ausschüttend				
Lyxor New Energy	**LYX 0CB**	20,90 €	23,90/18,50 €	**-1/+35/+44/+30 %**
Tops: Vestas/Murata/Orsted, 63 Mio. €, Alter 11 J., Gebühr 0,60 %, ausschüttend				
Lyxor World Water	**LYX 0CA**	34,00 €	36,90/29,55 €	**-7/+19/+65/+255 %**
Tops: Geberit/Danaher/Pentair, 484 Mio. €, Alter 11 J., Geb. 0,60 %, ausschüttend				
UBS MSCI Europe	**A1J A1T**	85,95 €	98,35/79,60 €	**-7/+29/+50 %**
Tops: Novo Nordisk/Vodafone/Allianz, 744 Mio. €, 7 J., Geb. 0,28 %, ausschüttend				
UBS MSCI North	**A1J A1S**	95,00 €	101,8/82,40 €	**-4/+29/+50 %**
Tops: Procter & Gamble/Disney/Gilead, 802 Mio. €, 7 J., Gebühr 0,33 %, ausschütt.				
UBS MSCI Pacific	**A1J A1U**	58,25 €	62,90/53,55 €	**-14/+26/+19 %**
Tops: Wespac/Australia Bank/Honda, 112 Mio. €, 7 J., Geb. 0,40 %, ausschüttend				
UBS MSCI World	**A1J A1R**	77,75 €	83,05/70,14 €	**-7/+40/+35 %**
Tops: Roche/Procter & Gamble/Disney, 945 Mio. €, 7 J., Geb. 0,38 %, ausschüttend				

Nicht alle Nachhaltigkeitsfonds erfüllen den Anspruch umweltbewusster Anleger. Bevor Sie in einen Nachhaltigkeitsfonds investieren, lesen Sie aufmerksam das Fondsprofil und informieren Sie sich über interessante Unternehmen.

Aktienfondsauswahl 2019: nachhaltig & umweltfreundlich

Name, Fondsgesellschaft	WKN	Kurs am 01.03.19	Hoch/Tief 52 Wochen	Kursentwicklung 1, 3, 5, 10 Jahre
DBN Global SRI	**986 058**	4,25 €	4,55 €/3,70 €	**+6/+39/+52/+242 %**
	Umfang 23 Mio. €, Alter 29 Jahre, Ausgabeaufschlag **5,00 %,** Gebühr **1,25 %,** thesaurierend. Der Fonds investiert in Aktien rund um den Globus, die bestimmte ethische Kriterien erfüllen.			
Erste WWF Stock Umwelt Environment	**694 114**	132,40 €	135,0/110,8 €	**+8/+26/+32/+121 %**
	Umfang 126 Mio. €, Alter 18 Jahre, Ausgabeaufschlag **4,00 %,** Gebühr **1,50 %,** ausschüttend. Der Umweltfonds investiert global in mittelgroße Firmen für Erneuerbare Energien und Mobilität.			
KBC Eco Fund Water Classic	**A0F 6Z0**	1.383,50 €	1.400/1.211 €	**+5/+33/+49/+265 %**
	Umfang 3,98 Mrd. €, Alter 18 Jahre, Ausgabeaufschlag **3,00 %,** Gebühr **1,40 %,** thesaurierend. Der Fonds setzt auf Infrastruktur, Wasser-/Abwasserentsorgung, Überwachung, Aufbereitung usw.			
LO Lombard Odier Global Generation	**A0R NUR**	31,30 €	31,40/26,65 €	**+12/+55/+105/+299 %**
	Umfang 1,46 Mrd. €, Alter 10 Jahre, Ausgabeaufschlag **5,00 %,** Gebühr **1,00 %,** ausschüttend. Der Fonds investiert weltweit in Aktien nachhaltig wirtschaftender Firmen beliebiger Sparten.			
Parvest Global Environment Classic	**A0N E8U**	197,75 €	199,8/167,2 €	**+5/+35/+45/+201 %**
	Umfang 997 Mio. €, Alter 11 Jahre, Ausgabeaufschlag **3,00 %,** Gebühr **1,75 %,** thesaurierend. Anlage in Aktien Umwelttechnik, Erneuerbare Energie, Abwasserwirtschaft, Abfallentsorgung.			
Pictet Water P €	**933 349**	312,30 €	313,6/265,9 €	**+10/+31/+55/+224 %**
	Umfang 4,36 Mrd. €, Alter 19 Jahre, Ausgabeaufschlag **5,00 %,** Gebühr **1,60 %,** thesaurierend. Der Fonds spezialisiert sich auf Wasserkreislauf/Luftreinheit mit Wassertechnik/Umweltdiensten.			
RobecoSAM Multipartner Sustain. Water	**763 763**	314,70 €	317,7/266,7 €	**+7/+35/+58/+235 %**
	Umfang 1,1 Mrd. €, Alter 17 J., Ausgabeaufschlag **5,00 %,** Gebühr **1,50 %,** thesaurierend. Anlage in Firmen, die bei Analyse, Management, Aufbereitung, Verteilung von Wasser aktiv sind.			
Swisscanto (LU) Portfolio Green Equity	**216 770**	159,35 €	160,74/137,2 €	**+7/+36/+47/+164 %**
	Umfang 197 Mio. €, Alter 16 Jahre, Ausgabeaufschlag **3,00 %,** Gebühr **1,57 %,** ausschüttend. Der Fonds kauft Aktien nachhaltiger Firmen, die ökologisch-ethisch-soziale Standards erfüllen.			

2.10 Vorsicht: Day Trading nur etwas für Könner

1999:

Sekundenschnell handeln: *„kaufen – verkaufen – kaufen – verkaufen – kaufen – verkaufen“.* Vor Börsenschluss alles glatt stellen, mit dem richtigen Gespür und glücklichem Händchen binnen Kurzem reich sein, Champagnerkorken knallen lassen, den Erfolg euphorisch feiern!

So schön konnte Day Trading sein – zumindest im Börsenboom mit den Kursraketen am Neuen Markt und im Werbespot. 1999 schossen in den Großstädten Day-Trading-Häuser und -Plattformen wie Pilze aus dem Boden. Doch die schlechte Performance schwankungsfreudiger Wachstumswerte verhagelte die Stimmung. Wer auf eine frühe Trendwende hoffte, verlor. Wer als kompetenter, nervenstarker und disziplinierter Day Trader den Markt richtig einschätzte und von Frühjahr 2000 bis März 2003 auf fallende Kurse setzte, konnte viel Geld verdienen.

Festzuhalten ist: Untersuchungen in den USA (Johnson-Studie mit 4.339 Trades) ergaben, dass zwei Drittel aller Day Trader scheiterten und im schlimmsten Fall ihren gesamten Einsatz verloren.

Ab 2000:

Der Börsenboom mit Neigung zu spekulativen Investments wich nach dem Platzen der Spekulationsblase 2000 einem starken Sicherheitsstreben mit ausgeprägter Risikoabneigung. Damit ging auch das Interesse der meisten Privatanleger am Abenteuer Day Trading zurück. Heute überfluten nicht mehr ständig neue Publikationen über Day Trading den Markt. Dennoch hat diese Anlagestrategie weiterhin ihre Anhänger. Dies sind vor allem disziplinierte Könner mit Marktkenntnis, moderner Computerhard- und Börsensoftware. Eine ungebremste Gier und Euphorie werden zunehmend von Vernunft abgelöst.

Erfreulicherweise stürzen sich kaum noch Einsteiger in diese risikoreiche Anlageform. Im Blickpunkt stehen volatile, umsatzstarke und liquide Aktien, die Kurssprünge vollziehen. Day Trading hat den Ursprung in Handelsabteilungen großer Banken und Investmenthäuser.

Howard Abell: „Schnelle Gewinne an schnellen Märkten“

„Der Schlüssel zum erfolgreichen Trading liegt darin, seine eigenen persönlichen Charakterzüge weiter zu entwickeln und zu erfüllen: Geduld, Urteilskraft, Mut, Intellekt und Selbstsicherheit.

Fügen Sie dieser Kombination noch Disziplin, Konzentration, Optimismus und das Vertrauen hinzu, dass Sie optimal darauf vorbereitet sind, im Gewittersturm der Börsenpsychologie erfolgreich zu handeln. Negative Gedanken und ungesteuerte Emotionen sind die wirklichen Feinde beim Trading.“

2.11 Vorsicht vor Betrug am Grauen & Schwarzen Kapitalmarkt sowie vor Internetkriminalität

Ich hoffe, Sie zählen nicht zu den geprellten Anlegern, die durch die windigen Geschäfte der Betrüger am Grauen Kapitalmarkt empfindliche Vermögensverluste erlitten. Aufgrund Ihres Aktieninteresses dürften Sie keines der Opfer sein, die alljährlich 25 bis 40 Mrd. € in die weit aufgerissenen Mäuler der gierigen Finanzhaie stopfen. Die Dunkelziffer ist hoch, genährt von Verdrängung und Scham, die üblen Tricks nicht durchschaut zu haben. So etwas kratzt am Selbstwertgefühl. Im Schnitt liegt der Schaden bei 35.000 €. Die Anlage in geschlossene Schiffsfonds erwies sich als Milliardengrab. 450 dieser Fonds gingen pleite. Das einstige Prestigemodell ist tot. Geschlossene Fonds sind oft große Kapitalvernichter. 90 % erreichen ihr Renditeziel nicht. 50 bis 70 % bescheren Verluste.

Die Finanzaufsicht BaFin unterscheidet zwischen dem Schwarzen Kapitalmarkt bei verbotenen Finanzgeschäften und dem Grauen Kapitalmarkt bei Betrug ohne erforderliche Lizenz

Wenn viel Anlegergeld durch unerlaubte dubiose Geschäfte verschwindet, erleichtert die Digitalisierung einerseits den Betrug am Kapitalmarkt. Umgekehrt wird es durch den globalen Wandel mithilfe der digitalisierten und vernetzten Welt auch leichter, solch kriminellen Geschäften grenzüberschreitend nachzugehen.

Wieso investieren trotz lang anhaltender Nullzinsen und stetiger Ermahnungen vor allem Privatleute immer wieder große Summen in undurchsichtige Geschäfte, nur weil eine extrem hohe Rendite geboten wird? Gerade in den Zeiten der Niedrigzinsen vernebelt die gierige Aussicht auf hohe Erträge offenbar den Verstand. Dabei sind üppige Renditen mit viel Risiko verbunden. Eine exorbitante Rendite bedeutet oft Totalverlust. Verdächtig sind vor allem Offerten aus dem Ausland mit ungewöhnlich hohen Ertragsversprechen. Die BaFin kann solche Aktivitäten untersagen, aber nur die inländischen Vermittlernetze zerschlagen und typische Kundengruppen warnen. 2018 hat die BaFin wegen unerlaubter Finanzgeschäfte 87 Verbote ausgesprochen. Die BaFin ist aber für solche Themen offener geworden und setzt mehr Fachleute im Kampf gegen den Kapitalmarktbetrug ein. Die Strafverfolgung erweist sich bei Briefkastenfirmen als brüchig und schwierig.

Die BaFin warnt bei geringer Finanzkenntnis vor dem Handel mit Kryptowährungen. Dies gilt auch für die Internetseite **Primebitprofit.co.** Statt Wohlstand durch Bitcoin-Evolution droht Totalverlust: *„Die Firma gibt weder ihre Rechtsform noch ihren Sitz an. Jeden Tag aufs Neue drängt der Anbieter zur Eile, weil angeblich die Frist für eine mögliche Registrierung noch am selben Tag abläuft.“*

Diese Eile ist für den Anlegeranwalt Klaus Nieding ein deutliches Alarmsignal, denn erfahrungsgemäß arbeiten Betrüger gern mit Zeitdruck. Sein wichtigster Rat lautet: *„Keine Geldgeschäfte am Telefon erledigen! Nie unter Zeitdruck handeln und kein Geld in Dinge investieren, die man nicht verstanden hat!"* Nieding ergänzt: *„Die potenziellen Schadenssummen und Opferzahlen steigen. – Die Pleite des Containeranbieters P&R gefährdet Anlegergelder in Höhe von 3,5 Mrd. €."*

Die Erstkontakte laufen häufig über Cold Calls, Onlineklicks und Bargeldabhebung am Bankautomaten ab. Die Einfangmethoden werden immer schamloser und brutaler. Kleine Betrüger arbeiten mit dem Enkeltrick, um allein lebenden Omas das Geld aus der Tasche zu ziehen. Heiratsschwindler haben es auf reiche Witwen abgesehen. Bei großen Betrügerbanden enden die versprochenen Traumrenditen häufig im Totalverlust. Ein Eldorado für den Anlagebetrug am Grauen Kapitalmarkt sind Schneeballsysteme. Sie werden anfangs kaum als kriminelle Masche wahrgenommen, gibt es doch zunächst mehr Sieger als Verlierer. Mit dem Geld der Nachrücker werden die Prämien an die Startinvestoren ausgezahlt.

2008 schockte der milliardenschwere Betrug der Wall-Street-Ikone B. Madoff. Zu den Tausenden von Geschädigten zählen Banken, Fonds, Stiftungen und Prominente rund um den Globus. Die Betrüger prellten binnen drei Monaten 120.000 Menschen um über 20 Mrd. US-Dollar. In jüngerer Zeit gerieten der Stromanbieter **Teldafax**, der Börsenneuling **HESS**, der Windkraftentwickler **Windreich** und **S&K**, ein Anbieter von Immobilienfonds, wegen Betrugsverdachts in die Fänge der Staatsanwälte. Viele Anleger tappten in die **PROKON**-Falle. Beim Schneeballsystem bewahrt nur der ganz frühe Einstieg vor hohem Verlust. Deutschland gilt als Eldorado für Finanzjongleure, die Anlegern das Geld aus der Tasche ziehen.

Wer heute noch eine Bank überfällt, hat nicht begriffen, dass es viel leichter ist, sich auf andere kriminelle Weise Fremdmittel anzueignen. Schneeballsystem-Betrüger treten nicht als die im Verborgenen arbeitenden Leisetreter auf. Viele der mit raffinierten Fälschungen hantierenden Betrüger propagieren so lange offensiv und aggressiv ihre Produkte, bis mangels nachrückender Anlegergruppen ihr Finanzsystem zusammenbricht und dabei riesige Summen verschwinden. Die Finanzinstrumente werden in allen möglichen Verpackungen angeboten, als steuerbegünstigte Formen der Altersvorsorge, Beteiligungen in Zukunftsmärkten, Termingeschäfte und Aktien, deren Börsengang angeblich kurz bevorsteht.

Ihre Selbstanalyse als Schutz vor gefräßigen Anlagebetrügern

- **Ruft Sie jemand ungebeten an**, obwohl dies im Anlagesektor verboten ist, so legen Sie sofort auf. Lassen Sie es gar nicht erst zu einer Gesprächsterminvereinbarung kommen. Sie werden sonst leicht über den Tisch gezogen.

- **Verspricht Ihnen der Finanzberater nach geglücktem Einschleichmanöver eine Traumrendite?** An dieser Erkenntnis führt kein Weg vorbei: Je höher die Chance, umso größer ist auch das Spekulationsrisiko.
- **Wird Ihnen ein „Exklusivgeschäft" vorgegaukelt und gleichzeitig Terminzeitdruck aufgebaut?** Jetzt sollten alle Warnlampen dunkelrot aufleuchten.
- **Verzichtet der Anbieter auf eine Vermögensanalyse?** Seriöse Finanzberater nehmen diese Verpflichtung ernst.
- **Weicht Ihr Geschäftspartner geschickt aus,** wenn er sein Produkt genau erklären und Referenzen vorlegen soll? Selbst bei viel Geduld müssen Sie dieses hinterhältige Taktieren durchschauen und merken, dass etwas nicht stimmt.
- **Hände weg, wenn sich der Firmensitz in einem exotischen Land befindet.** Schlecht ist es, wenn Sie ins Ausland überweisen sollen. Spätere Überprüfungen sind kaum möglich. Leicht verliert sich bei „Briefkastenfirmen" die Spur.

Geplatzte Anlageträume durch hohes Risiko selbst ohne Betrug

Der Graue Kapitalmarkt

Rote Farbe: Gefahr Grauer Kapitalmarkt.
Grüne Farbe: kein Grauer Kapitalmarkt.

Schiffscontainer-Direktanlage:	41 %
Holz-Direktinvestments:	33 %
Aktienfonds:	29 %
Einzelaktien:	28 %
Beteiligung Erneuerb. Energie:	26 %
geschlossene Immobilienfonds:	25 %
Geldanlage Pflegeimmobilien:	24 %
Banksparpläne:	18 %
Münzen bei dubiosen Händlern:	17 %
Lebensversicherungen:	16 %
Wohnimmobilien selbstgenutzt:	16 %
Riester-Rentensparpläne:	15 %
weiß nicht, keine Angaben:	20 %

Viele Anleger durchschauen den Grauen Kapitalmarkt nicht. Sie wissen nicht, dass selbst ohne echte Betrugsabsicht die Risiken mangels Transparenz, Marktenge und fehlender Streuung ungleich höher sind als in einem gut diversifizierten Aktienportfolio. Das Ergebnis einer neuen Umfrage zeigt das lückenhafte Wissen auf. Anleger mischen selbst Produkte, die nicht zum Grauen Kapitalmarkt zählen, munter darunter. Die rot markierten Anlageformen können zum Grauen Markt gehören, die grünfarbigen Produkte aber nicht. Die Prozentzahl spiegelt das Umfrageergebnis wider – oft geprägt von Unwissenheit.

Da müssen alle Warnlampen aufleuchten: Raffinierte Finanzhaie bauen Misstrauen ab, indem sie sich anfangs mit bescheidenem Einsatz begnügen und die hohe Rendite unverzüglich auszahlen. Dieser Köder befeuert die Geldgier und bereitet den Boden für den angepeilten Großabschluss. Geschieht dies, dürften gutgläubige Anleger vergebens auf Kapitalerträge warten.

Jetzt ist der Totalverlust vorprogrammiert. Brechen Sie den ersten Kontaktversuch konsequent ab: Hörer auflegen, E-Mails mit Pauschalbetreff und unbekanntem Absender sofort löschen!

Die Trennlinie zwischen seriösem Kapitalmarkt und unkontrolliertem Grauen Markt ist unscharf, weil die Banken ähnliche Finanzprodukte anbieten. Die betrügerischen Geschäftsmodelle reichen von Immobilienbeteiligungen über Währungsspekulationen und geschlossene Spezialfonds bis hin zu Termingeschäften. Da ist der verbotene unaufgeforderte Telefonanruf mit dem Angebot *„hochinteressante Anlagemöglichkeiten mit Spitzenrendite"* ein Warnsignal. Der Graue Kapitalmarkt deckt alle Formen ab, die nicht von der Bundesanstalt für Finanzdienstleistungsaufsicht (BaFin) kontrolliert werden. Ein neues Regelwerk soll Finanzhaie daran hindern, unerfahrenen Anlegern das Fell über die Ohren zu ziehen.

Betrug Schwarzer Kapitalmarkt: größte Schadensfälle

Betrugsfirma	Anlegerzahl	Schadenssumme	Rückzahlquote
Infinus	54.000	2,1 Mrd. €	bis zu 20 %
Prokon	75.000	1,4 Mrd. €	ca. 56 %
Wölbern	40.000	1,0 Mrd. €	vermutlich 25 %
Göttinger Gruppe	270.000	826 Mio. €	unter 10 %
S&K	11.000	240 Mio. €	keine Angabe
DIMA 24	2.000	150 Mio. €	keine Angabe
Quelle	Handelsblatt Nr. 64/2017, Ausgabe vom 30. März 2017		

Fallbeispiel: Auszug aus dem Handelsblatt Nr. 22/2014. DIE GIERIGEN: *„Am Grauen Kapitalmarkt geht es zu wie im rechtsfreien Raum. So ist eine zweigeteilte Finanzwelt entstanden: Hier bieten Banken, die jeden Kundenkontakt penibel dokumentieren müssen, Sparprodukte mit Null-Renditen. Dort offerieren unbehelligt von Kontrollpflichten Finanzvertriebe Produkte mit Renditeversprechen bis zu 8 %. Da ist der Windparkbetreiber* ***PROKON,*** *der am Grauen Markt über eine Mrd. € einsammelte und Insolvenz anmeldete, als Kunden ihre Einlagen zurück verlangten. Da ist die Frankfurter Immobiliengruppe* ***S&K,*** *deren Chefs Schäfer und Köller mit Anlegergeld Protz-Partys finanzierten, statt in Immobilien zu investieren. Da ist das Hamburger Emissionshaus* ***Wölbern Invest,*** *dessen Chef Schulte mehrere Immobilienfonds um 137 Mio. € erleichtert haben soll.*

Finanzhaie machen sich die Gier von Anlegern zunutze, die für ein Renditeversprechen von 8 % jedes Risiko ausblenden. ***Wer die Schuld trägt:*** *zwielichtige Finanzvertriebler? Naive Anleger? Oder die Politik, die diese Missstände ignoriert? Zweifelhaften Erfolg können auch die Anbieter von* ***Termingeschäften*** *für sich verbuchen. Kein Argument ist so abwegig, als dass man nicht Kunden locken könnte."*

Cyberkriminalität: Große Gefahr für Firmen und auch für Anleger

2017 fanden pro Minute 112 Internetangriffe statt. Ein Cyberangriff ist teuer. Die Kosten belaufen sich bei Mittelständlern auf 87.000 Dollar und bei Großkonzernen auf 860.000 Dollar. Zwei von drei deutschen Firmen wurden Opfer von Cyberkriminalität. Es drohen Ertragseinbußen durch Plagiate, Patentverletzung, Schädigung von IT, Produktions- und Betriebsablauf, schlechtes Image, Kosten für Rechtsstreit, Erpressung mit gestohlenen Daten. 2/3 der IT-Sicherheitsexperten glauben, dass ihre Organisation große, raffinierte Cyberangriffe nicht abwehren kann. Versicherungskonzerne nutzen ihre Chance und bieten teure Policen zum Schutz an, wobei eine verlässliche Schadensanalyse noch aussteht.

Vorsicht vor Phishing-Betrügern! Internetkriminelle versenden angeblich im Namen der Bank E-Mails mit einem Link, der auf gefälschte Seiten führt. Sie sehen dem Onlineauftritt der Bank zum Verwechseln ähnlich. Nun werden Sie gebeten, sensible Zugangsdaten, wie PIN und TAN, preiszugeben. Folgen Sie einem solchen Aufruf, wird nach Geld gefischt und Ihr Konto geplündert. Geldinstitute fordern nie per E-Mail Daten an. Entweder Postversand oder Gespräch in der Bank.

Wie sorgen Sie selbst für Datenschutz und Datensicherheit?

Installieren Sie nur Programme aus seriösen Quellen. Verwenden Sie die aktuelle Version vom Internetbrowser und Betriebssystem. Verwenden Sie ein **Virenschutzprogramm** und eine **Firewall.** Wählen Sie sichere **Passwörter,** am besten 6 bis 8 Stellen. Überprüfen Sie, ob Ihre **Verbindung verschlüsselt** ist. Die Web-Adresse sollte mit **„https"** beginnen. **Öffnen Sie keine Spam-E-Mail!** Das sind Massen-E-Mails ohne Anforderung. Am besten sofort löschen, ohne sie zu lesen. Öffnen Sie keinen Anhang, wenn die Betreffzeile merkwürdig, zu allgemein gehalten oder das Deutsch fehlerhaft ist. Nutzen Sie die Internetseite vom Bundesamt für Sicherheit in der Informationstechnik unter https://www.bsi-fuer-buerger.de/.

Wo Gefahren lauern und wovor sich Unternehmen fürchten

Umsatz- und Ertragseinbußen: Sie drohen durch Plagiate (23,0 %), Patentverletzungen (18,8 %), Verlust von Wettbewerbsvorteilen (14,3 %), Schädigung von IT, Produktions- oder Betriebsabläufen (13,0 %), Imageschäden (12,8 %), Kosten für Rechtsstreit (11,8 %), datenschutzrechtliche Maßnahmen (3,9 %), Erpressung mit gestohlenen Daten (2,9 %), Abwerben von Mitarbeitern (1,7 %).

Aktien aus dem Zukunftsmarkt: „Kampf der Cyberkriminalität"

Experten empfahlen Mitte Juni 2017 folgende internationale Aktien: **Sophos** (WKN: A14 VRP), **Proofpoint** (A1J W8Q), **Cyber Ark** (A12 CPP) und **Fortinet** (A0Y EFE). Nutzen Sie Kursschwäche. Unmittelbar nach einem großen Cyberangriff springen die Aktienkurse oft zweistellig aufwärts.

❸ Industrie 4.0 als Strategiemeilenstein

3.1 Konjunktur & Markttrend im Auge behalten

Die Börse spiegelt weniger die Gegenwart wider. Sie setzt auf die Zukunft. Konjunktur, Währungen, Zinsen, Politik, Kapitalmarkt- und Weltwirtschaftslage sowie Psychologie prägen das Börsengeschehen und beeinflussen die Anlagestrategie. Der Werbeslogan *„Jeder Tag ist ein Kauftag."* gilt nur für marktkundige Anleger und verlangt ein gutes Timing.

André Kostolany meinte einst sinngemäß: *„Kaufen Sie Aktien, holen Sie sich in der Apotheke Schlaftabletten, legen Sie sich ruhig hin, und siehe da, wenn Sie nach einigen Jahren aufwachen, sind Sie reich!"* Aus dem Zusammenhang gerissen wird nicht klar, ob dieser Rat ernst oder scherzhaft gemeint war. Der Börsenaltmeister fragte sich auch, ob es an der Börse mehr Aktien oder Dummköpfe gäbe. **Fest steht:** Aktien kaufen und dauerhaft halten, funktioniert selbst bei Qualitätstiteln nicht zwingend. Das beliebte schnelle Rein und Raus macht Banken und Broker reich, aber nur selten den Anleger. Er tappt in die Gebührenfalle und bringt sich um die Chance, mit Spitzentiteln auf lange Sicht viel Geld zu verdienen.

Was klug oder unüberlegt erscheint, wird von der Marktlage mitbestimmt. Die frühere Empfehlung eines großen Aktienclub. ***„Jeder Tag ist ein Kauftag."*** stimmt außerhalb einer Bodenbildungsphase nur begrenzt und verlangt Stock Picking mit Verstand. Die Entwicklung der Weltkonjunktur und die Wachstumserwartungen in wichtigen Volkswirtschaften sind zu hinterfragen. Die Überschuldung südeuropäischer Staaten rückt ins Visier der Anleger. Der Blick ist nicht nur auf den DAX, die USA und Euroland zu richten, sondern ebenso auf Schwellenländer in Ostasien, Osteuropa, Afrika und Südamerika. Nachdem die deutschen Nebenwerte MDAX, TecDAX und SDAX auch im Langzeitvergleich viel besser abschneiden als der Leitindex, sind Nebenwerte-Aktienfonds, ETFs und Einzeltitel interessant. Das betrifft vor allem auch den Sektor Familienfirmen mit dem DAXplus Family 30.

Konjunktur bezeichnet die Gesamtlage der Wirtschaft

Es geht um technologischen Fortschritt, EU-Erweiterung, Demografie, Gesundheitswesen, Klimawandel, Industrie 4.0, Digitalisierung, Vernetzung, Künstliche Intelligenz mit Robotik. Ebenso um Arbeitsmarkt, Verbraucherverhalten, Investitionsbereitschaft, Forschung und Entwicklung, Auftragseingänge, Vorratshaltung, Leitzinssätze, Steuerrecht, Finanzierungsformen, Verschuldung usw.

Daraus lassen sich wirtschaftliche Voraussagen ableiten wie Aufschwung (Hausse) oder Abschwung (Baisse). Gesellschaftliche Umbrüche und bahnbrechende Technologiefortschritte führen in Abständen von bis zu einigen Jahrzehnten zum konjunkturellen Aufschwung. Er verläuft wellenförmig und hält oft längere Zeit an. Innerhalb der großen Weltkonjunkturwellen entwickeln sich kürzere Zyklen.

Der mehrere Jahre umfassende Konjunkturzyklus

❶ Aufschwung (Expansion)

Konjunkturanstieg verknüpft mit realem Wachstum, steigenden Preisen und geringerer Arbeitslosenquote; höheren Steuereinnahmen des Staates; mehr Investitionsbereitschaft. Eventuell jetzt erste kleine Zinsschritte nach oben.

❷ Hochkonjunktur (Boom)

Volle Auslastung der Produktionskapazitäten, niedrige Lagerbestände, höhere Preise, geringe Arbeitslosenquote, wachsende Investitions- und Kaufbereitschaft, hohes Steueraufkommen. Zinserhöhungen bei Inflationsgefahr deutlich über 2 %.

❸ Abschwung (Rezession)

Abnehmendes Wirtschaftswachstum, volle Vorratslager, Preissenkungen, zunächst Kurzarbeit, danach Entlassungen, Kostensenkungspläne, geringere Steuereinnahmen. Erste Zinsschritte nach unten zur Ankurbelung der Wirtschaft.

❹ Talsohle (Depression/Deflation)

Stagnierendes oder sinkendes Bruttoinlandsprodukt (BIP), Umsatz- und Gewinnrückgang, Unternehmensinsolvenzen, hohe Arbeitslosenquote, geringe Steuereinnahmen, Gefahr wachsender Staatsverschuldung durch hohe Soziallasten. Weitere Leitzinssenkungen, um die schwache Konjunktur anzuregen.

Die großen Konjunkturzyklen und der VI. Kondratjew

Fünf lange Konjunkturzyklen haben seit Ende des 18. Jahrhunderts für Produktivitäts- und Wachstumsschübe gesorgt. Entscheidend waren bahnbrechende Innovationen wie Dampfmaschine, Auto, Computer, Internet. Laut Zukunftsforscher Leo Nefiodow begann der VI. Kondratjew „Gesundheitswesen – grüne Technologie" erst um die Jahrtausendwende.

Der neue Zyklus wird das Börsengeschehen entscheidend beeinflussen. Leo Nefiodow erklärt: ***„Was wir Umweltschutz nennen, ist in Wirklichkeit Gesundheitsschutz."*** Der medizinische Fortschritt prägt den Pharma-, Biotech- und Medtechsektor. Der VII. Kondratjew könnte die Industrie 4.0, die weltweit fortschreitende Digitalisierung und Vernetzung, das Internet der Dinge, die Künstliche Intelligenz mit Robotik sein. Wissenschaftler sprechen von der industriellen Evolution.

Lange Wellen reiten – VI. Kondratjew „Gesundheitsschutz“

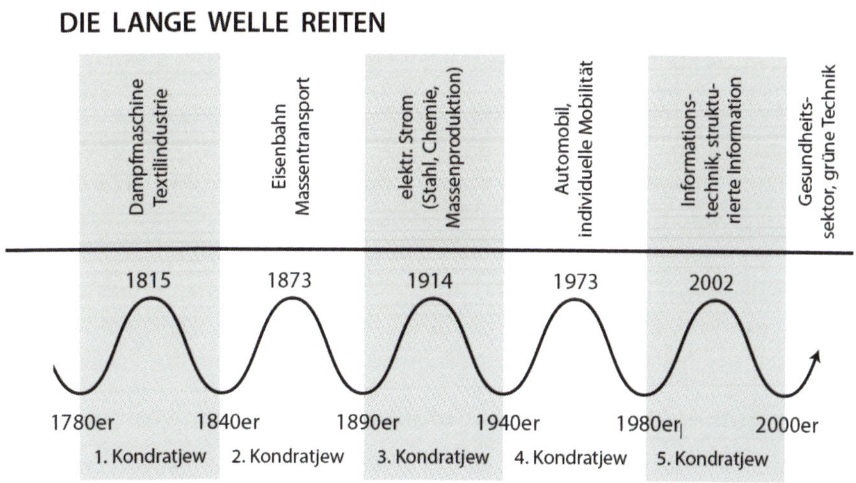

Der beginnende Konjunkturaufschwung nach der Talsohle

Nach Durchschreiten der Talsohle verbessern sich die Gewinnaussichten der Unternehmen. Eingeleitete Kostensenkungsprogramme greifen, wie Schließung von Fabriken, Zusammenlegung von Filialen, Verlagerung von Produktionsteilen in Niedriglohnländer, Kurzarbeit, Stellenabbau, Abstriche bei freiwilligen Sozialleistungen. Staatliche Konjunkturprogramme und die von Notenbanken eingeleitete Niedrigzinspolitik tragen Früchte. Fremdkapital für Investitionen und neue Produktlinien lässt sich günstiger beschaffen. Wenn da nicht die Kreditklemme wäre!

Konjunkturzyklen werden oft als Buchstaben veranschaulicht. Das **V** steht für den günstigsten charttechnischen Verlauf, die schnelle Erholung. Das **U**, unterschiedlich breit gezogen, zeigt an, dass die Talsohle nur langsam durchschritten wird. Das **W** markiert die enttäuschende **Doppelboden-** bzw. **Double-Dip-Situation:** Nach einem kurzen Strohfeuer werden Rezessionstendenzen sichtbar. Erst später, von Zinssenkungen der Notenbanken flankiert, beginnt die nachhaltige Erholung. Besonders negativ ist der **L**-Verlauf, die Deflation, lange Zeit in Japan vorherrschend. Weder eine Nullzinspolitik, noch Steuersenkungen bringen die Wirtschaft auf Trab. Die Staatsverschuldung und Arbeitslosenquote steigen. Untergangspropheten skizzieren Crashszenarios.

- **Ängstliche Anleger, sogenannte zittrige Hände, werfen in der Talsohle ihre Papiere auf den Markt und verabschieden sich vom Aktienmarkt.** Sie schwenken um auf den als sicher empfundenen Hafen Gold, Sparbuch, Festgeld, Garantie-, Discount- und Bonuszertifikate sowie Bundesanleihen trotz möglicher Strafzinsen. Mutige Käufer, die auf dem Gipfel Teilverkäufe tätigen, verstärken ihre Börsenaktivitäten und nutzen günstige Kurse zum Zukauf.
- **Wer zu Beginn eines konjunkturellen Aufschwungs mit glücklichem Händchen in substanzstarke Value- und zyklische Growth-Werte investiert, dem winkt eine attraktive Rendite.** Der Wormser Wirtschaftsprofessor Max Otte, Bestsellerautor von *„Der Crash kommt"*, kaufte ebenso wie ich im Herbst 2008 und Frühjahr 2009, als der Crash den Tiefpunkt erreichte, kräftig Aktien ein. Prof. Otte flieht in Krisenzeiten nicht aus dem Aktienmarkt. Er nutzt hellwach sich bietende Chancen im Zuge weltwirtschaftlicher Turbulenzen.

Stabiler Aufschwung als Vorbote einer boomenden Konjunktur

Abhängig davon, wie stark und nachhaltig die konjunkturelle Erholung in den wichtigsten Industrienationen verläuft, reflektiert der Aktienmarkt die positive Entwicklung. Maßgeblich ist, wie in Amerika die Wirtschaft läuft, wie der Dow Jones und die Technologiebörse Nasdaq reagieren und was sich in den Zukunftsmärkten Ostasien und Osteuropa, aber auch Afrika und Südamerika abspielt. Zuversichtlich für Deutschland stimmt, dass viele Unternehmen ihre Hausaufgaben machen und mit Kostensenkung, Neuausrichtung und Konzentration auf das Kerngeschäft gut dastehen. Inwieweit Rohstoffpreise, Währungsturbulenzen, Überschuldungsszenarien und erschwerte Kreditvergaben belasten, hängt davon ab, in welchen Märkten die Firma aktiv ist. Bei nachhaltigem Aufschwung mit Inflationsgefahr droht Zinsanstieg. Nun wird es an der Börse ungemütlich. Es gilt, mit Teilverkäufen Gewinne mitzunehmen und Cash einzusammeln für Zukäufe bei Kursschwäche.

Der einsetzende Abschwung mit Rezessionsgefahr

In der Spätphase des konjunkturellen Aufschwungs werden Inflations- und Zinserhöhungsängste abgelöst von der Sorge um ein nachlassendes Wirtschaftswachstum. Stagniert oder schrumpft die Wirtschaft, versuchen Notenbanken und Regierungen, der drohenden Baisse mit Konjunkturprogrammen zu begegnen.

Die konjunkturelle Talsohle mit Rezession und Deflationsgefahr

Die Notenbanken senken nun schrittweise den Zinssatz nach der Phase steigender Zinsen. Die Politik startet Konjunkturprogramme, wozu Steuerentlastungen zählen. Die Wirtschaft reagiert mit Sparprogrammen wie Investitionsstopp, Fabrikschließungen, Verlagerung in Niedriglohnländer, Kurzarbeit, Stellenstreichungen, Einfrieren von Sozialleistungen. Das Steueraufkommen verringert sich. Die steigende Arbeitslosenquote hinterlässt deutliche Bremsspuren.

Das Problem der „Angstkonjunktur" in Deutschland

Friedrich L. Sell, Volkswirtschaftsprofessor in München, stellt in seiner Studie fest, dass viele Deutsche unter Angstzuständen leiden. Dominant sei die Sorge, im Alter und bei Krankheit schlecht versorgt zu sein. Geld (Eurokrise), Umwelt und Gesundheit, Terroranschläge und im Zuge der Digitalisierung seinen Arbeitsplatz zu verlieren, führen die Furchtrangliste an. Angst erhöht die Risikoabneigung gegenüber Aktien und Fondsanlagen. Geld vom Sparkonto wandert in Gold, wie Barren und Anlagemünzen. Die beste Therapie bildet „*der spezifische Antikörper Mut*": bereit sein zum Ärmelhochkrempeln und Handeln. Daran denken, dass das geschenkte Leben von durchschnittlich 2 Jahren pro Jahrzehnt sinnvoll zu nutzen ist. Die Aufstellung bildet Aktien mit niedrigem KGV und guter Dividende ab.

Die am niedrigsten bewerteten Aktien aus DAX, MDAX, TecDAX, SDAX und ausgewählte kleinere Werte zum Jahresbeginn 2019

DAX-Aktien mit einstelligem KGV und Dividende über 4 %

Aktien/ Firma	WKN 846 900	KGV 2018	Kurs 02.01.19	Hoch/Tief 1 Jahr	Div. 2019(e) Div.-Rendite
Lufthansa	823 212	4,3	19,70 €	31,10/17,30 €	0,90 €/4,3 %
Daimler	710 000	5,5	45,90 €	75,70/45,25 €	3,65 €/8,0 %
BMW	519 000	6,5	70,70 €	96,25/69,85 €	4,10 €/5,7 %
Covestro	606 214	7,1	43,20 €	95,00/41,00 €	2,40 €/5,6 %
BAYER	BAY 001	8,6	60,55 €	107,5/59,15 €	3,00 €/4,6 %
Allianz	840 400	9,1	175,15 €	205,8/171,1 €	9,30 €/5,1 %

Ein einstelliges KGV entsteht oft nur durch einen Kursabsturz.

MDAX-Aktien mit einstelligem KGV und Dividende über 5 %

Aktien/ Firma	WKN 846 741	KGV 2018	Kurs 02.01.19	Hoch/Tief 1 Jahr	Div. 2019(e) Div.-Rendite
Schaeffler	SHA 015	4,9	7,45 €	16,60/7,05 €	0,60 €/7,4 %
Siltronic	WAF 300	5,5	72,20 €	159,9/65,30 €	5,40 €/6,6 %
Pro7SAT.1	PSM 777	7,5	15,55 €	32,80/15,15 €	1,99 €/5,1 %
Dt. Pfandbr.	801 900	8,5	8,75 €	15,30/8,40 €	0,80 €/9,2 %
Freenet	A0Z 2ZZ	9,0	16,95 €	32,55/16,45 €	1,75 €/10,0 %
Evonik	EVN K01	9,2	21,80 €	32,65/21,60 €	1,20 €/5,5 %
Aareal Bank	540 811	9,4	27,00 €	42,80/26,00 €	2,50 €/9,3 %

TecDAX-Aktien mit KGV bis 15,5 und Dividende ab 2,2 %					
Aktien/ Firma	**WKN 720 327**	**KGV 2018**	**Kurs 02.01.19**	**Hoch/Tief 1 Jahr**	**Div. 2019(e) Div.-Rendite**
Siltronic	WAF 300	5,5	72,20 €	159,9/65,30 €	5,40 €/6,6 %
Freenet	A0Z 2ZZ	9,0	16,95 €	32,55/16,45 €	1,75 €/10,0 %
Software AG	A2G S40	12,4	31,65 €	49,80/30,45 €	0,75 €/2,2 %
United Inter.	508 903	14,5	38,20 €	59,35/34,75 €	1,05 €/2,5 %
Pfeiffer Vac.	691 660	15,5	108,70 €	164,2/105,0 €	2,90 €/2,5 %
Hohe Dividenden sichern im Crash die Kurse zumindest etwas nach unten ab.					

Wenn Printmedien nicht endlich den TecDAX wieder als eigenständig auflisten, wird ihn bald kein Privatanleger mehr kennen.

Für Autoren wie mich wird es immer schwieriger, noch TecDAX-Daten zusammenzutragen. Hightech-, Biotech- und Medtechaktien werden als konjunkturabhängige offensive Growth-Titel eingeordnet. Das KGV ist bei innovativen Firmen unter Einsatz KI naturgemäß höher. Forschung, Entwicklung und Wachstum sind vorrangige Firmenziele. Im TecDAX finden wir nur wenige Firmen, die es bei den Ausschüttungen locker mit DAX, MDAX, SDAX aufnehmen können.

SDAX-Aktien mit einstelligem KGV und Dividende ab 4,3 %					
Aktien/ Firma	**WKN 965 338**	**KGV 2018**	**Kurs 02.01.19**	**Hoch/Tief 1 Jahr**	**Div. 2019(e) Div.-Rendite**
Corestate C.	A14 1J3	5,1	30,30 €	55,70/28,80 €	2,65 €/7,9 %
SAF-Holland	A0M U70	7,7	11,20 €	19,90/10,85 €	0,60 €/4,3 %
Talanx	TLX 100	8,0	29,80 €	37,40/29,20 €	1,55 €/4,9 %
Klöckner&Co.	KC0 100	8,2	6,05 €	11,60/5,95 €	0,30 €/5,0 %
DWS Goup	DWS 100	9,7	23,35 €	33,10/22,80 €	1,70 €/5,9 %
Wacker Neu.	WAC K01	9,8	16,50 €	33,60/16,35 €	0,70 €/6,1 %
DWS Goup	DWS 100	9,8	23,35 €	33,10/22,70 €	1,70 €/6,0 %

Bei „Klein und Fein“ setze ich eine Marktkapitalisierung ab 50 Mio. € voraus, um Manipulationen und Betrug vorzubeugen. Ich wähle hier die alphabetische Anordnung wegen der vielen Titel.

Es ist schwierig, fortlaufende Informationen über kleine Nebenwerte zu finden, vor allem, wenn sie nicht im Prime Standard, sondern im Freiverkehr notiert sind. Die meisten Infos gibt es bei der ARD-Börse und dem Magazin Börse Online.

Fair bewertete Mikro-Cap-Aktien mit einstelligem KGV, Börsenwert muss über 50 Mio. €, Dividende ab 4,5 % liegen.

Aktie, Unternehmen	WKN	KGV 2018	Kurs 02.01.19	Hoch/Tief 1 Jahr	Dividende Rendite
Aurelius	A0J K2A	6,3	31,75 €	65,90/30,80 €	2,00 €/6,3 %
Bet-at-home	A0D NAY	9,9	45,80 €	105,2/44,30 €	4,50 €/9,8 %
Dt. Rohstoff	A0X YG7	8,1	14,05 €	26,10/13,85 €	0,70 €/5,0 %
GFT	580 060	7,5	6,70 €	15,10/6,50 €	0,35 €/5,2 %
Innotec	540 510	8,7	10,00 €	17,50/9,75 €	0,50 €/5,0 %
Lang &Schwarz	645 932	7,4	17,00 €	37,20/16,70 €	1,50 €/8,8 %
MPH Pharma	A0L 1H3	7,7	3,75 €	5,30 €/3,60 €	0,20 €/5,3 %
Noratis	A2E 4MK	7,1	21,40 €	28,80/20,00 €	1,60 €/7,5 %
SHW	A1J BPV	9,9	19,40 €	36,65/18,40 €	1,00 €/5,2 %
Sixt Leasing	A0D PRE	9,4	11,20 €	20,15/10,90 €	0,55 €/4,9 %
Sixt Vorzüge	723 133	8,8	47,25 €	75,60/45,80 €	2,42 €/5,1 %
STO Vorzüge	727 413	8,8	79,60 €	128,4/79,10 €	4,09 €/5,1 %
Villeroy & Boch	765 723	9,1	12,85 €	20,05/11,90 €	0,58 €/4,5 %
Zeal Network	TPP 024	6,9	20,70 €	28,55/18,90 €	1,00 €/4,8 %

Ein niedriges KGV kombiniert mit hoher Dividende spiegelt nicht immer eine nachhaltige, substanzstarke, heile Value-Welt wider.

Es ist zweifellos reizvoll, sich mit dividendenstarken niedrig bewerteten Aktien einzudecken. Aber oft wird diese Entwicklung durch einen Branchencrash eingeleitet, wie er im Automobilsektor als Folge von Skandalen, Verunsicherung und Problemen bei der Umstellung auf Elektromobilität und autonomes Fahren zu verzeichnen ist. Je stärker der Kursrückgang ist, umso mehr sinkt gleichzeitig das KGV. Umgekehrt steigt die aktuelle Ausschüttungsrendite. Machen Sie nicht den Fehler, sich nur am niedrigen KGV, hohen Kursrückgang und am eigenen Einstandspreis zu orientieren. Die Gesamtsicht der Kennzahlen ist wichtig. Denken Sie daran, dass Hightech-/Internet- und Biotechaktien meist ein hohes KG aufweisen und sich bei der Dividende zurückhalten. Aber gerade bei der Industrie 4.0 mit Künstlicher Intelligenz und Robotik liegen die großen Chancen für Kursgewinne. Aussagekräftig sind der Branchenvergleich und die Gesamtsicht. Schauen Sie auch auf das Ergebnis pro Aktie, das 52-Wochen-Hoch/-Tief, die Kursentwicklung im Mehrjahresvergleich. Wichtig sind auch die Eigenkapitalquote, die Marktkapitalisierung und der Buchwert.

3.2 Den demografischen & globalen Wandel nutzen

Die steigende Lebenserwartung in Verbindung mit Geburtenarmut bedeutet keine reine Freude. 2060 dürfte es hierzulande so viele 80-Jährige geben wie unter 20-Jährige. Jeder dritte Deutsche wird dann über 65 Jahre alt sein. Wer heute 65 Jahre alt ist, hat als Frau 21 und als Mann 17 Jahre vor sich. Die Lebenserwartung steigt in einem Jahrzehnt um 2 Jahre. In 50 Jahren sind dies 10 Jahre geschenktes Leben. Wer heute 50 Jahre alt ist, wird als Frau 88 und als Mann 83 Jahre alt. Bei Frauen liegt die Chance, den 100. Geburtstag zu feiern, bei 13 %. Ein heute geborenes Mädchen dürfte 93 Jahre, ein Junge 88 Jahre alt werden. Es hängt auch von der Lebensführung ab, ob in 2 Jahrzehnten 4 oder 6 Jahre längeres Leben dazukommen.

Die Tendenz zu längerem Leben bleibt ungebrochen wegen des Fortschritts in der Medizin, Medizintechnik und Biotechnologie, besseren Wohnverhältnissen, mehr Hygiene, höherem Lebensstandard, ausgewogener Ernährung, kürzerer Arbeitszeit und geringerer körperlicher Belastung.

Die weiterhin niedrige Geburtenrate mit nur 1,6 Kindern pro Frau gefährdet das gesamtwirtschaftliche Gleichgewicht. Die Bundesbürger spüren dies auch, verdrängen aber negative Folgen und suchen nach Sündenböcken. Proteste gegen die Erhöhung des Renteneintrittsalters auf 67 Jahre und ein künftig sinkendes Rentenniveau sind nicht hilfreich. Geld, das fehlt, kann der Bundesfinanzminister nicht verteilen, zumal der Flüchtlingszustrom den Bundeshaushalt weiterhin stark belastet. Die Frühverrentung mit 63 Jahren bei 45 Beitragsjahren ist ein Schlag ins Gesicht der jungen Generation und stellt Arbeitgeber vor Probleme, mangelt es doch an erfahrenen Kräften. Viele Eltern erwarten heute, dass sich ein Kind wirtschaftlich rechnet. Früher stellten sich solche Fragen beim Kinderwunsch höchst selten.

Der demografische Wandel ist Chance und Herausforderung

Nie zuvor haben Menschen so lange gesund gelebt wie heute. Die Bevölkerung in Deutschland ist durch die verstärkte Einwanderung mit dem Flüchtlingszustrom von über einer Million im Jahr 2015 sowie der steigenden Lebenserwartung auf 82,5 Millionen Menschen gewachsen. Und dies geschah trotz einer immer noch niedrigen und unter dem EU-Durchschnitt liegenden Geburtenrate, auch wenn sich diese von 1,40 auf 1,59 Kinder pro Frau erhöhte. Betrug die Lebenserwartung in Deutschland vor gut 200 Jahren gerade mal 35 Jahre, 1900 rund 45 Jahre, Mitte des 20. Jahrhunderts 60 Jahre, so feiern heute im Schnitt Männer ihren 78. und Frauen ihren 83. Geburtstag. Frauen werden für ihre gesündere Lebensführung mit 5 Jahren belohnt. 2050 dürften Männer voraussichtlich 84 und Frauen 89 Jahre alt werden. Seit 1970 verlängerte sich das Leben im Schnitt um ein ganzes Jahrzehnt.

Der Zugewinn um mehr als zehn Lebensjahre führt durch Wohlstand, höheren Lebensstandard und medizinischen Fortschritt zu mehr gesunden Lebensjahren. Ein 70-Jähriger fühlt sich heute eher wie ein 60-Jähriger und weist ein ungefähr gleiches biologisches Alter auf. Bei betagten Menschen aber steigen Krebs, Herz-Kreislauf-Erkrankungen, Alzheimer-Demenz und andere schwere Erkrankungen jedoch spürbar an – also kein Jungbrunnen bis zum Lebensende.

Die Bevölkerung entwickelt durch Wanderungsbewegungen und den Einfluss der Industrie 4.0 mit digitalisierten Medien und sozialen Netzwerken eine immense Vielfalt. Dies könnte der Anstoß zu großartigen Erfindungen und Entdeckungen sein und zu einer Patentflut führen. Umgekehrt aber verschärfen sich die demografischen und sozialen Probleme. Wir beobachten einen von Radikalismus und Aggressivität geprägten Wertewandel mit abnehmender Hemmschwelle.

Wie wird sich die Wirtschaft in den Zeiten des demografischen und globalen Wandels wohl künftig entwickeln?

- **Die Globalisierung lässt sich nicht aufhalten** und ist mit Konflikten verbunden. Es gibt Fürsprecher und Förderer, aber auch massive Gegenwehr.
- **Die Digitalisierung verändert nicht nur die Arbeitswelt,** sondern beeinflusst auch Familienleben, Freizeit und Kultur. Kein Unternehmen kann es sich leisten, den Digitalisierungsprozess zu ignorieren. Kluge Digitalisierungsstrategien sind unverzichtbar für Wachstum, Ertrag und Abgrenzung von Wettbewerbern.
- **Zwischen den einzelnen Bundesländern wird es auch künftig große wirtschaftliche Unterschiede geben. Schon ein Blick auf den Wohnungsmarkt macht dies deutlich.** Der Aufholprozess muss weitergehen. Und ländliche Regionen dürfen sich nicht länger abhängen lassen.
- **Ein massiv angegangener Klima- und Umweltschutz ist weltweit dringend und ab sofort notwendig, um der Erderwärmung Einhalt zu gebieten.** Die sich häufenden Naturkatastrophen mit Erdbeben, Orkanen, Überflutungen, Dürre, Hitze- und Kältewellen zeigen, dass es fünf Minuten vor 12 Uhr ist, die Gefahren riesengroß und möglicherweise sehr bald nicht mehr zu bannen sind.
- **Die deutsche Wirtschaft legt weiter zu**. Aber Strafzölle seitens Donald Trump, Sanktionen und kriegerische Handlungen mindern das Weltwirtschaftswachstum, können Finanzkrisen und einen Börsencrash heraufbeschwören.
- **Der wirtschaftliche Strukturwandel ist gewaltig.** Der Anteil an vielfältigen Dienstleistungen wächst, siehe Cloud-Computing. Die Industrie verliert etwas von ihrer Bedeutung. Dies hängt im Einzelnen aber auch von Regionen und Branchen ab. Die Künstliche Intelligenz mit Robotik eröffnet jedoch neuartige Entwicklungschancen für etliche Industriezweige.

- **Die Sozialversicherungen werden durch demografischen Wandel und Digitalisierung entscheidend beeinflusst.** Es geht um neue Lösungsansätze, angepasst auf die sich ändernden Rahmenbedingungen. Dies zeigt sich z. B. an weniger gefragten Lebensversicherungen oder an teuren Policen bei Cyberkriminalität und Versicherungsschutz bezüglich „höherer Gewalt".

Um das Rentenniveau zu halten: Länger arbeiten, Rente absenken oder Beitrag erhöhen als Ausweg? Die Rentenbezugsdauer hat sich in 50 Jahren verdoppelt und beträgt 2 Jahrzehnte.

Nettorentenniveau	
2005:	52,7 %
2010:	50,0 %
2014:	48,0 %
2020:	48,0 %
2025:	48,0 %
2030:	43,8 %
Absenkung ab 2030?	

Seit 1960 hat sich die Rentenbezugsdauer mehr als verdoppelt. Auf das Jahr 2017 bezogen, bekamen Frauen ihre Rente 21,8 Jahre, während es 1960 nur 10,6 Jahre waren. Männer konnten ihre Rente zuletzt 18 Jahre gegenüber 9,6 Jahren genießen. 2060 dürften Frauen ihren 65. Geburtstag um 25 Jahre, Männer um 23 Jahre überleben und so lange Rente beziehen. Die abschlagfreie Rente mit 63 ist zwar begehrt, aber ein falsches Signal, und stellt Arbeitgeber und Rentenversicherung vor Probleme.

Rentenbezugsdauer	
Frauen	
1960:	10,6 Jahre
1980:	13,8 Jahre
2006:	19,6 Jahre
2008:	19,9 Jahre
2017:	21,8 Jahre
Männer	
1960:	9,6 Jahre
1980:	11,0 Jahre
2006:	14,8 Jahre
2008:	15,9 Jahre
2015:	17,5 Jahre
2017:	17,9 Jahre
In 10 Jahren steigt die Lebenserwartung auch bei Rentnern um 2 Jahre.	

Es sind ja die besser verdienenden Fachkräfte ohne akademisches Studium, die den früheren abschlagfreien Ruhestand finanziell verkraften können. Die Medien sprechen von „Privilegierten". Die dadurch fehlenden qualifizierten Arbeitskräfte, verbunden mit milliardenschweren Belastungen, schädigen unsere Wirtschaft. Dieser große Fehler sollte schnell bereinigt werden. Körperlich hart arbeitende Geringverdiener können sich die Rente mit 63 Jahren nicht leisten. Dass es für Vermögensaufbau und Altersvorsorge nie zu früh, aber letztlich auch nur selten erheblich zu spät ist, zeigt ebenfalls die demografische Entwicklung.

Die Tendenz zum künftig längeren Leben bleibt ungebrochen wegen des Fortschritts in der Medizin, Medizintechnik und Biotechnologie. Hinzu kommen oft bessere Wohnverhältnisse, mehr Hygiene, höherer Lebensstandard, kürzere Arbeitszeit und geringere körperliche Belastung. Trotz des Elterngeldes und verbesserter Sozialleistungen für Familien klafft die Schere zwischen reich und arm weiter auseinander. Die Suche nach Sündenböcken hält unvermindert an.

Mit Protesten gegen ein höheres Renteneintrittsalter auf 67 Jahre und ein sinkendes Rentenniveau ist es nicht getan. Die Frühverrentung mit 63 ist ein Schlag ins Gesicht der jungen Generation und stellt viele Arbeitgeber vor Probleme, mangelt es doch an erfahrenen Kräften. Geld, das fehlt, kann der Bundesfinanzminister nicht verteilen. Viele Eltern erwarten heute, dass sich ein Kind wirtschaftlich rechnet. Früher stellten sich solche Fragen beim Kinderwunsch nicht.

Methusalem-Republik 2010

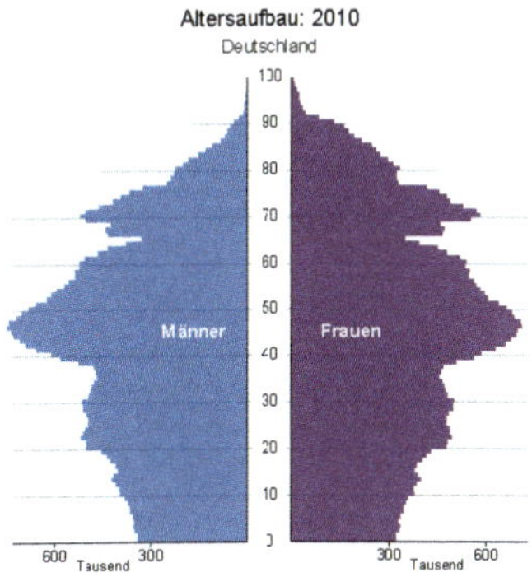

Quelle: Statistisches Bundesamt

Methusalem-Republik 2050

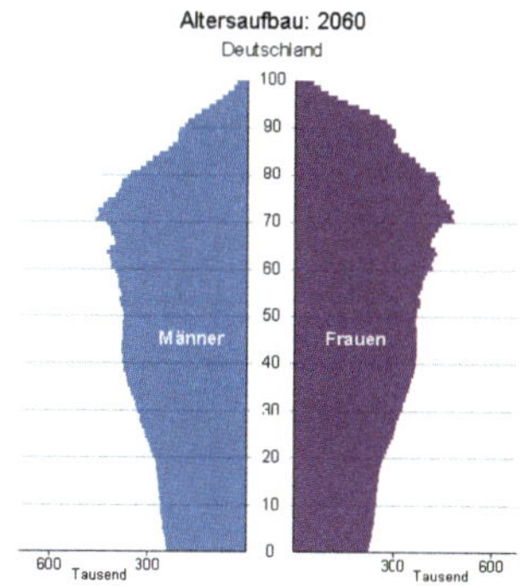

Quelle: Statistisches Bundesamt

Start für Vermögensaufbau und Altersvorsorge mit Aktien, ETFs und Aktienfonds als beste Lösung so früh wie möglich

Letztlich hilft kein Wehklagen, sondern nur der eigenverantwortliche Aufbau einer soliden Altersvorsorge schon in jungen Jahren. In der ersten Lebenshälfte ist ein hoher Aktienanteil wegen der langfristig attraktiven Rendite günstig. Dennoch sind Pauschalrezepte unbrauchbar. Jeder muss sich über seine Vermögenslage, Beweggründe, Ziele, Persönlichkeitsstruktur usw. klar sein, um richtig entscheiden zu können. Problematisch ist es, dass man in jungen Jahren gern an der Börse aktiv wäre, aber den Wunsch oft nicht umsetzen kann. Große Anschaffungen, Familien- und Firmengründung, der Kauf einer eigenen Immobilie (Eigentumswohnung, Hausbau) lassen kaum finanziellen Spielraum für die Aktienanlage offen.

Eine Langzeitaktienanlage ist und bleibt Trumpf

Wer vor einem halben Jahrhundert 10.000 US-Dollar in den **Dow-Jones-Aktienindex** investierte, erzielte über 400.000 Dollar Gewinn – genug für ein finanziell sorgenfreies Alter auch bei langem Leben. Überzeugender kann sich ein langfristiges Aktieninvestment nicht präsentieren, mögen auch kurzfristig hohe Verluste drohen und Traumrenditen seltener sein.

3.3 Das Gesundheitswesen mit Biotech, Medtech und Pharma als der große Zukunftsmarkt

Kurzer Rückblick: Die Genanalyse mit Erbgutentschlüsselung als Wachstumstreiber dieses Jahrhunderts

Über ein Jahrzehnt hatten weltweit mehr als 1.000 Wissenschaftler in einem Kraftakt daran gearbeitet, das menschliche Erbgut zu entschlüsseln. Endlich, im Millenniumsjahr 2000, erfolgte der Durchbruch. Erstmals gelang es, die Grobversion eines kompletten menschlichen Genoms mit seinen 3 Milliarden Einzelbausteinen zu präsentieren und das Geheimnis um Herkunft und Aufbau zu lüften. Der Grundstein für eine bessere Diagnose und Behandlung vor allem bei Krebserkrankungen war gelegt. Aber es vergingen weitere 15 Jahre, bis sich die Genanalyse mit ihrem hohen Potenzial in der Medizin etablierte. Gene sind gespeicherte Erbanlagen in 3,2 Milliarden Bausteinen des Nukleinsäuremoleküls DNA. Es kommt in jeder Körperzelle in Form von 23 Chromosomenpaaren, also in doppelter Ausführung, vor. Bei den einfach vertretenen Geschlechtschromosomen bedeutet y männlich und x weiblich. Die Gendiagnostik eröffnet erfolgversprechende Therapien nicht nur bei Krebs, verlangt in ethischer Hinsicht aber strenge Regeln. Vorgeburtliche genetische Untersuchungen sind ein heikles Thema. Arbeitgeber dürfen keine Gentests verlangen, um anhand der Ergebnisse Bewerber einzustellen oder abzuweisen. Ein ähnliches Verbot gilt für Lebensversicherer.

Das Gesundheitswesen ist im Wandel. Der digitale Patient wird mit smarten Tabletten, Stethoskopen im Smartphone und elektronischen Gesundheitsakten versorgt. Doktor digital bietet 3-D-Druck, präzise arbeitende OP-Roboter und Medizin-Apps an.

Auch Cloud-Dienste, Daten in der luftigen Wolke, prägen den Pharma-, Biotech- und Medtechbereich. Das Wachstum der Gesundheitsdaten stieg gegenüber dem Vorjahr um knapp die Hälfte. Cloud-Technologien bringen wertvolle Lösungsstrategien, sofern sie hochfunktional und sicher sind. Die Künstliche Intelligenz hält Einzug in der Medizin. Sie unterstützt bei der telemedizinischen Versorgung, analysiert Diagnosedaten und hilft bei der Therapie. All dies beeinflusst die Börse und führt zum Kursanstieg im Pharma-, Biotech- und Medtechbereich.

Beflügelt werden Beteiligungen sowie komplette Übernahmen. Die mächtigen US-Pharmakonzerne verleiben sich forschungsintensive Biotechfirmen ein – häufig zu stolzen Summen. Die Pharmariesen haben das Geld – die innovativen Start-ups wegweisende Ideen beim Erforschen neuer Wirkstoffe, Verfahren und kombinierter Anwendungen. Wohin sonst mit dem Geld bei anhaltender Niedrigzinspolitik?

Gesundheitsfirmen im Kampf gegen schwere Krankheiten				
Aktie, Unternehmen	**WKN**	**Kurs am 01.03.19**	**52-Wochen-Hoch/-Tief**	**Entwicklung 1, 3, 5, 10 Jahre**
Amgen	**867 900**	168,10 €	187,8/134,3 €	**+11/+25/+87/+324 %**
Amgen produziert und vertreibt als Weltmarktführer biopharmazeutische Medikamente auf Basis von DNA-Technologien. Ungewöhnlich ist die hohe Div.-Rendite von 2,7 %.				
BB Biotech	**A0N FN3**	62,70 €	65,40/48,80 €	**+8/+43/+114/+590 %**
BB zählt zu den weltweit größten Biotech- und Gentech-Beteiligungsfirmen. Im Verwaltungsrat sitzt ein Nobelpreisträger. Die Div. wird jährlich erhöht und beträgt über 5 %.				
Biogen	**789 617**	294,10 €	331,5/203,8 €	**+28/+28/+30/+747 %**
Biogen hat sich auf lebensrettende und die Lebensqualität verbessernde Medikamente spezialisiert und setzt große Summen für die Forschung bei Alzheimer und Krebs ein.				
Carl Zeiss Me.	**531 370**	75,75 €	84,40/48,60 €	**+51/+155/+242/+589 %**
Die TexDAX-Familienfirma zählt zu den Marktführern der Augenheilkunde und Mikrochirurgie im Kampf gegen grünen und grauen Star und zieht auch in den MDAX ein.				
CompuGroup	**543 730**	51,90 €	53,85/37,40 €	**+13/+39/+174/+1.102 %**
Der Familienkonzern versorgt mit Software und Kommunikationslösungen Zahnärzte, Ärzte und Kliniken. Der Onlineinfodienst sichert den Austausch medizinischer Daten.				
Evotec	**566 480**	21,70 €	23,35/12,15 €	**+54/+570/+435/+3702%**
Evotec zählt zu den weltweit führenden Wirkstoff-Forschungsunternehmen bei Neurowissenschaften, Schmerz, Stoffwechsel- und Entzündungskrankheiten sowie Krebs.				
Illumina	**927 079**	282,80 €	322,3/180,9 €	**+54/+92/+127/+1.018 %**
Der US-Konzern ist in der Genforschung tätig mit hoher Kernkompetenz bei medizinischen Geräten und integrierten Analysesystemen im Bereich genetischer Funktionen.				
Medigene	**A1X 3W0**	9,40 €	18,75/7,15 €	**-43/+21/+120/-39 %**
Die immunonkologische Firma entwickelt innovative Therapieplattformen zur Behandlung verschiedener Krebsarten in den klinischen Studien mit T-Zell-Immuntherapien.				
Qiagen	**A2D KCH**	34,50 €	34,60/25,25 €	**+30/+66/+106/+167 %**
Die niederländische Biotechfirma – TecDAX und MDAX – entwickelt innovative Technologien und Produkte für die analytische Probenvorbereitung und Testverfahren.				
Sartorius Vz	**716 563**	140,80 €	160,3/103,6 €	**+32/+134/+471/+2870%**
Die Familienfirma mit der Kernkompetenz Lösungen für die Labor- und Prozesstechnologie konzentriert sich auf die globale Biotech-, Pharma- und Nahrungsmittelindustrie.				
Vertex	**882 807**	169,05 €	172,7/122,3 €	**+25/+105/+188/+604 %**
Vertex spezialisiert sich auf die Behandlung schwerer Virusinfektionen, Entzündungen, Autoimmunkrankheiten und Krebs und vermarktet sein HIV-Medikament mit GSK.				

Was den Pharma-, Biotech- und Medtechsektor bewegt

Wir leben in unruhigen Börsenzeiten, geprägt vom Auf und Ab, teils guten, teils schlechten Meldungen, überlagert von Branchenrotation und politischem Geschehen. Der Medizin-Nobelpreis 2018 geht an zwei Immuntherapie-Wissenschaftler. Neue Forschungsergebnisse ermutigen bei der Behandlung und Heilung schwerster Krankheiten.

Aktuell sind rund um den Globus bereits eine Milliarde Menschen älter als 60 Jahre trotz Hungersnöten, Mangel an Trinkwasser, Naturkatastrophen und Armut in bestimmten Regionen. Bis 2050 dürften es weltweit bereits zwei Milliarden über 60-jährige Personen sein. Und dies bei einer auf vermutlich 9,2 Milliarden Menschen anwachsenden Weltbevölkerung. Das längere Leben ist nicht unbedingt ein Zuckerschlecken. Mit der Gesundheit geht es oftmals rapide abwärts. Mit 65 Jahren leidet jeder Vierte an Herz-Kreislauf-Erkrankungen, mit 85 Jahren beinahe jeder Zweite. Ebenso steigen Arthritis, Krebs und Alzheimer. Grund genug, um in der Gesundheitsbranche aufgeschlossen für neue Forschungen zu sein.

Insbesondere bei seltenen Krankheiten ist ein Innovationsschub zu erwarten, mögen auch die Behandlungskosten hoch sein.

Wer Alzheimer, Lungen-, Brust-, Blut- oder Magenkrebs eines Tages tatsächlich vollständig heilen kann, dem winken bei den weltweit vielen Millionen Erkrankten riesige Milliardenerträge. An seltenen Krankheiten leidet eine überschaubare Anzahl von Patienten – in einem Land oft weniger als hundert. Also muss mit jeder Therapie, mit jedem Medikament entsprechend verdient werden. Nur so kommen die Fehlversuche, die hohen Forschungs-, Entwicklungs- und Zulassungskosten wieder herein. Vor allem aber werden finanzielle Mittel frei für neue Forschungen und Entwicklungen, erprobt in den teuren klinischen Studien 1 bis 3.

Wer zählt zu den Forschungsfavoriten im Pharmasektor? AbbVie erscheint bezüglich Wachstum und Dividende aufgrund einer umfangreichen zukunftsträchtigen Produktpalette interessant. Auch Novo Nordisk aus Dänemark hat nach ausgeprägter Korrekturphase und Erholung gute Kursgewinnchancen. Roche vom Stoxx 50 ist aktiv bei der Krebsforschung und dividendenstark.

Amgen, der weltweit größte Biotechkonzern (WKN: 867 900), weckt mit seinem erfreulichen Ausblick neues Anlegerinteresse.

Amgen, der im Nasdaq notierte Weltmarktführer, seit 35 Jahren börsennotiert, zählt zu den wenigen Biotechunternehmen mit einem fairen KGV von 13 und einer soliden Dividendenrendite von 2,7 %. Forschungsschwerpunkte sind Blutkrankheiten, Nierenschäden, Rheuma, Krebs und Diabetes (Zuckerkrankheit). Die Aktie notiert nahe am Jahreshoch.

Biogen (WKN: 789 617) bekommt Rückenwind für Alzheimer-Forschungen und das neue Präparat Spinraza gegen Muskelschwund.

Der US-Biotechgigant steckt riesige Summen in die Alzheimer-Forschung und erzielt erste Erfolge, allerdings keine Heilung, sondern nur Lebensverlängerung. Aufsehen erregt auch Spinraza, das neue Arzneimittel gegen Muskelschwund.

Der Schweizer Beteiligungskonzern BB Biotech (WKN: A0N FN3) ähnelt einem Aktienfonds, verzichtet auf Ausgabeaufschlag und Jahresgebühr, beeindruckt mit geringem KGV und hoher Dividende.

Der fondsähnliche Schweizer Beteiligungskonzern konzentriert sich auf 30 kleinere und mittlere Firmen im Gesundheitsbereich. Die Firmentöchter entwickeln zeitgemäße Geschäftsmodelle. Schwerpunkte sind Antikörper, Gen- und Zelltherapien. Das KGV ist mit 5,4 so niedrig wie bei russischen Aktien und deutschen Autotiteln. Ungewöhnlich üppig ist die Dividendenrendite von aktuell 5,5 %.

US-Biotechkonzern Celgene steht vor einer Übernahme durch BMS.

Schwerpunkte sind Blut-, Krebs- und Autoimmunerkrankungen. Der aktive Forschungskonzern kooperiert mit 40 globalen Pharmafirmen, darunter AstraZeneca aus Großbritannien. Bristol Myers Squibb (BMS) will Celgene übernehmen.

Johnson & Johnson erhöht seit mehr als 25 Jahren die Dividende.

Beim fair bewerteten Pharmariesen J&J vom US-Leitindex boomen zahlreiche Gesundheitsprodukte. Das Portfolio umfasst verschreibungspflichtige und frei erhältliche Präparate, z. B. Wirkstoffe gegen Schuppenflechte, Rheuma, Pilzinfektionen, Wundsalben, Schmerzmittel, Augentropfen, Kontaktlinsen und Körperpflege.

Eine Krebsstudie mit positivem Ergebnis katapultiert den Kurs von MorphoSys aus dem TecDAX und MDAX um fast 20 % aufwärts.

Gute klinische Daten bewirkten bei über 80 schwerkranken Blutkrebspatienten ein Überleben mit Stillstand beim Krebs um 16 Monate. Möglicherweise erfolgt der Zulassungsantrag schon Ende 2019. MorphoSys liefert Antikörper für Diagnostik und Therapie, entwickelt aber auch eigene Medikamente.

Evotec aus dem TecDAX/MDAX schafft als Überlebender vom Neuen Markt den Kursgewinnrekord von 3.700 % im 10-Jahres-Vergleich.

Um die Jahrtausendwende kostete die Aktie des Forschungsunternehmens für neue Wirkstoffe bis zu 90 Euro. Ich stieg nach Kurseinbruch zu 20 Euro ein, heute ein kleines Plus. Gerade bei Biotech kommt es auf einen preisgünstigen Einstieg an. Dies gilt grundsätzlich für das schnelle Rein/Raus, ist dagegen beim langen Anlagehorizont weniger entscheidend. Das hohe KGV von 75 und der ständige Verzicht auf Dividenden scheint die Anlegergemeinde kaum zu stören.

Sartorius, der Göttinger Medizintechnikkonzern (WKN: 716 563) aus dem TecDAX und MDAX zählt zu den weltweit besten Unternehmen.

Vor einem Jahrzehnt kostete die Aktie 4 €. Ich kaufte die Vorzüge von Sartorius im Januar 2006 für 5,40 €, pflege den Titel im Altbestand wie einen Schatz. Laut Rating von Boston Consulting Group gehört Sartorius seit 5 Jahren ununterbrochen zu den globalen Spitzentiteln. Sartorius zählt zu den führenden Labor- und Prozesstechnologie-Anbietern mit Laborinstrumenten und Verbrauchsmaterial.

Illumina liefert die Werkzeuge zur Entschlüsselung des menschlichen Genoms und ist Weltmarktführer bei Gen-Sequenzierungstechnologie.

Illumina entwickelt Geräte und Systeme für die Analyse genetischer Funktionen. Die Lösungen und Produkte werden in Pharma- und Biotechfirmen, Regierungs- und Bildungsbehörden stark nachgefragt. Es geht um die Erforschung von Krankheiten, Medikamenten und molekularen klinischen Tests. Das KGV mit 50 ist hoch, doch Premium verdient einen Aufschlag. Eine Dividende gibt es nicht.

Vertex überzeugt als Marktführer für kleinmolekulare Arzneimittel.

Das Bostoner Biopharma-Unternehmen konzentriert sich auf das Entdecken, Entwickeln und Vermarkten kleinmolekularer Arzneimittel, um schwere Krankheiten erfolgreich zu behandeln. Die Produktpipeline ist auf Virusinfektionen, entzündliche Prozesse, Autoimmunstörungen und Krebsbekämpfung ausgerichtet.

Was wir tun können: Bewegung ersetzt Arzt und Apotheke

Schlaganfall und Multiple Sklerose: Prof. Claus Reinsberger, Uni Paderborn, erklärt: *„Bei Schlaganfall sind die Effekte durch Sport größer als durch Medikamente. Das Risiko, an einem Schlaganfall zu sterben, wird durch Bewegung um 91 % reduziert. Diese Ergebnisse fußen auf einer Untersuchung, die 300 Studien mit 340.000 Patienten umfasst. Durch regelmäßiges Training wird die Schubrate bei Multipler Sklerose um 27 % verringert und die Gehfähigkeit wesentlich verbessert."*

Alzheimer-Demenz, Parkinson, Epilepsie: Das Risiko, Demenz vom Alzheimer-Typ (rund 2 Mio. Fälle in Deutschland) zu erleiden, lässt sich durch regelmäßige körperliche Aktivität um bis zu 45 % senken. Die Gefahr, an Parkinson zu erkranken (betrifft vorwiegend Männer), wird um 34 % gemindert. Die Wirkungsdauer von Sport hält lange an. Bei Epilepsie gibt es ebenfalls positive Ergebnisse.

Darm-, Brust- und Prostatakrebs: Bestätigt wird der günstige sportliche Einfluss auf Krebserkrankungen vor allem bei Darm, Brust und Prostata. Nach Ausdauertraining wurde bei über 70-Jährigen nachgewiesen, dass bei ihnen gerade im Hippocampus, der zentralen Schaltstelle im Gehirn für die Gedächtnisfunktion, neue Nervenzellen gebildet wurden. Das Fazit von Prof. Reinsberger: *„Sport ist eine Apotheke, in der wir verschiedene Medikamente aussuchen könnten."*

Medtech als Nutznießer des demografischen Wandels

Die Medizintechnik profitiert vom längeren Leben, entwickeln sich doch viele Senioren zum Ersatzteillager von Kopf bis Fuß.

Der Zukunftsforscher Leo Nefiodow hat als VI. Kondratjew das Gesundheitswesen ausgerufen. Der Wissenschaftler erklärt: *„Was wir Umweltschutz nennen, ist in Wirklichkeit Gesundheitsschutz."* Die langen Wellen der Konjunktur, der Kondratjew I bis VI, werden geprägt durch bahnbrechende Erfindungen und Entdeckungen wie Dampfmaschine, Stahl/Eisenbahn, Elektrotechnik/Chemie, Automobil, IT/Internet und Gesundheitswesen. Forschung und Entwicklung sind der eigentliche Jungbrunnen in der Pharmaindustrie mit dem Bereich Medizintechnik.

Die Medizintechnik profitiert vom längeren Leben, pro Jahrzehnt zwei bis drei geschenkte Jahre. Wer 85 Jahre alt ist, hat im Schnitt zwei Jahrzehnte gewonnen. Ein Jungbrunnen und Quell großen Glücks ist dies für viele betagte Menschen jedoch nicht. Je näher die 80, 90 oder 100 Jahre rücken, umso häufiger und intensiver werden die Errungenschaften der Medizintechnik wie Prothetik für Arme, Beine, Hände, Füße, Hör- und Sehhilfen, künstliche Knie- und Hüftgelenke benötigt.

Welche Bereiche deckt die Medizintechnik insbesondere ab?

- **Klinik- bzw. Krankenhaustechnik**
- **Medizinische Apparate wie Kernspintomografen, Ultraschallgeräte**
- **Künstliche Intelligenz mit Weiterentwicklung lernfähiger Roboter**
- **Keimtötende Verkabelungen, Operationsschläuche, Laborgefäße usw.**
- **Bildgebende Diagnostik und medizinische Informatik**
- **Neue Produkte für die Wundbehandlung mit Verbandsmaterial**
- **Elektronische Patientenakten allgemein und für Spezialbereiche**
- **Medizintechnische Produkte wie Prothesen, Implantate, 3-D-Drucker**
- **Künstliche Hüft- und Kniegelenke, zunehmend auch Händenachbau**
- **Fortschritte bei der Zahnprothetik, den Seh- und Hörhilfen**

Neuartige Kunststoffe und Verfahren erobern den Markt

Die moderne Operationstechnik ist auch daran erkennbar, dass der Operationsbereich immer kleiner wird. Winzige Wunden heilen schneller. Die Schmerzen sind nicht so heftig. Die Infektionsgefahr nimmt ab. Wer die Olympischen Spiele der Behinderten verfolgt, staunt, was heute möglich ist und gestern noch als undenkbar erschien. Ob es jedoch gelingt, dass Querschnittsgelähmte wieder gehen und ihrem Rollstuhl Lebewohl sagen können, da gehen die Meinungen auseinander. Die Aktien forschungsstarker Unternehmen sind teilweise überteuert. Das Preiskarussell dreht sich auch durch Übernahmen immer schneller.

Im deutschen TecDAX gibt es einige marktführende Medtechkonzerne, seit der Indexumstellung zusätzlich im MDAX oder SDAX gelistet. Der Laboranbieter Sartorius erzielt Rekorde am laufenden Band. Carl Zeiss Medtec überzeugt auch international in der Augenheilkunde. Börsenneuling Siemens Healthineers erzielt zwei Drittel der Erlöse mit Computertomografen und Röntgengeräten.

Aktien Gesundheitswesen/Medtech rund um den Globus

Aktie/Kontinent bzw. Index	WKN	Kurs am 01.03.19	Hoch/Tief 1 Jahr €	Entwicklung 1, 3, 5 Jahre
Carl Zeiss M. (TecDAX)	531 370	75,65 €	84,40/48,60	+51/+155/+242 %
Compugroup (TecDAX)	543 730	51,95 €	54,20/37,70	+13/+39/+174 %
Essilor Int. (Euro Stoxx)	863 195	106,85 €	129,4/105,0	-5/-3/+46 %
FMC (DAX)	578 580	69,00 €	91,75/55,45	-18/-12/+40 %
Medtronic (S&P 500)	A14M2J	80,20 €	87,60/61,85	+24/+19/+89 %
Sartorius Vz (TecDAX)	716 563	140,30 €	160,2/103,5	+29/+133/+479 %
Siemens Healthineers	SHL100	36,10 €	39,95/29,00	-8 %/IPO 2018
Stratec Bio. (Prime St.)	STRA55	60,00 €	80,30/43,50	-17/+14/+90 %
Thermo Fisher (S&P)	857 209	231,90 €	231,9/164,0	+36/+93/+160 %
Stryker (S&P 500)	864 952	166,85 €	167,2/124,7	+28/+81/+188 %
Zimmer (S&P 500)	753 718	109,30 €	113,8/85,50	+16/+23/+62 %

Drei chancenreiche ETFs aus dem Gesundheitswesen

Name, Fonds, Gesellschaft	WKN	Kurs 01.03.19	Hoch/Tief 52 Wochen	Entwicklung 1, 3, 5 Jahre
ComStage Stoxx Europe Health	ETF 068	131,65 €	134,2/112,9 €	+15/+11/+36 %
	Vol. 56 Mio. €, Gebühr 0,25 %, ausschüttend, Alter 11 J.			
Lyxor MSCI World Health Care	LYX 0GM	285,80 €	292,7/227,5 €	+21/+28/+76 %
	Vol. 424 Mio. €, Gebühr 0,30 %, thesaurierend, Alter 9 J.			
Invesco S&P 500 Health Care	A0Y HMK	354,10 €	377,0/276,2 €	+10/+42/+63 %
	Vol. 219 Mio. €, Gebühr 0,30 %, thesaurierend, 10 Jahre			

Der demografische Wandel verhilft der Medizintechnik zu viel Wachstum. 3-D-Drucker und Industrie 4.0 mit Digitalisierung und KI regen zu kreativen Neuentwicklungen an. Der Wettbewerb ist groß. Bei Prothetik für Füße, Unterschenkel, ganze Beine, Arme, Hände kommen ständig neue Produkte auf den Markt.

Pharmakonzerne im Kampf gegen lebensbedrohende Krankheiten wie Krebs, Alzheimer, Diabetes, Hepatitis

Der gewaltige medizinische Fortschritt gründet auf verfeinerten Diagnostik- und Operationsmethoden sowie neuartigen Wirkstoffen gegen die gefährlichsten Geißeln der Menschheit aus dem Schreckenskabinett schwerer Krankheiten. Nachdem die große Welle von Patentabläufen abebbt, dafür aber verbesserte Produkte, Verfahren, Therapien und Neuentwicklungen den Markt erobern, besteht weiter Wachstumspotenzial. Die Marktführer mit gesunder Bilanzstruktur steigern Umsatz und Ertrag. Ein attraktives Produktportfolio, eine intakte Firmenkultur und interessante Neuentwicklungen in den klinischen Studien 2 und 3 dürften auch künftig für Kursgewinne sorgen. Der Bedarf an wirksamen Arzneimitteln allein im Kampf gegen wichtige Krebsarten sollten Wachstumstreiber sein. Zudem regen interessante Übernahmen den Gesundheitsmarkt an.

Gründe für den Siegeszug der Pharmaindustrie

Im Zuge des demografischen Wandels ist die stetig längere Lebenserwartung zu nennen, jedoch verbunden mit schweren Krankheiten in der letzten Lebensphase. Bemerkenswert sind zahlreiche Übernahmen. Die Pharmariesen verleiben sich gern mittelständische Biotechfirmen ein, die mit brillanter Forschung Hoffnungen wecken, den großen Durchbruch zu schaffen. Gelingt dies, winken bei Zulassung Milliardenerträge, und der Aktienkurs springt oft dreistellig durch die Decke.

Um den Krebs zu besiegen, wird die Immunabwehr aktiviert

Analysten erwarten Milliardenumsätze. Vor allem **Merck & Co.** aus Amerika, der Schweizer Pharmariese **Roche**, der Marktführer **Amgen** aus den USA, **AstraZeneca** aus Großbritannien und **Pfizer**, bekannt geworden durch den Erektionsanreger Viagra, schmieden interessante Forschungs- und Entwicklungsallianzen. Hauptzielsetzung ist, bei Krebs mit neuen Immuntherapieansätzen, oft begleitet von personalisierter Medizin, den Durchbruch einzuleiten. Im Wettlauf der Krebsspezialisten zählen auch **Bristol Myers** und der Schweizer Pharmariese **Novartis** zu den Favoriten um hohe Marktanteile. Gen- und Immuntherapie haben das Potenzial, die Behandlung der bösartigen Tumorerkrankungen zu revolutionieren.

Weshalb boomen Übernahmen bevorzugt mit US-Partnern?

Bei Großkonzernen geht die M&A-Welle ungebrochen weiter. Geld ist billig zu leihen. Bankkredite sind leicht zu bekommen. Die Pharmariesen sitzen auf dicken Cashbeständen. Oft werden Übernahmen angetrieben, weil Patente auslaufen. Meist sinkt der Kurs der Bieterfirma, während ein Kurssprung ab einem Drittel beim Zielkonzern üblich ist. Jetzt dürfte es zu spät sein, die Aktie zu kaufen.

Pharmaindustrie – chancenreiche Aktienauswahl weltweit

Aktien/ Unternehmen	WKN	Kurs am 01.03.19	52-Wochen-Hoch/-Tief	Kursverlauf 1, 3, 5 Jahre
AbbVie Inc.	**A1J 84E**	69,75 €	97,55/67,15 €	**-26/+36/+89 %**
S&P 500: Forschungsgebiete Krebs, Hepatitis, Nieren, Nerven, **KGV 10, Div. 4,9 %**				
Abbott Labs	**850 103**	68,50 €	68,55/46,85 €	**+40/+89/+137 %**
S&P 500: Nahrungsmittelergänzung, Klinik- und Laborbedarf, **KGV 23, Div. 1,6 %**				
AstraZeneca	**886 455**	72,75 €	74,60/52,85 €	**+34/+38/+50 %**
GB, Stoxx 50: Forschung Atemwege, Herz-Kreislauf, Krebs, **KGV 21, Div. 3,5 %**				
Bayer	**BAY 001**	71,60 €	104,1/58,35 €	**-23/-26/-26 %**
DAX: Monsanto-Übernahme, Pharmazie und Pflanzenschutz, **KGV 9,6, Div. 4,2 %**				
Bristol-Myers	**850 501**	45,90 €	54,95/39,10 €	**-14/-20/+20 %**
S&P 500: Arznei Herz-Kreislauf, Stoffwechsel, Krebs, Rheuma, **KGV 12, Div. 3,3 %**				
EISAI	**855 526**	73,15 €	90,10/42,05 €	**+71/+29/+163 %**
Nikkei: neuartige Wirkstoffe, Therapie seltener Krankheiten, **KGV 20, Div. 2,1 %**				
Eli Lilly	**858 560**	111,95 €	112,1/60,50 €	**+78/+67/+161 %**
S&P 500: Neurowissenschaft, Infektion, Krebs, Herz-Kreislauf, **KGV 20, Div. 2,1 %**				
Fresenius	**578 560**	49,10 €	71,20/38,50 €	**-24/-22/+33 %**
DAX: Familienfirma, Gesundheitsprodukte und Klinikbetreiber, **KGV 14, Div. 1,6 %**				
FMC	**578 580**	68,95 €	91,40/55,05 €	**-18/-12/+40 %**
DAX: Fresenius Medical Care, Dialysekliniken Nierenversagen, **KGV 15, Div. 1,7 %**				
GlaxoSmithKli.	**940 561**	17,70 €	18,45/14,60 €	**+19/-3/-12 %**
GSK, Stoxx 50: Arznei: Asthma, HIV, Depression, Migräne, **KGV 14, Div. 5,0 %**				
Illumina	**927 079**	277,25 €	321,6/178,0 €	**+48/+99/+122 %**
Nasdaq: US-Pharma-/Biotech, Genforschung, Genanalysen, **KGV 53, Div. 0,0 %**				
Johnson & J.	**853 260**	120,55 €	131,0/101,0 €	**+14/+23/+82 %**
Dow Jones: Gesundheitsprodukte, Wundsalben/Schmerzmittel, **KGV 17, Div. 2,6 %**				
Merck KGaA	**659 990**	92,55 €	100,2/74,65 €	**+17/+15/+52 %**
DAX: Familienfirma, Stoffwechsel, Herz-Kreislauf, Rheuma, **KGV 16, Div. 1,3 %**				
Merck & Co.	**A0Y D8Q**	71,75 €	71,90/42,80 €	**+60/+51/+75 %**
Dow Jones: neuartige Impfstoffe, biologische Therapeutika, **KGV 16, €, Div. 2,8 %**				
Novartis	**904 278**	80,15 €	81,85/62,10 €	**+18/+20/+35 %**
Schweiz, Stoxx 50: Spezial- & Tiermedizin, Humanimpfstoffe, **KGV 16, Div. 3,3 %**				

Novo-Nordisk	A1X A8R	43,80 €	44,60/35,35 €	+5/-10/+29 %
Dänemark, Euro Stoxx 50: Hormone/Gerinnung Diabetes, **KGV 17, Div. 2,8 %**				
Pfizer	**852 009**	38,20 €	41,35/27,70 €	**+29/+38/+63 %**
Dow Jones: Arznei für Krebs, HIV, Herz-Kreislauf, Rheuma, **KGV 14, Div. 3,2 %**				
Roche Holding	**851 311**	242,00 €	244,0/181,4 €	**+27/+2/+13 %**
Schweiz, Stoxx 50: Forschung Arznei und Therapie bei Krebs, **KGV 14, Div. 3,5 %**				
Sanofi-Aventis	**920 657**	74,05 €	80,40/63,10 €	**+15/+1/+2 %**
Frankreich, Euro Stoxx 50: Forschung Krebs/Herz-Kreislauf, **KGV 13, Div. 4,0 %**				
United Health	**869 561**	216,40 €	254,8/172,3 €	**+17/+94/+288 %**
Dow Jones: Krankenversicherungen und Gesundheitsfürsorge, **KGV 19, Div. 1,3 %**				

Das Gesundheitswesen mit Biotech, Pharma und Medtech verfügt weltweit über viele seriöse Marktteilnehmer, aber auch schwarze Schafe. Es ist schwierig, eine kluge Auswahl zu treffen. Einfacher ist es, wichtige Bereiche mit ETFs abzudecken. Höchstrenditen gibt es nicht, aber auch keine großen Kurseinbrüche. Wie der DAX-Konzern **Bayer** zeigt, sind Übernahmen oft glücklos.

Trotz starker Kurseinbrüche in etlichen Branchen notieren gegen den Trend Abbot Labs und Eli Lilly vom S&P 500, Johnson & Johnson, Merck & Co. und Pfizer aus dem Dow Jones sowie GlaxoSmithKline und Novartis vom Stoxx 50 auf Jahreshochniveau. Solche Titel sollten Sie unbedingt halten. Vielleicht verkaufen Sie einen Teil, um mit dem Gewinn günstige Zukäufe zu finanzieren.

Wichtiger Tipp: Mögen die Kurse auch einbrechen wegen etlicher Krisenherde. Diese fünf folgenden Fehler dürfen Ihnen nie und nimmer passieren:

- **Kein Panikausverkauf,** wenn sich die gegenwärtig scharfe Korrektur in einen richtigen Börsencrash verwandelt.
- **Kein Aktienkauf auf Kredit,** mögen die Kurse noch so verlockend niedrig sein.
- **Keine unbekannten Penny Stocks kaufen,** nur weil ein dubioser bzw. krimineller Börsenguru Ihnen so etwas in seinem Internet-Börsenbrief anpreist und Ihnen ein neues „Einhorn" bzw. die kommende „Börsenperle" anpreist.
- **Sich nicht zu riskanten, teuren Absicherungsgeschäften überreden lassen,** wenn Sie von Hebel-, Long- und Short-Produkten nur wenig verstehen. Ganz gefährlich sind die oft betrügerischen binären Optionen mit Hebel 2 (Verdopplung, wenn die Börsenrichtung stimmt, Totalverlust bei umgekehrtem Verlauf). Die **Cybermafia** sahnt hier ab mit programmierter Verlustsoftware.
- **Nie etwas tun, nur weil es andere machen.** Der Herdentrieb ist ein genauso schlechter Ratgeber, wie wenn Sie alles Unangenehme verdrängen und sich selbst etwas vormachen.

Langfristig interessante Aktienfonds Gesundheitswesen				
Name, Fondsgesellschaft	**WKN**	**Kurs 29.03.19**	**Hoch/Tief 52 Wochen**	**Kursentwicklung 1, 3, 5, 10 Jahre**
AXA World Framlington Health A	**A0M KS3**	263,50 €	271,5/221,5 €	**+19/+17/+58/+291 %**
	Umfang 79 Mio. €, Alter 12 J., Ausgabeaufschlag **5,00 %,** Gebühr **1,75 %,** thesaurierend. Anlage: Biotech/Medtech/Pharma.			
BlackRock BGF World Health Sc.	**A0B L36**	40,00 €	40,00/31,15 €	**+26/+40/+91/+253 %**
	Umfang 3,0 Mrd. €, Alter 18 Jahre, Ausgabeaufschlag **5,00 %,** Gebühr **1,50 %,** thesaurierend. Der Fonds investiert in Biotech, Medtech, Pharma. Große Anteile: Amgen, Johnson, Roche.			
DekaLux-BioTech CF	**DK1 A3Y**	423,50 €	462,6/350,2 €	**+12+23/+59/+351 %**
	Umfang 113 Mio. €, Alter 11 Jahre, Ausgabeaufschlag **3,75 %,** Gebühr **1,25 %,** ausschüttend. Dieser Biotechfonds investiert in Nasdaq-Aktien, wie Amgen, Biogen, Celgene, Gilead, Vertex.			
DWS Biotech	**976 997**	203,65 €	214,4/158,3 €	**+15/+35+66/+366 %**
	Umfang 340 Mio. €, Alter 20 Jahre, Ausgabeaufschlag **5,00 %,** Gebühr **1,50 %,** thesaurierend. Der Fonds konzentriert sich auf Nasdaq-Biotechaktien, mischt aber Pharma und Medtech bei.			
DWS Health Care Typ 0	**976 985**	253,10 €	256,1/205,6 €	**+23/+25/+67/+296 %**
	Umfang 365 Mio. €, Alter 21 Jahre, Ausgabeaufschlag **0,0 %,** Gebühr **1,70 %,** thesaurierend. Der Fonds legt global in Pharma-/Biotechaktien an, wie Bayer, Celgene, Johnson, Roche.			
ESPA STOCK Biotec T	**676 338**	469,75 €	500,2/379,8 €	**+17/+43/+79/+461 %**
	Umfang 221 Mio. €, Alter 19 Jahre, Ausgabeaufschlag **4,00 %,** Gebühr **1,80 %,** ausschüttend. Der Fonds setzt auf Substanz und legt die Hälfte in Biotechtitel an. Dabei: Amgen, Celgene.			
FCP Medical MED Bio-Health-TR	**941 135**	515,85 €	536,5/414,2 €	**+19/+75/+93/+553 %**
	Umfang 265 Mio. €, Alter 18 Jahre, Ausgabeaufschlag **5,00 %,** Gebühr **1,70 %,** ausschüttend. Der Fonds spezialisiert sich auf kleine, mittlere, große Biotech-/Medtech-/Pharmatitel weltweit.			
Janus Henderson Sciences	**935 591**	32,15 €	33,50/26,90 €	**+9/+30+43/+302 %**
	Umfang 2,0 Mrd. €, Alter 19 J., Ausgabeaufschlag **0,00 %,** Gebühr **1,50 %,** thesaurierend. Anlage in Firmen, die auf viel Lebensqualität abzielen, z. B. Gesundheit, Arznei, Körperpflege.			
UniSector BioPharma	**921 556**	114,80 €	117,9/97,15 €	**+19/+22/+51/+230 %**
	Umfang 310 Mio. €, Alter 20 J., Ausgabeaufschlag **4,0 %,** Geb. **1,55 %,** ausschüttend. Wachstum, Ertragskraft, Innovation.			

3.4 Bauindustrie und Immobilien: Weiter aufwärts oder scharfe Korrektur ab Zinswende?

Die Bevölkerungsentwicklung – eine noch niedrige Geburtenrate von 1,6 % gepaart mit längerem Leben – lässt bei oberflächlicher Betrachtung eher auf zurückgehende Bautätigkeit und stagnierende Immobilienmärkte schließen. Doch das Gegenteil ist der Fall. Es gibt einen riesigen Neubau-, Sanierungs- und Renovierungsbedarf durch Verschleiß, Umstellung auf umweltfreundliche Materialien und Erneuerbare Energien beim Heizen und bei der Stromversorgung. Die Ansprüche an das eigene Zuhause, die Eigentums- oder Mietwohnung steigen. Im Schnitt geben private Haushalte monatlich 880 € für ihr Zuhause aus. Die Wohnkosten verschlingen mit 35 % über ein Drittel der gesamten Konsumausgaben.

Die Zahl der Singlehaushalte nimmt zu, zumal das „Hotel Mama" nicht mehr begehrt ist und der Nachwuchs ab Volljährigkeit meist auszieht. Von den 41,3 Millionen Haushalten in Deutschland 2017 waren 42 % Einpersonenhaushalte. Wer heute allein lebt, wünscht mindestens 40 qm, besser 60 qm Wohnfläche. 1990 kamen auf einen Bewohner 35 qm Wohnfläche. 2017 waren es im Schnitt 46,5 qm. Der Bedarf an altersgerechten Wohnungen wächst, in denen Senioren noch mit 70, 80 oder 90 Jahren leben können – oft ambulant betreut. Den Lebensabend, sofern man nicht kinderlos blieb, bei Tochter oder Sohn zu verbringen, wird vom Regel- zum Ausnahmefall, da Frauen oft berufstätig sind und die Pflege der Eltern oder Schwiegereltern zuhause als belastend und störend empfinden.

Naturkatastrophen häufen sich, bringen unendliches Leid über die betroffene Bevölkerung, bedeuten aber auch neue Herausforderungen und Aufträge für die Bauindustrie mit Infrastruktur. Man erinnere sich im Jahr 2018 an die Zerstörung in Indonesien, als der Tsunami alles überrollte. Grauenhaft, die Überflutungen durch Sturmböen und Starkregen in Italien und auf Mallorca, der Hurrikan im Bundesstaat Florida, der Brückeneinsturz in Genua, die schlimmsten Waldbrände seit Menschengedenken in Kalifornien. Der Klimawandel sendet gefährliche Warnsignale aus. Die Bauindustrie muss darauf engagiert reagieren.

Die deutschen Wirtschaftsforschungsinstitute erwarten für 2019/20 eine robuste Baukonjunktur. Die Bauwirtschaft rechnet mit weiterem Wachstum. Dies zeigt sich an vollen Auftragsbüchern, höheren Baupreisen um gut 3 %, aber auch dramatischem Fachkräftemangel. Im Trend liegen vorrangig Neubauten, im Wohnsektor mehrgeschossige Mietshäuser. Ein Stillstand ist wohl erst zu erwarten, wenn die erwartete Zinswende eintritt. Noch steigen die Immobilienpreise in attraktiven westdeutschen Großstädten, während in der Schweiz die Preise eher abbröckeln. Die Bundesregierung will mit zusätzlichen Milliarden den Marktkräften bei der Mietpreisexplosion entgegenwirken.

Kurzinfo: Das richtige Immobilien-Investment für Privatanleger

Den Grundstock der erfolgreichen Altersvorsorge kann eine Eigentumswohnung, ein Reihenhaus oder freistehendes Haus zur Eigennutzung bilden. Entscheidend sind die Lage, die Infrastruktur mit Bildungs-, Freizeit- und Kulturangebot für Familien mit Kindern. Altersgerechte barrierefreie Wohnungen mit Aufzug, moderner Bad- und Küchengestaltung, öffentlichem Nahverkehr und medizinischer Versorgung sind begehrt. Gut geführte Alten- und Pflegeheime sowie ambulante Dienste für ältere Menschen dürfen nicht fehlen. Erlauben es die eigene Wohnsituation und der Geldbeutel, eine Pflegekraft einzustellen? Wie sieht es mit betreutem Wohnen aus? Der Kauf von Mietshäusern bei hohem Vermögen, Fachkenntnis und guter Gesundheit ist zu überlegen, soweit Fitness, Zeit- und Arbeitsaufwand dies zulassen. Gute Lage, hohe Wohnungsqualität und intakte Infrastruktur bei wachsendem statt schrumpfendem Bevölkerungsanteil sind entscheidend.

Dividendenstarke Immobilienaktien auch in Krisen interessant

Die wichtigsten Unternehmen rund um Bauwirtschaft und Immobilien sind im DAX, MDAX und SDAX notiert. REIT-AGs wie Alstria und Hamborner sind dividendenstark und wegen Höchstverschuldung von 55 % relativ sicher.

Deutsche Bau-, Immobilien- und Finanzierungsfirmen				
Aktien/Unternehmen	**WKN**	**Kurs am 17.01.19**	**52-Wochen-Hoch/-Tief**	**Kursverlauf 1, 3, 5, 10 Jahre**
Aareal Bank	**540 811**	28,05 €	42,95/25,80 €	**-29/+11/-5/+522 %**
MDAX: KGV 9,7, Spezialbank für gewerbliche Hypothekenfinanzierung, **Div. 9,1 %!**				
Adler Real E.	**500 800**	13,50 €	16,05/11,80 €	**+3/+20/+306 %**
SDAX: KGV 8,6, Adler kauft laufend Wohnungen, Kurs steigt vierstellig, **Div. 0,4 %**				
Ado Properties	**A14 U78**	48,40 €	55,75/40,00 €	**+5/+99 %/IPO**
SDAX: KGV 16,9, Konzentration auf kleinere Wohnungen in Berlin, **Div. 1,6 %**				
Alstria Office	**A0L D2U**	12,95 €	13,60/11,75 €	**+1/+12/+35/+186 %**
MDAX: KGV 19,0, Spezialisierung auf hochwertige Büroimmobilien, **Div. 4,0 %**				
Aroundtown	**A2D W8Z**	7,40 €	7,90 €/5,85 €	**+14/+81 %/IPO**
MDAX: KGV 8,8, Gewerbe- und Wohnimmobilien, Deutschland/Holland, **Div. 3,4 %**				
Dt. Pfandbrief	**801 900**	9,40 €	15,50/8,30 €	**-34/-8 %/IPO**
MDAX: KGV 8,8, Spezialbank zur Finanzierung Gewerbeimmobilien, **Div. 8,8 %!**				
Dt. Wohnen	**A0H N5C**	41,20 €	44,05/32,20 €	**+13/+78/+187/+799**
MDAX: KGV 23,7, Wohnungsbewirtschaftung/Management, **Div.-Rendite 2,1 %**				

Aktien/Unternehmen	WKN	Kurs am 17.01.19	52-Wochen-Hoch/-Tief	Kursverlauf 1, 3, 5, 10 Jahre
DIC Asset	A1X 3XX	9,40 €	11,10/8,75 €	-11/+7/+34/+110 %
SDAX: KGV 12,9, künftig mehr Verkäufe, um Verschuldung zu senken, **Div. 4,8 %**				
Grand City Pr.	A1J XCV	19,90 €	24,40/17,85 €	+5/+10/+171 %
MDAX: KGV 14,9, Wohnimmobilien in Nordrhein-Westfalen und Berlin, **Div. 3,9 %**				
Hamborner R.	601 300	8,90 €	10,15/8,30 €	-10/+2/+24/+72 %
SDAX: KGV 20,0, Einzelhandelsflächen in Innenlagen von Großstädten, **Div. 5,1 %**				
Hochtief	607 000	120,60 €	160,7/112,6 €	-18/+50/+87/+351 %
MDAX: KGV 12, globale Infrastrukturprojekte, vor allem Verkehr/Energie, **Div. 4,3 %**				
Hypoport	549 336	180,40 €	205/114	+35/+210/+1776/+4036 %
SDAX: KGV 36, Finanzdienstvertrieb, Unterstützung FinTech, **Div. 0 %**				
LEG Immobil.	LEG 111	96,20 €	107,0/83,20 €	+2/+38/+120 %
MDAX: KGV 18,9, Verwaltung Wohnimmobilien in Nordrhein-Westfalen, **Div. 3,6 %**				
Patrizia Immo.	PAT 1AG	17,85 €	21,20/14,60 €	-12/-16/+218/+1810%
SDAX: KGV 17, der gesamte Immobilienlebenszyklus wird abgedeckt, **Div. 2,0 %**				
TAG Immobil.	830 350	20,85 €	21,50/14,60 €	+29/+95/+138/1000%
MDAX: KGV 15,2, Wohn- und Gewerbeimmobilien mit Dienstleistungen, **Div. 3,4 %**				
TLG Immobil.	A12 B8Z	26,00 €	26,40/21,20 €	+16/+59 %/IPO
SDAX: KGV 15, spezialisiert auf Büro-/Einzelhandelsflächen und Hotels, **Div. 3,8 %**				
Vonovia	A1M L7J	41,70 €	44,90/35,70 €	+2/+63/+133 %
DAX: KGV 18, Instandhaltung/Modernisierung von 370.000 Wohnungen, **Div. 3,5 %**				

Ein Immobilien-ETF mit europäischer Ausrichtung				
ETF/Firma	**WKN**	**17.01.19**	**52 Wochen**	**1, 3, 5, 10 Jahre**
ComStage	ETF 074	27,90 €	31,65/26,00 €	-4/+7/+37/+190 %
Europa: Volumen: 20 Mio. €, Gebühr: 0,25 %, ausschüttend, Alter: 10 Jahre. Europas größte Immobilien-Aktienfirmen wie Vonovia, Dt. Wohnen, LEG Immo.				

Trotz Preisübertreibungen in den Ballungszentren werden, solange die Niedrigstzinspolitik anhält, Immobilienaktien gut laufen, vor allem im Gewerbebereich mit Bürohäusern. Die Börsenkurse liegen nahe dem **Net Asset Value (NAV)** je Aktie, dem bilanzierten Vermögenswert. Analysten sehen in der für die Immobilienbranche wichtigen Kennzahl weiteres Aufholpotenzial. Bei **Aroundtown** (MDAX), im Gewerbeimmobiliensektor tätig, liegen NAV und Börsenkurs nahe beieinander.

Zusammenfassung: Immobilien und Bauwirtschaft als Zukunftsmärkte im demografischen und klimatischen Wandel

- **Demografischer Wandel:** längeres Leben hierzulande um rund 15 Jahre. In seinem gewohnten Umfeld möglichst lange verweilen. Eher ambulante Hilfe als Pflege durch Angehörige. Heute: weniger Kinder, mehr berufstätige Frauen.
- **Höhere Ansprüche, mehr Flächenbedarf:** Sofern man sich dies leisten kann, gilt es für alle Altersgruppen.
- **Kein „Hotel Mama“ mehr:** Der Nachwuchs zieht meist aus mit Beginn der Berufstätigkeit. Bei Studenten sind auch Wohngemeinschaften gefragt.
- **Getrennt wohnen, gemeinsam erleben:** Der Anteil an Singlehaushalten nimmt zu. Erst ab Heirat ist ein gemeinsamer Hausstand üblich.
- **Großer Mangel an bezahlbarem Wohnraum:** Es besteht ein großer Bedarf an Sozialwohnungen für weniger betuchte Mieter.
- **Ungleiche Verteilung:** In westdeutschen Wachstumsstädten herrscht extreme Wohnungsknappheit. Insbesondere in ländlichen Gegenden Ostdeutschlands gibt es großteils hohe Leerstände im Wohnbereich.
- **Der Flüchtlingszustrom 2015 von über einer Million Migranten wirkt nach:** Wer hier bleiben darf und Arbeit hat, will auch zufriedenstellend wohnen.
- **Die Erderwärmung durch den Klimawandel beschwört viele Katastrophen herauf:** Massenweise wird Wohnraum vernichtet durch Waldbrände infolge Dürre. Hinzu kommen heftige Überflutungen, Orkane, Tsunamis, Erdstöße.
- **Die vernachlässigte Infrastruktur rächt sich auch in Deutschland:** marode Brücken, störanfälliges Schienen-, Autobahn- und Straßennetz. Allein dadurch besteht großer, langfristiger Handlungsbedarf für die Bauwirtschaft. Statt neuer sozialer Wohltaten wäre es klüger, hier intensiv zu investieren.
- **Hoher Sanierungsbedarf durch steigende Ansprüche im Wohnsektor:** Fahrstühle statt Treppensteigen wünschen nicht nur Senioren. Neuartige Wohnformen und flexible Raumaufteilung sind voll im Trend.
- **Bauen in die Höhe und Supermärkte kombiniert mit Wohnlandschaften setzen sich durch.** Immer mehr Immobilienfirmen drängen in den Markt. Kurzzeitmieten im Bürobereich sollten zumindest so lange boomen, wie keine Rezessionsgefahr besteht. Vor allem Start-ups zählen zum Mieterkreis.
- **Bei anhaltender Nullzinspolitik bis 2020 rechnet die Bauindustrie mit höherem Absatz.** Bei Kreditzinsen ab 3 % dürfte die Bauindustrie Umsatzprobleme bekommen und die Zahl der Neugründungen zurückgehen.

3.5 Zukunftsmärkte Hightech, Internet der Dinge, IT, Digitalisierung und Künstliche Intelligenz

Der bundesweit schnelle Internetanschluss ist eine Grundforderung, um das Wohnen in ländlichen Gegenden attraktiver zu machen. Geht es um die Zukunft der elektronischen Datenverarbeitung aus Unternehmens-, Privatkunden- und Anlegersicht, kommt eine Menge Arbeit auf Wissenschaft und Forschung, Industrie und Behörden zu, um die vielfältigen Herausforderungen zu meistern.

Elektronische Datenverarbeitung mit Cloud bildet einen Schwerpunkt beim gesellschaftlichen Wandel. Die Softwarebranche wird geprägt von Big Data, der Digitalisierung in der vernetzten Datenwelt, dem Cloud-Computing, also Auslagerung eigener Firmendaten in Softwarehäuser. Die leistungsfähigsten IT-Spezialisten wachsen kräftig. Der IT-Markt wird einerseits durch Übernahmen gekennzeichnet. Umgekehrt bereitet der Mangel an qualifizierten Arbeitskräften große Sorgen. Die führenden deutschen IT-Firmen sind im DAX, TecDAX und seit der Neuordnung der Indizes im Herbst 2018 zusätzlich im MDAX und SDAX notiert. Die auf Cloud spezialisierten IT-Firmen erzielen hohe Umsätze. Der Datenschutz wird noch wirksamer und das Eindringen von Hackern erschwert.

IT-/Softwareaktien aus DAX, TecDAX, MDAX und SDAX

Aktie, Unternehmen	WKN	Kurs am 29.11.18	52 Wochen-Hoch/-Tief	Kursverlauf 1, 3, 5 Jahre
Bechtle	**515 870**	69,75 €	90,65/63,65 €	**-4/+55/+191 %**
TecDAX und MDAX: IT für Firmenkunden, Cloud, KGV: 18, Div.-Rendite: **1,9 %**				
Cancom SE	**541 910**	35,10 €	52,60/31,05 €	**+1/+71/+152 %**
TecDAX und SDAX: führend bei IT-Infrastruktur, KGV: 21, Div.-Rendite: **1,7 %**				
CompuGroup	**543 730**	41,75 €	60,30/37,65 €	**-28/+25/+126 %**
TecDAX und SDAX: Software für Ärzte/Kliniken, KGV: 19, Div.-Rendite: **0,8 %**				
Nemetschek	**645 290**	108,30 €	154,8/70,50 €	**+31/+153/+753 %**
TecDAX und MDAX: Planen/Bauen/Verwalten, KGV: 43, Div.-Rendite: **0,8 %**				
SAP SE	**716 460**	91,90 €	108,5/82,05 €	**-6/+22/+48 %**
DAX und TecDAX: Betriebssoftware, Cloud, KGV: 18, Div.-Rendite: **1,6 %**				
Software AG	**A2G S40**	37,00 €	49,80/34,90 €	**-20/+48/+33 %**
TecDAX und MDAX: Infrastruktursoftware, KGV: 14, Div.-Rendite: **1,9 %**				

Internationale Aktienauswahl IT/Software/Infotechnologie				
Aktie, Unternehmen	**WKN**	**Kurs am 29.11.18**	**52 Wochen-Hoch/-Tief**	**Kursverlauf 1, 3, 5 Jahre**
ADOBE	**871 981**	216,85 €	239,3/138,5 €	**+40/+152/+423 %**
Nasdaq 100: Bildbearbeitung und Webanalyse, KGV: 28, Div.-Rendite: **0,0 %**				
Electronic Arts	**878 372**	76,00 €	128,8/70,55 €	**-18/+18/+369 %**
(EA), Nasdaq 100: Unterhaltungssoftware/Videospiele, KGV: 16, Div.: **0,0 %**				
Microsoft	**870 747**	96,70 €	100,2/67,95 €	**+35/+86/+245 %**
Dow Jones: Betriebssysteme, Serversoftware, KGV: 21, Div.-Rendite: **1,7 %**				
Nintendo	**864 009**	271,75 €	378,0/237,4 €	**-27/+81/+179 %**
Nikkei 225: Unterhaltungssoftware/Videospiele, KGV: 15, Div.-Rendite: **2,3 %**				
Oracle	**871 460**	42,00 €	44,95/35,80 €	**+2/+13/+61 %**
S&P 500: globale Datenbank-Softwarelösungen, KGV: 13, Div.Rendite: **1,6 %**				
Salesforce	**A0B 87V**	123,60 €	140,0/83,60 €	**+34/+57/+211 %**
S&P 500: Marktführer Cloud-Computing, Konkurrenz SAP, KGV: 46, Div.: **0,0 %**				
Symantec	**879 358**	19,80 €	24,95/15,55 €	**-21/+6/+16 %**
Nasdaq 100: Entwickler von Sicherheitssoftware, KGV: 12, Div.-Rendite: **1,4 %**				
VeriSign	**911 090**	135,45 €	151,0/85,50 €	**+35/+61/+218 %**
S&P 500: Anbieter Internet-Infrastruktursoftware, KGV: 29, Div.-Rendite: **0,0 %**				

Der digitale Wandel prägt das Geschäftsmodell von IT-Firmen und verändert die Strukturen von Branchen und Arbeitswelt. Wie eine Manager-Umfrage zeigt, droht Mittelständlern das Aus, wenn sie den Anschluss verlieren. Die Aktienkurse börsennotierter Gesellschaften dürften nur dauerhaft steigen, wenn die Arbeit im Ökosystem Digitalisierung neu organisiert und wenn an einer nachhaltigen und wertschätzenden Kultur gefeilt wird. Mitarbeiter müssen sich digital qualifizieren.

Blickpunkt Medien, Onlineportale, soziale Netzwerke, Telekom

Durch den Internetsiegeszug verstärkt sich der Wettbewerb bei Telekom- und Netzwerkanbietern, Onlineportalen und sozialen Netzwerken. Nur wer ein innovatives Geschäftsmodell pflegt, sich durch Ideenreichtum abhebt, eine attraktive Marke aufbaut, nachhaltig wirtschaftet und neben Wachstum Erträge steigert, macht dauerhaft das Rennen. Die lange Zeit beschimpfte „**Volksaktie Deutsche Telekom**" bereitet wieder Freude – auch dank hoher steuerfreier Dividende, „**Ertragsgutschrift**" genannt. Die Telekommunikationsbranche zählt zu den Zukunftsmärkten mit Aufwärtstrend.

Internationale Aktienauswahl: „Rund um das Internet“				
Aktie, Unternehmen	**WKN**	**Kurs am 14.03.19**	**Hoch/Tief 1 Jahr in €**	**Kursverlauf 1, 3, 5 Jahre**
Alibaba	**A11 7ME**	158,70 €	182,1/114,0	**+6/+79**/IPO
China: eine der global größten Onlinehandelsplattformen, KGV k. A., **Div. 0,0 %**				
Alphabet A	**A14 Y6F**	1.063,2 €	1.113/794,0	**+15/+57/+148 %**
Nasdaq: Anbieter der weltweit meist genutzten Suchmaschine, KGV 18, **Div. 0,0 %**				
Amazon	**906 866**	1.498,4 €	1.774/1.092	**+17/+190/+457 %**
Nasdaq: weltweit führender Onlinehändler fast aller Branchen, KGV 62, **Div. 0,0 %**				
Baidu	**A0F 5DE**	148,50 €	242,1/135,7	**-28/-8/+27 %**
Nasdaq: große chinesische Suchmaschine, viele Aktivitäten, KGV 11, **Div. 0,0 %**				
Booking.com	**A2J EXP**	1.564,5 €	1.867/1.403	**-12/+30/+66 %**
Nasdaq: US-Internetreiseanbieter Hotel- und Flugbuchung, KGV 18, **Div. 0,0 %**				
Dt. Telekom	**555 750**	15,25 €	15,65/12,70	**+15/-5/+34 %**
DAX/TecDAX: Telekommunikation & Informationstechnologie, KGV 14, **Div. 4,5 %**				
Ebay	**916 529**	32,35 €	35,20/23,60	**-6/+47/+85 %**
Nasdaq: international größte Internettausch-/-auktionsbörse, KGV 11, **Div. 0,0 %**				
Electronic Arts	**878 372**	88,90 €	128,9/67,20	**-14/+49/+311 %**
Nasdaq: US-Hersteller Unterhaltungssoftware/Videospiele, KGV 16, **Div. 0,0 %**				
Facebook	**A1J WVX**	150,90 €	185,0/110,6	**+5/+55/+208 %**
Nasdaq: global größtes soziales Netzwerk, viele Aktivitäten, KGV 16, **Div. 0,0 %**				
Netflix	**552 484**	319,90 €	368,0/213,2	**+25/+264/+620 %**
Nasdaq: führender US-Videoanbieter für TV-Serien und Filme, KGV 68, **Div. 0,0 %**				
United Internet	**508 903**	33,00 €	58,65/30,25€	**-44/-28/+1 %**
TecDAX und MDAX: Internetanwendungen & Applikationen, KGV 15, **Div. 2,4 %**				
Verizon	**868 402**	51,25 €	54,20/37,40	**+29/+9/+53 %**
Dow Jones: führender Anbieter Mobilfunk/Internet/Festnetz, KGV 12, **Div. 4,5 %**				
Wirecard	**747 206**	119,55 €	199,1/86,00 €	**+15/+244/+279 %**
DAX-Aufsteiger & TecDAX: globaler Internetbezahldienst, KGV 30, **Div. 0,2 %**				
XING	**XNG 888**	298,50 €	329,5/227,3€	**+19/+82/+220 %**
TecDAX und SDAX: soziales Netzwerk für Beruf und Karriere, KGV 37, **Div. 0,7 %**				
Die Kursliste deckt die Internetwelt unvollständig ab. Es ist eine Auswahl.				

An Künstlicher Intelligenz mit lernfähigen Robotern führt kein Weg vorbei

Die unterschiedlichsten Roboter sind weltweit im Einsatz. Sie wirken nicht mehr furchteinflößend, sind nicht durch Gitter abgesperrt, sondern arbeiten als „Kollege Roboter“ neben den Menschen, miteinander oft Hand in Hand. Sie fahren allein Auto, steuern selbstständig Schiffe, fliegen, schwimmen, spielen Schach und Klavier, hüpfen auf dem Wasser. Die lernfähigen Maschinen werden militärisch eingesetzt, sind unentbehrlich bei schwierigen chirurgischen Operationen und bewähren sich bei Naturkatastrophen. Sie mähen den Rasen und erobern den Haushalt durch höhere Perfektion. Sie putzen Fenster, wischen den Boden, saugen Staub, halten die Wohnung sauber. Sie kümmern sich um das Wohl der Gäste in Hotels und Restaurants, bewähren sich auf Kinderkrankenstationen, dienen als Spielzeug und Kuschelwesen, pflegen betagte und kranke Menschen.

Den Forschern fallen für ihre flexiblen Supermaschinen stets neue Anwendungen ein, wie der Einsatz bei Lehr- und Lernsystemen in Schulen und Universitäten. Sie übernehmen wichtige Aufgaben bei der Berufsaus- und -fortbildung. Industrie 4.0, Digitalisierung und Vernetzung sind ohne Künstliche Intelligenz undenkbar.

Roboter beschwören aber auch Ängste herauf. Sind die mit Künstlicher Intelligenz ausgestatteten lernfähigen Supermaschinen bald klüger als Nobelpreisträger? Bestimmen sie mehr und mehr die Richtung, wo es künftig lang geht? Die Roboter der Zukunft werden besser sprechen und Emotionen ihrer menschlichen Partner genauer deuten. Letztlich tun sie aber das, was einprogrammiert wurde. Ein Superroboter lässt dem Schachweltmeister kaum Gewinnchancen. Aber fühlen kann er als seelenloses Wesen nie.

Humanoide Roboter, ausgestattet mit menschlichen Eigenschaften, werden ständig leistungsfähiger. Sie gehen, sehen, hören, sprechen, ähneln uns immer mehr und finden Eingang in unser Alltagsleben. Humanoide Roboter können uns helfen, eine neue Stufe der Zivilisation zu erreichen. Dank ausgefeilter Technologie wären die Supermaschinen aber auch fähig, einen universalen Vernichtungskrieg zu führen und uns in den Abgrund zu stürzen. In diese Richtung zielen angepriesene Roboterkämpfe, deren Vorstufe die früheren brutalen Hahnenkriege bildeten.

Fallbeispiel: *Im Juni 2015 kam der 1,20 Meter kleine Roboter namens **PEPPER** auf den Markt, entwickelt vom japanischen Konzern **SoftBank**. PEPPER sprach einfache Sätze aus dem Alltagswortschatz und nahm Stimmungen wahr. Um die menschliche Gefühlswelt zu erfassen, wertete PEPPER Mimik, Tonfall und Sprache seines menschlichen Gegenübers aus. Dazu stecken in seinem haarlosen Kopf Kameras, Laser und Infrarot. Der rollende PEPPER sollte keine Hausarbeit verrichten, sondern vereinsamte Menschen emotional unterstützen.*

Der wichtige Zukunftsmarkt Künstliche Intelligenz (KI)
Im Mai 2019 sieht die Kursentwicklung viel besser aus!

Aktien/Unternehmen	WKN	Index/ Land	Kurs 21.12.18	Hoch/Tief 1 Jahr in €	Entwicklung 1, 3, 5 Jahre
Adept Tech	A0JDKH	GB	3,75 €	4,60/2,90	+12/+5/+158 %
Führender Hersteller von kleinen flexiblen Industrierobotern, **KGV 11, Div. 3,0 %**					
Alphabet A	A14 Y6F	Nasdaq	869,40 €	1.099/797	-3/+27/+138 %
Der Mutterkonzern von Google spielt bei KI in der 1. Liga, **KGV 20, Div. 0,0 %**					
Amazon	906 866	Nasdaq	1.245,0 €	1.775/986	+26/+105/+323 %
Der Onlinehändler entwickelt fortlaufend Künstliche Intelligenz, **KGV 49, Div. 0 %**					
Eckert & Z.	565 970	Prime	60,40 €	61,30/56,70	+69/+209/+113 %
Radioaktive medizinische Komponenten zur Krebstherapie, **KGV 21, Div. 1,6 %**					
Intel	855 681	Dow Jon.	40,25 €	49,15/34,95	+2/+28/+117 %
Chips und fortschrittliche digitale Technologielösungen, **KGV 10, Div. 2,7 %**					
Intuitive S.	888 024	Nasdaq	397,90 €	501,8/300	+30/+143/+342 %
Der Marktführer für Medizinroboter setzt Qualitätsmaßstäbe, **KGV 34, Div. 0 %**					
iRobot	A0F5CC	S&P 500	68,00 €	101,8/46,05	+3/+105/+164 %
US-Spezialist für Haushaltsroboter, Saugen und Wischen, **KGV 26, Div. 0,0 %**					
Keyence	874 827	Nikkei	423,90 €	540,0/400	-8/+71/+175 %
Globaler Japan-Konzern Elektrotechnologie mit Einsatz KI, **KGV 25, Div. 0,2 %**					
Mazor Rob.	A1WZUX	Israel	50,05 €	61,35/36,85	+7/+472/+266 %
Produzent von Medizinrobotern für moderne Operationstechnologien					
NIDEC	878 403	TOPIX	99,65 €	139,0/99,50	-16/+53/+193 %
Japans Technologiekonzern entwickelt Elektromotoren mit KI, **KGV 23, Div. 1 %**					
Siemens	723 610	DAX	99,95 €	125,8/96,35	-14/+9/+2 %
Schwerpunkte: Elektrifizierung/Automation/Digitalisierung, **KGV 14, Div. 3,8 %**					
SoftBank	891 624	Nikkei	59,80 €	87,30/57,00	-11/+28/-4 %
Etliche Tochterfirmen und Geschäftsfelder, auch Robotik, **KGV 12, Div. 0,6 %**					
Sony	853 687	Nikkei	41,75 €	52,85/36,40	+9/+90/+220 %
Seit 1999 Produzent Hightech, Spiel-/Unterhaltungsroboter, **KGV 6,2, Div. 4,5 %**					

<table>
<tr><th>Aktien/Unternehmen</th><th>WKN</th><th>Index/ Land</th><th>Kurs 21.12.18</th><th>Hoch/Tief 1 Jahr in €</th><th>Entwicklung 1, 3, 5 Jahre</th></tr>
<tr><td>Stryker</td><td>864 952</td><td>S&P 500</td><td>133,00 €</td><td>158,2/120,0</td><td>+2/+59/+143 %</td></tr>
<tr><td colspan="6">Medizinische und chirurgische Produkte, Robotikeinsatz, KGV 8,0, Div. 2,2 %</td></tr>
<tr><td>Sumitomo</td><td>860 364</td><td>Nikkei</td><td>12,40 €</td><td>15,40/11,95</td><td>-10/+33/+41 %</td></tr>
<tr><td colspan="6">Großkonzern, Tochterfirmen, Informationstechnologie KI, KGV 5,8, Div. 5,2 %</td></tr>
<tr><td>Teledyne</td><td>926 932</td><td>S&P 500</td><td>167,65 €</td><td>212,0/140,2</td><td>+12/+119/+154 %</td></tr>
<tr><td colspan="6">Elektroausstattungen Industrie 4.0 und Künstliche Intelligenz, KGV 21, Div. 0 %</td></tr>
<tr><td>Xilinx</td><td>880 135</td><td>Nasdaq</td><td>73,40 €</td><td>86,00/51,35</td><td>+24/+65/+119 %</td></tr>
<tr><td colspan="6">Chips/integrierte Schaltkreise/programmierte Plattformen, KGV 22, Div. 1,9 %</td></tr>
<tr><td>Yamaha</td><td>855 314</td><td>Nikkei</td><td>35,85 €</td><td>46,60/29,70</td><td>+23/+69/+218 %</td></tr>
<tr><td colspan="6">Technologiekonzern Elektronikindustrie, Unterhaltung, Robotik, KGV 17, Div. 1,6 %</td></tr>
<tr><td rowspan="2">Aktienfonds Pictet-Robotics</td><td>A14 1RB</td><td>Global</td><td>119,85 €</td><td>146,5/117,0</td><td>-10/+31 %</td></tr>
<tr><td colspan="5">Umfang 4,1 Mrd. €, thesaurierend, 3 J., Ausgabeaufschlag 5,0 %, Gebühr 1,6 %. Der Fonds investiert weltweit in Aktien der Sparten Telekommunikation, Roboterindustrie, KI und Medizintechnik.</td></tr>
<tr><td rowspan="2">ETF iShares Aut. & Robotics</td><td>A14 1RB</td><td>Global</td><td>141,85 €</td><td>144,8/119,4</td><td>-19 %</td></tr>
<tr><td colspan="5">Umfang 1,9 Mrd. €, thesaurierend, 2 Jahre, Gebühr 0,4 %. Abbildung Stoxx Global Total Market Automatisierungs- und Robotikindustrie. Schwerpunkte: Telekommunikation, Medizintechnik</td></tr>
</table>

Im Crash: Techaktien oft fairer bewertet als Old Economy

Growth-Technikaktien	KGV	Value Industrietitel	KGV
Micron Technology	3	Exxon Mobil	16
IBM	9	Johnson & Johnson	18
Intel	10	3M	21
Verizon	13	Walmart	22
Qualcomm	15	Procter & Gamble	22
Apple	16	Boeing	23
Facebook	17	Coca-Cola	24
Alphabet	19	Home Depot	24

Quelle: Handelsblatt, Ausgabe 21. November 2018, Nr. 225, Seite 5

3.6 Autoindustrie: Abgasskandal, Dieselfahrverbot; Trend: Elektromobilität und autonomes Fahren

Damit die Automobilindustrie künftig wieder boomt, geht es nicht nur um eine leistungsfähige, preiswerte Elektromobilität mit moderner Infrastruktur, autonomen Autos und umweltfreundlichen Dieselfahrzeugen. Nicht minder wichtig sind Forschung und Entwicklung im Bereich Künstlicher Intelligenz mit Robotik auch bei Benzinern. Durch Einsatz neuartiger Kunststoffe ist das Gewicht bei Motor und Karosserie zu verringern. Damit auch 70-, 80- und sogar 90-Jährige noch Auto fahren können, sind neben autonomen Fahrzeugen zuverlässige Navigationssysteme, Einparkhilfen und Unfallwarnsysteme extrem wichtig. In diesem Zusammenhang sollten Vorstände mal darüber nachdenken, ob jedes neue Modell größer, breiter, länger, teurer sein muss. Ältere Garagen bieten keinen Raum mehr für Premiumfahrzeuge. Es passt kein Daimler und BMW rein, nur Audi A1.

Die deutschen Automobilbauer müssen alles daran setzen, ihre Vormachtstellung im Premiumsektor nicht einzubüßen. Viele Experten fordern, den Batteriebereich nicht China, Japan und Amerika zu überlassen, sondern wegen der hohen Kosten und Anforderungen in der EU gemeinschaftliche Projekte zu entwickeln. Den Strom braucht man zum Fahren und für Klimaschutz. Doch für die Akkus, die Energie zum Fahren speichern, werden knappe Rohstoffe gebraucht. Kobalt (42 % der Produktion), Lithium (39 %) und Nickel (5 %) sind die für Batterien verwendeten Favoriten. Bis 2040 sollen 35 % der weltweit verkauften Autos von einem Elektromotor angetrieben werden. Derzeit ist dies wenige Prozentpunkte.

Die Autoindustrie plant eigene Netze für ihre sich selbst steuernden Fabriken und autonomen Autos. Damit wird der künftige Mobilfunkstandard 5G für die Automobilindustrie zur entscheidenden Schlüsseltechnologie. Einen großen Anteil hat KI mit flexiblen, lernfähigen, kommunizierenden Maschinen. Unverzichtbar sind ein leistungsfähiges Cloud-Computing mit Datenspeicherung und Datenanalyse auf sicheren Servern. Die Zulieferer benötigen vernetzte Lieferketten und Logistik. Ohne Cybersecurity, Prozessüberwachung und exakte Überprüfung geht nichts, sollen verhängnisvolle Fehler vermieden werden. Die Aktien der führenden Autohersteller und Zulieferer sind chancenreich. Wer mutig ist, nutzt Kursschwäche zum Kauf.

Bitte keine Panik beim Anblick der Autoaktien-Kursliste!

Nicht erschrecken beim Lesen der Kursliste mit den verprügelten Autowerten! Es gibt momentan nur wenig Lichtblicke. Niemand weiß, wie lange die Krise anhält und wann der beste Kaufzeitpunkt gegeben ist. Bei Mut und guten Nerven sollten Sie starke Dividendentitel wie Daimler, BMW oder Sixt bevorzugen. Als preiswerte Alternative zu den Sixt-Stämmen bieten sich die Sixt-Vorzüge an.

Autobauer, Zulieferer, Vermietung, Aktienauswahl weltweit				
Aktien/ Unternehmen	**WKN**	**Kurs am 04.03.19**	**52-Wochen-Hoch/-Tief**	**Kursverlauf 1, 3, 5 Jahre**
BMW (DAX)	**519 000**	74,80 €	93,80/68,10 €	**-12/-4/-8 %**
Continental (DAX)	**543 900**	147,30 €	229,6/118,3 €	**-33/-23/-9 %**
Daimler (DAX)	**710 000**	53,70 €	69,75/44,50 €	**-27/-36/-14 %**
Dürr (MDAX)	**556 520**	37,25 €	49,85/27,30 €	**-24/+26/+25 %**
Harley-Dav. (S&P)	**871 394**	33,10 €	39,65/28,60 €	**-11/-18/-30 %**
Hella (MDAX)	**A13 SX2**	40,75 €	58,10/32,60 €	**-25/-12 %/IPO**
Hyundai (Südkorea)	**885 166**	27,90 €	39,50/22,30 €	**-15/-25/-36 %**
Jost Werke (SDAX)	**JST 400**	30,95 €	45,10/25,00 €	**-27 %/IPO**
Nissan (Nikkei 225)	**853 686**	7,65 €	8,80 €/6,90 €	**-11/-7/+20 %**
Porsche Vz (VW)	**PAH 003**	59,95 €	750,15/49,90 €	**-11/+38/-19 %**
Sixt St (SDAX)	**723 132**	90,15 €	119,0/64,00 €	**+5/+105/+237%**
Stabilus (SDAX)	**A11 3Q5**	51,95 €	89,00/45,10 €	**-31/+33 %/IPO**
TESLA (Nasdaq)	**A1C X3T**	254,75 €	334,1/201,6 €	**-6/+46/+47 %**
Toyota (Nikkei 225)	**853 510**	52,20 €	59,00/49,50 €	**-1/+9/+28 %**
VW Vz (DAX)	**766 403**	154,50 €	179,6/131,4 €	**-2/+37/-15 %**
WashTec (SDAX)	**750 750**	58,30 €	83,10/52,90 €	**-18/+85/+434%**

Zusammenfassung: Was spielt sich im Automobilsektor ab?

- **Die faserverstärkten Kunststoffe für mobile Leichtbauanwendungen ermöglichen mehr Komfort und bessere Internetverbindungen.**
- **Die digitale Evolution erobert das Auto.** Moderne elektronische Steuergeräte beeinflussen die Motorleistung, die Lenkung und das Bremsverhalten.
- **Intelligente Autos gipfeln im führerlosen Fahren.** Es geht um noch leistungsfähigere Sensorik und Rechenleistung bei Robotern und Computersystemen.
- **Deutschland kann sich nur dann zum Vorreiter für Elektromobilität entwickeln,** wenn die Reichweite der Batterien steigt, Karosserien und Motoren weniger wiegen durch faserverstärkte Kunststoffe und Leichtbauteile. Vordringlich ist eine darauf abgestimmte Infrastruktur mit genügend Ladestationen.
- **Die Entwicklung smarter Leichtfahrzeuge für die Städte muss vorankommen.** Drei von vier Europäern leben heute in den Ballungsräumen. Neue Konzepte wie Carsharing dürften sich verstärkt durchsetzen.

3.7 Mit Gewinn und Verlust geschickt umgehen

Wer behauptet, für Aktienkäufe und -verkäufe gewöhnlich den besten Zeitpunkt zu finden, dürfte aufschneiden. Der Wunsch, zum Tiefkurs ein- und zum Hochkurs auszusteigen, bleibt oft unerfüllbar, ist aber auch nicht entscheidend bei langem Anlagehorizont. Immerhin steigt bei einem mengenmäßig großen Depot mit 50 oder sogar 100 Titeln die Chance, einmal oder mehrmals wöchentlich Teilverkäufe nahe dem Jahres- oder Allzeithoch vorzunehmen, um damit übertrieben abgestürzte Qualitätsaktien zuzukaufen oder dort einzusteigen. So finanziert sich mein wachsendes Depot selbst, ohne Käufe bei begrenztem Einkommen zu tätigen. Zudem steigt bei vielen Aktien die Aussicht, ein „Einhorn" zu erwischen. Wer Aktien mehr als 14 Jahre hielt, schnitt immer positiv ab; denn Time schlägt Timing. Der Rat, Gewinne laufen zu lassen, erwies sich bis Ende 2008 als Goldgrube. Die Kursgewinne beim Altbestand vor 2009 steuerfrei. Jetzt werden Kapitalerträge mit der 25-prozentigen Abgeltungsteuer + Solidaritätszuschlag + Kirchensteuer belastet.

Wie viel Gewinn, um Verlust auszugleichen?	
10 % Verlust:	11 % Gewinn
20 % Verlust:	25 % Gewinn
30 % Verlust:	43 % Gewinn
50 % Verlust:	100 % Gewinn
70 % Verlust:	233 % Gewinn
90 % Verlust:	900 % Gewinn

Theoretisch erweist sich der Rat, Gewinne laufen zu lassen und Verluste zu begrenzen, als einfach. Die praktische Umsetzung ist aber schwierig und gilt neben ***„breit gestreut – nie bereut"*** als die wichtigste Formel für einen nachhaltigen Börsenerfolg. Verkaufen Sie ja nicht automatisch, sobald ein bestimmtes Kursziel erreicht wird. Teilverkäufe bei Ihren Spitzenaktien mit hohem Kursgewinn: Ja! Komplettverkauf außer in Notlagen: Nein!

Laut Statistik wird eine gute Aktie mit dreimal höherer Wahrscheinlichkeit verkauft als ein schlechter Titel. Bei zu begrenzenden Verlusten wirkt die Psychologie als Bremsklotz. Viele Börsianer verschieben den überfälligen Verkauf. Warum? Manch einer empfindet den Verkauf unter dem Einstandspreis als persönliche Niederlage mit Gesichtsverlust. Das ist ihm peinlich. Er verdrängt das Problem, spricht sich Mut zu und wartet, bis es sich nicht mehr lohnt und kaum etwas übrig bleibt.

- **Erst wenn es an der Börse so richtig kracht, werfen zittrige Hände in panischer Angst alle Aktien zu Tiefstkursen aus dem Depot.** Ein hoher, dauerhafter Verlust ist vorprogrammiert, wenn die Erholungsphase ungenutzt bleibt und der erneute Einstieg erst im Bullenmarkt oder nie mehr erfolgt.

- **Umgekehrt werden die Glanzlichter zu früh veräußert.** Etliche Anleger nehmen schon Gewinne mit, wenn die Aktie 10 bis 20 % zulegt. Selbst bei großen Orders wird die Chance vertan, richtig viel Geld zu verdienen. Bei der riskanten Einwertstrategie geschieht dies aus psychologischen Gründen besonders oft.

- **Verfrühte Gewinnmitnahmen sind im Bullenmarkt ein grober Strategiefehler.** In der Hausse neigen zumindest die Qualitätsaktien dazu, weiter zu steigen. Wäre es umgekehrt, würden die Bären die Bullen vertreiben.
- **Eine Aktie kann nur bis zum Nullpunkt sinken**. Nach oben besteht keine Grenze. Die besten Titel können binnen weniger Jahre drei- und vierstellig steigen. Bei anderen Finanzprodukten, z. B. den beliebten Discountzertifikaten, begrenzt dagegen der obere Deckel, Cap genannt, als Ausgleich für den gewährten Rabatt den Kursgewinn ab einer bestimmten Höhe. Verstoßen Sie selbst ständig gegen den Rat: ***„Gewinne laufen lassen – Verluste begrenzen!“***, bleibt Ihnen der große Börsenerfolg versagt. Daran ist nicht zu rütteln.

Der richtige Umgang mit Gewinnen und Verlusten

Strategie ❶: Im Bullenmarkt bietet es sich bei den weniger risikoreichen Aktien an, die Gewinne nach oben laufen zu lassen. Wer die besten Aktien ein Jahrzehnt und länger im Depot hält, freut sich nicht nur über drei-, vielleicht sogar vierstellige Kursgewinne. Da oft auch die Ausschüttung steigt, ist mit fortlaufender Dauer Jahr für Jahr eine zweistellige Dividendenrendite möglich.

❶ Strategie der Sieger: Gewinne lass laufen, im Verlust nicht ersaufen. **Ideal, bei viel Disziplin und Selbstkontrolle umsetzbar.**

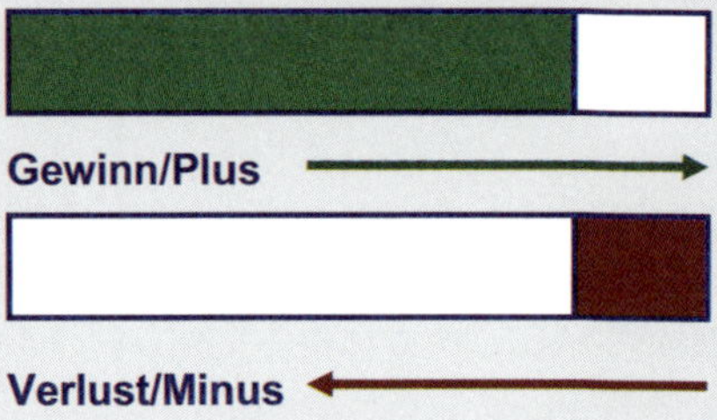

Beispiele: Wie lukrativ es sein kann, beste Aktien jahrzehntelang zu halten und sich mit Teilverkäufen zu begnügen, zeigen Originalauszüge aus meinem Depot. Sobald der Kursgewinn dreistellig war, verkaufte ich so viele Aktien, dass der Gesamtbestand, Gebühren und Steuer bezahlt waren und ein Gewinn übrig blieb. Hatte ich danach weitere günstige Zukäufe getätigt, gab es bei einem erstklassigen Titel vielleicht nochmals einen Teilverkauf. Deshalb befinden sich meine **Samsung**- und **Rational**-Aktien, die ich für nur 33 € kaufte, und die alten **Eurofins-Titel**, geordert zu 9,50 €, nicht mehr im Depot. Also sorgte ich bei den Spitzentiteln einige Male für Nachschub: Samsung 50,90 €, Eurofins 15,90 € und Rational für 59 €. Ähnlich ging ich vor bei **Sartorius Vz, Nemetschek** und **Fuchs Petrolub:** 2 bis 3 Teilverkäufe mit vierstelligem Kursgewinn, öfters Zukäufe bei Kursschwäche.

Der hochbetagte Investor Warren Buffett kauft seine Aktien mit dem Ziel, sie immer zu behalten, sofern nicht negative fundamentale Daten zum Verkauf drängen. Dies gilt auch für mich. Der steuerfreie Altbestand und die von mir erfundene Hoch-/Tief-Mutstrategie sind meine Zauberformel. Bei hohen unerwarteten Ausgaben verkaufe ich, wenn ich es sonst nicht täte. Ich brauche kein Sparbuch. Dividenden helfen, Gewinne zu sichern und Verluste zu begrenzen.

Ob Sie Stoppkurse setzen oder spontan verkaufen, wenn eine Trendumkehr ansteht, hängt von Disziplin und Zeitfaktor ab. Automatisch gesetzte Stoppkurse sind nachteilig, wenn sie eine attraktive Dividende opfern. Ärgerlich ist es, wenn der Kurssturz wegen haltloser Gerüchte erfolgt oder ein Leerverkauf vorliegt. Ausgelöste Stop-Loss-Orders beschleunigen den Absturz. Vielleicht müssen Sie weit unter Ihrer Marke verkaufen, denn Stoppkurse garantieren keinen Ausführungspreis. Welch Frust, wenn sich der Titel rasch erholt! Je länger Sie Spitzenaktien halten, umso wahrscheinlicher wird die Tausender-Marke gerissen. Ungünstig ist es, neue Stoppkurse am Jahresanfang zu setzen. Erst wenn Sie ab Januar Steuern für Kursgewinne bezahlen, winkt der prozentual gleich hohe Steuerausgleich.

Bei angespannter Marktlage, fundamental schlechten Nachrichten, unterstützt von charttechnischen Verkaufssignalen, sollten Sie Ihre Verluste konsequent begrenzen. Ob dies bei einem Minus von 10 % oder erst ab 15 bis 25 % geschieht, hängt ab von Orderumfang, Branche, Risikoneigung, Disziplin und Nervenstärke. Vorsichtige Anleger sollten darüber nachdenken, bei Nebenwerten Stoppkurse zu setzen, bei Standardaktien aber darauf zu verzichten und Verluste spontan zu begrenzen. Stop-Loss-Orders sind im Bärenmarkt meist vorteilhaft, im Aufwärtstrend wegen der Erholungstendenz eher ungünstig. Im Bullenmarkt dominieren steigende Kurse. Haben Sie emotionale Probleme mit Verlustbegrenzungen und zögern Sie diese hinaus mit der Ausrede: *„Diese Aktie erholt sich schon wieder!“*, ist es besser, Stoppkurse zu setzen. Die meisten Anleger sind beim Absichern der Gewinne vorsichtiger als beim Begrenzen der Verluste. Dies rührt daher, dass ein realisierter Verlust unter Einstandspreis als eigenes Versagen empfunden wird. Mit Buchverlusten lässt es sich, nachdem die Hoffnung zuletzt stirbt, besser leben.

❷ Neutrale Strategie: Crashverluste aussitzen, Gewinne weiter laufen lassen. Für Anleger vertretbar; Bank erzielt weniger Umsatz.

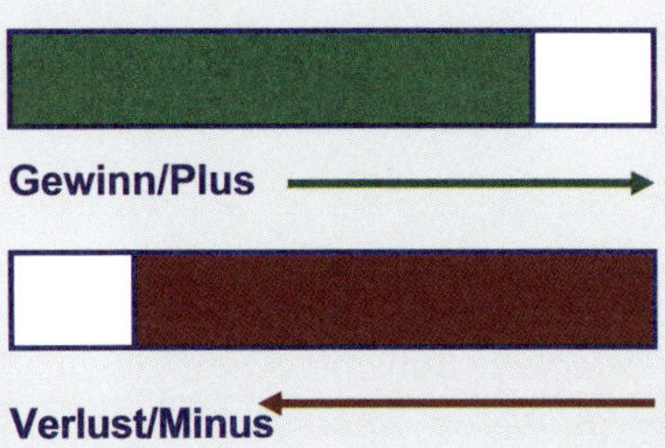

Strategie ❷: Aktionäre, die großteils ihre Gewinne laufen lassen und bereits einige Aktien besitzen, die dreistellig zulegen konnten, sind auf dem richtigen Weg. Wer bei fundamental schlechten Nachrichten und berechtigter Angst vor dem Platzen einer sich auftürmenden Spekulationsblase Verluste frühzeitig begrenzt, kann sich hier und dort das Aussitzen leisten. Dies gilt für Blue Chips mit Erholungspotenzial. Ebenso ist Abwarten berechtigt, wenn ein Crash durch äußere Störfaktoren ausgelöst wird. Erinnert sei an brutale Terrorakte, Naturkatastrophen und akute Kriegsgefahr. Es stellt sich die Frage nach irrationaler Übertreibung. Grundsätzlich aber führt kein Weg an der Verlustbegrenzung vorbei.

Strategie ❸: Sicherlich zählen Sie nicht zu jener Anlegergruppe, die schon Minigewinne mitnimmt aus der Angst und Befürchtung: ***Wie gewonnen, so zerronnen!*** Wer dies tut, bringt sich um die Chance, mit chancenreichen Titeln richtig viel Geld zu verdienen, wirft er doch seine besten Aktien verfrüht auf den Markt. Es ging und geht nicht nur um den entgangenen Kursgewinn, sondern um die Chance, sich ein Langzeitdepot mit hohen Kapitalerträgen und steigender Dividendenrendite aufzubauen – auch für die Altersvorsorge.

Bezüglich Verlustbegrenzung machen die Anhänger der **„Minimalstrategie“** alles richtig. Somit bleiben bei dieser **Strategie ❸** die Chancen auf einen gewissen Börsenerfolg erhalten. Die ganz großen Erträge sind aber nicht zu erzielen: Die Überflieger verschwinden frühzeitig. Üppige Gewinne gibt es nicht. Die Chance auf ein erfreuliches Gesamtergebnis sinkt. Durch das frühe Rein/Raus, typisch für Kurzzeitanleger, summieren sich die Transaktionskosten. Auch die Aussicht auf eine steigende Dividendenrendite bleibt ungenutzt.

❸ Vorsichtsstrategie: kleine Gewinne mitnehmen, Verluste begrenzen. Gebühren belasten den Anleger, erfreuen aber die Bank.

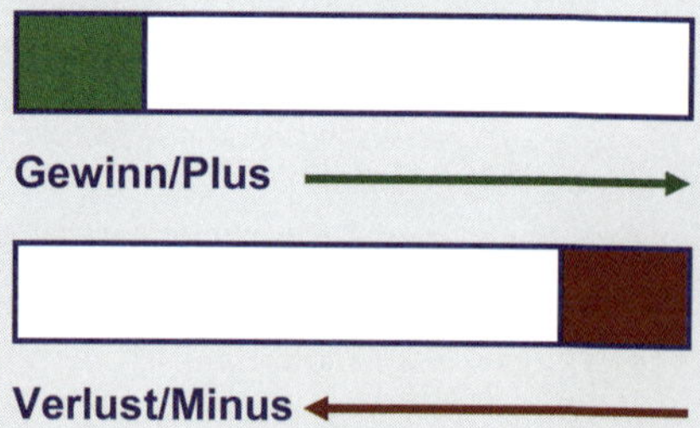

Strategie ❹: Für Anleger, die bislang diese Strategie einsetzten, gibt es zwei Möglichkeiten: Am besten ist es, diese Vorgehensweise ab sofort zu ändern in Richtung **Strategie ❶,** Gewinne laufen zu lassen und Verluste zu begrenzen. Ansonsten ist es vernünftiger, sich von der Aktienbörse zu verabschieden. Ein Misserfolg bei dieser **Verliererstrategie** ist unausweichlich. Der Name trifft den Kern. Die Börsenpsychologie erweist sich als Fallstrick. Einerseits besteht die Sorge, den kleinen Gewinn einzubüßen.

❹ Strategie der Verlierer: Minigewinne mitnehmen – Verluste aussitzen. Entweder Abschied von der Börse oder Strategie 1 oder 2.

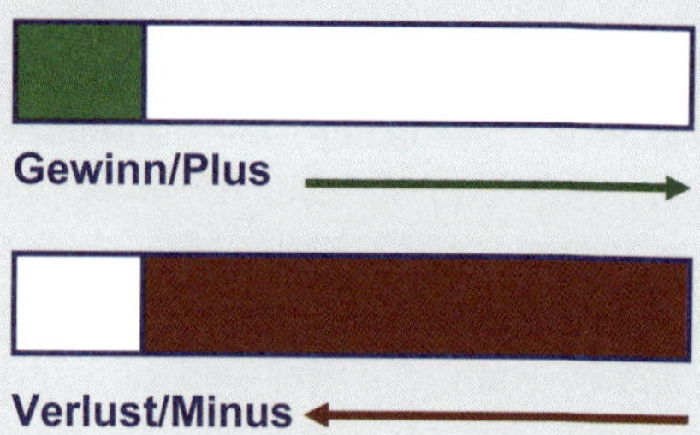

Andererseits wird der anwachsende Buchverlust verdrängt durch die Hoffnung: ***„Meine Aktien erholen sich wieder.“*** Höchste Zeit, das Problem aufzuarbeiten! Freilich ist braves Aussitzen nicht immer verkehrt. Dies gilt für ein plötzliches Crashszenario, irrational übertriebene Abstrafungen, manipulierte Leerverkäufe oder Kurseinbruch wegen Sippenhaft, weil der Marktführer enttäuscht hat.

3.8 Breit streuen und langfristig anlegen

Mein Börsenspruch *„Breit gestreut – nie bereut!“* als Grundlage für Börsenerfolg und Risikoverringerung bezieht sich bei Aktien auf Indizes, Branchen, Länder, Umfang und Zeitpunkt der Transaktion. Damit ist es aber nicht getan. Auch börsennotierte Indexfonds (ETF) und erstklassige Aktienfonds gehören ins zukunftsfähige Depot. Ob Sie den Schwerpunkt mehr auf Einzelaktien, passiv gemanagte ETFs oder aktive Aktienfonds legen, hängt von Börsenwissen, Zeit, Lust, Renditeerwartungen und Ihrer Vermögensdecke ab.

Bei vielen Aktionären dominiert das **„Heimatliebedepot DAX“.** Dabei verteidigen Anleger die Einwert- oder DAX-Wenigwerte-Strategie. Da heißt es: *„Ich orientiere mich an Warren Buffett und kaufe nur, was ich verstehe und gut kenne. – Das Risiko ist bei den großen DAX-Titeln geringer als bei den Nebenwerten. – Den Heimatmarkt kann ich besser beobachten. – Bei der Einwertstrategie mit hohem Einsatz lohnt es sich, schon Gewinne unter 10 % mitzunehmen.“* Welche Aussagen verdienen es, sich daran zu orientieren? Welche Fehler gilt es zu vermeiden?

Weniger Risiko mit Mischung aus Standard- und Nebenwerten

Die Universität Mannheim, Lehrstuhl **Prof. Dr. Weber,** kam in einer Studie zu dem Ergebnis, dass mit der Beimischung von Mid und Small Caps das Risiko deutlich sinkt und die Rendite steigt. Der positive Streuungseffekt gilt für den Bullen- und Bärenmarkt. Die Studie gründet auf der Untersuchung europäischer Aktienindizes. Blue Chips, mittlere und kleine Werte gemischt führt zu einem besseren Rendite-Risiko-Verhältnis als ein reines Standardaktien-Portfolio.

Gerade unter den wenig bekannten, niedrig bewerteten substanzstarken Titeln befindet sich manche verborgene Perle. Es ist unsinnig zu glauben, mit der Beschränkung auf große DAX-Titel gehe das Risiko zurück. Im Gegenteil: Der DAX orientiert sich am großen Bruder Dow Jones und vollzieht Kursbewegungen eher übertrieben nach. Warum hat wohl in dem grottenschlechten Börsenjahr 2018 der deutsche Leitindex DAX ein Minus von 18,4 % fabriziert, während der TecDAX mit einem Verlust von 5 % glimpflich davonkam? In Phasen wirtschaftlicher Umbrüche haben es die Dickschiffe schwerer, sich auf den richtigen Kurs zu manövrieren. Die Nebenwertefirmen – oft wendig, innovativ und eigentümergeführt – reagieren flexibler. Sie machen ihre Hausaufgaben, bauen Alleinstellungsmerkmale auf, besetzen margenstarke Nischen, sind exportstark, verbessern ihre Kostenstruktur und sind den als „Totengräber der Wirtschaft“ verschrienen Rabattschlachten weniger ausgesetzt. Die auf langfristigen Erfolg ausgerichteten Familienfirmen haben oft die Nase vorn.

Pfiffige Anleger dürften auch künftig an substanzstarken und fair bewerteten Perlen in den Nebenwerte-Indizes Freude haben, zumal Übernahmegerüchte die Fantasie schüren und kurstreibend wirken. Aktien vom Heimatmarkt und erst recht aus der eigenen Region lassen sich genauer beobachten als ausländische Titel.

Es stimmt, dass bei einer Riesenorder schon ein einstelliger Kursgewinn lukrativ sein kann, was bei geringem Einsatz ausscheidet. Hier fressen die Transaktionskosten jeden kleineren Kursgewinn auf. Umgekehrt ist das Risiko gewaltig. Wer 100.000 € und noch mehr in einen einzigen Wert steckt, hat schwer daran zu knabbern, sollte seine Aktie um über 10 % abstürzen. Oft hindert ihn sein angeknackstes Nervenkostüm daran, überhaupt vernünftig zu entscheiden. Beim breit gestreuten Portfolio ist ein Verlust von einem Zehntel oder Fünftel leichter zu verkraften, wenn andere Aktien dreistellig in der Gewinnzone notieren.

Fazit: Was sollten Sie tun und was besser unterlassen?

- **Es ist hochriskant, eine einzige Karte zu spielen, mag dies auch gelegentlich klappen** und der Leichtsinn mit einer üppigen Rendite belohnt werden. Auf Dauer geht diese Strategie daneben. Besser ist es, sein Depot breit zu streuen und ausländische Märkte alternativ mit ETFs und Aktienfonds abzudecken.
- **Bei zahlenmäßig kleinen Indizes wie DAX, Dow Jones, TecDAX (je 30 Werte) bieten sich neben Einzelaktien vor allem ETFs an,** die weder gegen die Benchmark gewinnen noch verlieren.
- **Engagierte Fondsmanager, die sich auf Indizes mit vielen Aktien konzentrieren, können mit exzellenter Auswahl deutlich besser als das Börsenbarometer abschneiden**. Dies gilt für MDAX, SDAX, Euro Stoxx 50, Stoxx 50, die US-Technologiebörse Nasdaq 100, den Nikkei 225 und den S&P 500.
- **Begnügen Sie sich bei guter Vermögenslage nicht mit 10 Titeln.** Wer 100 und mehr unterschiedliche Werte kauft, verliert leicht den Überblick. Nur bei exzellentem Gedächtnis, viel Zeit und Geld funktioniert es. Die einzelne Order soll nicht unter 1.000 € liegen. Sonst fressen die Gebühren mögliche Erträge auf.
- **Besser ist es, bei Kursschwäche nachzukaufen. Damit schaffen Sie die Basis für Teilverkäufe.** So bleiben die besten Werte im Depot. Und Sie können als Langzeitanleger mit Zukauf und Teilverkauf hohe Kursgewinne einfahren. So stärken Sie auch Ihr Nervenkostüm, da Sie durch klugen Teilverkauf selbst bei Pech mit diesem Titel nicht mehr in die Verlustzone geraten können.

Wieso werden dennoch pro Titel oft nur wenige Stücke gekauft?

Wer die täglichen Kursbewegungen an den Regionalbörsen beobachtet, bemerkt, dass selbst von Aktien, die weniger als 10 € kosten, oft nur einstellige Stückzahlen gekauft werden. Ich kenne Aktionäre, die solch eine fragwürdige Strategie fahren.

Oft sind es Ruheständler und Arbeitslose. Hier ist nicht die Gewinnabsicht das Hauptziel, sondern das Recht, an der HV im Wohnumfeld teilzunehmen. Dies bedeutet Kommunikation, Abwechslung, Essen und Trinken.

Investieren Sie nicht auf einmal das gesamte verfügbare Kapital, z. B. eine ausgezahlte Erbschaft oder Kapitallebensversicherung. Der Einstieg erfolgt vielleicht überteuert. Und kursschwache Tage bleiben ungenutzt für einen Zukauf in zwei oder drei Tranchen. Die erste Order befriedigt die Gier, die Aktie unbedingt zu besitzen. Die zweite Transaktion erfolgt bei Kursschwäche.

Am besten, Sie stellen Ihr Depot zwischen den Extremen einer zu geringen und zu hohen Anzahl von Titeln auf. Viele Experten empfehlen ein Depot zwischen 30 und 50 Werten. Groß genug, um bezüglich Branchen, Ländern, Indizes und zeitlich zu streuen, verbunden mit der Chance, auch Glanzlichter zu erwischen.

Der Einstandspreis bewegt viele Aktionäre. Manch einer greift nach einem Crash erst wieder zu, wenn er sein Einstandsniveau erreicht. Die Charttechnik bestätigt ein solches Verhalten. Hält die Unterstützungslinie, gilt dies als Kaufsignal.

Beispiele zum Ordervolumen: Bauriese Hochtief, MDAX

Zu geringe Order: Januar 2006: Kauf von 5 Aktien zu je 45 €. Transaktionskosten: zweimal 18 € für Kauf und Verkauf. Die Aktie müsste um 9 € und damit um ca. 20 % steigen, nur um die Gebühren wieder hereinzuholen.

Vertretbare Order: Kauf von 50 Aktien zu je 45 €. Bei einem Kursgewinn von 9 € bzw. 20 % bleiben nach Abzug der Gebühren mehr als 400 € Kursgewinn übrig.

Cost-Average-Effekt dargestellt bei Hochtief-Kauforders

Erste Kauforder: **250** Stück (Altbestand)
am 29. Mai 2003 zu 13,40 € = 3.350 € (ohne Gebühren)

Zweite Kauforder: **100** Stück (Altbestand)
am 15. November 2005 zu 33,50 € = 3.350 € (ohne Gebühren)

Dritte Kauforder: **150** Stück (Neudepot)
am 20. Februar 2010 zu 21,50 € = 3.225 € (ohne Gebühren)

Tatsächliche Teilverkäufe bei Hochtief aus Alt-/Neubestand

Insgesamt gab es zwei Teilverkäufe mit einem steuerfreien Kursgewinn von über 300 % bzw. mehr als 400 % in den Jahren 2006/2007 und einen steuerpflichtigen Verkauf aus dem Neudepot im Frühjahr 2016 mit fast 500 % Kursgewinn.

Durch die Übernahme 2013 seitens des spanischen Baukonzerns ACS stürzte der Aktienkurs zunächst ab. 2015 kostete Hochtief zeitweilig nur 63 €. Am 20. Juni 2017 notierte die Aktie nahe dem Allzeithoch bei 170 €. Es war klug, die Aktie nicht bei 63 € komplett zu verkaufen, sondern, sofern überhaupt, nur einen Teil.

3.9 Die für Sie passende Direktbank finden

Die beste Direktbank für jeden Anleger gibt es nicht. Gebührenstruktur, Anzahl und Umfang der Orders, Art der Produkte (Aktien, Investmentfonds und ETFs), Einzel- oder Festpreise für kleine, mittlere, große Orders, mit oder auch ohne Beratung, Sparpläne, Depotgebühr, Verzinsung, Kontoüberziehung und Stoppkursservice sind ausschlaggebend für die Wahl. Hier unterscheiden sich Wünsche, Ansprüche, Renditeerwartungen, Bedürfnisse und Einzelheiten oft grundlegend.

Wertpapierorders: aktiver Privatanleger

Orderanzahl pro Jahr: 16 Stück (Durchschnittskunde: 8 Orders)

Onlineaufträge: 80 %

Telefonorders: 20 %

Orderumfang Schnitt: 2.500 € (Durchschnittskunde: 5.500 €)

Depotwert im Schnitt: 35.000 € (Durchschnittskunde: 85.000 €)

Drei Testsieger 2017: Discountbroker und -depotbanken

Rang	Kosten und Leistungen	Weitere Merkmale/Angebote
OnVista **Note 1,2** **sehr gut**	3,99 € pro Order für Neukunden im 1. Halbjahr; bis 10 Freiorders pro Monat; 0 € Depotgrundgebühr	Rund 9.000 Fonds handelbar; kein Ausgabeaufschlag, sondern günstige Orderprovision; Sparpläne für viele Fonds & ETFs
flatex **Note 1,3** **sehr gut**	Handel ab 5,00 € pro Order; dauerhafte Flatrate; kostenlose Realtimekurse; 0 € Depotgrundgebühr	Keine Konto- und Depotgebühren; mobiler Handel Tablet/Smartphone; riesiges Sparplanangebot; außerbörslicher Handel möglich
Consors **Note 1,5** **sehr gut**	Transaktionen ab 4,95 € für Neukunden im 1. Jahr; Tradingsoftware gratis; 0 € Depotgrundgebühr	Onlinehandel an allen deutschen Börsenplätzen einschließlich XETRA; Umfang bis 10.000 € pro Order; Limit, Ändern, Streichen kostenlos

Onlinebankgeschäfte: Kontenabfrage: 88 %, Abruf Kontoumsätze: 82 %, Überweisung: 59 %, Dauerauftrag: 30 %, Bankkontakt: 22 %, Abfrage Börsenkurse: 14 %, Wertpapierkauf und -verkauf: 9 %, Abschluss Anlageprodukte: 6 %, Kreditinformation: 5 %, Kreditabschluss: 4 %. Jeder 5. Bankkunde wickelt wichtige Geschäfte über das Smartphone ab. Um an der Börse handeln zu können, ist ein Depot zu eröffnen.

Vorteil Onlinebanking

niedrige Ordergebühren

unabhängig von Banköffnungszeiten

bequem und schnell

Transaktionen auch im außerbörslichen Handel

Schnell und preiswert sind Telefon- und Onlinebanking mit Abendhandel. Viele Privatanleger stufen die Beratungsqualität höher ein als Preisunterschiede bei Order, Depotgebühr und Vermögensverwaltung. Einige Formalitäten sind zu beachten, wie Risikoneigung, Anlageziele, Anlagezeitraum, Vermögensdecke.

Internetkriminalität

Computerbetrüger nutzen gern Phishing-Mails (phishing = Passwort fischen), um an geheime Daten wie PIN und TAN zu gelangen. Die Adressaten werden mit echt wirkenden Meldungen aufgefordert, fehlende Daten nachzureichen. **Keine Bank ruft per E-Mail individuelle Kundendaten ab.**

Es empfiehlt sich, Börsengeschäfte über das Internet abzuwickeln, um Kosten zu sparen, unabhängig von den Banköffnungszeiten zu sein und blitzschnell reagieren zu können. Fordern Sie also mehrere Angebote an. Und vergeben Sie Plus- und Minuspunkte, was für Sie wichtig ist, gefällt oder missfällt. Sie benötigen einen Computer mit schnellem Internetzugang. Zudem müssen Sie Ihr Konto für das **Onlinebanking** freischalten lassen. So können Sie alle Bankgeschäfte von zuhause erledigen. Neben Onlinehandel ist **Telefonbanking** ratsam, um von Internetausfällen unabhängig zu sein.

Viele Leute sind zu sorglos, wie das Bundesamt für Sicherheit (BSI) berichtet. Von je 100 Nutzern wurden Opfer von Trojanern (35 %), gefälschten E-Mails (25 %), Dialern (25 %), Phishing (8 %), gefälschten Webseiten (6 %). Viren, Würmer und Trojaner spionieren sensible Daten aus. Vorsicht vor Rechnungen und Mahnungen, ohne bestellt zu haben! Fehlt der Firmenname, ist die Rechtschreibung fehlerhaft und der beschränkt sich der Betreff auf eine Floskel: **Sofort löschen! Nie den Anhang öffnen!** Gewöhnlich werden Sie dann nicht mehr behelligt.

Beispiel für persönliche Aktiendepot-Buchführung am PC

Kauf, Verkauf, Menge, WKN	Datum und Preis	Bemerkungen (Split, Ertragsgutschrift)	Gesamtbestand
K 100 Adesso A0Z 23Q	01.04.2016: **22,50 €**	Software	Neubestand **100 Stück**
K 25 Alexion Bio. 899 527	16.07.2013: **82,50 €**	Nasdaq 100, Pharma, keine Dividende	Neubestand **25 Stück**
K 30 Allianz 840 400 **K 30 Allianz 840 400** **V 15 Allianz 840 400**	07.05.2010: **77,90 €** 22.09.2011: **60,05 €** 13.01.2015: **139,20 €**	DAX, sehr hohe Dividende, niedriges einstelliges KGV	Neubestand **45 Stück**

Kauf, Verkauf, Menge, WKN	**Datum und Preis**	**Bemerkungen**	**Gesamtbestand**
K 8 Alphabet A A14 Y6F K 4 Alphabet A A14 Y6F	16.04.2012 **241,00 (481) €** 11.02.2016: **610,00 €**	Neuer Name statt Google; Aktiensplit 2:1	Neubestand **12 Stück**
K 100 Amadeus Fire **509 310** **V 40 Amadeus Fire** **509 310** **K 60 Amadeus Fire** **509 310**	24.09.2009 **12,35 €** 27.05.2013 **48,90 €** 26.08.2010 **21,90 €**	**Teilverkauf** mit knapp 400 % Kursgewinn	Neubestand **120 Stück**
K 50 Amgen (USA) **867 900 Altbestand**	05.01.2000 **57,50 €**	Steuerfreier Kursgewinn	**Altbestand** **50 Stück**
K 100 BASF (DAX) **BAS F11 Altbestand** **K 60 BASF** **BAS F11 Altbestand**	13.11.2002 **18,60 €** 13.10.2008 **27,05 €**	Splitbereinigt	**Altbestand** **160 Stück**
K 120 Bayer (DAX) **BAY 001 Altbestand** **K 50 Bayer** **BAY 001**	07.03.2003 **11,90 €** 15.08.2011 **46,20 €**	+12 abgespaltete Lanxess-Aktien kostenfrei	**Altbestand** **120 Stück** Neubestand **50 Stück**
K 70 BB Biotech **A0N FN3 Altbest.** **K 25 BB Biotech** **A0N FN3**	**29.04.2003:** **44,10 €** 07.05.2014: **118,00 €**	Hohe Dividende, fondsähnlich, Beteiligungsfirma Schweiz	**Altbestand** **70 Stück** Neubestand **25 Stück**
K 200 Bertrandt **523 280** **K 60 Bertrandt** **523 280** **V 30 Bertrandt** **523 280**	22.06.2009: **14,65 €** 10.03.2011: **48,60 €** 26.11.2013: **102,00 €**	**Teilverkauf:** Kursgewinn ca. 700 % Hohe Dividende, SDAX	Neubestand **230 Stück**
K 60 Biogen (USA) **789 617 Altbestand** **V 20 Biogen** **789 617 Altbestand** **K 10 Biogen** **789 617**	28.02.2005 **27,70 €** 26.06.2012 **114,25 €** 20.06.2013 **154,90 €**	**Steuerfreier Teilverkauf** mit fast 400 % Kursgewinn	**Altbestand** **40 Stück** Neubestand **10 Stück**

Für Kaufen – Halten – Verkaufen gibt es zahlreiche Namen. Was bedeutet ein solches Gewirr von Fachbegriffen?

Kaufen (Überzahl)	**„Kaufen“ (abnehmende Tendenz):** Strong Buy – Aggressiver Kauf – Starker Kauf – Upgrade – Buy – Langfristiger Kauf – Trading Buy – Outperformer – Akkumulieren – Accumulate – Übergewichten – Overweight
Halten (Unterzahl)	**„Halten“ (zum Teil eine versteckte Verkaufsempfehlung):** Gleichgewichten – Marketperformer – Sector Perform – Peer Perform – In-Line – Hold – Neutral – Marktneutral – Untergewichten
Verkaufen (Unterzahl)	**„Verkaufen“ (Tendenz absteigend):** Downgrade – Underperformer – Reduzieren – Reduce – Trading Sell – Aktie meiden – Unwert (Pleite, Betrug)

Einerlei, ob Sie telefonisch, online bei der Hausbank, bei einem Discountbroker oder außerbörslich handeln. Halten Sie elektronisch Ihre Aktivitäten fest – am besten als vierspaltige Übersicht nach vorstehendem Muster. Erledigen Sie dies verlässlich, haben Sie einen erstklassigen Überblick. Wer Aktien im steuerfreien Altbestand besitzt, muss zwei Depots führen. Die zuerst gekauften Aktien werden automatisch zuerst veräußert. Hier genügt eine **farbliche Unterscheidung.** So wissen Sie genau, wie viele Aktien Sie besitzen, wo sich Zu- und Teilverkäufe lohnen. Wird vom Finanzministerium wieder der persönliche Steuersatz eingeführt, müssen Sie Ihr Depot erneut abgrenzen.

Von der sechsstelligen WKN zur zwölfstelligen ISIN
Struktur ISIN verdeutlicht am Beispiel von zwei DAX-Aktien

D	E	0	0	0	B	A	Y	0	0	1	7

Land gemäß ISO	Den sechsstelligen Kern bildet bei den deutschen Wertpapieren die alte WKN. Bei BAYER z. B.: BAY001.	Einstellige Prüfziffer

Allianz	D	E	0	0	0	8	4	0	4	0	0	5

Die Wertpapierhäuser für Online- und Telefonbanking buhlen um die Gunst der fachkundigen Privatanleger. Das Angebot umfasst Aktien, Investmentfonds, Staats- und Unternehmensanleihen, Zertifikate und Sparpläne. Jeder Broker hat Stärken und Schwächen. Die ideale Bank für jeden gibt es nicht. Beim Vieltrader sieht die beste Onlinebank anders aus als beim Sparplan- und Aktienfondsfan bzw. einem Kapitalanleger mit oder ohne Beratungsbedarf bzw. großen Orders.

Stellen Sie sich vor der Wahl Ihrer Depotbank folgende Fragen:

- **Wie viele Kauf- und Verkaufsorders** erteilen Sie im Schnitt täglich, monatlich, vierteljährlich bzw. jährlich? Gibt es einen Vielbucherrabatt?
- **Wie hoch ist Ihr übliches Transaktionsvolumen?** Hängen die Gebühren vom Umfang der jeweiligen Order ab, oder wird auf eine Preisstaffelung verzichtet?
- **Bevorzugen Sie Blue Chips oder Mid und Small Caps,** deutsche oder ausländische Titel? Wie sieht das einzelne Angebot aus?
- **Bestehen Sonderkonditionen** für bestimmte Börsenplätze und für weitere Zusatzleistungen wie den außerbörslichen Handel und den Leerverkauf?
- **Sind Sie ein Zertifikatliebhaber?** Wie hoch ist der Spread, also die Preisspanne zwischen Kauf- und Verkaufspreis? Wie groß ist die Produktpalette?

Entscheidungshilfe

Gehen Sie auf die Webseiten führender Onlinebroker. Prüfen und vergleichen Sie die für Sie interessanten Angebote.

Tipp: Vergeben Sie 1 bis 3 Plus- und 1 bis 3 Minuspunkte für die Bereiche, die Ihnen wichtig erscheinen. Der Sieger ist Ihr Favorit!

- **Lieben Sie Aktienfonds,** sind Ausgabeaufschlag und Verwaltungsgebühren interessant. Verzichtet Ihr Onlinebroker auf den Ausgabeaufschlag?
- **Werden ETFs günstig** und wegen des Booms in großer Auswahl angeboten?
- **Wie groß ist die Palette bei Sparplänen** und sonstigen Produkten? Bestehen Mindestraten?
- **Ist eine persönliche Finanzplanung möglich?** Zu welchen Konditionen wird beraten?
- **Wie behandelt die Depotbank Limits, Teilausführungen und wickelt Stop-Loss-Orders ab?** Wie hoch sind die Zinssätze beim Depotkonto?
- **Interessieren Sie sich für Börsengänge?** Die großen DAX-Geldinstitute Deutsche Bank und Commerzbank sind häufig die Partner beim IPO. In diesem Fall steigt die Zuteilungschance bei begehrten Neuemissionen beträchtlich. Allerdings hat das Interesse von Privatanlegern deutlich nachgelassen.
- **Welche Handelszeiten und Konditionen bestehen für eine Telefonorder?** Ist Telefonbanking generell oder zumindest als ebenfalls preiswerte Alternative möglich, wenn Störungen im Netz einen Internethandel beeinträchtigen?

3.10 Blick auf Finanzzahlen, G+V und Bilanz

„Die größte aller Begabungen ist die Kraft, den wahren Wert der Dinge zu erkennen." **Die fundamentale Analyse will den Wert eines Unternehmens und seiner Aktien möglichst genau ermitteln. Sie hilft dem Investor, vernunftbetont zu entscheiden und fair bewertete bzw. überteuerte Aktien zu erkennen. Die Charttechnik untersucht dagegen die Verhaltensmuster der Vergangenheit und leitet daraus künftige Entwicklungen ab.**

Seit dem Desaster am Neuen Markt gibt sich der mündige Privatanleger nicht mehr mit Luftschlössern und Schaumschlägerei zufrieden. Für die **„Theorie der begründeten Annahmen"** wird Expertenwissen erwartet. Um den fairen Wert einer Aktie verlässlich bestimmen zu können, untersuchen die Analysten das bisherige Geschehen, die derzeitige Lage und die Zukunftsaussichten des Unternehmens. Die Erfolgsrechnung beleuchtet positive wie negative Faktoren. Das Bild wird abgerundet durch Vergleiche mit marktführenden Mitbewerbern. Wichtige Kennziffern erleichtern eine vernünftige Einschätzung. Die Fundamentalanalyse wird aufgegliedert in die **Einzel-, Branchen- und Globalanalyse.**

Auf welche Kennzahlen kommt es im Zusammenspiel an?

Kurs-Gewinn-Verhältnis (KGV). Ein im Branchenvergleich niedriges KGV spricht für eine faire Bewertung. Aber Vorsicht! Premiumaktien haben ihren Preis. Da bietet sich der Vergleich an: 5-Sterne-Hotel, einfaches 2-Sterne-Haus. Sich bei der Aktienauswahl allein am KGV zu orientieren, ist strategisch unklug. Die wichtigsten Kennzahlen sind nie losgelöst zu sehen. Aussagekräftig ist ein Vergleich innerhalb der Branche. Die großen Kurssprünge im Anschluss an einen Crash starteten bei einstelligem KGV, was es beim russischen RTX, den deutschen Autobauern und Banken auch heute noch gibt. Hier notieren trotz Ölpreiserholung viele Titel vom Leitindex RTX mit einem KGV zwischen 3 und 9, darunter die dividendenstarken Öl- und Gaskonzerne **Gazprom, Lukoil, Rosneft** und **Tatneft** sowie **Norilsk Nickel**, der Marktführer für Industrie-, Bunt- und Edelmetalle. Solange die Niedrigzinspolitik andauert, können Langfristanleger bei Kursschwäche zugreifen.

Buchwert bzw. Kurs-Buchwert-Verhältnis. Es ist ein positives Signal, wenn der Buchwert über dem Kurs liegt oder nahe darunter. Ebenso erfreulich ist es, wenn das KBV eine Null oder Eins vor dem Komma zeigt. Aber auch diese beiden Kennzahlen sind für sich allein wenig aussagekräftig. Der Buchwert gibt Aufschluss über das ausgewiesene Eigenkapital dividiert durch die Aktienanzahl. Im Bankensektor liegt der Buchwert meist deutlich über dem Aktienkurs. Aber ist dies ein Signal, die Commerzbank- und Deutsche-Bank-Aktie zu kaufen oder die besten Technologie- und Biotechtitel zu meiden, wo der Kurs weit über dem Buchwert liegt?

Ergebnis je Aktie im Zeitraum von 3 bis 5 Jahren. Steigt das Ergebnis seit der Weltwirtschaftskrise 2008/2009 stetig an, zeigt dies, dass die AG auf gutem Weg ist und Einbrüche in schwierigen Zeiten erfolgreich wegsteckt.

Ausschüttung und Dividendenrendite. Bei einem Unternehmen mit aktionärsfreundlicher Ausschüttungspolitik und gesunder Geschäftsentwicklung steigt die Dividende stetig und verbleibt in Krisen zumindest auf gleichem Niveau. Aktionärsschützer wünschen 40 bis 50 % Ausschüttung vom Reingewinn. Für junge Wachstumsfirmen ist es vernünftig, zunächst verstärkt in Forschung/Entwicklung, neue Märkte und ein erweitertes Produkt- oder Dienstleistungsportfolio zu investieren. Dennoch ist es fragwürdig, den Großteil vom Gewinn auszuschütten, um die Anteilseigner bei Laune zu halten. Die **Dt. Telekom** verwöhnt mit hoher Ertragsgutschrift. Umgekehrt sieht es bei den durch Kernkraftausstieg gebeutelten Konzernen **E.ON** und **RWE** aus. Die Dividende wurde zeitweilig gekürzt bzw. gestrichen.

Erklimmt der Aktienkurs fortlaufend Allzeithochs, bleibt die Dividendenrendite selbst dann niedrig, wenn die Ausschüttung stetig erhöht wird. Dies gilt für die DAX-Titel **HeidelbergCement** und **MERCK**, aber erst recht für die Kursraketen aus dem **TecDAX/MDAX**, nämlich **Bechtle, Nemetschek, Sartorius.** Wegen der starken Kursgewinne bleibt trotz alljährlicher Anhebung die Dividende prozentual kümmerlich, nämlich zwischen 0,4 und 1,3 %. Erst bei jahrzehntelanger Anlagedauer wird bei niedrigen Einstiegskursen auch hier die Dividende interessant.

Blick auf die Eigenkapitalquote. Liegt diese deutlich über 50 %, so zeigt dies, dass das Fremdkapital, also die Schulden darunter liegen. Dies beruhigt. Beträgt die Eigenkapitalquote rund 90 %, stellt sich die Frage: Warum setzt die AG nicht ihr Kapital sinnvoll ein, um zu wachsen und ihre Marktstellung zu verbessern? Dies gilt vor allem in Zeiten niedriger Leitzinssätze. Bei Immobilienaktien wie Alstria Office Reit und Hamborner Reit darf die Verschuldung nicht über 55 % steigen.

Sollten Sie sich freuen, wenn die Gesellschaft eine Eigenkapitalquote von über 80 oder 90 % aufweist? Kritiker werfen den Firmenlenkern besonders in den Zeiten der Nullzinspolitik vor, dass sie ihr Geld brach herumliegen lassen, statt es sinnvoll zu investieren bzw. als Akquisitionswährung für einen Aktientausch oder den Rückkauf mit geplanter Vernichtung einzusetzen. Es ist aber zu beachten, dass ein Schnellschuss vermieden und so lange abgewartet werden sollte, bis ein Übernahmeobjekt gefunden wird, das zum Mutterkonzern passt und preiswert ist.

Marktkapitalisierung in Milliardenhöhe oder nur ein Börsenwert von wenigen Mio. €? Der Börsenwert entscheidet neben den Umsätzen über die Aufnahme in die Indizes. In Deutschland sind dies DAX, MDAX, TecDAX und SDAX – vergleichbar mit der 1., 2. und 3. Fußballbundesliga. Kundige Anleger können anhand dieser Kennzahl darauf spekulieren, wer das nächste Mal auf- und absteigt. Stimmt diese Wette, winkt bei Aufsteigern ein Kursplus, bei Absteigern eher ein Kursminus.

Die Handelsaktivitäten hängen mit davon ab, ob es ein Schwer- oder Leichtgewicht ist. Bei hohem Börsenwert ist die Manipulationsgefahr niedrig, bei nur einigen Millionen groß. Kein einzelner Guru, sondern nur eine größere Gruppe kann so viele DAX-Aktien handeln, um mit Leerverkäufen und Zugriff auf die Gerüchteküche Kurse in den Keller zu schicken und dabei richtig abzusahnen. Bei Wirecard klappte das von Hedgefonds-Leerverkäufern unterstützte Manipulationsspiel. Bei kleinen Werten lassen sich in betrügerischer Absicht schon mit geringen Orders Kurse zunächst nach oben und danach in den Abgrund treiben. Was bedeutet dies für Sie? Bei niedriger Marktkapitalisierung ist ein Limit unverzichtbar. Damit Sie von lästigen Teilausführungen und damit verbundenen Gebühren verschont bleiben, sollten Sie die Gültigkeit auf einen Monat ansetzen.

Werfen Sie vor der Order einen Blick auf die G+V und Bilanz

Die ARD-Börse bietet online die G+V und Bilanz im 5-Jahresvergleich an, sofern nach WKN-Aufruf der Hinweis *„Firmendaten“* vorliegt. Ein Klick genügt, und Sie werden über diese Finanzzahlen informiert. Keine Angst! Sie müssen keine Fachbücher wälzen, um die G+V und Bilanz zu verstehen. Um richtig entscheiden zu können, reichen ein paar Angaben – ganz einfach, wie Sie gleich merken.

Für Einsteiger: Die Gewinn-und-Verlustrechnung

G+V-Posten	Erläuterung
Umsatzerlöse	Alljährlich steigende Umsätze sind ein gutes Wachstumsbarometer.
Betrieblicher Aufwand	Der betriebliche Aufwand zeigt, ob und wie viel Gewinn nach Abzug der Kosten vom Umsatz übrig bleibt.
Operatives Ergebnis, gewöhnliche Geschäftstätigkeit	Ein Jahr für Jahr stetig steigendes operatives Ergebnis bezeugt, dass es dem Unternehmen gut geht, an Ertragskraft zulegt und nachhaltig wirtschaftet.
Ergebnis vor Steuer (EBT), Steuer und Zinsen (EBIT)	Interessant ist der Vergleich, wie hoch das Ergebnis vor und nach Steuern (bzw. Zinsen) ist und ob die Firma überhaupt Steuern bezahlt.
Gewinn vor Steuern, Zinsen und Abschreibungen (EBITDA)	Diese Kennzahl beurteilt die Ertragskraft. Sie umfasst Jahresüberschuss vor Steuern, Zinsen und Abschreibungen. Das EBITDA erlaubt aussagekräftige Vergleiche bezüglich der operativen Ertragsstärke.
Jahresüberschuss bzw. Jahresfehlbetrag	Übertrifft der Ertrag den Aufwand, ergibt sich ein Jahresüberschuss. Ein Fehlbetrag entsteht, wenn die Kosten dominieren. Es droht Zahlungsunfähigkeit.

Für Einsteiger: Die wichtigsten Bilanzposten

Allgemeines: Die Bilanz erinnert in ihrer Struktur an eine Waage: Die **Aktivseite** gibt Aufschluss über die Verwendung des Vermögens. Die **Passivseite** informiert über die Beschaffung bzw. Finanzierung, also das Fremdkapital bzw. die Schulden, auch als Verbindlichkeiten bezeichnet. Die Differenz zwischen Aktiva und Passiva ergibt das **Eigenkapital.** Je deutlicher die **Eigenkapitalquote** über dem Fremdkapital liegt, umso höher ist die **Bonität** und umso gesünder ist die Finanzstruktur. Die Gliederung in bestimmte Posten ist gesetzlich vorgeschrieben. **Bilanzbetrug** ist eine Straftat, kein Kavaliersdelikt.

Bilanzposten	Erläuterung
Aktiva: Umlaufvermögen	Das Umlaufvermögen umfasst das kurzfristig im Unternehmen verweilende Kapital wie Vorräte, Forderungen aus Lieferung und Leistung, Kassenbestand, Bankguthaben, Wertpapiere wie Aktien, Pfandbriefe, Genussscheine, Anleihen.
Aktiva: Anlagevermögen	Das Anlagevermögen bezieht sich auf alle Positionen, die für das Unternehmen dauerhaft Nutzen bringen. Dies sind technische Anlagen und Maschinen, Fuhrpark, Grundstücke und Gebäude, Betriebs- und Geschäftsausstattung, Firmen- und Markenwert sowie Beteiligungen.
Passiva: Schulden, Fremdkapital	In der Bilanz sind die genau bekannten Verbindlichkeiten z. B. gegenüber Lieferanten, Banken, Versicherungen und Finanzamt abzugrenzen von ungewissen Rückstellungen wie Schadensersatzklagen. Schulden sind Verpflichtungen, die als Fremdkapital auf der Passivseite stehen.
Passiva: Eigenkapital	Umlauf- und Anlagevermögen abzüglich aller Verbindlichkeiten und Rückstellungen ergeben das Eigenkapital. Es sollte höher als das Fremdkapital sein, um in Krisen nicht zahlungsunfähig zu werden. Ein Teufelskreis, wenn das Geld für Mitarbeiter, Forschung/Entwicklung fehlt, nicht investiert wird, sondern der Rotstift regiert und das Tafelsilber verschwindet.
Bilanzsumme: Aktiva, Passiva gleich	Die Bilanzsumme ergibt sich, indem alle Positionen auf der Aktiv- und der Passivseite zusammengezählt werden. Die Bilanzsumme auf der Aktiv- und Passivseite muss, wie es sich für eine Waage gehört, exakt übereinstimmen.

Anmerkung: Dieses Grundwissen ist unverzichtbar, um sich einen raschen Überblick über die Qualität einer AG und die Chancen auf Kursgewinn der Aktie, das Wachstum, die Ertragskraft und den Grad der Verschuldung zu verschaffen.

3.11 Mit der Charttechnik zum schnellen Überblick

Die technische Analyse mit Trendkanal, Unterstützungs-, Widerstandslinien und verschiedenartigen Formationen leitet aus den Verhaltensmustern der Vergangenheit künftige Trends ab. Die Charttechnik verschafft einen raschen, anschaulichen Überblick über die bisherige Entwicklung von Indizes, Aktien und anderen Finanzinstrumenten. Viele interessante Vergleichsstudien basieren auf der Grundlage der Technischen Analyse.

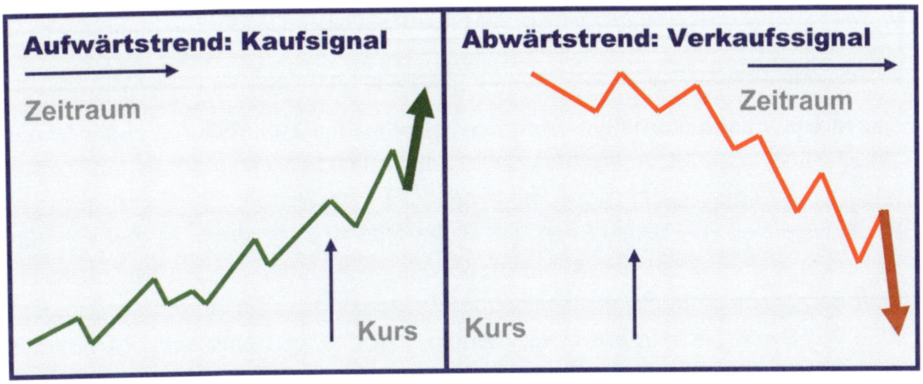

Im Börsenfernsehen zaubern die Spezialisten der Technischen Analyse aus ihrem Notebook gern farbenfrohe Kursgrafiken mit Unterstützungs- und Widerstandslinien, Wimpel, Dreieck, Flagge, Ober- und Untertasse, M- und W-Formation, Bären- und Bullenfalle, Doppeltop, Keil- oder Schulter-Kopf-Schulter-Formation, Diamant, Rosshaken usw. hervor. Das nötigt den interessierten Zuschauern weiterhin respektvolles Staunen ab. Die Charttechnik hat sich längst als wichtige Orientierungshilfe für Kauf- und Verkaufsentscheidungen durchgesetzt.

Die Technische Analyse, auch Charttechnik genannt, dokumentiert Kurs- und Indexverläufe aus der Vergangenheit über bestimmte Zeiträume. Angefangen vom Tageschart gibt es je nach Bedarf Wochen-, Monats-, 80-Tage-, 200-Tage-, Jahres-, Mehrjahres- und vergleichende Charts. Auf der Horizontalen zeichnet der Charttechniker die Zeitspanne, auf der Vertikalen den Aktienkurs ein. Er arbeitet mit Linien, Wellen, Strichen, Kurven, Kerzen, Pfeilen und setzt Farben ein.

Die Charttechnik spiegelt den Aktienmarkt als Resultat von Angebot und Nachfrage wider. Aus den Kursentwicklungen der Vergangenheit, verursacht durch sich wiederholende Verhaltensmuster und Regelabläufe als typisch menschliches Phänomen, werden Zukunftstrends abgeleitet. Gäbe es kaum wiederkehrende Verhaltensweisen, würde die Charttechnik nicht funktionieren. Im Zuge des Internetsiegeszugs mit hoher Digitalqualität sind Börseninfos ohne Charts kaum mehr denkbar. Blitzschnell findet jeder, was er braucht – kurzer und langer Zeitraum.

Unterstützungslinie

Ein charttechnisches **Verkaufssignal** bei Durchbrechen nach unten, ein **Kaufsignal,** wenn die Linie hält und sich stabilisiert.

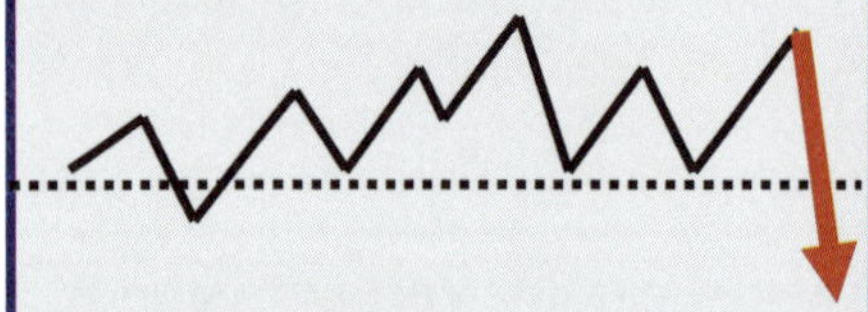

Widerstandslinie

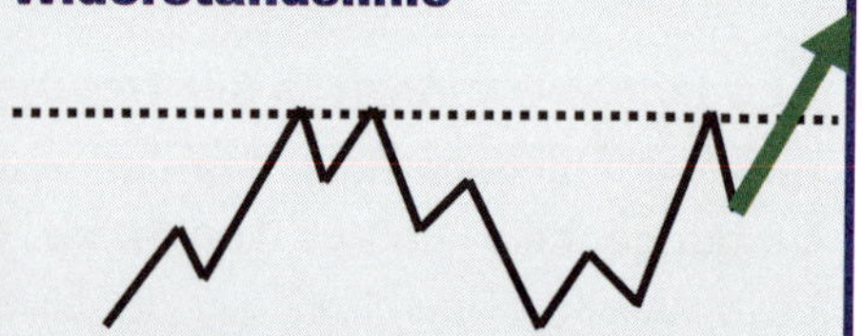

Verkaufssignal, wenn die Linie nicht durchstoßen wird. **Kaufsignal,** wenn die Linie nach oben durchbrochen wird. Die alte Widerstandslinie bildet nun die neue Unterstützung.

Das menschliche Verhalten unterliegt gewissen Regelabläufen. Mithilfe der Charttechnik lassen sich psychologische Einflussfaktoren aufspüren und bei Anlageentscheidungen nutzbringend umsetzen. Die Charttechnik signalisiert günstige Kaufgelegenheiten. Ebenso kann die Technische Analyse durch frühzeitige Verkaufssignale vor hohem Verlust bewahren. Allerdings dürfen Sie bei aller Aussagekraft der Charts nicht die entscheidenden fundamentalen Daten vernachlässigen. Bitte vergessen Sie trotz aller Begeisterung über den anschaulichen Überblick für unterschiedlichste Zeiträume nie, dass die Charts die Vergangenheit widerspiegeln und nur deshalb auch für die Gegenwart und Zukunft bedeutsam sind, weil der Mensch als „Gewohnheitstier" zu wiederkehrenden Verhaltensmustern neigt.

Für die Kritiker der Technischen Analyse stellt sich die Frage nach Ursache und Wirkung bzw. das Problem einer sich selbst erfüllenden Prophezeiung. Was war zuerst da? Das Huhn oder das Ei? Damit ist gemeint, dass die Charttechnik nur deshalb stimmt, weil so viele Anleger darauf vertrauen und ihr Verhalten entsprechend ausrichten. Sie orientieren sich am Trendkanal, kaufen, wenn die Unterstützungslinie hält, verkaufen, wenn sie nach unten durchbrochen wird. Sie steigen aus, wenn der Kurs wiederholt an der gedachten Widerstandslinie abprallt. Sie steigen ein, wenn die Widerstandslinie durchstoßen wird und der Weg nach oben frei erscheint. Der Chart bestätigt das gezeigte Anlegerverhalten. Die Börse, die ansonsten ihrer Zeit vorauseilt, schätzt die genaue, einen schnellen Überblick vermittelnde Charttechnik als unverzichtbares Instrument für anstehende Entscheidungen. Bei meinen Indexinformationen verzichte ich auf Charts, weil sie nicht aktuell wären und platzbedingt nur einen einzigen Zeitraum erfassen könnten.

Der US-Börsenpsychologe Alexander Elder bemerkte, dass die Markteinschätzung und das daraus abzuleitende Anlegerverhalten zu jeweils einem Drittel aus Psychologie, Kapitalmanagement und Erkenntnissen der Technischen Analyse bestehen. In extrem hektischen und aufregenden Phasen steigt der psychologische Einfluss sogar auf 80 % bis über 90 %.

W-Formation: Kaufsignal

M-Formation: Verkaufssignal

Wer glaubt, dass Aktiencharts nur deshalb meist stimmen, weil sich so viele Börsianer daran orientieren und danach handeln, sollte über folgende Tatsache nachdenken. Der bekannte Chartexperte Professor Schulz erstellte von dem 1998 gebildeten Euro Stoxx 50 im Nachhinein einen Mehrjahreschart. Ebenso wurde der 2005 von der Deutschen Börse AG gegründete GEX, ein Index für eigentümerorientierte Familienunternehmen, zurückgerechnet und mit einem Mehrjahreschart versehen. Diese nachträglich erstellten Charts zeigen, dass die Börsianer zu wiederkehrenden Verhaltensmustern neigen, und bestätigen die Bedeutung der Charttechnik als brauchbare Orientierungshilfe für Kauf- und Verkaufsentscheidungen.

Eine gute und einfache Orientierung bietet der Trendkanal

Es ist viel wahrscheinlicher, dass die einmal eingeschlagene Bewegungsrichtung ***„the trend is your friend"*** weiter anhält, als dass ein abrupter Richtungswechsel eintritt. Handlungsbedarf besteht meist erst dann, wenn der längerfristige Trendkanal einen klaren Ausbruch um mehr als 5 % erfährt. Eine deutliche Tendenz nach oben ist als Signal zu verstehen, dass die Talsohle vermutlich verlassen wird und sich die Bären verabschieden. Im Bereich der Bodenbildung steigen Mutige wieder ein bzw. kaufen zu. Bei einem nachhaltigen Ausbruch nach unten lässt sich bei frühzeitigem Ausstieg der Verlust begrenzen, sei es mithilfe von Stop-Loss-Orders oder durch eine situationsbedingte dynamische Verlustbegrenzung.

Widerstands- und Unterstützungslinien zur Orientierung

Viele Börsianer verkaufen ihre Aktien, sobald diese nach einer Korrekturphase das alte Niveau bzw. den „Einstandspreis" erreichen. Nun entsteht an der **Widerstandslinie** ein erhöhtes Angebot. Jedoch braucht die Aktie oft mehrere Anläufe, um die gedachte Linie aufwärts zu durchstoßen. Gelingt der Ausbruch, ist charttechnisch ein weiterer Kursaufschwung vorgezeichnet. Ob man dagegen nur kaufen sollte, wenn die Widerstandslinie gerade durchbrochen wird, also „Luft nach oben" besteht, ist umstritten. Ich nutze lieber Kursschwäche. Sinkt der Kurs nahe dem Tiefpunkt, glauben etliche Anleger, der Boden sei erreicht und greifen zu. Diese Strategie ist bei schnellem Rein/Raus wichtig, weniger bei Langzeitanlage.

So bildet sich eine **Unterstützungslinie,** die einen weiteren Kursrückgang zumindest zeitweilig verhindert. Bei Konjunkturschwäche, fundamental schlechten Nachrichten und einem generell miesen Börsenklima hält keine gedachte Unterstützungslinie mehr. Der Kurs bricht ein wie das Messer durch die weiche Butter. Statt eines Kaufsignals liefert die Charttechnik nun ein klares Verkaufssignal.

Anleger A

Optimismus: „Bald geht's nach oben! Hausse!"

Beruhigung: „Nur Übertreibung nach unten!"

Hoffnung: „Bodenbildung! Ich kaufe jetzt zu!"

Erste Ängste: „Das begreife ich nicht!"

Verzweiflung: „Wie lange denn noch?"

Panik: „Alle Aktien weg! Nur noch Sparbuch!"

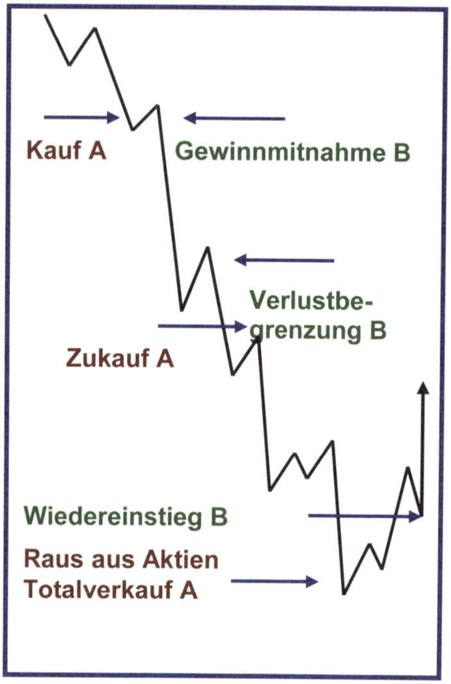

Anleger B

Pessimismus: „Es geht nach unten. Baisse!"

Noch kein Boden: „Ich nehme Gewinne mit!"

Disziplin: „Ich begrenze meine Verluste!"

Erkenntnis: „Die Spekulationsblase platzt!"

Geduld: „Ich sorge für Cash!"

Hoffnung: „Bodenbildung. Ich baue neue Positionen auf!"

Schulter-Kopf-Schulter-Formation: anschaulich und informativ

Zu den bekanntesten Umkehrformationen zählt die Schulter-Kopf-Schulter-Formation. Der Chart erinnert mit einiger Fantasie an einen Kopf mit seiner linken und rechten Schulter. Die beiden Tiefpunkte zwischen Kopf und Schultern werden durch die gedachte **Nackenlinie** verbunden. Häufig bildet die Nackenlinie eine stabile Unterstützung. Erst wenn der Kurs nachhaltig nach unten durchbricht wie in der oberen Abbildung auf der Folgeseite, besteht ein Verkaufssignal. Ansonsten wird zu früh verkauft und die Chance auf Kurserholung vertan wie in der unteren Abbildung.

Laut Statistik ist zu etwa 70 % damit zu rechnen, dass nach Absacken unter die Nackenlinie der Kurs weiter abstürzt. Das stimmt oft schon deshalb, weil eine Trendfortsetzung wahrscheinlicher ist als eine Trendumkehr. Ich bekenne mich zur **Fundamentalanalyse,** schätze und nutze die Technische Analyse aber gern und regelmäßig für den anschaulichen Überblick und das schnelle Erkennen von kurz-, mittel- und langfristigen Trends. Worte belehren, Beispiele und Bilder überzeugen. Ein 10-Jahreschart informiert besser als ein langer Text.

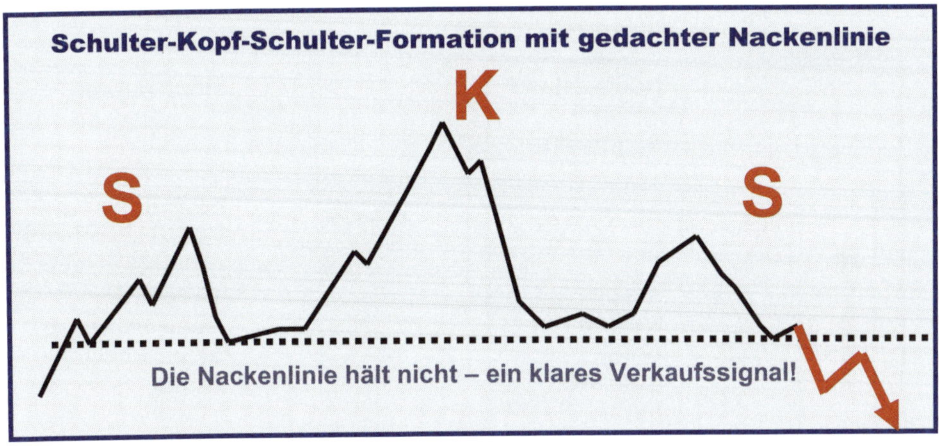

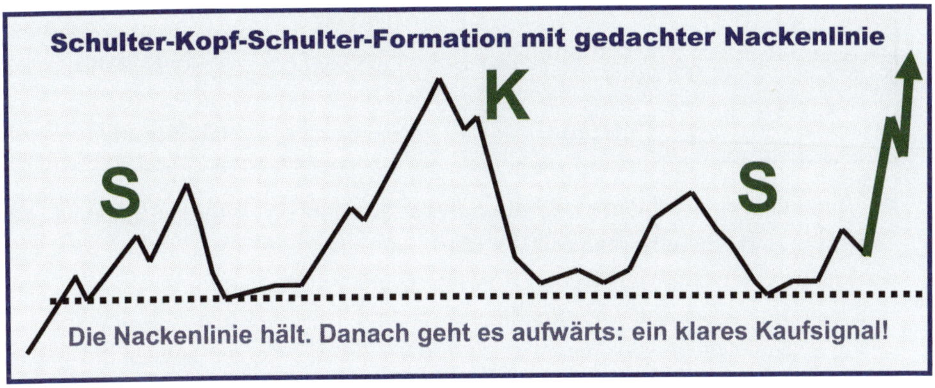

Aussagekräftig: Charts im Branchen- und Indexvergleich

Selbst die treuesten Anhänger der Fundamentalanalyse greifen gern auf Charts zurück, um sich rasch und anschaulich über die Entwicklung bestimmter Titel im Branchenvergleich zu informieren. Dies könnte im Automobilsektor Daimler gegenüber BMW, VW, Audi und Porsche betreffen oder im Pharma-/Biotechsektor Bayer, Merck, Novartis, Roche, Pfizer, Johnson & Johnson, Amgen, Biogen, Celgene, Illumina usw. Es ist aufschlussreich zu beobachten, wie eine bestimmte Aktie gegenüber der Benchmark, dem Vergleichsindex, notiert. Dies gilt ebenso beim Vergleich von Aktienfonds mit ETFs einer Branche oder untereinander.

Es ist spannend, wichtige Indizes in einem Mehrjahreschart übereinander zu legen, um zu sehen, wie sich DAX, Dow Jones, Nikkei, Euro Stoxx 50 usw. entwickelt haben, wo Gemeinsamkeiten oder auch Unterschiede auffällig sind. Informativ ist es, bei den deutschen Indizes DAX, TecDAX, MDAX und SDAX die Charts übereinander zu legen. Es wird Sie überraschen, dass der GEX, der Index für familiengeführte Firmen, von 2003 bis 2007 die anderen deutschen Börsenbarometer bezüglich Performance klar geschlagen hat, aber der Höhenflug längst vorbei ist.

Candlestick-Charts erlauben eine genaue Marktanalyse

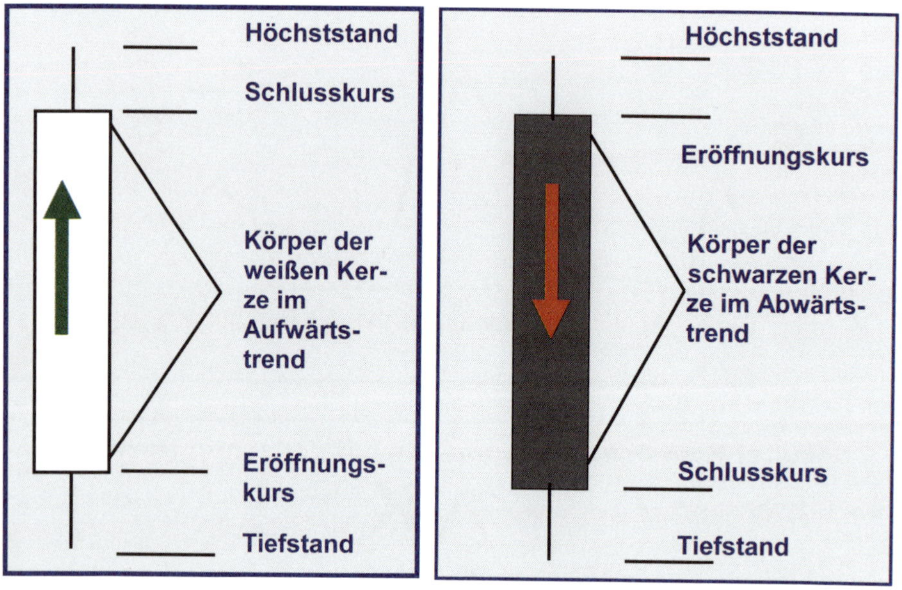

Die japanische Candlestick-Chartanalyse erinnert in ihrem Aussehen an schwarze und weiße Kerzen mit Dochten. Sie ist leicht verständlich und verstärkt die Effizienz der charttechnischen Analyse. Candlesticks zeigen anschaulich den Eröffnungs- und Schlusskurs, das Tageshoch und Tagestief. Die Aufwärtstendenz wird z. B. durch weiße, der Abwärtstrend durch schwarze Kerzen angezeigt.

Ob sich mittels Technischer Analyse Aussagen über weitere Kursverläufe von Wertpapieren treffen lassen, ist wissenschaftlich umstritten. Die Frage, ob die Charttechnik das geeignete Instrumentarium darstellt, um Marktentwicklungen besser einschätzbar zu machen, als es der bloße Zufall bewirkt, lässt sich weder bestätigen noch widerlegen. Die Befürworter bejahen den Nutzen und lassen sich bei ihren Börsenaktivitäten vielfach allein von der Charttechnik leiten. Mit Seminarangeboten hochkarätiger Experten lässt sich viel Geld verdienen. Moderne Digitalsoftware gewährleistet hohen Standard. Die Gegner berufen sich darauf, dass die Charttechnik wegen wiederkehrender Verhaltensmuster allein aus der Vergangenheit Schlüsse für die Zukunft zieht und vom Herdentrieb profitiert.

Fazit: Vier renommierte Charttechniker gingen, nachdem die wichtige 200-Tage-Linie stieg, für die erste Jahreshälfte 2017 von einem DAX über 13.000 Punkten aus. Der Leitindex notierte am 7. Juli 2017 bei 12.390 Punkten. Vor allem institutionelle Anleger orientieren sich bei ihren Entscheidungen gern an der 200-Tage-Linie. an. Chartanalyst Frederik Altmann sah den DAX bei 14.000 Punkten, aber nicht 2020, wo ich zustimmen könnte, sondern 2017.

3.12 Wann am besten Value? Wann lieber Growth?

Was hat es mit dem Anspruch der „Nachhaltigkeit" auf sich, von dem jetzt so viel die Rede ist? In der Fußballwelt scheint manche strategische Entscheidung einfacher zu sein als an der Börse. Liegt die eigene Elf zurück, bringt der Trainer meist neue Stürmer aufs Spielfeld. Torgefährlichkeit und Torinstinkt mit exzellentem Dribbling, Offensivdrang, zielgenauen Flanken und Pässen, geschicktem Stellungsspiel und erfolgreicher Aufholjagd sollen das Blatt wenden. Was in der Theorie logisch ist, erweist sich in der Praxis oft als Trugschluss – teilweise auf das Börsengeschehen übertragbar. Christian Grund und Oliver Gürtler von der Uni Bonn analysierten 1.700 Bundesliga-Auswechslungen. Betraten neue Stürmer den Rasen, verbesserte sich in jedem 5. Spiel die Lage. Aber in 2 von 5 Partien baute der Gegner den Vorsprung aus. Behielt der Trainer trotz Rückstands und drohender Niederlage die Nerven und griff nicht ein, holte das hinten liegende Team immerhin in jedem 3. Fall auf. Weitere Gegentreffer kassierte die Elf zu 30 %. **Fazit:** Mehr Stürmer sorgen für Torchancen. Dafür brennt es in der Abwehr oft lichterloh, sodass die angepeilten drei Siegpunkte in weite Ferne rücken. Welche Konsequenzen lassen sich für die Börse ableiten? Mit mehr Risiko lässt sich die Rendite nicht verlässlich steigern. Wer riskant agiert, kann seine Performance zwar deutlich verbessern, aber auch viel schlechter abschneiden.

Vom Fußball ausgehend, ist der Sturm mit wachstumsstarken, konjunkturabhängigen Growth-Titeln, die Abwehr mit stabilen Value-Titeln vergleichbar. Eine Fußballelf mit nur Offensivkräften schießt vermutlich viele Tore, muss aber auch mehr Treffer vom Gegner einstecken. Wer allein auf eine starke Abwehr setzt, verhindert leichter Einschläge ins eigene Tor. Dafür bleibt die Trefferausbeute mager. Das typische Ergebnis lautet 0:0 – ein Punkt statt drei Punkten. So lässt sich kaum der Abstieg verhindern und schon gar nicht die Meisterschaft erkämpfen.

Ein ausgewogenes Portfolio mit Growth und Value verspricht sicherste Zugewinne. Übergewichtung in die eine oder andere Richtung, abhängig von Konjunktur und Markttrend, erfordert Gebühren fressendes Umschichten.

Wer vor 40 Jahren 1.000 Dollar in die **Berkshire-Aktie** der Investorenlegende **Warren Buffett** investierte, ist heute ein fast dreifacher Millionär. Wer breit gestreut in den US-Aktienmarkt anlegte, schaffte im Schnitt nur 22.000 Dollar. Damals war die Berkshire-Aktie eine Zauberformel für Reichtum. Warren Buffett schnitt im Langzeitvergleich sagenhaft gut ab. Seit einem Jahrzehnt aber ist es mit dieser Herrlichkeit öfters vorbei. Der zweitreichste Mensch der Welt gewinnt eher selten gegen den US-Index S&P 500. Doch die unzähligen Fans halten dem Altmeister die Treue. Die Rendite von 2018 erzeugt auch keine Freudensprünge. Das starke Investment in **Kraft Heinz** entwickelte sich eher zum Rohrkrepierer.

Buffett schlägt langfristig den S&P 500, aber nicht aktuell

Hightech, Biotechnologie, Medizintechnik, Software, Internet und Nanotechnologie sind nicht seine Welt. Die Technologieaktien der weltweit wertvollsten Unternehmen wie **Alphabet, Amazon, Apple, Electronic Arts, Microsoft Netflix, NVIDIA** schmücken sein Portfolio nur in relativ kleinen Stückzahlen oder gar nicht. In diesem Jahrtausend kommt die Aktie auf sechs Verlustjahre gegenüber dem Index S&P 500, der in 52 Wochen ein Plus von ca. 30 % hinlegte. Der Multimilliardär und aktuell zweitreichste Mensch der Welt war mit seinem Value-Stil, auf nachhaltig wirtschaftende, unterbewertete, defensive Aktien zu setzen, die er kennt, mag und versteht, lange Zeit erfolgreich. Doch im Zeitalter der Industrie 4.0, der Künstlichen Intelligenz, dem Internet der Dinge, der digitalisierten und vernetzten Welt stehen die Weichen auf Wachstum. In der Hausse gewinnt Growth neue Freunde. Kommt es zum Crash, feiert Value, unterstützt von hoher Dividende, ein Comeback.

> *„Kaufe nur, was du kennst und verstehst!“*
> **Warren Buffett**

Milliardäre reißen sich auf der jährlichen eBay-Auktion um ein Mittagessen mit dem Börsenurgestein. In 15 Jahren kamen so 20 Mio. Dollar für wohltätige Zwecke zusammen. Der Sieger von 2016, der anonym bleiben will, musste knapp 3,5 Mio. Dollar für dieses Vergnügen hinblättern.

Die defensive Value-Strategie ist für sicherheitsbewusste bis chancenorientierte Anleger ratsam, auch als Altersvorsorgesparplan. Werthaltige, konjunkturunabhängige Value-Aktien gibt es nicht nur unter den Blue Chips. Die Nebenwerte-Indizes MDAX und SDAX sind wahre Fundgruben. Am Ende eines Konjunkturzyklus, wenn das Wirtschaftswachstum nachlässt, sind Value-Aktien gefragt. Auch in Krisen wird gegessen, getrunken, geputzt, geheizt, gewaschen, der Körper gepflegt, telefoniert, Strom verbraucht, Arznei eingenommen. Versorger-, Konsum-, Pharma-, Telekom- und Ölaktien gehören zur Value-Gruppe, bleiben aber von Branchenrotationen nicht verschont. Jede Marktphase hat Börsenlieblinge. Die klassisch ausgerichteten Firmen verwöhnen ihre Aktionäre oft mit einer üppigen, Dividende. Die Kehrseite? Industrietitel sind nicht gerade „sexy“ und entwickeln sich seltener zu Börsenstars. Dafür ist im Crash das Rückschlagrisiko begrenzt.

Mit der Growth-Strategie mehr Temperament im Portfolio

Bis Frühjahr 2000 schien die Börsenwelt intakt. Der DAX übersprang die 8.000er-Marke, was danach erst wieder 2007 und 2013 geschah und den Weg ebnete für die Marke von über 10.000 Punkten. Sie wurde im Juni 2014 geknackt. Im Juni 2017 gab es mit 12.878 Punkten sogar ein neues Allzeithoch. Die New Economy sorgte um die Jahrtausendwende im Neuen Markt für eine wundersame Geldvermehrung in kurzer Zeit. Das KGV und eine seriöse Bilanzierung interessierten wenig. Allein die Wachstumsfantasie zählte. Warnsignale wurden missachtet. Wer damals eine Value-Strategie empfahl, erntete ein mitleidiges Lächeln.

Nicht mit soliden Industrietiteln, sondern den dynamischen Werten der New Economy heimsten Trader üppige Gewinne ein. Bei Neuemissionen verdoppelte sich der Kurs oft schon am ersten Tag. Damals herrschte die Meinung vor, der gewaltige technologische Fortschritt, gekoppelt an den Siegeszug des Internets, könnte eine dauerhafte Hausse auslösen. Welch folgenschwerer Irrtum! Mit dem Salamicrash von 2000 bis 2003 zerstoben die Träume wie Staub im Sturm. Mit dem Niedergang des Neuen Marktes schuf die Deutsche Börse AG den TecDAX mit 30 Titeln aus den Sektoren Hightech, Biotech, Internet.

> **Begriffswirrwarr: billig – preiswert – teuer**
>
> **Billig** heißt, dass etwas wenig kostet, **teuer**, dass viel zu bezahlen ist. **Preiswert** bezeichnet ein faires Preis-Leistungs-Verhältnis. Premium verdient einen Aufschlag. Eine teure Aktie ist preiswert bei hohem Umsatz und Ertrag. Ein Penny Stock ist nicht preiswert, kreist der Pleitegeier über der AG.

Ein Blick in deutsche Aktiendepots dokumentiert „Heimatliebe" durch Übergewichtung von DAX-Titeln, ebenso die Rückbesinnung auf solide Investments mit weniger Rückschlagpotenzial. Risikofreudige Anleger setzen verstärkt auf Growth und bevorzugen bei deutschen Indizes TecDAX-Aktien. Zyklische Werte sind gefragt, wie Biotech, Software, Internet. Breit gestreut verringert das Risiko.

Börsenexperte und Buchautor Professor Otte meint: *„Wachstum und Value schließen sich nicht aus! Billige Unternehmen können zu Recht billig sein – dann nämlich, wenn sie wenig wachsen, schrumpfen oder vielleicht sogar dauerhaft Verluste produzieren. – Genauso können Unternehmen mit hohem KGV durchaus günstig bzw. preiswert sein, dann nämlich, wenn die Wachstumsaussichten dieses KGV rechtfertigen. – Es kommt also bei teuren Unternehmen ganz besonders darauf an, die Zukunftsaussichten und die künftigen Wachstums- und Ertragsraten sorgfältig zu analysieren. – Qualität ist und bleibt teuer. Mit der Methode des* ***Inneren Wertes*** *lassen sich gute Einstiegschancen identifizieren."*

Anlagestil – eine Mentalitätsfrage

Die Idee, sich nach konkreten Anlagestilen zu richten, hat eine lange Tradition. Value mit Schwerpunkt auf den Unternehmenswert und Growth mit Augenmerk auf das Wachstum zählen zu den bekannten Orientierungen. Bei Value interessiert eine verlässliche Dividende, bei Growth eine möglichst hohe Rendite. Für Langzeitanleger ist eine Mischstrategie ratsam. In den letzten 30 Jahren erzielten beide Ausrichtungen eine etwa gleich hohe Rendite. Der demografische Wandel rückt das Gesundheitswesen in den Vordergrund.

> **Growth stark im DAX**
>
> Im DAX sind knapp die Hälfte Growth-Titel bzw. Zykliker notiert, hauptsächlich AGs mit exzellenter Exportquote. Im Euro Stoxx 50 macht Growth kaum 20 % aus. Es dominieren Ölwerte, Nahrungs- und Genussmittel, Telekommunikation, Banken, Versicherer.

3.13 Mut zum antizyklischen Handeln

***„Nur wer gegen den Strom schwimmt, kann zur Quelle vorstoßen. Tote Fische und Mitläufer treiben mit dem Strom.“* Dieser couragierten Strategie „Viagra ins Depot“ steht die Marschrichtung vorsichtiger Anleger entgegen.**

Vielleicht schlagen Sie sich mit widersprüchlichen Börsenempfehlungen herum. Zum einen heißt es: ***„The trend is your friend!“*** Es kommt seltener vor, dass die eingeschlagene Richtung abrupt ins Gegenteil umkehrt, als dass sie weiterläuft. Jedoch geht die prozyklische Anlagestrategie oft einher mit Herdentrieb, was dem mutigen Anleger gegen den Strich geht. Er will erfolgreicher sein als die große Masse. Drum wagt er mehr und akzeptiert, dass mit den Chancen die Risiken steigen. Er kann für Courage belohnt, aber ebenso abgestraft werden. Was also tun?

> *„Der kluge Investor – derjenige also, der sich nicht für ein Finanzgenie hält, sich aber darin übt, die Meldungen in Zeitschriften und Fernsehen zu analysieren und Hochs und Tiefs an den Extremwerten der öffentlichen Meinung zu erkennen – lernt schließlich, bei Angst und Panik zu kaufen, bei Gier und Euphorie zu verkaufen. Der kluge Investor behält einen kühlen Kopf und sucht nach solchen Extremen. Aber weil er die Neigung seiner Mitmenschen kennt, sich der Massenmeinung anzuschließen, begibt er sich nicht in derart zerstörerische Gefahren.“*
>
> **Anthony Gallea/William Patalon: „Antizyklisch investieren”**

Antizyklisches Handeln heißt nicht, jeden Trend zu ignorieren und das Gegenteil von dem zu tun, was die Mehrheit macht. Es geht darum, durch intensive Marktbeobachtung früher Wege einzuschlagen, die danach der Markt vollzieht: Also verkaufen, bevor eine sich auftürmende Blase platzt und bei Bodenbildung wieder beherzt einsteigen oder zukaufen.

Das folgende Beispiel zeigt, wie dies in der Praxis aussehen kann: Zu Beginn des Jahrtausends gab es einen ersten Biotechnologie-Boom, angeheizt durch die Genforschung (DNA). Aber es war noch zu früh, um schon bald neuartige Wirkstoffe auf den Markt zu bringen. Es dauert mehr als 15 Jahre, um mit neuen Wirkstoffen gegen schwere Krankheiten vom ersten Forschungsansatz bis zur begehrten behördlichen Arzneimittelzulassung nach erfolgreicher klinischer Phase III vorzustoßen. Die Chance für den ganz großen Durchbruch mit Umsatzerlösen in Milliardenhöhe liegt auch nur bei 100:1.

Der verfrühte Einstieg in Biotech um die Jahrtausendwende wurde mit Verlusten gepflastert. Es war klug, nicht mitzumachen. Jetzt, fast 2 Jahrzehnte später, sind die Chancen groß, mit einem den Index nachbildenden Biotech-ETF, aktiv gemanagten Biotechfonds oder geschickter Einzelaktienauswahl langfristig Geld zu verdienen. Mutiges Handeln hat sich in den letzten 5 Jahren ausgezahlt.

Wer hier jetzt einsteigt, darf mit kluger Auswahl und gutem Timing auch künftig mit guter Rendite rechnen – jedoch nicht mit einer solch üppigen Performance wie 2013, als der amerikanische Biotechindex um 80 % zulegte und mit einigen Titeln mehr als eine Verdopplung möglich war.

Ganz anders sah antizyklisches Handeln anfangs bei Solarstromaktien aus. Ein Einstieg 2004/2005 bescherte dem marktkundigen Anleger riesige Kursgewinne. 4 bis 5 Jahre später war es klug, sich von seinen Anlagen in diesem Sektor zu verabschieden. Ab 2011/2012 begann das große Sterben bei Photovoltaik, begünstigt durch Preisdruck, Konkurrenz aus China und Marktübersättigung. Hinzu kam Bequemlichkeit, verursacht durch den Wahnwitz der Politik, Einspeisevergütungen nach dem Erneuerbare-Energie-Gesetz für 20 Jahre festzuschreiben. Kein kluger Unternehmer würde Preisgarantien auch nur für 2 bis 3 Jahre geben – nie und nimmer für zwei Jahrzehnte. Sonst kämen Zweifel über seine Geisteskraft auf.

Antizyklisches Handeln ist nicht nur klug, wenn sich im Bullenmarkt Spekulationsblasen auftürmen und die Boulevardpresse in großen Lettern über den Aktienboom berichtet. Mutiges Handeln entgegen dem Trend ist gefragt, wenn die Börse ein Crashszenario durchlebt wie ab Herbst 2008 bis Frühjahr 2009 infolge der weltweiten Finanzkrise. Siehe die Pleite von Lehman Brothers. Ohne Konjunkturprogramme und Rettungsschirme der Regierungen sowie Leitzinssenkungen der Notenbanken hätte es auch große Versicherungen erwischt.

> *„Ich kann die Bahn der Himmelskörper auf Zentimeter und sekundengenau berechnen, aber nicht, wohin die verrückte Menge einen Börsenkurs treibt.“*
>
> **Isaac Newton**

Antizyklisches Handeln bietet sich an, wenn einzelne Titel durch Gerüchte abstürzen oder Schwarzmalerei und Weltuntergangsstimmung Panikverkäufe auslösen. Oft reichen die schlechten Zahlen beim Weltmarktführer aus, um die gesamte Branche nach unten zu ziehen. Kurseinbrüche sind im Pharma- und Biotechsektor zu befürchten, wenn die klinische Phase III abgebrochen wird und die erhoffte Arzneimittelzulassung ausbleibt. Ebenso können Leerverkäufe bei hoch bewerteten Aktien empfindliche Kursverluste auslösen, siehe das Dilemma schon 2016 und erst recht Anfang 2019 beim DAX-Aufsteiger **Wirecard**. Die Kursschwankungen waren so heftig, dass die Deutsche Börse AG die Leerverkäufe für einige Zeit aussetzte. Sie sollten sich im Internet Zugang zu den fundamentalen Daten beschaffen und einschätzen, ob ein solcher Kurssturz gerechtfertigt oder übertrieben erscheint. Handelt es sich um das schlecht laufende Kerngeschäft, gilt: *„Hände weg von dieser Aktie“*.

Dicht vor einem Turnaround (Bodenbildung) oder Break-even (Erreichen der Gewinnschwelle) und bei Insiderkäufen (Vorstand und Aufsichtsrat erhöhen ihren Aktienanteil) öffnet der frühzeitige Kauf das Tor zum Kursgewinn.

Beste Chancen bieten sich vor allem bei den wenig beachteten und verschmähten Nebenwerten. Doch investieren Sie nicht undiszipliniert in gefallene Engel. Nicht jeder, der zu Boden geht, steht wieder auf.

Verlaufskurven der Kurse und der Nachrichten: Was kommt zuerst? Das Huhn oder das Ei? Bewegen die Nachrichten die Kurse, oder verändern sich die Kurse, bevor die Nachrichten publiziert werden?

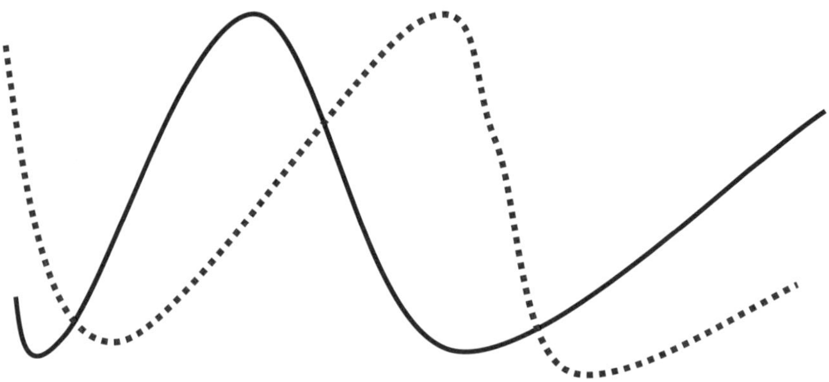

Aktienkurse: durchgezogene Linie – **Nachrichten:** gestrichelte Linie

Wie längerfristige Verlaufskurven zeigen, eilen die Kurse den Nachrichten von Experten oft voraus. Die Aktienkurse bewegen sich bereits nordwärts, bevor die Meldungen eine Verbesserung anzeigen. Ebenso fallen die Notierungen schon, bevor sich die Nachrichtenlage verdüstert. Selbst bei verkündeten Verlusten ist ein ansehnlicher Kursanstieg denkbar, wenn die Analysten von einer noch schlechteren Entwicklung ausgingen. Umgekehrt wird ein Umsatz- und Ertragsrekord nicht unbedingt mit einem Kursfeuerwerk belohnt, wenn sich führende Analysten im Vorfeld noch wesentlich mehr ausgerechnet hatten.

- **Fazit: Im Übrigen gilt für das antizyklische Handeln das gleiche Grundprinzip wie beim Fahren eines Sportwagens.** Sie müssen einen Porsche beherrschen, um unfallfrei auch hohe Geschwindigkeiten und brenzlige Situationen zu meistern und nach dem gleichzeitigen Start in Salzburg schneller den Zielort Bremen zu erreichen als mit einem starken Audi.

Und wie stehen die Chancen bei prozyklischem Handeln?

Mein Börsenspruch *„Wer zu spät erkennt den Trend, leicht in das Verderben rennt!“* soll verdeutlichen, dass Sie als Privatanleger den Markt nicht kontrollieren, steuern oder ausbremsen können. Es sei denn, Sie sind mehrfacher Millionär oder Milliardär und wagen hohe Einsätze bei niedrig kapitalisierten Titeln.

Der Markt macht, was er will. Ihn auf Dauer zu schlagen, bleibt für die meisten Privatanleger Wunschtraum. Profis schaffen dies selbst mit großen Kapitalbewegungen selten. Am ehesten glückt dies bei Nebenwerten und an Börsentagen mit wenig Umsatz wie Pfingstmontag, Himmelfahrt, Fronleichnam. Wäre dies so einfach, würden viele Aktienfonds besser abschneiden und nicht dem Vergleichsindex hinterherhinken. Nur jeder 5. Blue-Chips-Fonds schafft es, den Vergleichsindex auszuhebeln. Die prozyklische Strategie entspricht dem Sicherheitsstreben und nutzt die Tatsache, dass Aktienmärkte nicht geradlinig, sondern zyklisch verlaufen.

Der Frühindikator Börse spiegelt nicht die Gegenwart, sondern die Zukunftseinschätzungen wider. Im Allgemeinen läuft der Aktienmarkt der erwarteten Wirtschaftsentwicklung um mehrere Wochen voraus. Entwickeln Sie das richtige Gespür für Trendfolgen, steigt Ihre Chance auf Kursgewinn. Reagieren Sie erst dann, wenn sich die Kauftipps häufen, haben das große Geschäft schon andere gemacht.

Verlassen Sie ausgetretene Pfade. Wer Börsentipps wie ***„Sell in may and go away"***, an denen Börse, Broker und Banken verdienen, unkritisch befolgt, verfängt sich im Fehlernetz. Er hat dann keine Aktie mit steuerfreiem Kursgewinn im Depot – möglich bis Ende 2008. Die Abgeltungsteuer von 25 % plus Solidaritätszuschlag und Kirchensteuer wird bei Käufen seit 2009 nach Ausschöpfen des Pauschalbetrags von 801 € immer fällig und automatisch eingezogen. Mancher Aktionär verkauft unüberlegt Aktien kurz vor einer üppigen Dividendenausschüttung, die bevorzugt im Mai und Juni stattfindet. Das wöchentlich erscheinende Fachmagazin BÖRSE ONLINE veröffentlicht in seiner Datendatei die aktuellen HV-Termine.

3.14 Auf substanzstarke Familienfirmen setzen

Firmen vom DAXplus Family 30 als Herz des deutschen Mittelstands wirtschaften großteils nachhaltig. Ausgerüstet mit dem Erfindergen sind sie Wachstumstreiber in Zukunftsmärkten.

Die Gründer und Nachfolger von eigentümerdominierten Unternehmen wollen sich als Marktführer in ihren Marktnischen behaupten. Sie richten das auf Angehörige, Mitarbeiter, Kunden und Lieferanten ausgerichtete Geschäftsmodell längerfristig aus. Die vereinzelt vorhandenen 500- bis 1.000-Prozent-Aktien im Fünf- und Zehnjahresvergleich aus meinem Altbestand wie **Bechtle, Dürr, Fuchs Petrolub, Nemetschek, Rational** und **Sartorius** stehen für Innovation und Substanzkraft. Keine dieser Familienfirmen startete als Dickschiff. Sie waren dafür ausgestattet mit dem Erfinder- und Entdeckergen. Auch **Alphabet, Amazon, Microsoft, Netflix, Nvidia, PayPal und Visa** starteten nicht als Giganten. Sie schufen ihr Imperium getrieben von Ideen, Mut, Elan, Kampfkraft. Nichts für Angsthasen, sondern kluge Köpfe mit Gespür für Trends in Zukunftsmärkten!

In Deutschland sind über 80 % aller Unternehmen familiengeführt. Die größten inhabergeführten Gesellschaften haben ihren Sitz in Nordrhein-Westfalen. Eine Firma gilt als inhabergeführt, wenn bis zu zwei Familien zumindest die Hälfte der Anteile halten. Zudem muss wenigstens ein Familienmitglied in der Geschäftsführung arbeiten. Die größten Familienfirmen aus DAX, MDAX, TecDAX, SDAX bilden mit 30 Teilnehmern den DAXplus Family 30. Weitere Familienfirmen vom Prime Standard mit einer Börsennotierung bis zu 10 Jahren gehören dem GEX an.

Ein Aktienfonds: Familienunternehmen europaweit

Name, Fondsgesellschaft	WKN	Kurs 07.03.19	52-Wochen-Hoch/-Tief	Kursverlauf 1, 3, 5, 10 Jahre
Bellevue Lux BB Entrepreneur	A0R PSJ	338,85 €	379,1/288,7 €	-3/+21/+24/+136 %
	Umfang 109 Mio. €, Alter 10 J., Ausgabeaufschlag **5,00 %,** Geb. **1,60 %,** thesaurierend. 2/3 der Aktien müssen von Familienfirmen stammen. Stark gewichtet sind: Novo Nordisk, Andritz, Swatch.			

Musterdepot mit 15 Aktien aus Index DAXplus Family 30

Aktien/ Unternehmen	WKN A0Y KTN	Kurs am 07.03.19	52-Wochen-Hoch/-Tief	Kursverlauf 1, 3, 5, 10 Jahre
Bechtle	515 870	75,75 €	90,40/62,00 €	+8/+93/+166/+1.047 %
TecDAX/MDAX: Informationstechnologie für Firmenkunden, Cloud, hochwertige IT-Produkte: **KGV 19,** Börsenwert 3,2 Mrd. €, Dividende 1,10 €, **Div.-Rendite: 1,3 %**				
Carl Zeis Med.	531 370	77,40 €	84,40/48,60 €	+57/+172/+266/+646%
TecDAX/MDAX: Marktführer innovative Augenheilkunde, Diagnostik und Mikrochirurgie mit KI: **KGV 43,** Börsenwert 7 Mrd. €, Dividende 0,60 €, **Div.-Rendite: 0,7 %**				
CompuGroup	543 730	51,45 €	53,85/37,65 €	+15/+47/+168/+1008%
TecDAX/SDAX: Software/Kommunikationslösungen für Kliniken, Institute, Ärzte, Zahnärzte: **KGV 28**, Börsenwert 2,7 Mrd. €, Dividende 0,35 €, **Div.-Rendite: 0,7 %**				
Dürr	556 520	35,75 €	49,75/27,05 €	-23/+15/+24/+1.790 %
MDAX: Maschinenbau für die Autoindustrie: Lackieranlagen, Endmontage, Komponenten: **KGV 12,** Börsenwert 2,5 Mrd. €, Dividende 1,10 €, **Div.-Rendite: 3,1 %**				
Fresenius SE	578 560	47,85 €	71,30/38,35 €	-26/-20/+34/+305 %
DAX: internationaler Gesundheitskonzern, Produkte für Versorgung in Kliniken und ambulant: **KGV 13**, Börsenwert 26 Mrd. €, Dividende 0,80 €, **Div.-Rendite: 1,0 %**				
Grenke	A16 1N3	89,35 €	106,6/69,15 €	+3/+47/+261/+1.208 %
SDAX: IT-Leasing und Finanzierung für Firmenkunden; PC, Bildschirme, Drucker, Kopierer: **KGV 25,** Börsenwert 3,9 Mrd. €, Dividende 0,90 €, **Div.-Rendite: 1,0 %**				

<table>
<tr><th>Aktien/Unternehmen</th><th>WKN A0YKTN</th><th>Kurs am 07.03.19</th><th>52-Wochen-Hoch/-Tief</th><th>Kursverlauf in % 1, 3, 5, 10 Jahre</th></tr>
<tr><td>Henkel Vz</td><td>604 843</td><td>90,50 €</td><td>113,7/82,90 €</td><td>-17/-4/+19/+384 %</td></tr>
<tr><td colspan="5">DAX: viele Markenartikel für Haushalt, Handwerk, Körperpflege, Büro, Schule, Freizeitbereich: KGV 15, Börsenwert 16 Mrd. €, Dividende 2,0 €, Div.-Rendite: 2,1 %</td></tr>
<tr><td>Hypoport</td><td>549 336</td><td>171,25 €</td><td>205,5/123,4 €</td><td>+38/+182/+1.762 %</td></tr>
<tr><td colspan="5">SDAX: Finanztechnologie, Plattform und internetbasierter Marktplatz für Immobilienfinanzierung: KGV 37, Börsenwert 1,2 Mrd. €, Dividende 0,0 €, Div.-Rendite: 0,0 %</td></tr>
<tr><td>Krones</td><td>633 500</td><td>73,65 €</td><td>122,5/63,80 €</td><td>-32/-29/+13/+184 %</td></tr>
<tr><td colspan="5">SDAX: Abfüllanlagen und Verpackungstechnik für Getränke, Lebensmittel, Pharma, Chemie: KGV 11, Börsenwert 2,2 Mrd. €, Dividende 1,85 €, Div.-Rendite: 2,5 %</td></tr>
<tr><td>Nemetschek</td><td>645 290</td><td>130,60 €</td><td>154,9/81,90 €</td><td>+57/+234/+834 %</td></tr>
<tr><td colspan="5">TecDAX/MDAX: Software Architektur, Bau, CAD-Lösungen, 1,8 Mio. Kunden, 142 Länder: KGV 52, Börsenwert 4,8 Mrd. €, Dividende 0,90 €, Div.-Rendite: 0,6 %</td></tr>
<tr><td>Patrizia</td><td>PAT 1AG</td><td>19,40 €</td><td>20,60/14,55 €</td><td>+5/+1/+213/+2.241 %</td></tr>
<tr><td colspan="5">SDAX: bankenunabhängiges, vollstufiges Immobilien-Investmenthaus, viele Finanzdienste: KGV 18, Börsenwert 1,8 Mrd. €, Dividende 0,40 €, Div.-Rendite: 1,8 %</td></tr>
<tr><td>Rational</td><td>701 080</td><td>568,00 €</td><td>696,0/460,0 €</td><td>+6/+22/+128/+810 %</td></tr>
<tr><td colspan="5">SDAX: Weltmarktführer thermische Speisenbereitung für Profiköche und Gewerbeküchen: KGV 39, Börsenwert 6,9 Mrd. €, Dividende 12,00 €, Div.-Rendite: 1,8 %</td></tr>
<tr><td>SAP SE</td><td>716 460</td><td>92,50 €</td><td>94,10/63,00 €</td><td>+35/+61/+87 %</td></tr>
<tr><td colspan="5">DAX/TecDAX: Flaggschiff Softwarelösungen für Großbetriebe/Mittelständler, Cloud-Computing: KGV 25, Börsenwert 115 Mrd. €, Div. 1,55 €, Div.-Rendite: 1,5 %</td></tr>
<tr><td>Sixt Stämme</td><td>723 132</td><td>85,20 €</td><td>119,7/63,85 €</td><td>+4/+103/+227/+1936%</td></tr>
<tr><td colspan="5">SDAX: Autovermietung, Autoverkauf, Serviceangebot; Leasing-Stationen auf US-Flughäfen: KGV 15, Börsenwert 2,5 Mrd. €, Dividende 2,60 €, Div.-Rendite: 3,1 %</td></tr>
<tr><td>Symrise</td><td>SYM 999</td><td>77,65 €</td><td>81,70/60,75 €</td><td>+20/+35/+120/+883 %</td></tr>
<tr><td colspan="5">MDAX: Duft-/Geschmackstoffindustrie für Nahrungsmittel-, Parfüm- und Kosmetikhersteller: KGV 32, Börsenwert 10,5 Mrd. €, Dividende 0,80 €, Div.- Rendite: 3,3 %</td></tr>
</table>

Der GEX: Familienfirmen maximal 10 Jahre börsennotiert

Viele Anleger haben vom GEX noch nie etwas gehört. Dieser Familienfirmenindex mit Werten von Prime Standard notierte Anfang März 2019 bei 1.850 Punkten. Vom 52-Wochen-Hoch mit 2.466 Punkten trennen ihn 600 Punkte. Der Abstand zum Tief mit 300 Punkten klafft weniger weit auseinander. Das Problem besteht darin, dass nur Familienfirmen zugelassen werden, deren Börsennotiz bis zu 10 Jahre zurückliegt. Danach droht der gnadenlose Rauswurf. Ein Riesenfehler, sind doch Familienfirmen am leistungsfähigsten in der 1. und 2. Generation.

11 GEX-Firmen (German Entrepreneurial Price Index)				
GEX-Aktien/ Unternehmen	**WKN A0A ER0**	**Kurs am 07.03.19**	**52-Wochen-Hoch/-Tief**	**Kursverlauf 1, 3, 5 Jahre**
Corestate	**A14 1J3**	29,35 €	51,50/27,95 €	**-40 %**/IPO
SDAX: integrierte Immobilienplattform für Expertise im Investment-/Fondsmanagement. **KGV: 6,1**, Börsenwert: 705 Mio. €, EK-Quote 39 %, **Div.-Rendite: 7,6 %**				
Delivery Hero	**A2E 4K4**	9,50 €	9,65/7,65 €	**+20/+13/+98 %**
MDAX: Essensbestelldienst online, über 40 Länder, eigener Lieferservice in Großstädten. **KGV: neg.**, Börsenwert: 6,7 Mrd. €, EK-Quote: 84 %, **Div.-Rendite: 0,0 %**				
Dermapharm	**A2G S5D**	28,80 €	31,70/21,85 €	**+22 %**/IPO
Prime Standard: Hersteller patentfreier Markenarzneimittel mit Medizin-Cannabis-Anteil. **KGV: 15**, Börsenwert: 1,5 Mrd. €, EK-Quote: 18 %, **Div.-Rendite: 2,2 %**				
Drägerwerk	**555 063**	46,40 €	87,95/44,80 €	**-39/-19/-49 %**
TecDAX/SDAX: Produzent von Geräten und Systemen für Medizin- & Sicherheitstechnik. **KGV: 22**, Börsenwert: 379 Mio. €, EK-Quote: 45 %, **Div.-Rendite: 0,5 %**				
Ferratum	**A1W 9NS**	9,35 €	28,35/7,70 €	**-65/-60 %**/IPO
Die finnische Bank bietet 3,2 Mio. Nutzern in 24 Ländern Konsumkredite bis 2.000 € an. **KGV: 6,9**, Börsenwert: 194 Mio. €, EK-Quote: 24 %, **Div.-Rendite: 2,8 %**				
GK Software	**757 142**	71,20 €	120,0/62,25 €	**-36/+76/+45 %**
Datenverarbeitung; plattformunabhängige ganzheitliche Softwarelösungen für Einzelhandel. **KGV: 29**, Börsenwert: 130 Mio. €, EK-Quote: 36 %, **Div.-Rendite: 0,7 %**				
HELLA	**A13 SX2**	39,45 €	57,80/32,70 €	**-28/+6/+45 %**
MDAX: führender Autozulieferer für Lichtsysteme, Fahrzeugelektronik und Batteriesensoren. **KGV: 10**, Börsenwert: 7,1 Mrd. €, EK-Quote: 42 %, **Div.-Rendite: 3,9 %**				
Rocket Internet	**A12 UKK**	21,95 €	31,35/19,60 €	**-11/-14 %**/IPO
MDAX: Rocket identifiziert Onlinegeschäftsmodelle und übernimmt vor allem Modefirmen. **KGV: neg.**, Börsenwert: 3,4 Mrd. €, EK-Quote: 90 %, **Div.-Rendite: 0,0 %**				
Sixt Leasing	**A0D PRE**	13,60 €	19,30/10,80 €	**-19/-19 %**IPO
Prime Standard: herstellerunabhängiger Full-Service-Leasinganbieter & Fuhrparkmanager; **KGV: 10**, Börsenwert: 272 Mio. €, EK-Quote: 14 %, **Div.-Rendite: 4,2 %**				
Ströer	**749 399**	51,15 €	63,90/40,30 €	**-10/-6/+305 %**
SDAX: Spezialist Außenwerbung, 290.000 vermarktbare Werbeflächen, auch Plakatwerbung. **KGV: 12**, Börsenwert: 3 Mrd. €, EK-Quote: 35 %, **Div.-Rendite: 2,9 %**				
VARTA	**A0T GJ5**	35,75 €	36,45/17,65 €	**+75 %**/IPO
Prime Stand.: Mikrobatterien für Hörgeräte, aufladbare Batterien für Unterhaltungselektronik, **KGV: 15**, Börsenwert: 48 Mio. €, EK-Quote: 67 %, **Div.-Rendite: 2,1 %**				

3.15 Dividendenstrategie: langfristig erfolgreich

Eine zweistellige Dividendenrendite als Anreiz und Belohnung für Mut, Geduld und Ausdauer bei einer Langzeitanlage in Aktien

Wer heute 65 Jahre alt ist, kann mit einem weiteren Leben von rund 20 Jahren rechnen. Und wer seit Langem und auch als Senior sein Aktiendepot hegt und pflegt, darf sich bei mehreren nachhaltig wirtschaftenden Unternehmen aus DAX & Dow über eine zweistellige Dividendenrendite freuen. Oft steigt die Ausschüttung über Jahrzehnte verlässlich. Die Dividende errechnet sich aus dem Einstiegspreis. Ermutigend ist, dass jeder mit einem breit gestreuten Aktiendepot Gewinne erzielt, wenn er seit 14 Jahren oder länger investiert ist. Das gilt auch noch für das grottenschlechte Börsenjahr 2018 mit einem Kursverlust beim DAX von knapp einem Fünftel auf nur noch rund 10.500 Punkte.

Beispiel: Wer sich wie ich die Fuchs-Aktie im Crash zum Tiefstkurs von knapp 4 € ins Depot legte, freut sich heute über eine Ausschüttung von 25 %. 5 Jahre Ausschüttung – Einsatz nach Abgeltungsteuer bezahlt! Die Dividende stieg im Laufe der Jahre bis auf 1 €. Wer heute für 41 € einsteigt, bekommt knapp 2,5 % ausgeschüttet. Der Kursgewinn ist im Altbestand steuerfrei, die Dividende dagegen steuerpflichtig. Wer seit 20 Jahren mit einem Anlagebetrag von 5.000 € dabei ist, sammelt allein Ausschüttungen von über 26.500 € ein. Hinzu gesellt sich ein Kursgewinn von 171.600 €, berechnet Ende März 2017.

Dividenden-Langzeitstrategie: Beispiele für Renditeanstieg

Dividende Aktie X	Kauf Aktie X: 10 € Div.-Rendite	Kauf Aktie X: 25 € Div.-Rendite	Kauf Aktie X: 40 € Div.-Rendite
0,50 €	5,00 %	2,00 %	1,25 %
0,80 €	8,00 %	3,20 %	2,00 %
1,20 €	12,00 %	4,80 %	3,00 %
1,50 €	15,00 %	6,00 %	3,75 %
2,00 €	20,00 %	8,00 %	5,00 %
2,40 €	24,00 %	9,60 %	6,00 %

Formel: Dividende multipliziert mit hundert dividiert durch den Kaufkurs. Es gilt immer der eigene Kaufpreis. Dies führt langfristig zu üppigen Erträgen.

Wer am Hauptversammlungstag die Aktie besitzt, erhält danach die volle Dividende gemäß der Neuregelung am 3. Bankarbeitstag ausgezahlt. Gekürzt um die Abgeltungsteuer wird die Ausschüttung automatisch auf Ihr Depotkonto überwiesen.

Aus dem niedrigen Kaufpreis und den erhöhten Ausschüttungen ergeben sich zweistellige Renditen, die alljährlich Freude bereiten und dafür sorgen, dass sich mein Depot besser als die deutschen Indizes entwickelt. Das Ende der Fahnenstange ist nicht abzusehen. Es ist Ehrensache, Dividenden wieder in Aktien zu investieren, freilich reihum, damit sich der Einsatz lohnt.

Die DAX-Unternehmen schütten 2019 rund 38 Milliarden € aus. Das ist eine Milliarde mehr als 2018. Besonders der Mai und Juni sind gute Dividendenmonate. Welch Riesenfehler, im Mai alle Aktien zu verkaufen, um im Herbst erneut einzusteigen!

- **Wer vor zwei Jahrzehnten für 5.000 € Telekom-Aktien kaufte, hat bis heute rund 3.500 € allein mit Dividenden verdient.** Da war der Kursverlust von knapp 900 € durchaus zu verkraften, ohne zu schimpfen und zu wehklagen.
- **Wer vor 20 Jahren mit 5.000 € in BASF-Aktien einstieg, hat mit dem Chemieriesen fast 9.400 € an Ausschüttungen eingesackt.** Hinzu kommt trotz der jetzigen starken Kursverluste noch ein Gewinn von mehr als 10.000 €.
- **Wer während der Weltwirtschaftskrise im Herbst 2008 für 5.000 € die Aktien des Weltmarktführers bei Rückversicherungen in Munich Re bzw. Münchner Rück investierte, erzielte allein mit Dividenden einen Gewinn von über 2.800 €.** Hinzu kamen rund 1.000 € durch den Kursanstieg.
- **Die stärksten Dividendenzahler mit Ausschüttungen zwischen 4,5 % und über 6 % sind Daimler, BMW, BASF, E.ON, Allianz, Münchner Rück, Covestro, Bayer, Dt. Post.** Ein wahrer Geldsegen bei Nullzinspolitik.
- **Abgesehen von den üppigen Ausschüttungen beim Zukauf zu niedrigen Kursen befindet sich der DAX in großer Not.** Der Kursindex, der Dividenden nicht mit einbezieht, hat 2018 einen Kursverlust von 22 % zu verkraften, beim Performanceindex sind es über 18 %. Außer bei abgestürzten guten Aktien besteht kein Grund, nur in den deutschen Leitindex zu investieren. TecDAX, MDAX und SDAX erzielen im Langzeitvergleich doppelt so hohe Erträge.

Weshalb lief es beim DAX, um den sich alles dreht, 2018 so schlecht? Auf 5 Jahre gesehen, verlor der DAX 2 %, während US-Aktien um ein Drittel zulegten. Seit Auflegung vor 30 Jahren schaffte der Leitindex 2018 immerhin 385 % Kursgewinn. Beim Dow Jones waren es über 600 %. BASF, Covestro, Linde, Siemens und die Autotitel BMW, Continental, Daimler und VW setzen mehr als drei Viertel ihrer Produkte im Ausland ab – bei Konjunkturschwäche und Strafzöllen ein großer Nachteil. Zudem fehlt es an treuen Belegschaftsaktionären und Langzeitanlegern, die übertriebene Kurseinbrüche gelassen aussitzen. Und da sind noch alte Dickschiffe, die wegen der hohen Marktkapitalisierung nicht absteigen können.

Die Dividendenstrategie profitiert vom demografischen Wandel und einem längeren Leben von durchschnittlich gut 15 Jahren. Selbst im miserablen Börsenjahr 2018 winken disziplinierten Langzeitanlegern noch hohe Kursgewinne. Etliche Firmen erhöhen sogar bei „Gewinnwarnungen“, wenn Umsatz und Ertrag enttäuschen, die Dividende, um die Aktionäre nicht noch mehr zu verärgern und den Kurs wenigstens etwas nach unten abzusichern.

Freude durch hohe Ausschüttungen bei DAX & Co. – Dividenden als Ersatzzins in den Zeiten abgeschaffter Guthabenzinsen

Im Bullenmarkt wie Ende der 1990er-Jahre sowie 2007 und 2013 schauten viele Aktionäre kaum auf die Dividende. Das Maß aller Dinge war ein üppiger Kursgewinn. Und je höher sich die Kurse himmelwärts schraubten, umso weniger wurde auf die Höhe der Ausschüttung geschaut. Heute gilt die Dividende als Ersatzzins wegen abgeschaffter Guthabenzinsen. Hohe Ausschüttungen über 3 % sind ein wichtiges Kaufargument, zumal gute Firmen ihre Dividende im Laufe der Zeit meist anheben und selbst im Verlauf von Jahrzehnten nur selten kürzen.

2017 gab es ein Dividendenfeuerwerk von 31 Mrd. € allein im DAX. Aber nur jede dritte DAX-Aktie befindet sich in deutschen Händen. 2018 wurde die stolze Summe von 37 Mrd. € an Dividenden ausgezahlt. Und 2019 sollen es sogar 38 Mrd. € sein. Dividendenstarke Aktien, langfristig angelegt, sind trotz Nullzins und Strafzins die Basis für Vermögensaufbau und Altersvorsorge. Gerade Menschen, die sich enteignet fühlen und auf Teufel komm raus konsumieren, weil sich die Geldanlage auf dem Sparkonto nicht mehr lohnt und bei steigender Inflationsrate das Kapital schleichend vernichtet, sollten schleunigst umdenken.

Wer seinen Lebensabend nicht in Altersarmut verbringen will, darf sich nicht auf die Rente verlassen, sondern muss seine Altersvorsorge selbst planen und umsetzen. Mit Dividendenrenditen ab 3 % lohnen sich Aktien selbst dann, wenn die Kurse den Schongang einlegen. Etliche MDAX-Mittelständler können mit den DAX-Dickschiffen konkurrieren. Auch der SDAX ist großteils dividendenstark. Ziehen Sie sich nicht auf Sparbuch, Festgeld oder Bargeld unter der Matratze zurück.

Gerade in so schwierigen Zeiten wie dem grottenschlechten Börsenjahr 2018 gab es keine vernünftige Alternative zu Aktien. Bei langfristigem Anlagehorizont sind dividendenstarke Aktien allererste Wahl. Nicht nur die erfolgreichen Fondsmanager und Vermögensverwalter **Dr. Jens Ehrhardt** und **Bert Flossbach** messen den Dividenden hohe Bedeutung zu. Die Analysten der DZ Bank sind der gleichen Ansicht. Schließlich werden Ausschüttungen bei Kurssturz meist gar nicht, zumindest aber weniger stark gekürzt. Umgekehrt brechen die Gewinne der Unternehmen teils überdeutlich ein. Dividenden sind im historischen Vergleich wesentlich stabiler als die Erträge, heißt eine Analyse der DZ Bank.

Eine hohe, verlässliche Dividendenrendite zeichnet „Dividendenaristokraten" aus. Dies gilt für zahlreiche Titel aus dem DAX und Euro Stoxx 50. Ein Großteil meiner Aktien arbeitet für mich im Langzeitdepot – neben Kursgewinnen gibt es auch regelmäßig höhere Dividenden. Mittlerweile finanziert sich mein Depot mit vielen Aktien selbst: Teilverkäufe bei hohen Kursen, Zukäufe bei übertriebener Abstrafung aussichtsreicher Titel. So wachsen Aktienanzahl und Dividenden stetig.

Hier spielt die Aktien-Dividenden-Musik als Reichtumsauftakt

Aktienauswahl „Deutsche Dividendenstars" ab 4,0 %				
Aktien/ Gesellschaft	**WKN**	**Kurs 08.03.19**	**Div.-Rend. 2020(e)**	**Kursverlauf 1, 3, 5, 10 Jahre**
1&1 Drillisch	**554 550**	36,35 €	2,00 €/5,0 %	**-42/-3/+47/+3.818 %**
TecDAX/MDAX: KGV 13. Netzunabhängige Telekommunikation, Sprachdienste				
Aareal Bank	**540 811**	27,75 €	2,20 €/7,3 %	**-31/-3/-13/+752 %**
MDAX: KGV 10. Finanzierung beim Immobiliensektor und strukturierte Beratung				
Allianz	**840 400**	196,60 €	9,50 €/**4,6 %**	**+3/+40/+58/+302 %**
DAX: KGV 10. Versicherungs- und Finanzdienstleister mit breiter Produktpalette				
BASF	**BAS F11**	66,65 €	3,20 €/**4,7 %**	**-21/+5/-16/+218 %**
DAX: KGV 11. Chemikalien, Kunststoff, Veredlungsprodukte, Pflanzenschutzmittel				
BMW	**519 000**	72,40 €	4,00 €/5,4 %	**-15/-9/-12/+269 %**
DAX: KGV 6,8. Premiummarkenstrategie Sportwagen und Motorräder, E-Mobilität				
Daimler	**710 000**	50,40 €	3,35 €/6,1 %	**-25/-22/-25/+171 %**
DAX: KGV 6.2. Premiumautobauer für Pkw und Nutzfahrzeuge, Dienstleistungen				
Dt. Pfandbrief	**801 900**	10,70 €	0,70 €/**4,3 %**	**-22/+16%**/IPO
MDAX: KGV 14. Spezialbank gewerbl. Immobilienfinanzierung & öffentliche Hand				
Deutsche Post	**555 200**	27,65 €	1,25 €/**4,2 %**	**-26/+18/+5/+307 %**
MDAX: KGV 12. Internationaler Logistikkonzern mit der Marke DHL für Paketdienst				
Dt. Telekom	**555 750**	14,95 €	0,75 €/**4,5 %**	**+13/-2/+29/+62 %**
DAX: KGV 14. Telekommunikation/Informationstechnik, Festnetz, Breitbandinternet				
Freenet	**A0Z 2ZZ**	31,60 €	1,70 €/8,5 %	**-26/-31/-20/+255 %**
TecDAX/MDAX: KGV 10. Telekommunikation, Datendienste und Netzinfrastruktur				
Hann. Rück	**840 221**	108,90 €	5,50 €/**4,0 %**	**+12/+37/+111/+471**
MDAX: KGV 13. Schaden-/Personen-Rückversicherer, Prämienhöhe 14 Mrd. €				
Munich Re	**843 002**	210,10 €	9,50 €/**4,4 %**	**+13/+17/+35/+158%**
DAX: KGV 11. Weltmarktführer Rückversicherungen/Krankenerstversicherungen				

Weltweite Dividendenstars (ohne Deutschland) ab 3 %

Aktie/Firma KGV	WKN	Kurs 02.01.19	Hoch/Tief 52 Wochen	Div. 2019(e) Rendite
3M (17)	**851 745**	166,70 €	211,0/144,7 €	5,02 €/**3,1 %**
Dow Jones: Der US-Mischkonzern schüttet seit 100 Jahren Dividenden aus.				
Astra Zeneca (20)	**886 455**	65,60 €	73,50/52,15 €	2,44 €/**3,7 %**
Stoxx 50, GB: Arzneimittel Atemwege, Herz-Kreislauf, Stoffwechsel, Infektionen				
AXA (6,9)	**855 705**	18,80 €	27,70/18,40 €	1,29 €/**6,9 %**
Euro Stoxx 50, FR: Finanzdienstleister, Vorsorge-/Sach-/Lebensversicherungen				
BP (10)	**850 517**	5,70 €	6,85 €/5,20 €	0,35 €/**6,5 %**
Stoxx 50, GB: Energiekonzern Mineralöl, Erdgas, Schmierstoffe, viele Filialen				
Chevron (12)	**852 552**	93,60 €	111,3/88,55 €	4,07 €/**4,3 %**
Dow Jones: Ölförderung schwer zugängliche Regionen, Vergasungstechnologie				
China Mobile (11)	**909 622**	8,25 €	8,90 €/7,20 €	0,35 €/**4,4 %**
Hongkong/Hang Seng, China: Telekommunikation, Börsenwert 172 Mrd. €				
Coca-Cola (21)	**850 663**	41,15 €	45,00/33,95 €	1,44 €/**3,5 %**
Dow Jones: vielseitiges alkoholfreies Softdrinksortiment, mit und ohne Zucker				
Danone (16)	**851 194**	60,85 €	71,85/59,80 €	2,00 €/**3,2 %**
Euro Stoxx 50: Lebensmittelproduzent, Joghurtspezialitäten, Gebäck, Getränke				
Exxon Mobil (13)	**852 549**	61,05 €	75,35/58,50 €	2,95 €/**4,7 %**
Dow Jones: Mineralöl/Gas/Petrochemie, Kraftstoffmarken Exxon, Esso, Mobil				
Johnson & J.(15)	**853 260**	113,35 €	130,9/101,0 €	3,34 €/**3,2 %**
Dow Jones: Gesundheitsprodukte, Wundsalben, Wirkstoff gegen Pilzinfektionen				
Lukoil OIL (5,6)	**A14 20E**	63,20 €	70,25/47,65 €	in $, ca. **5,0 %**
RTX Russland: globaler Konzern für Mineralöl und Erdgas, Dividende in Dollar				
Nestlé (19)	**A0Q 4DC**	68,90 €	76,40/61,20 €	3,32 €/**3,0 %**
Stoxx 50, CH: Getränke, Süßwaren, Baby-, Milch-, Gesundheits-, Tierprodukte				
Novartis (15)	**904 278**	74,25 €	82,00/62,10 €	2,66 €/**3,5 %**
Stoxx 50, Schweiz: Spezialmedikamente, Generika, Impfstoffe, Tiermedizin				
Norilsk Nickel (8)	**A14 0M9**	16,65 €	17,85/11,90 €	in $, ca. **10 %**
RTX Russland: Energie- und Rohstoffsektor, Marktführer bei Nickel, Palladium				
Pfizer (13)	**852 009**	38,15 €	41,40/27,00 €	1,25 €/**3,4 %**
Dow Jones: Arzneimittel Herz-Kreislauf, Stoffwechsel, Krebs, Rheuma, HIV usw.				

Aktie/Firma KGV	WKN	Kurs 02.01.19	Hoch/Tief 52 Wochen	Div. 2019(e) Rendite
Procter & G. (19)	**852 062**	80,45 €	85,80/58,95 €	2,53 €/**3,1 %**
Dow Jones: Konsummarkenartikel an Händler: Textil-, Haushalts-, Babypflege				
Rio Tinto (10)	**852 147**	41,20 €	51,45/39,30 €	2,39 €/**6,1 %**
Stoxx 50, GB: Bergbau, Raffinerien, Schmelzhütten Industrie-, Edelmetalle, Erz				
Roche (13)	**855 167**	214,65 €	215,8/185,0 €	7,87 €/**3,6 %**
Stoxx 50, CH: In-vitro-Diagnostik, Forschung neue Therapien, Krebs, Alzheimer				
Royal Dutch (9,1)	**A0E R6S**	26,85 €	32,65/25,05 €	1,62 €/**6,4 %**
Stoxx 50, GB: Förderprojekte zur Energiegewinnung in 70 Ländern, Kraftstoffe				
Samsung (5,2)	**881 823**	628,00 €	839,0/599,0 €	7,81 $/**4,5 %**
Südkorea: Elektronikkonzern, Speicherchips, Smartphone, Unterhaltungsgeräte				
Total (7,8)	**850 727**	47,05 €	56,85/42,60 €	2,52 €/**5,2 %**
Euro Stoxx 50, FR: Öl- und Gasförderung, Petrochemie, großes Tankstellennetz				
Toyota Mot. (7,9)	**853 510**	50,85 €	58,70/49,45 €	1,93 €/**3,7 %**
Nikkei, Japan: internationaler Konzern Kraftfahrzeugindustrie, viele Automodelle				
Unilever (10)	**A0J MZB**	47,15 €	56,85/42,60 €	1,64 €/**3,4 %**
Stoxx 50, GB: Markenartikel Ernährung, Körperpflege, Wasch-/Reinigungsmittel				
UPM Kymm. (10)	**881 026**	22,25 €	34,55/21,75 €	1,34 €/**5,8 %**
Finnland: Papier- und Holzverarbeitung, Toilettenpapier, Windeln, Kartonagen				
Verizon (12)	**868 402**	49,40 €	54,50/37,40 €	2,12 €/**4,4 %**
Dow Jones: globaler Telekommunikationsanbieter Mobilfunk, Internet, Festnetz				
VINCI (12)	**867 475**	71,50 €	88,80/70,00 €	2,68 €/**3,7 %**
Euro Stoxx 50, FR: Autobahnkonzessionen, Baudienstleistungen, Infrastruktur				

Was bezüglich Dividenden interessant ist: 2017 schütteten die DAX-Konzerne rund 32 Mrd. € aus. Der Löwenanteil blieb nicht in Deutschland, sondern wanderte ins Ausland. Wer vor 10 Jahren 5.000 € in dividendenstarke Aktien steckte, hat schon die Hälfte eingespielt. Nach 20 Jahren liegt die Ausschüttung oft über dem Einsatz, am stärksten mit 26.000 € bei BAT aus England und Fuchs Petrolub, MDAX.

Gewöhnen Sie es sich nicht an, direkt nach der Ausschüttung die Aktie automatisch zu verkaufen. Da sind Sie oft der Verlierer, während sich Börse und Banken über die Transaktionsgebühren freuen. Im Hinblick auf die Höhe der Ausschüttung gibt es in der HV eine Beschlussfassung. Wegen der Mehrheitsverhältnisse erlebte ich noch nie, dass der Vorschlag der Verwaltung abgelehnt wurde.

Sie können davon ausgehen, dass die Ankündigung für das laufende Jahr stimmt. Schlecht ist es, seine Aktien laut **„Sell in may and go away."** zu verkaufen. Auch ETF- und Aktiendividendenfonds buhlen um die Anlegergunst. Die besten der aktiv gemanagten Produkte hängen den jeweiligen Referenzindex deutlich ab.

Amerikanische Unternehmen schütten meist vierteljährlich aus

Die in den USA übliche vierteljährliche Dividendenauszahlung hat Vor- und Nachteile. Großinvestoren begrüßen die Regelung, spült sie doch alle drei Monate Geld in die Kassen. Es ist nicht dramatisch, den Einstieg bis kurz vor der Hauptversammlung zu verpassen. Privatanleger mit kleinen Anlagebeträgen empfinden die vierteljährliche Ausschüttung in den USA als Ärgernis, werden doch oft nur wenige Cents oder US-Dollar gutgeschrieben. Da fragt sich der kritische Aktionär: *„Warum dieser riesige Verwaltungsaufwand, wenn nichts Zählbares herauskommt?"* Ich selbst würde mir für Amerika eine halbjährliche Ausschüttung wünschen. Gegen diesen Kompromiss hätte ich auch bei deutschen Aktien nichts einzuwenden.

Wissenswertes rund um die Dividende

- Wer am Tag der HV die Aktie hält, bekommt während der nächsten drei Werktage die volle Dividende ausgezahlt.
- Bei intaktem Börsenklima und positiven Fundamentaldaten wird der Dividendenabschlag (ExD) schon binnen weniger Wochen aufgeholt.
- Eine hohe Dividende sichert den Kurs bei Qualitätstiteln nach unten ab.
- Dividendenstarke Titel erzielen längerfristig meist eine höhere Rendite.
- Eine üppige Dividende ist dennoch nicht das einzige Kaufargument. Sinken Umsatz und Ertrag, wird die Dividende vielleicht gekürzt oder gestrichen.
- Viele Hightech- und Biotechunternehmen zahlen vor allem in den ersten Jahren überhaupt keine Dividende. Wachstum hat absoluten Vorrang.
- Die Deutsche Börse AG hat 2005 den DivDAX mit den 15 dividendenstärksten DAX-Unternehmen eingerichtet. Die Anpassung erfolgt alljährlich. Die Kursentwicklung verläuft ähnlich wie beim DAX. Oft ist die Dividende nur deshalb prozentual so hoch, weil schlechte Zahlen zum Kursrutsch führten.

Ende 2008 lief das Halbeinkünfteverfahren aus. Die 2009 in Kraft getretene Abgeltungsteuer stellt Ausschüttungen, Zinsen und sonstige Kapitalerträge, also auch die Kursgewinne von Aktien, gleich. Wer noch vor 2009 thesaurierende Aktienfonds bzw. Indexfonds (Exchange Traded Funds = ETF) geordert hat und diese als Altbestand hält, braucht auf den Kursgewinn keine Steuer zu bezahlen. Bis 2017 blieb diese Anlage steuerfrei. Jetzt wird ein Freibetrag von 100.000 € eingeräumt. **Thesaurierend** heißt, dass Kursgewinn und Dividende in weitere Anteile fließen.

Wenn Kursträume wahr werden und die Dividendenrendite zweistellig wächst! Alle aufgeführten Titel besitze ich.

Bei den Kursraketen verkaufen Sie nur einen Teil, sofern der Restbestand pro Titel nicht zu klein gerät: Untergrenze 1.000 €. So bleiben Sie mit den besten Werten im Boot. Die Dividendenrendite ist bei vielen Spitzenwerten zweistellig und dürfte sich im Laufe der Jahre erhöhen.

Deutsche Aktien	WKN	Kauftag	Kaufpreis	Kurs am 03.04.19	Div. 2019(e) Rendite
Allianz	840 400	22.09.11	60,10 €	204,40 €	9,30 €/15,5 %
Amadeus Fi.	509 310	26.08.10	22,00 €	103,60 €	4,00 €/18,1 %
Bechtle	515 870	20.09.04	6,65 €	84,95 €	1,10 €/16,5 %
CeWe Stiftg.	540 390	06.07.09	20,75 €	78,80 €	2,00 €/9,6 %
Daimler	710 000	11.11.14	33,80 €	55,50 €	3,65 €/10,8 %
Datagroup	A0J C8S	15.01.08	3,10 €	37,90 €	0,50 €/16,1 %
Dt. Telekom	555 750	28.07.09	8,55 €	14,85 €	0,75 €/8,8 %
Dürr	556 520	08.08.11	6,60 €	39,50 €	1,20 €/18,2 %
Fortec Elek.	577 410	30.12.08	6,05 €	20,70 €	0,60 €/9,9 %
Freenet	A0Z 2ZZ	12.08.11	8,10 €	20,00 €	1,20 €/21,6 %
Fuchs Vz	579 043	31.03.05	3,80 €	38,25 €	1,02 €/26,8 %
Hermle	605 283	28.04.11	59,05 €	317,00 €	12,9 €/21,8 %
Hochtief	607 000	29.05.03	13,50 €	130,30 €	5,50 €/40,7 %
Jungheinrich	621 993	19.08.11	6,40 €	30,50 €	0,58 €/9,1 %
Krones	633 500	14.08.02	17,00 €	82,00 €	1,90 €/11,2 %
Mensch & M.	658 080	13.03.08	4,90 €	30,80 €	0,55 €/11,2 %
Nemetschek	645 290	02.08.12	7,80 €	153,30 €	0,95 €/12,2 %
Rational	701 080	08.05.03	33,80 €	558,50 €	12,0 €/35,5 %
Sartorius Vz	716 563	10.01.06	5,40 €	162,20 €	0,73 €/13,5 %
Sixt Vz	723 133	12.09.11	11,50 €	63,80 €	2,42 €/21,0 %
Symrise	SYM 999	28.04.10	9,80 €	82,00 €	1,02 €/10,4 %
Uzin Utz	755 150	24.03.06	18,00 €	52,50 €	1,50 €/8,3 %
VIB Vermögen	245 751	29.12.08	3,70 €	24,60 €	0,60 €/16,2 %

Wer langfristig Einzelaktien mit hohen, verlässlich steigenden Dividenden auswählt und ein Jahrzehnt und länger hält, kann im Laufe der Zeit mit zweistelligen Ausschüttungen rechnen. Möglicherweise lässt sich allein mit den Dividenden der Unterschied zwischen Arbeitseinkommen und Rendite ausgleichen.

3.16 Limit und Kapitalerhöhungen mit Augenmaß

Beim Aktienhandel bitte keine Order ohne ein klug gesetztes Limit, um beim Kauf nicht überteuert zu bezahlen und beim Verkauf nicht zu wenig zu bekommen. Erinnert sei an die Kaufmannsweisheit: möglichst billig kaufen und teuer verkaufen. Dies gilt auch für Kapitalerhöhungen. Nicht alles, was wie ein Schnäppchen aussieht, ist chancenreich. Umgekehrt kann sich eine Kapitalerhöhung auch dann lohnen, wenn der Kursabschlag bescheiden ist. Als Börsenplatz für Privatanleger hat sich Tradegate bewährt: Handelsbeginn: 8 Uhr, Handelsende: 22 Uhr.

Was heißt: „mit Augenmaß limitieren"?

Wer bei den DAX-Titeln online, mittels Telefonhandel oder außerbörslich seine Order abgibt und sich an den Echtzeitkursen der Bildtafel 215/216 im Nachrichtensender n-tv orientiert, muss nicht zwingend limitieren. Da die DAX-Aufträge wegen hoher Liquidität und großer Nachfrage meist sekundenschnell abgewickelt werden, wird die Transaktion nahe dem aktuellen Kurs ausgeführt. Unverzichtbar jedoch sind limitierte Transaktionen bei Nebenwerten, vor allem bei schwankungsfreudigen Micro und Small Caps sowie spärlichem Auslandsaktienhandel. Wegen begrenzter Nachfrage führen größere Orders oft zum Kurssprung in die eine oder andere Richtung. Interessant ist auch das Abstauberlimit – am besten über einen Zeitraum von einigen Monaten gesetzt – in der Hoffnung, zum Schnäppchenpreis zum Zug zu kommen.

Wollen Sie, dass Ihre Order sekunden- oder minutenschnell ausgeführt wird, so sollten Sie Ihr Limit etwas weiter spannen, beim Verkauf unter und beim Kauf über dem aktuellen Kurs. Geben Sie kein Limit ein, erleben Sie bei einem marktengen Wert vielleicht eine böse Überraschung. Unterhalb vom SDAX ist das Limit ein absolutes Muss – selbst, wenn Ihre Bank Gebühren berechnet. Dies wäre Sparen am falschen Fleck.

Beim Kauf ist das Limit der höchste Kurs, den Sie akzeptieren. Verkaufen Sie, bezieht sich das Limit auf den untersten Preis, zu dem Sie handeln möchten. Limitieren Sie zu eng oder begrenzen Sie die Order auf einen Tag, wird Ihr Auftrag vielleicht nicht ausgeführt.

Kauf- und Verkaufslimit

Sie wollen Nemetschek, TecDAX, kaufen, Anfang März 2019 bei 133 € notierend. Sind Sie stark interessiert, setzen Sie das Limit großzügiger, z. B. bis zu 134 €. Entscheiden Sie, wie lange das Limit gilt. Gilt die Order nur für diesen Tag, kommt es evtl. zur Teilausführung und der Restkauf ist kostenpflichtig. Viele Banken berechnen keine Ordergebühr, wenn der Auftrag in Teilmengen ausgeführt wird.
Ein Abstauberlimit dürfen Sie je nach Zeitspanne zwischen 120 und 130 € platzieren. Verkaufen Sie, könnte das Limit bei 132 € liegen, spekulativ auf längere Sicht ab 140 € aufwärts.

- **Trotz des Limits können Sie weniger bezahlen oder mehr einnehmen.** Es gilt der aktuelle Handelspreis. Das Limit legt die Obergrenze beim Kauf und die Untergrenze beim Verkauf fest.

Was besagen der Geld- und der Briefkurs? Orientieren Sie sich am Echtzeitpreis, so erhalten Sie meist zwei Kurse, z. B. an der Regionalbörse Stuttgart. Der etwas **niedrigere Geldkurs „G“** ist aktuell der Preis, den Sie vergütet bekommen, wenn Sie dieses Wertpapier verkaufen. Der etwas **höhere Briefkurs „B“** ist die Summe, die Sie bezahlen müssen, wenn Sie den Titel erwerben. Fehlen Angaben zum Geld- und Briefkurs, wird alternativ ein **Mischkurs** angezeigt. Er liegt zwischen dem Geld- und Briefkurs, sofern bei Kauf- und Verkaufsorders überhaupt Preisunterschiede bestehen. Der XETRA-Handel der Deutschen Börse AG ist auch für Privatanleger interessant. Wegen der längeren Handelszeiten ist Tradegate besonders beliebt. Auch wer berufstätig ist, kann problemlos täglich online handeln.

Kapitalerhöhungen geschickt nutzen und profitieren

Kündigt ein Unternehmen eine Kapitalerhöhung an, so reagiert die Börse wegen des „Verwässerungseffektes“ meist negativ. Je nachdem, wozu die Finanzspritze dient und wie groß die Chance auf eine erfolgreiche Platzierung ist, sind danach auch positive Reaktionen denkbar. Die Kapitalerhöhung kann mit Bezugsrechten oder einem Bezugsrechteausschluss für Altaktionäre verbunden sein. Letzteres stößt bei empörten Privatanlegern auf wenig Gegenliebe.

In schwierigen Börsenzeiten sind Kapitalerhöhungen für viele Firmen wichtig, um Eigenkapitalbasis und Bilanzstruktur zu stärken, sie sind aber bei angespannter Marktlage schwerer durchführbar. Dies bewirkt, dass Banken Kredite nur zu höherem Zinssatz oder gar nicht gewähren, also Investitionen, Forschung und Entwicklung zurückzustellen sind. Werden kurz- und langfristige Kreditlinien nicht verlängert, kann dies das Aus für die AG bedeuten. Sie sollten wissen, worum es geht:

- **Finanzierung organisches Wachstum, Ausbau operatives Geschäft**
- **Finanzierung externes Wachstum durch Fusionen und Übernahmen**
- **Verringerung eigener Verbindlichkeiten, also Abbau der Verschuldung**
- **höhere Liquidität durch Ausgabe junger Aktien (mehr Streubesitz)**

Wann lohnt es sich, die Bezugsrechte wahrzunehmen? Wann sollten Sie besser verzichten? Dient die Kapitalerhöhung dazu, die hohe Verschuldung herunterzufahren, lautet der Rat: Werfen Sie Ihr gutes Geld nicht dem schlechten hinterher! Machen Sie mit, wenn die fundamentalen Daten überzeugen. Das Ziel ist, wichtige Übernahmen zu finanzieren, Forschungsprojekte umzusetzen, neue Produktlinien aufzubauen und Wachstumsmärkte zu erobern. Bejahen Analysten die Kapitalspritze, seien Sie dabei, wenn als Anreiz ein deutlicher Preisabschlag winkt.

- **Wichtig ist das Bezugsverhältnis. Bekommen Sie nur wenige junge Aktien, sind die Transaktionskosten vielleicht höher als der Preisabschlag. Kapitalerhöhungen setzen voraus, dass auf der HV 75 % des vertretenen Aktienkapitals (pro Aktie eine Stimme) dieser Maßnahme zustimmen.**

Kapitalerhöhung gegen Bareinzahlung

Eine AG vollzieht die Kapitalerhöhung durch die Ausgabe „junger Aktien“. Zuvor muss die HV dem Aufstocken des Grundkapitals zustimmen. Generell steht jedem Aktionär ein gesetzlich verankertes Bezugsrecht zu, damit er wegen des Verwässerungseffekts seine prozentuale Beteiligung wahren kann. Ein Ausschluss des Bezugsrechts ist in Ausnahmefällen möglich und auf der HV zu genehmigen.

Bezugsrechte für Altaktionäre

Benötigt die AG neue Finanzmittel, kann sie den Altaktionären junge Aktien zum Bezug andienen. Mit dem Erlös stärkt die Firma ihre Eigenkapitalbasis. Der niedrigere Preis ist neben dem „Mitmachanreiz“ ein Ausgleich für den entstehenden Wertverlust der alten Aktien, verursacht durch den Verwässerungseffekt.

Im Nachhinein hat es sich oft gerechnet, Kapitalerhöhungen mitzumachen. Dies galt im Rückblick bei mir für Rio Tinto (16 €, Juli 2009), aber auch für AXA, Eckert & Ziegler sowie Klöckner & Co. Richtig gelohnt hat es sich bei Allianz (41 €, April 2003), DMG Mori Seiki (zuvor Gildemeister, 4,15 €, Juni 2004), Munich Re (78 €, Nov. 2003). Aus dem Jahr 2013 ist die erneute Kapitalerhöhung von DMG Mori Seiki, MDAX, für 14,50 € zu erwähnen, Kurs 49,10 €, 10. Juli 2017. Mit Telefónica Deutschland gab es im TecDAX eine Kapitalerhöhung im Verhältnis 1:1 zum Preis von 3,20 €. Gern erinnere ich mich auch an die preiswerten Kapitalerhöhungen von Vossloh (SDAX) und SNP Schneider 2015/16. Von 2017 ist die Kapitalerhöhung der Deutschen Bank zum Preis von 11,65 € zu nennen. Sie entwickelte sich zum Flop, notiert das Geldinstitut doch Anfang März 2019 bei 7,70 €.

Hände weg! Dient die Kapitalerhöhung dazu, die drohende Insolvenz abzuwenden bzw. die Schulden herunterzufahren, beteiligen Sie sich bitte nicht. Ein Nein gilt ebenso, wenn die AG sich herausredet und keinen klaren Bezugspreis nennt. **Mitmachen!** Überzeugt das Firmenziel, sollten Sie dabei sein, sofern der Preis deutlich unter dem aktuellen Kurs liegt und das Bezugsverhältnis günstig ist.

Ein Eigentor für nur in deutsche Aktien investierende Anleger. Privatanleger, die heimische Aktien stark bevorzugen und bei ausländischen Unternehmen jede Kapitalerhöhung ablehnen, schießen, um beim Fußballvergleich zu bleiben, ein Eigentor. Eine Studie des Aachener Forschungsinstituts FIFAM ergab: Ein Privatanleger mit mittlerem Risikobewusstsein, der zu 80 % (statt zu 40 bis 60 %) in heimische Aktien investiert, büßt alljährlich im Schnitt 1 % Rendite ein.

3.17 Börsengänge: Wann zeichnen? Wann eher Finger weg?

Börsengänge werden durch den gesellschaftlichen Wandel geprägt. Die Nullzinspolitik führt mangels Alternativen zum Boom. Weitere milliardenschwere Neuemissionen sind zu erwarten.

Die Jahre 1998 bis 2000 waren von IPO-Exzessen geprägt. Im Zuge des Crashszenarios gab es 2001 elf, 2002 eine, 2003 keine, 2004 eine Handvoll Neuemissionen. 2005 war die Durststrecke beendet. 2006/2007 ging es aufwärts. 2008 sank wegen der Finanzkrise das IPO-Volumen gewaltig. 2009 kam es zum totalen Einbruch, 2010 zur leichten Erholung. Hier sind die Werbeagentur **Ströer** und das Spezialchemie-Unternehmen **Brenntag**, beide MDAX, hervorzuheben. 2011 machte das Industrieunternehmen **NORMA Group**, ebenfalls MDAX, von sich reden. 2012 herrschte weitgehend „tote Hose". Der Versicherer **Talanx** entwickelte sich zum dividendenstarken SDAX-Titel mit einer Ausschüttungsrendite von über 4 %.

LEG Immobilien und **OSRAM Licht** gelang nach ihrem IPO 2013 der rasche Aufstieg in den MDAX. Dies gilt ebenso für den dividendenstarken Medienkonzern **RTL Group**. Dem großen Wohnungsvermieter **Deutsche Annington** gelang nach Umbenennung in **Vonovia** als erstem Immobilienkonzern sogar der Aufstieg in den DAX, dem Gabelstaplerriesen **KION Group** eine Notierung im MDAX. Auch der SDAX-Aufsteiger **Stabilus** startete 2014 verheißungsvoll. 2015 ging die BAYER-Abspaltung **Covestro** an die Börse und hat sich als DAX-Aufsteiger zuvor im MDAX etabliert. Binnen eines Jahres stieg hier der Kursgewinn um über 100 %. Wegen der mit den zahlreichen Börsengängen 2014/2015 verbundenen Blutauffrischung gab es ungewohnt viele Umschichtungen im MDAX, TecDAX und SDAX.

- **Aus den Börsengängen 2016 zogen Innogy und Uniper in den MDAX, Shop-Apotheke in den SDAX ein. Nach der Neuemission 2017 schaffte Delivery Hero die Aufnahme in den MDAX, Aumann und HelloFresh in den SDAX. 2018 gab es milliardenschwere Börsengänge mit DWS Group und Knorr-Bremse (SDAX) sowie Siemens Healthineers (TecDAX und MDAX).**

Ein IPO, Abkürzung für Initial Public Offering, bezeichnet das öffentliche Wertpapierangebot, also das Börsenlisting. Gewöhnlich wird der Börsengang gemeinsam mit einem Bankenkonsortium organisiert und durchgeführt. Das Hauptmotiv ist, sich Eigenkapital zu beschaffen, um wachsen, neue Geschäftsfelder erschließen und Schulden abbauen zu können. Viel Geld fließt oft in die Taschen der Altaktionäre, was jedoch gern verschwiegen wird. Börsengänge mit einer Marktkapitalisierung von nur wenigen Millionen Euro sind nicht selten ein Spielball gewissenloser Gurus, nachdem hier Kursmanipulationen leichter möglich sind.

Auswahl Börsengänge Deutschland: 2015 bis 2018					
Aktie und Nebenwerteindex	**WKN**	**IPO**	**IPO-Preis**	**Kurs 18.1.19**	**Seit IPO 1, 3 Jahre**
ADO Properties, SDAX	**A14 U78**	2015	20,00 €	**48,60 €**	**+7/+99 %**
Aumann, SDAX	**A2D AM0**	**2017**	42,00 €	**34,00 €**	**-48 %**
CYAN	**A2E 4SV**	**2018**	23,00 €	**27,95 €**	**+12 %**
Covestro, DAX	**606 214**	2015	24,00 €	**48,50 €**	**-48/+59 %**
Delivery Hero, MDAX	**A2E 4K4**	**2017**	25,50 €	**33,00 €**	**+1 %**
Dt. Pfandbrief, MDAX	**801 900**	2015	10,75 €	**9,75 €**	**-33/-1 %**
Dermapharm	**A2G S5D**	**2018**	21,50 €	**23,10 €**	**-18 %**
Dropbox	**A2J E48**	**2018**	17,00 €	**19,80 €**	**-25 %**
DWS Group, SDAX	**DWS 100**	**2018**	32,50 €	**23,10 €**	**-16 %**
Hapag-Lloyd, SDAX	**HLA G47**	2015	20,00 €	**23,10 €**	**-31/+37 %**
HelloFresh, SDAX	**A16 140**	**2017**	10,60 €	**8,90 €**	**-20 %**
Innogy, MDAX	**A2A ADD**	2016	35,80 €	**40,60 €**	**+23 %**
Knorr-Bremse, SDAX	**KBX 100**	**2018**	80,00 €	**83,25 €**	**+1 %**
Noratis	**A2E 4MK**	**2017**	17,90 €	**21,80 €**	**-4 %**
Schaeffler, MDAX	**SHA 015**	2015	12,50 €	**7,80 €**	**-52/-44 %**
SCOUT 24	**A12 DM8**	2015	30,00 €	**40,05 €**	**+11/+33 %**
Shop-Apoth., SDAX	**A2A R94**	2016	28,00 €	**36,70 €**	**-17 %**
Siem. Health., Tec/MD.	**SHL 100**	**2018**	29,10 €	**35,25 €**	**-6 %**
Siltronic, TecD./MDAX	**WAF 300**	2015	30,00 €	**80,00 €**	**-40/+329 %**
Stemmer Imag., Scale	**A2G 9MZ**	2015	34,00 €	**35,15 €**	**-16 %**
Uniper, MDAX	**UNS E01**	2016	10,00 €	**17,30 €**	**-1 %**
VARTA, Prime Stand.	**A0T GJ5**	**2017**	17,00 €	**28,85 €**	**+35 %**

Anmerkung: Das schlechte Börsenjahr 2018 hat vielen Anlegern das Ergebnis verhagelt – eine Erfahrung, die erst verarbeitet werden muss. So mancher muss nach dem neunjährigen Börsenboom noch lernen, mit Kurseinbrüchen umzugehen und auf Grundlage neuer Erfahrungen eigene Strategien zu entwickeln.

Gründliche Informationen: das A und O beim Börsengang

- **Woher stammt das Aktienangebot?** Wollen vorrangig die Altaktionäre kassieren, oder fließt zumindest der Großteil vom Erlös dem Unternehmen direkt zu?

- **Wozu dient das Eigenkapital?** Soll die Produktpalette erweitert, die Internationalisierung durch den Markteintritt in andere Länder vorangetrieben werden?
- **Wie breit ist die Handelsspanne, und wie lange dauert die Lockup-Frist?** Je länger die Altaktionäre ihre Aktien halten müssen, umso besser!
- **Wichtig für das Kurspotenzial ist eine faire Bewertung.** Die Neuemission sollte einen Bewertungsabschlag gegenüber vergleichbaren Firmen aufweisen.
- **Die Angaben im Börsenprospekt müssen klar und wahr sein** und eine wirklichkeitsnahe Einschätzung für kundige Privatanleger erlauben.
- **Das Geschäftsmodell muss werthaltig und die Eintrittsbarrieren für Wettbewerber sollten hoch sein.** Vom Börsenneuling werden Alleinstellungsmerkmale erwartet. Die Umsatz- und Gewinnentwicklung müssen überzeugen.
- **Entscheidend für den Erfolg ist das Management:** ein klar ausgerichtetes Kerngeschäft mit gesunder Bilanzstruktur und persönlicher Kommunikation.

Tipp: Nutzen Sie vorbörsliche Kursprognosen zur Orientierung

Selbst wenn Sie die Aktien von einer Neuemission nicht außerbörslich ordern wollen, tun Sie gut daran, beim Brokerhaus Lang & Schwarz (WKN: 645 932) nachzuschauen, wie viel die Aktien kosten. Liegt der aktuelle Aktienkurs über dem oberen Ende der **Bookbuilding- bzw. Handelsspanne,** deutet dies auf eine Überzeichnung hin. Dann ist es sinnlos zu limitieren. Die Zuteilung erfolgt dann ohne Sie. Wer außerbörslich ordert, dem wird ein verbindlicher Kurs angeboten. Wer bei der Zeichnung leer ausgeht, sollte geduldig die künftige Kursentwicklung genau beobachten und bei Schwäche beherzt zugreifen.

Wann halten sich Unternehmen mit einem IPO zurück?

Jedes Unternehmen will mit einem möglichst hohen Emissionspreis starten, damit genug Eigenkapital in die Firmenkasse fließt. Boomt die Börse, kann ein höherer Zeichnungspreis verlangt werden als in einem von Unsicherheit geprägten Börsenklima, wie wir es derzeit erleben. Sich häufende Terrorakte, Naturkatastrophen, verhängte Sanktionen und Strafzölle sowie die Gefahr eines ungeordneten Brexit in England verstärken die Ängste und Sorgen.

Aber es geht nicht nur um den Kurs beim Start, sondern ebenso um die Anzahl der Aktien, die unter den institutionellen und privaten Anlegern zu verteilen sind. Ein erfolgreicher Börsengang ist ungemein wichtig für den weiteren Werdegang des Unternehmens. Dazu gehört ein gekonntes Marketing, unterstützt von Digitalisierung und Künstlicher Intelligenz vor allem im Technologie-, Medizin-, Software- und Finanzbereich. Nur bei entsprechender Größe mit einer Marktkapitalisierung möglichst in Milliardenhöhe winkt der Aufstieg in den SDAX, TecDAX oder MDAX.

3.18 Aufpassen bei Übernahmen und Fusionen

Übernahmen als Kurstreiber für Zielfirmen. In den Zeiten des globalen, gesellschaftlichen und demografischen Wandels, der Industrie 4.0 mit dem Internet der Dinge, dem Digitalisierungs- und Vernetzungstrend werden auch mithilfe der Künstlichen Intelligenz zahlreiche Handlungsabläufe beschleunigt. Immer öfter kommt es zu Beteiligungen, Fusionen und Übernahmen. Allein schon deshalb, weil das Horten von Eigenkapital in den Zeiten der Nullzinspolitik nichts bringt.

Übernahmen und Fusionen – Mergers & Acquisitions (M&A) genannt – erzeugen Spannung, Unruhe und Kursfantasie. Bei der Geldanlage kann direkt in börsennotierte Beteiligungsunternehmen investiert werden wie **die Deutsche Beteiligung, DIC Asset** und **INDUS** aus dem SDAX oder noch kleinere Firmen unterhalb der Indizes wie **Aurelius, Gesco, Blue Cap.** Daneben können finanzstarke Anleger mit unterschiedlich hohem Einsatz aufstrebenden Start-ups unter die Arme greifen. Interessant erscheinen Unternehmen in Zukunftsmärkten, wozu Hochtechnologie, Medizintechnik und Biotech zählen. Dies ist ein chancenreiches, aber auch riskantes Spiel. Anleger träumen davon, unter den Neulingen ein **„Einhorn“** aufzuspüren, also ein erfolgreiches Zukunftsunternehmen mit einem schnell wachsenden Börsenwert auf über 1 Mrd. €. Dahinter muss ein spannendes Geschäftsmodell stehen – angereichert mit Künstlicher Intelligenz und exzellenter Digitalisierung.

Firmenzusammenschlüsse und Übernahmen sind eine Art Königsweg, um strategische Vorhaben zu verwirklichen. Hauptziele sind mehr Wachstum, höhere Rentabilität, größerer Unternehmenswert, Zugriff auf neue Märkte, Kompetenzgewinn, gemeinsame Forschung und Entwicklung neuer Produktlinien. Das Kaufinteresse gilt vor allem mittelständischen Unternehmen, ist keineswegs auf die Weltkonzerne beschränkt. Zunehmend sind staatlich unterstützte chinesische Käufer aktiv. Im Fadenkreuz stehen gut geführte Unternehmen mit Aufwärtspotenzial, häufig familiengeführt. Ebenso ist es möglich, sich mit dem Opfer der Begierde Wettbewerber vom Hals zu schaffen und Synergieeffekte zu nutzen. Auch Nachfolgeprobleme auf der einen oder anderen Seite können der Übernahmegrund sein.

Als Privatanleger sollten Sie die Chancen für das Bieter- und Zielunternehmen objektiv einschätzen. Meist sinkt bei einem Übernahmeangebot der Aktienkurs des Bieters, während der Kurs der Zielfirma nach oben strebt. Oft liegt die kurstreibende Kaufofferte im deutlich zweistelligen Prozentbereich. Vielleicht erinnern Sie sich noch an die anfangs hoch gelobte Fusion von Daimler-Benz mit Chrysler zur „Welt-AG“. Die Folge? Hochzeit im Himmel, Scheidung auf Erden, Milliardengrab. Italiens Großbank UniCredit berappte für die HypoVereinsbank über 22 Mrd. USD. Der DAX-Pharmakonzern Merck griff nach Schering, Linde nach dem Gasehersteller BOC und E.ON nach dem Stromerzeuger Endesa.

Der MDAX-Baukonzern Hochtief wehrte sich vehement, aber vergebens gegen die Übernahme durch den verschuldeten spanischen Konzern ACS. Im Immobiliensektor verleibte sich MDAX-Aufsteiger Deutsche Wohnen GSW Immobilien ein. Die Tage des Pharmahändlers Celesio im MDAX waren mit der Akquisition des US-Konzerns McKesson für 23,50 Mrd. € besiegelt.

Beispiel 2015: Übernahmepoker Vonovia – Deutsche Wohnen

Nach Übernahme von Gagfah ebnete sich Vonovia, bis 2015 als Deutsche Annington im MDAX firmierend, als erster Immobilienkonzern den DAX-Aufstieg. Der Hunger nach Macht und Größe war damit nicht gestillt. Monatelang versuchte der Vorstand des Wohnungsvermieter-Giganten, sich den zweitgrößten deutschen Wohnimmobilienriesen **Deutsche Wohnen** einzuverleiben. Anfangs ein freundliches Angebot. Danach ein feindlicher Übernahmeversuch. Ende Januar 2016 platzte der Übernahmeversuch. Ob Deutsche Wohnen erneut versuchen wird, sich die ebenfalls im MDAX gelistete **LEG Immobilien AG** einzuverleiben, bleibt ungewiss. Auch bei Deutsche Wohnen geht es um den Aufstieg in den DAX.

Beispiele 2017/18: Gescheitert: General Electric (Dow Jones) – SLM Solutions (TecDAX-Absteiger). Erfolgreich: Bayer (DAX) – Monsanto (S&P 500)

Der Bayer-Konzern übersprang die Hürde bezüglich Übernahme des amerikanischen Wettbewerbers Monsanto. Die Aktionäre des hierzulande umstrittenen Saatgutspezialisten Monsanto stimmten zu 99 % dem 66 Mrd. $ schweren Übernahmeangebot zu. Dies ist die bislang teuerste Übernahme eines deutschen Unternehmens. Bayer steigt damit zum Weltmarktführer bei Saatgut- und Pflanzenschutzmitteln auf. Nach Erfüllung einiger Auflagen stimmten die zuständigen Behörden zu. Dem Aktienkurs von Bayer tat dies nicht gut. Der Kurs stürzte binnen eines Jahres von 108,50 bis auf 64,30 € ab (Stand: 15.01.2019). Es tobt der Kampf um das Schädlingsbekämpfungsmittel **Glyphosat:** krebserregend und bienentötend? Erlaubt oder verboten? Gentechnisch veränderte Produkte und das umstrittene Pestizid Glyphosat stoßen hierzulande übel auf. Dabei ist es sicherlich nicht angebracht, ungeprüft als Folge von Vorurteilen Gentechnologie in Bausch und Bogen zu verdammen. Sei es bei Tieren und Pflanzen, sei es in der Medizin auf der Suche nach erfolgreichen Therapien bei schweren Krankheiten wie Krebs oder Alzheimer.

Derzeit erregt die Übernahme des US-Pharmakonzerns Bristol-Myers-Squibb (BMS) viel Interesse. Es geht um die Biotech-Forschungsfirma **Celgene** im Kampf um den Blutkrebs Leukämie und andere Krebsarten. Ein Großaktionär von BMS stellt sich quer, weil er das Übernahmeangebot für Celgene als zu günstig einschätzt. – Mit dem US-Goldbergbaukonzern **Newmont Mining** entsteht ein neuer Edelmetallriese. Kursabschlag für den Bieter, Preiszuschlag für die Zielfirma.

Der Kampf der Kulturen gefährdet Synergieeffekte

Kleine Häppchen sind bekömmlicher als große Brocken. **Schaeffler** verhob sich bei der Einverleibung von **Continental**. Dem Sportwagenbauer **Porsche** gelang es nicht, den mächtigen DAX-Konzern **Volkswagen** zu schlucken, und er wurde selbst zum Übernahmeopfer. Heute zählt Porsche zu den VW-Töchtern unter Wahrung gewisser Eigenständigkeit, was auch für **Audi** gilt.

Feindliche Übernahmen drohen, wenn ein Großaktionär fehlt und der Streubesitz hoch ist. Auf der Wunschliste stehen preiswerte Firmen in Zukunftsmärkten, mit attraktiver Vermögensdecke, interessanter Marke und überzeugenden Alleinstellungsmerkmalen. Im Mittelstand hapert es oft an einer erfolgreichen Abwehrschlacht. Vielleicht hofft die bedrohte Firma auf einen **„weißen Ritter“**, eine die Kaufofferte überbietende befreundete Firma. Die Aktionäre erwarten einen deutlich zweistelligen Preisaufschlag.

Wann winken freundliche, wann feindliche Übernahmen?

Zahlreiche Bieterfirmen strotzen vor Kraft und können die Finanzierung trotz der steigenden Preise wegen extrem niedriger Zinsen schultern. Dabei vernichtet rund die Hälfte aller Zusammenschlüsse Werte. Zur freundlichen Übernahme kommt es am ehesten, wenn die Zielfirma gut zum Bieterunternehmen passt. Beide Partner sind gleichermaßen daran interessiert. Und die meisten Analysten begrüßen den Zusammenschluss. Feindliche Einverleibungsversuche gibt es, wenn sich der Vorstand zur Wehr setzt, ob erfolgreich, bleibt abzuwarten. Man erinnere sich an den Akquisitionskampf des damaligen MDAX-Unternehmens STADA, Spezialist für Nachahmermedikamente. Ein trauriges Ende mit Abstieg und Verabschiedung vom Börsenparkett. Knallhart agierende aktivistische Aktionäre sind ein Merkmal unserer Zeit mit ausgelebter Aggression.

Motive für Übernahmen

- mehr Marktmacht durch Größe
- Erweiterung der Absatzmärkte
- Zugang zu neuen Märkten durch die EU-Erweiterung
- Synergiepotenziale durch Kostensenkung
- Befreiung von hartnäckigen Mitbewerbern

Squeeze-out

Das Übernahmegesetz von 2002 erleichtert es dem Aufkäufer bei einer feindlichen Übernahme, Minderheitsaktionäre, die sich bislang dem Abfindungsangebot widersetzten, aus dem Unternehmen zu drängen. Sofern der Bieter 95 % der Anteile kontrolliert, kann er sich im Squeeze-out-Verfahren („herausquetschen“) von den unliebsamen Aktionären trennen. Die Zwangsabfindung muss dem tatsächlichen Wert entsprechen.

Delisting

Um den Rückzug von der Börse mit einer halbjährlichen Frist beantragen zu können, bedurfte es eines HV-Beschlusses. Jetzt reicht bereits eine Vorstandsentscheidung. Schlecht informierte Aktionäre bemerken plötzlich im Depotauszug: *„Meine Aktie ist weg!“*

Orientierungshilfen pro und kontra Übernahmeangebote

- **Ist ein aktiver Aufkäufer, ein Finanzinvestor, auch „Heuschrecke" oder Aktivist, am Werk?** Darauf deuten steigende Aktienkures im Vorfeld.
- **Harmonieren die Firmenkulturen miteinander?** Es ist eine Gratwanderung zwischen dem Wunsch nach Eigenständigkeit beim Zielunternehmen sowie der Kontrolle und Vormachtstellung seitens der Bietergesellschaft.
- **Besitzen Sie diese Aktien?** Ein Einstieg beim Zielunternehmen dürfte sich kaum lohnen, wenn der Kurs bereits um 20 bis 40 % nach oben geschnellt ist. Wurde die Bieterfirma übertrieben abgestraft, wäre ein Kauf zu überlegen. Möglicherweise platzt die Übernahme. Der Explosionsspezialist Stahl widersetzte sich dem Übernahmekampf. Und bei SHIRE verlor die Bieterfirma AbbVie das Interesse, nachdem neue Gesetze den Steuervorteil ausbremsten.
- **Handelt es sich um ein fragwürdiges Glücksspiel?** Ein inszeniertes Gerücht oder ein seriöses Angebot? Sitzen Sie ein als niedrig empfundenes Angebot aus, kann es ein kluger Schachzug sein, aber auch Schachmatt bedeuten.

Greifen Sie bei einer großzügigen Offerte zu. Eine AG darf nach 6 Monaten den Börsenrückzug beantragen. Das Übernahmegesetz erlaubt es, Altaktionäre „rauszuquetschen", sofern der Großaktionär über 95 % aller Anteilsscheine besitzt. Die Kleinaktionäre haben Anspruch auf angemessene Barabfindung wie bei WMF.

Eine Auswahl deutscher Beteiligungsunternehmen

Aktie Unternehmen	WKN	Kurs am 15.1.19	Hoch/Tief 1 Jahr €	Entwicklung: 1, 3, 5, 10 Jahre
Aurelius	A0J K2A	34,35 €	66,20/30,05	-41/-30/+14/1.305 %
Bavaria Industrie	260 555	53,50 €	62,50/51,00	-8/+27/+53/+498 %
Blue Cap	A0J M2M	16,40 €	28,10/13,55	-12/+182/+279/+738
Corestate Capital	A14 1J3	28,95 €	53,90/35,35	-45 %/Börsengang
Dt. Beteiligung	A1T NUT	31,25 €	52,30/31,00	-33/+26/+58/+201 %
GESCO	A1K 020	23,30 €	33,20/20,65	-27/+4/-9/+75 %
Heliad Equity	A0L 1NN	5,25 €	10,00/4,80	-47/-8/+120/+50 %
Indus Holding	620 010	41,55 €	55,10/37,65	-33/+2/+38/+245 %
MAX Automation	A2D A58	5,05 €	9,20/4,35	-43/-4/+1/+178 %
MBB	A0E TBQ	74,10 €	102,0/69,40	-20/+200/+220/+998
Ringmetall	600 190	2,90 €	4,90/2,75	-7/+11 %/IPO
Rocket Internet	A12 UKK	21,10 €	31,60/19,50	-27/+91 %/IPO

Grundsätzliche Fragen zu dieser Kursliste mit roten Zahlen

Warum führe ich die deutschen Beteiligungsunternehmen überhaupt auf, nachdem sie ausnahmslos im miserablen Börsenjahr 2018 im Minus landeten? Die Drei-Jahresergebnisse, vor allem aber die Fünf- und soweit vorhanden die Zehn-Jahresentwicklung sehen deutlich besser aus. Bei Rückkehr zum Bullenmarkt dürfte bei zahlreichen Titeln aus einem Verlust wieder ein Gewinn werden. Es gibt auch Anleger, die sich mit Blick auf die langfristige Entwicklung nicht scheuen, aktuell auf Verlierer zu setzen. Grundsätzlich erspart diese Übersicht das mühselige Suchen nach Beteiligungswerten. Es dauert oft lange, bis die WKN aufgefunden wird. Beteiligungsunternehmen profitieren von der anhaltenden Null- bzw. Niedrigzinspolitik. Da Übernahmen und Fusionen derzeit boomen, wird es allerdings immer schwieriger, noch fair bewertete Zielfirmen zu finden.

Die Mutter aller Beteiligungsunternehmen und das große Vorbild für Millionen von Anlegern aus aller Welt ist Berkshire Hathaway, eines der wertvollsten Unternehmen der Welt, gegründet und geführt von dem Anlegeridol Warren Buffett. Selbst diese US-Aktie mit der **WKN A0Y JQ2** kann im derzeitigen Jahresvergleich nicht überzeugen. Warren Buffett büßte 2018 von seinem Vermögen rund 14 % ein und musste den Platz als zweitreichster Mensch der Welt an Bill Gates abtreten. Der 88-jährige Firmengründer setzt auf fair bewertete, defensive, weitgehend konjunkturunabhängige Value-Aktien. Er kauft nur, was er mag, versteht und bis zum Lebensende halten will. Spitzenreiter Jeff Bezos von Amazon konnte dagegen sein Vermögen 2018 um ein Fünftel auf 147 Mrd. US-Dollar steigern.

3.19 Nur für Mutige: Spekulation mit Penny Stocks

> *„Das Einzige, was man ohne Geld machen kann, sind Schulden.“*
>
> **Heinz Schenk**
>
> *„Die Börse hat einen empfindlichen Magen, der verdorbenes Zeug sofort ausspuckt.“*
>
> **John K. Galbraith**

Penny Stocks sind als Kapitalanlage riskant, bei Turnaround-Storys und Aussicht auf Rückkehr in die Gewinnzone, Break-even genannt, aber auch besonders chancenreich. Viele ehemalige Highflyer vom Neuen Markt fristen heute ein tristes Dasein unterhalb 1 €. Unseriöse Gurus treiben bei marktengen Penny Stocks die Kurse durch geschönte Ergebnisberichte mit viel heißer Luft nach oben, um danach selbst die billig erworbenen Titel zum Höchstpreis abzustoßen. Ohne Skrupel erleben sie, wie gutgläubige Anleger in die Falle tappen und Einbußen bis zum Totalverlust erleiden. Wenn schon Nervenkitzel, dann nur mit etwas übrigem Spielgeld einen riskanten Zock wagen! Mitunter ist zu hören: *„Mit Penny Stocks kann ich nicht viel verlieren. Die Aktien sind ja tief im Keller!“* Diese Einschätzung ist Unsinn.

Mit Aktien unterhalb 1 € oder etwas darüber lassen sich ebenso hohe Summen gewinnen oder verlieren wie mit Blue Chips. Ein Privatanleger, der sich vielleicht 5 Rational-Aktien für über 560 € ins Depot legt, begnügt sich nicht mit 50 Stück zum Preis von je 90 Cent. Damit ist kaum ein Ertrag zu erwirtschaften. Ein Privatanleger dürfte 1.000 bis 5.000 Aktien vom „gefallenen Engel" kaufen, damit die Gebühren nicht den möglichen Kursgewinn auffressen. Obgleich schon die Pleitegeier über KTG Agrar und die MIFA-Fahrradwerke kreisten, kosteten diese Aktien noch 1 bis 5 €. Kurz vor Aufgabe der Börsennotiz waren es 2 Cent.

Penny Stocks, an der US-Technologiebörse Nasdaq schnell aus dem Index verbannt, verkommen zum Spielball von Spekulanten. China-Aktien notieren oft im Penny-Stock-Bereich, wie BYD (WKN: A0M 4W9), GEELY (A0C ACX), China Molybdenum (A0M 4V5), NEL ASA (A0B 733) oder NIO Inc. (A2N 4PB). GEELY kaufte ich im April 2017 für 1,35 €. Anfang März 2019 kostet die Aktie 1,60 €. China Molybdenum erwarb ich im Mai 2017 für 29 Cent, und sie ist jetzt für 40 Cent zu haben. Da solche Käufe riskant sind, kann der Einsatz unter 1.000 € liegen.

Einige Börsenbriefe haben sich auf ein solches Szenario spezialisiert. Stimmt die Turnaround-Story und der Chefredakteur erweist sich als fachkundiger und seriöser Stratege, sind hohe Kursgewinne binnen kurzer Zeit denkbar. Löst sich die Vision in Luft auf, oder sind – wie leider nicht selten – überbordende Gier, Unfairness und Betrug im Spiel, droht ein Totalverlust. Geschönte Kaufempfehlungen bei marktengen, niedrig kapitalisierten Werten treiben den Kurs blitzartig aufwärts und anschließende Gewinnmitnahmen schnell nach unten. Die aufgeführten chinesischen Penny Stocks stammen aus dem Fahrzeugsektor. Es geht um Elektromobilität, Batterien, Infrastruktur und Brennstoffzellen.

Einige Tipps für den Umgang mit spekulativen Penny Stocks

- **Investieren Sie nur „Spielgeld".** Es ist gefährlich, riskant anzulegen, um frühere Verluste auszugleichen bzw. einer Schuldenfalle zu entrinnen. Der Anteil an spekulativen Investments sollte nur bis zu 5 % vom Depotwert ausmachen.
- **Liegt Ihre Order sonst bei 3.000 oder 4.000 €, sollten Sie nur 1.000 € bzw. ein Viertel bis Drittel vom üblichen Einsatz investieren.** Ist die Spekulation erfolgreich, winkt auch bei kleinerem Einsatz ein ansehnlicher Kursgewinn.
- **Penny Stocks sind eine spekulative Beimischung für jeden, der Nervenkitzel mag.** Übergewichten Sie als risikoarmen Ausgleich nachhaltig wirtschaftende substanzstarke Titel mit hoher Dividendenrendite.
- **Penny Stocks sind oft niedrig kapitalisiert.** Gurus, die sich zuvor billig eindeckten, treiben den Preis mit falschen Finanzzahlen und geschöntem Ausblick nach oben, um auf dem Kursgipfel komplett zu verkaufen. Der Absturz ist verheerend. Also: Hände weg! Warten Sie geduldig, bis sich der Kurs normalisiert.

- **Hören Sie nicht auf „Stammtischgeschwätz"**, oder weil ein einziger Börsenbrief diesen Titel empfiehlt. Versuchen Sie, möglichst viel über den Wert zu erfahren, auch wenn dies vor allem bei ausländischen Titeln schwierig ist.
- **Eine „Aussitzmentalität" laut Kostolany oder Helmut Kohl ist der falsche strategische Ansatz.** Sobald Sie von einer Fehlspekulation überzeugt sind, hilft nur eines: Verluste möglichst frühzeitig begrenzen!
- **Penny Stocks eignen sich wegen starker Kursschwankungen nur für Börsianer mit sicherem, überdurchschnittlich hohem Einkommen, stabilem Nervensystem, hoher Risikoneigung und psychischer Stärke.**

Ein Beispiel für Spekulanten: Höhenflug und Absturz von Cynk

Die Aktie von Cynk Technology, einem Unternehmen mit nur einem Mitarbeiter, das weder Umsatz noch Vermögen aufweist, kostete Mitte Juni 2014 gerade einmal 6 Cent. Lange Zeit fand gar kein Handel statt. Doch plötzlich explodierte der Kurs laut Handelsblatt um bis zu 36.000 % auf rund 21 Dollar, um wenige Tage später auf 14 Dollar zurückzufallen. Ende September 2014 kostete der Titel nur noch 10 Cent, ein Kursverlust von 85 % an einem Tag. Seit Anfang Mai 2017 ist die Aktie von der Bildfläche verschwunden.

Die US-Börsenaufsicht SEC sah dem seltsamen Treiben anfangs untätig zu und beobachtete, wie der Kurs immer neue Rekorde brach. Am 11. Juli 2014 griff die SEC ein und setzte die Aktie vom Handel aus. Die Rückkehr ins triste Penny-Stock-Dasein war vorgezeichnet. Wie konnte es zu dieser Kursexplosion bei einer Firma ohne Umsatz und Ertrag mit nur einem Mitarbeiter kommen? Es waren wohl betrügerische Finanzjongleure, die vollmundige Informationen über Cynk online verbreiteten und die Zukunft in leuchtenden Farben schilderten. Immer geht es um Eigennutz mit dem Ziel, den Kurs durch geschönte Zahlen und Lügenmärchen in luftige Höhen zu katapultieren, um danach selbst alles zu verkaufen. Hier hilft nur: ***„Meide die gefährlichen Vier – Euphorie, Panik, Angst und Gier!"***

3.20 Fußballaktien – eine eigene Welt

Warum sind börsennotierte Fußballclubs keineswegs als gewöhnliche AGs einzuordnen und für Nichtliebhaber eher unattraktiv? Die BVB-Aktie bleibt riskant: Gewinn der Deutschen Meisterschaft 2010/11, Erreichen des Finales in der Champions League gegen den amtierenden Deutschen Meister FC Bayern München 2013, erneuter Einzug in die Champions League, Vizemeisterschaft in der Bundesliga und gute Finanzzahlen. Allerdings sah es 2017 in der Bundesliga lange Zeit nicht so gut aus: erst zum Schluss einen Champions-League-Tabellenplatz erkämpft. Bayern München vor Leipzig vorn. Hoffenheim auf Augenhöhe.

Die Saison 2018/2019 lief für Borussia vielversprechend an mit Träumen von der deutschen Meisterschaft. Im ersten Durchgang Bundesliga waren es zeitweilig 9 Punkte Vorsprung vor dem außer Tritt geratenen vielfachen Titelverteidiger FC Bayern. Aber jetzt, am 25. Spieltag 2019, sieht die deutsche Fußballwelt plötzlich ganz anders aus. Bayern München schießt Wolfsburg mit 6:0 Toren ab und erobert sich bei Punktgleichheit durch das bessere Torverhältnis die Tabellenführung zurück. Und wie reagiert die Börse darauf? Der Aktienkurs von Borussia Dortmund bricht fortlaufend ein. Die schönen Kursgewinne schmelzen wie Butter in der Sonne. Auch im wichtigsten internationalen Wettbewerb Champions League klappt es durch zwei bittere Niederlagen gegen den englischen Club Tottenham nicht mehr. Der BVB scheidet im Achtelfinale aus. Die Aktie verliert binnen 30 Tagen 17,5 %.

Der Wechsel ins strenge Börsensegment Prime Standard hat insofern für den BVB etwas zum Guten verändert, als damit der Aufstieg in den SDAX gelang. Beim Börsengang im Herbst 2000 lag der Ausgabepreis bei 11 €, um zeitweilig auf ein Penny-Stock-Niveau abzustürzen. Danach hat sich die Aktie kräftig erholt auf 4,50 € Anfang Oktober 2014. Anfang Juli 2017 notiert die Aktie bei 6,00 €. Solange der Höhenflug 2018 anhielt, stieg der Aktienkurs bis auf 10,40 € an. Davon ist nicht mehr viel übrig geblieben. Am 8. März 2019 waren es nur noch 7,40 €.

In einem Fußballverein gibt es durch Clubmitglieder und glühende Anhänger eine Gruppe von Anteilseignern, mit denen andere Unternehmen kaum zu tun haben. Für die vielen Fans, die aus emotionaler Bindung Aktien von „ihrem BVB" kaufen, zählen die sportlichen Erfolge. Dies sind die nationale Meisterschaft, der Pokalwettbewerb sowie Teilnahme und Erfolg bei den großen europäischen Wettbewerben – vor allem die Champions League.

Auch bei der Finanzierung hebt sich ein Fußballclub von anderen Unternehmen ab. Einem schuldenfreien Industriekonzern schadet es weniger, wenn ihn ein Finanzinvestor nach der Übernahme mit Fremdkapital belastet. Doch ein Fußballverein kann sich dies in seinem extrem zyklischen Geschäft nicht leisten. Er braucht zum langfristigen Überleben ein dickes Sicherheitspolster, wie es der nicht börsennotierte FC Bayern aufgebaut hat. Ansonsten gerät der Verein vielleicht zeitweilig in eine kritische Lage, wie sie Borussia Dortmund durchmachte. Der BVB ging zu einer Zeit an die Börse, als andere börsennotierte Fußballclubs die Anleger noch mit sattem Kursgewinn erfreuten. So erzielte Manchester United von 1991 bis 1999 Kursgewinne von 1.100 % und Lazio Rom von 1998 bis 2000 immerhin rund 120 %. Diese Herrlichkeit ist längst verpufft, wie die folgende Aufstellung zeigt. Im Einjahresvergleich können nur Benfica Lissabon und Juventus Turin begeistern.

Heute gilt für viele Finanzinvestoren: Hände weg von Fußballaktien. Es sei denn: Risikofreude hoch und Fußballliebe groß! Stufen Sie diese Titel als Fanartikel ein. Fußballaktien dokumentieren Zugehörigkeit und Bindung zum Club.

Viel Geld konnten Sie allerdings mit der BVB-Aktie verdienen, wenn ein Einstieg zum Tiefkurs unterhalb 1 € bis zu 3 € erfolgte und Sie die Kursgewinne laufen ließen. Ein Riesenverlust drohte bei Kauf zu 11 €, Verkauf 1, 2 oder 3 €. Ginge Deutschlands Spitzenclub FC Bayern München an die Börse, gäbe es kaum Vorbehalte. Aber es wäre wohl mit der Unabhängigkeit vorbei. Als Kurstreiber für die BVB-Aktie diente neben sportlichem Erfolg der Wechsel in den Prime Standard – verbunden mit dem SDAX-Aufstieg und einer Kapitalerhöhung im Juli 2014. Damit wuchs das Grundkapital auf 67,55 Mio. €. Der im MDAX notierte Hauptsponsor Evonik beteiligte sich.

- **Borussia Dortmund spielt im Profifußball eine führende Rolle und profitiert vom Verkauf der Eintrittskarten im riesigen, oft ausverkauften Stadion. Hinzu kommen Fanartikel, TV-Rechte, Sponsoring, Spielertransfer. Allein in Deutschland verfolgen pro Wochenende ungefähr 360.000 Zuschauer die Spiele in den Arenen. Aber das Klima wird immer rauer. Die Gewalthandlungen häufen sich.**

Ein Blick auf börsennotierte Fußballvereine in Europa

Fußballaktien Börse Europa	WKN	Kurs 09.03.19	Hoch/Tief 1 Jahr	Performance 1, 3, 5 Jahre
Ajax Amsterdam.	A0H 0RS	16,70 €	20,0/14,8 €	+62/+104/+96 %
AS ROM	938 439	0,52 €	0,57/0,47 €	-4/+11/-53 %
Benfica Lissabon	A0M SP7	2,85 €	2,97/1,25 €	+103/+133/+122%
Borussia Dortmund	549 309	7,35 €	10,4/4,90 €	+21/+88/+78 %
Juventus Turin	794 314	1,25 €	1,80/0,60 €	+67/+369/+454 %
LAZIO Rom	A0BMUB	1,20 €	1,80/1,15 €	-25 /keine Angabe
Manchester United	A1J 2MK	17,85 €	22,6/15,1 €	+10/+37/+66 %
Olympique Lyon	A0M J2F	3,05 €	3,20/2,55 €	+5/+44/+137 %

Im Vormarsch ist China, unterstützt von Adidas, dem erfolgreichsten DAX-Konzern der jüngsten Zeit. Adidas bildet 50.000 chinesische Sportlehrer an 20.000 Schulen in China aus, um 20 Mio. Kinder für Fußball zu begeistern. Und es gibt immer mehr deutsche Fußballprofis, die ihre Karriere in China hoch bezahlt vielleicht sogar noch aufbauen, aber wohl eher dort finanziell gut gebettet beenden wollen. Die chinesische Fangemeinde ist ähnlich groß wie das Riesenreich – sichtbar an den steigenden Umsätzen für Fußbälle und Trikots der Spitzenclubs und führenden Fußballnationen.

3.21 Börsenbriefe beziehen? In Aktienclubs eintreten? Die besten Zeiten sind wohl vorbei

Vorsicht! Börsenbriefen nicht alles glauben. Beim Depotwert unter 20.000 € fressen die Kosten meist den Kursgewinn auf

Der Vorteil liegt in Onlineinfos. Die größte Gefahr besteht in Kursexplosionen marktenger Werte durch Herdentrieb und unseriöse Anpreisungen, die nicht halten, was sie versprechen. Hinzu kommen Kündigungshürden und ein zu geringes Depotvermögen. Der Erfolg hängt von der Redlichkeit und Kompetenz des Chefredakteurs ab, aber auch von der Depotsumme. Bei einem sechsstelligen Depotumfang liegen die Börsenbriefgebühren unter einem Prozent. Bei dünner Kapitaldecke können es gut und gern 10 % sein. Da ist der Verlust vorprogrammiert. Wer verdient schon alljährlich im Schnitt nach Gebühren und Steuern über 10 %?

Printbörsenbriefe verlieren Marktanteile; denn durch Druck, Versand und Postweg sind diese im Vergleich zu Onlineversionen weniger aktuell und teurer in der Produktion. Der Trend geht vom gedruckten Heft klar zum Onlinebörsenbrief.

Börsenbücher, wie dieses komplett neu bearbeitete Strategiewerk zum Nachschlagen, vermitteln Börsenwissen mit unterschiedlichen Schwerpunkten. Je nach Zielsetzung bietet die Fachliteratur einen gesamten Überblick über das Börsengeschehen für Einsteiger oder Fortgeschrittene bzw. deckt bestimmte Themenfelder ab, wie Fundamentalanalyse, Charttechnik, Börsenpsychologie, Strategie usw.

Die Börsenbriefe versehen ihre Zielgruppe mit speziellen Informationen, aktuellen Kauf- und Verkaufstipps. Es geht darum, dem Kunden die ständige Marktbeobachtung abzunehmen, ihm klare Handlungsanweisungen zu geben und Entscheidungen zu erleichtern. Oft werden Limits, Kursziele und Stoppkurse angegeben. Musterdepots und Dispositionslisten sind üblicher Standard. Die meisten Börsenbriefe erscheinen wöchentlich, ergänzt durch Eilmitteilungen. Die Gebühren sind unterschiedlich hoch, bis zu 1.000 € jährlich. Solange die einmonatige kostenlose Testphase läuft, halten Willkommensgeschenke bei Laune. Die Börsenbriefe sind auf Blue Chips oder Nebenwerte, Turnaround- und Break-even-Storys, Penny bzw. Hot Stocks usw. zugeschnitten. Sie decken Schwellenländer oder den Anlage- und Hebelzertifikatesektor ab, befassen sich mit Hedgefonds und Leerverkäufen, sind auf Optionsscheine und Termingeschäfte im Rohstoffsektor ausgerichtet.

➢ **Die Qualität der Produkte reicht von mangelhaft bis sehr gut.** Besonders störend ist eine aggressive, übertriebene Werbung. Ein Börsianer, der unabhängig handeln will und über genug Zeit, Lust, Wissen und Disziplin verfügt, um am Börsengeschehen aktiv teilzunehmen, kommt ohne Börsenbriefe aus. Kostenlose Internetinformationen wie die ARD-Börse sind oft hilfreicher.

Börsenbrief: Wer braucht ihn? Wann ist er kaum hilfreich?	
Interessante Alternative	**Besser: Hände weg**
Mittleres Anlagekapital ab 50.000 €.	Geringe Kapitaldecke unter 50.000 €.
Zahlreiche Orders pro Jahr.	Nur gelegentliche kleine Orders.
Wenig Lust, Zeit und Interesse für ständige Marktbeobachtung.	Genügend Zeit und Lust, das Marktgeschehen intensiv zu beobachten.
Erwünschte Auswahl- und Entscheidungshilfen durch einen Experten.	Kein Interesse, sich von Profis Entscheidungen abnehmen zu lassen.
Mangel an Fachwissen, um Sektoren wie Optionsscheine, Hebelzertifikate, Futures beurteilen zu können.	Hohe eigene Fachkompetenz, um im gewünschten Börsensegment erfolgreich aktiv zu sein.
Interesse am Erfahrungsaustausch mit anderen Abonnenten durch Seminare, Börsenbesuch, Lesertreffen.	Bei Wunsch nach Kommunikation und Erfahrungsaustausch sind Aktienclubs oft die bessere Alternative.
Börsenbriefgebühren – nicht ausschlaggebend bei einer ansehnlichen sechsstelligen Vermögensdecke.	Bei zu wenig Anlagekapital fressen die Börsenbriefgebühren den möglichen Ordergewinn nahezu auf.
Konzentration auf eine Strategie, die dem eigenen Risikoprofil, den Anlageformen und Renditezielen entspricht.	Kein Interesse, sich auf ein bestimmtes Marktsegment und eine vorgegebene Strategie festlegen zu wollen.
Identifikation mit dem Börsenbrief, Zeit und Geld, Tipps umzusetzen.	Zu starke Belastung, um auf Börsenbrieftipps rasch reagieren zu können.
Bei Börsenbriefen für den Derivate- und Futures-Handel sind dennoch gute Marktkenntnisse wichtig.	Fehlt bei komplizierten Finanzinstrumenten das Wissen, fühlen sich Anleger überfordert und unzufrieden.
Anmerkung: Bezieht sich der Börsenbrief auf Marathon- bzw. ewige Aktien, also Standardwerte aus DAX und Dow Jones, ist er entbehrlich. Selbst ein interessierter Einsteiger mit Zeit, Lust und ausreichender Kapitaldecke kann mit Buchbegleitung und Börseninternet schon bald eigenständige Entscheidungen treffen.	

Aktienclub wegen Erfahrungsaustausch gut bei räumlicher Nähe

Die Deutsche Schutzvereinigung für Wertpapierbesitz (DSW) schätzt, dass es über 7000 Aktienclubs in Deutschland gibt. Die Mehrzahl existiert nur als unverbindlicher Stammtisch, entstanden aus Freundeskreisen, und lebt von der Geselligkeit. Jeder kann sich zwanglos einbringen. Die Anzahl reicht vom Börsenstammtisch mit 20 Teilnehmern bis zum 3.000 Mitglieder zählenden Itzehoer Aktienclub, Betreiber eines professionellen Investmentfonds – wichtig für den Fortbestand.

Börseninfos: Auswahl abhängig von Zeit, Lust, Geldbeutel	
Informationsart	**Ausführung, Erläuterung**
Print täglich	Tagespresse mit großem Wirtschaftsteil, Handelsblatt als renommierte börsentägliche Wirtschaftszeitung
Print wöchentlich	seriöse Wirtschafts- und Finanzpresse wie Wirtschaftswoche, Euro am Sonntag, BÖRSE ONLINE
Börsenliteratur	gute Fachbücher mit unterschiedlichen Schwerpunktthemen für Einsteiger, Fortgeschrittene und Profis
Börsen-TV	konzentriert im Nachrichtensender n-tv mit Videotafeln sowie N24
Onlineinfos	Reizüberflutung vermeiden, sich auf wenige Favoriten konzentrieren und sich hier wirklich gut auskennen
Börsenplätze	XETRA, Tradegate, Deutsche Börse Frankfurt bzw. Ihre bevorzugte Regionalbörse
Börseninfos	www.boerse.ard.de, www.onvista.de, www.finanzen.net; Zertifikate: www.boerse-stuttgart.de
Antwort auf viele Fragen	Google als umfassende Informationsquelle, auch Firmennachrichten nutzen und Wissenswertes herunterladen
Lexikon	Wikipedia ist im Internet führend und wird fortlaufend aktualisiert, ohne fehlerfrei zu sein
Seminare	Volkshochschul-Börsenkurse; Veranstaltungen Deutsche Börse, Regionalbörsen, Finanzdienstleister, Aktienclubs
Webinare	Aktienclubs, Börsenbriefe: Lernen zuhause über Internet
Kolumnen	Hinweis auf meine Wochenkolumne bei BILD.de bzw. BILDplus: **„Einmaleins für Aktien-Einsteiger“**; meine Gesundheitskolumne in SÜDSEITEN, Börse München
Hauptversammlungen	ein unverbrüchliches Aktionärsrecht, die jährliche HV zu besuchen und Fragen zu stellen (Wortmeldungen)
Börsenbriefe	Vorsicht vor unseriösen Produkten und Anpreisungen
Börsenspiele	„Schnupperkurs“ mit virtuellem Geld; Gefahr lauert, weil die Wirklichkeit mit eigenem Geld oft anders aussieht
Empfehlungen Kauf/Verkauf	sich wegen möglicherweise massiver Abweichungen nicht auf eine einzige Analyse stützen

3.22 Einführung Hoch-/Tief-Mutstrategie – Schwerpunkt: klug einsteigen und zukaufen

Was tun Sie in unsicheren, von Angst, Panik und Herdentrieb geprägten Börsenzeiten? Seit dem Crash von 2000 bis 2003 und dem Absturzszenario 2008/2009 wegen der zum Finanzdesaster aufgeplusterten Subprimekrise mit der Pleite Lehman Brothers sind praxisnahe Strategien gefragt. Richtig heftig ging es im miserablen Börsenjahr 2018 zur Sache. Der deutsche Leitindex DAX verlor über 18 %, manche Werte aus den deutschen Messlatten 30 oder 40 %, vereinzelt sogar die Hälfte bis zu zwei Dritteln. Auch gute Aktien waren durch Manipulation, Herdentrieb und Panikverhalten von Kursstürzen betroffen. Nicht bei einem „Schrotthaufen", aber fair bewerteten, dividendenstarken, übertrieben abgestraften Titeln, wo man aus einer Mücke einen Elefanten macht, heißt es, einzusteigen oder zuzukaufen. Umgekehrt gab es erfreulicherweise auch immer einige Aktien, die gegen den Trend auf Jahreshoch notierten. Da bot sich ein Teilverkauf an, um den Zukauf zu finanzieren. Bei einem Depot mit vielen Titeln muss man kein Geld auf dem Girokonto, Sparbuch oder unter der Matratze horten. Mein Depot muss sein Wachstum selbst finanzieren. Mein Geld arbeitet durch Wiederanlage der Dividende, klugem Teilverkauf und mutigem Zukaufen von Aktien, die es wert sind.

Im billigen Einkauf und teuren Verkauf liegt der Gewinn. Theoretisch eine einfache Formel, praktisch umgesetzt aber schwierig

Wer noch 20 Jahre im Ruhestand verlebt, will nicht unter Altersarmut leiden, sondern sich bei der vielen Freizeit auch etwas gönnen, seien es Reisen, Fitnessstudio, Volkshochschulkurse, ein ausfüllendes Hobby auch als Ehrenamt. Das geht nicht als armer Schlucker, dem die Vereinsamung droht. Vielmehr heißt es, frühzeitig die Weichen zu stellen für abgesicherten Wohlstand im Alter. Ein Weg dazu ist die von mir erfundene Hoch-/Tief-Mutstrategie. Im Crash 2000 bis 2003, während der Weltwirtschaftskrise 2008/2009 und im grottenschlechten Börsenjahr 2018 von mir erprobt und erfolgreich durchgeführt. Ohne diese Idee wäre ich nie Millionärin geworden und hätte diese Million, die ich seit ein paar Jahren besitze, 2018 auch nicht erfolgreich verteidigt. Ich begann mit Aktien vor 22 Jahren, hatte gerade mal 30.000 DM und gehörte zu den wenigen Zeitgenossen, die nie etwas erbten. Da wird es meinen beiden Kindern und fünf Enkeln deutlich besser gehen.

Aktieneinkauf auf Kredit – alles andre als ein Hit! Was tun, wenn das Guthaben aufgebraucht ist, ein Aktienkauf auf Pump aber kein Thema sein darf? Dann ist nur über gleichzeitiges Veräußern ein attraktiver Zukauf möglich. So kam ich auf die Idee des Hoch-/Tief-Tradings. Ich verkaufte von solchen Aktien einen Teil, die sich beim Kurs zumindest verdoppelt und aktuell so gut wie nichts verloren hatten.

Ein Crash ist gut – für Leute mit Mut! Ich wollte in einer Marktlage gewinnen, wo Angsthasen panikartig alles verkaufen. Bedingung beim Zukauf abgestürzter Titel war, dass die Fundamentaldaten stimmten. Es bringt nichts, eine Aktie mit kleinem Abschlag im Crash zu verkaufen, um sie durch eine andere mit Negativprognose und Riesenminus zu ersetzen.

Entscheidend ist die Gesamtperformance im Depot – vergleichbar mit der Fußballbundesliga-Saison. Es kommt nicht darauf an, dass jeder Spieler stets seine Höchstform abruft. Die Teamleistung muss stimmen, damit die drei Siegpunkte eingefahren werden und der erhoffte Tabellenplatz zum Abschluss der Saison erreicht wird – sei es Meisterschaft und europäischer Wettbewerb oder Nichtabstieg. Fehlen Abstimmung, Teamgeist, Leidenschaft und Kampfgeist wie bei der Fußball-WM 2018 in Russland im deutschen Kader, droht der Abgrund.

Meine Hoch-/Tief-Mutstrategie: Ja oder Nein?
Wann und wann eher nicht für Sie empfehlenswert?

Wann funktioniert es?	Börsenklima	Wann klappt es nicht?
Tägliche Marktbeobachtung Zumindest gute Marktkenntnisse Genauer Depotüberblick Kenntnis der Kursentwicklung kaufenswerter Aktien Breit gestreutes Depot Risikobewusstsein, Mut, Disziplin, Entschlossenheit, aber auch Geduld Zugang Online-Banking und Telefonhandel Zugriff auf Aktien im Depot mit hohem Buchgewinn Einsatz nicht unter 1.000 € pro Transaktion	Scharfe Korrektur oder Crash durch Terror, Strafzölle, Handelsstreit und Finanzkrisen Ein sehr schwankungsfreudiger Markt Große Nervosität an der Börse Kursabsturz fundamental unbegründet oder übertrieben Auswirkungen auf einzelne Branchen sehr unterschiedlich	Mengenmäßig zu kleines Depot und erst seit Kurzem aktiv Nur „Heimatliebe"-DAX-Depot Mangel an Aktien im Plus für Geldbeschaffung Wenig Börsenwissen, geringe Marktbeobachtung Angst und übertrieben stark ausgeprägtes Sicherheitsbewusstsein Kein Zugang zum Internet und/oder Telefonhandel Unsicherheit, Mangel an Mut und Entschlossenheit Bauchgefühl, Herdentrieb und Verdrängung

Wann und wie funktioniert die Hoch-/Tief-Mutstrategie im Crash?

Diese Strategie setzt ein breit gestreutes Aktiendepot und eine langfristige Anlagestrategie voraus. Zukäufe in zwei oder drei Tranchen bereiten den Boden für einen späteren attraktiven Teilverkauf. Bei einem Komplettverkauf wird die Chance vertan, von einer weiterhin positiven Kursentwicklung zu profitieren. Wichtig ist, dass von Ihren besten Aktien der Großteil im Depot verbleibt.

In der Bodenbildungsphase beim Crash bietet sich ein Teilverkauf an, wenn einzelne Aktien dennoch nahe dem Jahreshoch notieren. Mit dem Kapital aus Teilverkäufen wird der Einstieg bzw. Zukauf solcher Aktien finanziert, die zwar dank Qualität und Chancen über ein hohes Kurspotenzial verfügen, aber dennoch stark einbrechen. Im Crash trennen sich Anleger, die nicht panikartig in Herdentriebmanier sämtliche Aktien in den Markt werfen, gerade von solchen Titeln, die bislang gut liefen und noch Kursgewinne bringen. Massive Verkäufe lösen automatische Computerverkäufe aus. Stop-Loss-Orders und Leerverkäufe verstärken die Kettenreaktion. Wer mit Stoppkursen arbeitet, darf nicht darauf vertrauen, dass auf Stoppkursniveau verkauft wird. Stoppkurse garantieren keinen Ausführungspreis. Entscheidend ist die nächste Kursfeststellung nach Erreichen der Stoppkursmarke.

Die Hoch-/Tief-Mutstrategie lässt sich am leichtesten praktisch umsetzen, wenn Sie selbst Ihr Depot elektronisch am Computer führen. In Kapitel 3.9, S. 107/108 finden Sie ein praktisches Anwendungsbeispiel.

Mit billigem Einkauf zum Gewinn. Worauf kommt es an?

Stichwort	Erläuterung
Bei Angst während der Bodenbildung kaufen.	Am erfolgreichsten sind jene Aktionäre, die den Mut haben, nach einem Crash frühzeitig einzusteigen.
In 2 oder 3 Tranchen ordern, um Cost-Average-Effekt zu nutzen.	Günstige Kurse sind gute Zukaufchancen. Jedoch sollte keine 2. oder 3. Tranche erfolgen, nur um den Einstandspreis zu senken. Wichtige Infos: gute Chartsignale und überzeugende Fundamentaldaten.
Bei Tipps für marktenge Werte geduldig sein. Oft kommt der Kurs zurück, sodass sich eine neue Chance bietet.	Small und Micro Caps schießen blitzschnell nach oben, wenn Börsenbrief-Gurus den Titel anpreisen. Mitunter wird der Kurs von Aktien mit geringem Börsenwert nur nach oben getrieben, um selbst mit hohem Gewinn auszusteigen. Wer geduldig abwartet, statt gierig aufzuspringen, wird kein Herdentriebopfer.
Keine Einwertstrategie! Das Depot nach Branchen, Ländern, Indizes und zeitlich streuen.	Wer alles auf eine Karte setzt, zählt zu den Verlierern, weil es ihm an Disziplin mangelt, cool und erfolgsorientiert zu handeln. Schon Miniverluste machen nervös. Eine steigende Aktie wird zu früh verkauft.

Außerhalb DAX limitieren. *Höherer Briefkurs* für Kauf, tieferer *Geldkurs* für Verkauf.	Marktenge Titel sind schwankungsfreudig. Je nachdem, wie wichtig es ist, setzen Sie das Limit enger oder weiter. Der Briefkurs ist der Preis, den Sie beim Kauf bezahlen, der Geldkurs der Verkaufspreis, den Ihnen Ihre Bank gutschreibt.
Nicht nur einer einzigen Analystenempfehlung folgen und sich ein eigenes Urteil bilden.	Selbst Blue Chips beurteilen Analysten unterschiedlich. Auch bei DAX-Titeln wird oft die ganze Bandbreite von Plus bis Minus ausgeschöpft. Nutzen Sie mehrere Informationsquellen. Bilden Sie sich Ihr eigenes Urteil.
Komplizierte Sektoren wie Biotech, Medtech, Hightech alternativ mit ETFs oder guten Branchenfonds abdecken.	Es ist nicht schwierig, Standardaktien aus dem Finanzsektor, der Auto-, Versorger- und Konsumbranche verlässlich zu beurteilen. Im Gesundheitswesen und Hightechbereich können nur Experten Chancen und Risiken objektiv einschätzen. Decken Sie komplizierte Bereiche am besten mit Index- und Themenfonds ab.
Fundamentaldaten und Charttechnik beobachten. Hohe Dividende, solide Bilanz, Nachhaltigkeit und faire Bewertung positiv einschätzen.	Die Charttechnik verschafft anschauliche Überblicke über Zeitspannen. Trends, Unterstützungs- und Widerstandslinien erleichtern Entscheidungen. Vertrauen Sie nicht nur der Technischen Analyse. Werten Sie Fundamentaldaten aus, wie KGV, Buchwert, Cashflow, Eigenkapitalquote, Ergebnis je Aktie, Dividende und Kursentwicklung im Mehrjahresvergleich.
Value-Aktien in Krisen, Growth-Titel im Aufschwung wählen, am besten Mischstrategie.	Zu den Value-Aktien gehören die weniger konjunkturabhängigen Aktien aus der Pharma-, Versicherungs-, Konsum- und Versorgerbranche. Zu den Growth-Titeln zählen die von der Wirtschaftslage beeinflussten Auto- und Maschinenbauer, Hightech und Biotechnologie.
Bei Schwerpunkt Einzelaktien mindestens 12 Werte, bei Geld und Zeit mehr Titel, um breit zu streuen.	Je besser ein Depot strukturiert ist, umso stärker sinkt das Verlustrisiko. Die alleinige Konzentration auf das „Heimatliebedepot DAX" ist ebenso ungünstig wie eine übertriebene und emotional bedingte Übergewichtung bestimmter Branchen, Märkte und Segmente.
Auch bei großer Versuchung niemals Aktien auf Kredit kaufen.	Es ist äußerst gefährlich, Aktien auf Pump zu kaufen. Geht die Spekulation daneben, droht ein Zwangsverkauf. Die Aktien sind weg – die Schulden bleiben.
Nur ausnahmsweise unter 1.000 € einsetzen, um hohe Nettogewinne erzielen zu können.	Bei den sich eher gemächlich entwickelnden Blue Chips rechnet sich eine Order unter 1.000 € kaum. Erst beim Einsatz von gut 1.000 € deckt ein fünfprozentiger Gewinn zumindest die Gebühren und Steuer ab.

Sich am Aufwärtstrend orientieren, denn der Trend gilt als Freund.	Es ist wahrscheinlicher, dass ein Aufwärtstrend: ***„the trend is your friend“*** weiter anhält, als dass er bricht. Wer nur zu Tiefstkursen kauft, übersieht, dass eine Spitzenaktie wohl auch künftig zu den Siegern zählt.
Nicht nur auf Wachstum, sondern nachhaltige Gewinnentwicklung und Substanzkraft schauen.	Wichtiger als Umsätze und Übernahmen sind gesunde Bilanzierung, dauerhafte Erträge, leistungsfähiges Management, starke Marke, Marktführerschaft, Alleinstellungsmerkmale und gute Zukunftsaussichten.
Rechnet sich der Beitrag für Aktienclubs und Börsenbriefe? Die Werbung ist nicht objektiv.	Mancher Anleger liebäugelt wegen Gemeinschaftsdepot und Kontakten mit einem Aktienclub. Alternativ gibt es Börsenbriefe für spezielle Strategien. Das Depot muss groß genug sein, um Beiträge wegzustecken.
Auf hohe Dividende setzen. Ein ETF Div-DAX und Div.-Aktienfonds bieten sich an.	Das Sparkonto vernichtet schleichend Kapital. Der Div.-DAX mit den 15 dividendenstärksten DAX-Titeln gilt als Alternative zu lukrativen Einzelwerten. Aber auch Biotech-, Robotik- und Hightechaktien sind interessant.
Am besten solche Aktien kaufen, die man langfristig behalten will.	Manch einer hält es für überholt, Aktien mit dem Ziel zu kaufen, sie lange zu halten. Beliebt ist das schnelle Rein und Raus zugunsten von Börse, Broker, Bank.
Aktien von AGs übergewichten, deren Geschäftsmodell Sie verstehen und mögen.	Es geht auch um Emotionalität. Wer Nikotin verabscheut, kann Altria höchstens als Contraindikator kaufen: *„Wenn ich schon als Passivraucher leide, will ich zumindest von Kursgewinn und Dividende profitieren.“*
Sich vom Herdentrieb abkoppeln. Glück und Zufall spielen mit.	Bei Trendumkehr ist mutiges antizyklisches Handeln gefragt, um erfolgreich zu sein. Kostolany sprach einst von **G**eld, **G**eduld, **G**lück und **g**uten **G**edanken.
Spekulative Aktien nur beimischen, wenn Vermögen und Monatsaufwand dies zulassen.	Wer hochriskante Penny Stocks aufnimmt, sollte dies nur mit einem prozentual kleinen Anteil von 1 bis 2 % und übrigem „Spielgeld“ tun. Im Ernstfall muss ein Totalverlust psychisch und finanziell verkraftbar sein.
Je riskanter der Titel, umso niedriger sollte der Einsatz sein.	Etwas „Dynamit“ schadet nicht. Es ist vernünftig, den Anteil spekulativer Aktien auf maximal 10 % Depotanteil bzw. 1 bis 2 % Anteil pro Wert zu begrenzen.
Tipp: Seit 2009 ein Zweitdepot für den Neubestand anlegen. Bei Steuerreform evtl. 3. Depot anlegen.	Altaktionäre brauchen ein Zweitdepot. So können sie ihre seit 2009 erworbenen Aktien und Fonds beliebig verkaufen, ohne den steuerfreien Altbestand anzutasten. Bei nur einem Depot gilt: ***„first in – first out!“*** Die zuerst gekauften Aktien werden zuerst veräußert.

Den richtigen Kauftermin zu erwischen, ist leichter gesagt als getan und steht möglicherweise im Widerspruch: *„Der Trend ist dein Freund!“* Kluges Handeln setzt Entschlossenheit, rasches Reagieren, aber ebenso geduldiges Abwarten und kontrolliertes Verhalten fernab vom Herdentrieb voraus. Den günstigsten Verkaufszeitpunkt zu finden, ist oft noch schwieriger. Immerhin ist es möglich, in der Bodenbildungsphase nahe am Tiefkurs zu ordern und auf hohem Niveau zu verkaufen.

Institutionelle Leerverkäufer gehen umgekehrt vor. Sie mieten sich hoch bewertete Aktien von einem Broker gegen Gebühr, um sie selbst teuer zu verkaufen. Geschieht dies großvolumig und in Absprache, stürzt der Kurs zweistellig ab – unterstützt von der Kettenreaktion Stop-Loss-Orders. Dies war 2016 bei **Ströer** und **Wirecard** zu beobachten. Wer mit einem Mietwagen unterwegs ist, muss ihn fristgerecht zurückbringen. Dies gilt auch für Leerverkäufe. Der Shortseller muss danach die Aktien an der Börse kaufen, um sie dem Vermieter zurückzugeben. Ist der Kaufpreis niedrig, geht die Rechnung auf.

Bei Angst diszipliniert kaufen

- Eventuell in zwei oder drei Tranchen kaufen, um einen günstigeren Durchschnittspreis zu erzielen; pro Order nicht unter 1.000 Euro einsetzen
- Auf breite Streuung achten, um das Risiko zu senken
- Sich nicht auf eine einzige Branche stürzen, selbst wenn diese boomt
- Vor der Orderaufgabe Fundamentaldaten und Charttechnik auswerten
- Sich keineswegs mit dem „Heimatliebedepot DAX“ begnügen
- Keine Aktienorder auf Kredit, mag die Versuchung bisweilen auch groß sein

Bei Hoffnung kontrolliert verkaufen

- Gewinne ordentlich laufen lassen – Verluste beizeiten begrenzen
- Bei dreistelligem Kursanstieg am besten nur einen Teil verkaufen
- Soweit vorhanden, den steuerfreien Altbestand möglichst schonen
- Vor einem zu erwartenden Aufstieg in den DAX, MDAX, TecDAX oder SDAX frühzeitig kaufen, vor dem vermeintlichen Abstieg evtl. verkaufen

Hoch-/Tief-Mutstrategie auch mit Teilverkauf finanzieren

Insbesondere die Kurse von Aktien beobachten, die übertrieben abgestraft wurden durch Sippenhaft (der Marktführer hat gepatzt) und fadenscheinige Gerüchte. Den Kapitalbedarf mit Teilverkäufen von solchen Werten finanzieren, die nahe dem Höchststand notieren. Teilverkäufe widersprechen nicht der Trendfolgestrategie. Geht es weiter aufwärts, bleiben Sie im Boot und ärgern sich nicht so sehr. Stürzt der Kurs danach ab, geraten Sie mit dieser Position insgesamt nicht ins Minus.

Fishers Zwischenruf

„Einer der weisesten Kommentare, der je über die Märkte gemacht wurde, ist: Sie sollten ängstlich sein, wenn die Leute gierig sind, und gierig sein, wenn sie ängstlich sind!“

Ken Fisher

Es gibt Marktphasen, die signalisieren, jetzt auszusteigen oder einen Teil zu verkaufen, anstatt gar nichts zu tun, bis eine Blase zusammenfällt. Misstrauen ist angezeigt bei fragwürdigen Nachrichten und übertriebenem Optimismus. Beides wirkt als Contraindikator. Vorsicht ist geboten, wenn die Boulevardpresse in großen Lettern Börsenmeldungen bringt. Der Markt dürfte überhitzt sein und eine größere Korrektur anstehen. Disziplin und Geduld sind wichtig.

Beispiel Lanxess: Das Spezialchemie-Unternehmen Lanxess, vom Pharma-Riesen Bayer aus dem DAX abgespaltet, kam im Frühjahr 2005 zu knapp 16 € auf den Markt. Wenige Tage später war der Chemietitel für etwas unter 12 € zu haben. Danach stieg der Kurs nach oben. Infolge Finanzkrise und Börsencrash ging es 2008/09 erneut nach unten – zeitweilig bis auf unter 11 €. Anschließend setzte ein massiver Aufwärtstrend ein – unterfüttert durch den DAX-Aufstieg. Die Aktie schaffte ein Allzeithoch von 73 € und kostet nach erneutem Einbruch Mitte März knapp 47 €.

Kauf? Verkauf? Aussitzen?

Cash bereithalten und schrittweise **kaufen,** wenn andere Börsianer skeptisch sind und ihre Papiere voller Angst auf den Markt werfen.

Teilverkäufe, wenn der Optimismus um sich greift, die Boulevardpresse das Thema Börse aufgreift und an Stammtischen über Aktienkurse diskutiert wird.

Aussitzen bietet sich an, wenn es sich um einen steuerfreien Altbestand vor 2009 handelt und gute Zukunftschancen bestehen.

Das seltene Beispiel Priceline.com: Beim zum Onlinereisebüro umgewandelten US-Unternehmen Priceline.com, nach einem Reverse-Split 6:1 ins tiefste Kellerloch gefallen, sprengte die anschließende Kurserholung alle Maßstäbe. Der Kurs hat sich seit 2006 von 12,40 € bis auf 1.868 € im Jahr 2018 vervielfacht. Der marktführende amerikanische Reisekonzern hat sich in Booking Holdings umbenannt und lehnt einen Aktiensplit ab. Ich stieg bei 400 € ein verkaufte 2018 einen Teil für 1.750 €.

Was zeichnet erfolgreiche Kauf- und Verkaufsstrategien aus?

Es spricht einiges dafür, bei anhaltendem Aufwärtstrend nur einen Teil des hohen Kursgewinnes zu realisieren. So bleiben Sie bei weiterem Kursanstieg im Boot. Stürzt Ihre Topaktie später ab – wie dies extrem brutal bei Solarstromaktien geschah – und Sie verpassen den besten Verkaufszeitpunkt, so haben Sie zumindest Ihren Einsatz erwirtschaftet und können insgesamt nicht mehr in die Verlustzone abdriften. Trösten Sie sich, dass man erst hinterher weiß, was richtig gewesen wäre, nie aber im Voraus. Ersparen Sie sich das nutzlose: *„Hätte ich doch …!“*

Vielversprechend ist die Strategie, in zwei oder drei Tranchen zu kaufen, um davon später einen Teil günstig veräußern zu können. Dazu rät seit langem Fondsmanager Heiko Thieme, der jedoch wegen allzu optimistischer Analysen kurz vor dem Crash von 2000 bis 2003 in Verruf geriet.

Wer eine Aktie unbedingt haben will, befriedigt mit dem Erstkauf seine Gier und ist mit im Boot. Wurde der Titel zu früh erworben, lässt sich dies beim Nachkauf ausgleichen. Steigt die Aktie fortan, darf dies kein Hindernis sein, aufzustocken. Das Risiko ist begrenzt, wenn das KGV im Branchenvergleich fair ist und eine üppige Dividende winkt. Sie nutzen zudem den Cost-Average-Effekt, der nicht nur für Sparpläne gilt. Entwickeln sich einige Ihrer Aktien zu Überfliegern, bietet sich bei dreistelligen Buchgewinnen eine Gewinnmitnahme mittels Teilverkauf an.

Einfluss auf Kauf/Verkauf

Bei einer **Kapitalerhöhung** sinkt im Allgemeinen der Aktienkurs – bei guten Fundamentaldaten ein Signal, zuzugreifen. Lohnend bei Fuchs Petrolub, Dürr, Leoni, VIB Vermögen.

Besteht **Übernahmefantasie,** steigt der Kurs der Zielfirma oft zweistellig. Bei einem verbindlichen, lohnenden Übernahmeangebot verkaufen.

Aktiensplits sind willkommen, obgleich die Aktie nur optisch billiger wird. Die erste Ankündigung von Gratisaktien ist als Kaufsignal zu werten.

Die Verringerung der Aktienanzahl durch einen **Reverse Split** ist eher als Verkaufssignal zu deuten. Die Aktien werden z. B. 10:1 umgetauscht.

Aktienrückkaufprogramme werden gern gesehen. Zieht das Unternehmen die Aktien ein, steigt die Rendite je Aktie, weil die Menge sinkt.

Kauf in 2 bis 3 Tranchen; Teilverkauf bei hohem Ertrag

- **Möglichst steuerfreie Altbestände im Erstdepot schonen.** Jeder Kauf seit 2009 mit steuerpflichtigen Kursgewinnen landet im Zweitdepot.
- **Augenmerk auf eine hohe Dividende.** (Bei den 2003 gekauften EUWAX-Aktien für 12,50 € bringt die Ausschüttung von jährlich 3,26 € eine Rendite von 26 %. Alle vier Jahre macht sich der Einsatz allein mit der Dividende bezahlt. Beim Kurs von 91 € im Juli 2017 beträgt die Rendite 3,5 %. Trotz des hohen Kursgewinns wäre es unklug, den Altbestand zu veräußern.
- **Finanzierung neuer Zukäufe durch Mittelzufluss aus Teilverkäufen.** Trost und Freude, bei weiteren Kursanstiegen noch im Boot zu sein.
- **Umwandlung von Buchgewinnen in echten Börsenertrag** durch Realisierung hoher Kursgewinne bevorzugt beim steuerpflichtigen Neubestand.
- **Möglichst kein Kauf und Verkauf unter 1.000 €,** damit die Transaktionskosten nicht zu viel vom Gewinn wegfressen.

10 Strategien als Grundinformation zur Hoch-/Tief-Strategie

❶ Breit gestreut – nie bereut

Ihre Aktien unbedingt nach Indizes, Kontinenten, Ländern, Branchen und zeitlich streuen und sich keineswegs auf das *„DAX-Heimatliebedepot“* beschränken.

❷ Gegen den Strom schwimmen und antizyklisch handeln

Kaufen, wenn eine starke Korrekturphase oder ein Crash den Kurs in den Keller treibt. Bei hohen Kursgewinnen bzw. zwecks Verlustbegrenzung auch verkaufen.

❸ Hier und da Teilverkäufe wagen und schrittweise kaufen

Im Aufwärtstrend bei dreistelligen Kursgewinnen möglichst so viel verkaufen, dass der Einsatz komplett bezahlt ist und noch ein kleiner Reingewinn übrig bleibt.

❹ Im Boom bei Aktienfonds und ETFs für Blue Chips abwarten

Springen die Kurse und die Bewertungen in luftige Höhen, sich eher auf kleinere Indizes und Nebenwerte mit niedrigem KGV konzentrieren. Also ein aktives Stock Picking betreiben, im Übrigen geduldig sein und Kursschwächen abwarten.

❺ Sich selbst treu bleiben und die Verantwortung übernehmen

Auf Sündenbocksuche verzichten; eine Strategie wählen, die Sie nicht wie ein Hemd wechseln, die Ihrem Anlageprofil und Ihrer Renditeerwartung entspricht.

❻ Keine Panikverkäufe im Crash

Bei Kursabsturz nicht alle Aktien panikartig verkaufen, sondern überlegt zu niedrigen Kursen bei erstklassigen Titeln schrittweise einsteigen oder zukaufen.

❼ Unterbewertete Aktien mit hoher Dividende bevorzugen

Fair bewertete substanz- und dividendenstarke Qualitätstitel sichern im Abwärtssog den Kurs nach unten ab, vermindern durch üppige Ausschüttungen das Verlustrisiko und eignen sich bei langfristigem Anlagehorizont auch für das „Aussitzen“.

❽ Sich strategisch an Warren Buffett orientieren

Niedrig bewertete Aktien von Unternehmen bevorzugen, deren Geschäftsmodell und Produkte Sie kennen, verstehen und bejahen. Biotech, Medtech und Hightech mit Robotik erfordern viel Börsenwissen und regelmäßige Marktbeobachtung.

❾ Anlageformen nach Vorlieben, Wissen, Börsenklima und Trend

Es stellt sich immer wieder die Kernfrage: Wann Einzelaktien, wann ETFs, wann Aktienfonds? Dieses Thema wird in diesem Buch ausführlich besprochen.

❿ Die Hoch-/Tief-Strategie funktioniert am besten mit vielen Titeln

Es können auch mehr als 100 Werte sein. Die wichtigsten Voraussetzungen sind ein langer Zeithorizont, Börsenwissen, Marktbeobachtung, Geduld und Disziplin.

Ein Fallbeispiel: Als die Sartorius Vorzüge ein Allzeit- und Jahreshoch von 160 € erreichten und ich freudig verglich, im Altbestand für 5,40 € gekauft zu haben, wurde ich gefragt: *„Weshalb verkaufen Sie nicht alles bei knapp 3.000 € steuerfreier Rendite?" Meine Antwort lautet: „Beim Kaufpreis von 5,40 € beträgt bei einer Ausschüttung von über 70 Cent die alljährliche Dividendenrendite fast 13 %. Da Sartorius die Dividende seit Jahren verlässlich anhebt, würde bei 80 Cent die Ausschüttung auf fast 15 % ansteigen – und dies alljährlich. Schon von daher verbietet sich ein Komplettverkauf eines meiner besten Titel. Aber zwei Teilverkäufe gab es schon – allein, um einen hohen Buchgewinn in einen echten Ertrag umzuwandeln. Jetzt, wo die Aktie 141 € kostet, sind es 2.600 % Buchgewinn. Neben Sartorius entwickeln sich auch noch meine seit über einem Jahrzehnt gehaltenen Spitzenaktien* **Nemetschek** *und* **Eurofins** *weiter.*

Wer sich in Jahrzehnten ein großes Depot aufbaut, kann mithilfe wieder angelegter Ausschüttungen den Unterschied zwischen dem Einkommen als Berufstätiger und der späteren Rente oder Pension voll ausgleichen. Dies gilt auch für meine beiden Kinder, die diese Depots erben und weiterführen wollen.

Kapitel 10 „Zauberformel Hoch-/Tief-Mutstrategie" bringt weiterführende Informationen, Anwendungsbeispiele und Kurslisten.

3.23 Ein Crash ist gut – für Leute mit Mut!

- **In der Ruhe liegt die Kraft, entscheidende Fehler zu vermeiden.**
- **Die richtige Balance hilft, das eigene Risiko zu verringern.**
- **Es ist lohnend, die sich bietenden Chancen mutig zu nutzen.**
- **Das A und O für den Erfolg ist, sich vom Herdentrieb abzukoppeln.**

Wer glaubt, dass sich mit dem Siegeszug der Digitalisierung und KI, den Fortschritten und neuen Erkenntnissen in den Natur- und Wirtschaftswissenschaften ein Börsencrash künftig vermeiden lässt, irrt gewaltig.

Der Mensch neigt als „Gewohnheitstier" zu wiederkehrenden Verhaltensweisen – ein Glücksfall für die davon profitierende Charttechnik. Gelernt wird aus Fehlern wenig. Wäre es anders, hätten Unternehmer, die nach der Gründung scheitern, bessere Comeback-Chancen. So beobachten wir Verdrängung statt Aufarbeitung, Herdentrieb statt eigenverantwortlicher Entscheidung. Spekulationsblasen gehören auch künftig zum Börsengeschehen. Den jüngsten Crash erlebten wir 2008/2009, Korrekturen im Herbst 2014, Jan./Febr. 2016 und heftig im 4. Quartal 2018. Ich erinnere an den Ausspruch von **Arthur Schopenhauer:** *„Kein Geld ist vorteilhafter angewandt als das, um welches wir uns haben prellen lassen. Denn wir haben dafür unmittelbar Klugheit eingehandelt."*

Hinterfragen Sie bitte kritisch: Handeln wir uns nach einem Reinfall am Grauen Kapitalmarkt oder falschen Entscheidungen an der Börse tatsächlich Klugheit ein? Für mich war der Kurssturz am Neuen Markt eine heilsame Lehre. Der damalige Fehler bewirkte, dass ich 2008/2009 fast alles richtig machte, die Hoch-/Tief-Mutstrategie erfand und erfolgreich erprobte. Sie ist der Schlüssel für die Million.

Bei weltweiten Finanzbeben wird das Börsengeschehen nicht durch Klugheit, sondern Angst und Panik geprägt. Gut, wer da die Ruhe bewahrt und vernünftig reagiert. *„Kaufen bei Angst, wenn die Kanonen donnern – verkaufen bei Hoffnung, wenn Gier und Euphorie den Verstand benebeln."* bewährt sich in Krisen als Erfolgsrezept für Mutige. Die Wissenschaft kann Blasenbildung und Crash nicht verhindern. Die Börse ist ein Spiegelbild menschlichen Verhaltens. Koppeln Sie sich vom Herdentrieb ab. Entscheiden Sie verantwortungsvoll.

Meilensteine der Börsengeschichte dargestellt am DAX	
Oktober 1997	Die anhaltende Asienkrise löst bei den Tigerstaaten eine Rezession aus. Die Länderwährungen stürzen ab. Der deutsche Leitindex DAX notiert bei 4.000 Punkten.
Oktober 1998	Der Hedgefonds LTCM stürzt ein. Das weltweite Finanzsystem wankt. Die Notenbanken senken den Zinssatz. Der DAX stagniert bei rund 4.000 Punkten.
März 2000	Die Interneteuphorie erstürmt den Gipfel mit DAX, Neuer Markt und Nasdaq auf Allzeithoch mit Tendenz zur Überbewertung. Der DAX schafft 8.064, der Nemax 9.631 Punkte.
November 2001	Das Terrornetzwerk al-Kaida zerstört mit gekaperten Flugzeugen das World Trade Center (3.000 Tote) in den USA. Der DAX stürzt brutal auf nur noch 5.000 Punkte ab.
Gesamtjahr 2002	Das zweite „Salami"-Crashjahr ist geprägt von Rezessionsangst, Bilanzfälschungen um die amerikanischen Unternehmen ENRON und Worldcom. Der DAX fällt unter die 5.000er-Marke.
März 2003	Beim weltweiten Crashfinale bricht der DAX auf 2.188 und der Nemax 50 auf 309 Punkte ein. Die USA greifen den Irak an und entmachten Saddam Hussein.
Gesamtjahr 2005	Substanzstarke, nachhaltig wirtschaftende deutsche Firmen sind Nutznießer des investitionsgetriebenen globalen Aufschwungs. Der DAX erholt sich auf 4.000 Punkte.
Gesamtjahr 2007	Die Subprimekrise löst anfangs eher wenig Besorgnis aus. Der DAX steht bei 7.000 Punkten. Die Börsenwelt scheint noch heil wie die trügerische Ruhe vor einem heftigen Sturm.

Gesamtjahr 2008	Die Immobilienkrise verschärft sich. Zuvor schafft der DAX noch 8.150 Punkte. Mit der Pleite von Lehman Brothers steht das Finanzsystem am Abgrund. Die Indizes brechen weltweit ein.
Gesamtjahr 2009	Es kommt zur schwersten Wirtschaftskrise der Nachkriegszeit. Der DAX stürzt im März auf 3.600 Punkte ab. In Erwartung eines Aufschwungs erholt sich der DAX und packt die 6.000-Marke.
Gesamtjahr 2010	2010 beginnt turbulent. Zum Jahresende notiert der DAX bei 7.000 Punkten. Frühindikatoren deuten darauf hin, dass die Talsohle überschritten ist und es in der Industrie aufwärts geht.
Gesamtjahr 2011	Es zeigen sich erste Anzeichen einer schweren Überschuldungskrise im südeuropäischen Raum. Während der DAX 2010 noch ein Kursplus von 16 % erzielt, sinkt er auf unter 6.000 Punkte.
Gesamtjahr 2012	Die US-Notenbank FED und die Europäische Zentralbank EZB versuchen, mit niedrigsten Leitzinssätzen die Märkte zu beleben. Der DAX steigt auf über 7.600 Punkte, ein Plus von 29 %.
Gesamtjahr 2013	Die Lage in Südeuropa stabilisiert sich. Aber die hohe Arbeitslosenquote bei jungen Leuten bremst das Wachstum aus. Akute Crashgefahr besteht nicht. Stock Picking heißt das Gebot. Im März überspringt der DAX die alte Bestmarke 8.000 Punkte.
Gesamtjahr 2014	Anfang 2014 stellt sich die Frage: Knackt der DAX die psychologisch interessante Marke von 10.000 Punkten? Die Marke wird im Juni mit 10.051 Punkten erreicht. Die US-Börsen Dow Jones, S&P 500 und Nasdaq schaffen Allzeithochs. Der japanische Nikkei notiert auf dem Höchststand seit 7 Jahren.
Gesamtjahr 2015	2015 beginnt mit Paukenschlägen. Der DAX springt im Februar auf über 11.000 Punkte und im Frühjahr auf ein Rekordniveau von fast 12.400 Punkten. Auch der MDAX freut sich mit gut 21.000 Punkten über neue Höchststände. Ab Oktober erfolgt eine Korrektur, danach leichte Erholung. Zum Jahresende beträgt das Plus beim DAX knapp 11 % – kein Ende der Fahnenstange.
Gesamtjahr 2016	Das Jahr 2016 startet im 1. Quartal denkbar schlecht. Danach findet eine leichte Erholung statt – großteils weltweit. Der DAX erobert die Marke von 10.000 Punkten zurück. Die Null- und Strafzins-EZB-Politik von Mario Draghi mit offenen Geldschleusen und ungebremstem Staatsanleihenkauf lösen Kritik aus. Der Brexit, Austritt Englands aus der EU, bewirkt einen Minicrash. Der überraschende Wahlsieg von Donald Trump beunruhigt. Höchststände von Dow Jones und Nasdaq und ein Ölpreisanstieg auf über 50 USD je Barrel bringen den DAX auf Trab. Er schafft im Dezember ein Jahreshoch von 11.100 Punkten.

Gesamtjahr 2017	Banken, Fonds und Analysten übertrafen sich mit ihren Vorhersagen für 2017 mit DAX-Einschätzung von 11.000 bis 13.000 Punkten. Was dürfte den Börsentrend beeinflussen? Populismus in der Politik; niedrige, aber leicht steigende Zinsen in den USA; mäßiges Wirtschaftswachstum; bei Öl Gleichgewicht Angebot/Nachfrage durch Opec-Fördermengenkürzung; politische Trendwende durch Brexit in England und Präsidentenwahl Donald Trump. Im Juni 2017 kletterte der DAX auf 12.950 Punkte.
Gesamtjahr 2018	Das Jahr 2018 begann vielversprechend, endete aber durch das miserable 4. Quartal mit hohem Verlust an vielen internationalen Börsenplätzen. Der DAX stürzte vom Allzeithoch bei 13.597 Punkten zeitweilig bis auf 10.280 Zähler ab, ein Minus von rund 20 %. Auch der MDAX konnte sein Allzeithoch von 27.525 Punkten nicht halten, sank bis auf 21.160 Punkte und startete 2019 mit über 22.150 Punkten. Beim SDAX sah es ähnlich übel aus: Allzeithoch 12.750 Punkte, Einbruch auf 9.265 Zähler, Start 2019 bei der Marke 9.850. Nur Dow Jones, Nasdaq und TecDAX kamen 2018 mit einem Minus von 5 % bis 7 % glimpflich davon.
Ausblick 2019	Wegen vielfältiger Krisen wie der vom unberechenbaren US-Präsident Donald Trump ausgelöste Handelsstreit gegen China mit hohen Strafzöllen und Sanktionen gegen etliche Staaten sinkt das weltweite Wirtschaftswachstum. Davon ist Deutschland als Exportnation besonders betroffen. Die amerikanische Notenbank FED wird den Leitzins, sofern überhaupt, nur noch langsam anheben. Die EZB mit ihrem Notenbankchef Mario Draghi plant keinen Zinsschritt nach oben vor 2020. **Prognose:** Bei starken Kursschwankungen erwarten die meisten Analysen einen DAX-Stand zwischen 10.500 und 12.000 Punkten. Ein ungeordneter Brexit würde die EU, insbesondere Deutschland hart treffen, ein neues Referendum mit Abschied vom Brexit ein Kursfeuerwerk auslösen. Ein starker Aufwärtstrend wäre zu erwarten, wenn USA und China ihren Handelsstreit mit Strafzöllen und Sanktionen friedlich beilegen.

Der Crash vom Herbst 2008 bis Frühjahr 2009 wurde eingeleitet durch die Subprimekrise in den USA, mutierte zur Weltwirtschaftskrise, weitete sich aus zum Überschuldungsszenario im südeuropäischen Raum und in Amerika. Nur weil die Notenbanken ständig neues Geld in die Märkte pumpen, Anleihen von krisengeschüttelten Ländern aufkaufen und mit einem Zinssatz nahe 0 % die Märkte beleben, blickten etliche Experten noch zuversichtlich nach vorn. Es droht ein empfindlicher Kursrutsch, wenn Donald Trump seine Abschottungspolitik umsetzt und die Sanktionen gegenüber Russland, die auch unserer Wirtschaft schaden, nicht aufhören.

Ein Handelsblatt-Zitat Nr. 16/2008: „Das Gute am bösen Crash“

„Hätte der DAX seinen im März 2003 begonnenen Kursanstieg im Börsenjahr 2008 unverändert fortgesetzt, wäre der 31. Dezember 2008 als großer Stichtag der Abgeltungssteuer an den meisten Aktienanlegern vorbeigerauscht. Keine noch so plausible Berechnung von Vor- und Nachsteuerrenditen oder noch so glaubhafte Beteuerung, langfristig spiele der Einstiegszeitpunkt keine Rolle, hätte die mehrheitlich noch immer skeptischen deutschen Anleger davon überzeugen können, zu einem DAX von 8.500 oder gar 9.000 Punkten ein Engagement in Aktien zu wagen. Die erdrutschartigen Verluste geben nun auch den Skeptikern an den Seitenlinien die Gelegenheit, Pläne für einen sehr langfristig orientierten Einstieg in den Aktienmarkt zu schmieden.“ **Meine Frage:** Haben Sie diese Großchance genutzt?

Ein Crash wird durch sich auftürmende Spekulationsblasen ausgelöst. Kursverluste sind auch wegen äußerer Störfaktoren denkbar wie ein Kriegsausbruch, schwere Terroranschläge, Wirtschafts- und Finanzkrisen, starker Zinsanstieg, Ölpreisexplosion, Ungleichgewicht im Rohstoffsektor, Epidemien und Naturkatastrophen. All dies entmutigt und führt zu Ängsten, die eine Kettenreaktion von Stop-Loss-Orders auslösen und das Absturzszenario verstärken.

Peter L. Bernstein berichtet in seinem Buch **„Against The Gods“**, wie sich die *„Muster der Unvernunft, Inkonsequenz und Inkompetenz wiederholen, wenn Menschen Entscheidungen bei Ungewissheit treffen“.*

Buchverluste verwandeln sich in tatsächliche Einbußen, wenn sich Anleger im Tiefpunkt von Ihren Aktien trennen. Bei Standardtiteln ist nach verpasstem schnellem Ausstieg das Aussitzen oft besser. Das Problem ist, dass Unangenehmes verdrängt wird – ein Grund, warum viele Börsianer Schiffbruch erleiden.

Crashsplitter 1929

Im Vorfeld: Anfang Oktober 1929 geben Börsenmakler Kredite für 7 Mrd. Dollar aus. Mehr als 10 % vom Börsenwert an der Wall Street basieren auf Pump.

Am Montag ab Crashbeginn: Stützungskäufe bleiben aus. Es finden sich kaum noch Abnehmer für die überteuerten Aktien. Anleger, die zuvor überbewertete Aktien zu jedem Preis orderten, trennen sich von ihren Papieren zu Tiefkursen und bleiben im Schnitt 3 Jahre der Börse fern.

Nachwehen: Der Dow verliert von 1929 bis 1932 insg. 86 %. Er steigt dennoch an 365 Tagen. Drei Jahre herrscht also die vergebliche Hoffnung, der Schrecken sei vorbei. Kaum anders sah es von 2000 bis 2003 aus. Der DAX büßte 70 % ein, der Nemax 50 sogar 97 %.

Ein Blick in die Crashgeschichte

Laut Überlieferung gab es den ersten Crash in der 500-jährigen Börsengeschichte im Februar 1637. Getrieben von Gier und fernab von Vernunft erwerben niederländische Spekulanten seltene Tulpenzwiebeln zu horrenden Preisen.

Eine Pferdekutsche oder Immobilie für Tulpenzwiebeln – und dies auch noch ohne Gedeihgarantie? Dann geschieht genau das, was passieren musste. Bei der Jahresauktion in Alkmaar bleiben die Händler weg. Die Spekulationsblase platzt und hinterlässt ein Tal der Tränen mit finanziellem Ruin. Die Tulpenzwiebelpreise sinken um 95 % – eine Parallele zum Neuen Markt, dem Absturz 380 Jahre später.

1700: Nach Scheitern des Projekts kann die Darién-Gesellschaft ihre Anteile nicht mehr einlösen.

1720: Mit der Südsee-Blase Englands und der Mississippi-Blase Frankreichs von 1717 bis 1729 entwickeln sich ernste Krisen, die bis zum Ausbruch der Amerikanischen und Französischen Revolution noch nicht überwunden sind.

Am 9. Mai 1873 fallen die Aktienkurse wegen des Gründerkrachs an der Wiener Börse ins Bodenlose. Auch in Deutschland und den USA brechen die Kurse ein.

Am 5. Mai 1893 löst eine Wirtschaftskrise in den USA hohe Kursverluste an der New York Stock Exchange aus. Besonders die Eisenbahnaktien sind die Opfer.

Als Schwarzer Donnerstag in Amerika und Schwarzer Freitag in Europa gehen der 24./25. Oktober 1929 als schlimmster Crash in die Geschichte ein. Es kommt zur Weltwirtschaftskrise – der Hauptgrund, dass der Dow Jones binnen drei Jahren um 86 % in den Abwärtsstrudel gerät.

Fast 60 Jahre später, am 19. Oktober 1987, erleben wir erneut einen weltweiten Crash. Viele Börsianer verknüpfen Crashängste mit dem Monat Oktober und scheuen sich, selbst bei starker Kursschwäche zuzugreifen. Wie reagieren Sie bei Kurseinbruch? Gab es Panikverkäufe? Oder nutzten Sie die niedrigen Kurse für den Zukauf von Spitzenwerten?

1998: Die Russlandkrise zieht die Aktienmärkte Osteuropas in die Tiefe.

2000: Maßlos überhitzte Kurse im Internetsektor führen zum Platzen der Dotcom-Blase mit Pleite vieler Start-up-Firmen. Der Neue Markt wird 2003 vom TecDAX abgelöst. Weltweit brechen die Aktienindizes ein. Die Jahrtausendwende ist die Geburtsstunde für den tückischen 3 Jahre anhaltenden Crash.

> *„Aus eigenen Erfahrungen weiß ich, dass vorzeitige Gewinnmitnahmen im Nachhinein äußerst schmerzhaft sein können. Aber gar nichts zu tun und die vielzitierte Schlaftablette des André Kostolany zu nehmen, halte ich auch für gefährlich.*
>
> *So richtig es ist, sich aufgrund eigener Kenntnisse oder Sachkundiger eine Meinung zu bilden und danach sein Depot aufzubauen, so falsch kann es sein, aus Schlafmützigkeit oder Sturheit bei dieser Meinung zu bleiben, selbst wenn sich die wirtschaftlichen oder gesellschaftspolitischen Voraussetzungen entscheidend geändert haben."*
>
> **Friedhelm Busch**

Was den Crash 1929 von 2000 bis 2003 unterscheidet

Was geschah überhaupt am 24./25. Oktober 1929? Am Schwarzen Donnerstag kommt es zum schwersten Börsencrash in der amerikanischen Geschichte. Er dehnt sich wegen hausgemachter Probleme zur globalen Wirtschafts- und Finanzkatastrophe aus. Die Nachrichten schwappen in den Abendstunden nach Europa über und führen zum massiven Kursabsturz. Der Niedergang des US-Börsenbarometers bis 1933 mit über vier Fünfteln Verlust ist überaus heftig. Zwischen 1929 und 1933 sinkt die Industrieproduktion rund um den Globus um die Hälfte. Der Börsencrash wächst sich weltweit zur Bankenkrise aus.

Im Nachhinein sieht es so aus, als ob eine falsche Geld- und Finanzpolitik, das Abschotten eigener Märkte und der Versailler Vertrag aus dem sonst vielleicht beherrschbaren Börsencrash eine globale Katastrophe machten. Darin liegt der große Unterschied zum Crashszenario von 2000 bis 2003. Die Notenbanken reagierten vernünftig und senkten den Leitzinssatz in schneller Folge. Die befürchtete Deflation blieb aus. Die Wirtschaft erholte sich weltweit – gestützt vom konjunkturellen Aufschwung, der auch die Nachfrage hierzulande erfasste.

Bei Bodenbildung kaufen – ohne ins fallende Messer zu greifen!

Mein Börsenspruch: ***„Ein Crash ist gut – für Leute mit Mut.“*** bedeutet, geduldig den Markt zu beobachten und in der Bodenbildungsphase schrittweise zuzukaufen. Dies kann in 2 oder 3 Tranchen geschehen, vorausgesetzt, Sie investieren pro Order über 1.000 €. Sie nutzen den **Cost-Average-Effekt,** erwerben Aktien zum günstigen Durchschnittskurs. Das Risiko, dass dies etwas zu früh oder zu spät geschieht, ist bei langem Anlagezeitraum hinnehmbar. Ein großer Verlust ist vorprogrammiert, wenn Sie kurz vor Platzen der Spekulationsblase überteuerte Aktien erwerben und nahe dem Allzeittief verkaufen.

Fazit: Seit Aufstieg und Zusammenbruch der Vereinigten Ostindischen Compagnie (VOC) im 17. Jahrhundert registrieren Historiker über 40 Börsenkrisen. Dem Kurssturz ging eine Phase voraus, in der Anleger dem Massentrieb folgten und sich an das ihn begleitende irrationale Gesetz hielten: Je teurer die Aktien, desto mehr wurde gekauft. Nach dem Absturz die umgekehrte Variante: Je billiger die Aktien, desto häufiger verschmähten die Investoren sie.

Anlegerverhalten in schwierigen Zeiten
Was Anleger am meisten schätzen: sichere Anlage, Werterhalt, einfach und leicht verständlich, niedrige Kosten, jederzeit verfügbar, fairer Zinssatz.
Mehrere Kapitalanlagen: Renditechancen aktuell: gute Aktien, ETFs, Aktienfonds mit Ausrichtung auf Nebenwerte, Konsum, Maschinenbau, IT und Zukunftsmärkte, „Betongold“ Immobilien insbesondere zum Selbstbewohnen. **Schleichende Kapitalvernichtung aktuell:** Sparbuch, Festgeld, europäische Staatsanleihen.

40 % der Nichtsparer könnten Geld zurückzulegen. Sie sehen aber kaum Sinn im Sparen – eine Folge von fehlendem Wissen und Nullzinspolitik. Höchste Zeit, an allen weiterführenden Schulen Wirtschaft und Recht als Pflichtfach einzuführen!

Was hält vom Sparen ab? Viele junge Leute haben ihr Leben hier und jetzt im Blick und konsumieren lieber trotz Folgekosten. Abschreckend wirkt, dass selbst 10-jährige Bundeswertpapiere wegen der Inflationsrate ein Minus bescheren.

Fallbeispiel: Der Blitzcrash vom 6. Mai 2010 bleibt ein Mysterium

Am 6. Mai 2010 kommt es beim Dow Jones, dem amerikanischen Leitindex, innerhalb weniger Minuten zum Blitzcrash mit einem Kursverlust von rund 1.000 Punkten. Und ich beobachte am Bildschirm, wie der DAX – vergleichbar mit dem Terroranschlag auf das World Trade Center – in ein paar Minuten um fast 1.000 Punkte ins tiefste Kellerloch abstürzt. Etwa erneut ein globaler Vernichtungsschlag der Terroristen?

Der Weltkonzern Procter & Gamble verliert minutenschnell 60 Mrd. US-Dollar Börsenwert. Später werden all jene Börsengeschäfte rückabgewickelt, bei denen in einer Viertelstunde der Verlust über 60 % beträgt. Die US-Börsenaufsicht SEC tappt bei den Ursachen im Dunkeln. Fest steht, dass die Rechner der Großbanken und Handelsplätze massenweise Verkaufsorders stellten, genährt von den in aller Welt gesetzten automatischen Stop-Loss-Orders. Mein erster Gedanke: „Die verdammten Stop-Loss-Orders! Massenweise werden nun Aktiendepots abgeräumt."

So segensreich Computer sein mögen. Die Kontrolle der Systeme wird komplexer, das Stoppen von Transaktionen schwieriger. Ein großer Marktteilnehmer, der versehentlich seine Orders mit einer Null zu viel im Milliardenbereich abwickelt, kann ein weltweites Chaos anrichten. Momentan arbeitet die US-Börsenaufsicht SEC intensiv daran, die Regeln zu verschärfen und den Handel für fünf Minuten auszusetzen, sobald eine Aktie in fünf Minuten um mehr als 10 % steigt oder fällt.

Dazu ein Kurzkommentar der SEC-Chefin Mary Schapiro: „Es ist wichtig, dass alle Börsen sich schnell darauf geeinigt haben, allgemein geltende Schwellen einzubauen. Nach bisherigen Erkenntnissen haben die Aktien von etwa 200 Unternehmen beim Blitzcrash fast ihren gesamten Wert eingebüßt und wurden vielfach gerade noch für ein Cent gehandelt."

Fazit: So etwas geschieht sehr selten; aber es kommt vor. Schützen Sie sich vor einem solchen Schaden oder sich häufender absichtlich verbreiteter Falschmeldungen, indem Sie keineswegs Ihr gesamtes Aktiendepot mit Stoppkursen absichern. Wenn überhaupt, begrenzen Sie Ihre Stop-Loss-Maßnahmen auf riskante Nebenwerte. Ich erlitt am 6. Mai 2010 keinen Schaden, sondern nutzte abgestürzte Kurse zum günstigen Nachkauf. Als unmoralisch bewerte ich dies nicht.

3.24 Horror für Anleger: dubiose Leerverkäufe

Mitte März 2017 war die Welt für Aurelius (WKN: A0J K2A), die Beteiligungsgesellschaft mit Geschäftssitz in Grünwald bei München, noch in Ordnung. Die Aktie stürmte seit 2009 beim Kurs unter 5 € von einem zum nächsten Allzeithoch bis auf 68 €. Am 28./29. März 2017 war es mit der Herrlichkeit vorbei. Am Montag brach der Kurs bis auf 45 € ein. Einen Tag später, als ich mit Erholung rechnete, ging der Absturz weiter – bis auf 34 €. Der Horror Leerverkauf durch dubiose Researchfirmen mit begleitenden Hedgefonds setzt sich nach **Ströer** (MDAX-Abstieg, jetzt SDAX) und **Wirecard** (DAX-Aufstieg und TecDAX) fort. Gothams weiteres Opfer ist Chinas Hightechkonzern AAC, zeitweilig vom Handel ausgesetzt.

Was sind Leerverkäufe? Wann werden sie von wem eingesetzt?

Spekulanten setzen auf fallende Kurse überbewerteter Aktien, die oft auf Jahreshoch notieren. **Hedgefonds,** deren Zahl seit der Jahrtausendwende von 3.335 auf 8.216 im Sommer 2017 stieg, nutzen dieses Finanzinstrument gern. Der **Short Seller** verkauft an der Börse Papiere, die er sich gegen eine Gebühr von einem Broker oder Fonds in der Annahme leiht, sie später zum niedrigeren Kurs an der Börse zurückzukaufen. Die Differenz zwischen Verkaufs- und Rückkaufpreis sorgt für Gewinn bei dem oft zwielichtigen Geschäftsmodell. Zur Veranschaulichung zwei Beispiele: Ein Hochzeitspaar mietet einen Porsche oder Ferrari für einen Tag. Ein Unternehmer schmückt, um die Teilnehmer zu beeindrucken, bei einer Präsentation den Empfangssaal mit wertvollen Gemälden, die ihm nicht gehören.

Warum geriet Aurelius ins Fadenkreuz fragwürdiger Analysten?

Schrottfirmen werden nicht von Leerverkäufern heimgesucht. Meist geht es um hoch bewertete Mittelständler, deren Aktienkurs aufwärtsschnellt, mit einer Marktkapitalisierung im mehrstelligen Millionenbereich, vielleicht sogar milliardenschwer. Bei **Aurelius** wütete die 2013 gegründete Firma **Gotham City Research.** Aurelius wurde mit der Pleite-AG Arques verglichen und das Kursziel wurde auf lächerliche 8,56 € festgelegt. Die Attacke stürzte die Aktie in den freien Fall. Aurelius wehrte sich mit einer Dividendenerhöhung auf 4,00 € und Aktienrückkauf, unterstützt von der **Baader Bank,** die Aurelius Geschäftsmodell für seriös hält.

Die Leerverkaufsopfer Wirecard und Ströer auf Erholungskurs

2016 sorgten die Leerverkäufe von Wirecard und Ströer für Unruhe. Ich nutzte dies aus und kaufte Wirecard am 24.02.16 für 33,15 €. Auch bei Ströer hoffte ich auf Erholung und erwarb den Titel am 25.04.16 für 43,30 €. Im Februar 2019 gab es bei Wirecard weitere Leerverkäufe, die daraufhin von der Deutschen Börse AG verboten wurden. Im August 2018 verkaufte ich einen Teil zu 176 €. Im Februar 2019 ergänzte ich meinen Bestand zum Kurs von 101 €. Es hat sich gelohnt.

❹ Die wichtigsten deutschen Aktien-Indizes

4.1 Was bringt die Neuordnung der deutschen Indizes?

Die Deutsche Börse AG hat zum 24. Sept. 2018 das Regelwerk reformiert. Viel Arbeit kam auf ETFs zu, die ein Börsenbarometer exakt abbilden müssen. Die Änderungen sind groß. Im MDAX mit 60 und SDAX mit 70 Titeln geht es richtig zur Sache.

Warum das alles? Der Grund ist, Technologieaktien auch in die bisher klassisch ausgerichteten mittelständischen Indizes MDAX und SDAX einzubringen und damit deren Attraktivität zu steigern. Damit gelangen nicht nur defensive Value-Aktien, sondern nun auch offensive Growth-Titel in das Mid- und Small-Cap-Depot.

- **Das unverständlich anmutende große fehlerhafte Problem ist nur, dass die Printmedien, also führende Tageszeitungen, Wirtschafts- und Börsenmagazine, den souveränen Tabellenführer TecDAX nicht mehr abbilden.** Es wird darauf verwiesen, dass alle 30 TecDAX-Titel ja im DAX (4), MDAX (14) und SDAX (12) als Doppelnotiz gelistet sind und nur noch dort abgebildet werden. So gerät der TecDAX bei Einsteigern und unerfahrenen Anlegern in Vergessenheit, was himmelschreiend unfair ist.

Der TecDAX schnitt bis Ende August 2018 im Drei- und Fünfjahresvergleich etwa viermal so gut wie der DAX und im Jahrzehntvergleich dreimal so erfolgreich wie der deutsche Leitindex ab. Gegenüber MDAX und SDAX gab es in einem, drei und fünf Jahren eine Kursverdoppelung. Die ungerechtfertigte Abstrafung, wohl nur erfolgt aus Platzmangel aufgrund der Aufstockung des MDAX von 50 auf 60 und des SDAX von 50 auf 70 Titel, geht so weit, dass selbst erfahrene Börsen- und Wirtschaftsberichterstatter plötzlich ihre Kommentare beispielsweise beginnen mit: *„Die beiden MDAX-Titel Bechtle und Nemetschek …“* oder: *„Isra Vision und XING aus dem SDAX …“* Alle diese Werte wurden im TecDAX groß und erwachsen. Im Onlinebereich und den Bildtafeln von Börsensendern wie n-tv wurde dieser Wahnwitz schnell überwunden; denn Platzprobleme gibt es weder im Internet noch bei den Bildtafeln. Hier wurde aus Fehlern gelernt. Solange niemand vorreitet, wird sich im Printbereich kaum etwas ändern. Abschreiben angesagt!

Was geschieht beim DAX?

Die Technologiewerte Deutsche Telekom, Infineon und SAP wanderten zusätzlich in den TecDAX. In den USA geschieht so etwas schon lange. Apple und Microsoft sind im Dow Jones wie auch im Nasdaq gelistet. Die passiv gemanagten TecDAX-ETFs müssen die Aktien der drei DAX-Firmen kaufen. Die aktiven TecDAX-Aktienfonds werden sich diese Chance auch bei Freiraum nicht entgehen lassen, auf DAX-Titel mit 220 Mrd. € Börsenwert zu verzichten.

Die Commerzbank stieg aus dem Leitindex ab und Wirecard vom TecDAX auf. Der Onlinebezahldienstleister konnte 2018 den Kursgewinn auf 199 € verdoppeln und mit einem Börsenwert von 25 Mrd. € die Commerzbank um mehr als die Hälfte überrunden. Selbst die Deutsche Bank kommt da nicht heran. Erinnern Sie sich an 2016, als ein dubioses Researchinstitut aus Geldgier und purem Eigennutz den Leerverkauf bei Wirecard einleitete mit „Kursziel 0"? Ich griff bei 33 € zu, machte bei 176 € einen Teilverkauf und ergänzte den Bestand bei Kursschwäche 101 €.

Was tut sich beim TecDAX?

Die Neuordnung 2018 bewirkt, dass vom DAX die Deutsche Telekom, Infineon, SAP und Wirecard auch im TecDAX notieren. Die übrigen 26 TecDAX-Firmen zogen zusätzlich in den MDAX oder SDAX ein. **Abstieg:** Medigene, SLM Solutions, SMA Solar. **Zusätzlich 15 Titel MDAX:** 1&1 Drillisch, Bechtle, Carl Zeiss Meditec, Dialog Semiconductor, Evotec, Freenet, MorphoSys, Nemetschek, Qiagen, Sartorius, Siemens Healthineers, Siltronic, Software AG, Telefónica, United Internet. **Zusätzlich 11 Werte SDAX:** Aixtron, Cancom, CompuGroup, Drägerwerk, Isra Vision, Jenoptik, Nordex, Pfeiffer Vacuum, RIB Software, S&T, XING. **Folgen:** Der TecDAX gewinnt durch die DAX-Titel 220 Mrd. € Börsenwert und wird noch attraktiver. Fatal wäre es, den TecDAX dauerhaft aus den Printmedien zu verbannen. **Beispiel: DAXplus Family 30.** Auch über diesen guten Index wird nicht berichtet.

Was passiert beim MDAX?

Der MDAX umfasst statt 50 nun 60 mittelgroße Werte aller Branchen, da auch Technologiefirmen einziehen durften. Sämtliche TecDAX-Unternehmen nutzen die zweite Notiz. 15 von ihnen gehören dem MDAX, 11 dem SDAX an. Börsenwert, Streubesitz und Umsatz entschieden, ob ein Platz im begehrten mittelgroßen MDAX oder Kleinwerteindex SDAX ergattert wurde. **Aufsteiger vom SDAX:** Alstria REIT und Knorr-Bremse, **Abstieg in den SDAX:** Ceconomy, Leoni, Jungheinrich, Salzgitter, Ströer und Talanz. **Doppelnotiz TecDAX:** 1&1 Drillisch, Bechtle, Carl Zeiss Meditec, Dialog Semiconductor, Evotec, Freenet, MorphoSys, Nemetschek, Qiagen, Sartorius, Siemens Healthineers, Siltronic, Software AG, Telefónica, United Internet. **Folgen:** Der MDAX wird noch attraktiver, weil der Zukunftsmarkt Technologie (Growth) dazugehört.

Und wie sieht es beim SDAX aus?

Der SDAX ist kaum wiederzuerkennen. Er gewinnt neben Doppelnotiz der TecDAX-Titel mit Technologie, Software, Biotech an Qualität durch MDAX-Absteiger, Aufsteiger aus dem Prime Standard und Rauswurf der schwächsten Titel. **Aufsteiger Prime Standard:** Befesa, Dr. Hoenle, HelloFresh, Shop Apotheke, VARTA. **Abstieg MDAX/TecDAX:** Ceconomy, Leoni, Jungheinrich, Medigene, SMA Solar, Salzgitter, Ströer, Talanz. **Rauswurf SDAX:** Biotest, ElringKlinger, Grammer, VTG. **Doppelnotiz TecDAX 11 Titel:** Aixtron, Cancom, CompuGroup, Drägerwerk, Isra Vision, Jenoptik, Nordex, Pfeiffer Vacuum, RIB Software, S&T und XING.

Folgen: Jeder SDAX-ETF muss den gesamten Index abbilden. Innovative Aktienfonds sollten die Chance aufgreifen, aus 70 Werten die besten Aktien herauszufiltern. Angereichert mit TecDAX-Technologie zieht Growth in den bislang klassischen SDAX ein. Moderne Kursmusik ist im Bullenmarkt zu erwarten.

Nachteil: Der SDAX wird sehr unübersichtlich. Ein schwacher Trost: Vor 2003 umfasste er auch schon 70 Titel. Aber der Markt von damals ist mit der heutigen Vielfalt kaum zu vergleichen. Im Printsektor fehlt der Platz für Berichterstattung.

Anlegertipp: Sie sollten nicht in Herdentriebmanier abwarten und nachmachen, was andere tun, sondern frühzeitig als kluger Perlenfischer beste Aufsteiger bei Kursschwäche ordern. Dies gilt auch für die DAX-, MDAX- und TecDAX-Titel mit Doppelnotiz. Wer in den Fußstapfen anderer geht, kann nichts bewegen.

Kleine ETF-Auswahl: SDAX, MDAX und TecDAX

Markt, Index, Emittent	WKN	Kurs 11.03.19	Hoch/Tief 52 Wochen	Kursentwicklung 1, 3, 5, 10 Jahre
SDAX ComStage SDAX®	**ETF 005**	98,35 €	118,5/84,20 €	**-11/+22/+44 %**
	Umfang 114 Mio. €, Alter 8 Jahre, Gebühr **0,70 %,** ausschüttend. Die Neuordnung ist schon daran erkennbar, dass die aufgenommenen TecDAX-Titel und Knorr-Bremse stark gewichtet sind.			
MDAX iShares oder ETF007	**593 392**	210,30 €	233,8/180,4 €	**-6/+22/+42/+435 %**
	Umfang 1,6 Mrd. €, Alter 18 J., Gebühr **0,50 %,** thesaurierend. Der MDAX zeigt sein neues Gesicht mit Hauptanteilen Industrie und Software. Qiagen und Siemens Healthineers sind stark gewichtet.			
TecDAX iShares oder ETF908	**593 397**	24,55 €	28,05/21,80 €	**+1/+59/+102/+521 %**
	Umfang 810 Mio. €, Alter 18 Jahre, Gebühr **0,50 %,** thesaurierend. Auch hier ist die Reform eingebracht. Telekomdienste führen. Hohe Anteile für die DAX-Titel Telekom, SAP, Wirecard, Infineon.			

4.2 Der Leitindex DAX mittlerweile 30 Jahre alt

Ob TV, Rundfunk, Tageszeitung oder Wirtschaftspresse. Geht es um die Börse, gehören die Schlagzeilen dem DAX. Der deutsche **A**ktienindе**X**, dessen Abkürzung zum Tierbild Dachs anregte, wurde 1988 gegründet. In den drei Jahrzehnten seines Börsenlebens hat er Höhen und Tiefen mitgemacht und den Kurs seit seiner Geburtsstunde verzehnfacht. Er startete im Juli 1988 mit 1.163 Punkten, wurde aber auf die glatte Zahl von 1.000 Punkten normiert. Es gibt zwei weitere Börsentiere, Bulle und Bär. Da der Bulle im Kampf mit seinen Hörnern aufwärts stößt, steht er für steigende Kurse. Der Bär schlägt mit seinen Tatzen von oben nach unten auf sein Opfer ein, ist also das Symbol für fallende Notierungen.

Die erfolgreichsten DAX-Unternehmen 2018 bis Jahresende					
Nr.	**Aktie/Unter-nehmen**	**WKN 846 900**	**Kurs 28.12.18**	**Hoch/Tief 52 Wochen**	**Kurse in %**
❶	Wirecard	**747 206**	132,80 €	199,0/85,40 €	**+42,7 %**
❷	RWE Stämme	**703 712**	18,95 €	22,60/14,70 €	**+11,6 %**
❸	Adidas	**A1E WWW**	182,40 €	218,0/165,3 €	**+9,1 %**
❹	Deutsche Börse	**581 005**	104,95 €	121,2/95,30 €	**+8,4 %**
❺	Münchener Rück	**843 002**	190,55 €	200,3/174,9 €	**+5,4 %**
Größte Verluste bei DAX-Unternehmen 2018 bis Jahresende					
❶	Deutsche Bank	**514 000**	6,97 €	16,45/6,68 €	**-56,1 %**
❷	Covestro	**606 214**	43,20 €	95,80/41,40 €	**-49,8 %**
❸	Continental	**543 900**	120,75 €	257,4/119,1 €	**-46,4 %**
❹	HeidelbergCement	**604 700**	53,40 €	96,15/51,85 €	**-40,9 %**
❺	Bayer	**BAY 001**	60,55 €	108,5/58,35 €	**-40,8 %**

8 DAX-Aktien mit Dividendenrenditen für 2019 ab 4,5 %					
Aktien/ Firma	**WKN 846 900**	**KGV 2019**	**Kurs 04.03.19**	**Hoch/Tief 52 Wochen**	**Div. 2019(e) Div.-Rendite**
Allianz	**840 400**	**10,5**	197,70 €	200,1/171,8 €	9,50 €/**4,6 %**
BASF	**BAS F11**	**14,3**	68,30 €	89,80/58,35 €	3,30 €/**4,7 %**
BMW	**519 000**	**7,1**	74,70 €	93,30/69,10 €	4,00 €/**5,4 %**
Covestro	**606 214**	**10,6**	51,15 €	89,15/41,90 €	2,40 €/**4,7 %**
Daimler	**710 000**	**6,7**	53,50 €	69,60/44,80 €	3,35 €/**6,1 %**
Dt. Telekom	**555 750**	**15,3**	14,60 €	15,50/12,80 €	0,75 €/**4,8 %**
E.ON	**ENA G99**	**14,0**	9,65 €	12,80/9,95 €	0,47 €/**4,5 %**
Munich RE	**843 002**	**11,6**	**208,50 €**	**208,5**/176,3 €	9,50 €/**4,4 %**

Zwei DAX-ETFs als vernünftige Anlagealternative				
Markt, Index, Emittent	**WKN**	**Kurs 11.03.19**	**Hoch/Tief 52 Wochen**	**Kursentwicklung 1, 3, 5, 10 Jahre**
DAX **Deka**	ETF L01	101,30 €	124,6/100,7 €	-6/+17/+22/+204 %
	Umfang 2,1 Mrd. €, Alter 11 Jahre, Gebühr **0,15 %,** thesaurierend. Hauptanteil: Industrie. Größte Posten: Siemens, SAP, Allianz, Bayer, BASF, Daimler, Dt. Telekom, Dt. Post, Adidas, Linde.			
DAX **ComStage**	ETF 001	105,80 €	125,0/94,75 €	-6/+16/+21/+204 %
	Umfang 920 Mio. €, Alter 11 Jahre, Gebühr **0,08 %,** ausschüttend. Branchen mit höchster Gewichtung: Industrie, IT-Software, Gesundheitswesen, Rohstoffe, Konglomerate, Konsum, Energie.			
Anmerkung: ETFs bilden den Index nach. Dies gilt für Zusammensetzung und Gewichtung. Der Ausgabeaufschlag entfällt. Die Jahresgebühr ist meist niedrig.				

Der DAX ist so stark globalisiert, dass beim Umsatzanteil die Prozentsätze teilweise über 80 % betragen. Zwei Drittel der jährlichen Dividende, die bis zu 3 Werktage nach der HV ausgeschüttet wird, wandert in ausländische Hände. FMC: 97 %, Adidas: 94 %, Merck: 94 %, HeidelbergCement: 93 %, Linde: 93 %, Bayer: 90 %, Covestro: 88 %, BASF: 87 %, Henkel: 87 %, BMW: 86 %, SAP: 86 %, Daimler: 85 %, Infineon: 85 %, VW: 81 %, Beiersdorf: 80 %, Conti: 80 %.

4.3 Der MDAX mit nun 60 Titeln, auch Technologie, schlägt den DAX in 2 Jahrzehnten um Längen

Die MDAX-Firmen erinnern an schnell reagierende Schnellboote gegenüber den eher etwas schwerfälligen Dickschiffen im DAX

In den Medien dreht sich fast alles um den DAX. Aber beim Kursgewinn können die Dickschiffe mit den manövrierfähigen Schnellbooten kaum mithalten, wenn es auf rasche Reaktionen ankommt. Flexibilität entscheidet mit Blick auf Zukunftsmärkte. Der MDAX begeisterte 2016 am 20. Geburtstag mit über verdoppeltem Kurs im Vergleich zum DAX. Das Risiko ist kaum höher – die Dividende vergleichbar. Man darf gespannt sein, wie sich die Indexneuordnung beim MDAX langfristig auswirkt. Es dürfte sich auszahlen, dass nun 15 Technologietitel einen zusätzlichen Platz im MDAX haben. Es ist zu wünschen, dass die Printmedien den Fehler, die TecDAX-Titel nur noch im MDAX und SDAX aufzuführen, bald korrigieren. Die zahlreichen Familienunternehmen sind als Marktführer in attraktiven Nischen weniger konjunkturanfällig als die Konsum-, Finanz-, Auto- und Chemietitel im Leitindex. Umgekehrt ist trotz Exportstärke die Abhängigkeit vom Inlandsgeschäft relativ hoch.

Die Reform deutscher Indizes 2018 hat viel verändert. Aufsteiger vom SDAX: Alstria REIT, **Absteiger in den SDAX:** Ceconomy, Leoni, Jungheinrich, Salzgitter, Schaeffler, Ströer, Talanz. **Doppelnotiz TecDAX:** 1&1 Drillisch, Bechtle, Carl Zeiss Meditec, Dialog Semi., Evotec, Freenet, MorphoSys, Nemetschek, Qiagen, Sartorius, Siemens Healthineers, Siltronic, Software AG, Telefónica, United Internet. **Folgen:** Der MDAX wird noch attraktiver, weil Technologie (Growth) dazugehört.

Die erfolgreichsten MDAX-Firmen 2018 bis Jahresende

Nr.	Aktie/Firma (mit Doppel-Listing)	WKN 846 741	Kurs 28.12.18	Hoch/Tief 52 Wochen	Kurse in %
❶	**Sartorius** (TecDAX)	**716 563**	108,90 €	160,2/78,65 €	**+36,9 %**
❷	**Carl Zeiss Me.** (Tec)	**531 370**	68,30 €	76,85/45,80 €	**+32,0 %**
❸	**Evotec** (TecDAX)	**566 480**	17,35 €	23,35/12,05 €	**+28,6 %**
❹	**Nemetschek** (Tec)	**645 290**	95,75 €	154,8/70,50 €	**+27,9 %**
❺	**TAG Immobilien**	**830 350**	19,90 €	21,50/14,65 €	**+25,7 %**

Wie man anhand der Siegerliste sieht, schmückt sich der MDAX hier mit fremden Federn. Bis auf Platz 4 (TAG Immobilien) wurden alle anderen Kursgewinner im TecDAX groß und bekannt. Dennoch wird der souveräne Ranglistenerste von sämtlichen deutschen Börsenbarometern in den Printmedien aus Platzgründen, weil der MDAX 10 und der SDAX 20 weitere Aktien enthält, einfach ausgebremst. Dies sind genau die 30 Werte, die der TecDAX umfasst. Kämpfen Sie bei den Redakteuren Ihrer Regionaltagespresse, dass diese Panne möglichst schnell behoben wird. Sonst heißt es künftig nur noch in den mündlichen und schriftlichen Kommentaren: *„Die drei erfolgreichsten MDAX-Titel von Januar bis November 2018 sind mit großem Abstand Sartorius, Nemetschek und MorphoSys. Sie überzeugen mit Kursgewinnen zwischen 33 und 59 % und gleichen die großen Verlustbringer mit einem Minus zwischen 43 und 55 % immerhin aus. Hier stammen nur 1&1 Drillisch und Freenet, Platz 4 und 5, aus dem TecDAX."*

Die größten Verlustbringer im MDAX 2018 bis Jahresende

Nr.	Aktie/Firma (mit Doppel-Listing)	WKN 846 741	Kurs 28.12.18	Hoch/Tief 1 Jahr €	Kurse in %
❶	**Commerzbank**	**CBK 100**	5,78 €	13,80/5,50	**-53,8 %**
❷	**Wacker Chemie**	**WCH 888**	79,10 €	176,8/70,10	**-51,2 %**
❸	**Schaeffler (Abstieg)**	**SHA 015**	7,46 €	16,80/6,95	**-49,6 %**
❹	**Osram Licht**	**LED 400**	37,90 €	79,60/29,70	**-49,4 %**
❺	**Salzgitter (Abstieg)**	**620 200**	25,55 €	52,50/25,10	**-46,3 %**

Bezüglich Dividenden hängt der MDAX den DAX und TecDAX ab

8 MDAX-Aktien mit erwarteter Dividendenrendite ab 5,0 %					
Aktien/ Firma	**WKN 846 741**	**KGV 2018**	**Kurs 12.03.19**	**Hoch/Tief 1 Jahr**	**Div. 2019(e) Div.-Rendite**
1&1 Drillisch	554 550	13,4	35,85 €	64,45/33,55 €	2,00 €/5,0 %
Aareal Bank	540 811	10,6	28,85 €	42,85/26,00 €	2,20 €/7,3 %
Dt. Euroshop	748 020	21,0	26,25 €	32,25/24,85 €	1,55 €/5,7 %
Dt. Pfandbrief	801 900	10,6	11,05 €	14,20/8,35 €	0,80 €/9,1 %
Freenet	A0Z 2ZZ	10,5	19,40 €	27,00/16,20 €	1,70 €/8,5 %
RTL Group	861 149	11,3	51,20 €	71,55/45,05 €	4,00 €/7,8 %
Siltronic	WAF 300	7,2	88,25 €	189,9/63,50 €	5,05 €/5,4 %
Telefónica	A1J 5RX	neg.	2,90 €	4,15 €/2,90 €	0,27 €/9,3 %

4.4 Der Hightechindex TecDAX steht für Zukunft

Der in Printmedien oft ausgebremste TecDAX mit 30 Hightechaktien ist in der Industrie 4.0 mit KI erfolgreich unterwegs

Die wechselvolle Geschichte beim Neuen Markt beginnt 1997 mit 50 Titeln im Nemax 50 nach Vorbild der US-Technologieböse Nasdaq. Bis März 2000 bricht er alle Rekorde und steigt auf 9.650 Punkte. Die Gelddruckmaschine Neuer Markt wird zur Spielwiese für Spekulanten und Träumer wundersamer Geldvermehrung mit Reichtum ohne berufliche Arbeit. Beerdigt wird der Neue Markt im Juni 2003 nach Kursverlust von 95 %. Mobilcom und Bertrandt sind Gründungsmitglieder. Mobilcom verschwindet in der Versenkung. Bertrandt ist im SDAX gelistet.

Der TecDAX ist das Gesicht der Industrie 4.0. In den letzten 5 Jahren schnitt er dreimal so gut wie der DAX ab. Vom Leitindex zogen die Technologiewerte Dt. Telekom, Infineon und SAP zusätzlich in den TecDAX ein, was ihn für ETFs und Aktienfonds noch interessanter macht. Er bildet die Industrie 4.0 mit Künstlicher Intelligenz, Cloud-Computing, Digitalisierung, Vernetzung, Internet der Dinge ab. Hier hören wir Zukunftsmusik und begegnen IT, Infotechnologie, Biotech, Medtech. Die erste Geige spielt die Softwarebranche mit Bechtle, Cancom, CompuGroup, Nemetschek, SAP und Software AG. Chancen haben auch der Biopharma- und Medtechsektor mit Carl Zeiss Meditec, Evotec, MorphoSys, Qiagen, Sartorius und Siemens Healthineers. Im Hinblick Dividende können nur eine Handvoll TecDAX-Unternehmen mit den anderen Indizes mithalten.

Die erfolgreichsten TecDAX-Firmen 2018 bis Jahresende					
Nr.	**Aktie/Unternehmen**	**WKN 720 327**	**Kurs 28.12.18**	**Hoch/Tief 52 Wochen**	**Kurse in %**
❶	Sartorius	716 563	108,90 €	160,2/78,65 €	+36,9 %
❷	Carl Zeiss Meditec	531 370	68,30 €	76,85/45,80 €	+32,0 %
❸	Evotec	566 480	17,35 €	23,35/12,05 €	+28,6 %
❹	Nemetschek	645 290	95,75 €	154,8/70,50 €	+27,9 %
❺	MorphoSys	663 200	88,95 €	124,9/70,55 €	+16,2 %
Größte Verluste bei TecDAX-Firmen 2018 bis Jahresende					
❶	RIB Software	A0Z 2XN	12,80 €	35,40/12,80 €	-57,2 %
❷	Freenet	A0Z 2ZZ	16,95 €	33,00/16,10 €	-45,2 %
❸	Siltronic	WAF 300	72,20 €	160,55/64,80 €	-40,5 %
❹	1&1 Drillisch	554 550	44,50 €	72,35/34,55 €	-35,4 %
❺	United Internet	508 903	38,20 €	59,80/34,15 €	-33,4 %

4 TecDAX-Aktien mit einer Dividendenrendite ab 2,3 %					
Aktien/ Firma	**WKN 720 327**	**KGV 2018**	**Kurs 12.03.19**	**Hoch/Tief 1 Jahr**	**Div. 2019(e) Div.-Rendite**
1&1 Drillisch	554 550	13,4	35,85 €	64,45/33,55 €	2,00 €/5,0 %
Freenet	A0Z 2ZZ	10,5	19,40 €	27,00/16,20 €	1,70 €/8,5 %
Siltronic	WAF 300	7,2	88,25 €	189,9/63,50 €	5,05 €/5,4 %
Telefónica	A1J 5RX	neg.	2,90 €	4,15 €/2,90 €	0,27 €/9,3 %

Anmerkung: Hohe Dividenden, reihum wieder angelegt, ermöglichen den Zinseszinseffekt und sichern im Crash die Kurse zumindest etwas nach unten ab.

Die erfolgreichsten Überlebenden vom Neuen Markt				
Aktien/ Unternehmen	**WKN 720 327**	**Kurs 12.10.18**	**52 Wochen-Hoch/-Tief**	**Kursverlauf 1, 3, 5 Jahre**
Bechtle	515 870	77,65 €	90,65/63,65 €	+20/+94/+286 %
Evotec	566 480	16,50 €	23,35/11,50 €	-23/+290/+360 %
MorphoSys	663 200	82,15 €	124,9/70,55 €	+7/+39/+39 %
Qiagen	A2D KCH	29,90 €	34,05/25,20 €	+1/+25/+84 %
Sartorius Vz	716 563	125,80 €	160,2/70,65€	+45/+157/+485 %

4.5 Die Kleinen zeigen es den Großen: Der SDAX auf Überholspur

Der Kleinwerteindex SDAX mit 70 Werten langfristig gut

Die meisten Privatanleger orientieren sich am Leitindex DAX. Bestenfalls wird noch in den MDAX mit mittelgroßen Werten investiert. Vom Kleinwerteindex SDAX, vergleichbar mit der im Aufschwung befindlichen 3. Fußballliga, ist in der Wirtschaftspresse bisweilen etwas mehr zu erfahren, zumal durch die Neuordnung der Indizes Ende September 2018 nun 11 TecDAX-Werte mit ihrer Zweitnotiz hinzukommen. Bodenständige Firmen, oftmals familiengeführt, richten ihr Geschäftsmodell langfristig auf Angehörige, Mitarbeiter und Kunden aus und gelten als Qualitätsmerkmal. Firmengründer, ausgestattet mit dem Erfindergen, achten kaum auf Quartalsberichte und schnelle Erfolge. Der DAX kommt in keiner Zeitspanne an die SDAX-Rendite heran. Weit abgeschlagen – im Sport wäre es ein Debakel!

Risiko beim SDAX geringer als beim TecDAX

Das KGV ist beim Kleinwerteindex SDAX niedriger als im TecDAX. Beim jetzt nur noch halbjährigen Auf- und Abstieg herrscht mehr Bewegung. Die MDAX-Absteiger und neuen Mitglieder erfolgreicher Börsengänge sorgen für imposante Blutauffrischung. Im SDAX mit 70 Mittelständlern aus allen Branchen sind erfolgreiche Nischenanbieter vertreten, darunter Familienfirmen mit vorbildlicher Kultur, flacher Hierarchie, gesunder Bilanz, steigendem Umsatz und Ertrag. Ihre Stärke sind begehrte Produkte für den Binnenmarkt, Euroland, Osteuropa, China und Japan. SDAX-Firmen erinnern an wendige Schnellboote, die gefährliche Klippen umschiffen und nicht wie die Costa Concordia am spitzen Fels zerschellen. Zügig wird auf Markttrends reagiert. Da weniger als von den DAX-Konzernen in die USA ausgeführt wird, sind mögliche Währungsturbulenzen nicht so dramatisch.

Der SDAX veränderte sich erheblich und ist kaum wiederzuerkennen. Dies liegt an der Doppelnotiz von 11 TecDAX-Titeln. Der SDAX gewinnt neben Hightech, Software und Biotech an Qualität durch MDAX-Absteiger, Neulinge vom Prime Standard und Rauswurf schwacher Titel. **Aufsteiger Prime Standard:** Befesa, Dr. Hönle, HelloFresh, Shop Apotheke, VARTA. **Absteiger vom MDAX:** Ceconomy, Leoni, Jungheinrich, Medigene, Salzgitter, Schaeffler, Ströer und Talanz. **Rauswurf SDAX:** Biotest, ElringKlinger, Grammer, VTG. **Doppelnotiz TecDAX:** Aixtron, Cancom, CompuGroup, Drägerwerk, Isra Vision, Jenoptik, Nordex, Pfeiffer Vacuum, RIB Software, S&T und XING. **Folgen:** Jeder SDAX-ETF muss den gesamten Index abbilden. Innovative Aktienfonds sollten die Chance aufgreifen, aus 70 Werten die besten Aktien herauszufiltern. Nun zieht Growth in den bislang klassisch ausgerichteten SDAX ein. **Nachteil:** Der SDAX wird sehr unübersichtlich.

Die erfolgreichsten SDAX-Firmen 2018 bis Jahresende					
Nr.	**Aktie/Unternehmen**	**WKN 965 338**	**Kurs 28.12.18**	**Hoch/Tief 52 Wochen**	**Kurse in %**
❶	Borussia Dortmund	549 309	7,97 €	10,05/5,00 €	+30,6 %
❷	TLG Immobilien	A12 B8Z	24,30 €	25,80/21,30 €	+10,4 %
❸	Ado Properties	A14 U78	45,20 €	55,65/37,10 €	+6,5 %
❹	Hypoport	549 336	148,00 €	204,0/120,0 €	+1,7 %
❺	VTG (Abstieg)	VTG 999	48,00 €	56,00/38,00 €	+1,0 %
❻	Adler Real Estate	500 800	13,15 €	16,30/11,80 €	+1,0 %
Größte Verluste bei SDAX-Firmen 2018 bis Jahresende					
❶	Ceconomy Stämme	725 750	3,20 €	13,40/2,90 €	-73,4 %
❷	Tele Columbus	TCA G17	2,90 €	9,75 €/2,35 €	-68,6 %
❸	Steinhoff	A14 XB9	0,10 €	0,65 €/0,07 €	-67,9 %
❹	SMA Solar	A0D J6J	16,30 €	62,65/14,50 €	-55,2 %
❺	RIB Software	A0Z 2XN	11,65 €	35,90/8,90 €	-52,9 %
❻	Leoni	540 888	30,35 €	66,20/24,90 €	-51,4 %

12 SDAX-Aktien mit einer Dividendenrendite ab 4,2 %					
Aktien/ Firma	**WKN 965 338**	**KGV 2019**	**Kurs 04.03.19**	**Hoch/Tief 1 Jahr**	**Div. 2019(e) Div.-Rendite**
Corestate C.	A14 1J3	5,6	30,80 €	51,70/28,45 €	2,65 €/8,1 %
Dt. Beteilig.	725 750	19,5	34,50 €	43,55//31,0 €	1,45 €/4,2 %
DIC Asset	A1X 3XX	15,9	9,85 €	11,10/8,75 €	0,50 €/4,9 %
DWS Goup	DWS 100	12,2	27,05 €	33,10/22,50 €	1,65 €/5,1 %
Hamborner	601 300	39,0	8,40 €	10,15/8,25 €	0,48 €/5,1 %
Klöckner &	KC0 100	15,6	6,60 €	11,60/5,90 €	0,30 €/4,5 %
SAF Holland	A0M U70	8,1	10,95 €	17,95/8,75 €	0,60 €/4,4 %
Schaeffler	SHA 015	5,8	8,30 €	13,80/7,05 €	0,55 €/6,6 %
TAKKT	744 600	11,7	15,45 €	22,95/12,30 €	0,55 €/5,5 %
Talanx	TLX 100	8,0	29,80 €	37,60/28,60 €	1,55 €/4,2 %
Wacker Neu.	WAC K01	12,3	20,75 €	29,70/16,40 €	1,10 €/6,7 %
WashTec	750 750	18,5	57,80 €	83,60/53,80 €	2,90 €/4,4 %

4.6 DAXplus Family 30: Familienfirmen als Mittelstandsherz

Was macht eigentümergeführte Firmen so erfolgreich?

Familienfirmen als Herz des deutschen Mittelstands wollen sich nachhaltig in ihren Marktnischen behaupten. Firmengründer richten ihr auf Angehörige, Mitarbeiter, Kunden und Lieferanten bezogenes Geschäftsmodell meist langfristig aus. Die über 500-Prozent-Aktien im Fünf- und Zehnjahresvergleich stehen für Innovation und Substanzkraft. Keine dieser Familienfirmen startete als Dickschiff, sie waren dafür aber ausgestattet mit dem Erfinder-/Entdeckergen. Auch Google, Microsoft, Facebook, Amazon, Netflix und NVIDIA begannen nicht als Giganten. Sie schufen ihr Imperium im Laufe der Jahre, getrieben von Ideen, Mut, Begeisterung, Elan und Kampfkraft. Nichts für Angsthasen, sondern kreative Köpfe mit Gespür für Trends im Zukunftsmarkt! Jürgen Maier vom Bankhaus Julius Bär erläutert: *„Als Familienfirma hätte Daimler alle unprofitablen Sparten längst abgestoßen und heute nur mit Mercedes ein kleineres, aber hoch profitables Unternehmen."*

Laut Untersuchung vom Stuttgarter Institut für Familienfirmen (IFF) sind die besten deutschen eigentümergeführten Unternehmen substanzstark. Sie wirtschaften verlässlich, bilanzieren seriös, erhöhen Umsatz und Ertrag, sodass Zukunftssorgen, sofern die Nachfolge geregelt ist, unbegründet sind. Die 50 größten eigentümergeführten Unternehmen erzielten Umsätze von rund 1.000 Mrd. €. Die hiesigen 4.500 Familienfirmen mit mindestens 50 Mio. € Jahresumsatz sind Arbeitgeber für fast ein Fünftel der Mitarbeiter. Der Index DAXplus Family 30 hätte es verdient, in der Wirtschafts- und Börsenpresse regelmäßig abgebildet zu werden. Ende November 2018 notiert der Familienfirmenindex bei 5.430 Punkten. Das Jahreshoch lag bei 6.526, das Tief bei 5.320 Zählern. Von den Verwerfungen an den globalen Kapitalmärkten bleibt auch der DAXplus Family 30 nicht verschont. Er hält sich aber im Vergleich zum deutschen Leitindex DAX doch recht wacker.

Kritische Frage: Warum Kurslisten aus dem DAXplus Family 30 und anderen Indizes bringen, wenn die Aktualität schwindet?

Hand aufs Herz: Wer kennt schon die 30 DAXplus-Familienfirmen, nachdem sie trotz großteils hoher Qualität nicht einmal in den Printwirtschaftsmedien veröffentlicht werden? Eine schwierige, zeitraubende, vielleicht auch erfolglose Sucherei. Es geht um die sechsstellige WKN, den raschen Einblick in die Mehrjahresentwicklung, das 52-Wochen-Hoch/-Tief, das in Stichpunkten vorgestellte Geschäftsmodell. Ist der Appetit angeregt, bietet es sich an, sich im Internet aktuelle Kurz- und Langzeitcharts anzuschauen und weitere Informationen zu nutzen.

Auswahl DAXplus Family 30: Familienfirmen aus Indizes				
Aktien/ Unternehmen	**WKN A0YKTN**	**Kurs am 14.03.19**	**52 Wochen-Hoch/-Tief**	**Kursverlauf in % 1, 3, 5, 10 Jahre**
Axel Springer	**550 135**	46,45 €	70,95/45,30 €	**-36/+1/+4/+178**
MDAX: Presse Print/Online, Infobedürfnisse unterschiedlicher Zielgruppen				
Der familiengeführte Medienriese Axel Springer als der größte deutsche Zeitungs- und Zeitschriftenverlag deckt die Bedürfnisse von unterschiedlichen Zielgruppen ab.				
Bechtle	**515 870**	77,25 €	90,40/62,05 €	**+10/+99/186/+1.166**
TecDAX/MDAX: Infotechnologie Firmenkunden, hochwertige IT-Konzepte				
Bechtle ist auf Informationstechnologie spezialisiert und konzentriert sich auf ganzheitliche IT-Konzepte und bietet hochwertige und kostengünstige Produkte.				
Carl Zeiss Med.	**531 370**	78,15 €	84,35/48,95 €	**+56/+186/+300/+774**
TecDAX/MDAX: Augenheilkunde, Mikrochirurgie, Operationsmikroskope				
Carl Zeiss Meditec bündelt seine Medizinaktivitäten und bietet Innovationen in der Augenheilkunde, Mikrochirurgie und Entwicklung von Operationsmikroskopen an.				
CompuGroup	**543 730**	53,05 €	53,75/37,70 €	**+15/+50/+188/+1.196**
TecDAX/SDAX: Med.-Software Diagnose/Therapie Ärzte/Zahnärzte/Kliniken				
CompuGroup Medical unterstützt Ärzte, Zahnärzte und Krankenhäuser mit Kommunikationslösungen und erweist sich als nutzbringend bei Diagnose und Therapie.				
Corestate Cap.	**A14 1J3**	29,50 €	51,50/27,95 €	**-43 %**/Börsengang
SDAX: Investmanager für Institutionelle und vermögende Privatanleger				
Corestate verwaltet als Investmentmanager ein Vermögen von 20 Mrd. € und ist Geschäftspartner für institutionelle Investoren und vermögende Privatanleger.				
CTS Eventim	**547 030**	39,50 €	43,80/30,70 €	**-1/+26/+91/+592 %**
MDAX: Ticketvermarktung Konzert/Theater/Sport, jährlich 180.000 Events				
CTS ist führend bei der Vermarktung von Tickets für Konzert-, Theater-, Sportveranstaltungen: Jährlich werden über 100 Mio. Tickets für 180.000 Events vertrieben.				
Delivery Hero	**A2E 4K4**	35,50 €	52,95/26,30 €	**-7 %**/Börsengang
MDAX: globaler Essensdienstleister mit eigenen Marken auf 6 Kontinenten				
Der Börsenneuling ist ein weltweit führender Onlineanbieter von Essensbestelldiensten. Die Familienfirma betreibt in Großstädten einen eigenen Lieferservice.				
Dürr	**556 520**	34,85 €	49,80/27,25 €	**-25/+15/+28/+1.752**
MDAX: Maschinenbau Autos, Lackieranlagen/Endmontage/Komponenten				
Der global führende Lackieranlagen- und Maschinenbaukonzern entwickelt Produkte, Systeme, Service für effiziente Fertigungsprozesse nicht nur im Autosektor.				

Aktien/Unternehmen	WKN A0YKTN	Kurs am 15.03.19	52 Wochen-Hoch/-Tief	Kursverlauf 1, 3, 5, 10 Jahre
Fielmann	577 220	60,00 €	71,90/48,65 €	-11/-8/+29/+178 %
MDAX: Augenoptik/Hörgeräte, Gleitsicht-/Sonnenbrillen und Kontaktlinsen				
Brille Fielmann erobert als führender preisgünstiger Augenoptiker mit Gleitsicht-, Sonnenbrillen und Kontaktlinsen sowie Hörgeräten den europäischen Markt.				
Fresenius	578 560	48,90 €	71,20/38,35 €	-23/-21/+41/+118 %
DAX: Gesundheitskonzern, Produkte/Versorgung Kliniken und ambulant				
Fresenius ist an der im DAX gelisteten Dialyse-Tochter FMC beteiligt und bietet Gesundheitsprodukte für Kliniken und ambulante medizinische Versorgung an.				
GRENKE	A16 1N3	89,75 €	107,3/69,15 €	-1/+48/+264/+1.237 %
SDAX: IT-Leasing/Finanzierung Firmen; PC/Bildschirme/Drucker/Kopierer				
Der führende IT-Leasinganbieter hat sich als Dienstleister für die Finanzierung von IT-Produkten spezialisiert, z. B. Notebooks, Bildschirme, Drucker, Kopierer.				
Henkel Vz	604 843	90,25 €	113,8/82,90 €	-18/-6/+19/+358 %
DAX: Markenartikel Haushalt/Handwerk/Körperpflege/Büro/Schule/Freizeit				
Der Chemiekonzern ist als Produzent von Technologien und Markenartikeln in der Konsumgüter-, Automobil-, Elektronik- und Verpackungsindustrie tätig.				
Hypoport	549 336	169,80 €	204,5/131,4 €	+26/+159/+1.770/+3.560
SDAX: Online-Immobilienfinanzdienstleister mit eigenem B2B-Finanzplatz				
Der Familienkonzern bietet internetbasierte Dienste. Zugehörig ist ein B2B-Finanzmarktplatz für Immobilienfinanzierungen, Bausparprodukte und Kredite.				
Isra Vision	548 810	35,00 €	61,30/22,20 €	-8/+177/+270/+2.963 %
TecDAX/SDAX: führend bei Oberflächen- und Bildbearbeitungssystemen				
Isra ist Marktführer bei Oberflächen-Inspektionssystemen und Bildbearbeitungsprogrammen mit 3-D-Spezialisierung und Überwachung von Arbeitsprozessen.				
Krones	633 500	74,90 €	122,8/63,80 €	-30/-24/+17/+171 %
SDAX: Abfüllanlagen/Verpackungen Getränke/Nahrung/Chemie/Pharma				
Krones entwickelt und fertigt Einzelmaschinen und schlüsselfertige Anlagen für die globale Abfüll-/Verpackungstechnik und Lebensmittel-/Getränkeproduktion.				
Merck KGaA	659 990	98,15 €	100,8/74,65 €	+29/+28/+72/+218 %
DAX: Pharma mit Kernkompetenz Herzkreislauf-/Stoffwechselkrankheiten				
Merck KGaA wird mit Merck & Co. vom Dow Jones verwechselt. Der Pharmakonzern produziert Arzneimittel gegen Herz-Kreislauf- und Stoffwechselleiden.				

Nemetschek	**645 290**	135,90 €	154,8/81,95 €	**+53/+237/+871/+10.001**
TecDAX/MDAX: Software für Architektur/Statik/Bauwesen, CAD-Lösungen				
Die Nemetschek SE zählt zu den weltweiten Marktführern für Bausoftware von Planungen über den eigentlichen Bauprozess bis hin zur Nutzung und Verwaltung.				
Patrizia	**PAT 1AG**	19,80 €	20,60/14,60 €	**+3/+1/+223/+2.302 %**
SDAX: bankenunabhängiges Gewerbe-/Wohnimmobilien-Investmenthaus				
Das Angebot deckt den kompletten Immobilienlebenszyklus ab. Die Leistungspalette umfasst Management, Wohnungsprivatisierung, Bautechnik, Kauf/Verkauf.				
Rational	**701 080**	559,50 €	698,0/459,8 €	**+4/+22/+141/+870 %**
SDAX: Weltmarktführer thermische Speisenzubereitung Gewerbeküchen				
Der Weltmarktführer für Profiküchen und Profiköche produziert beste Geräte für thermische Speisenzubereitung. Es handelt sich um eine Kombidämpfertechnologie.				
Rocket Inter.	**A12 UKK**	23,20 €	31,55/19,50 €	**-10/-12 %**/Börsengang
MDAX: großer Beteiligungskonzern für junge Firmen in Gründungsphasen				
Rocket hält Beteiligungen an Start-ups und stößt die Akquisition öfters schon nach kurzer Zeit ab. Groß wurde unter Rocket das MDAX-Modeversandhaus **Zalando.**				
SAP SE	**716 460**	98,90 €	108,5/82,50 €	**+11/+37/+79/+277 %**
DAX/TecDAX: Software für Großbetriebe/Mittelständler Handel/Finanzen				
SAP ist ein führender Anbieter von Softwarelösungen für kleine, mittlere, große Unternehmen und unterstützt wichtige Kernprozesse in zahlreichen Industriezweigen.				
Sixt SE St	**723 132**	94,30 €	119,7/63,85 €	**+6/+106/+264/+1.998**
SDAX: Mobilitätsdienste, Mietwagenservice, Verleihstationen Flughäfen				
Sixt spezialisiert sich auf Mietwagenservice, Leasing sowie Automobilkäufe mit Dienstleistungen und betreibt auch einige Vermietstationen an US-Flughäfen.				
Ströer SE	**749 399**	51,40 €	63,85/40,50 €	**-10/+-0/+317 %**
SDAX: Anbieter Außen- und Onlinewerbung, Kommunikationslösungen				
Die Werbeagentur zählt zu den Marktführern für Außen- und Onlinewerbung. Ströer bietet den Firmenkunden individualisierte Premium-Kommunikationslösungen an.				
Symrise	**SYM 999**	82,10 €	82,70/62,35 €	**+32/+42/+125/+841 %**
MDAX: Spezialchemie, Duft-/Geschmackstoffe/Aroma, Nahrung/Kosmetik				
Symrise ist führend in der Duft-, Aroma- und Geschmackstoffindustrie, beliefert Parfüm-, Kosmetik- und Nahrungsmittelhändler und ist in fünf Kontinenten vertreten.				
United Intern.	**508 903**	33,50 €	58,85/30,25 €	**-42/-27/+4/+544 %**
TecDAX/MDAX: Onlinezugangsprodukte Privatleute/Firmen, gmx/web.de				
United Internet zählt mit den vielfältigen Anwendungen, Applikationen sowie Internetzugangsprodukten für die Geschäftskundschaft zu Europas führenden Anbietern.				

Langzeitvergleich: Die besten DAXplus-Family-30-Firmen

Nr.	Aktie, Firma, Index	WKN A0Y KTN	Kurs 15.03.19	Hoch/Tief 1 Jahr in €	+ 10 Jahre
1	**Nemetschek,** TecD.	**645 290**	135,90 €	154,8/81,95	**10.001 %**
2	**Hypoport,** SDAX	**549 336**	169,80 €	204,5/131,4	**3.560 %**
3	**Ira Vision,** TecDAX	**548 810**	35,00 €	61,30/22,20	**2.963 %**
4	**Patrizia,** SDAX	**PAT 1AG**	19,80 €	20,60/14,60	**2.302 %**
5	**Sixt St,** SDAX	**723 132**	94,30 €	119,7/63,85	**1.998 %**
6	**Dürr,** MDAX	**556 520**	34,85 €	49,80/27,25	**1.752 %**
7	**Grenke,** SDAX	**A16 1N3**	89,75 €	107,3/69,15	**1.237 %**
8	**CompuGroup,** Tec.	**543 730**	53,05 €	53,75/37,70	**1.196 %**
9	**Bechtle,** TecDAX	**515 870**	77,25 €	90,40/62,05	**1.166 %**
Nr.	**Unternehmen**	**WKN**	**20.06.17**	**Hoch/Tief**	**5 J.**
1	**Hypoport,** SDAX	**549 336**	169,80 €	204,5/131,4	**1.770 %**
2	**Nemetschek,** TecD.	**645 290**	135,90 €	154,8/81,95	**871 %**
3	**Ströer,** SDAX	**749 399**	51,40 €	63,85/40,50	**317 %**
4	**Carl Zeiss M.** TecD.	**531 370**	78,15 €	84,35/48,95	**300 %**
5	**Isra Vision,** TecDAX	**548 810**	35,00 €	61,30/22,20	**270 %**
6	**Grenke,** SDAX	**A16 1N3**	89,75 €	107,3/69,15	**264 %**
7	**Sixt St,** SDAX	**723 132**	53,90 €	55,65/42,80	**264 %**
8	**Patrizia,** SDAX	**PAT 1AG**	19,80 €	20,60/14,60	**223 %**
Nr.	**Unternehmen**	**WKN**	**20.06.17**	**Hoch/Tief**	**3 J.**
1	**Nemetschek,** TecD.	**645 290**	135,90 €	154,8/81,95	**237 %**
2	**Carl Zeiss M.,** TecD.	**531 370**	78,15 €	84,35/48,95	**186 %**
3	**Isra Vision,** TecDAX	**548 810**	35,00 €	61,30/22,20	**177 %**
4	**Hypoport,** SDAX	**549 336**	169,80 €	204,5/131,4	**159 %**
5	**Bechtle,** TecDAX	**515 870**	77,25 €	90,40/62,05	**99 %**

Auswertung: Bei den ersten drei Plätzen im 3-, 5- und 10-Jahresvergleich sind der TecDAX sechsmal, der SDAX ohne TecDAX dreimal und der MDAX ohne TecDAX gar nicht vertreten. Wieso liegt der TecDAX, der im Index DAXplus Family nur 6 Mitglieder hat, so deutlich vorn? Der SDAX hat 8 Plätze. Der MDAX ist mit 7 Mitgliedern vertreten. Geht es um hohe Kursgewinne im Langzeitvergleich, setzen sich die besten wachstumsstarken **Growth-Titel** durch. In der großen Bandbreite kann der MDAX mit seinen **Value-Industrieaktien** mithalten. **Fazit:** Es empfiehlt sich, Growth und Value zu mischen, statt einseitig anzulegen.

4.7 Der GEX als Familienfirmenindex mit nur 10-jährigem Börsenleben

Als Alternative ein kluges Stock Picking mit guten GEX-Aktien

Substanzkraft und Nachhaltigkeit sind Qualitätskriterien. Denken wir an das Orakel von Omaha **Warren Buffett!** Er spürt unterbewertete Aktien auf, verzichtet auf alles, was er nicht kennt und versteht. Der GEX gäbe eine gute Fundgrube ab, wären viele Werte nicht zu klein. Mich stört, dass der GEX keine AG aufnimmt, die 10 Jahre börsennotiert ist, und der Rauswurf droht, sobald die Grenze erreicht ist.

Fallbeispiel: *„Mein Name ist GEX, die Abkürzung für German Entrepreneurial Index, im Gegensatz zur griffigen Kurzform kompliziert und schwer einprägsam. Aber da ich auch in der Wirtschaftspresse nicht publiziert werde, kennt mich kaum ein Privatanleger. Mich gibt es seit Januar 2005. Die im DAX notierte Deutsche Börse AG in Frankfurt hat mich im Zusammenwirken mit der Technischen Universität München für die im Prime Standard gelisteten Familienfirmen entwickelt. Ich ergänze also die Indizes der DAX-Familie. Bei mir werden nur solche eigentümergeführten Unternehmen beliebiger Branchen aufgenommen, die dem Prime Standard, dem Premiumsegment strenger Zugangskriterien, angehören. Aber selbst wenn diese Bedingung erfüllt wird, kann nicht jede AG, deren Vorstände oder Aufsichtsräte zwischen 25 % und 75 % der Stimmrechte verfügen, GEX-Mitglied sein. Auch bei erfolgreichen, nachhaltig wirtschaftenden Firmen darf der Börsengang nur bis zu 10 Jahre zurückliegen. Welch folgenschwerer Patzer! Ich bin unglücklich, mich von renditestarken Mitgliedern im besten Börsenalter nach Ablauf der Zehnjahresfrist trennen zu müssen. Wer einmal zum GEX gehört, für den sollte es keine Jahrzehntgrenze mehr geben. Beim danach installierten Index DAXplus Family wurde der Fehler beseitigt. Aber da auch hier kaum publiziert wird, kennt diesen Index mit den 30 größten Familienfirmen ebenfalls fast niemand. Dabei konnten GEX und DAXplus Family den Leitindex in mehreren Jahren um Längen schlagen. Aktuell lässt der GEX im Ein- und Fünfjahresvergleich den TecDAX hinter sich. Auch MDAX und SDAX müssen sich geschlagen geben! Kennen Sie den Grund?“*

GEX-Aktienauswahl vom MDAX, TecDAX und SDAX

GEX-Aktien/ Unternehmen	WKN A0A ER0	Kurs am 15.03.19	52-Wochen-Hoch/-Tief €	Kursverlauf 1, 3, 5 Jahre
Aumann	A2D AM0	30,10 €	67,10/24,85	-49 %/Börsengang
SDAX: Spezialmaschinen und innovative Lösungen für Elektromobilität.				
Corestate Cap.	A14 1J3	29,50 €	51,50/27,95	-43 %/Börsengang
SDAX: Der SDAX-Aufsteiger verwaltet als Investmentmanager 20 Mrd. €.				

GEX-Aktien/ Unternehmen	WKN A0A ER0	Kurs am 15.03.19	52-Wochen-Hoch/-Tief €	Kursverlauf 1, 3, 5 Jahre
Delivery Hero	A2E 4K4	35,50 €	52,95/26,30	-7 %/Börsengang
MDAX: führender Anbieter von Essensdiensten mit eigenem Lieferservice.				
Drägerwerk	555 063	45,25 €	56,85/43,65	-47/-28/-51 %
TecDAX: Seit 1889 Hersteller von Geräten für Medizin/Sicherheitstechnik.				
HELLA KGaA	A13 SX2	41,90 €	58,15/32,65	-21/+17 %/IPO
MDAX: weltweit führender Spezialist für Lichtsysteme/Fahrzeugelektronik.				
Rocket Internet	A12 UKK	23,20 €	31,55/19,50	-10/-12 %/IPO
MDAX: Rocket beteiligt sich an Internet-Start-ups, vor allem Neugründung.				
Ströer SE	749 399	51,40 €	63,85/40,50	-10/+-0/+317 %
SDAX: führende Werbeagentur Außen- & Onlinewerbung in 600 Städten.				
VARTA	A0T GJ5	37,80 €	38,35/17,65	+109 %/IPO
SDAX: VARTA zählt zu den Marktführern bei Mikrobatterien für Hörgeräte.				

GEX-Aktienauswahl Familienfirmen Prime Standard

GEX-Aktien/ Unternehmen	WKN A0A ER0	Kurs am 15.03.19	52-Wochen-Hoch/-Tief €	Kursverlauf 1, 3, 5 Jahre
AVES ONE	A16 811	8,85 €	9,45/5,15 €	+30 %/IPO
Logistik in den Bereichen Container, Resale, Special und Rail Equipment.				
Dermapharm	A2G S5D	28,70 €	31,20/21,70	+7 %/IPO
Produktion patentfreier Markenarzneimittel, Beteiligung Cannabis-Medizin.				
GK Software	757 142	72,20 €	122,5/63,00	-32/+81/+58 %
Ganzheitliche Retail-Standard-Software, plattformunabhängige Lösungen				
Schaltbau	A2N BTL	23,80 €	29,30/17,10	-6/-49/-46 %
Produktion elektromechanischer Komponenten/Systeme für Bahntechnik.				
Sixt Leasing	A0D PRE	12,40 €	19,40/10,65	-27/-29 %/IPO
Die SE baut Marktführerschaft im Neuwagen-Onlinevertrieb weiter aus.				
Voltabox	A2E 4LE	16,20 €	27,00/10,10	-12/+80 %/IPO
Wiederaufladbare Hochleistungs-Batteriesysteme Li-Ionen-Technologie.				
YOC AG	593 273	5,55 €	7,90/2,50 €	-31/+110/+80 %
Technologie-Plattform, datengetriebene Formate mobiles Werbe-Inventar.				

4.8 DivDAX mit 15 dividendenstarken DAX-Aktien

Der 2005 von der Deutschen Börse AG eingeführte DivDAX mit den 15 ausschüttungsstärksten DAX-Titeln ist erfolgreich und entwickelt sich zum Strategieindex mit hohen Umsätzen. Die DivDAX-Stars hängen bezüglich ihrer Dividendenrendite den Leitindex klar ab, schaffen dies aber nur selten beim Kursgewinn. Bei den Überfliegern kann die Ausschüttung prozentual nicht mit dem Kursanstieg mithalten. Als DivDAX-Liebhaber kommen Sie an einem preisgünstigen ETF kaum vorbei. Es sei denn, Sie schätzen Stock Picking noch mehr.

Jeden September passt die Deutsche Börse AG die Zusammensetzung an. Die Berechnung ergibt sich aus der gezahlten Dividende, multipliziert mit 100, dividiert durch den Schlusskurs der Aktie am Tag vor der Ausschüttung. Bezüglich Gewichtung soll kein Titel über 10 % Indexanteil haben.

Wer vom DivDAX eine bessere Kursentwicklung erwartet, muss wissen, dass etliche Spitzenaktien vom deutschen Leitindex nur deshalb nicht dem DivDAX angehören, weil ein überdurchschnittlicher Kursanstieg eine hohe Ausschüttungsrendite gefährdet. Dies gilt trotz Kursschwäche für die substanzstarken Aktien **Fresenius** und **Henkel**, beides familiengeführte Unternehmen und folglich auch im **DAXplus Family 30** notiert. Dies betrifft ebenso den Automobilzulieferer **Conti**. Die Ausschüttung hält durch langfristigen Kursgewinn nicht Schritt.

Der DivDAX berücksichtigt die 15 DAX-Ausschüttungsstars. E.ON und RWE zählen nun wieder zu den DivDAX-Mitgliedern. Wegen vorübergehend rigoroser Dividendenkürzung war es damit einige Zeit vorbei. Neue Mitglieder sind **Covestro**, Spezialchemie, und **Vonovia**, Wohnimmobilienriese.

Selbst wenn die Dividende angehoben wird, kann eine üppige Kursentwicklung dies aushebeln. Immerhin gibt es im DAX mehrere Titel, die in fünf Jahren dreistellige Kursgewinne erzielten und der Ausschüttungsquote davonrannten. Je höher der Kursanstieg, umso geringer ist die prozentuale Dividendenrendite. Deshalb gelangen eher die Kursverlierer in den DivDAX als die Performance-Sieger.

Sind für Sie eine hohe Dividendenrendite und ein vergleichsweise geringes Risiko wichtig, können Sie in einen DivDAX-ETF investieren oder sich selbst einen Aktienkorb aus einigen Werten zusammenstellen. Sie streuen Ihr Depot, und die hohe Ausschüttungsrendite sichert den Kurs nach unten ab.

Überlegen Sie vor dem Weiterlesen, warum ich Ihnen keinen DivDAX-Aktienfonds empfehle. Wie soll es selbst ein engagierter Aktienfondsmanager schaffen, aus 15 Werten, die jeder vom Leitindex her kennt, etwas Besonderes zu gestalten? Der eigene Aufwand, erkennbar am Ausgabeaufschlag und der Jahresgebühr, macht es quasi unmöglich, den Vergleichsindex zu schlagen.

DivDAX mit insgesamt 15 Aktien, Stand 23. Juni 2017					
Aktien/Unternehmen	**WKN A0C33D**	**KGV 2018**	**Kurs 11.03.19**	**Hoch/Tief 1 Jahr in €**	**Div.-Rend. 2019(e)**
Allianz	840 400	10,4	196,80 €	201,0/171,8	9,50 €/4,4 %
BASF	BAS F11	13,9	66,85 €	89,80/58,40	3,30 €/4,8 %
Bayer	BAY 001	17,9	68,40 €	103,4/59,15	2,95 €/4,1 %
BMW St	519 000	7,1	73,20 €	93,30/69,05	4,00 €/5,5 %
Covestro	606 214	10,6	48,70 €	87,10/41,90	2,40 €/4,9 %
Daimler St	710 000	6,3	50,75 €	69,60/44,75	3,25 €/6,4 %
Dt. Post	555 200	12,8	28,05 €	38,05/23,50	1,25 €/4,1 %
Dt. Telekom	555 750	16,2	14,95 €	15,50/12,80	0,75 €/4,7 %
E.ON	ENA G99	14,4	9,85 €	9,95/8,30 €	0,47 €/4,4 %
Linde	648 300	24,4	151,85 €	153,8/107,8	3,60 €/2,1 %
Lufthansa	823 212	5,3	22,45 €	27,40/17,30	0,90 €/3,8 %
Münchener R.	843 002	11,5	200,95 €	210,0/176,3	9,50 €/4,4 %
RWE	703 712	22,0	21,70 €	22,50/17,10	0,80 €/3,2 %
Siemens	723 610	15,0	95,80 €	120,8/91,50	3,90 €/4,0 %
Vonovia	A1M L7J	10,7	45,80 €	45,85/37,85	1,55 €/3,1 %

Duell: dividendenstarke DAX-Einzelaktien – ETF DivDAX	
Vorteile DAX-Einzelaktien	**Vorteile ETF DivDAX**
➢ Kurskorrekturen können jederzeit genutzt werden ➢ Kauf und Verkauf sind jederzeit möglich ➢ Hoch-/Tief-Mutstrategie mit Teilverkäufen und Zukäufen ➢ Depot wird schrittweise aufgebaut ➢ Genaue Kursbeobachtung möglich ➢ Wichtige Kennzahlen überprüfbar ➢ Mischstruktur aus Value und Growth zu empfehlen ➢ Dividendenstars sichern Kurse ab ➢ Jahresgebühren fallen nicht an ➢ Ertragsgutschriften sind steuerfrei	➢ Eine einzige Transaktionsgebühr macht Diversifizierung möglich ➢ Kein Ausgabeaufschlag, geringe Jahresgebühr von ca. 0,35 % ➢ Im Bärenmarkt Einmalanlage, im Bullenmarkt Sparplan vorteilhaft ➢ Bei thesaurierendem ETF wird Dividende in neue Anteile angelegt ➢ Bei wenig und geringer Marktkenntnis immer zu empfehlen ➢ Breite Streuung auch bei wenig Startkapital ➢ Idealer Start für Kinder und Enkel

4.9 Das neue Börsensegment SCALE

Im Herbst 2005 führte die Deutsche Börse AG als weiteren Nachfolger für den gescheiterten Neuen Markt den Entry Standard ein. Schon bald tummelten sich hier nicht nur seriöse kleinere Firmen, Start-ups genannt. Die geringen Zulassungsanforderungen bei niedrigen Kosten wurden mitunter weidlich ausgenutzt – zum Schaden der Anleger. Am 1. März 2017 wurde der von einigen Skandalen erschütterte Entry Standard beerdigt, zumal ihm mangelnde Transparenz vorgeworfen wurde. Die Mitglieder vom Entry Standard hatten die Wahl, in das neue Segment SCALE, bei Aufstiegshoffnungen in den SDAX oder TecDAX auch in den Prime Standard zu wechseln. Keineswegs lebt wieder der Neue Markt auf, der anfangs Träume von Reichtum ohne Arbeit weckte, danach ein Tal von Tränen mit Kurssturz über 95 % hinterließ. Das neue Segment mit dem Namen SCALE (warum englisch und nicht deutsch?) will das Ökosystem für Firmenfinanzierungen ausbauen. Die Deutsche Börse erhofft sich dadurch auch einen neuen Schub für neue Börsengänge. Wer zum Wachstumssegment SCALE gehören will, soll seriös und transparent, über 2 Jahre alt sein, profitabel wirtschaften, schwarze Zahlen schreiben, möglichst Jahresumsätze über 10 Mio. € und einen Börsenwert ab 30 Mio. € aufweisen. Es sind nicht nur Biotech- und Hightechfirmen willkommen, sondern Mittelständler beliebiger Branchen in Zukunftsmärkten. Schlecht für Image und Vertrauen, wenn gegen diese Vorgaben verstoßen wird.

Neues Börsensegment SCALE ersetzt Entry Standard.
22 ausgewählte Aktien von rund 45 notierten Titeln

Aktien/Unternehmen	WKN	Kurs 19.03.19	52 Wochen-Hoch/-Tief	Kursverlauf 1, 3, 5, 10 Jahre
2G Energy	A0H L8N	31,10 €	31,50/18,20 €	+69/+71/+1/+970 %
Anbieter: Module & Blockheizwerke mit hocheffizienter Kraft-Wärme-Koppelung.				
Beta Systems	A2B PP8	19,40 €	23,85/17,00 €	-15/+101/+137 %
Weltweiter Anbieter von branchenübergreifender Software im Sektor Sicherheit.				
Blue Cap	A0J M2M	15,60 €	28,10/13,55 €	-10/+200/+220/+664
Beteiligungsgesellschaft Schwerpunkt profitable süddeutsche Nischenanbieter.				
CYAN	A2E 4SV	30,80 €	36,70/20,20 €	+32 %/Börsengang
Schutz von mobilen Endgeräten mithilfe netzintegrierter Sicherheitslösungen.				
Datagroup	A0J C8S	35,85 €	42,45/28,70 €	-12/+143/+290/+1330
Die IT-Perle profitiert von der Stellenauslagerung HPE, 330 neue SAP-Experten.				
Datron	A0V 9LA	12,20 €	13,90/10,80 €	-8/+32/+56 %
Produktion von CNC-Fräs-, Dental-Fräs- und Dosiermaschinen für Werkstoffe.				

Aktien/ Unternehmen	WKN	Kurs 19.03.19	52 Wochen-Hoch/-Tief	Kursverlauf 1, 3, 5 Jahre
Dt. Grundstück	553 340	16,60 €	18,80/15,50 €	+3/+236/+32 %
Führender Anbieter mit 80 % Anteil bei Immobilienauktionen in Deutschland.				
Dt. Rohstoff AG	A0X YG7	18,35 €	26,95/15,35 €	+10/-9/+62 %
Die AG ist im Bereich Exploration/Förderung von Erdöl, Gas, Basismetall tätig.				
EQS Group	549 416	72,00 €	84,00/65,50 €	+10/+145/+38 %
Dienstleister für Online- und Unternehmenskommunikation Investor Relations.				
Finlab	121 806	16,40 €	24,40/13,20 €	-24/+6/+397 %
Alternative Investmentstrategien, Entwicklung deutscher Fintech-Start-ups.				
FinTech Group	FTG 111	20,90 €	36,00/15,00 €	-25/+23/+294 %
Brokerage-Plattform für Wertpapierhandel mit papierlosen Kundentransaktionen.				
Formycon	A1E WVY	29,80 €	39,60/24,30 €	-3/+48/+289 %
Entwicklung und Vermarktung biopharmazeutischer Biosimilars (Nachahmer).				
IBU-tec	A0X YHT	17,90 €	19,85/13,15 €	+9 %/Börsengang
Produktionsdienstleister thermische Verfahrenstechnik anorganischer Pulver.				
JDC Group	A0B 9N3	7,00 €	10,15/5,55 €	-16/+23/+218 %
Integrierte Vertriebsplattform für etliche Finanzprodukte und Dienstleistungen.				
Lloyd Fonds	A12 UP2	5,30 €	5,80 €/3,60 €	+39/+300/+305 %
Geschlossene Fonds Schifffahrt/Immobilien und strukturierte Anlageprodukte.				
Mensch & Ma.	658 080	28,30 €	30,90/21,25 €	+25/+188/+300 %
Computerunterstützte Konstruktionssoftware CAD/CAM für Bau/Maschinenbau.				
Nabaltec	A0K PPR	**30,80 €**	**30,80**/20,70 €	+11/+126/+202 %
Chemieprodukte: funktionale flammhemmende Füllstoffe für technische Keramik.				
Nynomic (m-u-t)	A0M SN1	24,20 €	28,80/15,60 €	+31/+294/+490 %
Photonik für Optik/Elektronik, Medizin-Messgeräte, Sensorik, Laborautomatik.				
Ökoworld	540 868	14,90 €	19,40/13,50 €	-14/+40/+141 %
Ökologische Geldanlageprodukte von Altersvorsorge bis Immobilienvermittlung.				
Publity	697 250	20,20 €	23,00/9,80 €	+84/-43 %/IPO
Geldanlage Immobilien, Gewerbeobjekte Ballungsraum wie München/Frankfurt.				
Tonkens Agrar	A1E MHE	18,35 €	26,95/15,35 €	+10/-9/+62 %
Aufbereitung landwirtschaftlicher Rohprodukte wie Milch, Getreide, Kartoffeln.				
Vectron (Split)	A0K EXC	11,30 €	27,55/6,95 €	-54/-4/+446 %
Intelligente Kassensysteme, Einheit Hard-/Software, Kommunikationssoftware.				

⑤ Wichtige Indizes rund um den Globus

5.1 Der Leitindex von Euroland: Euro Stoxx 50

Zum besseren Verständnis: Als Vergleich bietet sich die 1. Fußballbundesliga an. Die besten Teams qualifizieren sich für die Champions League oder die Europa League. An der Börse bilden die führenden Konzerne vom Euroraum (EU) den Euro Stoxx 50, die größten Gesellschaften Gesamteuropas den Stoxx 50 ab.

Generell hinken die Europa-Indizes dem DAX hinterher. In Südeuropa sind Staatsüberschuldung und Arbeitslosigkeit ausgeprägt, siehe Griechenland und in aktuell besorgniserregendem Ausmaß Italien. Dies schreckt ab. Dabei überzeugen mehrere exportstarke Großkonzerne mit gesunder Bilanzierung, ordentlichem Wachstum bei Umsatz und Ertrag sowie hohen Dividenden. Der sich weiter verzögernde, von Unentschlossenheit und Unsicherheit geprägte Austritt Großbritanniens aus der EU, das unberechenbare Verhalten des US-Präsidenten Donald Trump mit Strafzöllen und Sanktionen hinterlassen tiefe Spuren. Hinzu kommen konjunkturelle Sorgen mit dem sich abzeichnenden verlangsamten Wirtschaftswachstum bis hin zu Rezessionsängsten. Zum Euroland-Börsenbarometer zählen Ölwerte wie Royal Dutch, BP, Total und etliche Finanztitel. Die Ölaktien haben sich nach langer Durststrecke erholt. Es locken hohe Dividenden. Doch durch das für einige Länder geltende Doppelsteuerabkommen bleibt gerade mal die Hälfte übrig. Sie sollten bei Frankreich etwa 50 % wegstreichen, sofern Sie keinen Ausgleich beantragen. Dies lohnt sich wegen des Zeitaufwands nur bei höheren Beträgen.

5 Div.-Stars Euro Stoxx 50 (Eurozone) ab 7,0 % Rendite

Aktien/Unternehmen	WKN 965 814	KGV	Kurs am 11.03.19	Hoch/Tief 1 Jahr €	Div. 2019 (e) Div.-Rendite
BNP Paribas	**887 771**	**7,4**	42,95 €	64,25/38,40	3,02 €/**7,0 %**
ENGIE	**A0E R6Q**	**11,9**	13,35 €	14,75/11,40	1,12 €/**8,4 %**
Intesa Sanpa.	**850 605**	**10,0**	2,15 €	3,20/1,90	0,20 €/**9,2 %**
Societé Géné.	**873 403**	**5,9**	26,40 €	46,20/24,0	2,20 €/**8,3 %**
Unibail-Roda.	**A2J H5S**	**6,5**	146,30 €	198,0/130,0	10,80 €/**7,4 %**

Die Zerrissenheit innerhalb der Europäischen Union schlägt sich auch in den Börsenkursen nieder. Im Brennpunkt stehen einheitliche Richtlinien, aber auch Wahrung von Eigenständigkeit und Individualität bei wichtigen nationalen Fragen, Umgang mit Verschuldung, Aufnahme, Integration und Abschiebung von Flüchtlingen, Verteidigungspolitik, Datenschutz, Arbeits- und Urheberrecht sowie Klimaschutz und Umweltauflagen. Seit Jahren hinken die europäischen Aktienbörsen der Kursentwicklung insbesondere von Amerika hinterher. Wäre da nicht das hohe Doppelsteuerabkommen mit einigen europäischen Ländern, würden überdurchschnittlich hohe Ausschüttungen bei zahlreichen Gesellschaften für einen gewissen Ausgleich sorgen und bei scharfer Korrektur und Crash als Stabilitätsfaktor wirken. Noch aber sind europäische ETFs und Aktienfonds wenig gefragt. Die Einzelaktienauswahl setzt gutes Börsenwissen und Marktbeobachtung voraus.

Der Index Euro Stoxx 50 notierte am 22. März 2019 bei 3.306 Punkten, ein Minus von 1,3 % im 52-Wochen-Vergleich. In 3 und 5 Jahren sah es mit jeweils 8,3 % ein bisschen besser aus. Wer ein geschicktes Stock Picking auch bezüglich Hoch-/Tief-Mutstrategie machte, also bei hohem Kursgewinn einen Teil verkaufte und bei substanzstarken Titeln Kursschwächen nutzte, konnte durchaus erfolgreich sein. Wo dies vor allem möglich war, zeigen neben der Dividendenaufstellung auch die aktuellen Kurslisten der Sieger und Verlierer. Die großteils empfindlichen Kurseinbrüche vom 4. Quartal 2018 wurden weitgehend behoben. Wer vor allem im Dezember 2018 mutig zugriff, wurde reichlich belohnt, siehe Siegerliste.

Größte Gewinne Euro Stoxx 50 seit Jahresbeginn 2019					
Nr.	**Aktie/Firma ohne Deutschland**	**WKN 965 814**	**Kurs 11.03.19**	**Hoch/Tief 52 Wochen**	**Gewinn/ Verlust**
❶	AB Inbev	**A2A SUV**	71,75 €	94,00/57,15 €	**+24,0 %**
❷	ASML Holding	**A1J 4U4**	161,10 €	188,4/131,7 €	**+18,1 %**
❸	CRH (Bauindustrie)	**864 684**	27,55 €	32,90/21,80 €	**+23,3 %**
❹	Kering	**851 223**	486,50 €	514,2/350,2 €	**+23,8 %**
❺	LVMH	**853 292**	305,90 €	310,7/241,0 €	**+21,5 %**
❻	Vivendi	**591 068**	25,60 €	25,75/20,30 €	**+21,6 %**
Größte Verluste Euro Stoxx 50 seit Jahresbeginn 2019					
❶	AHOLD	**A2A NT0**	22,35 €	23,45/18,15 €	**+1,48 %**
❷	Essilor	**863 195**	102,80 €	129,4/101,4 €	**-6,25 %**
❸	Orange/Fr. Telecom	**906 849**	13,60 €	15,20/13,20 €	**-1,91 %**
❹	Sanofi-Aventis	**920 657**	76,85 €	80,30/63,10 €	**+2,25 %**
❺	Societé Générale	**873 403**	26,40 €	46,20/24,00 €	**-5,11 %**

5.2 Blick auf den Stoxx 50 aus Gesamteuropa

Beim Stoxx 50, dem Börsenbarometer für Europa, verlief die Entwicklung, DAX-Aktien erneut ausgeklammert, im Einjahresvergleich mit einem kleinen Plus von 4,7 % versöhnlich. Auch in 3 Jahren ging es mit 9,2 % und in 5 Jahren mit 9,0 % endlich nach oben. Das Kurs-Gewinn-Verhältnis ist mit 13,1 % beim Euro Stoxx 50 und 13,6 % beim Stoxx 50 deutlich niedriger als beim DAX mit 17,2, berechnet am 11. März 2019. Sorgen machen die hohen Verschuldungsquoten mit über 80 %. Freude bereiten dagegen die hohen Ausschüttungen mit durchschnittlich 3,7 % beim Euro Stoxx 50 und 4,1 % beim Stoxx 50. Da kann der deutsche Leitindex mit 3,2 % Dividendenrendite nicht ganz mithalten. Ohne den DAX dominieren im Stoxx 50 die Titel aus Großbritannien und der Schweiz. Es gibt hier zahlreiche Pharmakonzerne, Ölwerte, Finanztitel und Konsumgesellschaften.

5 Div.-Stars Stoxx 50 (Gesamteuropa) ab 5,8 % Rendite

Aktien/Unternehmen	WKN 965 816	KGV	Kurs am 11.03.19	Hoch/Tief 1 Jahr in €	LW 2019 Div.-Rend.
BAT (GB)	**916 018**	**9,7**	35,70 €	49,65/27,70	2,03/**6,6 %**
HSBC (GB)	**923 893**	**11,3**	7,25 €	8,60/6,70	0,51/**6,3 %**
Royal Dut. (GB)	**A0D 94M**	**11,2**	27,30 €	31,05/24,65	1,88/**6,1 %**
Vodafone (GB)	**A1X A83**	**13,7**	1,65 €	2,75/1,65	0,15/**9,4 %**
Zurich Ins. (CH)	**579 919**	**11,9**	288,80 €	290,7/251,1	19,0/**5,8 %**

Größte Gewinne beim Stoxx 50 seit Jahresbeginn 2019

Nr.	Aktie/Firma ohne Deutschland	WKN 965 816	Kurs 11.03.19	Hoch/Tief 52 Wochen	Gewinn/ Verlust
❶	**BAT** (GB)	**916 018**	35,70 €	49,65/27,70	**+24,9 %**
❷	**Lloyds Banking** (GB)	**871 784**	0,72 €	0,80 €/0,56 €	**+28,3 %**
❸	**National Grid** (GB)	**A2DQWX**	10,24 €	10,35/8,30 €	**+23,3 %**
❹	**Prudential** (GB)	**852 069**	18,05 €	22,50/14,90€	**+21,1 %**
Größte Verluste beim Stoxx 50 seit Jahresbeginn 2019					
❶	**ABB** (Schweiz)	**919 730**	16,80 €	20,80/16,00	**+1,36 %**
❷	**HSBC** (GB)	**923 893**	7,25 €	8,60 €/6,70 €	**+2,69 %**
❸	**UBS Group** (CH)	**A12 DFH**	10,85 €	15,05/10,50	**+0,32 %**
❹	**Vodafone** (GB)	**A1X A83**	1,65 €	2,75 €/1,65 €	**-5,41 %**

Zwei ETFs aus dem Euro Stoxx 50 und Stoxx 50: Indexabbildung, kostengünstig, da passiv gemanagt	
iShares Euro Stoxx 50 UCITS ETF	**WKN: 935 927, Kurs 22.03.19: 32,85 €**
Jahreshoch/-tief: 36,75/33,05 €, Kursverlauf 1, 3, 5, 10 J.: **+3/+22/+28/+132 %,** Alter: 19 Jahre, ausschüttend, Verwaltungsgebühr: **0,35 %,** Umfang: 4,1 Mrd. €	
iShares Stoxx Europe 600 UCITS	**WKN: 263 530, Kurs 22.03.19: 36,85 €**
Jahreshoch/-tief: 40,05/31,95 €, Kursverlauf: 1, 3, 5, 10 J.: **+5/+21/+33/+194 %,** Alter: 15 Jahre, ausschüttend, Verwaltungsgebühr: **0,20 %,** Umfang: 5,8 Mrd. €	
Anmerkung: Hier empfehle ich keine aktiv gemanagten Aktienfonds, weil sie zu über 80 % gegen den Index verlieren. Entweder ETF oder Einzelaktienauswahl.	

Zwei Aktienfonds: Dividendenstars aus Europa: Aktives Management vorziehen bei Sieg gegen Index und ETF				
Name, Fondsgesellschaft	**WKN**	**Kurs 22.03.19**	**Hoch/Tief 1 Jahr**	**Kursentwicklung 1, 3, 5, 10 Jahre**
FF Fidelity European Dividend Fund	**A0P GWE**	14,25 €	14,85/12,65 €	**+7/+14/+28/+69 %**
	Umfang 125 Mio. €, Alter 9 Jahre, Ausgabeaufschlag **5,25 %,** Gebühr **1,50 %,** ausschüttend. Hauptanteile: BP, Royal Dutch, Total, Hannover Rück, Sanofi, Munich Re, Allianz, Vonovia.			
FP Euro Dividenden STAUFER A	**977 961**	90,30 €	100,9/79,50 €	**-6/+13/+32/+224 %**
	Umfang 255 Mio. €, Alter 21 J., Ausgabeaufschlag **5,00 %,** Gebühr **1,50 %,** thesaurierend. Bei thesaurierend wandert die Dividende in neue Anteile. Der Zinseszinseffekt wird verwirklicht.			

Generell werden die Aktienchancen für 2019 nicht besonders günstig eingeschätzt. Im Schnitt scheint eher eine Rendite von 5 % statt 8 % pro Jahr erreichbar. Insgesamt halten sich bei der eingetrübten Stimmung wegen gestiegener wirtschaftlicher Risiken etliche Profis etwas zurück. Von den internationalen Topinvestoren rechnet ein Drittel mit einem Wirtschaftsabschwung als wichtigsten Einfluss auf die Märkte. Aber auch die geopolitische Instabilität, die in dem vom US-Präsidenten Donald Trump ausgelösten Handelsstreit mit China ihren Niederschlag findet, beeinträchtigt die Erwartungshaltung. Strafzölle und Sanktionen wirken sich weltweit negativ aus. 14 % der Topanalysten beurteilen eine eskalierende Abschottungsstrategie als den schädlichsten Einfluss auf die Märkte. Dies alles führt zu geplanten Änderungen bei zahlreichen Portfolios. Institutionelle Anleger wollen ihren Anteil an Aktien verringern und dafür mit höherer Gewichtung in Hedgefonds, Firmenbeteiligungen und Immobilien investieren.

5.3 Amerika gibt den Ton an: Dow Jones, Nasdaq, S&P 500

Ob Börsen-, Menschen- oder Tierwelt: Überall sind ähnliche Verhaltensmuster zu beobachten: Der Mitläufer orientiert sich am Anführer, das Wolfsrudel am Alpha-Leitwolf, der DAX am Leitindex Dow Jones und der TecDAX an der US-Technologiebörse Nasdaq 100. Oft vollzieht der DAX übertrieben nach, was der Dow vorgibt. Im Crash geht es stärker abwärts, in Erholungsphasen dynamischer nach oben. Steigt – bedingt durch die zeitliche Verschiebung – am frühen Abend der 1896 gegründete Dow Jones, raffen sich DAX & Co. zum Endspurt auf. Wehe, wenn an der Wall Street die Bären die Stimmung vermiesen! Dann droht am nächsten Morgen eine düstere Eröffnung. Kommt es in Amerika zur Kursexplosion, ist das Feuerwerk bei DAX und den Nebenwerte-Indizes üppig.

1995 lag der Dow Jones bei 3.840 Punkten. 2018 schaffte er über 26.600 Zähler – etwa siebenmal so viel. Der US-Markt ist der weltweite Trendsetter. US-Konzerne dominieren in Hochtechnologie, Internet, Digitalisierung, Vernetzung und Biotechnologie. Im Gesundheitswesen dominieren **Amgen, Biogen, Celgene, Gilead, Illumina, Pfizer, Johnson & Johnson** und **Vertex.** Bei Technologie und Telekommunikation zeigen **Adobe, Alphabet, Amazon, Facebook, Apple, Netflix, Microsoft, Nvidia, PayPal, Salesforce, Verizon** und **Visa,** wo es mit Industrie 4.0, Cloud-Computing, Digitalisierung und Künstlicher Intelligenz langgeht. Immer mehr Einfluss gewinnt die Künstliche Intelligenz mit selbstlernenden Robotern.

Die wertvollsten Firmen sind amerikanisch (Jahr 2018)

Aktie, Nation, Unternehmen (Quelle: Handelsblatt # 148, 03.08.2018)	**Börsenwert**	**Mitglied im Dow Jones**
❶ **Apple**	**973 Mrd. $**	19.03.2015
❷ **Amazon** (Familienfirma)	**877 Mrd. $**	./.
❸ **Alphabet/Google** (Familienfirma)	**853 Mrd. $**	./.
❹ **Microsoft** (Familienfirma)	**816 Mrd. $**	01.11.1999
❺ **Facebook** (Familienfirma)	**496 Mrd. $**	./.
❻ **Berkshire Hathaway** (Familienfirma)	**492 Mrd. $**	./.
❼ **JP Morgan Chase**	**389 Mrd. $**	06.05.1991
❽ **Johnson & Johnson**	**356 Mrd. $**	17.03.1997
❾ **Exxon Mobil**	**340 Mrd. $**	01.10.1928
❿ **Bank of America**	**312 Mrd. $**	./.

Sechs Dividendenstars beim Dow Jones ab 3,5 % Rendite					
Aktien/Unternehmen	**WKN 969 420**	**KGV**	**Kurs am 11.03.19**	**Hoch/Tief 1 Jahr**	**Div. Div.-Rendite**
Chevron	**852 552**	**17,5**	108,05 €	110,3/91,00 €	4,76 $/**3,9 %**
Coca-Cola	**850 663**	**21,6**	40,85 €	44,35/34,05 €	1,64 $/**3,6 %**
Exxon Mob.	**852 549**	**18,3**	71,40 €	75,20/58,50 €	3,40 $/**4,2 %**
IBM	**851 399**	**11,3**	122,15 €	132,6/97,00 €	6,56 $/**4,8 %**
Pfizer	**852 009**	**17,7**	36,60 €	40,55/27,70 €	1,44 $/**3,5 %**
Verizon C.	**868 402**	**12,4**	51,15 €	53,30/37,70 €	2,41 $/**4,2 %**
Sechs Dividendenstars beim Nasdaq ab 3,9 % Rendite					
Broadcom	**A2J G9Z**	**27,5**	238,05 €	250,9/171,9 €	10,6 $/**4,0 %**
Gilead Sci.	**885 823**	**11,7**	57,00 €	68,30/53,00 €	2,48 $/**3,9 %**
Kraft Heinz	**A14 TU4**	**11,3**	28,70 €	55,45/28,25 €	1,60 $/**5,0 %**
Paccar	**861 114**	**10,6**	60,25 €	61,40/47,75 €	3,28 $/**4,8 %**
Qualcomm	**883 121**	**19,3**	48,40 €	64,60/40,80 €	2,68 $,**4,9 %**
Western D.	**863 060**	**9,3**	42,85 €	86,00/31,50 €	2,00 $/**4,2 %**

Größte Gewinne beim Dow Jones seit Jahresbeginn 2019					
Nr.	**Aktie/Unternehmen**	**WKN 969 420**	**Kurs 18.03.18**	**Hoch/Tief 52 Wochen**	**Gewinn/Verlust**
❶	American Expr.	**850 226**	100,00 €	100,1/73,30 €	**+21,7 %**
❷	Apple	**865 985**	165,00 €	199,0/125,4 €	**+20,2 %**
❸	Cisco Systems	**878 841**	47,30 €	47,35/33,40 €	**+25,5 %**
❹	Goldman Sachs	**920 332**	177,85 €	215,3/140,8 €	**+23,3 %**
❺	IBM	**851 399**	122,15 €	132,6/97,00 €	**+23,0 %**
❻	Nike	**866 993**	77,00 €	77,05/52,80 €	**+18,9 %**
Größte Verluste beim Dow Jones seit Jahresbeginn 2019					
❶	Coca-Cola	**850 663**	40,85 €	44,35/34,05 €	**-1,97 %**
❷	Dowdupont	**A2D N8H**	48,45 €	60,80/44,60 €	**+4,43 %**
❸	Mc Donald's	**856 958**	160,95 €	166,1/126,2 €	**+5,14 %**
❹	Pfizer	**852 009**	36,60 €	40,55/27,70 €	**-2,27 %**
❺	United Health	**869 561**	214,00 €	250,0/173,0 €	**-0,92 %**
❻	Walgreens Boots	**A12 HJF**	53,25 €	75,80/50,90 €	**-10,17 %**

Sieger-Auswahl Nasdaq 100 seit Jahresbeginn 2019					
Nr.	**Aktie/ Unternehmen**	**WKN A0AE1X**	**Kurs 18.03.19**	**Hoch/Tief 52 Wochen**	**Gewinn/ Verlust**
1	Alexion Pharma	**899 527**	119,35 €	120,7/83,30 €	**+40,5 %**
2	Celgene	**881 244**	78,05 €	82,20/53,65 €	**+42,5 %**
3	Ctrip.com	**A0B K6U**	36,50 €	44,50/22,55 €	**+49,2 %**
4	Netflix	**552 484**	322,05 €	360,0/211,5 €	**+43,6 %**
5	Xilinx	**880 135**	110,80 €	110,9/52,00 €	**+50,9 %**
Große Verluste Auswahl Nasdaq seit Jahresbeginn 2019					
1	Activision Blizz.	**A0Q 4K4**	39,85 €	72,65/36,00 €	**-2,54 %**
2	Henry Schein	**897 961**	52,30 €	62,10/40,95 €	**-1,26 %**
3	Kraft Heinz	**A14 TU4**	28,70 €	55,45/28,25 €	**-26,92 %**
4	Netease	**501 822**	214,50 €	258,2/160,9 €	**-1,16 %**
5	Tesla Motors	**A1C X3T**	227,95 €	330,0/209,2 €	**-14,70 %**

Ein Blick in den großen amerikanischen Aktienindex S&P 500

Der 500 amerikanische Konzerne umfassende Aktienindex kam 1957 auf den Markt. Er ist ähnlich breit gestreut wie der MSCI USA. Beide Börsenbarometer unterscheiden sich nur in den Einzelheiten. So ist die Aktie **Berkshire Hathaway** des Großinvestors Warren Buffett im S&P 500 unter den Topwerten gelistet, belegt aber im MSCI nur Platz 23. Alphabet A und C nehmen im S&P 500 zusammengefasst den Rang 2 ein, aber landen im MSCI lediglich auf Rang 11 und 12.

Drei ETFs zum US-Index S&P 500 und MSCI WORLD				
Name, Fonds-gesellschaft	**WKN A0A ETO**	**Kurs 22.03.19**	**Hoch/Tief 52 Wochen**	**Kursentwicklung 1, 3, 5, 10 Jahre**
Vanguard S&P 500	A1J X53	47,20 €	48,60/39,30 €	**+9/+47/+68 %**
	Umfang 22,7 Mrd. €, Alter 9 Jahre, Gebühr **0,07 %,** ausschüttend. Größte Branchen: IT-Software, Finanzen, Gesundheit, Konsum.			
ComStage S&P 500	ETF 012	278,60 €	283,8/233,7 €	**+9/+46/+69 %**
	Umfang 189 Mio. €, Alter 9 J., Gebühr **0,12 %,** ausschüttend. Große Posten: Apple, Microsoft, Berkshire, Facebook, J&J, Alphabet.			
ComStage MSCI World	ETF 010	51,90 €	53,65/43,90 €	**+2/+36/+41/+227 %**
	Umfang 1,89 Mrd. €, Alter 11 J., Gebühr **0,20 %,** ausschüttend. Hauptanteile: Microsoft, Apple, Amazon, Facebook, J&J, Alphabet.			

5.4 Japan mit Nikkei 225 ein interessanter Markt

Mitte 2007, als sich der japanische Nikkei auf die Hälfte seines Allzeithochs von 1989 herangerobbt hatte, stellten Analysten das Kursziel auf 20.000 Punkte. Doch die Subprime- und Finanzkrise erfasste auch den Nikkei mit seinen 225 Standardwerten. Er stürzte 2008/2009 ins tiefste Kellerloch und notierte gerade mal bei 9.000 Punkten. Jetzt, Mitte März 2019, notiert der Nikkei (WKN: 969 244) bei rund 21.650 Punkten. Das 52-Wochen-Hoch lag bei 24.450, das Tief bei 20.350 Punkten. Bis zum Rekordhoch von fast 40.000 Punkten liegen jedoch unerreichbare Welten. Neben dem Nikkei 225 gibt es seit 1988 den von einigen Experten bevorzugten TOPIX. Er setzt sich aus 1.400 Titeln zusammen und wird als aussagekräftiger für den Zustand der japanischen Wirtschaft beurteilt als der Leitindex.

Nikkei: Vor dem Absturz Rallye im 5.000er-Takt

Nov.	1972:	über 5.000 P.
Jan.	1984:	über 10.000 P.
März	1986:	über 15.000 P.
Jan.	1987:	über 20.000 P.
Juni	1987:	über 25.000 P.
Dez.	1988:	über 30.000 P.
Aug.	1989:	über 35.000 P.

Der Nikkei 225 ist Asiens bedeutendster Aktienindex. Er wird seit 1950 täglich berechnet, ist schwankungsfreudig; und es ist schwierig, über japanische Aktien seriöse Meldungen einzuholen. Da Informationen meist spärlich ausfallen, ist ein **Fernost-Fonds** wohl die beste Alternative. Der Nikkei besteht aus 225 Werten. In einem ETF sind also auch viele Schwächlinge vertreten. Ich bringe Top- und Floptitel, Dividendenstars und stelle einige Asien-Fonds vor.

Größte Gewinne Nikkei-Auswahl seit Jahresbeginn 2019

Nr.	Aktie/ Unternehmen	WKN A1R RF6	Kurs 22.03.19	Hoch/Tief 52 Wochen	Kurse in %
❶	Astellas Pharma	856 273	13,45 €	15,15/10,95 €	+24,5 %
❷	Daiichi Sankya	A0F 57T	34,15 €	37,55/26,30 €	+30,0 %
❸	SoftBank Group	891 624	88,30 €	89,45/55,00 €	+50,7 %
❹	Takeda Pharma	853 849	37,40 €	42,90/27,75 €	+28,4 %
Verluste bekannte Nikkei-Aktien seit Jahresbeginn 2019					
❶	KDDI Corp.	887 603	19,45 €	25,20/18,10 €	-6,46 %
❷	Panasonic	853 666	7,75 €	12,70/7,45 €	-1,41 %
❸	Sony	853 687	37,50 €	52,85/36,40 €	-1,78 %
❹	Suzuki Motor	857 310	39,75 €	60,25/37,95 €	-7,04 %

6 Dividendenstars Nikkei-Auswahl ab 4,9 % Rendite					
Aktien/Unternehmen	**WKN A1R RF6**	**KGV**	**Kurs am 18.03.19**	**Hoch/Tief 1 Jahr**	**Div. 2019 Rendite**
Canon	853 055	14,3	25,35 €	30,00/22,85 €	5,1 %
Daiwa Securit.	857 092	10,9	4,35 €	5,60/4,25 €	4,9 %
Japan Tobacco	893 151	12,5	21,55 €	25,00/20,10 €	5,5 %
Nissan Motor	853 686	7,0	7,65 €	8,80/6,90 €	6,0 %
Nomura Holding	857 054	8,2	3,30 €	4,80/3,20 €	4,8 %
Tokyo Electron	865 510	12,7	127,50 €	177,4/107,8 €	5,3 %
Anmerkung: Es gibt üppig ausschüttende Dividendenstars mit fairem KGV.					

5.5 Lockruf Ostasien mit dem Riesenreich China

Von den Olympischen Spielen 2008 in Peking erhoffte sich die chinesische Wirtschaft einen gewaltigen Wachstumsschub. Doch trotz gelungener Olympia-Premiere mit reicher Goldmedaillenausbeute verschärften sich in China die Umweltprobleme. Legten chinesische Aktien 2006/2007 noch eine atemberaubende Rallye hin, so fiel die anschließende Korrektur kaum weniger dramatisch aus. Richtig zur Sache ging es im Sommer 2015. Ein tagelanger Crash führte zu Kursverlusten von 30 bis 40 %. Davon haben sich die Börsenbarometer Shanghai an der Ostküste, Shenzhen im Süden und Hang Seng in Hongkong längst erholt. Im Juni 2018 kam der Ritterschlag. Schrittweise wurden A-Aktien in die MSCI-Indizes aufgenommen, um den Aktienhandel transparenter zu machen. 85 % der globalen Aktienfonds im Wert von 12 Billionen Dollar messen sich an einem MSCI-Index.

Nach offizieller Statistik ist die wirtschaftliche Entwicklung der Volksrepublik beeindruckend. China wächst jährlich um 6,6 % gegenüber den USA (2,2 %), Deutschland (1,9 %) und Japan (1,1 %) rasant. Doch es bestehen einige Ungereimtheiten, sodass Experten das tatsächliche Wachstum geringer einschätzen. Beispielsweise legen die Basiswerte der Industrie weniger zu als das angegebene Bruttoinlandsprodukt. Die offizielle Inflationsrate erscheint ziemlich gering. Die Verbraucherpreise stiegen seit 2011 um 19 %, die Nahrungsmittelpreise dagegen um 34 %. Je niedriger die Teuerungsrate erscheint, desto höher steigt das reale Wachstum. Die Wirtschaftsleistung erfasst die Summe aller Werte, die ein Land herstellt. Chinas offizieller Anteil an der weltweiten Wirtschaftsleistung 2018 beträgt 18,7 %. Experten gehen eher von 16,3 % aus. Ein Wirtschaftswachstum von 4,1 % statt 6,6 % erscheint glaubwürdig. Um die offiziellen Daten zu rechtfertigen, müssten sich vor allem einige Branchen im Industriebereich noch stärker entwickeln.

Jetzt stockt Chinas Erfolgsgeschichte durch den Handelskrieg mit Amerika und die hohen Strafzölle seitens Donald Trump

Protektionismus tut keiner Volkswirtschaft gut. Die negativen Folgen werden weltweit immer stärker erkennbar. Der Umsatz- und Ertragsrückgang ist dramatisch und schwappt von China auch auf deutsche Firmen über. Längst ist nicht nur die Premium-Automobilindustrie davon betroffen. Schauen wir uns ein paar Fakten und Kennzahlen aus der chinesischen Volkswirtschaft an! Sie können helfen, vernünftige, gut überlegte Anlageentscheidungen zu treffen und nicht übereilt, von Emotionen getrieben, zu handeln.

Das Bruttoinlandsprodukt wächst nicht mehr wie 2007 um rund 14 %, sondern dürfte im Vergleich zum Vorjahr 2019 nur noch um +6,2 % steigen. Die chinesischen Exporte verringern sich gegenüber 2016 um -4,4 %. Die Importe gehen um -7,6 % zurück. Chinas Verschuldung erreicht dramatische Ausmaße und erhöht sich von 120 % im Jahr 2007 auf mehr als 200 % ein gutes Jahrzehnt später und übersteigt damit die USA mit rund 150 %.

Der Neuwagenabsatz stürzt dramatisch ab. Seit Januar 2017 gibt es ein Plus von 11,5 % auf 2,8 Mio. Fahrzeuge. Seit Dezember 2017 geht der Umsatz dagegen besorgniserregend um -13 % auf nur noch 2,66 Mio. Autos zurück. Davon sind auch die deutschen Marken BMW, Daimler, Porsche, Audi und VW betroffen.

Auch bei den Firmenbeteiligungen in Deutschland schaltet China den Rückwärtsgang ein. Gab es noch 2017 einen Rekord mit 11.200 Fusionen, Übernahmen und Beteiligungen von 11.200 Transaktionen, sank die Zahl 2018 auf 8.960 Zusammenschlüsse. Etliche Beteiligungen enttäuschen, laufen alles andere als gut oder zufriedenstellend. So musste der Roboterbauer KUKA aus Augsburg seine Prognose zweimal nach unten korrigieren. Seit 2017 hat sich der Aktienkurs um drei Viertel verringert. MIDEA aus China stieg mit dem Versprechen großer Investitionen ein. Davon blieb wenig übrig. Jetzt findet ein hartes Sparprogramm statt.

Die Umsatzanteile der DAX-Konzerne schossen seit 1997 in die Höhe. Es ist fraglich, ob die erfreuliche Entwicklung anhält. In China herrschen Verkaufsflauten. Das Geld wird lieber zusammengehalten statt ausgegeben. Die höchsten Umsatzanteile haben VW mit 40 %, Infineon 35 %, Daimler 26 %, BMW 24 %, Covestro 22 %, Adidas 18 %, Continental 13 %, BASF 11 %, Merck und Siemens je 10 %. Der deutsche Leitindex gerät in die Mühlen des Handelsstreits zwischen China und den USA. Das Sturmtief in Fernost fegt die Erfolgsstory an einen Wendepunkt. Vor 20 Jahren galt China als Kopierweltmeister. Vorsicht war bezüglich der Urheberrechte angezeigt. Schritt für Schritt entwickelte sich das Riesenreich zum Produzenten und Handelspartner mit enormem Wachstum. Jetzt aber sind die Warnsignale bei der einbrechenden Konjunktur nicht mehr zu übersehen.

Sieger China-Aktien Hongkong/Hang Seng Ende März 2019					
Nr.	**Aktie/Unternehmen**	**WKN 145 733**	**Kurs 25.03.19**	**Hoch/Tief 52 Wochen**	**Gewinn in %**
❶	China Brillance	884 968	0,80 €	1,90 €/0,60 €	+31,8 %
❷	China Unicom	A0R BTQ	1,15 €	1,25 €/0,90 €	+28,2 %
❸	Hang Lung Prop.	874 111	2,05 €	2,15 €/1,55 €	+29,3 %
❹	HK Exch. & Clear.	A0N JY9	29,55 €	31,65€/21,40 €	+25,9 %
❺	Lenovo Group	894 983	0,80 €	0,85 €/0,35 €	+34,8 %

Schlechteste China-Aktien Hongkong/Hang Seng 2019					
Nr.	**Aktie/Unternehmen**	**WKN 145 733**	**Kurs 25.03.19**	**Hoch/Tief 52 Wochen**	**Verlust in %**
❶	Citic Pacific	870 564	1,25 €	1,50 €/1,10 €	-2,99 %
❷	CLP Holdings	861 336	10,40 €	11,00€/8,05 €	+3,98 %
❸	Power Asset Hold.	861 981	5,95 €	7,30 €/5,65 €	+2,70 %
❹	Shangri-La	886 778	1,20 €	1,85 €/1,10 €	+3,45 %

7 Dividendenstars China Hongkong/Hang Seng ab 4,1 %					
Aktien/Unternehmen	**WKN 145 733**	**KGV**	**Kurs am 25.03.19**	**Hoch/Tief 52 Wochen**	**Div. 2019 Rendite**
BOC Hongkong	661 725	10,0	3,60 €	4,45 €/3,10 €	4,1 %
CNOOC	A0B 846	9,3	1,60 €	1,75 €/1,15 €	4,3 %
Hang Seng Bank	862 271	13,9	21,05 €	23,95/28,4 €	4,2 %
PCCW	165 235	22,6	0,55 €	0,55 €/0,45 €	6,8 %
Power Assets	861 981	14,5	5,95 €	7,30 €/5,65 €	5,3 %
Shanghai Ind.	900 868	5,2	2,00 €	2,30 €/1,65 €	5,5 %
YUE YUEN	213 795	11,6	2,90 €	3,40 €/2,05 €	6,0 %

Deutscher Wirtschaftsbuchpreis 2018: Stefan Baron und Guangyan Yin-Baron: „Die Chinesen – Psychogramm einer Weltmacht". Wie wird sich das Gewicht zwischen US-Finanzkapitalismus und Chinas Staatskapitalismus verändern? **Zitat:** *„Deutschland sollte mit China zusammenarbeiten, durchaus auch mit kritischem Blick. – Es ist eine historische Chance für Europa, sich in der Auseinandersetzung zwischen China und den USA von Washington zu emanzipieren."*

Bekannte chinesische Aktien, die auch Privatanleger kaufen:

Alibaba, Baidu, China Mobile, Tencent kennt vom Namen her jeder. Mittlerweile gilt dies auch für den Elektroautobauer Geely. Die größten chinesischen Unternehmen mit einem Börsenwert zwischen 141 und 253 Mrd. € waren 2017 Tencent vor Alibaba, ICBC, China Mobile, China Construction, Petrochina und Bank of China. Auf Sie warten preisgünstige Aktien mit üppiger Dividende. Wem Einzelaktien zu riskant erscheinen, auch wenn sie ideale Stock-Picking-Chancen bieten, kann diesen Zukunftsmarkt auch mit ETFs oder Aktienfonds abdecken.

8 Aktienfavoriten 2019 aus China in Zukunftsmärkten				
Aktien/ Unternehmen	**WKN 145 733**	**Kurs 8.3.19**	**Hoch/Tief 52 Wochen**	**Kursverlauf 1, 3, 5, 10 Jahre**
Alibaba	**A11 7ME**	155,95 €	182,0/114,0 €	**+2/+142 %**/IPO
Chinas Suchmaschine und Onlinehandelsplattform testet im Roboterhotel neue Technologien: Gesichtserkennung, Bewirtung, Putzen, Bezahlen. **KGV 30, Div. 0 %.**				
Baidu	**A0F 5DE**	145,70 €	241,1/134,9 €	**-30/-7/+11/+1.099 %**
Der auch im Nasdaq 100 notierte chinesische Suchmaschinenbetreiber bietet spezielle Auffindchancen für Karten/Bilder/Videos und mp3-Dateien. **KGV 16, Div. 0 %.**				
BOC Hongkong	**661 725**	3,65 €	4,45 €/3,15 €	**-9/+48/+67/+235 %**
Die Großbank entstand aus der Fusion von 10 ansässigen Geldinstituten und verfügt über zahlreiche Filialen, Geldautomaten und Vertriebskanäle. **KGV 9, Div. 5 %.**				
China Construc.	**A0M 4XF**	0,80 €	0,90 €/0,65 €	**-6/+40/+61/+67 %**
Das Kerngeschäft der China-Bank mit Sitz in Peking und rund 13.000 Filialen umfasst das Firmen- und Privatkunden-Banking sowie Wertpapiere. **KGV 6, Div. 6 %.**				
China Mobile	**909 622**	9,30 €	9,55 €/7,20 €	**+22/-7/+35/+40 %**
Das flächendeckende Mobilfunknetz zählt zu den weltweit größten. Der ertragsstarke Telekommunikationskonzern ist in über 200 Ländern aktiv. **KGV 12, Div. 4 %.**				
ICBC	**A0M 4YB**	0,67 €	0,75 €/0,55 €	**-3/+43/+58/+105 %**
Die Industrial Commercial Bank of China zählt mit 20.000 Filialen zu den größten Geldhäusern der Volksrepublik für Privat- und Firmenkunden. **KGV 5,8, Div. 5,2 %.**				
Lenovo Group	**894 983**	0,75 €	0,80 €/0,37 €	**+81/+1/-1/+416 %**
Lenovo ist Chinas führender Computertechnologieanbieter für PC, darüber hinaus Smartphones, Tablets, Server sowie Smart-TV-Geräte. **KGV 16, Div. 4,1 %.**				
Tencent	**A11 38D**	38,95 €	48,90/27,75 €	**-15/+129/+231/+2.384**
Das Internet- und Telekommunikationsunternehmen zählt zu den meist frequentierten Serviceportalen der Volksrepublik mit hohen Renditen. **KGV 31, Div. 0,4 %.**				

Blick auf zwei interessante Aktienfonds und zwei China-ETFs

2 Aktienfonds China, aus Bestenliste 2018 FinanzPartner				
Name, Fonds-gesellschaft	**WKN**	**Kurs 08.03.19**	**Hoch/Tief 52 Wochen**	**Kursentwicklung 1, 3, 5, 10 Jahre**
Comgest Growth China	**756 455**	72,20 €	78,50/58,20 €	**+1/+53/+116/+295 %**
	Umfang 275 Mio. €, Alter 18 J., Ausgabeaufschlag **4,00 %,** Gebühr **1,50 %,** thesaurierend. Aktien von Asiens Börsenplätzen wie Tencent, Baidu, Samsung, Taiwan Semiconduc.			
Schroder ISF Selection Hongkong	**661 612**	50,40 €	55,10/43,20 €	**-4/+61/+49/+287 %**
	Umfang 16,6 Mrd. €, Alter 17 Jahre, Ausgabeaufschlag **5,00 %,** Gebühr **0,25 %,** thesaurierend. Anlage in mittlere und große Firmen. Das Morningstar-Rating zeigt seltene 5 Sterne.			

2 Indexfonds (ETF) China bzw. Ostasien, 08.03.2019				
Indexfonds iShares Dow Jones China Offshore 50 UCITS ETF				
iShares	**A0F 5UE**	45,35 €	52,75/37,95 €	**-6/+39/+62/+180 %**
Umfang: 56 Mio. €, ausschüttend, Alter: 13 Jahre, Verwaltungsgebühr: **0,60 %.** Der ETF bildet den Index mit den Aktien der 50 größten in Hongkong gehandelten Firmen ab, wie Tencent, Alibaba, Baidu, China Mobile. Alternativ: **ETF 024.**				
Indexfonds ComStage HSI UCITS ETF HKD DIS				
ComStage	**ETF 022**	36,95 €	40,85/31,00 €	**+1/+44/+71 %**
Umfang: 19 Mio. €, ausschüttend, Alter: 9 Jahre, Verwaltungsgebühr: **0,55 %.** Der ETF bildet den Hang Seng Index mit großen Blue Chips ab, die in Hongkong gehandelt werden. Dazu zählen Tencent, China Mobile, ICBC, Bank of China.				

Umfrage März 2019: Sind Frauen die schlechteren Sparer?

Das Geschlecht spielt eine wichtige Rolle. Geht es darum, 100 € 18 Jahre lang monatlich anzulegen, entschied sich ein Drittel für das Sparbuch und nur ein Achtel für Aktien oder Aktienfonds. Dies ist schon deshalb alarmierend, weil Frauen meist weniger als Männer verdienen und geringere Rentenansprüche erwerben. **Anlageverhalten Frauen:** Sparbuch 32 %, Aktien und Aktienfonds: 23 %, Festgeld: 20 %, Edelmetall: 8,1 %, Lebensversicherung: 7,7 %, Girokonto: 7,7 %, Immobilienfonds: 4,3 %, Anleihen: 2,4 %. **Anlageverhalten Männer:** Sparbuch 15 %, Aktien und Aktienfonds: 32 %, Festgeld: 17 %, Edelmetall: 8,4 %, Lebensversicherung: 6,3 %, Girokonto: 5,7 %, Immobilienfonds: 6,5 %, Anleihen: 2,4 %.

5.6 Russische Aktien noch fair bewertet und dividendenstark

Bei der Suche nach günstigen Einstiegschancen in unsicheren Märkten mit DAX-Absturz um knapp 20 % auf 10.600 Punkte Ende 2018 und dem heimgesuchten Technologiesektor drängen sich die preiswerten Russlandtitel geradezu auf. Das KGV ist einstellig. Die Dividende ist meist höher als 5 %. Abgerechnet wird nicht mit dem anfälligen Rubel, sondern in US-Dollar ausgezahlt.

Der sich zum Kalten Krieg entwickelnde Konflikt zwischen Amerika und Russland erzeugt unterschiedliche Feindbilder. Je nach Sichtweise ist mal Wladimir Putin, mal Donald Trump der böse Bube. Amerikas Sanktionen wegen der vermuteten Einmischung in den US-Präsidentschaftswahlkampf treffen die russische Wirtschaft hart. Hinzu kommen die Strafmaßnahmen der Europäischen Union. Sie wurden wegen des schweren Konflikts mit Kriegserklärung der Ukraine im Kampf um die Krim verlängert. Darunter leiden auch deutsche Unternehmen. Zusehends ziehen sich Firmen aus Russland zurück. Was verunsichert und erweckt Ängste? Der knallhart agierende, sich nichts gefallen lassende Kremlchef, immerhin berechenbare Wladimir Putin? Oder der wankelmütige, unberechenbare, hochemotionale, alle klugen Köpfe aus seiner Mannschaft feuernde Donald Trump?

Russische Aktien stehen für Mineralöl und Erdgas, für neue Förderquellen, ebenso für Edelmetall, Industrie- und Buntmetalle. Die russischen Titel sind über ein Zehntel vom Allzeit- bzw. Jahreshoch zurückgekommen. Beim verprügelten deutschen Leitindex sind es mittlerweile fast 20 %. Statt Jahresendrallye haben einzelne Titel bis Ende 2018 bereits 40 %, 50 %, ja 60 % verloren. Im Energiebereich sind vor allem die beiden Mineralölkonzerne Lukoil und Tatneft sowie das Industriemetall-Unternehmen Norilsk Nickel aus dem russischen Leitindex RTX zu nennen. Interessant erscheinen bei den fossilen Energieträgern auch Novatec, Gazprom und Rosneft. Im Bankenbereich sollten Sie sich das internationale Geldinstitut Sberbank anschauen. Im April 2014 war der Titel für 6,00 € zu haben. Jetzt kostet die Bankaktie knapp 11 €. Auch TCS Group erwartet dynamischen Gewinnzuwachs. Im Luftverkehr ist die Fluglinie Aeroflot erfolgreich. Im Internetsektor erzielt der Suchmaschinenbetreiber Yandex ein beachtliches strukturelles Wachstum. Die Onlinesuchmaschine Yandex ist in Russland beliebter als Google.

Aufgrund der zahlreichen Krisenherde müssen Sie als Anleger gute Nerven, Geduld, Disziplin und Selbstbeherrschung mitbringen. Wer durch große Kursschwankungen, Drohgebärden, Strafzölle und Sanktionen seinen nächtlichen Schlaf einbüßt, sollte es besser bleiben lassen. Ich kaufte russische Aktien zu niedrigen Kursen im Herbst 2008, im Nov. 2015 und Februar 2018. Umgekehrt machte ich Teilverkäufe nahe dem Allzeithoch im November 2018 und Februar 2019.

Russische Aktien, großteils aus dem Leitindex RTX				
Aktie, Land bzw. Index	**WKN**	**Kurs am 16.01.19**	**Hoch/Tief 1 Jahr**	**Entwicklung 1, 3, 5 Jahre**
Gazprom	**903 276**	4,10 €	4,65 €/3,50 €	**+1/+40/-32 %**
Weltweiter Erdgaskonzern mit Pipelinesystem 161.000 km, KGV 2,9! **Div. 5,6 %**				
Lukoil	**A14 20E**	67,85 €	70,25/47,50 €	**+20/+172/+54 %**
Global führend bei Förderung und Produktion Erdöl/Erdgas, KGV 5,6, **Div. 4,7 %**				
Norilsk Nickel	**A14 0M9**	17,50 €	17,85/11,90 €	**+2/+81/+40 %**
Bergbau Metallförderung vor allem Nickel, Platin, Palladium, KGV 8,5, **Div. 11 %**				
Rosneft	**A0J 3N5**	5,55 €	6,75/3,80 €	**+20/+104/+4 %**
Global tätiger Konzern für fossile Rohstoffe Öl und Gas, KGV 5,3, **Div. 6,9 %**				
Sberbank	**A1J B8N**	10,70 €	17,30/8,35 €	**-30/+144/+17 %**
Eines der größten Geldinstitute Russlands, weltweit tätig, KGV 4,4, **Div. 9,5 %!**				
Tatneft	**A2A BS0**	56,50 €	66,90/40,55 €	**+25/+176/+114 %**
Öl- und Gasproduktion, Vertrieb, Raffinerien, Tankstellen, KGV 7,4, **Div. 6,7 %**				

1 interessanter Aktienfonds mit Schwerpunkt Russland				
Name, Fonds-gesellschaft	**WKN**	**Kurs am 26.03.19**	**Hoch/Tief 1 Jahr**	**Kursentwicklung 1, 3, 5, 10 Jahre**
DWS Russia EUR LC	**939 855**	237,05 €	239,8/111,5 €	**+7/+51/+51/+173 %**
	Vol. 131 Mio. €, Ausgabeaufschlag **5,00 %,** Gebühr **2,00 %,** thesaurierend. Dabei: Sberbank, Magnit, Lukoil, Gazprom, Yandex.			

2 ETFs (Indexfonds) mit russischen Aktien, großteils RTX				
Name, Bezeichnung, Fondsmanagement	**WKN**	**Kurs am 26.03.19**	**Hoch/Tief 1 Jahr in €**	**Kursverlauf 1, 3, 5 J.**
db x-track. MSCI Russia	**DBX 1RC**	26,40 €	26,45/19,50	**+15/+60/+47%**
ETF, Volumen: 114 Mio. €, Alter: 11 Jahre, Jahresgebühr: **0,45 %,** thesaurierend				
Die größten Positionen: Sberbank, Lukoil, Gazprom, Tatneft, Novatec, Norilsk Nickel. Anteile: 60 % Energie, 19 % Finanzen, 15 % Rohstoffe, 4 % Konsum, 2 % Software.				
Comstage Dow J. Russia	**ETF 118**	153,90 €	184,8/118,9	**+12/+65/+55%**
ETF, Volumen: 17 Mio. €, Alter: 10 Jahre, Jahresgebühr: **0,60 %,** ausschüttend				
Der Indexfonds bildet die Wertentwicklung von Aktien russischer Unternehmen ab, die Anleger weltweit kaufen können. Grundlage bildet der Index MSCI TRN Russia.				

5.7 Fair bewertete, dividendenstarke Aktien aus Schwellenländern und Frontiermärkten

Es gibt nicht nur große Indizes für Blue Chips wie Dow Jones, DAX, Euro Stoxx 50, Stoxx 50, Nikkei 225, vergleichbar mit den Fußballwettbewerben der weltweit allerbesten Proficlubs. Die Frontiermärkte als Emerging Markets der 2. Generation sind jetzt an einem Punkt ihrer Entwicklung angelangt, an dem wichtigste Schwellenländer vor zwei bis drei Jahrzehnten standen.

Die Marktkapitalisierung der Industrieländer umfasst – Stand 2017 – 32.344 Mrd. US-Dollar. Bei den Emerging Markets sind es 3.507 Mrd. Dollar, bei den Fontier Markets 89 Mrd. Dollar. Bezüglich der Länderanteile im Index Frontier Markets führt Kuwait mit 20 % vor Argentinien mit 15 %, Nigeria 13 %, Pakistan 9 % und Marokko 8 %. Erfolgreiche Mitspieler sind hier besonders aktive innovative Aktienfonds in Frontier Markets. Sie sind in einer Art Schatzsuche oder Perlenfischerei mit Nebenwerten bestückt, die hierzulande kaum jemand kennt und über die es so gut wie keine Nachrichten gibt. Dennoch dürfte die eine oder andere Firma mit ihren Aktien eine Karriere starten. China, Indien, Brasilien zählen zu den Favoriten.

Erfreulicherweise zeichnen sich entgegen der Negativtrends im 1. Quartal 2019 bezüglich Konjunktur, Export und Wirtschaftswachstum nach dem Kurseinbruch 2018 bei den Emerging Markets beeindruckende Wenden ab. Institutionelle Anleger investieren wieder vermehrt in Schwellenländer und Frontiermärkte und übergewichten in diesem Sektor. Die Hauptbelastungen für Schwellenländeraktien vom vergangenen Jahr verlieren an Bedeutung. Dies sind ein steigender Dollar, höhere US-Zinsen und der Handelsstreit zwischen Amerika und Russland. Privatanleger, die sich für Schwellenländeraktien interessieren, brauchen Marktkenntnis, Mut zum Risiko und einen langen Atem. ETFs und Aktienfonds dürften für viele Anleger eine gute Alternative mit weniger Risiko sein. Langfristig aber erscheinen die Aussichten für Emerging Markets recht gut. James Donald von Lazard Asset Management beschwichtigt: *„Das Wachstumspotenzial ist in Schwellenländern höher als anderswo. Die Institutionen stabilisieren sich. Und eine wachsende Mittelklasse von Verbrauchern entsteht. Dies gilt unabhängig von höheren Kursschwankungen oder kurzfristigen Änderungen in der Anlegerstimmung."*

Emerging Markets steht für aufstrebende Märkte. Dazu zählen so große Staaten wie die Volksrepublik China und Indien, aber auch kleinere Nationen im asiatisch-pazifischen Raum, in Lateinamerika und Osteuropa, wie Bulgarien und Rumänien. Aktienfonds mit Anlagen in Schwellenländern eignen sich nicht für vorsichtige Anleger. Sie sind schwankungsanfällig und mit Währungsrisiko behaftet. Oft mangelt es an Transparenz bezüglich Bilanzierung.

Möglicherweise drohen Verstaatlichung und Enteignung. Demgegenüber steigt die Chance, bei schnellem Wirtschaftswachstum überdurchschnittliche Erträge zu erzielen. Selbst die heutigen großen Weltkonzerne begannen teilweise als kleine Garagenklitschen.

Wertvolle Rohstoffquellen stützen den Aufwärtstrend. Der prozentuale Anteil der jungen Bevölkerung ist viel höher als in westlichen Industriestaaten, wo die Lebenserwartung stetig steigt, andererseits die Geburtenrate niedrig bleibt. So kommt es zum Missverhältnis zwischen arbeitender Bevölkerung und Ruheständlern.

Zeitweilig führte eine Anlage in den BRIC-Staaten Brasilien, Russland, Indien und China zu hohem Ertrag. Von der damaligen Beliebtheit blieb nicht viel übrig. Nach der scharfen Korrektur ist eine Trendwende möglich. Erfolgsorientierte Anleger steigen bei chancenreichen Aktienfonds auf niedrigem Niveau ein. Als interessante Wachstumsmärkte gelten **Indien, Indonesien, Südkorea** und **Mexiko.**

Tipp: Bevor Sie das Abenteuer Schwellenländeraktien starten, informieren Sie sich über weitere wichtige Finanzkennzahlen. Sehen Sie sich Kurz- und Langzeitcharts, die Kursentwicklung im Drei-, Fünf- und Zehnjahresvergleich an, und werfen Sie auch einen Blick auf die Gewinn- und Verlustrechnung, die Bilanz, den aktuellen Geschäftsbericht, Quartalsangaben und neue Meldungen. Als sehr hilfreich erweist sich die ARD-Börse, anzuklicken unter www.boerse.ard.de.

Es ist kein Problem, sich mit guten passiv gemanagten ETFs und aktiven Aktienfonds aus den Emerging Markets abzudecken, zumal es nicht an erstklassigen Produkten mangelt. Ganz anders sieht es aus, wenn Sie sich für Einzelaktien aus Schwellenländern interessieren. Wollen Sie kleinere und mittlere Aktien vom Emerging-Market-Sektor kaufen, werden Sie sich selbst bei gründlicher Sucharbeit im Internet oft alleingelassen fühlen.

<table>
<tr><th colspan="5">2 ETFs MSCI Emerging Markets, Stand Ende März 2019</th></tr>
<tr><th>Name, Fondsgesellschaft</th><th>WKN</th><th>Kurs am 26.03.19</th><th>Hoch/Tief 52 Wochen</th><th>Kursentwicklung 1, 3, 5, 10 Jahre</th></tr>
<tr><td rowspan="2">ComStage MSCI Emerging Markets Leveraged 2x</td><td>ETF 128</td><td>36,80 €</td><td>37,90/30,40 €</td><td>-23/+63/+30 %</td></tr>
<tr><td colspan="4">Umfang 26 Mio. €, Alter 7 Jahre, Gebühr 0,75 %, ausschüttend, zweifacher Hebel. Wichtigste Aktien: Tencent, Alibaba, Taiwan Semiconductor, Samsung, Naspers, China Construct., Baidu.</td></tr>
<tr><td rowspan="2">Lyxor MSCI Emerging Markets</td><td>LYX 0BX</td><td>10,35 €</td><td>10,75/8,80 €</td><td>-2/+33/+49/+168 %</td></tr>
<tr><td colspan="4">Umfang 1,47 Mrd. €, Alter 12 Jahre, Gebühr 0,55 %, thesaurierend. Aktien wie bei ComStage. Wichtige Branchen: Finanzen, Info-Technologie, Kommunikation, Konsum, Energie, Industrie.</td></tr>
</table>

Aktienfonds Emerging Markets & Frontiermärkte 2019				
Name, Fonds-gesellschaft	**WKN**	**Kurs am 27.03.19**	**Hoch/Tief 52 Wochen**	**Kursentwicklung 1, 3, 5, 10 Jahre**
Baring Emerging Markets Global	**933 592**	34,70 €	36,15/29,05 €	**-3/+40/+62/+138 %**
	Umfang 593 Mio. €, Alter 27 Jahre, Ausgabeaufschlag **5,0 %,** Gebühr **1,5 %,** ausschüttend. Bezüglich Aktienanteile in einzelnen Ländern gibt es keine Einschränkungen, außer Russland 15 %.			
BlackRock BGF Global Pacific Equity	**A0B MA4**	31,20 €	34,70/27,50 €	**-3/+16/+62/+141 %**
	Umfang 101 Mio. €, Alter 25 Jahre, Ausgabeaufschlag **5,00 %,** Gebühr **1,50 %,** thesaurierend. Der Weltmarktführer BlackRock konzentriert sich auf Unternehmen im asiatischen Pazifikraum.			
Comgest Growth Emerging M.	**A0J J5C**	32,25 €	33,45/28,45 €	**-11/+26/+24/+141 %**
	Umfang 5,89 Mrd. €, Alter 13 Jahre, Ausgabeaufschlag **4,00 %,** Gebühr **1,50 %,** ausschüttend. Dieser Fonds investiert in hochwertige Aktien aus geregelten Märkten von Schwellenländern.			
FF Fidelity Emerging Asia Fund A	**A0N FGP**	25,70 €	26,10/21,40 €	**+6/+44/+85/+315 %**
	Umfang 930 Mio. €, Alter 11 Jahre, Ausgabeaufschlag **5,25** %, Gebühr **1,50 %,** thesaurierend. Der Fonds legt über zwei Drittel in Aktien von Unternehmen an, die in Schwellenländern aktiv sind.			
Magna Umbrella New Frontier	**A1H 7JG**	18,20 €	21,30/16,40 €	**-9/+41/+61 %**
	Umfang 449 Mio. €, Alter 8 Jahre, Ausgabeaufschlag **5,00 %,** Gebühr **1,95 %,** thesaurierend. Der Fonds investiert in Aktien von Firmen unterschiedlicher Größe und Branchen im Frontiermarkt.			
Nordea 1 Sicav Emerging Stars	**A1J HTM**	109,15 €	115,3/91,35 €	**-3/+38/+54 %**
	Umfang 2,40 Mrd. €, Alter 8 Jahre, Ausgabeaufschlag **5,00 %,** Gebühr **1,50 %,** thesaurierend. Der Fonds konzentriert sich auf Megatrends wie Demografie, Technologie, Globalisierung, KI.			
Vontobel Emerging M.	**972 721**	572,30 €	576,8/490,2 €	**-5/+23/+18/+154 %**
	Umfang 3,12 Mrd. €, Alter 27 J., Ausgabeaufschlag **5,00 %,** Gebühr **1,65 %,** thesaurierend. Unterbewertete Frontiermarktaktien.			
UniAsia EUR ACC	**971 267**	71,45 €	77,35/63,15 €	**-1/+31/+35/+199 %**
	Umfang 112 Mio. €, Alter 30 Jahre, Ausgabeaufschlag **5,00 %,** Gebühr **1,20 %,** thesaurierend. Fair bewertete Aktien von Firmen mit Sitz in Japan, Südkorea, China, Hongkong, Singapur, Taiwan.			
UniEM Fernost A	**973 820**	1.670,20 €	1.721/1.473 €	**+0/+21/+47/+179 %**
	Umfang 125 Mio. €, Alter 25 Jahre, Ausgabeaufschlag **5,00 %,** Gebühr **1,55 %,** ausschüttend. Der Fonds investiert in Aktien fernöstlicher Entwicklungsländer wie Indonesien und Thailand.			

5.8 Aktien-Schnäppchenjagd rund um den Globus

Über internationale substanz- und dividendenstarke Aktien mangelt es nicht an Informationen. Nachrichten von mittelständischen Titeln aus kleineren Ländern und Börsenbarometern sind schwer zu bekommen. Die folgende Zusammenstellung soll Ihnen die Arbeit und Auswahl erleichtern.

Auf internationale Schnäppchenjagd: fair bewertete, substanzstarke, dividendenstarke Aktien in weiteren Ländern					
Aktien/Unternehmen	**WKN**	**KGV**	**Kurs am 27.03.19**	**Hoch/Tief 1 Jahr**	**Div. 2019 Rendite**
Australien (All Ord. Sydney) ab 6,0 % Dividende. Favorit: BHP Group					
A.N.Z BKG	864 144	11,1	16,30 €	19,30/14,40 €	7,3 %
BHP Group Bill.	850 524	10,9	23,75 €	24,15/17,50 €	6,1 %
Commonw. BK	882 695	13,1	44,30 €	48,50/40,20 €	6,0 %
Nat. Austral. BK	853 802	10,4	16,00 €	18,35/13,90 €	8,0 %
Wesfarmers	876 755	18,5	21,35 €	24,05/18,40 €	9,8 %
Westpac	854 242	11,3	16,00 €	19,90/14,45 €	7,1 %
Aktienauswahl Belgien (BEL 20) ab 4,6 % Dividende. Favorit: AGEAS					
AGEAS	A1J 1DR	9,8	40,10 €	40,10/28,75 €	5,0 %
BPost	A1W 0FA	7,3	9,10 €	18,60/7,15 €	14,5 %
KBC Groep	854 943	10,5	63,30 €	73,80/55,35 €	5,5 %
Proximus	A0B 9FU	13,6	25,55 €	26,25/19,25 €	6,2 %
Dänemark (OMCX 20) ab 1,4 % Dividende. Favorit: Vestas Wind					
Carlsberg A	854 095	18,8	106,50 €	107,0/88,00 €	2,5 %
Carlsberg B	861 061	19,5	110,30 €	110,5/91,50 €	2,4 %
Jyske Bank	A0D KMP	8,2	33,65 €	50,35/30,60 €	2,3 %
Vestas Wind	913 769	16,3	72,85 €	77,00/51,50 €	1,4 %
Finnland (HSE General) ab 4,8 % Dividende. Favoriten: Nordea, UPM					
Fortum	916 660	13,9	18,70 €	22,85/16,85 €	5,5 %
Nordea Bank	A2N 6F4	10,4	7,95 €	8,75 €/7,20 €	8,5 %
SAMPO	881 463	14,7	42,15 €	46,65/37,50 €	6,6 %
STORA Enso	871 004	9,8	10,55 €	18,25/9,90 €	5,1 %
UPM Kymmene	881 026	12,5	25,50 €	34,60/21,70 €	4,8 %

Aktien/Unternehmen	WKN	KGV	Kurs am 27.03.19	Hoch/Tief 1 Jahr	Div. 2019 Rendite
Kanada (TSX) ab 3,9 % Dividende. Favorit: TransCanada					
BCE INC, Bew	A0J 3LN	15,8	39,20 €	39,70/33,60 €	5,4 %
Canadian Imp.	850 576	8,6	71,20 €	83,20/64,00 €	4,9 %
Canadian Nat.	865 114	13,5	24,50 €	31,70/20,60 €	3,9 %
Royal Bank Ca.	852 173	10,7	67,80 €	69,75/59,15 €	3,9 %
TransCanada	675 305	15,6	40,30 €	40,35/31,15 €	5,1 %
Korea (Composite) ab 1,6 % Dividende. Favorit: Samsung					
Hyundai Motor	885 166	6,7	26,30 €	39,50/22,30 €	6,1 %
LG Electronics	576 798	4,8	11,25 €	17,00/9,50 €	1,6 %
POSCO	893 094	7,1	49,60 €	72,95/45,80 €	3,1 %
Samsung	881 823	6,6	703,10 €	825,5/585,0 €	4,2 %
Norwegen (OBX Top 25) ab 4,7 % Dividende. Favoriten: DNB, MOWI					
DNB NOR ASA	939 940	10,2	16,75 €	18,20/13,75 €	5,1 %
Equinor	675 213	10,7	19,55 €	24,65/17,90 €	4,6 %
MOWI Marine H.	924 848	12,7	20,40 €	21,85/16,00 €	5,2 %
Telenor ASA	591 260	16,7	17,90 €	19,00/15,55 €	4,7 %
Österreich (ATX) ab 3,0 % Dividende. Favoriten: Agrana, OMV					
Agrana	A2N B37	11,4	17,70 €	25,00/15,60 €	6,3 %
BAWAG Group	A2D YJN	8,6	39,75 €	44,70/34,05 €	5,3 %
Erste Group B.	909 943	9,2	32,65 €	41,80/27,85 €	4,2 %
OMV AG	874 341	8,3	48,60 €	55,30/37,30 €	3,7 %
Österr. Post	A0J ML5	15,2	36,70 €	41,90/28,90 €	5,7 %
UNIQA Insur.	928 900	11,3	8,90 €	10,60/7,65 €	6,1 %
Voestalpine	897 200	8,1	26,70 €	47,20/24,65 €	5,1 %
Schweden (OMX) ab 3,6 % Dividende. Favoriten: Electrolux, Volvo					
Electrolux	853 138	12,1	22,45 €	25,45/16,75 €	3,6 %
Hennes & Mau.	872 318	17,2	13,35 €	16,60/11,40 €	7,1 %
SE Banken	859 768	10,5	8,50 €	9,70 €/7,70 €	6,8 %
Svenska Hdl.	A14 S61	11,6	9,55 €	10,80/9,35 €	5,2 %
Volvo B	855 689	10,7	13,35 €	16,15/11,00 €	7,3 %

Aktien/Unternehmen	WKN	KGV	Kurs am 27.03.19	Hoch/Tief 1 Jahr	Div. 2019 Rendite
Singapur (STI) ab 4,9 % Dividende. Favoriten: DBS Gr., United Over					
DBS Group	880 105	9,7	12,45 €	12,45/8,20 €	4,9 %
KEPPEL	A0M L07	9,4	4,00 €	5,20 €/3,65 €	5,0 %
OCBC	A0F 452	9,1	7,15 €	8,75 €/6,50 €	4,0 %
Singtel	A0K FC2	13,8	1,95 €	2,25 €/1,85 €	6,0 %
United Over	878 618	9,3	16,30 €	19,00/14,8 €	4,9 %
Südafrika ab 0,8 % Dividende. Favoriten: Anglo Gold/Platinum					
Anglo Gold	915 102	14,9	11,50 €	15,85/7,05 €	0,8 %
Anglo Platinum	856 547	14,8	44,55 €	58,15/25,00 €	1,6 %
Gold Fields	862 484	15,8	3,30 €	4,45 €/2,20 €	1,0 %
SASOL	865 585	7,3	3,55 €	16,20/3,40 €	3,3 %
Thailand (SET), ab 3,5 % Dividende. Favorit: PTT Expl. & Prod.					
Advanced Info	889 577	16,1	5,15 €	5,40 €/4,50 €	3,5 %
Land & Houses	200 423	10,5	0,25 €	0,30 €/0,23 €	8,1 %
PTT Expl. & Pr.	A0J KZV	11,9	3,40 €	4,10 €/2,80 €	4,4 %
SIAM Comm B.	879 259	9,8	3,70 €	4,05 €/3,05 €	4,1 %

Volatilität: Schlecht für Angsthasen, Betonköpfe, vorsichtige Anleger und schnelles Rein/Raus. Gut für risikofreudige Investoren!

Für mutige Anleger sind starke Kursschwankungen durchaus willkommen. So bieten sich besonders niedrige Kurse bei guten Unternehmen für Käufe und aufwärts sprintende Kurse bei Teilverkäufen an. Wenn Sie die Hoch-/Tief-Mutstrategie anwenden und Kombinationsgeschäfte mögen, dann ist eine hohe Volatilität zumindest hin und wieder das ideale Instrument für aktives Handeln. Leider haben Banken und Fondsmanager jahrzehntelang den Zement angerührt, um Volatilität als gefährliches und zu bekämpfendes Teufelszeug aufzubauen.

Betonköpfe ändern sich nicht mehr. So bilden unruhige Aktienbörsen den Hauptgrund für Mittelabflüsse aus Aktienfonds zugunsten von Mischfonds. Nur moderne Multi-Asset-Produkte, die den Anteil von Aktien und Anleihen flexibel auf die Marktlage ausrichten, sind interessant. Das betrifft insbesondere Langzeitdepots von Eltern und Großeltern für Kinder und Enkel. Wer will schon für die nächsten 10, 20 oder 30 Jahre ausschließen, dass sich die Nullzinssätze allmählich zu Hochzinssätzen umwandeln, wie wir sie Ende des letzten Jahrhunderts erlebten? Für Festgeld, angelegt drei Monate, kassierte ich zeitweilig 10 % Zinsen.

⑥ Weitere Anlagen in Zukunftsmärkten der digitalisierten und vernetzten Welt

6.1 Einfluss Industrie 4.0 und Internet der Dinge

Unsere Welt wird immer enger. 1950 lebten 2,53 Mrd. Menschen auf unserem Planeten. 2017 waren es 7,52 Mrd. 2056 dürfte die Schmerzgrenze von 10 Mrd. Erdbewohnern überschritten sein. In Afrika hat sich die Zahl seit 1950 versechsfacht, in Südamerika beinahe vervierfacht. Jedes Jahr steigt die Weltbevölkerung um die Einwohnerzahl Deutschlands.

Wollen wir nicht auf eine Katastrophe zusteuern, brauchen wir Künstliche Intelligenz, autonome Maschinen der Industrie 4.0. Gelingt es, die Geburtenzahl zu verringern? Den Hunger in Armutszonen zu bekämpfen? Antworten auf den Klimawandel zu finden mit Erderwärmung und sich häufenden Naturkatastrophen im Gepäck? 47 Mrd. Dollar sollen 2020 mit maschinellem Lernen weltweit umgesetzt werden. Ohne Künstliche Intelligenz als Megatrend der Industrie 4.0 ist der technologische Durchbruch nicht zu schaffen. Mittlerweile findet ein digitales Wettrüsten statt. Bei Big Data, dem Erheben und Schützen von Daten, schnellen die Umsätze auf geschätzte 49 Mrd. Dollar 2019 in die Höhe. Die Datenmenge wächst durch die rasante Zunahme mobiler Daten und weil die Internetnutzer immer mehr Spuren hinterlassen. Es steigt die Furcht vor Missbrauch persönlicher Daten, Datenbetrug, Onlinefälschungen und Computerviren, Aggressivität, Beleidigungen und persönliche Angriffe mit peinlichen Fotos weit unterhalb der Gürtellinie.

Was hat das mit Geldanlagen zu tun? Es geht nicht nur um die Nullzinspolitik, die Strafzinsen für europäische Staatsanleihen, den Mittelabfluss aus Aktienfonds zugunsten von Mischfonds als Angstfaktor bei der Mehrheit der Bundesbürger. Halten Sie der schleichenden Kapitalvernichtung Sparbuch nicht länger die Treue. Korrigieren Sie die Lehrmeinung, Kursschwankungen als Teufelswerk zu brandmarken. Nutzen Sie die Möglichkeiten, auch künftig mit Aktien, ETFs und Aktienfonds Geld zu verdienen. Investieren Sie in aussichtsreiche Branchen, Regionen und Zukunftsmärkte Industrie 4.0. Dazu dienen die folgenden Anregungen. Man kann es gar nicht oft genug sagen. Vermeiden Sie die Hauptfehler: gesamter Aktienverkauf im Crash, kompletter Aktienverkauf im Mai und Wiedereinstieg im Herbst, Orientierung an der Formel: 100 minus Lebensalter gleich Aktienanteil.

Technologietrend mit Digitalisierung, Vernetzung, Robotik

Nutzen Sie den globalen Wandel mit bahnbrechenden Erfindungen und Prozessen im Hightech- und Internetsektor. Mit der Erfindung der Dampfmaschine Ende des 18. Jahrhunderts begann die industrielle Revolution. Es war die Vorstufe für das Zeitalter der Digitalisierung und Vernetzung, die Welt der Roboter und denkenden Maschinen. Die Anzahl der Industrieroboter dürfte bis 2019 auf 2,6 Millionen steigen. Der Zuwachs für den Einsatz im Haushalt, in der Medizin, der Unterhaltungsbranche und Landwirtschaft wird noch stärker sein. Hier wird bis 2020 ein Umsatzwachstum um 12 Mrd. auf 130 Mrd. Dollar erwartet. Einen Vorgeschmack bilden selbstfahrende Automobile und Drohnen. Die 4. industrielle Evolution mit Industrie 4.0 soll bis 2025 zum geschätzten Mehrwert von 11 Billionen Dollar allein in Deutschland führen. Dies weckt Wunschträume, aber beschwört auch Ängste herauf. Hier der Wohlstandsglaube. Dort Überforderung, Vereinsamung und Frust durch die auseinanderklaffende Schere reich und arm.

Global innovativste Firmen: Ranking Strategy PwC 2017/18

Aktien, Firma	WKN	Kurs am 29.03.19	Hoch/Tief 1 Jahr €	Kursverlauf in % 1, 3, 5, 10 Jahre
❶ Apple	865 985	170,80 €	201,9/124,6	+24/+78/+204/+1.375 %
❷ Alphabet A	A14 Y6F	1.060,0 €	1.113/807,8	+25/+55/+157/+699 %
❸ 3M	851 745	186,90 €	188,0/160,1	+4/+27/+90/+389 %
❹ Tesla Motors	A1C X3T	251,40 €	334,0/205,0	+15/+23/+62 %
❺ Amazon	906 866	1.603,8 €	1.774/1.093	+35/+202/+545/+2.836
❻ Samsung El.	881 823	707,75 €	803,0/585,0	-10/+69/+97/+669 %
❼ Facebook	A1J WVX	149,60 €	187,0/108,7	+15/+45/+241 %/IPO
❽ Microsoft	870 747	106,35 €	106,4/71,45	+42/+117/+259/+669 %
❾ IBM	851 399	126,40 €	133,3/95,60	+1/-4/-9/+80 %

Zahlenspiegel herausragende Technologie (Quelle: BMWI 2017)

- **65 Mio. Menschen in Deutschland benutzen ein Handy.**
- **19,6 Mio. Personen besitzen hierzulande ein Navigationssystem im Auto. Neuartige Werkstoffe machen Autos um 50 % leichter und spritsparend.**
- **Über 8 Mrd. € jährliche Ersparnis bietet ein intelligentes Verkehrsnetz.**
- **370.000 Menschen ließen sich ein künstliches Hüft- oder Kniegelenk einsetzen, um neue Bewegungsfreiheit zu erlangen.**
- **260.000 Menschen erlernen derzeit einen industrietechnischen Ausbildungsberuf. Rund 15 Mio. Arbeitsplätze hängen von der Industrie ab.**

Die 4. industrielle Evolution mit dem Digitalisierungsmegatrend mischt die Karten neu – bei Mittelständlern und Großkonzernen rund um den Globus. Es wird neue Produkte, Prozesse, Verfahren und Dienstleistungen geben, die unsere heutige Vorstellungswelt sprengen. Was uns die Industrie 4.0 künftig beschert, das lässt sich nicht verlässlich voraussagen. Fest steht jedoch, dass der demografische Wandel mit dem höheren Anteil älterer Menschen Bedürfnisse, Infrastruktur, Lebens- und Wohnformen entscheidend verändert. Es ist wie ein Marathonlauf auf der Olympiade, wo schon längst nicht mehr gilt: *„Dabei sein ist alles!“*

Elektrotechnik und Elektronik als deutsche Wachstumstreiber

Die deutsche Elektrotechnik und Elektronik befindet sich weiter auf Wachstumskurs. Großen Anteil hat der Export. Die neuen Möglichkeiten in der Haushaltselektronik, z. B. vom Sofa aus alles bequem zu steuern – wie Kühlschrank kontrollieren, elektronischen Einkaufszettel erstellen, Wasch- und Spülmaschine bedienen, Rollläden aktivieren, Heizung ein- und ausschalten – sind bei den Verbrauchern weniger gefragt als erhofft. Manch einer mag mit mir darin übereinstimmen, dass es gesund und kostensparend ist, sich in seinen vier Wänden zu bewegen, anstatt der Bequemlichkeit Tribut zu zollen. Und was passiert, wenn die Technik nicht funktioniert? Die Aktienauswahl im Industrie- und Technologiebereich wird belastet durch Überschneidungen mit anderen Sektoren. Außerdem sind etliche Firmen in mehreren Branchen tätig. Wie sieht es mit **Alphabet** (Google) aus? Hightech pur oder Netzwerk mit Suchmaschine, KI, Automobilzulieferer oder Biotechkonzern?

Zahlenspiegel über Digitalisierungstrend (Quelle: BMWI 2017)

- **51 Mio. Menschen in Deutschland besitzen ein Smartphone.**
- **54 Mio. Menschen shoppen hierzulande online.**
- **73 % aller Internetnutzer wenden das praktische Onlinebanking an.**
- **43 % der deutschen Onliner bewegen sich in sozialen Netzwerken.**
- **73 % unserer Lehrer befürworten eine Strategie „Digitales Lernen“.**
- **3,5 Mio. IT-Experten werden von Europa bis zum Jahr 2020 gesucht.**
- **97 % aller Unternehmen melden Bedarf an bei digitaler Weiterbildung.**
- **20 Mrd. Geräte und Maschinen waren 2015 über das Internet vernetzt.**
- **56 Mrd. € pro Jahr Gesamtnutzen entsteht durch intelligente Vernetzung.**
- **9 Mrd. € Ersparnis bringt jährlich ein digitalisiertes Verkehrsnetz.**
- **Die bittere Kehrseite: Über die Hälfte der Unternehmen in der Bundesrepublik waren schon Opfer von Cyberkriminalität: Tendenz steigend.**

Untersuchen wir den Reingewinn der weltweit besten Unternehmen, so führt die Sparte Elektro/Elektronik unter Einbindung Vernetzung, Digitalisierung und Internet der Dinge klar die Rangliste an.

Es sind die amerikanischen Giganten Amazon, Apple, Google, Microsoft. Technologie mit Big Data, KI, Robotik darf nicht nur wissenschaftlichen Ehrgeiz und Forscherdrang befriedigen, sondern muss dem Menschen dienen. Nicht alles, was möglich erscheint, ist nützlich. Die Gefahr liegt im Missbrauch zu schützender Daten und kriminellem Abgreifen auf dem Weg zum „gläsernen" Menschen.

Umfrageergebnis 2016 bei 1.013 Bundesbürgern zur Vernetzung im Haushalt. Welche Smart-Home-Anwendungen sind sinnvoll?

Die Auswertung ergab: medizinische Assistenzsysteme: 92 %, Sicherheitstechnik fernsteuern: 68 %, Heizung fernsteuern: 59 %, Rollläden/Fenster fernsteuern: 52 %, Beleuchtung fernsteuern: 46 %, Haushaltsgeräte automatisiert steuern: 21 %.

An welchen Projekten rund um das Internet der Dinge arbeiten Unternehmen schon heute? Vernetzte Produktion: 47,2 %, vernetzte Produkte: 47,2 %, Logistik: 45,3 %, Materialbeschaffung: 39,6 %, Qualitätskontrolle: 34,0 %.

Konsequenzen für Anleger aus dem demografischen Wandel

Wer länger lebt, braucht mehr Geld mit dem Ziel, den Ruhestand ohne finanzielle Not zu genießen. Gute Aktienfonds, wozu Technologie/Industrie zählen, ermöglichen es, Vermögen aufzubauen, statt zu verzehren. Nachdem jeder zu den Siegern zählt, der zumindest 14 Jahre breit gestreut in Aktien oder Themenfonds anlegt, freuen Sie sich, wenn Sie bereits investiert sind. Verpassen Sie nicht den günstigen Start für Vermögensaufbau und Altersvorsorge am Tiefpunkt einer scharfen Korrektur.

Was erhoffen sich Firmen von der Umsetzung der Industrie 4.0?

Vorrangig werden von den Unternehmenslenkern genannt: verbesserte Prozesse, höhere Kapazitätsauslastung, schnellere Umsetzung von Kundenwünschen, geringere Produktions- und Personalkosten, bessere Planung, Veränderung des Geschäftsmodells, flexiblere Arbeitsorganisation, Erweiterung der Produktpalette. Der DAX-Konzern **Infineon** ist das weltweit zwölftgrößte Halbleiter-/Chip-Unternehmen mit einem Umsatz 2015 von 6,8 Mrd. US-Dollar. Die 4. industrielle Revolution mit dem Digitalisierungsmegatrend mischt die Karten neu – bei Mittelständlern und Großkonzernen. Verbunden mit einer Fülle neuartiger Produkte, Prozesse, Verfahren und Dienstleistungen.

Digitalisierung verändert Branchenstruktur und Arbeitswelt

Längst reagieren nicht nur Softwarekonzerne auf den Digitalisierungstrend. Innovative Firmen bauen ihre Marktnische aus. Die Arbeit im Ökosystem Digitalisierung muss an einer wertschätzenden Ergebniskultur feilen. Für Siemens-Chef **Joe Kaeser** ist *„die Digitalisierung die Schicksalsfrage der deutschen Industrie"*.

Christian Illek, Deutsche Telekom, bestätigt, dass sich die Arbeit dramatisch verändert: *„Arbeit muss im Ökosystem Digitalisierung neu organisiert werden. Die Personalressorts müssen handeln."* Jochen Kienbaum, der Chef von Kienbaum Consultants, erklärt: *„Junge Leute wollen an Zukunftsthemen arbeiten, und die sind heute digital. Wenn eine Firma das nicht bietet, fällt sie schnell zurück."*

Medien und Telekommunikationsfirmen setzen Evolution 4.0 um

Durch den Internetsiegeszug verstärkt sich der Wettbewerb bei Telekom- und Netzwerkanbietern, Onlineportalen und Sozialplattformen. Dabei entwickelt sich China immer mehr zum mächtigen Gegenspieler der USA. Wie sich Donald Trumps Abschottungspolitik auswirken wird, ist unklar. Es droht ein Handelskrieg. Nur wer innovativ, nachhaltig und ertragreich wirtschaftet, macht das Rennen. Im Telekommunikationsbereich dominieren Digitalisierung und Vernetzung. Momentan läuft der Sektor nicht so gut – vielleicht eine Einstiegschance. Die Medienwelt beeinflusst unser Denken und Handeln in vielen Lebensfeldern. Bei Aktienfonds aus Telekommunikation/Medien musste ich kräftig aussieben. Mal waren die Gebühren zu hoch, mal die Performance kümmerlich, mal wurden Fonds zusammengelegt. Dazu ein Zitat des Finanzexperten Kirchhoff: *„Die Unternehmen verkaufen Kommunikation oft wie Produkte und übersehen das veränderte Verhalten der Empfänger. – Zu viele Firmen versuchen PR-Tricks."*

Decken Sie die Zukunftsmärkte Industrie 4.0, Digitalisierung, Internet der Dinge mit guten Aktienfonds ab. Immerhin stieg die Zahl der Aktionäre in Deutschland laut Deutschem Aktieninstitut (DAI) 2018 auf 10,3 Millionen. Jeder 6. Deutsche im Alter ab 14 Jahren besitzt Aktien oder Fonds. Das sind gut 16 %. Das größte Misstrauen gegenüber Aktien besteht ausgerechnet bei der wohlhabenden Altersgruppe zwischen 50 und 65 Jahren. In den letzten 20 Jahren waren mit DAX-Aktien im Schnitt gut 8 % Rendite möglich, beim MDAX sogar doppelt so viel.

Aktienfonds Internet & Informationstechnologie 2018/19

Name, Fondsgesellschaft	WKN	Kurs 29.03.19	Hoch/Tief 52 Wochen	Kursentwicklung 1, 3, 5, 10 Jahre
Allianz Informationstechnik	**847 512**	253,65 €	264,7/202,8 €	**+10/+64/+82/+366 %**
	Umfang 168 Mio. €, Alter 36 Jahre, Ausgabeaufschlag **5,00 %,** Gebühr **1,50 %,** ausschüttend. Das Management investiert mindestens zwei Drittel in Aktien aus der Informationstechnologie.			
BGF Black-Rock Global World Tech.	**A0B MAN**	31,90 €	32,10/24,80 €	**+23/+107/+168/+489**
	Umfang 1,3 Mrd. €, Alter 24 J., Ausgabeaufschlag **5,0 %,** Gebühr **1,50 %,** thesaurierend. Anlage in Firmen, die zukunftsträchtige Informationstechnologie anbieten, z. B.: Apple, Tencent, Alphabet.			

Name, Fondsgesellschaft	WKN	Kurs 29.03.19	Hoch/Tief 52 Wochen	Kursentwicklung 1, 3, 5, 10 Jahre
Challenge Technology FUN LCA	**801 817**	5,25 €	5,35 €/4,20 €	**+18/+54/+102/+255 %**
	Umfang 501 Mio. €, Alter 18 Jahre, Ausgabeaufschlag **5,0 %,** Gebühr **1,65 %,** thesaurierend. Vorrang haben Aktien der Sektoren Datenverarbeitung, Informations- & Kommunikationstechnologie.			
Deka-Technologie TF EUR ACC	**515 263**	31,25 €	31,65/25,75 €	**+17/+64/+128/+359 %**
	Umfang 14 Mio. €, Alter 19 Jahre, Ausgabeaufschlag **0,00 %,** Gebühr **1,95 %,** thesaurierend. Das Management investiert in Aktien von Firmen, die im Hightechsektor tätig sind, wie Alphabet, AMD.			
DKB TeleTech Fonds AL	**921 868**	11,55 €	11,85/9,40 €	**+16/+46/+92/+237 %**
	Umfang 29 Mio. €, Alter 19 Jahre, Ausgabeaufschlag **5,0 %,** Gebühr **1,40 %,** ausschüttend. Der Fonds investiert in Aktien aufstrebender Firmen mit zukunftsträchtigen Technologieleistungen.			
DNB Fund Technology A EUR ACC	**A0M WAN**	516,20 €	523,4/408,0 €	**+26/+73/+149/+767 %**
	Umfang 518 Mio. €, Alter 12 J., Ausgabeaufschlag **5,0 %,** Gebühr **1,50 %,** thesaurierend. Der Fonds investiert in Technologie von Zukunftsmärkten, wie Alphabet, Playtech, Samsung und SAP.			
DWS Technology Typ 0	**847 414**	196,20 €	200,7/156,8 €	**+23/+64/+134/+398 %**
	Umfang 198 Mio. €, Alter 35 J., Ausgabeaufschlag **0,0 %,** Gebühr **1,70 %,** ausschüttend. Anlage in Aktien von Firmen für Informations-, Kommunikations-, Biotechnologie, wie Apple, Alphabet.			
KBC Equity Strategic Telecom &T.	**779 078**	235,75 €	245,3/201,3 €	**+15/+50/+93/+231 %**
	Umfang 660 Mio. €, Alter 19 Jahre, Ausgabeaufschlag **0,00 %,** Gebühr **1,50 %,** thesaurierend. Der Fonds investiert in Großkonzerne, wie Apple, Dt. Telekom, AT&T, Facebook, Microsoft, SAP.			
NN (L) Information Technology	**A0Q 88T**	1.252,4 €	1.255/979,4 €	**+19/+59/+120/+371 %**
	Umfang 205 Mio. €, Alter 10 Jahre, Ausgabeaufschlag **3,00 %,** Gebühr **1,50 %,** thesaurierend. Der Fonds investiert in Softwarefirmen, IT-Dienste, Hardwareausrüster, z. B.: Apple, Microsoft.			
Nordinternet	**978 530**	121,25 €	125,1/96,65 €	**+21/+97/+172/+610 %**
	Umfang 84 Mio. €, Alter 21 Jahre, Ausgabeaufschlag **5,00 %,** Gebühr **1,00 %,** thesaurierend. Hier geht es um Internet, Infrastruktur, Onlineplattformen, wie Amazon, Facebook, Alphabet, Netflix.			
UniSector HighTech A	**921 559**	102,30 €	104,4/83,15 €	**+17/+55/+111/+350 %**
	Umfang 156 Mio. €, Alter 19 Jahre, Ausgabeaufschlag **4,00 %,** Gebühr **1,55 %,** thesaurierend. Der Fonds investiert in Aktien von Firmen der Computer-, Software- und Hochtechnologiebranche.			

6.2 Umkehrtrend Rohstoffe: Bergbau, Buntmetall, Diamanten – Zukunft mit erneuerbarer Energie

Im Treibhaus Erde mit global höherem CO_2-Ausstoß rücken deutsche Klimaziele in weite Ferne. Die Folgen sind verheerend. Die Erderwärmung führt gehäuft zu witterungsbedingten Naturkatastrophen mit oft schweren, steil ansteigenden Schäden. Hierzulande waren seit 1920 über 500.000 Menschen von schweren Schäden durch Naturkatastrophen betroffen. Am besten abgesichert scheint Baden-Württemberg.

Treibhausgase reflektieren die Wärmestrahlungen der Erde, die sonst an den Weltraum abgegeben würden. Damit erhöht sich die Energie in der unteren Atmosphäre. Gletscher schmelzen wegen des Klimawandels bedrohlich. Die weltweiten Kosten bewegen sich in Billionenhöhe. Bis 2060 dürften die Schäden bei einer Erderwärmung um 1,5 °C rund um den Globus auf 20 Billionen Dollar, um 2,5 °C auf 44 Billionen Dollar und um 4,5 °C auf riesige 72 Billionen Dollar steigen.

Der Klimawandel mit den drohenden Folgen für Umwelt, Mensch und Wirtschaft führt zu Veränderungen im Energiehaushalt

- Verschobene Vegetationsphasen, zunehmende Trockenheit mit Hitzewellen in der Landwirtschaft, mehr Schadinsekten in der Forstwirtschaft, erhöhtes Risiko von Waldbränden in der warmen Jahreszeit.
- Wachsende Gefahr von Überflutungen, schweren Überschwemmungen und Sturmfluten durch lange anhaltenden Platzregen und Wolkenbruch. Zwingend: massiver Ausbau des Hochwasserschutzes in gefährdeten Gegenden.
- Durch jährliche Gletscherschmelze allein 2016/2017 um über einen Meter Massenverlust, wachsende Sorgen und Probleme im Sektor Skitourismus.
- Erhöhtes Risiko für Herz-Kreislauf-Erkrankungen vor allem bei Kindern, anfälligen und älteren Personen.
- Insektensterben besonders bedrohlich, wenn es immer weniger Bienen für die Bestäubung gibt. Ebenso erhöhtes Fischsterben in Flüssen, Seen und Meeren.

Jeder achte Quadratmeter Landfläche weltweit dient dem Anbau von Nahrungsmitteln. Jeder dritte Quadratmeter ist gegenwärtig noch bewaldet. Doch die Gewichte verschieben sich zusehends. Immer mehr Wälder verschwinden. Die globale Ackerfläche wächst. Die Bauern ernten heute im Schnitt fast zweieinhalbmal mehr als vor 50 Jahren. Einerseits gibt es weniger Wald, andererseits mehr Äcker mit besserer Nutzung des Bodens. Außerdem entstehen völlig neue Anbaumethoden weg vom Erdreich in die Höhe.

Genug Geld für die Energiewende? Während Industrienationen weniger in erneuerbare Energien investieren und ihre Vorreiterstellung einbüßen, drehen Schwellen- und Entwicklungsländer die Geldhähne auf. Nachzügler China übernimmt die Führung.

Von den neuen Investitionen in erneuerbare Energien stammen im Jahr 2017 177 Mrd. Dollar aus Schwellenländern und nur 103 Mrd. Dollar aus Industrienationen. Klarer Spitzenreiter ist mit 127 Mrd. Dollar China vor Europa und Nordamerika. 2015 lag der Anteil „grüner" Energien an der chinesischen Stromproduktion bereits bei einem Viertel, während die USA 2015 nur 13 % ihres Energiebedarfs aus erneuerbaren Ressourcen bezogen. Vorbild ist Brasilien mit Nutzung regenerativer Energien zu 74 %, wovon fast 80 % aus Wasserkraftwerken stammen.

Insgesamt wächst das Bewusstsein der Weltbevölkerung, sich auf grüne Energien umzustellen. Die Zustimmungsquote liegt zwischen 73 % (Schlusslicht Japan) und 93 % (Spitzenreiter China). Deutschland liegt mit Kanada an 2. Stelle mit 84 % Befürwortern. Die EU hat hier 1,6 Mio. Arbeitsplätze geschaffen, darunter in Deutschland 332.000. Das Riesenland China liegt mit 3,9 Mio. Arbeitsplätzen uneinholbar vorn. Bezüglich neuer Investitionen in regenerative Energien setzen China und Indien vor allem auf Sonne, Europa dagegen mehr auf Windkraft.

Nach jahrelanger Durststrecke haben sich zahlreiche Rohstoffwerte erholt. Das gilt für die großen Bergbaukonzerne **Rio Tinto** und **BHP Group** (vormals BHP Billiton), die führenden Mineralöl- und Erdgaskonzerne, ebenso für Bunt- und Industriemetallfirmen. Die Rangliste bei Edelmetallen verschiebt sich. Das ehemals „hässliche Entchen" Palladium, lange Zeit Tabellenletzter, rangiert aktuell vor dem Goldpreis pro Feinunze. Der frühere Spitzenreiter Platin sackt weiter ab. Das Riesenreich China braucht Rohstoffe. Neue Fundorte und Fördermethoden bei der Ölgewinnung, Energieersparnis durch Dämmung, Isolierung, Gewichtsreduzierung, Konkurrenz durch Solarstrom, Windkraft und Elektromobilität verunsichern.

Die Zukunftsmärkte erneuerbare Energie, Wasserwirtschaft, Klimawandel, Umweltschutz mit Aktien abdecken

Die Sonne schickt in sechs Stunden mehr Energie zur Erde, als die Menschheit pro Jahr verbraucht. Aber Treibhausgase schädigen die Umwelt und begünstigen den gefährlichen Klimawandel. Der Ökoanteil an der Stromproduktion wächst planmäßig von 10 auf 30 % in einem Jahrzehnt. Bis Mitte dieses Jahrhunderts sollen überwiegend erneuerbare Energien eingesetzt werden, mindestens 80 %. Allerdings gibt es Probleme. Bei den Windrädern besteht Platzmangel. Solarstrom wird zwar immer leistungsfähiger, bleibt aber teuer und belastet den Strompreis. Zudem sind auf Hunderten von Kilometern neue Stromtrassen zu installieren.

China bestimmt die Marschrichtung in der Solarindustrie. Durch technologischen Fortschritt, Standardisierung, Serienfertigung, Massenproduktion und harten Wettbewerb dürften bei Photovoltaik die Preise kaum steigen. Nur substanz- und finanzstarke Firmen haben in Europa noch Chancen, sofern sie Industrie 4.0 und Digitalisierung schnell umsetzen. Kleinen AGs droht die Übernahme durch chinesische Anbieter zum Schnäppchenpreis, vielleicht sogar die Pleite. Chinesische Solarzellenhersteller haben geringere Fixkosten als westliche Konkurrenten. Bereits 2015 hat China Deutschland als größte Solarnation abgelöst.

Große Herausforderung: Windenergie im Meer. Den Offshore-Projekten auf dem Meer gehört die Zukunft, mögen auch Tsunamibrecher zu überwinden sein. Es geht um Netzwerke, Speicherkapazität, Kredite, knallharte Forderungen von Umweltschützern, Aufbau, Wartung und Reparatur der Anlagen – alles kostspielig und zeitraubend. Es gilt, den Problemen in der Meerestiefe an den 30 bis 60 km von der Küste entfernten Standorten zu trotzen. Windkraftanlagen dürften bis 2030 fünfzehnmal mehr Windenergie erzeugen als derzeit. Der dänische Branchenprimus **Vestas** wächst verhalten. Die anhaltende Hitzewelle im Juli/August 2018 setzte den Windkraftanlagen stark zu. Manche Anlagen stellten den Betrieb ein. Schon deshalb wird ein Energiemix gefordert.

Lebensbedrohlicher Trinkwassermangel in Afrika, Südamerika und Ostasien als tickende Zeitbombe mit Gewaltpotenzial. In einem Jahrzehnt dürfte der globale Wassermarkt die Marke von einer Billion Dollar erreichen. Sauberes Trinkwasser fehlt in Afrika, Südamerika, in ostasiatischen Schwellenländern und dem Riesenreich China. Über 800 Millionen Menschen leiden unter Wassermangel. Vier Fünftel vom Süßwasserverbrauch gehen zu Lasten der Landwirtschaft. Der Klimawandel legt die Welt allmählich trocken. In den bedrohten Regionen regnet es immer seltener – auch wegen abgeholzter Regenwälder. Weltweit stieg der Wasserverbrauch in 50 Jahren doppelt so schnell wie die Weltbevölkerung. Den Hauptgrund liefert die Bewässerungslandwirtschaft. Der Anbau von Obst und Gemüse verschlingt viel Wasser; noch größer ist der Einsatz für Fleischprodukte. Jeder dritte Mensch leidet akut unter Wasserknappheit. Und Tausende von Kindern sterben. Darf man da länger tatenlos zusehen bei all diesem Leid in den Armutsregionen?

Solarstromnutzung national und international

Solarstrom hilft, den drohenden Klimawandel zu bekämpfen. Bis 2020 sollen die alternativen Energien den Strombedarf in Deutschland zur Hälfte abdecken und den Ausstoß von Kohlendioxid deutlich verringern. Das traurige Dasein etlicher Photovoltaikaktien spiegelt Zukunftsvisionen kaum wider. Selbst unsere Enkel dürften die alten Höchststände kaum erleben. Freuen wir uns über jeden Aufschwung! Eine Ausnahme bildet die hervorragende Kursentwicklung von **Enphase Energie.** Und **Solaredge Technologies** schafft es, dem Börsentrend zu entsprechen.

Nutzung Solarstrom: erfolgreiche internationale Aktien				
Aktie, Land bzw. Index	**WKN**	**Kurs am 29.03.19**	**52-Wochen-Hoch/-Tief €**	**Entwicklung 1, 3, 5 Jahre**
Canadian Solar	A0L CUY	16,75 €	22,30/10,15 €	+31/+1/-27 %
Kanada: Der Photovoltaikkonzern zählt zu den Marktführern, KGV 7, Div. 0,0 %				
Enphase Energie	A1J C82	5,05 €	6,45 €/1,50 €	+120/+359/+54 %
USA: Die Solartechnikfirma baut Mikrowechselrichter, KGV 20, Div. 0,0 %				
Solaredge Techno.	A14 QVM	33,95 €	58,80/25,30 €	-19/+52 %
USA: Der Börsenwert des Solarkonzerns beträgt 1,6 Mrd. €, KGV 13, Div. 0,0 %				

Aussichtsreiche Windkraftaktien rund um den Globus				
Aktie/Kontinent bzw. Index	**WKN**	**Kurs am 29.03.19**	**52-Wochen-Hoch/-Tief**	**Entwicklung 1, 3, 5 Jahre**
EDP Renovaveis	A0Q 249	8,30 €	9,20 €/7,40 €	+5/+25/+75 %
Spanien: Energieversorger, Windkraft, Börsenwert 6,8 Mrd. €, KGV 27, Div. 1,0 %				
Nordex	A0D 655	14,60 €	14,75 €/6,95 €	+106/-38/+25 %
TecDAX/SDAX: Windkraftanlagen/Rotorblätter Megawattklasse, KGV neg., Div. 0 %				
Orsted	A0N BLH	67,40 €	69,85/48,60 €	+27 %
Dänemark: Windkraftunternehmen mit positiven Finanzzahlen, KGV 11, Div. 2,2 %				
Siemens Gamesa	A0B 5Z8	14,25 €	14,55 €/9,25 €	+10/-16/+82 %
Spanien: Anbieter technologischer Energielösungen Windkraft, KGV 11, Div. 2,2 %				
Vestas Wind Syst.	913 769	75,10 €	77,10/51,15 €	+30/+22/+159 %
STXE 600, DK: Weltmarktführer Windkraftanlagen & Turbinen, KGV 17, Div. 1,8 %				
XINJIANG Goldw.	A1C 0QD	0,85 €	1,55 €/0,65 €	+3/+43/+119 %
China: Windkraftkonzern mit Marktkapitalisierung 570 Mio. €, KGV 6,3, Div. 3,4 %				

Photovoltaik: 385,6 GW		Windkraft: 494,7 GW	
Nation	**Gigawatt**	**Nation**	**Gigawatt**
China	130,6 GW	China	161,4 GW
Japan	48,6 GW	USA	87,5 GW
Deutschland	42,4 GW	Deutschland	50,5 GW
USA	41,1 GW	Indien	32,9 GW
Restliche Welt	122,9 GW	Restliche Welt	162,4 GW

Wie alles begann mit Solarstrom und Windkraft

Angetrieben wurde Photovoltaik durch das „Hunderttausend-Dächer-Programm", das EEG (Erneuerbare-Energien-Gesetz) und feste Abnahmepreise. Die Preisgarantie von 20 Jahren als Anreiz für den künftigen Boom erwies sich letztlich als einer der größten Fehler unserer Politiker. Um eine neue Industrie mit umweltfreundlichen Produkten voranzutreiben, sind großzügige Förderungen für 2 bis 3 Jahre gerechtfertigt. Aber doch keine Preisgarantie für zwei Jahrzehnte! Einem Unternehmer, der dies für 3 oder 5 Jahre praktizierte, würde man Schwachsinn bescheinigen bzw. „Einweisung" fordern.

Bremsfaktoren für Solarstrom sind eine politische und konjunkturelle Schlechtwetterlage, Kreditklemme, Investitionsstau, Preisdruck durch verzerrten Wettbewerb und Marktübersättigung. So war es wegen des dramatischen internationalen Preisverfalls berechtigt, 2010 die Einspeisevergütung für Photovoltaik-Neuverträge nochmals abzusenken. Aber dies hätte mit Blick auf den drohenden Klimawandel früher und mit mehr Augenmaß geschehen müssen bei einer Obergrenze nicht über 10 %. Rigorose Kürzungen der Fördersätze von 11 bis 15 % im Solarstrombereich gefährdeten die Existenz vieler Firmen und führten zu übertriebener Marktbereinigung vor allem auf dem Rücken ostdeutscher Firmen. Nur die leistungsfähigsten deutschen Konzerne konnten sich mit hohem Qualitätsanspruch gegenüber dem asiatischen Wettbewerb behaupten. Wer sich dem EEG vertrauend bequem zurücklehnte und Innovationen vernachlässigte, den traf es knüppelhart.

Rückblick: Die Hoffnungen und Erwartungen vor einem halben Jahrzehnt: Aus „Nachhaltig investieren" (Sander/Fath/Leiner)

*„**Der weltweite Energieverbrauch hat sich binnen 35 Jahren fast verdoppelt. In den reichen Industrienationen ist er pro Einwohner drei- bis sechsmal höher als im weltweiten Durchschnitt.** Ein Viertel der Weltbevölkerung verbraucht über die Hälfte der global verfügbaren Energie. Dabei handelt es sich insbesondere um fossile Energieträger. Würde jeder Erdenbewohner so viel Energie verbrauchen, wie in den wohlhabenden Industrieländern für Strom, Wärme und Kühlung anfällt, wären die fossilen Reserven und Ressourcen schnell verbraucht. Mit der Nutzung von Sonne, Wind, Wasser und Erdwärme lässt sich der Klimawandel zwar nicht rückgängig machen und ganz aufhalten, aber deutlich verlangsamen und damit die schon jetzt so verheerenden Folgen vielleicht abschwächen. Bis 2050 sollen die Treibhausemissionen, die sich von 1970 bis 2004 in Deutschland um rund 70 % erhöhten, um 50 % bis 85 % verringern. Wie der Bundesverband Erneuerbare Energien (BEE) in seiner mit der Agentur für Erneuerbare Energien vorgelegten Branchenprognose für 2020 erklärte, sollen bis dahin die alternativen Energien fast 50 % des deutschen Strombedarfs decken."*

Fossile Energien Erdöl und Erdgas in zahlreichen Branchen und Geschäftsfeldern noch unverzichtbar

Fossile Energien sind Brennstoffe bzw. Rohstoffe, die in vielen Millionen Jahren aus urzeitlichen Tieren und Pflanzen entstanden. Dazu gehören insbesondere Steinkohle, Braunkohle, Torf, Erdöl und Erdgas. Fossile Energieträger dienen vor allem zur Wärme- und Stromerzeugung. Zudem stellt die Chemieindustrie zahlreiche Produkte auf Erdölgrundlage her. Da es sich bei fossilen Energieträgern um keine nachwachsenden Rohstoffe handelt, sie weder erneuerbar noch wieder verwendbar sind, werden fossile Reserven irgendwann aufgebraucht sein. Alternativen müssen her. Wasser-, Wind- und Solarkraft sind auch infolge Erderwärmung durch Klimawandel als Energieträger unbedingt notwendig. Sie werden größere Anteile erreichen und durch intensive Forschung mehr Leistung bei niedrigeren Kosten bringen. Bislang sind Gas- und Ölheizungen bei erprobter Technik ausgereift, preiswert und finanzierbar.

Erdöl-, Erdgas- und Kohleförderung 2017 prozentual hoch; aber der Anteil erneuerbarer Energien steigt zusehends

- **Die weltweite Erdölproduktion** einschließlich Schieferöl (Fracking) und Ölsand belief sich 2017 auf 4,39 Mrd. Tonnen, vergleichbar mit 2015 und damit ein jährlicher Anstieg seit 2009.
- **Die globale Erdgasförderung** betrug 2017 rund 3,68 Billionen Kubikmeter. Hier gab es ein neues Rekordhoch.
- **Die umstrittene Kohleförderung** rund um den Globus lag bei 7,73 Mrd. Tonnen. Alte Höchststände wurden mit Stein- und Braunkohle nicht mehr erreicht.

Werten wir die Kursliste von Ende März 2019 im Bereich fossile Energie aus, stellt sich die Frage: Was tun? Der russische Markt erscheint interessant. Die Weltbevölkerung steigt. Mit erneuerbaren Energien lässt sich der gesamte Bedarf nicht decken. Fossile Energien sind nicht unbegrenzt verfügbar, mögen auch neue schwer zugängliche Förderquellen entdeckt werden. Sie auszubeuten, setzt wie beim Fracking höhere Handelspreise voraus.

Es ist unsinnig, seinen eigenen Depotbestand nur deshalb aufzustocken, um niedrigere Einstandspreise zu erzielen. Dies ist ein typischer Anfängerfehler. Ein nicht zu unterschätzender Vorteil bei Kursschwäche ist, dass etliche Energiekonzerne hohe Dividenden auszahlen – teilweise über 5 oder 6 %. Dies gilt vor allem für russische Firmen, die verlässlich ausschütten und in Dollar abrechnen, sodass der Rubelverfall weniger stört. Ab 2015 haben sich die Kurse bei zeitweiligen Rücksetzern stark erholt. Seit Februar 2019 erfreuen **Lukoil** und **Norilsk Nickel** parallel zum Palladium-Preisanstieg mit ständig neuen Hochs.

Internationale Aktien fossile Energien, Schwerpunkt Erdöl				
Aktie, Land bzw. Index	**WKN**	**Kurs am 29.03.19**	**52-Wochen-Hoch/-Tief**	**Entwicklung 1, 3, 5 Jahre**
BP British Petrol	**850 517**	6,50 €	6,85/5,40 €	**+19/+47/+12 %**
GB, Stoxx 50: globaler Energieversorger Erdöl und Erdgas, KGV 10, **Div. 6,2 %**				
Chevron	**852 552**	109,65 €	112/91,10 €	**+19/+32/+27 %**
USA, Dow Jones: Vergasungstechnik, Förderung Öl/Gas, KGV 12, **Div. 4,1 %**				
Conoco Phillips	**575 302**	59,85 €	70,00/47,2 €	**+24/+70/+15 %**
S&P 500: Erkundung, Förderung, Vermarktung Öl und Gas, KGV 12, **Div. 1,9 %**				
Exxon Mobil	**852 549**	72,00 €	75,65/58,4 €	**+19/-3/+2 %**
Dow Jones: der weltweit größte Öl-, Gas-, Raffineriekonzern mit Erdölprodukten				
Lukoil	**A14 20E**	80,25 €	80,70/47,6 €	**+44/+139/+99 %**
RTX, Russland: Förderung und Produktion Erdöl und Erdgas, KGV 5,6, **Div. 4,5 %**				
OMV	**874 341**	48,25 €	55,40/36,5 €	**+2/+98/+46 %**
Austria, STXE 600: globale Explorations-/Produktionsaktivität, KGV 7, **Div. 4,4 %**				
Repsol	**876 845**	15,25 €	16,95/13,6 €	**+14/+73/+4 %**
Spanien, Euro Stoxx 50: Rohöl, Erdgas sowie Petrochemie, KGV 8,1, **Div. 6,5 %**				
Rosneft	**A0J 3N5**	5,65 €	6,75/3,80 €	**+28/+48/+17 %**
RTX, Russland: Förderung/Produktion Erdöl und Rohstoffe, KGV 5,3, **Div. 8,7 %**				
Royal Dutch	**A0D 94M**	28,10 €	31,40/24,7 €	**+9/+33/+6 %**
Stoxx 50, GB: globaler Energiekonzern Öl/Gas/Tankstellen, KGV 9,7, **Div. 6,2 %**				
Tatneft	**A2A BS0**	61,50 €	66,30/48,8 €	**+21/+126/+155%**
RTX, Russland: Öl-/Gasproduktion, Raffinerien, Petrochemie, KGV 7, **Div. 6,3 %**				
Total	**850 727**	49,55 €	56,70/44,0 €	**+7/+23/+4 %**
Euro Stoxx 50: Förderung/Verarbeitung Öl/Gas, Petrochemie, KGV 9, **Div. 5,5 %**				

Die Chancen bei Rohstoffen nutzen; Palladium auf Rekordniveau; Diamanten interessant

Das Riesenreich China als der wichtigste Importeur profitiert besonders von der Preisentwicklung vieler Rohstoffe und leidet akut unter den Strafzöllen von US-Präsident Donald Trump. Gold konnte sich wegen der heftigen Börsenturbulenzen etwas erholen, ohne jedoch zur alten Stärke zurückzufinden. Palladium stürmt dagegen von einem zum nächsten Allzeithoch, kostet über 1.400 US-Dollar je Feinunze und hängt Gold um 100 Dollar je Feinunze von 31,1 Gramm ab.

Seit Juli 2018 hat sich der Palladiumpreis mehr als verdoppelt, während Gold leicht anstieg und sich Silber verbilligte. Der Hauptgrund für die Palladiumrallye dürften die verschärften Abgasnormen für Autos sein. Palladium ist ein wichtiger Bestandteil von Abgaskatalysatoren in Benzinmotoren. Selbst die schwachen Umsatzzahlen in der Automobilindustrie können den Höhenflug von Palladium nicht stoppen. Der Platin- und Palladiumverarbeiter **Johnson Matthey** rechnet bei konjunktureller Erholung mit Lieferengpass. **Norilsk Nickel** aus Russland dürfte davon profitieren.

Ein Fallbeispiel: Rohstoffe begleiten Ihr Leben jeden Tag

Es vergeht kein Tag ohne Rohstoffkontakt. Sie stehen morgens auf, schlagen Ihre Bettdecke, vielleicht mit Gänsedaunen gefüllt, zurück und verlassen Ihr Bett, dessen Gestell aus Holz, Kunststoff oder Metall besteht. Sie duschen, trocknen sich mit einem baumwollenen Badetuch ab, ziehen Ihren Bademantel aus Naturfasern an und bereiten das Frühstück. Es gibt Kaffee, Kakao oder Tee mit Zucker, Milch oder Kaffeesahne, Orangensaft, Getreidemüsli oder Joghurt, Brötchen oder Brot mit Butter, Konfitüre, Honig, wahlweise Schinken, Wurst, Käse und Bioei. Sie frühstücken an einem hölzernen Tisch; auf dem Boden liegt ein wollener Teppich. Sie fahren mit dem Rad, öffentlichen Verkehrsmitteln oder Ihrem Auto zur Arbeit, freuen sich über den noch niedrigen Spritpreis. Sie kommen am Arbeitsplatz an. Überall begegnen Sie Rohstoffen, z. B. den Industriemetallen im Fahrstuhltrakt! Im Büro besteht der Fußboden aus Naturholz oder Holzwerkstoffen. Computeranlage, Bildschirm, Tastatur, Drucker, Kopierer und sonstige Geräte enthalten unterschiedliche Materialien. Nach der Arbeit sind Sie auf der Suche nach einem passenden Schmuckstück aus Gold oder Silber mit einem Edelstein besetzt. Eventuell spielen Sie abends Tennis auf einem Sandplatz mit Ziegelmehlbelag. Danach mundet ein kühles Bier. Vielleicht genießen Sie Ihre Rolle als Hobbykoch. Was Sie auch kochen, anrichten, garnieren – ohne Agrarprodukte geht nichts.

Rohstoffe werden in vier große Gruppen aufgeteilt

Energie: Fossile Energieträger wie Erdöl, Erdgas, Kohle und nachwachsende Agrargüter und erneuerbare Energien wie Wind- und Sonnenenergie, Wasserkraft, Biomasse, Erdwärme. **Industriemetalle:** Aluminium, Chrom, Gallium, Indium, Kobalt, Kupfer, Lithium, Nickel, Palladium, Stahl, Zinn; **Edelmetalle:** Gold, Silber, Platin, Palladium. **Land- und Viehwirtschaft:** Baum- und Schurwolle, Getreide, Zucker, Kaffee, Kakao, Mais, Raps und Fleisch. Mais, Zucker, Weizen, Raps werden auch zu Biodiesel verarbeitet. ***„Tank statt Teller“*** verschärft Ernährungssorgen.

Beim „blauen Gold Wasser“ ETFs und Fonds statt Einzelaktien

Im Wasserbereich ist es schwierig, gute Einzelaktien zu finden. Wählen Sie ruhig einen erfolgreichen Aktienfonds oder preisgünstigen ETF aus. Der Indexfonds mit der WKN **LYX 0CA** zeigt seit Jahren eine positive Entwicklung.

Der bekannte Analyst Marc Faber weist auf das akute Wasserproblem in China hin: *„Im Reich der Mitte leben rund 21 % der Weltbevölkerung. Aber das riesige Land verfügt nur über etwa 7 % der globalen Wasservorkommen.“* Wasser ist beim steigenden Süßwassermangel ein kostbares Gut.

Entwicklung der Rohstoffpreise (17. Januar 2019)				
Rohstoffklasse	**Rohstoff**	**Einheit**	**1 Jahr**	**3 Jahre**
Energierohstoffe	**Erdöl Brent**	Barrel	**-12,4 %**	**+111,6 %**
	Erdgas	BTU	**+5,79 %**	**-24,3 %**
	Heizöl	Gallone	**-8,74 %**	**+102,7 %**
	Benzin	Gallone	**-21,5 %**	**+3,51 %**
Edelmetalle und Industriemetalle	**Gold**	Feinunze	**+3,98 %**	**+13,9 %**
	Silber	Feinunze	**-2,42 %**	**+6,87 %**
	Platin	Feinunze	**-13,1 %**	**-6,02 %**
	Palladium	Feinunze	**+33,7 %**	**+163,3 %**
	Kupfer	Tonne	**-13,5 %**	**+33,7 %**
Agrarrohstoffe	**Weizen**	Scheffel	**+14,6 %**	**-29,6 %**
	Mais	Scheffel	**-3,80 %**	**-26,6 %**
	Soja	Scheffel	**-10,6 %**	**-10,0 %**
Quellennachweis: boerse.ard.de: Rohstoffkurse, Stand: 17. Januar 2019				

Aktienauswahl mit Schwerpunkten Bergbau und Rohstoffe				
Aktie, Firma, Index, Land	**WKN**	**Kurs 29.03.19**	**Hoch/Tief 52 Wochen**	**Entwicklung 1, 3, 5 Jahre**
Anglo American	**A0M UKL**	23,65 €	24,05/16,15 €	**+24/+286/+28 %**
GB: Rohstofffirma profitiert vom Preisanstieg Kupfer/Platin, KGV 9,3, **Div. 4,7 %**				
Aurubis	**676 650**	47,85 €	79,00/41,80 €	**-30/+12/+21 %**
MDAX: Verarbeitung Kupferkonzentrat/Altkupfer/Recycling, KGV 8,7, **Div. 3,6 %**				
BHP Group	**A2N 9WV**	21,20 €	21,60/15,50 €	**+31/+117/-2 %**
Stoxx 50, GB: Bergbau, globaler Exporteur Kohle/Eisenerz, KGV 11, **Div. 8,9 %**				
HeidelbergCe.	**604 700**	64,15 €	856,10/51,80 €	**-19/-13/+3 %**
DAX: Rohstoffproduzent Zement/Beton, weitere Aktivitäten, KGV 8,6, **Div. 4,5 %**				
Norilsk Nickel	**A14 0M9**	18,75 €	20,00/11,90 €	**+23/+64/+59/+299**
RTX, Russland: Förderung Edel-, Industrie- und Buntmetalle, KGV 8,5, **Div. 11,0 %**				

Aktie, Firma, Index, Land	WKN	Kurs 29.03.19	Hoch/Tief 52 Wochen	Entwicklung % 1, 3, 5, 10 Jahre
Rio Tinto	852 147	52,70 €	52,70/39,20 €	+26/+120/+31/+139
Stoxx 50, GB: Förderung Diamanten, Edel-/Industriemetalle, KGV 11, **Div. 5,6 %**				
Salzgitter	620 200	25,65 €	48,70/23,55 €	-37/+9/-10 %
MDAX: Walz- und Flachstahl, Röhren/Bleche/Bauelemente, KGV 6,7, **Div. 2,2 %**				
UPM Kymmene	881 026	26,00 €	34,55/21,60 €	-12/+60/+111 %
STXE 600, Finnland: Forst- und Papierkonzern, Holzprodukte, KGV 10, **Div. 6,1 %**				
VALE	897 136	11,65 €	13,70/9,30 €	+16/+222/+16 %
Brasilien: Bergbau Diamanten/Edel-/Industriemetall/Kohle, KGV 7,5, **Div. 7,6 %**				

Wichtige Industriemetalle für Smartphones, Halbleiter u. a. m.

Metall	Industrielle Verwendung	Marktführerschaft
Chrom	Turbinen, Triebwerke, Magnetbänder	**Südafrika: 45 %**
Gallium	Halbleiter und Brennstoffzellen	**China: 83 %**
Germanium	Halbleiter, Transistoren, Katalysatoren	**China: 79 %**
Indium	LCD-Bildschirme, Solarzellen, Dioden	**China: 58 %**
Kobalt	Spezialstahl, Prothesen, Batterien	**Kongo: 45 %**
Lithium	Batterien insbesondere für Elektroautos	**Chile: 44 %**
Palladium	Schmuck, Laborinstrumente, Computer, Handys, Fernseher, Katalysatoren	**Russland: 43 %** **Südafrika: 39 %**
Platin	Schmuck, Laborinstrumente, Computer, Handys, Fernseher, Katalysatoren	**Südafrika: 77 %**
Tantalum	Elektronikkomponenten, Spezialstahl, Atomreaktoren, Raketen	**Australien: 53 %**

ETF: Rohstoffbranche, Minenunternehmen (29.03.2019)

M.A.-NYSE Arca GoldBugs	A0M MBG	71,55 €	107,2/65,65 €	-10/+2/-46 %
	Umfang 75 Mio. €, Alter 10 J., Gebühr 0,65 %, thesaurierend. Abbildung Minenaktien wie Goldcorp, Barrick Gold, Newmont.			

ETF: Branche Wasser, mehrere Geschäftsfelder (29.03.2019)

Lyxor World Water D-EUR A/I	LYX 0CA	37,65 €	37,65/32,30 €	+15/+55/+102 %
	Umfang 436 Mio. €, Alter 10 J., Gebühr 0,60 %, ausschüttend, Währung €. Der ETF orientiert sich am Index World Water CD.			

Das Diamantenfieber wird vom demografischen Wandel und ungleicher Vermögensverteilung als Prestigeobjekt geprägt

Diamanten bestehen aus stark zusammengepresstem Kohlenstoff. Sie werden wegen ihrer Härte im Umfang von 4 Mrd. Karat auch künstlich für die Industrie produziert und sind den natürlichen Steinen immer ähnlicher. Die preisgünstigen synthetischen Glitzersteine sind auch für die Schmuckherstellung interessant. Ansonsten bestehen Ansprüche in Millionen- und Milliardenhöhe. Aber es wächst auch die Gefahr raffinierter Fälschungen. Echte Diamanten entstehen in Tiefen von 150 bis 660 Kilometern bei Temperaturen ab 1.200 bis 1.400 °C und sind der härteste natürliche Stoff. Russland liegt bei der Förderung vorne, gefolgt von Kanada, Botswana, dem Kongo und Australien.

Den Markt teilen sich wenige Konzerne, zu denen das australisch/englische Bergbau- und Rohstoffunternehmen Rio Tinto (WKN: 852 147) zählt. Weltweit gibt es etwa 700 Fundorte. Vorn liegen Nordamerika, südliches Afrika, Australien, Indonesien, Südamerika, Südasien und nördliches Afrika. In Deutschland wurden nur an zwei Stellen ein paar Diamanten entdeckt. Die Fördermenge stieg trotz Seltenheit von 120 Mio. Karat 2009, 130 Mio. Karat 2013 auf 151 Mio. Karat im Jahr 2017.

Was bedeuten die 4-C-Klassifizierungen CARAT – CLARITY – COLOR – CUT? Es geht um Gewicht, Reinheit, Farbe und Schliff.

Die Preise für einen ungefassten Brillanten liegen bei 3.350 € für 0,5 Karat, 17.900 € für 1,0 Karat und 78.500 € für 2,0 Karat. Wichtige Kriterien sind Clarity: lupenrein, Cut: excellent, Color: hochfeines Weiß. 1 Karat entspricht einem Gewicht von 0,2 Gramm. Der Preis steigt mit dem Gewicht gewaltig an, weil große Steine selten sind. Neben dem Gewicht entscheidet die Reinheit. Die teuersten Diamanten haben keine Einschlüsse und Verunreinigungen. Unterschieden wird zwischen 23 Farbklassen. Hochfeines Weiß ist im Normalfall am teuersten. Daneben entscheidet der Schliff. Üblich ist ein runder Brillantschliff.

Als größter Rohdiamant der Welt gilt der Cullinan mit über 3.100 Karat. Er wurde 1905 in Südafrika gefunden, in 105 Diamanten zerteilt und für die britischen Kronjuwelen verarbeitet. Der Edelstein im Zepter wiegt 530 Karat. Zwar ist der 1895 aus Brasilien stammende Carbonado do Sérgio mit 3.167 Karat noch etwas größer. Da er schwarz ist, blieb er nahezu unbekannt. Der globale Markt für geschliffene Diamanten wandert zur Hälfte in die USA und zu einem Drittel nach China.

Wer nur über ein bescheidenes Wissen verfügt, muss üblicherweise für Diamanten doppelt so viel bezahlen bzw. bekommt beim Verkauf nur halb so viel wie ein marktkundiger Investor. Das ist eingeführtes Geschäftsmodell. Also immer einen Experten zurate ziehen, allein handeln nur bei hoher Fachkompetenz!

6.3 Bauindustrie und Immobilien durch Flüchtlinge, Klima- und Demografiewandel im Aufwind

Die Geburtenrate ist hierzulande mit knapp 1,6 noch niedrig. Aber wir leben immer länger. Hinzu kommen Naturkatastrophen infolge des klimatischen Wandels. Bautätigkeit, Wünsche nach Betongold und Interesse an Aktien aus diesem Sektor steigen.

Die Bevölkerungsentwicklung – niedrige Geburtenrate gepaart mit längerem Leben – lässt vielleicht eher auf zurückgehende Bautätigkeit und stagnierende Immobilienmärkte schließen. Doch das Gegenteil ist der Fall. Es gibt einen riesigen Sanierungs- und Renovierungsbedarf allein schon wegen der Flüchtlingswelle 2015. Nachdem ab 2025 die Schülerzahlen um über eine Million steigen, wächst der Wohnungsbedarf weiter. Die meisten Heranwachsenden wollen nicht mehr bei ihren Eltern leben. Hinzu kommen Verschleiß, Umstellung auf umweltfreundliche Materialien und erneuerbare Energien beim Heizen und der Stromversorgung. Wer das Geld hat, wünscht mehr Wohnfläche. 1991 betrug die Wohnfläche pro Einwohner 35 qm, 2015 waren es 46 qm. 41 % der Wohnungen sind Singlehaushalte, wovon sich ein Drittel den Traum vom Eigenheim erfüllt. Ein gutes Viertel vom Nettoeinkommen wandert im Schnitt in die Miete.

Attraktive Metropolen mit über 200.000 Einwohnern boomen

Während mancher Landstrich vor allem in den ostdeutschen Regionen regelrecht verödet, ist der Zustrom in Berlin, Frankfurt, Köln und Potsdam hoch. Der Osten schrumpft weiter. In Berlin (+8,9 %), Hamburg (+5,8 %), Bayern (+3,7 %), Baden-Württemberg (+2,5 %) und Hessen (+1,1 %) dürfte die Bevölkerungszahl bis 2030 um die geschätzten Prozente wachsen. Je höher der Wohlstand, umso mehr Zuzug in Topstädte. Weltweit nimmt die Verstädterung zu, so auch in Deutschland.

Hinter Immobilien steht immer ein greifbarer, sichtbarer Wert

Der reale Wert steigt mit der Inflationsrate, angetrieben durch eine erhöhte Nachfrage nach Sachwerten. Das selbst bewohnte Reihenhaus steht oben auf der Wunschliste. Vermietete Häuser und Wohnungen sind risikoreicher und stellen oft ein Klumpenrisiko dar, fehlen doch wegen des dort investierten Kapitals im sechs- oder siebenstelligen Bereich die finanziellen Mittel für eine breite Anlagestreuung.

Der Bedarf an altersgerechten Wohnungen wächst, in denen Senioren verbleiben können. Nicht nur die über eine Million Flüchtlinge allein aus dem Jahr 2015 brauchen bezahlbaren Wohnraum. Das A und O ist eine gute Lage in größeren süddeutschen Städten, ebenso im „Speckgürtel“ rund um Berlin. Auch Ausländer lassen sich lieber in Ballungsräumen als in ländlichen Gebieten nieder.

Nachdem 2030 die Hälfte der Bundesbürger älter als 48 Jahre sein wird – regional zwischen 41 und 53 Jahren schwankend – steigt auch der Bedarf an Alten- und Pflegeeinrichtungen sowie ambulanten Diensten. Beim Bauen und Sanieren von Mietshäusern zählen Aufzüge zu den Schwerpunkten. In Deutschland sind derzeit 18,75 Mio. Wohngebäude vorhanden. Viel zu wenig! Bis 2020 müssten jährlich deutlich über 100.000 bezahlbare Wohnungen gebaut werden.

Betongold als richtiges Investment für Privatanleger und Profis

Experten betrachten den deutschen Immobiliensektor als stabil und zukunftsträchtig. Es gibt hierzulande 41,5 Mio. Wohnungen, darunter 66 % in Einfamilien-, 17 % in Zweifamilien- und 17 % in Mehrfamilienhäusern ab drei Einheiten. Das Hauptproblem besteht darin, dass jungen Leuten das Geld für Wohneigentum fehlt und ihnen oft nur mit begüterten Eltern die Miete auf Dauer erspart bleibt.

Eine Eigentumswohnung auch mit Hotelanbindung in Hochhausform, ein Reihenhaus oder freistehendes Haus zur Eigennutzung bilden einen Grundstock der Altersvorsorge: Entscheidend sind die Lage, die Infrastruktur mit Bildungs-, Freizeit- und Kulturangebot für Familien mit Kindern. Altersgerechte barrierefreie Wohnungen mit Aufzug, moderner Bad- und Küchengestaltung, öffentlichem Nahverkehr und medizinischer Versorgung sind begehrt.

Bei hohem Vermögen und Fachkenntnis bietet sich der Kauf von Mietshäusern an, sofern der Zeit- und Arbeitsaufwand zu bewältigen ist. Gute Lage, hohe Wohnqualität und eine intakte Infrastruktur bei wachsender Bevölkerung sind entscheidend. Ein Blick auf die Teuerungsrate bei Ein- und Zweifamilienhäusern in den attraktivsten Metropolen zeigt, dass der Immobilienboom allmählich an seine Grenzen stößt. Es wird schwierig, preiswert in guten Lagen zu kaufen.

Eine langfristige Anlage in Immobilieneinzelaktien aus DAX, MDAX, SDAX, alternativ ETFs und Branchenaktienfonds sind auch für weniger betuchte Leute eine lohnende Investition. Es winken Dividenden von über 3 %. Oft sind die Ausschüttungen als „Ertragsgutschrift“ steuerfrei. Es gibt interessante kleinere Werte, meist im Prime Standard notiert, und SDAX-Anwärter bei starker Aufwärtsentwicklung bezüglich Umsatz und Börsenwert. Offene Immobilienfonds bieten weniger Rendite als das kluge Stock Picking bei den besten Betongoldaktien.

Was spricht für bleibenden Boom der Bauwirtschaft? Die Sieger in westdeutschen Wachstumsstädten sind Immobilienfirmen aus DAX, MDAX, SDAX sowie kleinere Prime-Standard-AGs. Sowohl durch Zuwanderung als auch höheren Flächenbedarf und immer mehr Singlehaushalte profitieren die Bauindustrie, die Eigentümer und Vermieter von Objekten in begehrter Lage. Verlierer sind kleinere Gesellschaften in Ostdeutschland und Eigentümer, die gierig zu teuer kaufen. **Das Kapitel 3.4 bietet auf den Seiten 88/89 eine interessante Aktienauswahl.**

Kleine Aktienauswahl: große ausländische Baukonzerne				
Aktien/Unternehmen	**WKN**	**Kurs am 29.03.19**	**52-Wochen-Hoch/-Tief**	**Kursverlauf 1, 3, 5 Jahre**
ACS, Spanien	A0C BA2	38,60 €	40,00/29,90 €	+26/+72/+58 %
spanischer Baukonzern, Mutterunternehmen der MDAX-Tochterfirma Hochtief				
CIMIC, Australien	A14 SB9	30,15 €	32,00/24,90 €	+9/+30/+112 %
Geschäftssitz in Sydney, Australien, Tochter des spanischen Baugiganten ACS				
Palfinger, Austria	919 964	24,95 €	35,60/20,70 €	-24/+1/-11 %
Firmensitz des weltmarktführenden globalen Kranbauers ist Salzburg				
VINCI, Frankreich	867 475	86,50 €	87,20/70,00 €	+8/+34/+60 %
Geschäftssitz in Sydney, Australien, Tochter des spanischen Baugiganten ACS				

Einzelaktien mit hoher Dividende und fairer Bewertung sowie Aktienfonds, die auf gute Immobilien in Wachstumsstädten setzen, sind chancenreicher als Offene Immobilienfonds, die sich auf einzelne Bauprojekte beziehen. Hände weg von geschlossenen Fonds! Hier drohen Insolvenz und Nachschusspflicht.

Auswahl Offene Immobilienfonds & Immo-Aktienfonds 2019				
Name, Fondsgesellschaft	**WKN**	**Kurs 29.03.19**	**Hoch/Tief 52 Wochen**	**Kursentwicklung 1, 3, 5, 10 Jahre**
Catella European Res.	A0M 98N	13,90 €	13,90/12,75 €	+11/+31/+44/+78 %
	Umfang 1,0 Mrd. €, Alter 11 J., Ausgabeaufschlag **5,00 %,** Geb. 0,60 %, ausschüttend. Mieteinnahmen, Wohnungen in Europa.			
Catella Max	A0Y FRV	18,05 €	18,05/16,75 €	+9/+58/+90/+126 %
	Umfang 315 Mio. €, Alter 10 J., Ausgabeaufschlag **5,00 %,** Gebühr 0,70 %, ausschüttend. Schwerpunkt: München und Umfeld.			
HHF Henderson Horizon	989 232	49,75 €	50,00/43,00 €	+12/+26/+76/+346 %
	Umfang 282 Mio. €, Alter 21 J., Ausgabeaufschlag **5,00 %,** Geb. 1,2 %, thesaurierend. Besitz und Verwaltung Gebäude in Europa.			
JSS Sustainable Equity	A0M M6T	172,50 €	172,5/147,9 €	+18/+12/+51/+213 %
	Umfang 38 Mio. €, Alter 12 J., Ausgabeaufschlag 3,0 %, Gebühr **1,50 %,** thesaurierend. Immobilienaktien & Beteiligungspapiere.			
UniImmo: Global EUR	980 555	51,00 €	51,00/49,90 €	+2/+7/+13/+23 %
	Umfang 3,5 Mrd. €, Alter 15 J., Ausgabeaufschlag **5,00 %,** Geb. 0,90 %, ausschüttend. Immobilien Europa, Asien/Pazifik, USA.			

6.4 Autoindustrie im technologischen Umbruch

Die Autoindustrie gilt als Nutznießer des längeren Lebens. Vor allem ältere Menschen wollen ihre Mobilität durch selbst fahrende Autos, Einparkhilfen und Unfallwarnsysteme sichern. Die digitalisierte und vernetzte Autowelt ist auf dem Weg zum autonomen Fahren bis hin zum fliegenden Taxi. Die Elektromobilität gilt als ein extrem wichtiger Zukunftsmarkt auch unter dem Blickwinkel Umweltfreundlichkeit. Die Preise müssen sinken, die Reichweite soll steigen. Die Infrastruktur braucht flächendeckende Aufladestellen für Batterien und Brennstoffzellen. Deutschland darf sich als führender Premiumhersteller nicht von China abhängen lassen.

Damit die Autoindustrie auch künftig boomt, geht es neben Elektromobilität um gewichtsreduzierte Benzinmotoren, um autonome Fahrzeuge, Navigationssysteme, Einparkhilfen und Unfallwarnsysteme. Jedes dritte deutsche Auto wird heute in China verkauft, und dieser Markt wächst weiter stärker als die anderen. Aufstrebende Länder sollten für deutsche Autobauer bald wichtiger sein als die etablierten Märkte. Um auch künftig Geld zu verdienen, dürften Mobilitätsplattformen, autonome Fahrzeuge, Car-Sharing, Vernetzung der Daten und taxiähnliche Geschäfte interessant sein, wobei Westeuropäer weiterhin die Vielfalt lieben.

Aktien guter Fahrzeugbauer und Zulieferer sind durch den demografischen Wandel chancenreich. Die Wissenschaft mit Visionen für das marktbeherrschende Zukunftsauto erforscht Umweltfolgen, Produktsicherheit, Eignung von Materialien, Werkstoffen und Komponenten. Selbstfahrende Autos regen die Fantasie an, noch im 9. Jahrzehnt mit dem Auto hinzukommen, wo es wichtig ist: Einkauf, Arzt-, Apotheken-, Friseurbesuch, Sozialkontakte, Teilhabe am Gesellschaftsleben.

Was spricht für autonomes Fahren, das als fortschrittlich, aber langweilig gilt? 57 % rechnen mit einem besseren Verkehrsfluss, 40 % mit geringerem Spritverbrauch. Was spricht dagegen? 58 % der Befragten glauben, dass der Fahrspaß verloren geht. Und 46 % befürchten ungeklärte Haftungsfragen bei Unfällen. Viele Nutzer pochen auf mehr Datenschutz.

Das moderne Auto wird durch Hunderte von Sensoren und fortschreitende Digitalisierung und Vernetzung immer intelligenter.

Die Ausstattung bei vernetzten und digitalisierten Autos wird immer aufwendiger und macht individuelle Wünsche erfüllbar. Die deutschen Hersteller führen bei Innovationen und im Hinblick auf eingereichte Patente. Sie betreffen alle Details, ob Antrieb, Motor, Fahrersitz, Bordcomputer, Park- und Navigationssysteme, Kameras, Radio, Internetanschluss, Aufhängung, Reifen, Räder usw.

Aber die Aktienkurse stürzen ab wegen Abgas- und Dieselskandal, manipulierter Werte, aber auch Handelsstreit und Strafzöllen. Hinzu gesellt sich die Unsicherheit, wie es weitergeht. Totenglöckchen für den Benziner? Oder geht es auch hier umweltfreundlicher durch weniger Sprit bei Verwendung leichter Kunststoffe? Kann sich die Batterie gegenüber der Brennstoffzelle behaupten? Oder besteht Spielraum für beides? Werden fliegende Autos Staus auf Baustellen vermeiden?

Bis zur Vollautomatisierung sind es fünf Entwicklungsstufen: In **Stufe ❶** kann das System allein einparken, was bereits geschieht. In der ebenfalls erreichten **Stufe ❷** übernimmt der Computer teilweise das Lenken, Bremsen und Beschleunigen auf der Autobahn. Die nächsten Entwicklungsprozesse befinden sich in Arbeit. **Stufe ❸**: Das Auto fährt allein auf der Autobahn; **Stufe ❹**: Das Auto fährt allein, ruft aber den Fahrer zum Eingreifen in schwieriger Lage auf. **Stufe ❺**: Das Auto fährt allein und kann dank Künstlicher Intelligenz das Risiko verringern. Erfreulicherweise sind deutsche Produzenten und Zulieferer ganz vorn dabei. Davon zeugt auch die hohe Anzahl internationaler Patentanmeldungen. Es ist also vernünftig, langfristig in die Aktien führender Automobilhersteller zu investieren.

5 Stufen der Automatisierung bei Autos ab 2000 bis 2030

1. Schritt	**2. Schritt**	**3. Schritt**	**4. Schritt**	**5. Schritt**
Füße weg	**Hände weg**	**Augen weg**	**Gehirn weg**	**fahrerlos**
Fahrer verantwortet noch die Querbewegung.	Fahrer überwacht noch das Verkehrsgeschehen.	Fahrer ist bereit, gegebenenfalls das System zu übernehmen.	In bestimmten Situationen klappt autonomes Fahren (ab 2020).	Fahrzeug beherrscht alle Aufgaben selbst, braucht weder Lenkrad noch Pedale (Ziel: ab 2023 bis 2030).
Fahrzeug übernimmt andere wichtige Funktionen.	Fahrzeug steuert Längs- und Querbewegung in bestimmten Situationen.	Fahrzeug steuert Längs- und Querbewegung in vielen Situationen. Fahrzeug warnt Fahrer.	Fahrzeug steuert Längs- und Querverbindung und kann risikominimierten Zustand herstellen.	
Unterstützung	**teilautomatisiert**	**hochautomatisiert**	**autonom**	**fahrerlos**
Quelle:	Armin Grundwald, Der unterlegene Mensch, riva, S. 109			

Wohin geht ansonsten der Trend? Ob es klug und weise ist, neue Versionen gegenüber dem Vorgängermodell immer zu vergrößern, sei dahingestellt. Alte Garagen sind zu klein für kompakte Modelle. Das Parken wird im Freien und in Parkhäusern oft schwierig. Viele ältere Autofahrer wollen keine größeren und teureren Fahrzeuge, sondern wünschen sich stabile Preise bei gleicher Abmessung.

Die deutschen Premiumautomobilbauer müssen alles daransetzen, ihre Vormachtstellung zu verteidigen. Viele Experten fordern, den Batteriebereich nicht China, Japan und Amerika zu überlassen, sondern wegen der gewaltigen Kosten und Anforderungen in der EU gemeinschaftliche Projekte zu entwickeln. Elektroautos sollen dem Klimawandel entgegenwirken. Doch für die Akkus, die Energie zum Fahren speichern, werden sich verknappende Rohstoffe gebraucht. Kobalt, Lithium, Nickel sind die für Batterien verwendeten Favoriten. Bis 2040 sollen 35 % der weltweit verkauften Autos von Elektromotoren angetrieben werden.

Die Autoindustrie plant eigene Netze für ihre sich selbst steuernden Fabriken und autonom fahrenden Autos. Damit wird der künftige Mobilfunkstandard 5G für die Automobilindustrie zu einer entscheidenden Schlüsseltechnologie. Einen großen Anteil hat die Künstliche Intelligenz mit flexiblen, lernfähigen, kommunizierenden Maschinen. Unverzichtbar sind ein funktionierendes Cloud-Computing mit Datenspeicherung und Datenanalyse auf sicheren Servern. Die Zulieferer benötigen vernetzte Lieferketten und Logistik. Ohne Cybersecurity, Prozessüberwachung, vorausschauende Wartung und genaue Überprüfung geht es nicht in dem Bestreben, verhängnisvolle, kostspielige Fehler zu vermeiden.

Aktien guter Fahrzeughersteller und Zulieferer sind infolge demografischen Wandels langfristig chancenreich. Industrie 4.0 mit Internet der Dinge macht Produkte und Dienstleistungen möglich, von denen wir jetzt nur träumen.

Technologische Innovationen für Autos der Zukunft als Nutznießer der längeren Lebenserwartung und des globalen Wandels

Die Wissenschaft mit innovativen Visionen für das marktbeherrschende Zukunftsauto erforscht den Automobilbau und entwickelt die Künstliche Intelligenz mit lernfähigen Robotern ständig weiter. Im Blickpunkt stehen Kfz-Teile, Umweltfolgen, Sicherheit von Produkten, Anlagen und Prozessen, zu verwendende Materialien, Werkstoffe und Komponenten. Gearbeitet wird an Brennstoffzellen, Batterien, Hybridtechnik, Energieersparnis durch verringertes Gewicht, Rußpartikelfilter auch für Benziner. Hauptziele sind eine bessere Motor- und Bremstechnik, Fahrsicherheit mithilfe von Assistenzsystemen für Navigation, Ein- und Ausparken sowie Unfallverhütung. Die Erkenntnisse der Nanotechnologie sind ebenso einzubringen wie die Megatrends Digitalisierung und Vernetzung. Jeder dritte Euro, der in Forschung und Entwicklung (F&E) wandert, stammt aus der Autoindustrie.

Das längere Leben führt dazu, dass 80-Jährige seltener daran denken, ihren Führerschein abzugeben. Der Wunsch ist ein sicheres Auto für das nächste Jahrzehnt. Autonome Fahrzeuge regen die Fantasie an, vielleicht auch noch 90-jährig mit dem eigenen Auto mobil zu sein und dort motorisiert hinzukommen, wo es wichtig ist. Dies sind: Einkaufen, Arzt-, Apotheken- und Friseurbesuch, Fitnessstudio, Sozialkontakte, Teilhabe am gesellschaftlichen und kulturellen Leben.

Ende der Diesel- und Benziner-Ära ab 2026. VW verabschiedet sich vom Verbrennungsmotor und setzt ganz auf Elektroantrieb.

Der Volkswagen-Konzern sorgt für einen Paukenschlag. Chefstratege Michael Jost verkündet auf dem **Handelsblatt-Autogipfel 2018:** *„Im Jahr 2026 beginnt der letzte Produktstart auf einer Verbrennerplattform.“* VW rechnet damit, die letzten Diesel- und Benzinerautos 2040 zu verkaufen. *„Das erste Stoppschild wird dann gesetzt. Der grüne Ast wird unser neues Geschäftsmodell!“* Das Ende des Verbrennungsmotors soll den VW-Konzern umwälzen. Für den Lebenszyklus eines Fahrzeugs verspricht Volkswagen Klimaneutralität. Selbst der Strom, der in den Fabriken verbraucht wird, soll künftig vollständig aus erneuerbaren Energien stammen. Europas größter Autobauer will seine Investitionen in Elektromobilität, autonomes Fahren und Digitalisierung in den 5 Jahren auf 44 Mrd. € aufstocken.

Autobauer und Zulieferer: Aktien aus deutschen Indizes

Aktien/Unternehmen	WKN	Kurs 02.04.19	52-Wochen-Hoch/-Tief	Kursverlauf 1, 3, 5, 10 Jahre
Bertrandt	**523 280**	64,10 €	99,85/59,95 €	**-31/-37/-42/+371 %**
SDAX, Ingenieurdienstleister Automobilindustrie/Medtech/Energie, 47 Standorte; **KGV 10,4,** Börsenwert 978 Mio. €, Dividende 2,60 €, Dividendenrendite **3,4 %**				
BMW St	**519 000**	71,50 €	93,85/67,75 €	**-20/-10/-24/+207 %**
DAX, führender Premiumhersteller Sportwagen/Motorräder, Standort 150 Länder; **KGV 6,6,** Börsenwert 41,5 Mrd. €, Dividende 4,00 €, Dividendenrendite **5,8 %**				
Continental	**543 900**	145,05 €	229,6/118,2 €	**-37/-27/-20/+1059 %**
DAX, Marktführer Reifen/Komponenten/Module/Bremssysteme/Fahrgastsicherheit; **KGV 8,9,** Börsenwert 27,4 Mrd. €, Dividende 5,00 €, Dividendenrendite **3,3 %**				
Daimler	**710 000**	55,00 €	69,80/44,50 €	**-21/-17/-22/+182 %**
DAX, Premiumhersteller Pkw/Lkw/Busse, Finanzdienstleistung, Marke Mercedes; **KGV 6,5,** Börsenwert 54,3 Mrd. €, Dividende 3,50 €, Dividendenrendite **6,6 %**				
HELLA	**A13 SX2**	42,45 €	58,10/32,65 €	**-21/+16 %**/IPO
MDAX, Autoelektronik/Batteriesensoren, Licht- und Fahrgast-Assistenzsysteme; **KGV 9,8,** Börsenwert 4,37 Mrd. €, Dividende 1,00 €, Dividendenrendite **2,2 %**				
SAF Holland	**A0M U70**	10,05 €	17,30/9,60 €	**-37/-2/-9/+687 %**
SDAX, Produktion Bauteile, Achs-/Fahrwerksysteme, Sattel-/Anhängerkupplungen; **KGV 7,0,** Börsenwert 464 Mio. €, Dividende 0,60 €, Dividendenrendite **5,4 %**				
Schaeffler	**SHA 015**	7,55 €	14,00/7,00 €	**-21/-47 %**/IPO
SDAX, Auto-/Industriezulieferer, Präzisionskomponenten, Fahrwerk-/Motorsysteme; **KGV 7,7,** Börsenwert 1,18 Mrd. €, Dividende 0,60 €, Dividendenrendite **5,0 %**				

Stabilus	A11 3Q5	44,45 €	89,50/41,30 €	-20/-43 %/IPO
SDAX, Luxemburg; anspruchsvolle Komponenten/Systeme für Automobilindustrie; **KGV 10,5,** Börsenwert 1,09 Mrd. €, Dividende 1,05 €, Dividendenrendite **2,3 %**				
VW Vorzüge	766 403	144,60 €	156,3/103,7 €	-10/+34/-24/+218 %
DAX, VW deckt die gesamte Wertschöpfungskette einschließlich Finanzierung ab; **KGV 4,9,** Börsenwert 28,8 Mrd. €, Dividende 7,55 €, Dividendenrendite **4,7 %**				

5 internationale Aktien Autobauer & Zulieferer (02.04.19)

Geely	A0C ACX	1,80 €	2,65/ €/1,10 €	-25/+323/+512 %
China, Elektroautos, KGV 10, Börsenwert 15,9 Mrd. €, Div. 0,04 €, Rendite **2,6 %**				
Gen. Motors	A1C 9CM	33,75 €	38,30/26,85 €	+10/+20/+33 %
S&P 500, KGV 5,8, Börsenwert 47,5 Mrd. €, Dividende 1,25 €, Div.-Rendite **3,8 %**				
Renault	893 113	61,60 €	99,55/52,00 €	-38/-28/-15/+261 %
Frankreich CAC 40, KGV 4,1, Börsenwert 18 Mrd. €, Div 3,70 €, Div.-Rendite **6,3 %**				
TESLA	A1C X3T	256,90 €	334,7/205,0 €	+19/+24/+64 %
Nasdaq, KGV 31, Börsenwert 44,5 Mrd. €, Dividende 0,0 €, Div.-Rendite **0,0 %**				
Toyota Mot.	853 510	48,45 €	58,80/45,60 €	+11/+56/+6/+91 %
Nikkei 225, KGV 7,9, Börsenwert 179 Mrd. €, Dividende 1,97 €, Div.-Rendite **3,8 %**				

Je zwei Aktienfonds und ETFs aus dem Automobilsektor

Name, Fonds-gesellschaft	WKN	Kurs 02.04.19	52-Wochen-Hoch/Tief	Kursverlauf 1, 3, 5, 10 Jahre
HGF Henderson Gartmore	A0D LKB	10,40 €	10,60/8,90 €	+3/+17/+27/+184 %
	Umfang 1,99 Mrd. €, Alter 14 Jahre, Ausgabeaufschlag **5,00 %,** Gebühr **1,50 %,** thesaurierend. Der Fonds konzentriert sich auf Aktien europäischer Firmen mit dem Schwerpunkt Autoindustrie.			
HGF Henderson Gartmore	A0D NEW	17,25 €	17,25/14,2 €	+12/+40/+92/+284%
	Umfang 502 Mio. €, Alter 14 Jahre, Ausgabeaufschlag **0,00 %,** Gebühr **1,5 %,** thesaurierend. Der Fonds investiert in Firmen mit Wachstums- und Ertragschancen vor allem aus dem Autosektor.			
Lyxor ETF Stoxx EU 600 Auto	LYX 0AN	58,20 €	78,00/51,2 €	-23/+13/+16 %
	Umfang 45 Mio. €, Alter 12 Jahre, Verwaltungsgebühr **0,30 %,** thesaurierend. Der ETF bildet den Europa-Autosektorindex ab. Dabei sind Daimler, BMW, VW, Conti (DAX); außerdem Porsche.			
iShares ETF Stoxx Europe 600	A0Q 4R2	47,75 €	62,70/40,25 €	-20/+-0/-8 %
	Umfang 340 Mio. €, Alter 17 Jahre, Verwaltungsgebühr **0,45 %,** ausschüttend. Der ETF bezieht sich auf den Europa-Autoindex.			

6.5 Konsumgütertitel: verständlich, interessant, oft auch substanz- und dividendenstark

Die milliardenschwere Konsumgüterindustrie zeigt ein verändertes Verbraucherverhalten und ist in jedem Haushalt präsent mit unterschiedlichsten Marken, Produkten und Preislagen. Dazu zählen kurz- und langlebige Waren, **Verbrauchsgüter** wie Lebensmittel, Reinigungs- und Pflegeprodukte, ebenso **Gebrauchsgüter** wie Möbel, Haushaltsgeräte und Musikinstrumente. Auch hier sorgt die Industrie 4.0, die Künstliche Intelligenz dank weitreichender Vernetzungen für neuartige Produkte wie Drohnen und führerlose Elektroautos, Ballmaschinen für Tennis und Tischtennis. Der Online-Einzelhandel befindet sich im nachhaltigen Aufwärtstrend und bewirkt beim Verkauf in stationären Geschäften wachsende Umsatzprobleme. Der wichtige Verbraucherpreisindex umfasst 600 Güter aus 12 Kategorien und bildet den sogenannten Warenkorb.

Bei Konsumgütern spielen Haushalts-, Freizeit- und Sportgeräte eine große Rolle. Auch hier kommt die Digitalisierung voran. Jedoch spielen die Verbraucher nicht überall wie gewünscht mit. Nicht jeder, der es sich leisten kann, nutzt die neuen Möglichkeiten der Vernetzung von Haus und Wohnung. Es ist zwar angenehm, vom Sofa aus alles zu dirigieren wie das Bedienen der Rollläden, das Ein- und Ausschalten von Heizung, Wasch- und Spülmaschine, die Kühlschrankkontrolle mit Onlineeinkauf. Bequemlichkeit verstärkt den Bewegungsmangel, führt zu Übergewicht und macht von der Technik abhängig. Wehe, wenn Digitalisierung und Vernetzung, also der technologische Fortschritt nicht funktionieren!

Die Konsumgüterindustrie wird von demografischen Veränderungen geprägt und beeinflusst. Durch die längere Lebenserwartung verschieben sich Ansprüche und Bedürfnisse. Und wie steht es mit dem globalen Wandel? Wir bekommen zumindest in den größeren Städten weltweite Produkte, gehen beim Griechen, Italiener, Chinesen, Inder oder Türken zum Essen, können uns auf unterschiedlichste Weise ankleiden – natürlich auch vom Geldbeutel und Geschmack abhängig.

An Tagen wie dem Black Friday können Konsumenten bei klugem Shopping mit System viel Geld sparen, umgekehrt aber auch angebliche Schnäppchen überteuert einkaufen. Oft wird Geld für unnütze Sachen ausgegeben. Im Grunde genommen werden auch nicht 30, 40, 50, 60, sogar 70 % gespart, sondern 70, 60, 50, 40, 30 % weniger ausgegeben. Statt tatsächlich für Vermögensaufbau und Altersvorsorge zu sparen, verringert sich die mögliche Summe durch jeden unnützen bzw. nicht unbedingt notwendigen Kauf. Was den Preis nicht nur bei Konsumgütern, sondern auch bei Aktien, Transferkosten bei Fußballstars, Honoraren von Schriftstellern, Künstlern, Rechtsanwaltskanzleien und prominenten Politikern in die Höhe treibt, sind Marke, Prominentenstatus und Bekanntheitsgrad.

Die Art und Weise, wie Kunden heute einkaufen und konsumieren, wird entscheidend vom demografischen und gesellschaftlichen Wandel bestimmt. Autos verlieren an Bedeutung, Handy, Smartphones und Internet sowie Telekommunikationsdienstleistungen nehmen stetig zu. Wichtig sind der Aufbau von Vertrauen und Authentizität. Ebenso geht es um die Neuerfindung, also die auf heutige Ansprüche zugeschnittene Gestaltung der Geschäfte, „physische Stores“ genannt.

Ganz oben auf der Trendliste der internationalen Experten steht ein KI-gesteuertes Marketing mit erkennbaren Alleinstellungsmerkmalen der Anbieter. Jochen Katz vom US-Konzern Salesforce berichtet: *„Die technologische Personalisierung über Künstliche Intelligenz kann ein starker Umsatztreiber sein.“* Hauptziel ist eine bessere, langfristige Kundenbindung durch höhere Kundenzufriedenheit. Im Einzelnen sollen die berufliche und private Selbstverwirklichung unterstützt werden. Ansprüche und Nutzungsverhalten ändern sich. Wichtig ist es, in Verkaufsgesprächen einen echten Dialog mit den Kunden anzustreben. Im Möbelbereich wird der Trend zu Gemütlichkeit und Wohlbefinden deutlich. Kuschelige Sofas, Sessel, Decken und Kissen laden zum Entspannen ein. Im Haushaltsbereich werden digitalisierte und vernetzte Produkte immer interessanter.

Die Übersicht zeigt das veränderte Konsumverhalten über den Zeitraum von einem Vierteljahrhundert. Das Auf- und Abwärts wichtiger Konsumbereiche sollten Sie auch für eine erfolgreiche Strategie im Konsumsektor mit einbeziehen.

Folgen des veränderten Konsumverhaltens 1991 bis 2015

Ausgaben wichtige Sektoren	Anteil 1991	Anteil 2000	Anteil 2015
Wohnen, Wasser, Strom, Heizen	24,0 %	30,3 %	32,5 %
Verkehr	15,7 %	13,9 %	12,9 %
Essen, Trinken alkoholfrei	14,5 %	10,3 %	9,7 %
Freizeit, Unterhaltung, Kultur	9,9 %	11,1 %	11,3 %
Bekleidung und Schuhe	7,7 %	5,5 %	4,5 %
Möbel, Leuchten, Geräte usw.	7,4 %	6,9 %	5,0 %
Hotel und Gasthäuser	5,8 %	4,7 %	4,7 %
sonstige Waren und Dienste	5,1 %	7,0 %	7,4 %
alkoholische Getränke, Tabak	4,5 %	3,7 %	3,8 %
Gesundheitsausgaben	3,0 %	3,5 %	4,6 %
Post, Telefon	1,8 %	2,5 %	2,7 %
Bildungswesen	0,5 %	0,7 %	0,9 %
Quelle: Statista/Handelsblatt-Grafik, 23. Februar 2019, Nr. 38, S. 32/33			

Entwickeln Sie beim Lesen der Kursliste Ihre eigene Anlagestrategie. Welche Firmen dürften im Hinblick auf die aktuellen Konsumtrends eine wichtige Rolle spielen? Was deckt sich mit Ihren Vorlieben? Sie untermauern Ihre Langzeitstrategie, indem Sie Aktien von Unternehmen bevorzugen, deren Produkte Sie nicht nur kennen, sondern auch mögen. **Warren Buffett** kann hier Ihr großes Vorbild sein.

Globale Aktienauswahl: Konsumgüter (Essen, Trinken, Genussmittel, Autoindustrie und Chemie in eigenen Kapiteln)

Aktie bzw. Unternehmen	WKN	Kurs 04.04.19	Hoch/Tief 1 Jahr in €	Kursverlauf 1, 3, 5 Jahre
Adidas	A1E WWW	222,85 €	224,0/178,2	+14/+115/+183 %
DAX: Sportschuhe, Fußbälle, Sportkleidung, Geräte, Zubehör, KGV 20, **Div. 1,7 %**				
Amazon	906 866	1.617,5 €	1.774/1.092	+44/+212/+567 %
Nasdaq: riesiger Onlinehandel weltweit: Bücher, Musik, DVD, KGV 49, **Div. 0,0 %**				
Apple	865 985	174,25 €	201,6/124,7	+29/+78/+210 %
Dow Jones/Nasdaq: globaler Hightechkonzern, Smartphones, KGV 13, **Div. 1,6 %**				
Beiersdorf	520 000	93,25 €	103,3/80,65	+3/+19/+31 %
DAX: Markenartikel Kosmetik wie Nivea, Eucerin, Klebebänder, KGV 25, **Div. 0,8 %**				
CeWe Stiftung	540 390	78,90 €	90,70/59,50	+1/+38/+34 %
SDAX: Fotobücher, Digitaldruck Schriftstücke kleinere Auflage, KGV 12, **Div. 2,8 %**				
eBay	916 529	33,80 €	35,20/22,60	+5/+62/+100 %
Nasdaq: globaler Internetauktionshandel für Konsumgüter, KGV 11, **Div. 0,0 %**				
Electronic Arts	878 372	73,65 €	128,9/69,30	-7/+56/+327 %
Nasdaq: Unterhaltungssoftware, Videospiele, Computergrafik, KGV 16, **Div. 0,0 %**				
Hermès Inter.	886 670	601,40 €	613,2/465,6	+23/+94/+147 %
STXE 600, FR: Design, Herstellung, Vermarktung Luxusgüter, KGV 33, **Div. 1,1 %**				
Home Depot	866 953	175,50 €	187,5/139,4	+25/+47/+147 %
Dow Jones: Baumarkt für Hand-/Heimwerker mit 2.300 Läden, KGV 17, **Div. 2,5 %**				
L'Oréal	853 888	240,80 €	241,2/182,3	+31/+54/+102 %
Euro Stoxx 50, FR: 32 globale Marken Kosmetik/Haarpflege, KGV 28, **Div. 1,8 %**				
LVMH	853 292	333,50 €	337,2/242,6	+31/+124/+162 %
Euro Stoxx 50, FR: Luxusgüter Spirituosen/Lederwaren/Uhren, KGV 19, **Div. 2,4 %**				
Nike	866 993	75,15 €	77,90/52,80	+42/+43/+178 %
Dow Jones: Sportausrüster Schuhe/Kleidung/Geräte/Zubehör, KGV 24, **Div. 1,1 %**				

Aktie bzw. Unternehmen	WKN	Kurs 04.04.19	Hoch/Tief 1 Jahr in €	Kursverlauf 1, 3, 5 Jahre
Nintendo	**864 009**	261,40 €	366,0/224,2	**-25/+119/+213 %**
Nikkei 225: Unterhaltungskonzern Spielkonsolen/Videospiele, KGV 15, **Div. 2,3 %**				
Procter & Gamble	**852 062**	92,55 €	93,25/58,75	**+46/+26/+58 %**
Dow Jones: Markenartikel für Körper-/Textil-/Haushaltspflege, KGV 19, **Div. 3,1 %**				
Reckitt-Benckiser	**A0M1W6**	75,15 €	79,75/61,80	**+8/-12/+31 %**
Stoxx 50, GB: Markenprodukte Gesundheit/Hygiene/Haushalt, KGV 18, **Div. 2,6 %**				
Samsung Electro.	**881 823**	734,00 €	825,4/585,0	**-4/+79/+101 %**
Südkorea: Unterhaltungselektronik, Fernsehgeräte, Handys, KGV 5,3, **Div. 4,1 %**				
Siemens	**723 610**	100,75 €	121,7/90,80	**-1/+10/+2 %**
DAX: Elektrotechnik/Automation, Schnellzüge, Küchengeräte, KGV 15, **Div. 3,7 %**				
Sony	**853 687**	37,30 €	52,85/36,40	**-3/+69/+175 %**
Nikkei: Konsolen/Navigationssysteme/Musikanlagen/Fernseher, KGV 12, **Div. 0,5 %**				
VARTA	**A0T GJ5**	41,50 €	43,25/19,00	**+109 %**/IPO
Prime Standard: Batterien Hörgeräte/Unterhaltungselektronik, KGV 20, **Div. 1,6 %**				
Walmart Stores	**860 853**	86,75 €	94,60/68,60	**+23/+43/+55 %**
Dow Jones: Mischkonzern Haushaltswaren und Autozubehör, KGV 20, **Div. 2,2 %**				
Walt Disney	**855 686**	100,50 €	105,8/79,40	**+26/+16/+68 %**
Dow Jones: Erlebnispark Disneyland, Riesenproduktauswahl, KGV 16, **Div. 1,5 %**				

Prognosen im Konsumgüterbereich sind immer problematisch

Die Konsumgüterindustrie profitiert vom längeren Leben, steigenden Ansprüchen und Flüchtlingszustrom. Es fällt schwer, verlässlich vorauszusagen, welche neuen Trends nur ein vorübergehender Modeschrei sind oder einen nachhaltigen Wandel der Verbrauchergewohnheiten und -vorlieben auslösen. Welche Produkte, Materialien, Werkstoffe, Formen und Farben, welche Dienstleistungen und welches Design erscheinen ausbau- und zukunftsfähig?

Niemals darf schönes Aussehen die Funktionalität beeinträchtigen, wie dies leider öfters bei Möbeln und Installationen in Hotels zu beobachten ist. Auch bei Büroeinrichtungen sollte das Design, der äußere Eindruck nie zu Lasten moderner Erkenntnisse der Arbeitswissenschaft (Ergonomie) gehen. Je nachdem, wie vorausschauend die Ansprüche und sich ändernde Bedürfnisse aufgegriffen werden, steigt oder sinkt das Wohlergehen der Firmen und bei börsennotierten Unternehmen die Kursentwicklung der Aktien und Aufnahme in Themenfonds.

Nur regelmäßige Marktbeobachtung und breite Depotstreuung helfen weiter. Dabei eignen sich für die Marktabdeckung im Konsumgüterbereich auch nationale und internationale ETFs und gute Branchenaktienfonds.

Ein Unternehmen, das nicht vom Tsunami Digitalisierung, Vernetzung, Cloud und Künstliche Intelligenz in den Abgrund geschleudert werden will, muss seinen Onlinemarkt auf Vordermann bringen. Die einzelnen Branchen entwickeln sich unterschiedlich. Im Möbelbereich wollen drei von vier Kunden die Möbel anschauen und ausprobieren, ob alles so ist wie gewünscht. Beim Preisvergleich ist oft der Internethandel siegreich. Bei Kleinmöbeln wird ohnehin gern direkt online bestellt, bei Kompletteinrichtung oft erst nach Ansicht im Geschäft. Für die Unternehmen stellt sich nicht die Frage, ob Digitalisierung, sondern wie rasch dies geschieht. Dabei wächst die Gefahr von Cyber- und Hackerkriminalität ständig. Alle paar Sekunden droht ein empfindlicher Schaden mit hohen Kosten weltweit.

Im Bullenmarkt zeigt die Kursentwicklung über einen Zeitraum von drei und fünf Jahren, wie lukrativ es sein kann, Gewinne anwachsen zu lassen. Dann empfiehlt es sich, zur Sicherheit und bei Kapitalbedarf nur einen Teil zu verkaufen und die **Hoch-/Tief-Mutstrategie** erfolgreich anzuwenden. Im Bärenmarkt steigen dagegen die Verluste von Unternehmen mit schlechten Kennzahlen an, sodass ein Komplettverkauf zu überlegen ist. Als Beispiel sei die schlechte Kursentwicklung von **Zalando** (MDAX) mit hohem Kursverlust im Ein-, Drei-, Fünfjahresvergleich aufgezeigt. Da kann nicht einmal die Dividende trösten, denn sie beträgt 0,0 %. Auch das hohe KGV von 56 ist alles andere als ermutigend. Ähnlich verhält es sich beim nicht berücksichtigten SDAX-Unternehmen für Tierbedarf **Zooplus.** Die Firma wächst zwar kräftig, ist aber tierisch hoch bewertet mit einem KGV von 190.

Der Onlineeinkauf boomt und damit auch der Paketversand

Mit im Internet bestellten Büchern fing alles an. Und Amazon entwickelte sich vom Buchhändler zu einer der weltweit innovativsten Firmen. Schnell gesellten sich Elektronik, Mode, Kleinmöbel, Schallplatten und Spielzeug hinzu. Auch heute noch floriert der Onlinehandel mit Büchern, Elektronik und Kleidung. Doch das größte Wachstumspotenzial verspricht der Handel mit Lebensmitteln und Spielzeug. Das in Berlin gestartete Segment Essen mit frischem Obst, Gemüse und Fleisch dürfte stark wachsen; denn der Anteil am Gesamtmarkt ist klein. Junge Firmen wittern Chancen durch den Börsengang, siehe **Delivery** und **Vapiano.**

Bücher werden gern im Netz eingekauft. Gegenüber Lebensmitteln bestehen Vorbehalte. Wo ist der Interneteinkauf am beliebtesten? Bücher 62 %, Unterhaltungselektronik 59 %, Bekleidung/Schuhe 42 %, Medikamente 32 %, Möbel und Dekoration 21 %, Heimwerker- und Gartenbedarf 15 %, Lebensmittel 7 %. Bis 2021 werden folgende Zuwachsraten erwartet: Lebensmittel 148 %, Sport 63 %, Möbel 77 %, Spielzeug/Kleinkindbedarf 75 %, Heimwerker-/Gartenbedarf 67 %.

Deutschland spart nicht beim Spielzeug sowie Hund und Katze

In der Konsumgüterindustrie spielen Kinderspielzeug, Sportartikel und Kinderkleidung eine bedeutende Rolle. Beim Nachwuchs wird ähnlich wie bei Hund und Katze kaum gespart. Die Statistik belegt: Rund ein Drittel aller Spielsachen wird ohne besonderen Anlass gekauft. Dabei mag das schlechte Gewissen, zu wenig Zeit für die Kids zu haben, ein Einflussfaktor sein. Das Internet schnappt dem stationären Fachhandel bereits jeden 2. Auftrag weg. Im globalen Spielesektor steigt das Marktvolumen für Cloud-Gaming-Dienste immer stärker. 2018 waren es 234 Mio. US-Dollar. 2023 dürften es bereits 1.500 Dollar sein. Smartphone-Spiele führten 2018 die Rangliste mit 56,4 Mrd. Dollar an, ein Plus von 29 % gegenüber 2017. Es folgten Konsolenspiele, PC-Spiele zum Kauf oder Download, Tablet-Spiele und PC-Browserspiele. Im Zuge der Industrie 4.0 wächst bei Passivität das Risiko, selbst als einstiger Marktführer im Abseits zu landen wie Eastman Kodak. Der große Konzern hielt zu lange am Gewohnten fest. Ähnlich erging es auch Nokia.

Im Konsumsektor entscheiden die Marken, ob, was und in welchem Ausmaß Güter weggehen wie warme Semmeln oder ein trostloses Ausharren in den letzten Ecken und Regalen als Ladenhüter verbringen. Die weltweit wertvollsten Marken 2018 waren mit einem Markenwert ab 50 Mrd. Dollar Google (302 Mrd. $) vor Apple (301), Amazon (208), Microsoft (201), Tencent (179), Facebook (162), Visa (146), McDonald's (126), Alibaba (113) und AT&T (107).

<table>
<tr><th colspan="5">Aktienfondsauswahl aus der Konsumgüterbranche</th></tr>
<tr><th>Name, Fonds-gesellschaft</th><th>WKN</th><th>Kurs 04.04.19</th><th>Hoch/Tief 1 Jahr in €</th><th>Kursentwicklung 1, 3, 5, 10 Jahre</th></tr>
<tr><td rowspan="2">Belfius Equities B Candriam</td><td>921 045</td><td>1.350,8 €</td><td>1.351/1.038</td><td>+17/+28/+73/+284 %</td></tr>
<tr><td colspan="4">Umfang 130 Mio. €, Alter 20 J., Ausgabeaufschlag 2,50 %, Geb. 1,50 %, thesaurierend. Mit dabei: Amazon, PepsiCo, Nestlé, P&G.</td></tr>
<tr><td rowspan="2">FF Fidelity Funds Global Consumer</td><td>A0N GWX</td><td>35,90 €</td><td>35,90/29,95</td><td>+16/+39/+85/+334 %</td></tr>
<tr><td colspan="4">Umfang 508 Mio. €, Alter 11 J., Ausgabeaufschlag 0,00 %, Geb. 0,80 %, thesaurier. Konsumtitel wie Amazon, Coca-Cola, LVMH.</td></tr>
<tr><td rowspan="2">NN (L) Prestige & Luxe P</td><td>664 641</td><td>957,30 €</td><td>1.011/768,5</td><td>+11/+51/+40/+339 %</td></tr>
<tr><td colspan="4">Umfang 123 Mio. €, Alter 19 J., Ausgabeaufschlag 3,0 %, Gebühr 1,50 %, thesaurierend. Anlage in Luxusgüteraktien. Bekannte Marken sind Estée Lauder, Richemont, Christian Dior, LVMH.</td></tr>
<tr><td rowspan="2">Robeco CG Growth Glob. Cons.</td><td>A0C A0W</td><td>231,60 €</td><td>231,8/168,3</td><td>+20/+59/+99/+509 %</td></tr>
<tr><td colspan="4">Umfang 469 Mio. €, Alter 19 Jahre, Ausgabeaufschlag 5,00 %, Gebühr 1,50 %, thesaurierend. Der Fonds orientiert sich an Zukunftstrends im Konsumgütersektor, wie Digitalisierung, Internet.</td></tr>
</table>

6.6 Essen und Trinken im Wandel: Wie ernähren wir uns künftig?

Immer neue Erfahrungen, Erkenntnisse, Empfehlungen und auch Trends bezüglich Essen/Trinken jetzt und in Zukunft

Elf Millionen Tonnen Lebensmittel, das sind rund 30 % der produzierten Lebensmittel, landen laut Bundeszentrum für Ernährung allein in Deutschland im Schnitt in den Müll. Dabei wären die meisten der weggeworfenen Lebensmittel noch genießbar, sei es, dass Kinder nicht alles aufessen, was auf dem Teller liegt, sei es, dass das Haltbarkeitsdatum gerade abgelaufen ist. Ein Großteil der Verschwendung findet in gastronomischen Betrieben statt. Übrig gebliebene Frischwaren, zubereitete Salate und Buffetreste dürfen deutschlandweit nicht an Tafeln weitergereicht werden. Das verstößt gegen die Hygienevorschriften.

Die Bundesregierung will ungesunde Kost nicht brandmarken, obgleich das Gegenteil medizinisch gerechtfertigt wäre. Wir brauchen uns ja nur die vielen Übergewichtigen und Fettsüchtigen anzuschauen. Immerhin sind zwei Drittel der Männer und gut die Hälfte der Frauen hierzulande übergewichtig, ein gutes Viertel sogar fettleibig. Da drohen Diabetes, Herz-Kreislauf-Störungen, Schlaganfall und Krebs. Im Gegensatz zu einigen anderen Ländern ist keine Zuckersteuer, kein Stempel oder keine Ampelstellung rot für Ungesundes geplant. Eine Kampfansage wie gegen das Rauchen findet nicht statt.

Interessant erscheint, dass selbst bei Essen und Trinken der Onlineeinkauf binnen zwei Jahren weltweit um 15 % gestiegen ist. Der Weltmarktführer bei den Internethändlern Amazon mischt bei frischen Lebensmitteln bereits kräftig mit. Was die Verpackung anbelangt, sollte man überall darauf verzichten, wo dies möglich ist, z. B. Äpfel, Birnen, Bananen, Gurken, große Strauch- und Fleischtomaten. PET-Verpackungen sollen mithelfen, das Kunststoffproblem in den Griff zu bekommen. Aber auch jeder einzelne Verbraucher kann hier seinen Beitrag leisten.

Bis 2050 wird die Weltbevölkerung auf schätzungsweise 9,6 Milliarden Bewohner wachsen. Damit kommen auf die Nahrungsmittelindustrie gewaltige Herausforderungen zu. Für Unternehmen eröffnen sich große Chancen, wenn sie preiswerte, in großer Menge verfügbare Alternativen für gesunde Ernährung in Zukunft aufzeigen. Die neuen Produkte müssen schmecken und dürfen keinen Ekel erregen. Die proteinhaltigen Würmer und Larven sind so zu verarbeiten, dass sie appetitlich aussehen und man es zumindest mal probiert. Experimentelle Küchen bieten z. B. Heuschreckensalat und Grillspaghetti an. Immer öfter erscheinen auf der Speisekarte Insektengerichte. Laktose und glutenfreie Produkte sind teurer und vorteilhaft, wenn jemand Milchzucker oder Gluten aus Getreide nicht verträgt.

Ich gebe zu, davon noch nichts probiert zu haben – vor allem mangels Gelegenheit. Möglicherweise erwächst hier Konkurrenz zur vegetarischen und veganen Ernährung, also dem Geschäft mit Fleischersatz. Ob man nun aber auch seinen Hund fleischfrei ernähren muss, da gehen doch die Meinungen stark auseinander.

Essen und Trinken als Glaubensfrage mit Blick auf Tierwohl

- **Bezüglich Geldanlage kann niemand längerfristige Sieger- und Erfolgsaktien bei den Nahrungsmittelkonzernen vorhersagen: Es helfen nur breite Streuung, Marktbeobachtung, Blick auf wichtige Kennzahlen und eine verlässliche, möglichst hohe und steigende Dividende.**

2010 bevölkerten 6,92 Mrd. Menschen unsere Erde. 2020 werden es vermutlich 7,72 Mrd. sein. 2060 rechnen wir mit knapp 10 Mrd. Erdbewohnern. Jeder von ihnen hat Hunger und Durst, will essen, trinken und satt werden. Die Ackerflächen sind begrenzt. Unmengen von Getreide wandern wegen des Fleischbedarfs in Tiermägen oder dienen als Rohstoff für technische Produkte. Berge von Nahrungsmitteln enden auf Mülldeponien.

Lassen sich diese Probleme lösen? Neben strikter Familienplanung bzw. Geburtenverringerung insbesondere in Afrika sollten wir weniger Fleisch essen, nicht so viel Brauchbares wegwerfen und mehr alternative Lebensmittel essen. Dazu können aufbereitete Algen, vielleicht auch Insekten und andere Fleischersatzprodukte gehören. Not und Überfluss halten sich nicht die Waage. Weltweit hungern knapp 800 Mio. Menschen. Demgegenüber stehen rund um den Globus 2,1 Mrd. Übergewichtige. Den größten Anteil an fettleibigen bzw. adipösen Menschen, nämlich jeder Dritte, verzeichnet Amerika. Danach folgt Mexiko. Hier helfen nur gesundheitsbewusste Ernährung, Maß halten und genügend Bewegung.

Was heute auf den Teller kommt, hängt von Gewohnheiten, Überzeugungen und Vorlieben ab. Kochbücher und Vorführungen von Sternekochs auch im Fernsehen boomen. Ausgaben für Küchen steigen, ohne dass zuhause mehr gekocht wird. Gefragt sind vor allem regionale Bioprodukte. In der Europäischen Union zahlen die Polen im Schnitt am wenigsten für Grundnahrungsmittel, die Dänen dagegen am meisten. Deutschland bewegt sich im Mittelfeld und verhält sich extrem preisbewusst. Die Supermarktketten üben großen Preisdruck aus.

Vegetarier und Veganer leben nicht unbedingt gesünder. Es ist eher eine Frage von Umweltbewusstsein und Tierliebe bzw. eine Kampfansage gegen die Massentierhaltung. Wer ein- bis zweimal wöchentlich etwas Fleisch isst, viel Obst, Gemüse und Salat verspeist, mit Fett, Zucker und Salz sparsam umgeht, macht gesundheitlich nichts falsch. Er sollte auf Lebensmittelvielfalt achten, sich Zeit lassen, genussvoll ohne Hast und Hetze essen und trinken.

Aktienauswahl Nahrungsmittelfirmen Essen/Trinken/Genuss				
Aktien/ Unternehmen	**WKN**	**Kurs 04.04.19**	**Hoch/Tief 1 Jahr in €**	**Kursverlauf 1, 3, 5 Jahre**
Barry Callebaut	**914 661**	1.639,0 €	1.756/1.339 €	**+4/+70/+71 %**
Schweiz: hochwertige Schokolade und Kakaoerzeugnisse, KGV 22, **Div. 1,6 %**				
Carlsberg	**861 061**	**112,85 €**	**112,9**/91,50 €	**+16/+31/+52 %**
Dänemark, OMX: große Brauereigruppe/über 500 Biermarken, KGV 19, **Div. 2,7 %**				
Coca-Cola	**850 663**	43,55 €	45,00/34,05	**+9/+17/+26 %**
Dow Jones: einer der weltweit größten Softdrinkproduzenten, KGV 19, **Div. 3,3 %**				
Danone Group	**851 194**	68,30 €	69,40/59,85 €	**+6/+11/+34 %**
Euro Stoxx 50: Milchprodukte/Getränke/Gebäck/Babynahrung, KGV 16, **Div. 3,3 %**				
Diageo	**851 247**	36,50 €	36,90/27,40 €	**+32/+50/+33 %**
Stoxx 50, GB: Anbieter von Spirituosen bekannter Marken, KGV 22, **Div. 2,4 %**				
EMMI	**798 263**	**809,50 €**	**809,5**/579,0 €	**+21/+67/+208 %**
CH: Milchverarbeitung, Schweizer Käse/Frischkäseprodukte, KGV 20, **Div. 1,1 %**				
Heineken	**A0C A0G**	**95,55 €**	**95,55**/74,45 €	**+11 %**/keine Ang.
Euro Stoxx 50, NL: 160 Brauereien, 70 Länder, 250 Marken, KGV 18, **Div. 2,1 %**				
Humana	**856 584**	234,55 €	308,8/227,6 €	**+3/+45/+188 %**
S&P 500: Gesundheitsnahrung für Babys, Kranke, Senioren, KGV 17, **Div. 0,7 %**				
Lindt & Sprüngli	**870 503**	6.075,0 €	6.415/4.956 €	**+23/+11/+73 %**
Schweiz: hochwertige Schokolade/Pralinen, keine Aktiensplits, KGV 29, **Div. 1,5 %**				
McDonald's	**856 958**	169,45 €	170,7/127,3 €	**+29/+50/+136 %**
Dow Jones: Marktführer: Fast Food/Spezialangebote/Menüs, KGV 22, **Div. 4,1 %**				
Nestlé	**A0Q 4DC**	84,70 €	85,60/62,35	**+34/+31/+54 %**
Stoxx 50, CH: Nahrungsmittel Mensch/Tier, Pharmaprodukte, KGV 20, **Div. 3,1 %**				
PepsiCo	**851 995**	108,25 €	109,8/80,90	**+24/+20/+82 %**
S&P 500: Getränke, Nahrungsmittel, Snacks, Reis, Nudeln, KGV 19, **Div. 3,3 %**				
Procter & Gamble	**852 062**	91,75 €	93,10/58,75	**+11/+20/+42 %**
Dow Jones: Gesundheits-/Baby-/Textil- und Haushaltspflege, KGV 21, **Div. 3,1 %**				
Unilever	**A0J MZB**	37,90 €	42,75/28,80	**+46/+26/+58 %**
Euro Stoxx 50, NL: Markenartikel Ernährung, Körperpflege, KGV 19, **Div. 3,3 %**				

Da Essen und Trinken auch eine Frage des Lebensstils ist und immer mehr Firmen den Werte-, Demografie- und Bedürfniswandel erkennen, kommen ständig neue Nahrungsmittel auf den Markt – für Jung und Alt. Es lässt sich nicht voraussagen, welche Unternehmen künftig das Rennen machen. Ein breit gestreutes Depot, Börsenwissen und Marktbeobachtung sind wichtig, um erfolgreich anzulegen und große Fehler zu vermeiden. Was heute bei bestimmten Gruppen Mode ist wie der Verzicht auf alles Tierische, muss morgen nicht das Maß aller Dinge sein. Ist es bloße Geschäftemacherei, Essgewohnheiten von Steinzeitmenschen nachzuahmen, deren Lebenserwartung nicht halb so hoch war wie heute?

Anlegervorbild Warren Buffett ist 87 Jahre alt, aktiv und engagiert wie eh und je. Er steht als Symbol für langfristige Aktienanlagen mit unterbewerteten Value-Titeln, deren Geschäftsmodell jeder versteht. Seinen Konzern will er auch mit Nahrungsmittelbeteiligungen für die nächsten Jahrzehnte zukunftsträchtig positionieren. *„Kaufen und für immer behalten“* lautet das Leitmotto für seinen ultralangen Zeithorizont, von dem er im letzten halben Jahrhundert nur selten abwich.

Algen und Insekten: Nährstoffquelle für Proteine und Fettsäuren

Ist es für Sie vorstellbar, sich mit tiefgekühltem Insektenburger oder Algensalat aus dem Onlineversand zu ernähren? Eine Studie des **Nestlé Zukunftsforums** ist zuversichtlich. Algen und Insekten in veränderter und nicht mehr erkennbarer Form verbinden Genuss und Ressourcenschonung. Sie bilden ideale Grundstoffe für Fertigprodukte, z. B. an Fruchtschnitten erinnernde Riegel für den kleinen Hunger. Insekten wie Grillen werden zu feinstem Mehl zermahlen. Wer es nicht weiß, denkt eher an Getreide und Beigabe von Mandeln, Nüssen, Pflaumen, Aprikosen und anderen Früchten. Freilich steht die „Grillenrevolution“ erst am Anfang. Seien wir gespannt, was wir im Kampf gegen den Hunger in der Welt noch alles erleben!

Massentierhaltung – eine traurige Tatsache gegen Nutztierwohl: Ein einheitliches Tierwohl-Label soll mehr Klarheit schaffen

Endlich tut sich etwas in den Supermärkten. Das neue Siegel kennzeichnet Fleisch aus tiergerechter Haltung. Seit April 2019 gibt es die vierstufige „Haltungsform“. Die Kennzeichnung ist nicht verpflichtend, sondern freiwillig. Sie will Landwirte daran erinnern, Nutztiere artgerecht zu halten und Verbraucher ermuntern, beim Kauf ans Tierwohl zu denken und für Fleisch etwas mehr zu bezahlen.

Rot: Stallhaltung Blau: Stallhaltung plus Gelb: Außenklima Grün: Premium

Die Massentierhaltung allein in Deutschland betrifft 159 Mio. Geflügel, 27 Mio. Schweine und 12 Mio. Rinder. Die Nutztiere werden auf Hochleistung gezüchtet und nicht überall artgerecht gehalten. Das Übermaß an Antibiotika sorgt für resistente Keime, die auch das Leben der Menschen bedrohen.

6.7 Gold, Silber, Platin, Palladium zur Sicherheit?

Ob als Ausdruck von Lebensfreude, Liebe und Zuneigung, aus Sammlerleidenschaft oder zum Vermögensaufbau und zur Sicherung des Wohlstands im Lebensherbst: Edelmetalle beeinflussen unser Denken und Handeln, bedeuten Lohn und Brot für Arbeitnehmer, sorgen für Wertschöpfung in etlichen Branchen, wobei Silber als Industriemetall eine wichtige Rolle spielt. Gold, Silber und Platin sind knappe Edelmetalle mit begrenzten Reserven. Sie inspirieren zu neuen Kreationen, sei es in Kunst und Kultur, im Geldanlagesektor oder in der Industrie. Es wäre fatal, diesen Markt auszublenden, wenn es mal abwärts geht.

- **Mythus Gold: Zehren politisches Chaos, Kriegsgefahr, Seuchenausbruch, Strafzins und wankende Banken das Vertrauen auf, so schlägt die Stunde der Krisenwährungen Gold und Silber.**

Stürzen die Börsen plötzlich in den Keller, wie beim unerwarteten Brexit Ende Juni 2016 oder dem überraschenden Wahlsieg Donald Trumps in den ersten Morgenstunden, so schnellt der Goldpreis sogleich aufwärts. Bei konjunktureller Unsicherheit, bei scharfer Korrektur und Crash ist dies mehr als nur ein Ausgleichsfaktor. Gold wirkt wie eine Versicherung gegen die vielfältigen Risiken des Finanzsystems. Sicherheitsbewusste Anleger greifen zu Barren und Münzen. Wer erfolgsorientiert oder risikofreudig investiert, interessiert sich auch für Minenaktien, die gelegentlich in Sprintermanier nach oben stürmen, sowie für Goldfonds und ETFs. 100 % Kursgewinn in 6 Monaten oder einem Jahr waren zeitweilig möglich. Freilich erfolgte früher oder später eine kräftige Korrektur. Die optimistische Erwartung, dass der Goldpreis schon bis Ende 2016 auf 1.400 bis 1.500 Dollar pro Feinunze steigen würde, traf nicht ein. Am 4. April 2019 kostete eine Feinunze Gold von 31,1 Gramm lediglich 1.293 Dollar bzw. 1.152 Euro.

Warum Edelmetalle? Schwankungen: Ja! Totalverlust: Nein!

Bis zur Jahrtausendwende tat sich auf dem Edelmetallmarkt nicht sehr viel. Doch jenseits aller Kursschwankungen bietet Gold seit Beginn der industriellen Revolution bzw. 400 Jahren die einzigartige Chance, sein Vermögen langfristig zu bewahren und meist auch zu vermehren. Zwar wird auch hier manch einer seine Wunden lecken, wenn er zu teuer eingekauft hat und nun erlebt, dass die Kurse sinken. Aber ein Totalverlust ist nie zu befürchten, sofern Sie selbst geduldig ausharren. Mag es auch bei Aktien heißen: Reißleine ziehen – Verluste begrenzen! Voraussichtlich werden Sie wieder steigende Preise erleben. Dies geschieht vor allem im Aktiencrash. Sinken die Aktienkurse dramatisch, steigt physisches Edelmetall – ein die Nerven beruhigender Ausgleichsfaktor. Mit Gold kann man nicht zocken wie mit so mancher mittelständischen Neuemission.

Klammern wir die Angsthasen aus, sind niedrige Leitzinssätze Feinde von Sparbuch und Staatsanleihen, eher eine Triebfeder für Gold und Silber, angereichert mit hochkarätigen Diamanten bei großer Vermögensdecke. Sparzinsen unter 1 % decken nicht einmal die Inflationsrate ab. Gold ist mehrwertsteuerfrei, wenngleich nicht sicher ist, ob der Finanzminister auf der Suche nach neuen Einnahmequellen dies dauerhaft duldet. 2008 sahen die Analysten von BCA Research den fairen Goldwert bei 900 US-Dollar je Feinunze. Drei Jahre später stand eine Eins vor der Neun, mehr als eine Verdoppelung.

Gold leicht im Aufwärtstrend – auch wegen des polternden und unberechenbaren US-Präsidenten Donald Trump

- **Die meisten Privatleute wollen physisches Metall statt Goldfonds und kaufen gern Barren in den Größen 50 und 100 Gramm, was vernünftig ist. Bei Münzen liegen Krügerrand, Maple Leaf und australisches Känguru vorn.**

Es geht nicht nur um Gold, sondern ebenso um Silber. Was sagt Ihnen das Sprichwort: „*Schweigen ist Gold – Reden ist Silber.*"? Der Sinn ist zu hinterfragen. Auch Silber hat Charme, dient als Kapitalanlage, erfreut als Schmuck und ist ein wichtiges Industriemetall. Der Silberpreis boomt nur bei anziehender Konjunktur. Er entwickelt sich bei Wirtschaftswachstum stärker, bei einer Rezession schwächer als der Goldpreis. Silber, „**Allroundtalent des kleinen Mannes**" genannt, kommt in der Erdkruste 24-mal öfter als Gold und Platin vor und ist bezüglich des chemischen Aufbaus mit Gold und Kupfer verwandt. Ein Viertel der Produktion stammt aus Silberminen. Zwei Drittel sind Nebenprodukte beim Abbau von Kupfer, Blei und Zink. Altsilber ist wieder verwertbar. Hier werden alljährlich 5.000 Tonnen gewonnen. Im April 2017 kostete die Feinunze Silber 17,50 €. Jetzt, ein Jahr später, liegt der Preis nur noch bei 13,50 €.

Die Preisentwicklung von Platin wird insbesondere vom Auf- und Abschwung in der Fahrzeugindustrie geprägt. Davon hängt es ab, ob Platin oder Gold teurer ist. Meist notiert Platin höher als Gold, aber nicht immer. Momentan, im Frühjahr 2019, kostet Gold deutlich mehr als Platin. Die Rangliste wird jedoch von Palladium angeführt. Platin wird bevorzugt für Katalysatoren bei Dieselmotoren gebraucht. Palladium ist ein unentbehrlicher Rohstoff für Abgaskatalysatoren bei Benzinern. Der Preis befindet sich im Höhenflug. Sinkt der Automobilabsatz um eine Million Fahrzeuge, verringert sich die Platinnachfrage um 2 bis 3 %.

Worauf zu achten ist: Was sollten Sie bevorzugt kaufen?

Mit Blick auf Konjunktur und Leitzinssätze sollten Sie zu günstigen Preisen bei Edelmetall zugreifen, seien es Barren und Münzen oder niedrig bewertete chancenreiche Minenaktien, aktiv gemanagte Aktienfonds und ETFs.

- Interessant sind **Barren** unterschiedlicher Gewichtsklassen, ab 50 Gramm bis zu einem Kilogramm.
- Wer Sammlerblut in seinen Adern verspürt, für den sind **Anlagemünzen** eine interessante Alternative. Ich denke an bekannte Münzen wie Maple Leaf, Wiener Philharmoniker, Krügerrand, Kookaburra, American Eagle, Pandabär.
- **Minenaktien** sind geschütztes Sondervermögen. Bei **„Seniors"**, den größeren Titeln, erhalten Sie eher Nachrichten als über die oft unbekannten **„Juniors"**.

Die Edelmetallwelt ist so alt wie unsere Erde

Denken Sie an den Mythos Gold, die antiken Kriegszüge und Eroberungen mit dem Beuteziel Gold, an das nimmermüde Streben von Alchimisten bis ins späte Mittelalter, dem Geheimnis von Gold auf die Spur zu kommen. Vergegenwärtigen Sie sich mit Ihrer Fantasie die alten Kulturen der Inkas und Azteken in Lateinamerika. Mit Verzicht auf Spitzfindigkeiten sollen Sie sich zurechtfinden bei den wichtigen Produkten. Wählen Sie jene Anlageformen aus, die zu Ihnen passen wie ein maßgeschneidertes Kleidungsstück, das Sie gern anziehen, weil Sie sich wohlfühlen.

Ohne Edelmetalle wäre unsere Welt arm

Ständig haben Sie es mit Metallen zu tun, mag Ihnen dies auch nicht immer bewusst sein. Dies gilt für die Industrie- und Buntmetalle Kupfer, Blei, Zink, Zinn, Aluminium und Nickel sowie Nebenmetalle. Dazu zählen Quecksilber, Chrom, Kobalt, Magnesium, Titan. Denken Sie an Ihre Arbeits- und Unterhaltungselektronik, Beleuchtung und Heizkörper, Haushaltsmaschinen, Herd und Kochutensilien. Sind Sie auf Prothetik angewiesen, sind Metalllegierungen mit Platin unverzichtbare Bestandteile von hochwertigen Implantaten, um fit und mobil zu bleiben.

Die Gruppe der Edelmetalle im Überblick

Gold: Berggold und Seifen- bzw. Waschgold, Vorkommen in reiner Form oder in Verbindung mit anderen Substanzen; **Nachfrage:** Schmuck, Kapitalanlage, Zahnindustrie. **Goldbarren und Goldanlagemünzen sind mehrwertsteuerfrei.**

Silber: Das am stärksten gebrauchte, aus dem Erdboden (Silbererzminen) geholte Edelmetall, Vorkommen zusammen mit anderen Substanzen; **Nachfrage:** Schmuck, Medizin, Industriebereich, Geldanlage. **Für Silbermünzen gilt seit 2014 der volle Steuersatz von 19 %.**

Platingruppe: Iridium, Osmium, Palladium, Platin, Rhodium, Ruthenium; **Nachfrage:** hauptsächlich Industriesektor, z. B. Platin und Palladium in Autokatalysatoren, aber auch als Kapitalanlage. **Für Platin und Palladium wird der volle Steuersatz von 19 % erhoben.**

Edelmetalle sind viel mehr als nur Luxus für die Schönen und Reichen: Gold als Währungsreserve der Notenbanken, Gold als Schmuck, Gold im Mund, Gold als Barren, Gold als Bestandteil von Münzen und Medaillen, Gold als Verzierung auf feinem Porzellan und in edlen Bauwerken! Und wie viel Gold erblicken Sie in einer Kirche! Auch Silber ist mehr als nur ein Schmuckgegenstand und Bestandteil der Geldanlage. Der industrielle Einsatz ist beachtlich. Denken Sie an die Medizintechnik und die Elektroindustrie. Platin ist als wertvoller Schmuck begehrt, aber ebenso wie das Schwestermetall Palladium unentbehrlich für die Herstellung von Autokatalysatoren. Platin und Palladium werden gebraucht in der Medizintechnik, Chemie-, Werkstoff- und Autoindustrie.

Steckbrief Gold: Es gibt wohl keinen Rohstoff, der so stark fasziniert und an dem sich so viele Mythen ranken wie Gold. Dieses weiche, glänzende, gelbe, schwere, formbare Edelmetall hat einen Schmelzpunkt bei 1.063 Grad Celsius. Gold kommt in Minen und fließenden Gewässern als Körner und Nuggets vor. Ein Gramm Gold lässt sich zu einem Blatt von einem Quadratmeter ausdehnen, das Goldmaß von einer Unze zu einem 56 Kilometer langen Faden ziehen. Gold ist wegen begrenzten Vorkommens, vielseitiger Verwendung und monetärer Bedeutung weltweit begehrt. Gold ist ein guter Leiter für Hitze und Strom. Es dient den Notenbanken als Währungsreserve und gilt als Angstwährung bei Crashgefahr. Gold ist als Schmuck beliebt und bei indischen Hochzeiten ein Ansehensfaktor.

Steckbrief Silber: Dieses Edelmetall wird vor allem industriell eingesetzt und ist auch als Finanzinstrument gefragt. Die wichtigsten Silbervorkommen liegen in Peru, Bolivien, Mexiko, USA und Kanada. Silber fällt als Nebenprodukt bei der Blei- und Kupferherstellung an, wird zu Schmuck und für die Tischkultur verarbeitet, in der Lebensmitteltechnik, Elektrotechnik und Elektronik, Pharmazie, Medizin, Medizintechnik und Optik genutzt. Bei Münzen und Medaillen steigt die Nachfrage. Mit dem Siegeszug der Digitalfotografie gehen die Aufträge in der Fotobranche extrem zurück. Dies gilt auch für Tafelsilber, wegen des Anlaufens und Konkurrenz durch Cromagarn kaum mehr hergestellt. Das weiß glänzende Silber reflektiert über 99,5 % des sichtbaren Lichts und besitzt die beste elektrische Leitfähigkeit aller Metalle. Es ist so dehnbar, dass sich 1 g zum 2 km langen Faden ziehen lässt.

Steckbrief Platin: Das silberweiß glänzende Schwermetall Platin ist dehnbar, biegsam, geschmeidig, temperaturbeständig und widerstandsfähig gegenüber Wasser, Luft und bestimmten Säuren. Es verfügt über einen hohen Siedepunkt und eine ausgezeichnete elektrische Leitfähigkeit. Aus einem Gramm Platin lässt sich ein feiner Draht von fast zwei Kilometern Länge ziehen. Da sich Platin mit lebendem Gewebe gut verträgt, dient es zur Herstellung von Herzschrittmachern. Platinlegierungen werden für Schmuck, Fahrzeugkatalysatoren, Laborgeräte, Zahnimplantate, Schreibfedern, Kontakt- und Magnetwerkstoffe, den chemischen Apparatebau und als physische Geldanlage in Form von Barren und Münzen verwendet.

Die passende Edelmetallanlage für jeden Privatanleger

Beschreibung	Einsteiger	Kompetenter Anleger
konservativ bis chancen-orientiert	Übergewichtung von Barren und Anlagemünzen (im Crash höhere Preise); physisch hinterlegter Edelmetall-ETC	physische Edelmetalle als Barren und Anlagemünzen; Gold- und Silber-ETC; Discount- und Bonuszertifikate
risiko-bewusst bis spekulativ	**Für Einsteiger zusätzlich:** Leicht verständliche Anlagezertifikate: Discount und Bonus; breit gestreute Bergbau-/Minenaktien und Wandelanleihen. **Hände weg** von Optionsscheinen, Hebelzertifikaten bzw. Knock-out-Produkten und Futures-Kontrakten.	**Für Könner zusätzlich:** Bergbau- und Edelmetall-Einzelaktien; unterschiedliche Edelmetall-Anlagezertifikate, Edelmetall-Themenfonds und ETC. Bei guter Marktkenntnis auch Hebelzertifikate (Long und Short) sowie Edelmetall-Futures-Kontrakte.

Allgemeine Anmerkungen im Umgang mit Edelmetall:

Schmuck ist keine lukrative Geldanlage mit Gewinnchancen, Schmuck ist Ausdruck von Lebensgefühl, Liebe und Zuneigung.

„Breit gestreut – nie bereut" bezieht sich auf Finanzinstrumente, Märkte und den Zeitpunkt. Dies gilt uneingeschränkt auch für den Kauf von Gold-, Silber-, Platinbarren und Anlagemünzen sowie Einzelaktien, Edelmetall-ETC und Themenfonds.

Physisches Edelmetall eignet sich als Krisenanlage zur Absicherung bei Börsenturbulenzen. Am Crashtag, 17.09.2008, stieg Gold pro Feinunze bis zum nächsten Morgen um über 100 US-Dollar. Plötzlich notierte Platin unter Gold.

Den Rohstoffen und knapper werdenden Edelmetallen gehört die Zukunft. Denken Sie an China, Indien, Dubai, Katarrh, an Wachstums- und Schwellenländer in Ostasien, Osteuropa, Südafrika und Lateinamerika. Mit dem Lebensstandard steigen die Ansprüche. Die industriellen Anwendungen für Edelmetalle erhöhen sich parallel zum Begehren zahlloser Menschen nach wertbeständigem Schmuck und Gold, Silber, Platin als Geldanlage für Vermögensaufbau und Altersvorsorge. Mittel- und längerfristig dürften die Preise für Edelmetall steigen und sich ein Investment lohnen – sei es als Barren und Anlagemünzen, als physisch unterlegter ETC, Goldminenfonds oder Edelmetallminen-Einzelaktien. Bei scharfer Korrektur und Crash, 2008/2009 ausgelöst durch die weltweite Finanzkrise, verstärkt sich der Wunsch nach einem „sicheren Hafen", wie ihn Gold, Silber, Platin physisch bieten. Edelmetalle wirken bei angespannter Marktlage beruhigend. Erholsamer Schlaf und gute Nerven statt Magenschmerzen und schlafloser Nächte!

Bei nervösem Börsenklima: Edelmetallbarren ins Depot

Das erste Metallgeld in Barrenform gab es vor 2.000 Jahren. Als Vorläufer von Metallmünzen wurden Barren schon damals als Zahlungsmittel eingesetzt. Antike Barren waren anders geformt als die heutigen. Früher wurde das flüssige Metall direkt vom Hochofen in Sandformen geleitet, wo es dann erstarrte. Die heutige praktische Barrenform – bei über einem Kilogramm Gewicht „Handelsbarren" genannt – erlaubt das Lagern in großen Mengen. Die Produktion dient für Anlagezwecke und zur Währungsregulation, jedoch nicht mehr als offizielles Zahlungsmittel. Die Feinheit muss hoch sein, bei Gold und Platin mindestens 995 und Silber 999. Der Produzent prägt Logo und Herstellungsnummer auf den Barren. Je mehr er wiegt, umso geringer ist prozentual der Preisaufschlag. Er liegt dann nahe am Metallwert. So gesehen, sind Barren günstiger als Münzen. Dennoch sollten Sie sich nicht den größten Goldbarren zulegen. Kleinere Barren ermöglichen Teilverkäufe, um flexibel zu reagieren.

Ein Edelmetallbarren geht nicht pleite. Die physische Anlage dient vorrangig dem Werterhalt und ist weniger auf Rendite ausgerichtet. Je stärker der Dollar bzw. schwächer der Euro, umso höher ist der in Dollar berechnete Feinunzenpreis. Ihre Gold- und Platinbarren können Sie im Bankschließfach oder eigenen Tresor lagern. Bei Silber ist dies schwierig. Wo wollen Sie einen Zentner Silber sicher aufbewahren? Experten empfehlen, 5 bis 10 % in physisches Edelmetall anzulegen und eventuell weiteres Geld in Minenaktien, Edelmetallfonds und ETC zu investieren. Gold-, Silber- und Platinbarren können Sie bei Ihrer Hausbank erwerben, ebenso bei darauf spezialisierten, vertrauenswürdigen Edelmetallhändlern.

Anlagemünzen aus Edelmetall als Alternative zu Barren

Die ersten als Zahlungsmittel dienenden Münzen wurden vor mehr als 2.000 Jahren geprägt. Es gibt noch alte römische Münzen, die vielleicht sogar Kaiser Cäsar angefasst hat. Kann eine Geldanlage spannender und interessanter sein als mit Münzen aus Gold, Silber und Platin? Die noch nicht ausgestandene Überschuldungskrise treibt Investoren in Edelmetallanlagen.

Anlagemünzen aus Gold. **Mark Skousen,** Herausgeber Forecasts & Strategies schreibt: *„Gold ist die ultimative Absicherung gegen Krisen und Inflationen. Man kann sich nicht von Papiergeldkapital abhängig machen, das einen während einer Panik schützen soll. Rohstoffe sind die einzige Garantie, um in schlechten Zeiten als Versicherungspolice zu dienen."* Wer über genügend Kapital verfügt, wählt sicherlich Gold-, Silber- und Platinbarren in vernünftiger Größe. Hier ist der Aufschlag auf den reinen Metallwert am geringsten. Wer Sammlerblut in seinen Adern verspürt und Gefallen an kunstvoll geprägten Münzen in „polierter Platte" (Proof) findet, wird gern einige Sammlerexemplare erwerben. **Anlagemünzen** sind eigentlich in Münzform geprägte Goldbarren. Sie heißen deshalb **Bullionmünzen.**

Anlagemünzen aus Silber. Das preiswerte Edelmetall hat eine hohe industrielle Bedeutung, wird zu Schmuck verarbeitet, in der Lebensmittel- und Elektrotechnik, Elektronik, Pharmazie, Medizin, Medizintechnik und Optik eingesetzt. Das Angebot (Minenproduktion, Recycling, Banken) ist rückläufig. Bei höherem Kapitaleinsatz sollten Sie an die Lagerung denken. Wo wollen Sie einen Zentner Silber – nicht immer teurer als 1 kg Gold – aufbewahren und vor Diebstahl schützen? Da ist es besser, auf Gold- und Platinbarren auszuweichen.

Anlagemünzen aus Platin. Spanier entdeckten das Edelmetall bei der Goldwäsche und nannten es in Unkenntnis der vielfältigen Verwendungsmöglichkeiten abfällig Platina. Platin ist für die Anlage in Barren und Münzen, als Schmuck und Industriemetall begehrt und bei gleichem Gewicht derzeit deutlich billiger als Gold. Es fällt der volle Mehrwertsteuersatz an. Das Münzenangebot ist überschaubar. Beliebt und in verschiedenen Größen erhältlich sind der australische Koala, ein putzig aussehender Beutelbär mit wechselnden Motiven, der chinesische Panda und das stolze „Wikingerschiff" von der Insel Man. Platinmünzen werden in geringerer Auflage geprägt und sind gegenüber Goldversionen eher rar.

Was spricht für Gold-, Silber- und Platinmünzen?

Die emotionale Bindung verhindert unüberlegte Blitzverkäufe in Notlagen bzw. wenn die Kurse fallen. Hinzu gesellen sich folgende weitere Vorteile:

- Anlagemöglichkeiten für den großen und kleinen Geldbeutel
- Verbindung von Geldanlage mit Sammlerfreude und bildendem Hobby
- „sicherer Hafen" und Ausgleichsfaktor in schwierigen Börsenzeiten
- stabile Wertentwicklung bei hoher Inflationsrate
- Erweiterung des geistigen Horizonts, Kontakte mit Gleichgesinnten

Welche Nachteile und Gefahren lauern bei Münzen?

- ausufernde Sammelleidenschaft – vom Hobby zur Sucht
- Vernachlässigung anderer Anlageformen
- Währungsrisiko (schwacher Dollar); keine Verzinsung des Kapitals
- Aufbewahrungsprobleme, eventuell Diebstahl

Wichtige Angaben zu Edelmetall-Anlagemünzen

Goldmünzen	Silbermünzen	Platinmünzen
keine Mehrwertsteuer	19 % Mehrwertsteuer	19 % Mehrwertsteuer
verschiedene Größen	verschiedene Größen	verschiedene Größen
derzeit am teuersten	momentan preiswert	jetzt billiger als Gold
Münzenhändler/Banken	Münzenhändler/Banken	Münzenhändler

Abbildungen einiger bekannter Silber-Bullionmünzen

Quellennachweis: www.bullionweb.de, silbermuenze/china-panda, silbermuenze/kookaburra, silbermuenze/silber-philhamoniker

Als seriös gelten Degussa Goldhandel, GoldSilberShop und Philoro Edelmetalle.

Weltweite Auswahl von Bergbau-/Edelmetallminen-Aktien

Aktie Unternehmen	WKN	Kurs am 05.04.19	Hoch/Tief 52 Wochen	Entwicklung: 1, 3, 5 Jahre
Agnico-Eagle	860 325	38,60 €	41,10/27,90 €	+9/+17/+69 %
Anglo American	A0M UKL	25,20 €	25,50/16,15 €	+31/+255/+28 %
Barrick Gold	870 450	12,05 €	12,90/8,25 €	+16/-1/-14 %
BHP Group Billit.	850 524	24,95 €	25,50/17,50 €	+41/126/-2 %
Gold Fields	862 484	3,35 €	3,90 €/1,95 €	+8/+5/+17 %
Lundin Gold	A12 GZU	3,50 €	3,95 €/2,80 €	+12/+11/+54 %
Newcrest Mining	873 365	15,50 €	16,45/11,35 €	+22/+31/+125 %
Newmont Mining	853 823	32,20 €	34,20/25,40 €	+1/+39/+79 %
Norilsk Nickel	A14 0M9	19,75 €	20,05/11,90 €	+30/+81/+26 %
Pretium Resourc.	A1H 4B5	7,75 €	8,20 €/5,25 €	+33/+52/+66 %
Rio Tinto PLC	852 147	54,45 €	55,10/39,20 €	+29/+114/+30 %
Rio Tinto LTD	855 018	63,35 €	63,85/43,00 €	+37/+113/+48 %
Vale	A0R N7M	12,00 €	13,90/9,65 €	+18/+234/+14 %
ETC Edelmetall	A0N 62H	89,15 €	93,70/74,15 €	+15/+21/+20 %
ETC Gold	A0N 62G	109,75 €	113,3/96,90 €	+5/+6/+19 %
ETC Silber	A0N 62F	12,80 €	14,10/11,40 €	+1/+1/-10 %
ETC Platin	A0N 62D	88,60 €	101,8/77,15 €	+7/-4/-26 %
ETC Palladium	A0N 62E	70,55 €	72,75/44,85 €	+62+150/+106 %
XETRA Gold ETC	A0S 9GB	36,95 €	40,00/32,55 €	+6/+7/+22 %

Edelmetallaktienfonds: Bergwerke/Minen (05.04.2019)

Fonds	WKN	Kurs	Hoch/Tief	Entwicklung
SafePort Gold & Silber Mining Fund	A0J D2N	81,45 €	91,45/70,85 €	+1/+26/+34/+-0 %
	Umfang 8 Mio. €, Alter 14 J., Ausgabeaufschlag **6,5 %,** Gebühr **1,5 %,** thesaurierend. Edelmetall fördern/bearbeiten/vermarkten.			
Stabilitas Silber+Weiß-metalle P	A0K FA1	30,65 €	32,10/22,75 €	+15/+36/+18/-20 %
	Umfang 73 Mio. €, Alter 13 J., Ausgabeaufschlag **5,0 %,** Gebühr **2,5 %,** thesaurierend. Keinere und mittlere Edelmetallwerte.			
Tocqueville Gold P	A1C 4YR	111,8 €	118,7/91,65 €	+2/-3/-6/+11 %
	Umfang 40 Mio. €, Alter 11 Jahre, Ausgabeaufschlag **3,5 %,** Gebühr **1,99 %,** thesaurierend. Der Fonds legt 70 % der Aktien in Abbau/Verarbeitung von Gold und anderem Edelmetall an.			

Fazit: Die Stärken von Gold zusammengerafft

- **Die Notenbanken bleiben dem Gold treu.** Sie halten einen Großteil der Währungsreserven in Edelmetall. Langfristig bleibt die Kaufkraft erhalten.
- **Goldvermögen bietet Sicherheit.** Ein Goldanteil von 5 % bis 10 % sorgt längerfristig für einen gewissen Ausgleich bei scharfer Korrektur und im Crash.
- **Gold ist vor allem für Asiaten ein Teil ihrer Kultur und Tradition.** Goldschmuck als Ausdruck von Lebensfreude, Zuneigung und Prestige. Hierzulande gilt Gold als eine Art Angstmetall bei starker Inflation und Crashgefahr.
- **In Zeiten niedriger Verzinsung ist Gold beliebt.** Bei niedrigen Leitzinssätzen gewinnt Gold an Attraktivität, führt doch das Sparkonto bei Zinsniveau nahe null und steigender Inflationsrate zu einer schleichenden Kapitalvernichtung.
- **Aktienmuffel bevorzugen Gold in Form von Barren und Münzen.** Bei den meisten deutschen Privatanlegern ist die Risikoscheu gegenüber Aktien so stark ausgeprägt, dass gern in physisches Gold investiert wird.

Fazit: Die Schwächen von Gold zusammengerafft

- **Gold ist nicht verlässlich das beste Geld.** Bis 1971 war die Weltwährung Dollar an den Goldstandard gebunden. US-Präsident Richard Nixon beendete damals die Einlösepflicht Dollar gegen Gold.
- **Gold ist das schönste, aber nicht immer das wertvollste Edelmetall.** Ob Gold über oder unter dem Platinpreis notiert, hängt von der Konjunktur ab. Ein Großteil wird in Südafrika gefördert.
- **Goldschmuck bewirkt Lebensfreude, ist aber keine Wertanlage.** Die Kosten für die handwerkliche Arbeit bleiben beim Verkauf oft unberücksichtigt.
- **Barren und Münzen sind im Preis stabiler als Goldwertpapiere.** Bei Barren und Münzen stellt sich die Frage nach Aufbewahrung und Schutz vor Diebstahl. Bankschließfächer sind teuer. Sie erschweren die spontane Verfügbarkeit.
- **Goldminenaktien sind keine sichere Geldanlage.** Es gilt, günstige Kaufpreise zu nutzen. Langfristig bieten sich als Alternative Aktien- und Indexfonds an.
- **Die Goldförderung wird schwieriger und kostspieliger.** Die Minen produzieren in immer größeren Tiefen. Die Rendite sinkt bei höheren Lohnkosten.
- **Gold ist möglicherweise ein Objekt für Spekulanten.** Ist Gold als ETC eine Schuldverschreibung, steigt das Risiko bei Emittentenpleite. Da es keine Dividende gibt, speist sich die Hoffnung allein aus höheren Kursen.
- **Goldmissbrauch durch Essen/Trinken und Schnickschnack.** Sterneköche versuchen, mit Gold ihre Kreation aufzuwerten: Sekt mit Goldflocken, Trüffel und Torte mit Goldblättchen. Selbst in der Tiermode ist Edelmetall zu sichten.

6.8 Neues und Interessantes aus der Finanzwelt

Die Finanzbrache durch Nullzinspolitik und Strafzins gebeutelt

Selbst bei Nullzinspolitik erzielen innovative Finanzdienstleister Gewinne, wenn sie Industrie 4.0, Internet der Dinge, Vernetzung und Digitalisierung gekonnt umsetzen und mit neuartigen Geschäftsmodellen Alleinstellungsmerkmale aufbauen. Da das klassische Lebensversicherungsgeschäft wegbricht, sorgen Policen gegen Cyberkriminalität und Umweltschäden bei höherer Gewalt für Ausgleich. Aktionen gegen Hackerangriffe verursachen Investitionskosten. Die Anforderungen an Datenschutz und Datensicherheit steigen. Exzesse wie Nummern statt Namen auf den Klingelschildern von Miethäusern sorgen für Verdruss.

Das frühere Zugpferd Kapitallebensversicherung ist nicht mehr attraktiv. Der **Zukunftsmarkt heißt Versicherungen gegen Datenkriminalität.** Nur wer mit zukunftsfähigen Geschäftsmodellen Kunden bei Laune hält, kann überleben. Ein warnendes Beispiel, wie schnell man im Abwärtssog versinken kann, war die Pleite der US-Großbank **Lehman Brothers,** Hauptauslöser der Weltwirtschaftskrise 2008/09. Die Rückversicherer sehen Silberstreifen an der Preisfront. Im Zeitalter digitaler und vernetzter Industrie wittern die Versicherer Einnahmen in Milliardenhöhe durch teure Policen gegen Cyberattacken. Die US-Notenbank FED und die Europäische Zentralbank EZB bestimmen den geldpolitischen Kurs. Mit dem Sparkonto schrumpft das Vermögen.

Viele Firmen sind gegen folgende Risiken zu wenig vorbereitet: Cyberangriff 29 %, Störung im Betriebsablauf 18 %, Naturkatastrophen 16 %, politische Unruhen 7 %, Terrorismus 6 %. Groß ist die Angst vor Stillstand infolge Cyberangriff. Befürchtet werden: Betriebsstilllegung, Softwareschäden, Verlust von Kundendaten und geistigem Eigentum, finanzieller Schaden durch Betrug, Haftung, Erpressung.

Die deutschen Indizes enthalten etliche Finanztitel, sodass sich alternativ ein ETF anbietet. Die Geldinstitute leiden noch unter früheren Verwerfungen mit toxischen Kreditderivaten und weggefallenen Guthabenzinsen. Die Assekuranz kann Kapitallebensversicherungen kaum mehr schmackhaft machen. Sich häufende Naturkatastrophen durch Klimawandel schmälern Gewinne. Ob nach dem Bankenkurseinbruch schon der beste Einstiegszeitpunkt hinter uns liegt, weiß niemand. Aufmerksamkeit und gewissen Auftrieb erzielt der deutsche Bankensektor durch den möglichen Zusammenschluss der Deutschen Bank mit der Commerzbank. Ob aber zwei „Fußkranke" einen Gesunden bilden, mag dahingestellt bleiben.

Die digitale Transformation im Bankenwesen als Chance nutzen. Ein Zitat von Axel A. Weber, Verwaltungsratspräsident der UBS Group AG: *„Vermögensverwaltungskunden erwarten in der digitalen Welt einen einfachen und raschen Zugang zu Informationen und Unterstützung beim Navigieren von Komplexität."*

Beste deutsche Finanzaktien aus DAX, MDAX und SDAX

Aktie, Unternehmen	WKN	Kurs am 10.04.19	Hoch/Tief 1 Jahr	Kursverlauf 1, 3, 5 Jahre
Allianz (DAX)	**840 400**	206,65 €	207,3/170,1	**+10/+48/+69 %**
Versicherer, Finanzdienstleister, Vermögensverwalter weltweit, **KGV 9,8, Div. 4,8 %**				
Aareal Bank (MDAX)	**540 811**	28,50 €	43,00/25,85	**-28/-3/-10 %**
strukturierte Immobilien-Finanzdienstleistungen mit Beratung, **KGV 9,0, Div. 8,2 %**				
Corestate C. (SDAX)	**A14 1J3**	37,60 €	50,00/28,20	**-19 %**/IPO
voll integrierte Immobilienplattform Investmentmanagement, **KGV 5,0, Div. 8,0 %**				
Dt. Pfandbrief (MDAX)	**801 900**	11,95 €	13,90/8,30	**-11/+27 %**/IPO
Immobilienfinanzierung, öffentlicher Wohnungsbau/Infrastruktur, **KGV 10, Div. 7,5 %**				
Hann. Rück. (MDAX)	**840 221**	130,30 €	132,9/105,2	**+14/+29/+99 %**
Rückversicherung, alle Schäden, Prämienvolumen 13,8 Mrd. €, **KGV 9,8, Div. 2,9 %**				
Hypoport (SDAX)	**549 336**	179,40 €	204,6/137,6	**+28/+212/+1.909 %**
Kreditplattform, Finanzdienste & Finanztechnologie (FinTech), **KGV 28, Div. 0,0 %**				
Munich Re (DAX)	**843 002**	214,50 €	218,4/174,9	**+11/+22/+34 %**
Weltmarktführer Rückversicherung Leben/Kranken/Unfall usw., **KGV 10, Div. 4,6 %**				
Talanx (SDAX)	**TLX 100**	29,65 €	37,55/29,35	**-2/+21/+33 %**
Mehrmarkenanbieter Versicherungen/Finanzdienstleistungen, **KGV 8,5, Div. 4,4 %**				
Wirecard (DAX)	**747 206**	107,20 €	199,0/86,00	**+6/+216/+257 %**
elektronische Zahlungs- und Risikomanagementlösungen, **KGV 17, Div. 0,3 %**				

Zwei ETFs aus dem internationalen Finanzdienstesektor

Name, Fondsgesellschaft	WKN	Kurs 10.04.10	Hoch/Tief 52 Wochen	Kursentwicklung 1, 3, 5, 10 Jahre
ComStage Stoxx Europe 600 Financial	**ETF 066**	105,85 €	114,2/89,00 €	**-1/+29/+60/+212 %**
	Umfang 7 Mio. €, Alter 11 Jahre, Verwaltungsgebühr **0,25 %**, ausschüttend. Dieser ETF spiegelt die Wertentwicklung vom Referenzindex Stoxx Europe 600 Financial Services wider.			
iShares S&P 500 Financials Sector UCITS	**A14 2NY**	6,20 €	6,45 €/5,30 €	**+7/+58 %**
	Umfang 760 Mio. €, Alter 3 Jahre, Verwaltungsgebühr **0,15 %**, thesaurierend. Der ETF bildet die Wertentwicklung im Finanzdienstleistungssektor vom Index S&P 500 Financial Service ab.			

Aktienfonds Finanzdienste: Banken und Versicherungen				
Name, Fonds-Gesellschaft	**WKN**	**Kurs 09.04.19**	**Hoch/Tief 52 Wochen**	**Kursentwicklung 1, 3, 5, 10 Jahre**
BG BlackRock Global World Financials	A1J 4QB	25,50 €	27,60/22,70 €	+11/+19/+74 %
	Umfang 1,74 Mrd. €, Alter 6 Jahre, Ausgabeaufschlag **5,00 %,** Gebühr **0,75 %,** thesaurierend. Der Fonds investiert weltweit über 70 % in Finanzdienstleistungsaktien, vor allem Großbanken.			
The Jupiter Global Financ. L EUR ACC	A0K EM3	15,50 €	15,90/12,75 €	+8/+11/+59/+102 %
	Umfang 89 Mio. €, Alter 12 Jahre, Ausgabeaufschlag **5,00 %,** Gebühr **1,50 %,** thesaurierend. Der Fonds investiert in Finanzaktien, wie Citigroup, Dt. Börse, Prudential, MasterCard und VISA.			
Robeco Capit. Growth New World Financ.	A0C A0S	71,00 €	71,15/58,15 €	+7/+53/+60/+247 %
	Umfang 848 Mio. €, Alter 21 Jahre, Ausgabeaufschlag **5,00 %,** Gebühr **1,50 %,** thesaurierend. Der Fonds investiert weltweit in Aktien gut aufgestellter Finanzfirmen unterschiedlicher Größe.			
RT VIF Versicherung International	603 225	128,30 €	128,30/107,1	+11/+40/+69/+215 %
	Umfang 53 Mio. €, Alter 20 Jahre, Ausgabeaufschlag **4,00 %,** Gebühr **1,50 %,** ausschüttend. Um überdurchschnittlichen Kapitalzuwachs zu erzielen, investiert der Fonds mit höherem Risiko.			

Aufstieg der Fintechs: Start-ups wirbeln den Bankenmarkt auf

Die innovativen Fintechs schaffen hierzulande den Markteintritt mit Ideen, auf die alteingesessene Geldinstitute längst hätten kommen sollen. Es geht um kostenlose Girokonten, Überweisungen per Klick und praktische Apps. Das Angebot wendet sich an Privat-, vor allem aber an Geschäftskunden. In diesen schwierigen Bankzeiten, geprägt von der Nullzinspolitik, verspüren aber auch die neuen Anbieter den steigenden Kostendruck. Übernahmen und Fusionen dürften eine immer größere Rolle spielen, um als kleines Geldhaus nicht überrollt zu werden. Weiterhin wird viel Geld für bahnbrechende Neuerungen ausgegeben. Die großen deutschen Banken investieren zu 41 % in Fintechs bzw. arbeiten zu 35 % mit ihnen partnerschaftlich zusammen. 2012 gab es in Deutschland gerade mal 114 Fintechs. 2017 waren es 310. Sie haben ihren Geschäftssitz meist in Berlin, Frankfurt, München, Hamburg und Köln, betreiben zu 42 % Dienstleistungsgeschäfte für Firmenkunden und sind zu 40 % auf das Endkundengeschäft spezialisiert.

Wo liegen die Stärken der Fintechs und moderner Geldhäuser?

- **Auslandsgeschäft:** rasche, preiswerte Geldtransfers auch in Fremdwährung
- **Bezahlvorgänge:** bequemes, einfaches und schnelles Bezahlen mit E-Mail und Passwort statt PIN, TAN oder Unterschrift

- **Kontoführung:** sehr günstige oder kostenlose Konten und Kreditkarten, die sich mit Apps steuern lassen
- **Umgang mit unbezahlten Rechnungen:** bei Zahlungsverzug die Rechnung übernehmen und Schulden per App eintreiben
- **Überweisungen:** Geld anweisen mit SMS oder Klick ins Telefonbuch ohne zeitraubenden Aufwand mit der 22-stelligen IBAN
- **Geld abheben und einzahlen:** elektronisch im Laden vor Ort, Gaststätten usw.
- **Kapitalanlage:** auf Social-Trading-Plattformen ohne hohe Verwaltungsgebühren z. B. die Anlagestrategien erfolgreicher Profis kopieren
- **Wegweiser für bargeldloses Bezahlen:** schrittweiser Übergang mit dem Ziel, Bargeld in Deutschland abzuschaffen wie teilweise schon in Skandinavien

Problem preiswerte Kredite: Einerseits bekommen Sparer für angelegtes Geld kaum mehr Zinsen. Andererseits sind die Kreditzinsen extrem niedrig. So lassen sich größere Anschaffungen und Immobilien leichter finanzieren. Damit steigt aber auch die Versuchung, übertrieben zu konsumieren und Abzahlungsgeschäfte zu tätigen, die bei steigender Verschulung nicht mehr zu begleichen sind.

Der deutsche Fintech-Markt boomt mit dem Smartphone-Fintech N26, ein „Einhorn" mit Börsenwert über 1 Mrd. €. Laut Umfrage 2019 können sich 34 % der Erwachsenen Smartphone-Konten vorstellen. Die Hälfte verneint dies. Der Rest legt sich mit 16 % Anteil nicht fest. Junge Leute sind durch den globalen Wandel und den ständigen Umgang mit modernen Medien verständlicherweise aufgeschlossener als Senioren, von denen etliche nicht internetkundig sind.

Immer häufiger ziehen die Roboter mit Digitalisierung und Künstlicher Intelligenz auch ins deutsche Finanzwesen ein

Die Robo-Advisors gelten als die Zukunft der Kapitalanlage. Bereits im vergangenen Jahr 2018 verwalteten die Computerfinanzprogramme rund um den Globus über eine halbe Billion US-Dollar. Dieser Betrag dürfte in den nächsten Jahren weiter wachsen. In Amerika wird 2019 ein Robo-Anlagevolumen von 750 Mrd. US-Dollar erwartet. In China sind es geschätzte 179 Mrd. Dollar, Großbritannien 15 Mrd., Deutschland nur 8 Mrd. und Kanada bescheidene 5 Mrd. Dollar. Hauptzielgruppe bilden insbesondere junge, gut ausgebildete und digital interessierte Investoren. Viele Amerikaner vertrauen der Automatisierung. Für Deutschland gilt dies nur bedingt. Hierzulande bestehen Vorbehalte gegen die Finanzroboter.

Da stellt sich schon die Frage: Warum sollen Algorithmen insgesamt erfolgreicher sein als irrational handelnde Menschen, nachdem die Börse ja selbst emotional reagiert und psychologische Faktoren hier eine große Rolle spielen? Man muss ja nur die Kursschwankungen an wenigen Tagen hintereinander betrachten.

Begriffserklärung: Der Fachausdruck Robo wird nicht einheitlich erklärt und unterschiedlich genutzt. Ein reiner Robo-Advisor setzt bei seinen Finanzdienstleistungen ausschließlich auf automatisierte Prozesse und investiert in aller Regel nur in die Indexfonds ETFs. Andere Robo-Advisors arbeiten als Vermögensverwalter und bieten ihre Anlageprozesse über digitale Plattformen an. Hier gelangt das Anlagekapital nicht nur in passiv gemanagte ETFs, sondern auch in aktive Aktienfonds und in Einzeltitel. Sogenannte Hybrids kombinieren bezüglich ihrer Anlageprodukte Mensch und Maschine.

Die laufenden Kosten bewegen sich im Allgemeinen zwischen 0,9 % und 2,1 %. Am deutschen Markt schnitten im Jahr 2018 **Fintego** und **Werthstein** mit der Gesamtnote „sehr gut" am besten ab. Schlusslichter waren nur mit „ausreichend" **Bevestor** und **Cominvest.**

Der europäische Finanzmarkt mit seinen Geldhäusern steckt mitten im Umbruch. In vielen Ländern sinkt die Zahl der Finanzinstitute. Das Filialsterben und damit der Stellenabbau setzen sich fort, insbesondere dann, wenn sich die Deutsche Bank und Commerzbank zusammenschließen.

Europas Direktbanken befinden sich auf dem Vormarsch. Sie betreiben im Allgemeinen keine eigenen Filialnetze und können mit kostenlosen Girokonten, Kreditkarten, niedrigen Transaktionskosten bei Wertpapieren und Verzicht auf Depotgebühren neue Kunden anlocken. 2017 gab es in Deutschland bereits 17 Millionen Direktbankkunden. Interessant ist, dass die russische **Sberbank** mit 151 Millionen die weltweit höchste Kundenzahl hat.

Finanz-, Bank- und Versicherungsaktien: USA und Europa				
Aktie, Unternehmen	**WKN**	**Kurs am 10.04.19**	**Hoch/Tief 52 Wochen**	**Kursverlauf 1, 3, 5 Jahre**
AFLAC	**853 081**	44,05 €	44,95/33,55 €	**+22/+54/+92 %**
S&P 500: Kranken-/Lebensversicherung, 50 Mio. Kunden, KGV 10, **Div. 2,6 %**				
American Express	**850 226**	97,50 €	101,9/73,90 €	**+28/+85/+55 %**
Dow Jones: Anbieter Kreditkarten, Finanz- & Reisedienst, KGV 11, **Div. 1,8 %**				
AXA	**855 705**	23,20 €	23,95/18,45 €	**+5/+15/+25 %**
Euro Stoxx 50, FR: Versicherungen und Finanzdienste, KGV 6,9, €, **Div. 6,8 %**				
Báloise Holding	**853 020**	150,10 €	151,8/118,1 €	**+21/+36/+66 %**
SMI, Schweiz: Versicherungen, integrierte Finanzdienste, KGV 10, **Div. 4,6 %**				

<table>
<tr><th>Aktie, Unter-nehmen</th><th>WKN</th><th>Kurs am 10.04.19</th><th>Hoch/Tief 52 Wochen</th><th>Kursverlauf 1, 3, 5 Jahre</th></tr>
<tr><td>Bank of America</td><td>858 388</td><td>25,70 €</td><td>27,50/20,80 €</td><td>+4/+127/+116 %</td></tr>
<tr><td colspan="5">S&P 500: Bankholding, viele Finanzprodukte, Finanzdienste, KGV 8, Div. 3,0 %</td></tr>
<tr><td>BlackRock</td><td>928 193</td><td>391,45 €</td><td>470,0/323,5 €</td><td>-8/+34/+78 %</td></tr>
<tr><td colspan="5">S&P 500: Weltmarktführer Vermögensverwaltung/Beratung, KGV 13, Div. 3,6 %</td></tr>
<tr><td>Citigroup</td><td>A1H 92V</td><td>58,10 €</td><td>64,30/45,00 €</td><td>+1/+60/+72 %</td></tr>
<tr><td colspan="5">S&P 500: Finanzdienste/Anlageprodukte, großes Filialnetz, KGV 6,5, Div. 4,0 %</td></tr>
<tr><td>Erste Group BNK</td><td>909 943</td><td>34,40 €</td><td>41,10/27,35 €</td><td>-14/+41/+39 %</td></tr>
<tr><td colspan="5">STXE 600, Austria: größter Finanzdienstleister östliche EU, KGV 8,0, Div. 5,5 %</td></tr>
<tr><td>Goldman Sachs</td><td>920 332</td><td>180,00 €</td><td>213,0/140,0 €</td><td>-14/+34/+56 %</td></tr>
<tr><td colspan="5">Dow Jones: weltweit führendes Investment- und Effektenhaus, KGV 6,7, Div. 1,9 %</td></tr>
<tr><td>HSBC Holdings</td><td>923 893</td><td>7,65 €</td><td>8,60 €/6,65 €</td><td>2/+44/+1 %</td></tr>
<tr><td colspan="5">Stoxx 50, GB: Großbank, Finanzdienstleister, Investmentfonds, KGV 10, Div. 6,3 %</td></tr>
<tr><td>JP Morgan Cha.</td><td>850 628</td><td>93,30 €</td><td>102,0/82,50 €</td><td>+3/+83/+119 %</td></tr>
<tr><td colspan="5">Dow Jones: weltweite Investmentbank/Vermögensverwaltung, KGV 10, Div. 3,2 %</td></tr>
<tr><td>Mastercard</td><td>A0F 602</td><td>211,00 €</td><td>215,1/138,5 €</td><td>+49/+154/+303 %</td></tr>
<tr><td colspan="5">S&P 500: führende amerikanische Kreditkartenorganisation, KGV 23, Div. 0,6 %</td></tr>
<tr><td>Morgan Stanley</td><td>885 836</td><td>39,50 €</td><td>46,75/33,80 €</td><td>-10/+88/+83 %</td></tr>
<tr><td colspan="5">S&P 500: international tätiges Investment- und Analysehaus, KGV 7,2, Div. 3,5 %</td></tr>
<tr><td>PayPal</td><td>A14 R7U</td><td>95,45 €</td><td>95,45/58,90 €</td><td>+54/+184 %</td></tr>
<tr><td colspan="5">Nasdaq 100: Onlinebezahlsystem, 165 Mio. Benutzerkonten, KGV 27, Div. 2,3 %</td></tr>
<tr><td>Travelers</td><td>A0M LX4</td><td>119,10 €</td><td>122,5/100,5 €</td><td>+8/+19/+96 %</td></tr>
<tr><td colspan="5">Dow Jones: Erst-/Rückversicherer, Sach-/Haftpflicht/Unfall, KGV 10, Div. 2,6 %</td></tr>
<tr><td>UBS Group</td><td>A12 DFH</td><td>11,10 €</td><td>14,45/10,35 €</td><td>-21/-17/-30 %</td></tr>
<tr><td colspan="5">Stoxx 50, Schweiz: Investmentbanking/Vermögensverwaltung, KGV 8,3, Div. 5,7 %</td></tr>
<tr><td>Wells Fargo</td><td>857 949</td><td>42,55 €</td><td>51,05/39,80 €</td><td>+-0/+3/+21 %</td></tr>
<tr><td colspan="5">S&P 500: Hypothek/Leasing/Aktienhandel/Vermögensberatung, KGV 8, Div. 1,6 %</td></tr>
<tr><td>VISA</td><td>A0N C7B</td><td>140,75 €</td><td>141,8/96,30 €</td><td>+43/+104/+278 %</td></tr>
<tr><td colspan="5">Dow Jones: Kreditkarten, bargeldloses digitales Bezahlsystem, KGV 13, Div. 2,3 %</td></tr>
<tr><td>Zurich Insurance</td><td>579 919</td><td>280,70 €</td><td>300,4/248,1 €</td><td>+11/+53/+35 %</td></tr>
<tr><td colspan="5">Stoxx 50, CH: Versicherung/Vorsorge/Vermögensaufbau, KGV 10, Div. 6,7 %</td></tr>
</table>

6.9 Sechs Aktienmusterdepots: Zukunftsmärkte

Musterdepot ➊: „Hohe Dividende und faire Bewertung“.
Aktien für Erfolgsorientierte: DAX, TecDAX, MDAX, SDAX

15 Aktien/ Unternehmen	WKN	Kurs am 05.04.19	Hoch/Tief 1 Jahr in €	Kursverlauf 1, 3, 5 Jahre
Allianz	**840 400**	206,60 €	207,3/170,1	**+10/+52/+70 %**
DAX, **KGV 9,9,** Eigenkapitalquote 12,1 %, Dividende 10,00 €, **Divid.-Rendite 4,8 %**				
BASF	**BAS F11**	69,45 €	90,00/57,35	**-17/+10/-12 %**
DAX, **KGV 11,** Eigenkapitalquote 41,7 %, Dividende 3,40 €, **Divid.-Rendite 5,0 %**				
BMW	**519 000**	73,80 €	93,90/67,75	**-16/-1/-19 %**
DAX, **KGV 6,7,** Eigenkapitalquote 27,8 %, Dividende 4,0 €, **Divid.-Rendite 5,7 %**				
Daimler	**710 000**	63,35 €	73,25/50,85	**-19/-11/-19 %**
DAX, **KGV 7,0,** Eigenkapitalquote 23,5 %, Dividende 3,50 €, **Divid.-Rendite 6,2 %**				
Munich Re	**843 002**	216,00 €	218,4/174,9	**+12/+25/+36 %**
DAX, **KGV 10,5,** Eigenkapitalquote 9,8 %, Dividende 10,00 €, **Divid.-Rendite 4,5 %**				
1 & 1 Drillisch	**554 550**	34,10 €	65,10730,85	**-38/-2/+30 %**
TecDAX, **KGV 11,** Eigenkapitalquote 81,6 %, Dividende 2,20 €, **Div.-Rend. 6,1 %**				
Freenet	**A0Z 2ZZ**	20,05 €	27,10/16,10	**-29/-22/-21 %**
TecDAX, **KGV 10,** Eigenkapitalquote 27,6 %, Dividende 1,75 €, **Div.-Rend. 8,6 %**				
Siltronic	**WAF 300**	87,75 €	154,0/64,80	**-37/+477 %**
TecDAX, **KGV 7,7,** Eigenkapitalquote 50 %, Dividende 5,40 €, **Div.-Rendite 6,1 %**				
Aroundtown	**A2D W8Z**	7,25 €	7,90 €/6,25 €	**+14/+65 %**/IPO
MDAX, **KGV 9,6,** Eigenkapitalquote 52,2 %, Dividende 0,35 €, **Div.-Rendite 4,0 %**				
Dt. Pfandbrief	**801 900**	11,15 €	13,90/8,30 €	**-12/+27 %**/IPO
MDAX, **KGV 10,** Eigenkapitalquote 5,7 %, Dividende 0,80 €, **Div.-Rendite 7,4 %**				
Hannover Rück	**840 221**	131,70 €	132,9/105,2	**+17/+33/+105 %**
MDAX, **KGV 12,** Eigenkapitalquote 14,8 %, Dividende 5,75 €, **Divid.-Rendite 4,3 %**				
Amadeus	**509 310**	101,60 €	105,2/78,50	**+6/+56/+60 %**
SDAX, **KGV 19,** Eigenkapitalquote 48 %, Dividende 5,00 €, **Divid.-Rendite 4,6 %**				
Corestate Capital	**A14 1J3**	38,15 €	49,85/27,95	**-16 %**/IPO
SDAX, **KGV 5,5,** Eigenkapitalquote 44,7 %, Dividende 2,90 €, **Divid.-Rendite 7,3 %**				
Hamborner Reit	**601 300**	15,30 €	16,65/9,95 €	**+1/+2/+23 %**
SDAX, **KGV 13,** Eigenkapitalquote 44,0 %, Dividende 0,50 €, **Divid.-Rendite 5,1 %**				

Musterdepot ❷: „Zukunftsmärkte". Deutsche Aktien
Biotech, Internet, IT/Software/Cloud, Künstliche Intelligenz

Aktien/ Unternehmen	WKN	Kurs am 05.04.19	Hoch/Tief 1 Jahr €	Kursverlauf % 1, 3, 5, 10 Jahre
Basler	510 200	152,50 €	199,0/118,4	-7/+220/+317 %
führender Anbieter digitaler Industriekameras mit Lösungen Qualitätssicherung				
Bechtle	515 870	85,55 €	90,40/62,00	+31/+91/+175/+1350
TecDAX, Softwaresystemhaus mit Cloud-Computing, zahlreiche Beteiligungen				
Cancom	541 910	42,75 €	52,55/27,35	-2/+104/+154/+4667%
TecDAX, Full-Service-Angebot mit IT-Komplettlösungen/IT-Infrastruktur, Beratung				
Carl Zeiss Med.	531 370	73,95 €	84,10/51,15	+43/+158/+252/+640 %
TecDAX, Produkte/Systeme für Augenheilkunde, Neuro- und HNO-Chirurgie				
CompuGroup	543 730	55,85 €	56,20/37,80	+32/+52/+192/+1.198%
TecDAX, Medizinsoftware Ärzte/Kliniken/Forschungsinstitute Diagnose/Therapie				
Evotec	566 480	25,15 €	35,40/12,10	+67/+700/+543/+3229
TecDAX, Wirkstoffforschung Neurologie, industrialisierte Technologieplattform				
Hypoport	549 336	182,80 €	205,5/137,0	+31/+207/+1559/+2590
SDAX, Onlinefinanzdienste Immobilien: Finanzierung/Bausparen/Internetkredit				
Isra Vision	548 810	36,85 €	61,30/22,25	+14/+206/+273/+2979
TecDAX, Oberflächeninspektionssysteme, Bildverarbeitungsprogramme				
Nemetschek	645 290	153,30 €	156,3/89,80	+14/+59/+66/+911 %
TecDAX, Software Architektur/Statik/Bauwesen, gesamte Wertschöpfungskette				
SAP	716 460	102,00 €	108,5/83,70	+18/+49/+74/+269 %
DAX, branchenbezogene Unternehmenssoftwarelösungen Geschäftsprozesse				
Sartorius Vz	716 563	158,40 €	162,6/103,6	+35/+182/+532/+8440
TecDAX, Biopharmazeuticprodukte, Labor-/Prozesstechnologie Biotech/Pharma				
United Internet	508 903	35,30 €	58,50/30,30	-30/-19/+-0/+453 %
TecDAX, zahlreiche Anwendungen und Applikationen, Marken GMX, WEB.de				
VARTA	A0T GJ5	40,90 €	43,25/20,20	+102 %/IPO
SDAX, Mikrobatterien Hörgeräte, aufladbare Lithiumbatterien Unterhaltungssektor				
Wirecard	747 206	110,95 €	199,0/86,00	+12/+235/+283/+1902
DAX, elektronische Zahlungssysteme, Risikomanagement, Zahlungsausfälle				
XING	XNG 888	333,50 €	334,5/223,0	+36/+100/+214/+975%
TecDAX, soziales berufliches Netzwerk, Kontakte/Vermittlung, 9 Mio. Mitglieder				

Musterdepot ❸ „Nasdaq 100 und S&P 500" chancenreich mit Spitzenfirmen aus der Technologiebörse USA				
Aktien Firma	**WKN A0A E1X**	**Kurs am 05.04.19**	**Hoch/Tief 1 Jahr €**	**Kursverlauf % 1, 3, 5, 10 Jahre**
Adobe	**871 981**	238,40 €	244,2/175,5	**+31/+188/+433/+1.259 %**
Software, um digitale Inhalte zu erstellen, Grafik- und Bildbearbeitungsprogramme				
Alphabet A	**A14 Y6F**	1.080,2 €	1.113/819,0	**+28/+62/+171/+695 %**
Internetsuchmaschine in 130 Sprachen, zahlreiche Online-Informationsprodukte				
Amazon	**906 866**	1.638,2 €	1.774/1.139	**+38/+218/+596/+2.737 %**
weltweit größter Onlinehändler: Bücher/Musik/Elektronik/DVD/Spiele/Freizeit				
AMD	**863 186**	25,85 €	29,15/7,75	**+215/+967/+783/+932 %**
Computer- und Unterhaltungselektronik, energieeffiziente Lösungen und Grafik				
AMGEN	**867 900**	174,25 €	187,1/135,4	**+24/+300/+101/+406 %**
Biotechnologie, Medizin: Blutkrankheiten/Krebs/Nierenleiden/Rheuma/Diabetes				
Apple	**865 985**	175,65 €	201,9/124,6	**+24/+82/+217/+1.328 %**
Technologie, auch im Dow Jones, eines der weltweit wertvollsten Unternehmen				
Booking Ho.	**A2J EXP**	1.577,7 €	1.870/1.409	**-7/+41/+84/+2.442 %**
Touristik: internationaler Reiseanbieter für Hotel-, Flug- und Mietwagenbuchung				
Broadcom	**A2J G9Z**	271,30 €	275,0/170,4	**+41/+100/+502/+1.471 %**
integrierte Schaltkreise Netzwerkanwendung, Chips für Breitbandkommunikation				
Celgene	**881 244**	84,55 €	84,70/56,75	**+16/-5/+68/+445 %**
Biotech: Kernkompetenz ist Erforschen und Entwickeln von Arznei gegen Krebs.				
Facebook	**A1J WVX**	156,65 €	187,0/108,7	**+20/+59/+278 %**
weltweit größtes Sozialnetzwerk, um sich mit „Freunden" zusammenzuschließen				
Illumina	**927 079**	288,45 €	322,2/187,0	**+50/+101/+186/+1.019 %**
Biotech/Gentechnologie, Geräte & Systeme zur Analyse genetischer Funktionen				
Netflix	**552 484**	325,85 €	368,0/210,0	**+36/+255/+830/+6.853 %**
weltweit führender US-Anbieter für Streaming-Dienste sowie Internetserien				
Nvidia Corp.	**918 422**	170,20 €	253,4/109,4	**-5/+442/+1.185/+1.930 %**
führender Hersteller IT-Hardware, Grafik-/Medienkommunikations-Prozessoren				
PayPal	**A14 R7U**	94,25 €	94,60/58,70	**+50/+178 %**
Internetbezahldienst für Überweisungen, Lastschrift, Kreditkarte, Onlineshops				
Salesforce	**A0B 87V**	141,35 €	147,7/93,40	**+45/+115/+260 %**
Cloud-Computing-Lösungen, Kundenbeziehungsmanagement/Plattformfunktion				

Musterdepot ❹ „Erdöl, Edelmetall, weitere Rohstoffe", verwandte Gebiete, Aktien global, Risiko großteils hoch				
Aktien/ Unternehmen	**WKN A0A E1X**	**Kurs am 05.04.19**	**Hoch/Tief 1 Jahr €**	**Kursverlauf 1, 3, 5 Jahre**
Agnico Eagle	**860 325**	38,65 €	41,10/27,85	**+14/+22/+71 %**
Kanada: eine internationale Entwicklungsgesellschaft Schwerpunkt Gold/Bergbau				
Aurubis	**676 650**	50,65 €	79,00/41,85	**-27/+18/+24 %**
MDAX: weltweit führender, fair bewerteter Kupferproduzent, Div.-Rendite: 2,3 %				
BHP Group Billit.	**850 524**	25,05 €	25,55/17,55	**+38/+139/-1 %**
Australien/England: Rohstoffriese, globaler Eisenerzproduzent, Kohleexporteur				
BP PLC	**850 517**	6,60 €	6,85 €/5,40 €	**+16/+55/+12 %**
Stoxx 50/Großbritannien: globaler Mineralöl-/Energiekonzern, hohe Dividende				
Chevron	**852 552**	112,70 €	113,5/91,15	**+18/+38/+30 %**
Dow Jones: global führend bei Förderung Ölindustrie und Vergasungstechnologie				
HeidelbergCem.	**604 700**	83,75 €	94,60/65,10	**-4/+5/+150 %**
DAX: Herstellung Zement und Zuschlagstoffe, sehr wichtige Beton-Rohstoffe				
Lukoil	**A14 20E**	79,65 €	81,75/47,65	**+42/+131/+96 %**
RTX/Russland: globaler Mineralölkonzern: Förderung, Produktion, Vermarktung				
NESTE OYJ Corp.	**A0D 9U6**	33,00 €	33,15/17,95	**+77/+242/+537 %**
Finnland: Der Energieversorger stellt Premiumbrennstoffe in breiter Auswahl her.				
Newcrest Mining	**873 365**	15,65 €	16,70/11,45	**+26/+36/+126 %**
Australien: führend bei der Rohstoffförderung: Diamanten, Edel- und Buntmetall				
Newmont Mining	**853 823**	32,55 €	34,45/25,05	**+2/+36/+85 %**
Australien: weltweiter Goldproduzent USA, Australien, Peru, Indonesien, Ghana				
Norilsk Nickel	**A14 0M9**	19,75 €	20,00/11,90	**+31/+81/+57 %**
RTX/Russland: weltweit führender Produzent Nickel, Palladium, Platin, Kupfer				
Rio Tinto	**852 147**	54,35 €	55,05/39,20	**+29/+124/+33 %**
Stoxx 50/Australien/GB: Konzentration auf Erforschung/Abbau von Mineralien				
Royal Dutch	**A0E R6S**	29,35 €	32,65/25,05	**+7/+39/+4 %**
Stoxx 50/GB: globaler Energiekonzern, Produktion von Kraft- und Schmierstoffen				
Salzgitter	**620 200**	29,40 €	49,65/23,40	**-29/+22/-2 %**
MDAX: führender europäischer Stahl-/Technologiekonzern mit 200 Tochterfirmen				
Tatneft	**A2A BS0**	60,35 €	66,90/47,75	**+15/+124/+130 %**
RTX/Russland: Schwerpunkte der Gruppe sind Öl-/Gasproduktion und Raffinerie.				
VALE S.A.	**897 136**	11,90 €	13,70/9,30 €	**+44/+32/+47 %**
Brasilien: der weltweit größte Eisenerzkonzern streicht nach Dammbruch die Div.				

Musterdepot ❺ „Klein und fein“: deutsche Aktien außerhalb der Indizes vom Prime Standard				
Aktien/Firma	**WKN**	**Kurs 08.04.19**	**Hoch/Tief 1 Jahr €**	**Kursverlauf % 1, 3, 5 Jahre**
Adesso	**A0Z 23Q**	53,10 €	67,30/45,00	**-4/+133/+375 %**
IT-Dienstleister; Softwareentwicklung/Beratung übergreifende Geschäftsprozesse				
Atoss Softw.	**510 440**	100,50 €	103,5/73,80	**+22/+55/+237 %**
Vertrieb Anwendersoftware strategisches Management mit Prozessberatung				
Basler	**510 200**	152,00 €	198,6/120,2	**-6/+222/+314 %**
Technologie; digitale Industriekameras und Komponenten zur Qualitätssicherung				
Datagroup	**A0JC8S**	37,00 €	42,45/28,85	**-5/+157/+300 %**
Full-Service-Provider für alle IT-Anwendungen mit Leistungsschwerpunkt Cloud				
Eckert & Zieg.	**565 970**	85,00 €	101,0/33,50	**+142/+341/+237 %**
Strahlen und Medizintechnik, radioaktive Komponenten zur Krebsbekämpfung				
Fabasoft	**922 985**	16,50 €	17,40/11,25	**+24/+235/+294 %**
Software-/Cloudanbieter, elektronisches Dokumenten- und Prozessmanagement				
Hermle Ma.	**605 283**	312,00 €	417,0/265,0	**-16/+49/+98 %**
Fräsmaschinenbauer; Bearbeitung von Werkzeugen, Formen sowie Serienteilen				
Mensch & Ma.	**658 080**	30,70 €	31,20/21,20	**+40/+202/+426 %**
CAD-Branchen- und Standardlösungen, Maschinenbau, Konstruktion, Planung				
Nabaltec	**A0K PPR**	31,50 €	34,00/20,80	**+30/+129/+214 %**
Spezialchemie, funktionale flammhemmende Füllstoffe und technische Keramik				
OHB	**593 612**	35,05 €	38,25/27,55	**+4/+87/+77 %**
Technologie/Raumfahrt, internationale Raumstation ISS, Satellitenentwicklung				
PVA Tepla	**746 100**	10,40 €	18,40/9,45 €	**-30/+286/+242 %**
Prime St., Herstellung, Veredlung, Weiterbearbeitung hochwertiger Werkstoffe				
Secunet	**727 650**	100,50 €	132,0/80,40	**+5/+323/+370 %**
Komplettlösungen/Service für Informations- und Telekommunikationssicherheit				
Stratec Biom.	**STR A55**	64,00 €	80,30/43,55	**-18/+43/+85 %**
klinische In-vitro-Diagnostik (IVD) und Biotechnologie, Proben-Vor-/Aufbereitung				
Uzin Utz	**755 150**	53,50 €	65,50/44,00	**-1/+31/+128 %**
Komplettanbieter Bodensysteme, 7 Firmentöchter Neuverlegung, Renovierung				
VIB Vermögen	**245 751**	25,50 €	25,50/20,50	**+14/+44/+96 %**
Anlage süddeutsche Gewerbeimmobilien, 103 Objekte, Leerstandsquote 1,8 %				

Musterdepot ⑥ „Ewige Aktien“, Großkonzerne weltweit				
Aktien/ Firma	**WKN**	**Kurs 08.04.19**	**Hoch/Tief 1 Jahr €**	**Kursverlauf 1, 3, 5, 10 Jahre**
Allianz	**840 400**	205,45 €	207,5/170,1	**+10/+52/+68/+185 %**
DAX: globaler Versicherungs- und Finanzdienstleister mit breiter Produktpalette				
Alphabet	**A14 Y6F**	1.072,0 €	1.113/821,8	**+17/+60/+122/+554 %**
Nasdaq: innovative Holding mit Google-Suchmaschine und zahlreichen Produkten				
Amazon	**906 866**	1.641,9 €	1.770/1.141	**+27/+214/+469/+2.251 %**
Nasdaq: Weltmarktführer Online-Technologie-Versandhändler: nicht nur Bücher				
BASF	**BAS F11**	69,30 €	90,00/57,05	**-17/+10/-13/+168 %**
DAX: Chemieriese, Industriechemikalien, Kunststoffe und Veredelungsprodukte				
Caterpillar	**850 598**	123,95 €	136,9/98,20	**-5/+87/+37/+337 %**
Dow Jones: globaler Maschinenbauer, Bagger aller Größen, schweres Baugerät				
Daimler	**710 000**	55,90 €	68,65/44,50	**-20/-13/-21/+132 %**
DAX: internationaler Premiumautobauer für Pkw, Nutzfahrzeuge, Dienstleistungen				
Johnson J&J	**853 260**	120,50 €	131,2/101,7	**+4/+25/+38/+161 %**
Dow Jones: Der Marktführer bietet viele Gesundheitsprodukte und Heilmittel an				
Microsoft	**870 747**	106,50 €	107,2/73,00	**+30/+120/+202/+540 %**
Dow Jones: globaler Anbieter von vielen Softwareprodukten und Dienstleistungen				
Netflix	**552 484**	321,40 €	367,3/213,7	**+24/+248/+659/+5.842 %**
Nasdaq: Anbieter online gestreamter TV-Serien und Filme, Internet-Abo-Service				
NVIDIA	**918 422**	170,00 €	253,2/113,7	**-14/+434/+952/+1.587 %**
Nasdaq: IT-Hard-/Software, Grafik-/Kommunikationsprozessoren, Bildbearbeitung				
Novo Nord.	**A1X A8R**	45,75 €	45,95/35,30	**+14/-6/+40 %**
Stoxx 50: Spezialist Wachstumshormone/Gerinnungsfaktoren, Insulin (Diabetes)				
Samsung El.	**881 823**	724,75 €	830,0/580,0	**-4/+87/+101/+736 %**
südkoreanischer Technologiekonzern, viele Elektro-/Elektronikmarkenprodukte				
Tencent	**A11 38D**	43,15 €	46,50/27,85	**-7/+144/+267/+3.076 %**
China: Internetserviceportal mobile Kommunikationslösungen und Spielplattform				
VINCI	**867 475**	88,90 €	89,25/70,25	**+11/+38/+64/+156 %**
Euro Stoxx 50: internationaler Baukonzern, Autobahnen/Flughäfen/Schienenwege				
Visa	**A0N C7B**	139,85 €	141,4/96,00	**+30/+105/+204/+950 %**
Dow Jones: Kreditorganisation, digitale Bezahlung, 47.000 Transaktionen/Sekunde				

❼ ETFs als interessante Welt für Privatanleger

7.1 Was Sie als Anleger über ETFs wissen müssen

Zählen Sie zu den Anlegern, die nicht täglich ihr Depot im Auge behalten wollen, die keine Zeit und Lust haben, ständig den Markt zu beobachten? Fühlen Sie sich in schwierigen Zeiten, in Börsenkrisen verunsichert? Ist Ihre Risikobereitschaft gering? Hindert Sie eine schmale Kapitaldecke daran, weltweit in Einzelaktien zu investieren? Dann bieten sich ETFs an. Der ETF-Erfinder John Bogle mit dem „Fonds Revolutionär" ist am 17. Jan. 2019 verstorben, anfangs belächelt, danach verehrt.

John Bogle erkannte früh, dass die Kosten aktiv geführter Investmentfonds für viele Privatanleger zu hoch waren oder sie grundsätzlich zurückschreckten, hier zu investieren. Er warb mit: *„Du bekommst, was du nicht bezahlst. Auch ich hasse es, Geld auszugeben!"* John Bogle ließ sich trotz anfänglicher Skepsis nicht beirren: *„Normalerweise bekommst du, was du bezahlst. Bei Anlagen in Indexfonds ist es genau umgekehrt: Hier bekommst du etwas, für das du nicht bezahlen musst!"*

Die drei Buchstaben ETF, Abkürzung für Exchange Traded Funds, zogen anfangs nur Profis an. Jetzt erkennen auch Privatanleger die Vorteile. In 17 Jahren hat sich das in ETF angelegte Vermögen in Europa mehr als verhundertfacht. Es gibt über 3.000 Produkte in Europa im Wert von rund 700 Mrd. €. Weltweit sind es mehr als 5.000 ETFs über 5 Billionen Dollar – eine Zahl mit 12 Nullen.

ETFs sind ein Merkmal des gesellschaftlichen Wandels und einer veränderten Anlagekultur. Jeder zehnte Euro wird in Europa passiv, also ohne Fondsmanager preiswert angelegt. Der Weltmarktführer Blackrock aus den USA erwartet binnen fünf Jahren, dass sich das ETF-Kapital in Europa verdreifacht und rund um den Globus verdoppelt. Es wird auch nach neuen Anlagekonzepten gesucht. Produkte wie „Faktor-Investing" oder „Smart Beta" sind auf Investorensuche.

ETFs verstehen sich als preiswerte Alternative zum Kauf von Einzelaktien und Aktienfonds. Sie folgen der Wertentwicklung eines Index bzw. Börsenbarometers. Da ETFs wie Aktien als Sondervermögen gelten, entfällt das Emittentenrisiko. Mit einer einzigen Transaktion erwerben Sie alle im Index gelisteten Werte. So lassen sich mit wenigen ETFs wichtige Märkte preiswert abdecken.

Fazit: Bei der Orientierung an Indizes mit Aktien vieler Firmen wie Nasdaq 100, Nikkei 225, S&P 500, MSCI World steigt die Chance für Aktienfondsmanager, besser als ein ETF abzuschneiden durch Ausschluss schlechter Aktien, andere Gewichtung und innovative Zusammensetzung.

Weshalb sind Indexfonds vor allem bei Privatanlegern beliebt?

Dies liegt an der hohen Transparenz und günstigen Kostenstruktur. Jedoch geht viel von der früheren Übersicht und leichten Verständlichkeit verloren. Immer mehr Mischgebilde erobern den Markt – darunter Produkte mit zweifachem Hebel. Es wird Zeit, einen Riegel vorzuschieben auf dem Weg zum Begriffswirrwarr, wie im Zertifikatmarkt zu beobachten. Wer Privatanleger an die Börse zurückholen will, muss Vertrauen aufbauen und allgemein verständliche Produkte anbieten, also passiv gemanagte ETFs mit einprägsamen Namen ohne Schnickschnack. Stock-Picking-Chancen wie bei Einzelaktien gibt es dagegen nicht.

Welche Angaben sind für Sie wichtig?

Ausschüttend: Die Dividende wird ausgezahlt. **Thesaurierend:** Die Ausschüttung wird angelegt. Dadurch wächst Ihr ETF. Thesaurierend lohnt sich bei hoher Dividende. Das Volumen legt durch Zinseszinseffekt zu. Die neuen Anteile sorgen durch Wiederanlage der Ausschüttung dafür, dass die Anzahl fortlaufend steigt.

Unterschied ETC/ETF: Ein ETC ist kein Sondervermögen, sondern gilt als Schuldverschreibung, üblich bei Rohstoffen. Hier tragen Sie das volle Emittentenrisiko. Beim Edelmetall-ETC wird Gold, Silber usw. meist physisch hinterlegt.

Die ETF-Auswahl ermöglicht eine globale Marktabdeckung. Die alphabetische Anordnung erspart mühsames Suchen und erleichtert den Vermögensaufbau.

Alphabetische ETF-/ETC-Auswahl globale Marktabdeckung

Emittent und Bezeichnung	WKN	Kurs 11.04.19	Hoch/Tief 1 Jahr in €	Kursverlauf % 1, 3, 5, 10 Jahre
DAX iShares Core (oder ETF001)	593 393	102,70 €	113,9/88,50	-4/+20/+22/+152 %
	Umfang 7,1 Mrd. €, Alter 18 Jahre, Gebühr **0,15 %,** thesaurierend. Der ETF misst die Wertentwicklung der 30 DAX-Aktien.			
DivDAX iShares DivDAX (oder ETF003)	263 527	16,85 €	18,75/14,45	-1/+32/+27/+178 %
	Umfang 578 Mio. €, Alter 14 Jahre, Gebühr **0,30 %,** ausschüttend. Der ETF bildet den DivDAX mit 15 Titeln genau nach.			
DivEuropa iShares Stoxx (oder ETF750)	263 529	17,15 €	17,90/14,75	-6/+25/+40/+155 %
	Umfang 549 Mio. €, Alter 14 J., Gebühr **0,30 %,** ausschüttend. Der ETF konzentriert sich auf den Index Stoxx Europe 600.			

Emerging Markets db x/MSCI (oder ETF127)	**DBX 1EM**	40,85 €	41,40/33,65	**-4/+41/+17/+103 %**
	Umfang 1,60 Mrd. €, Alter 12 Jahre, Gebühr **0,49 %,** thesaurierend. Dabei: China Mobile, TSMC, Tencent, Alibaba, Baidu.			
Japan db x-trackers (oder ETF025)	**DBX 1MJ**	51,05 €	54,80/44,80	**-6/+28/+17/+103 %**
	Umfang 2,8 Mrd. €, Alter 11 Jahre, Gebühr **0,20 %,** thesaurierend. Mit dabei: Fanuc, Honda, KDDI, SoftBank, Sony, Toyota.			
MDAX iShares MDAX (oder ETF001)	**593 392**	214,75 €	233,9/179,0	**-3/+22/+49/+363 %**
	Umfang 1,6 Mrd. €, Alter 18 J., Gebühr **0,51 %,** thesaurierend. Das Management bildet den MDAX mit 60 Titeln exakt nach.			
Mid Europa iShares Stoxx (oder ETF125)	**593 399**	46,55 €	50,05/38,90	**+4/+31/+48/+256 %**
	Umfang 309 Mio. €, Alter 14 Jahre, Gebühr **0,20 %,** ausschüttend. Index Stoxx Europe 600, Aktien aus 18 Europastaaten.			
MSCI World db x-trackers (oder ETF110)	**DBX 1MW**	54,30 €	54,95/44,65	**+6/+40/+41/+202 %**
	Umfang 2,7 Mrd. €, Alter 13 J., Gebühr **0,45 %,** thesaurierend. Der ETF bildet den Index MSCI World möglichst genau ab.			
Nasdaq-100 iShares Nasdaq (oder ETF908)	**A0F 5UF**	65,65 €	65,90/50,40	**+18/+72/+115/+497**
	Umfang 1,2 Mrd. $, Alter 13 Jahre, Gebühr **0,45 %,** ausschüttend. Nasdaq 100 mit Apple, Microsoft, Amazon, Netflix usw.			
Russland db x-trackers (oder ETF118)	**DBX 1RC**	26,75 €	27,25/19,45	**+21/+58/+21/+70 %**
	Umfang 115 Mio. €, Alter 11 J., Gebühr **0,45 %,** thesaurierend. Dabei sind: Gazprom, Lukoil, Sberbank, Norilsk Nickel.			
SDAX Comstage SDAX TR UCITS ETF I	**ETF 005**	103,20 €	118,5/83,90	**-6/+26/+51 %**
	Umfang 116 Mio. €, Alter 8 Jahre, Gebühr **0,70 %,** ausschüttend. Der ETF konzentriert sich auf den SDAX mit 70 Titeln.			
S&P 500 iShares S&P 500 (oder ETF012)	**622 391**	25,50 €	25,65/20,80	**+12/+17/+66/+289 %**
	Umfang 8,6 Mrd. €, Alter 17 Jahre, Gebühr **0,40 %,** ausschüttend. Der Fonds ist auf den Referenzindex S&P 500 fokussiert.			
TecDAX iShares-TecDAX (oder ETF908)	**593 397**	25,10 €	28,05/21,60	**+8/+66/+117/+393 %**
	Umfang 835 Mio. €, Alter 18 Jahre, Gebühr **0,51 %,** thesaurierend. Der ETF bildet den TecDAX mit 30 Hightechfirmen ab.			
USA ComStage MSCI USA UCITS USD	**ETF 120**	68,15 €	68,50/54,65	**+12/+48/+66/+307 %**
	Umfang 98 Mio. €, Alter 11 Jahre, Gebühr **0,10 %,** ausschüttend. Hauptanteile: Apple, Microsoft, Amazon, J&J, Alphabet.			
Volksrepublik China ComStage HSI Hang Seng	**ETF 022**	35,40 €	40,85/31,00	**+2/+59/+49 %**
	Umfang 129 Mio. €, Alter 8 Jahre, Gebühr **0,55 %,** ausschüttend. Wertentwicklung Index Hang Seng Börse Hongkong.			

7.2 Immer beliebter: branchenbezogene ETFs

Der Aufschwung im ETF-Sektor bewirkt, dass neben klassischen Indexfonds neuartige Produkte hinzukommen. ETF-Manager greifen auf Branchenindizes zu. Ich setze die Innovation in dieser Branchenauswahl um. So lassen sich Zukunftssektoren mit einer einzigen Transaktion abdecken, wie Bauwirtschaft, Hightech, IT/Software, Künstliche Intelligenz mit Robotik oder Gesundheitswesen mit Biotech, Pharma, Medizintechnik. Sie sparen Zeit, Mühe und Kosten. **Nachteil:** Umgekehrt können Sie Zukäufe bei Kursschwäche und Teilverkäufe nahe dem Jahreshoch nicht flexibel nutzen, wie dies bei Einzelaktien öfters möglich ist.

Globale ETF-Branchenauswahl mit je 1 bis 2 Titeln: breite Streuung und Marktabdeckung, wenig Sucharbeit

Emittent und Bezeichnung	WKN	Kurs 23.01.19	52-Wochen-Hoch/Tief	Kursverlauf 1, 3, 5, 10 Jahre
Automobilbranche: Hersteller & Zulieferer, Trend Elektromobilität				
ComStage Stoxx E.	ETF 061	82,80 €	112,9/72,55 €	-22/+10/+7/+184 %
Automobiles & Parts, 19 Mio. €, Alter 11 J., Gebühr **0,26 %,** ausschüttend. Dieser ETF konzentriert sich auf den Index Stoxx Europe 600 Automobiles & Parts Net Return. Große Positionen: Daimler, BMW, Continental, VW, Michelin, Ferrari, Renault.				
Banken, Versicherungen, Finanzdienstleistungen: noch Korrektur				
ComStage Stoxx E.	ETF 062	33,20 €	46,15/29,75 €	-23/+4/-18/+64 %
Banks NR, kein Ansparplan, 10,3 Mio. €, Alter 10 Jahre, Gebühr **0,25 %,** thesaurierend. Anlageziel ist die Wiedergabe der Wertentwicklung vom Index Stoxx Europe 600 Banks NR. Dazu zählen HSBC, Santander, BNP Paribas, UBS, Lloyds, ING.				
ComStage Stoxx E.	ETF 070	63,00 €	64,90/51,85 €	+3/+35/+58/+229 %
Insurance EUR, 14 Mio. €, Alter 11 Jahre, Gebühr **0,25 %,** ausschüttend. Der ETF konzentriert sich auf den Index Stoxx Europe 600 Insurance Net Return. Große Positionen: Allianz, Prudential, AXA, Zurich Insurance, Münchner Rück, Swiss Re.				
Chemie und Gesundheitswesen: Pharma und Medizintechnik				
Lyxor MSCI World	LYX 0GM	275,10 €	292,6/225,0 €	+9/+24/+72 %
Health Care TR C, alternativ: **ETF068,** 422 Mio. €, 8 Jahre, Gebühr **0,30 %,** thesaurierend. Der ETF bildet den Index MSCI World Health Care ab. Große Posten: Johnson, Roche, Merck, United Health, Bristol Myers, Medtronic, Amgen und Gilead.				
iShares Stoxx Eur.	A0H 08E	95,35 €	99,00/84,90 €	+10/+8/+54 %
Chemicals, alternativ: **ETF064,** 81 Mio. €, Alter 16 Jahre, Gebühr **0,45 %,** ausschüttend. Dieser ETF bildet den Stoxx Europe 600 Chemicals mit Aktien aus 18 EU-Ländern ab. Vertreten sind: Bayer, BASF, Linde, Akzo Nobel, Symrise, Covestro.				

Emittent und Bezeichnung	WKN	Kurs 23.01.19	52-Wochen-Hoch/Tief	Kursverlauf 1, 3, 5, 10 Jahre
Energie fossil, Erdöl und Erdgas, Exploration, Förderung, Vertrieb				
x-trackers Oil & Gas	DBX 1SG	81,25 €	93,65/71,70 €	+3/+57/+17/+85 %
Umfang 33 Mio. €, alternativ: **ETF072,** Alter 11 Jahre, Gebühr **0,15 %,** thesaurierend. Der ETF bildet den Stoxx Europe 600 Oil & Gas ab. Dazu gehören die führenden Blue Chips aus Europa wie BP, ENI, OMV, Repsol, Royal Dutch Shell und Total.				
Immobilien, Bauwirtschaft (Real Estate): Boom in Ballungszentren				
ComStage Real E.	ETF 074	28,50 €	31,90/25,75 €	-3/+11/+38/+221 %
Aktien-Immobilienfonds Stoxx Europe 600, Umfang 20,4 Mio., Alter 10 Jahre, Gebühr **0,25** , ausschüttend. Europas Immobilienindex umfasst die Wertentwicklung der größten Immobilientitel. Aus DAX/MDAX vertreten: Vonovia, Dt. Wohnen, LEG.				
Industrie 4.0 mit Informatik, Software, Internet, Technologie, KI				
LYXOR MSCI W.	LYX 0GP	220,50 €	259,7/192 €	+3/+66/+124 %
MSCI World Information Technology, alternativ **ETF077,** Umfang 213 Mio. €, Alter 8 J., Gebühr **0,30 %,** thesaurierend. Der ETF konzentriert sich auf den Zukunftsmarkt Industrie 4.0. Zum Index zählen Apple, Visa, Cisco, Intel, Adobe, Microsoft.				
ComStage Stoxx	ETF 076	60,60 €	75,4/54,75 €	-9/+29/+55/+227%
Stoxx Europe 600 Technology, 22 Mio. €, Alter 10 Jahre, Gebühr **0,25 %,** ausschüttend. Der ETF bildet sämtliche Indexwerte ab und investiert in Hochtechnologie- und Softwareaktien wie SAP, Infineon, ASML, Dassault, Hexagon, Cap Gemini.				
Konsumgüterindustrie, Schwerpunkt Haushalt, Freizeit, Familie				
ComStage Stoxx	ETF 073	162,55 €	166,8/132,0 €	+2/+18/+53/+304 %
Stoxx Europe 600 Personal & Household, Umfang 164 Mio. €, Alter 11 Jahre, Gebühr **0,25 %,** ausschüttend. Dieser ETF investiert in große Konsumgütertitel und Haushaltsindustrie, wie Unilever, L'Oréal, Danone, Nestlé, LVMH, Adidas, Henkel.				
Maschinen- & Anlagenbau, Konstruktion, Materialien, Werkstoffe				
ComStage Stoxx	ETF 065	88,15 €	92,60/69,20 €	-2/+23/+42/+150 %
UCITS Stoxx Europe 600 Construction & Materials, Umfang 7 Mio. €, Alter 12 Jahre, Gebühr **0,25 %,** ausschüttend, Anteil Bauwesen 80 %. Europas größte Baufirmen gehören dazu: VINCI, Saint Gobain, Geberit, HeidelbergCement, CRH Plc.				
Medien: verzweigt mit TV, Video, Internet, Musik, Film, Presse				
ComStage Stoxx	ETF 071	52,80 €	57,3/47,55 €	+2/+8/+22/+188 %
Stoxx Europe 600 Media UCITS, Umfang 4 Mio. €, Alter 10 Jahre, Gebühr **0,25 %,** ausschüttend. Der ETF bildet die Medientitel vom Index ab. Zum Portfolio gehören: Axel Springer, Wolters Kluwer, Vivendi, RELX, WPP, großteils dividendenstark.				

<table>
<tr><th>Emittent und Bezeichnung</th><th>WKN</th><th>Kurs 23.01.19</th><th>52-Wochen-Hoch/Tief</th><th>Kursverlauf 1, 3, 5, 10 Jahre</th></tr>
<tr><td colspan="5">Nahrungsmittelbereich Essen, Trinken und Genussmittel</td></tr>
<tr><td>ComStage Stoxx</td><td>ETF 067</td><td>116,20 €</td><td>125,3/108,3 €</td><td>-2/+12/+39/+238 %</td></tr>
<tr><td colspan="5">Europe 600 Food & Beverage, 42,4 Mio. €, Alter 10 Jahre, Gebühr 0,25 %, ausschüttend. Der ETF investiert in Europas Nahrungsmittel- und Getränkebranche. Große Anteile: Nestlé, Diageo, Anheuser-Busch, Danone, Pernod, Marine Harvest.</td></tr>
<tr><td colspan="5">Rohstoffe, Ressourcen: ein Markt mit starken Kursschwankungen</td></tr>
<tr><td>ComStage Stoxx</td><td>ETF 063</td><td>86,05 €</td><td>110,8/78,40</td><td>-11/+125/+23/+133%</td></tr>
<tr><td colspan="5">Stoxx Europe 600 Basic Resources, 21 Mio. €, 10 Jahre, ausschüttend, Gebühr 0,25 %. Es führen die Rohstoffsektoren Bergbau, Metall, Mineralien, Papier, Eisen. Dazu zählen Rio Tinto, BHP Billiton, Glencore, UPM Kymmene, Anglo American.</td></tr>
<tr><td>ComStage Stoxx</td><td>ETF 072</td><td>76,10 €</td><td>89,45/61,7 €</td><td>+2/+16/+81 %</td></tr>
<tr><td colspan="5">Europe 600 Oil & Gas UCITS, Umfang 32 Mio. €, Alter 10 Jahre, Gebühr 0,25 %, ausschüttend. Zu diesem Index der fossilen Energieträger gehören bekannte Blue Chips aus Europa wie BP, ENI, OMV, Repsol, Royal Dutch Shell, Statoil und TOTAL.</td></tr>
<tr><td colspan="5">Technologie, Telekommunikation, digitalisierte, vernetzte Welt</td></tr>
<tr><td>x-trackers MSCI</td><td>A11 3FM</td><td>22,35 €</td><td>26,30/19,80 €</td><td>-4 %/erst 2 J. alt</td></tr>
<tr><td colspan="5">Umfang 373 Mio. €, Alter 2 Jahre, Gebühr 0,15 %, thesaurierend. Der ETF bildet vom US-Index MSCI World den Sektor Informationstechnologie und Telekomdienstleistungen ab. Hauptanteile: Apple, Microsoft, Visa, Cisco, Adobe, Broadcom.</td></tr>
<tr><td>ComStage Telek.</td><td>ETF 077</td><td>60,75 €</td><td>70,85/56,2 €</td><td>-8/-13/-2/+72 %</td></tr>
<tr><td colspan="5">Stoxx Europe 600 Telekommunication, Umfang 7 Mio. €, Alter 10 Jahre, Gebühr 0,25 %. Telekomdienste machen 95 % vom Anlagekapital aus. Große Anteile haben Vodafone, Deutsche Telekom, Telefónica, Orange, BT Group sowie Swisscom.</td></tr>
<tr><td colspan="5">Wasserbereich, immer knapper werdendes „blaues Gold“</td></tr>
<tr><td>Lyxor Water ETF</td><td>LYX 0CA</td><td>33,40 €</td><td>37,65/29,05 €</td><td>-6/+23/+62/+255 %</td></tr>
<tr><td colspan="5">World Water UETF, Umfang 484 Mio. €, Alter 11 Jahre, Gebühr 0,60 %, ausschüttend. Hier geht es um Aufbereitung, Reinigung, Bewässerung, Logistik, Transport. Dazu gehören: American Water, Geberit, MASCO, Pentair, Veolia und XYLEM.</td></tr>
<tr><td colspan="5">Windkraft- und Solarenergie im Kampf gegen Klimawandel</td></tr>
<tr><td>Lyxor Energie ETF</td><td>LYX 0CB</td><td>20,40 €</td><td>23,90/18,40 €</td><td>-4/+38/+37/+28 %</td></tr>
<tr><td colspan="5">New Energy, Umfang 63 Mio. €, Alter 11 Jahre, Verwaltungsgebühr 0,60 %, ausschüttend. Der Referenzindex World Energy CW Net Total Return wird möglichst genau abgebildet. Bekannte Titel sind Vestas Wind, Nextera, Schneider, Samsung.</td></tr>
<tr><td colspan="5">Anmerkung: Branchen-ETFs ermöglichen es Ihnen, mit wenig Geld in allen wichtigen Märkten vertreten zu sein und dabei eigene Vorlieben umzusetzen.</td></tr>
</table>

Worin unterscheiden sich aktiv und passiv gemanagte ETFs?

Ein passiv gemanagter Indexfonds ist ein möglichst genauer Indexnachbau. Er schneidet weder besser noch schlechter als die Benchmark ab. Beim aktiv gemanagten ETF lässt sich durch strategische Veränderungen die Rendite steigern. Die Manager gewichten einzelne Titel anders oder berücksichtigen nur beste Aktien. So verwischen sich die Grenzen gegenüber Aktienfonds. Warum nicht ETFs immer passiv und Aktienfonds aktiv?

Orientiert sich ein Aktienfonds an einem Index mit vielen Werten, wie Nasdaq 100, Nikkei 225 oder S&P 500, haben engagierte Manager mit fairen Gebühren die Chance, den Vergleichsindex weit hinter sich zu lassen. Dies gilt auch für Nebenwerte und Schwellenländer, in denen ein Nachrichtenmangel besteht. Ein Ausgabeaufschlag von rund 5 % und eine Jahresgebühr im Schnitt von 1,5 % verbieten das schnelle Rein und Raus.

Teilweise werden auch ETF-Sparpläne angeboten, sei es monatlich oder vierteljährlich mit Raten ab 25 € oder 50 €. So lässt sich der **Cost-Average-Effekt** nutzen: mehr Anteile bei niedrigen, weniger Anteile bei hohen Kursen. **Ausschüttend** bedeutet, dass die Dividende ausgezahlt wird. **Thesaurierend** heißt, dass Ausschüttungen wieder angelegt werden. Insbesondere bei Sparplänen für Kinder oder Enkel ist die thesaurierende Version vorteilhaft. Im Laufe der Jahrzehnte kommen weitere Anteile hinzu, ohne auch nur eine einzige Order zu tätigen. Dies gilt vor allem bei dividendenstarken ETFs aus der Versicherungs-, Konsum-, Automobil- und Pharmabranche. Im Biotech- und Technologiesektor ist dies weniger wichtig. Hier wird oft gar nicht oder nur bescheiden ausgeschüttet.

Bessere ETF-Chancen bei Indizes mit niedrigem KGV

Bei Orientierung an bestimmten Indizes für die ETF- und Aktienfondsanlage bieten Börsenbarometer mit niedrigem KGV bessere Chancen als überbewertete Aktienmärkte. Ab einem KGV von 17 und darüber wird es für Industrietitel kritisch. Früher oder später ist mit einer stärkeren Korrekturphase zu rechnen. Die Gefahr steigt, wenn auch das Kurs-Buch-Verhältnis (KBV) und das Kurs-Umsatz-Verhältnis hoch sind. Allerdings verdienen Premiumstatus sowie steigender Umsatz und Gewinn in Zukunftsmärkten eine höhere Bewertung, als wenn es um Banken, Versicherungen und die Autoindustrie geht. Bei Aktien der Sektoren Hightech, Biotech, Internet der Dinge, Künstliche Intelligenz und vernetzte Welt ist das KGV selten niedrig. Könner halten Ausschau nach preiswerten Einzelaktien und nutzen Kursrückgänge, statt den Index mit einem ETF abzubilden.

Komplizierte Produktnamen stören. Die zwölfstellige ISIN birgt viele Fehlerquellen durch Verwechslungen. Hilfreich wäre die Angabe der sechsstelligen WKN in deutlicher Schrift mit einem Leerschritt abgesetzt.

Wann entscheide ich mich für Einzelaktien?

Über den DAX und Dow Jones mit je 30 Titeln gibt es viele Informationen. Hier ist es einfach, Spitzentitel auszuwählen und Kursschwankungen zu nutzen. Zu Einzelaktien rate ich, wenn Sie über genug Geld, Zeit und Wissen verfügen. Wer sich auskennt, sollte in „Marathonaktien“, Aktien aus Zukunftsmärkten und von inhabergeführten Unternehmen sowie in gute Nebenwerte mit langjährigem Kursplus und verlässlicher Dividende investieren. Falls möglich, erwerben Sie Belegschaftsaktien.

Wann bevorzuge ich Indexfonds bzw. ETFs?

Immer dann, wenn es sich um einen bekannten Index mit wenig Titeln handelt, wie DAX und Dow Jones mit nur 30 Werten, hat ein aktives Fondsmanagement kaum eine Chance, den Vergleichsindex zu schlagen. Der Ausgabeaufschlag und die ziemlich hohe jährliche Verwaltungsgebühr bewirken, dass Blue-Chips-Aktienfonds zu 80 bis 90 % gegen die Benchmark verlieren.

Fehlt es an Zeit, Lust, Wissen und Geld für breite Streuung, sind die preiswerten ETFs mit niedriger Verwaltungsgebühr allererste Wahl. So decken Sie alle wichtigen Märkte ab. Ein ETF gewinnt zwar nie gegen den Vergleichsindex. Aber er verliert auch nicht. So empfahl Investorenlegende **Warren Buffett** seiner Frau, nach seinem Tod mittels ETF in den Index S&P 500 zu investieren *„Passive Fonds schneiden europaweit besser ab als aktive“,* erklärt die Analysefirma S&P Dow Jones Indices. Auch mit kleinem Geldbeutel und wenigen ETFs lassen sich die wichtigsten Märkte rund um den Globus preisgünstig und risikoarm abdecken. Für das schnelle Rein/Raus eignen sich ETFs kaum und Aktienfonds überhaupt nicht.

Wann entscheide ich mich für Aktienfonds?

Aktienfonds generell zu verdammen, ist nicht gerechtfertigt. Es gibt hervorragende Aktienfonds, die sich auf deutsche und internationale Nebenwerte spezialisieren oder sich auf bestimmte Branchen und Themen in Zukunftsmärkten konzentrieren. Dies sind nicht die Mogler und Faulpelze, die den Vergleichsindex kaum verändern, aber dennoch hohe Gebühren einsacken.

Innovative Fondsmanager, die auf Markttrends flexibel reagieren, können den Vergleichsindex abhängen. Dies gilt für den Schwerpunkt hohe Dividenden oder Zukunftsmärkte mit Industrie 4.0, Internet der Dinge, Digitalisierung, vernetzter Welt, Robotik, selbst fahrenden Autos. Es betrifft Aktienfonds im Technologiesektor und Gesundheitswesen, die den demografischen Wandel umsetzen. Hier forschungs- und kapitalstarke Pharmariesen; dort innovative Biotechfirmen, die neue Wirkstoffe, Therapien und Verfahren erkunden. Ein Füllhorn für kreative Aktienfonds.

7.3 2 ETF-Musterdepots passend zum Anlegertyp

➊ ETF-Musterdepot für Erfolgsorientierte: 8 Werte				
Markt, Index, Name Emittent	**WKN**	**Kurs 12.04.19**	**Hoch/Tief 1 Jahr in €**	**Entwicklung 1, 3, 5 Jahre**
Chemiebereich iShares Stoxx Europe 600 Chemicals (DE)	**A0H 08E**	92,65 €	98,65/77,20	**+5+21/+28 %**
	Umfang 76 Mio. €, Alter 17 J., Gebühr **0,46 %,** ausschüttend, Währung €. Dieser ETF schafft Zugang zu Europas Chemieindustrie mit vielen deutschen Aktien, DAX und Nebenwerte.			
Gesundheit/ Pharma ComStage Stoxx Europe 600 Health	**ETF 068**	134,05 €	137,4/117,2	**+14/+14/+43 %**
	Umfang 59 Mio. €, Alter 11 Jahre, Gebühr **0,25 %,** thesaurierend. Große Positionen in diesem Gesundheits-ETF sind: Novartis, Roche, Novo Nordisk, Sanofi, Astra Zeneca, Fresenius.			
Immobilien db x-Trackers FTSE E/N Dev Eurp RE	**DBX 0F1**	26,85 €	27,40/23,25	**+8/+15/+56 %**
	Umfang 394 Mio. €, Alter 9 J., Gebühr **0,33 %,** thesaurierend, Währung €. Dieser ETF schafft Zugang zu Europas Bau- und Immobilienindustrie mit Vonovia und etlichen MDAX-Aktien.			
MDAX Mid Caps Index deutsch iShares MDAX®	**593 392**	216,65 €	233,6/180,4	**-1/+22/+50 %**
	Umfang 1,6 Mrd. €, Alter 18 J., Gebühr **0,51 %,** thesaurierend. Große Positionen im MDAX sind Airbus, Dt. Wohnen, Symrise, Brenntag, GEA, Hannover Rück, LEG Immobilien, Hugo Boss.			
SDAX Small Caps Index ComStage SDAX® TR ETF	**ETF 005**	104,85 €	118,29/84,30	**+19/+49/+138 %**
	Umfang 114 Mio. €, Alter 8 J., Gebühr **0,70 %,** thesaurierend. Die stärksten Positionen zwischen 6 bis 3 % Anteil: Rational, GrenkeLeasing, Alstria, Indus, Stabilus, Patrizia, Bertrandt.			
USA Small Cap iShares USA Small Cap	**A0X 8SB**	299,50 €	309,5/239,9	**+17/+50/+90 %**
	Umfang 449 Mio. €, Alter 10 J., Gebühr **0,43 %,** thesaurierend, Währung US-Dollar. Die meisten Titel haben ihren Sitz in den USA und sind an der Technologiebörse Nasdaq 100 gelistet.			
USA S&P 500 iShares Shares Core S&P 500	**622 391**	25,55 €	25,70/21,05	**+11/+48/+70 %**
	Umfang 7,7 Mrd. €, Alter 17 J., Gebühr **0,40 %,** ausschüttend. Die meisten Titel sind im Dow Jones und Nasdaq 100. Hauptanteile: Microsoft, Apple, Amazon, Alphabet, J&J, Facebook.			
Wasserwirtschaft LYXOR World Water D-EUR A/I	**LYX 0CA**	37,45 €	37,85/29,55	**+8/+18/+58 %**
	Umfang 470 Mio. €, Alter 12 J., Gebühr **0,60 %,** ausschüttend. Dieser ETF orientiert sich am Index World Water CD und hält breit gestreut das Schwankungsrisiko so gering wie möglich.			

❷ ETF-Musterdepot für Risikofreudige: 8 Titel

<table>
<tr><th>Markt, Index, Name Emittent</th><th>WKN</th><th>Kurs 12.04.19</th><th>Hoch/Tief 1 Jahr in €</th><th>Entwicklung 1, 3, 5 Jahre</th></tr>
<tr><td rowspan="2">Datensicherheit/Software
Power Shares Dynamic US M.</td><td>A0M 2EH</td><td>16,75 €</td><td>17,60/14,30</td><td>+12/+41/+77 %</td></tr>
<tr><td colspan="4">Umfang 23 Mio. €, Alter 11 J., Gebühr 0,75 %, ausschüttend, Währung $/€. Die Aktienauswahl in diesem ETF für Datenverarbeitung erfolgt auf Basis wichtiger Fundamentalkennzahlen.</td></tr>
<tr><td rowspan="2">Gesundheit
iShares Stoxx Europe 600 HealthCare (DE)</td><td>A0Q 4R3</td><td>77,15 €</td><td>80,05/68,15</td><td>+14/+9/+33 %</td></tr>
<tr><td colspan="4">Umfang 471 Mio. €, Alter 18 J., Gebühr 0,46 %, ausschüttend, Währung €. Dieser ETF bildet den Branchenindex Dow Jones Stoxx 600 HealthCare mit großen und mittleren Aktien ab.</td></tr>
<tr><td rowspan="2">MSCI World Tech
ComStage ETF</td><td>LYX 0GP</td><td>262,15 €</td><td>263,3/199,0</td><td>+26/+86/+175 %</td></tr>
<tr><td colspan="4">Umfang 245 Mio. €, Alter 19 J., Gebühr 0,30 %, thesaurierend. Hauptanteile aus Dow Jones und Nasdaq: Apple, Microsoft, Visa, Intel, Cisco, Mastercard, Oracle, Adobe, Broadcom.</td></tr>
<tr><td rowspan="2">Nahrung, Essen, Trinken
iShares Stoxx Europe 600 Food</td><td>A0H 08H</td><td>72,35 €</td><td>73,05/59,80</td><td>+16/+19/+45 %</td></tr>
<tr><td colspan="4">Umfang 253 Mio. €, Alter 17 J., Gebühr 0,46 %, ausschüttend, Währung €. Der ETF konzentriert sich auf größere Konzerne der europäischen Nahrungsmittel- und Getränkeindustrie.</td></tr>
<tr><td rowspan="2">NASDAQ 100
iShares Nasdaq 100® (DE) iShares</td><td>A0F 5UF</td><td>65,80 €</td><td>66,05/51,35</td><td>+27/+70/+164 %</td></tr>
<tr><td colspan="4">Umfang 1,1 Mrd. €, Alter 13 J., Gebühr 0,31 %, thesaurierend, Währung $/€. Schwergewichte: Apple, Microsoft, Amazon, Alphabet, Facebook, Intel, Comcast, Cisco Systems, Gilead.</td></tr>
<tr><td rowspan="2">Nebenwerte Europa
dbx-trackers MSCI Europe Small Cap</td><td>DBX 1AU</td><td>43,75 €</td><td>46,80/35,80</td><td>+1/+28/+52 %</td></tr>
<tr><td colspan="4">Umfang 736 Mio. €, Alter 11 Jahre, Gebühr 0,30 %, thesaurierend, Währung €. Wichtigste deutsche Titel sind: Wirecard (DAX/TecDAX), MTU Aero, LEG Immobilien (beide MDAX).</td></tr>
<tr><td rowspan="2">Zukunfts-Technologie
iShares Stoxx Europe 600 Tech</td><td>A0H 08Q</td><td>45,10 €</td><td>49,05/36,05</td><td>+8/+42/+66 %</td></tr>
<tr><td colspan="4">Umfang 88 Mio. €, Alter 18 Jahre, Gebühr 0,46 %, ausschüttend. Die größten Europa-Technologieaktien aus 18 Ländern bilden: SAP, ASML, Nokia, Ericsson, Infineon, Cap Gemini.</td></tr>
<tr><td rowspan="2">TecDAX Technologie
iSharesTecDAX®</td><td>593 397</td><td>25,25 €</td><td>28,05/21,80</td><td>+7/+66/+122 %</td></tr>
<tr><td colspan="4">Umfang 827 Mio. €, Alter 18 J., Gebühr 0,51 %, thesaurierend. Führende Investments sind Wirecard, United Internet, Qiagen, Telefónica, Dialog Semic., Nordex, Freenet und Software AG.</td></tr>
</table>

Tipp: Treffen Sie Ihre Auswahl flexibel aus beiden ETF-Musterdepots. Nutzen Sie Phasen der Kursschwäche bzw. Korrekturphasen! Wählen Sie ETFs, wenn es um breit gestreute Marktabdeckung geht. Nur wenn Sie risikofreudig sind, dürften für Sie die neuen ETFs mit zweifachem Hebel vielleicht interessant sein.

8 Mit Investmentfonds das Profiwissen nutzen

8.1 Was Sie als Anleger über Aktienfonds wissen sollten

Wollen Sie nicht ständig den Markt beobachten? Fühlen Sie sich unsicher? Fehlt es Ihnen an Detailwissen? Ist Ihre Vermögensdecke zu klein, um breit zu streuen? Dann bieten sich für die Langzeitanlage Aktienfonds an. Die Auswahl ist riesig. Langfristig bringen Aktienfonds bei klug gesetzten Schwerpunkten deutliche Gewinne. Wie geht dies? Entweder mit Literatur, Online-Infos oder Vermögensberatung. Aber nicht aus dem Bauch heraus!

Aktiv gemanagte Aktienfonds erfassen neben weltweiten Indizes unterschiedliche Branchen und Themen, auch aufstrebende Märkte, Rohstoffe und Edelmetalle. Als Sparplan lässt sich der **Cost-Average-Effekt** nutzen. **Thesaurierend** heißt, dass das Management die Ausschüttung wieder anlegt. Begehrt sind Fonds mit dem Schwerpunkt Dividende und Nachhaltigkeit. Mit dem Kauf von Investmentanteilen sind Sie Miteigentümer am Fondsvermögen der Kapitalanlagegesellschaft. Sie nehmen mit geschütztem **Sondervermögen** und dynamischen Sachwerten am Wirtschaftswachstum teil. So können Sie aktuelle Trends nutzen, in Zukunftsmärkten investieren und gebührenfressendes Umschichten vermeiden.

Passiv gemanagte Indexfonds (ETFs) und innovative aktive Aktien-Spitzenfonds, deutschlandweit, europäisch, international, nach Indizes, Märkten und Themen ausgerichtet, bieten langfristig gute Renditechancen. Fähige Fondsmanager schichten mit Augenmaß um. Für Sie bleibt dies gebührenfrei. Heute dominieren Industrie 4.0, Digitalisierung, Internet der Dinge, Robotik, Künstliche Intelligenz. Dabei liefern kleinere Firmen öfters große Erfolgsgeschichten.

Bei der Fondsauswahl bemühen sich die führenden Ratingagenturen darum, die Produkte fair zu bewerten. Das **Ranking** beschränkt sich auf ***quantitative*** Beurteilungsfaktoren wie Rendite, Volatilität und Risikoprofil. Das **Rating** bewertet ***qualitative*** Faktoren, vor allem die Leistungsfähigkeit der Manager. Nachdem Morningstar die Datenbank von Standard & Poor's übernahm, erstellt S&P keine Sterne-Ratings mehr. 4 oder 5 Sterne sind vergleichbar mit einem Hotel oberer Preisklasse. Die Ratingbuchstaben sind kein Freibrief für die künftige Entwicklung. Bei Managerwechsel können heutige Favoriten morgige Verlierer sein.

1 Handlungsabläufe bei der Anlage in Investmentfonds

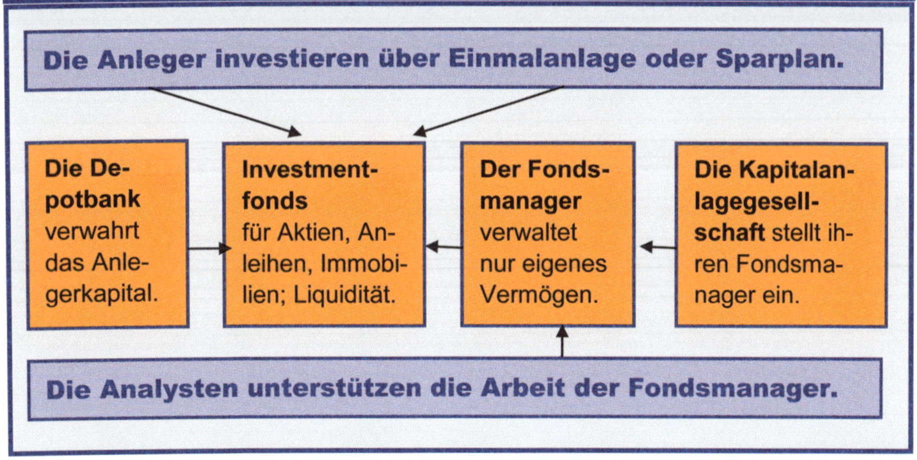

Fondsbewertungen von Standard & Poor's (S&P)

Ranking: Bewertung von Rendite und Risiko, auf drei Jahre bezogen	✱✱✱✱✱	zählt zu den Top-Zehn-Prozent der Gruppe
	✱✱✱✱	Gutes Rendite- und Risikoprofil
	✱✱✱	mittleres Rendite- und Risikoprofil
	✱✱	schwaches Rendite- und Risikoprofil
	✱	zählt zum schlechtesten Viertel der Gruppe
Rating: auf Basis der S&P-Analyse Beurteilung des Managements	AAA	außergewöhnlich hohe Managementqualität
	AA	sehr gute Qualität des Fondsmanagements
	A	gute Qualität des Fondsmanagements
	NR	das Rating wurde entzogen
	UR	wird beobachtet (z. B. Managerwechsel)

Die großen Drei dominieren: S&P 40,5 %, Moody's 34,7 % und Fitch 16,8 %. Alljährlich überprüft S&P europaweit ungefähr 1.400 Investmentfonds.

Angst und Besorgnis wie der Brexit Großbritanniens Ende Juni 2016, die Strafzollandrohungen Donald Trumps und die politische Unsicherheit in Italien bewirken, dass viele deutsche Anleger die Börse weiter meiden. Sie halten an der schleichenden Kapitalvernichtung Sparbuch fest. Über die Hälfte der vom Deutschen Aktieninstitut befragten Personen will keinen Euro in Aktien oder Aktienfonds investieren, wenn 10.000 € für 25 Jahre anzulegen sind. Der Anteil der Aktionäre und Fondsbesitzer liegt bei 16 %. Erfreulicherweise steigt das Interesse wegen abgeschaffter Guthabenzinsen nun leicht. Erstmals seit einem Jahrzehnt investieren 10 Mio. Privatanleger in Aktien: ein Plus von 1 Mio.

Große Enttäuschung bei der Fondsbilanz im Gesamtjahr 2018

Einige Aktienfonds haben ähnlich wie der Leitindex DAX ein Fünftel ihres Wertes im grottenschlechten Börsenjahr 2018 eingebüßt. Als Turm in der Schlacht erwies sich nur das weltweite Gesundheitswesen. Hier schafften die Aktienfonds ein kleines Plus. Mutige Anleger nutzten die Kursschwäche für Fondseinmalanlagen, bekamen sie doch relativ viele Anteile preisgünstig ins Depot.

Die Fondsbilanz Gesamtjahr 2018 mit Wertentwicklung in wichtigen Anlageschwerpunkten 1 und 5 Jahre

Rang	Durchschnittliche Wertentwicklung	Jahr 2018	5 Jahre
01	Anleihen US-Dollar	+3,6 %	-9,0 %
02	Aktien Gesundheitswesen Welt	+3,5 %	+6,7 %
03	Immobilien Welt	-0,1 %	-4,5 %
04	Anleihen globale Währung	-0,3 %	-3,6 %
05	Geldmarkt Euro	-0,6 %	-0,4 %
06	Anleihen Emerging Markets Hartwährung	-1,0 %	+6,7 %
07	Anleihen Euro Kurzläufer	-1,0 %	-0,2 %
08	Anleihen Europa	-1,0 %	+0,3 %
09	Anleihen europäische Währungen	-1,3 %	+0,5 %
10	Anleihen Euro Unternehmen Inv. Grade	-2,3 %	+2,3 %
11	Aktien Nordamerika	-2,9 %	+5,6 %
12	Aktien Technologie Welt	-3,1 %	+22,2 %
13	Aktien Lateinamerika	-3,2 %	+10,0 %
14	Absolute Return Multi Strategy Low Risk	-3,5 %	-0,6 %
15	Anleihen Emerging Markets Lokale Währg.	-4,3 %	+0,7 %
16	Anleihen Euro Unternehmen Hochzins	-4,4 %	+4,8 %
17	Mischfonds global konservativ	-4,8 %	+1,2 %
18	Aktien Telemedien Welt	-5,7 %	-2,5 %
19	Aktien Nordamerika Nebenwerte	-5,6 %	+1,4 %
20	Aktien Nachhaltigkeit und Ethik Welt	-7,1 %	+8,9 %
21	Aktien Welt	-8,3 %	+8,2 %
22	Aktien Goldminen	-10,7 %	-4,2 %
23	Aktien Asien Pazifik ohne Japan	-11,1 %	+20,2 %
24	Aktien Mittel- und Osteuropa	-11,4 %	+9,8 %

Quelle: Handelsblatt-Grafik und Scope Analysis vom 14. Januar 2019

8.2 Aktienfonds-Musterdepots für 3 Anlegertypen

Aktienfonds-Musterdepot 1: sicherheitsbewusste Anleger				
Name, Fonds-gesellschaft	**WKN**	**Kurs 28.01.19**	**Hoch/Tief 1 Jahr in €**	**Kursentwicklung 1, 3, 5, 10 Jahre**
DJE Dividende & Substanz P (EUR)	**164 325**	380,35 €	419,1/356,3	**-8/+15/+39/+122 %**
	Umfang 1,1 Mrd. €, Alter 15 Jahre, Ausgabeaufschlag **5,00 %,** Gebühr **1,32 %,** thesaurierend. Investiert wird weltweit. Dabei sind Deutsche Telekom (DAX/TecDAX) und Aurubis (MDAX).			
DWS Aktien Strategie Deutschland	**976 986**	363,80 €	453,9/321,9	**-18/+16/+43/+314 %**
	Umfang 3,53 Mrd. €, Alter 19 Jahre, Ausgabeaufschlag **5,00 %,** Gebühr **1,45 %,** thesaurierend. Der Fonds übergewichtet Blue Chips, berücksichtigt aber auch MDAX, TecDAX und SDAX.			
DWS Vermögens-bildungsfonds	**847 652**	153,25 €	165,2/141,1	**+-0/+28/+58/+159 %**
	Umfang 7,49 Mrd. €, Alter 48 Jahre, Ausgabeaufschlag **5,00 %,** Gebühr **1,45 %,** ausschüttend. Der Fondsriese investiert ohne Indexzwang. Es dominieren Dow-Jones- und Nasdaq-Aktien.			
First Private EURO Dividenden	**977 961**	85,95 €	102,3/80,75	**-15/+10/+34/+181 %**
	Umfang 232 Mio. €, Alter 21 Jahre, Ausgabeaufschlag **5,00 %,** Gebühr **1,50 %,** thesaurierend. Der Pionier unter Europas Dividendenfonds investiert in ausschüttungsstarke stabile Aktien.			
HGF Janus Henderson Global Growth	**A0DNEW**	15,60 €	17,25/14,35	**+-0/+37/+78/+235 %**
	Umfang 524 Mio. €, Alter 14 J., Ausgabeaufschlag **5,00 %,** Gebühr **1,50 %,** thesaurierend. Der Fonds strebt Wachstums- und Ertragschancen an, wozu auch der Automotive-Bereich zählt.			
Invesco Global Leisure A Konsum	**974 035**	46,15 €	53,60/40,75	**-8/+61/+68/+366 %**
	Umfang 1,74 Mrd. €, Alter 24 Jahre, Ausgabeaufschlag **5,00 %,** Gebühr **1,50 %,** thesaurierend. In diesem Branchen- und Themenfonds überwiegen die Bereiche Software, Internet, Hotel.			
KBC ECO Fund World	**A0J J55**	934,50 €	1.019/894,8	**-4/+26/+53/+215 %**
	Umfang 210 Mio. €, Alter 26 Jahre, Ausgabeaufschlag **3,00 %,** Gebühr **1,50 %,** thesaurierend. Hauptziel sind hohe Renditen. Die Firmen sollen nachhaltig und sozialverträglich wirtschaften.			

Treffen Sie Ihre Auswahl nach eigenem Gutdünken. Aber ordern Sie bitte nicht unter 1.000 €, damit die Gebühren nicht Ihren Gewinn auffressen. Schon mit zwei oder drei unterschiedlichen Fonds diversifizieren Sie Ihr Depot. Es spricht auch nichts dagegen, aus allen drei Musterdepots je einen Fonds auszusuchen.

Aktienfonds-Musterdepot 2: erfolgsorientierte Anleger				
Fonds-gesellschaft	**WKN**	**Kurs 28.01.19**	**Hoch/Tief 1 Jahr in €**	**Kursentwicklung 1, 3, 5, 10 Jahre**
BGF Black-Rock Global European	**779 374**	38,65 €	44,70/35,65	**-11/+7/+35/+223 %**
	Umfang 1,19 Mrd. €, Alter 16 J., Ausgabeaufschlag **5,00 %,** Gebühr **1,50 %,** thesaurierend. Der Fonds übergewichtet Pharma.			
Deka-Technologie CF	**515 262**	34,25 €	38,30/31,10	**+4/+62/+121/+364 %**
	Umfang 437 Mio. €, Alter 18 Jahre, Ausgabeaufschlag **3,75 %,** Gebühr **1,25 %,** ausschüttend. Der Fonds legt in Hightechaktien an, wie Alphabet, Amazon, Facebook, Microsoft und Apple.			
DJE ASIA High Dividend	**A0Q 5K0**	233,65 €	259,4/214,5	**-9/+42/+65/+144 %**
	Umfang 257 Mio. €, Alter 10 Jahre, Ausgabeaufschlag **0,00 %,** Gebühr **1,00 %,** thesaurierend. Wichtige Branchen sind Finanzen, Konsumgüter, Software, Telekommunikation, Industrie, Rohstoffe.			
Frankfurter Aktienfonds Stiftungen	**A0M 8HD**	127,65 €	142,5/116,6	**-11/+14/+28/+258 %**
	Umfang 2,55 Mrd. €, Alter 10 Jahre, Ausgabeaufschlag **5,00 %,** Gebühr **0,35 %,** thesaurierend. Es geht nicht um Indexorientierung, sondern Wertzuwachs mit dividendenstarken Nebenwerten.			
KBC Eco Water Classic	**A0F 6Z0**	1.282,7 €	1.410/1.160	**-4/+29/+45/+216 %**
	Umfang 640 Mio. €, Alter 18 Jahre, Ausgabeaufschlag **3,00 %,** Gebühr **1,50 %,** thesaurierend. Der Fonds setzt auf Wasser- und Abwasserentsorgung, Überwachung, Aufbereitung, Infrastruktur.			
Monega Innovation	**532 102**	60,20 €	69,50/53,60	**-9/+24/+39/+262 %**
	Umfang 48 Mio. €, Alter 17 J., Aufschlag **3,50 %,** Gebühr **1,30 %,** ausschüttend. Es geht um Aktien mit zukunftsfähigen Patenten.			
Nordinternet EUR ACC	**978 530**	95,75 €	108,6/82,55	**+17/+88/+153/+605%**
	Umfang 74 Mio. €, Alter 20 J., Ausgabeaufschlag **5,00 %,** Gebühr **1,00 %,** thesaurierend. Dabei: Amazon, Facebook, Alphabet.			
Quest Cleantech B	**A0N C68**	237,20 €	274,5/214,4	**-12/+22/+43/+274 %**
	Umfang 197 Mio. €, Alter 10 Jahre, Ausgabeaufschlag **2,00 %,** Gebühr **1,25 %,** thesaurierend. Der Fonds investiert in Aktien von Firmen aus Industrieländern, die an sauberer Energie arbeiten.			
UniFavorit: Aktien Europa	**847 707**	136,70 €	139,3/127,6	**+1/+31/+70/+272 %**
	Umfang 3,08 Mrd. €, Alter 13 Jahre, Ausgabeaufschlag **5,00 %,** Gebühr **1,20 %,** ausschüttend. UniFavorit legt in renditestarke Blue Chips an, wie Visa, Facebook, Alphabet, Alibaba, Nestlé.			

Aktienfonds-Musterdepot 3: für risikofreudige Anleger

Name, Fondsgesellschaft	WKN	Kurs 29.01.19	Hoch/Tief 1 Jahr in €	Kursentwicklung 1, 3, 5, 10 Jahre
Comgest Growth China EUR ACC	**756 455**	64,30 €	78,75/58,60	**-13/+42/+95/+260 %**
	Umfang 254 Mio. €, Alter 17 Jahre, Ausgabeaufschlag **4,00 %,** Gebühr **1,50 %,** thesaurierend. Investiert wird in die Aktien qualitativ hochwertiger Unternehmen aus dem Großraum China.			
Deutsche AM Smart Industrial Technologie	**515 248**	106,40 €	118,1/104,2	**-8/+38/+46/+288 %**
	Umfang 668 Mio. €, Alter 12 Jahre, Ausgabeaufschlag **5,00 %,** Gebühr **1,45 %,** ausschüttend. Investiert wird in Infrastruktur, Logistik, Industrie: Honeywell, United Tech., UPS, 3M, Fedex.			
DNB Fund Technology A	**A0M WAN**	471,65 €	502,7/389,4	**+11/+74/+133/+775**
	Umfang 487 Mio. €, Alter 11 Jahre, Ausgabeaufschlag **5,00 %,** Gebühr **1,50 %,** thesaurierend. Der Fonds investiert in Technologie-, Kommunikations- und Medientitel in Zukunftsmärkten.			
Deka-Technologie CF	**515 262**	34,85 €	38,95/31,20	**+4/+62/+121/+364 %**
	Umfang 470 Mio. €, Alter 18 Jahre, Ausgabeaufschlag 3,75 %, Gebühr 1,25 %, thesaurierend. Es geht um globale Technologieaktien, wie Samsung, Tencent, Amazon, Apple, Taiwan Semi.			
FTIF Franklin Templeton Mutual Value	**A0K EDF**	19,45 €	20,95/17,45	**-2/+24/+53/+210 %**
	Umfang 394 Mio. €, Alter 12 J., Ausgabeaufschlag **0,00 %,** Geb. **0,70 %,** thesaurierend. Anlage in wichtigen Zukunftsmärkten.			
KBC Equity Telecom & Tech. Classic	**779 078**	220,85 €	245,2/197,5	**+3/+43/+53/+210 %**
	Umfang 792 Mio. €, Alter 18 Jahre, Ausgabeaufschlag **3,00 %,** Gebühr **1,50 %,** thesaurierend. Der Fonds konzentriert sich auf Telekom/Hightech/Medien wie SAP, Samsung, Apple, ASML.			
Magna Umbrella New Frontiers R	**A1H 7JG**	18,15 €	21,30/16,35	**-13/+49/+60 %**
	Umfang 452 Mio. €, Alter 7 J., Ausgabeaufschlag **5,00 %,** Gebühr **1,95 %,** thesaurierend. Anlage unterhalb Schwellenländer.			
UniSector BioPharma A	**921 556**	110,00 €	119,4/94,15	**+5/+14/+50/+198 %**
	Umfang 297 Mio. €, Alter 19 Jahre, Ausgabeaufschlag **4,00 %,** Gebühr **1,55 %,** ausschüttend. Der Fonds legt weltweit in Pharma und Biotech an, wie Roche, Amgen, Pfizer, Biogen, Johnson.			
UniSector Hightech A EUR DIS	**921 559**	91,90 €	105,0/83,05	**+3/+45/+96/+305 %**
	Umfang 116 Mio. €, Alter 19 J., Ausgabeaufschlag **4,00 %,** Gebühr **1,55 %,** ausschüttend. Der Fonds bevorzugt USA-Aktien, wie Apple, Alphabet, Microsoft, Facebook, Visa, Oracle, Intel.			

8.3 Mit Branchenaktienfonds Chancen nutzen

Das Musterdepot ist als Auswahlangebot zu verstehen, wenn es darum geht, mit erfolgreichen Aktienfonds global breit gestreut die chancenreichen Branchen in Zukunftsmärkten abzudecken.

Für Sie gilt, auch hier zeitlich zu streuen und sich schrittweise für diejenigen Branchenaktienfonds zu entscheiden, deren Kurse gerade günstig sind. Machen Sie sich Branchenrotationen und Börsentrends zunutze. Branchenkenntnis ist vorteilhaft. **Vergleichen Sie bezüglich Branchenauswahl auch die ETF-Übersicht auf S. 282 bis 283.** Mal sind Aktienfonds, mal eher die Indexfonds zu empfehlen.

<table>
<tr><th colspan="5">Das Musterdepot für Branchenaktienfonds weltweit</th></tr>
<tr><th>Name, Fondsgesellschaft</th><th>WKN</th><th>Kurs 29.01.19</th><th>Hoch/Tief 52 Wochen</th><th>Kursentwicklung 1, 3, 5, 10 Jahre</th></tr>
<tr><td rowspan="2">Autoindustrie
Janus Henderson Global</td><td>A0D NEW</td><td>15,65 €</td><td>17,25/14,40 €</td><td>+-0/+39/+72/+233 %</td></tr>
<tr><td colspan="4">Umfang 295 Mio. €, Alter 13 Jahre, Ausgabeaufschlag 5,00 %, Gebühr 1,50 %, thesaurierend. Der Fonds investiert in innovative Firmen mit Zukunftschancen, wozu Automotive zählen.</td></tr>
<tr><td rowspan="2">Biotech
Candriam Equities Bio.</td><td>939 838</td><td>481,65 €</td><td>543,5/411,5 €</td><td>-8/+24/+39/+503 %</td></tr>
<tr><td colspan="4">Umfang 1,96 Mrd. €, Alter 18 Jahre, Ausgabeaufschlag 3,50 %, Gebühr 1,50 %, thesaurierend. Hauptanteile alle USA: Alexion, Amgen, Biogen, Celgene, Gilead, Illumina, Regeneron, Vertex.</td></tr>
<tr><td rowspan="2">Edelmetall
Commodity Global Mining</td><td>A0Y DDD</td><td>63,05 €</td><td>79,75/55,35 €</td><td>-27/+246/+84 %</td></tr>
<tr><td colspan="4">Umfang 6 Mio. €, Alter 9 Jahre, Ausgabeaufschlag 5,00 %, Gebühr 1,50 %, thesaurierend. Der erfolgreiche 5-Sterne-Fonds kauft vor allem Goldaktien von unbekannten „Junior“-Firmen.</td></tr>
<tr><td rowspan="2">Elektronik
Henderson Horizon Tech.</td><td>989 234</td><td>69,80 €</td><td>79,85/63,80 €</td><td>-7/+68/+80/+336 %</td></tr>
<tr><td colspan="4">Umfang 2,73 Mrd. €, Alter 22 Jahre, Ausgabeaufschlag 5,00 %, Gebühr 1,20 %, thesaurierend. Wichtige Sparten: Internetservice, Software, Computer, Halbleiterelektronik, Elektronikspiele.</td></tr>
<tr><td rowspan="2">Finanzen
NN Banking/ Insurance P</td><td>657 644</td><td>615,70 €</td><td>691,0/536,0 €</td><td>-18/+34/+18/+155 %</td></tr>
<tr><td colspan="4">Umfang 91 Mio. €, Alter 21 Jahre, Ausgabeaufschlag 3,00 %, Gebühr 1,5 %, thesaurierend. Es gilt, den MSCI World Financial zu schlagen mit Versicherungen, Banken, Vermögensverwaltern.</td></tr>
<tr><td rowspan="2">Immobilien
Janus JHHF Pan Europe</td><td>989 232</td><td>47,70 €</td><td>48,95/42,15 €</td><td>+3/+24/+75/+286 %</td></tr>
<tr><td colspan="4">Umfang 262 Mio. €, Alter 20 Jahre, Ausgabeaufschlag 5,00 %, Gebühr 1,20 %, thesaurierend. Der Fonds investiert mit Anteilen bis zu 10 % in Aktien europäischer Immobilienunternehmen.</td></tr>
</table>

<table>
<tr><th>Name, Fondsgesellschaft</th><th>WKN</th><th>Kurs 29.01.19</th><th>Hoch/Tief 52 Wochen</th><th>Kursentwicklung 1, 3, 5, 10 Jahre</th></tr>
<tr><td rowspan="2">Information
NN (L) Information Technology</td><td>A0Q 88T</td><td>1.108,0 €</td><td>1.443/991,1 €</td><td>+4/+53/+103/+346 %</td></tr>
<tr><td colspan="4">Umfang 209 Mio. €, Alter 20 Jahre, Ausgabeaufschlag 3,00 %, Gebühr 1,50 %, thesaurierend. Im Fokus stehen Internet der Dinge, Internetsoftware, Hardware, Telekommunikationsgeräte.</td></tr>
<tr><td rowspan="2">Infrastruktur
Morgan Stanley Infrastructure Global</td><td>A1H 586</td><td>45,05 €</td><td>47,95/41,70 €</td><td>-6/+22/+18 %</td></tr>
<tr><td colspan="4">Umfang 738 Mio. €, Alter 7 Jahre, Ausgabeaufschlag 1,00 %, Gebühr 0,85 %, thesaurierend. Schwerpunkte sind Aktien von Firmen mit Aktivitäten in Infrastrukturprojekten und Immobilien.</td></tr>
<tr><td rowspan="2">Internet der Dinge
Nordinternet</td><td>978 530</td><td>112,85 €</td><td>124,9/94,20 €</td><td>+19/+86/+144/+629 %</td></tr>
<tr><td colspan="4">Umfang 75 Mio. €, Alter 21 J., Ausgabeaufschlag 5,00 %, Gebühr 1,00 %, thesaurierend. Es geht um Internet, Infrastruktur, Onlineplattformen. Große Anteile: Amazon, Netflix, PayPal.</td></tr>
<tr><td rowspan="2">Konsumgüter
Fidelity Global Consumer</td><td>A0N GWX</td><td>31,85 €</td><td>35,25/29,55 €</td><td>+1/+27/+72/+295 %</td></tr>
<tr><td colspan="4">Umfang 994 Mio. €, Alter 10 Jahre, Ausgabeaufschlag 0,00 %, Geb. 1,10 %, thesaurierend. Investiert wird in Firmen, die Konsumgüter herstellen und vertreiben, wie L'Oréal, Nestlé, LVMH.</td></tr>
<tr><td rowspan="2">Medizintechnik
Bellevue (LUX) BB Adamant Med.</td><td>A0R P23</td><td>441,90 €</td><td>486,5/351,6 €</td><td>+18/+60/+124 %</td></tr>
<tr><td colspan="4">Umfang 445 Mio. €, Alter 9 Jahre, Ausgabeaufschlag 5,00 %, Gebühr 1,60 %, thesaurierend. Das Management investiert in bekannte Firmen wie Medtronic, Stryker, Abbott, Danaher.</td></tr>
<tr><td rowspan="2">Ökologie
Quest Manag. Cleantech</td><td>A0N C68</td><td>236,35 €</td><td>274,5/214,4 €</td><td>-10/+24/+44/+277 %</td></tr>
<tr><td colspan="4">Umfang 198 Mio. €, Alter 10 J., Ausgabeaufschlag 2,00 %, Gebühr 1,25 %, thesaurierend. Der Fonds investiert in Cleantech, erneuerbare Energie, Wasseraufbereitung und Entsorgung.</td></tr>
<tr><td rowspan="2">Pharma
DKB Pharma Fonds AL</td><td>921 869</td><td>66,75 €</td><td>69,75/55,85 €</td><td>+10/+15/+60/+236 %</td></tr>
<tr><td colspan="4">Umfang 43 Mio. €, Alter 19 Jahre, Ausgabeaufschlag 5,00 %, Gebühr 1,40 %, ausschüttend. Investiert wird in Aktien globaler Konzerne wie J&J, Novartis, Pfizer, Roche, Merck, AbbVie.</td></tr>
<tr><td rowspan="2">Technologie
Deka-Technologie TF EUR ACC</td><td>515 263</td><td>28,25 €</td><td>31,80/25,75 €</td><td>+3/+59/+114/+331 %</td></tr>
<tr><td colspan="4">Umfang 290 Mio. €, Alter 18 Jahre, Ausgabeaufschlag 0,00 %, Gebühr 1,50 %, thesaurierend. Große Anteile international: Alphabet, Amazon, Microsoft, Apple, Intel, Tencent, Cisco, Visa.</td></tr>
<tr><td rowspan="2">Telecom
KBC Equity Strategie Telecom & T.</td><td>779 078</td><td>218,70 €</td><td>245,3/197,5 €</td><td>+3/+43/+84/+230 %</td></tr>
<tr><td colspan="4">Umfang 792 Mio. €, Alter 18 Jahre, Ausgabeaufschlag 3,00 %, Gebühr 1,50 %, thesaurierend. Hauptanteile: Apple, ASML, SAP, Microsoft, Visa, Samsung, Qualcomm, Alphabet, Applied Mat.</td></tr>
</table>

Vorteile und Nachteile rund um Aktien, Aktienfonds, ETF		
Vorteile Aktien	**Vorteile Aktienfonds**	**Vorteile ETF**
Bei niedrigen Kursen bietet sich ein spontaner Zukauf an. Nahe dem Jahres- oder Allzeithoch ist ein Teilverkauf zu überlegen.	Schichtet das Fondsmanagement um, werden Sie nicht unmittelbar mit den Transaktionskosten belastet. Sie schlagen sich in der Jahresgebühr nieder.	Da der ETF die Indexzusammensetzung widerspiegelt, wird nur selten umgeschichtet. Dies ist ein Hauptgrund für die niedrigen Gebühren.
Bei Einzelaktien entscheiden Sie selbst, ob, wann, was, wie oft und in welcher Größenordnung Sie etwas tun.	Als Anleger nutzen Sie die Fachkompetenz von Profis, sparen Zeit, Arbeit und Mühe und machen nicht die ganz großen Fehler.	Passiv gemanagte ETFs bilden den Index exakt ab. Es reicht aus, einige Male im Jahr das Depot zu überprüfen.
Ein großes Aktiendepot bietet im Crash beste Chancen für kluge Hoch/Tief-Mut- und Kombinationsstrategien mit Zukauf/Teilverkauf.	Mit guten Spezialfonds lassen sich die attraktivsten Märkte, Indizes und Branchen durch ein geschicktes aktives Management gewinnbringend abdecken.	Selbst mit einem begrenzten Vermögen im mittleren fünfstelligen Bereich sind Sie in den wichtigsten Märkten und Branchen dabei.
Nachteile Aktien	**Nachteile Aktienfonds**	**Nachteile ETF**
Jeder Kauf und Verkauf ist mit Transaktionskosten verbunden. *„Viel hin und her macht Taschen leer.“*	Ausgabeaufschläge bis zu 5 % und jährliche Managementgebühren zwischen 1,0 und 2,0 % belasten auch das Langzeitdepot.	Kein Ausgabeaufschlag und geringe Jahresgebühren im Schnitt von nur 0,3 %. Sparpläne gibt es eher selten.
Über Aktien in den großen Indizes wird ausführlich berichtet. Infos über ausländische Nebenwerte gibt es kaum.	Spezialfonds schlagen oft den Markt. Aber 4 von 5 großen Standardfonds verlieren gegenüber dem Vergleichsindex (Benchmark).	Es ist für Privatanleger schwierig, ein klassisches passives vom aktiven Management mit Hebel II abzugrenzen.
Wer Einzelaktien ordert, verliert bei fehlendem Wissen, Herdentrieb und mangelnder Kontrolle oft viel Geld.	Die beratende Bank macht sich aus Eigennutz für eigene Aktienfonds stark und empfiehlt nur selten oder nie ETFs bzw. Indexfonds.	Die ETFs haben oft ellenlange unverständliche Namen. Die zwölfstellige ISIN in winziger Schrift führt zu Fehlern.

- **Die Erfolgsformel für Aktienfonds und Einzelaktien bezüglich Sicherheit und Rendite gründet auf vier Faktoren:** Dies sind: 1. üppige, verlässliche Dividende, 2. breite Streuung, 3. langfristiger Anlagezeitraum, 4. ein nachhaltiges, substanzstarkes, zukunftsfähiges Geschäftsmodell.

8.4 Ein Streifzug durch die wichtigsten Fondsarten

Im Rahmen der Zielsetzung dieses Buches interessieren neben dem Schwerpunkt Aktienfonds zumindest am Rande Mischfonds, Rentenfonds mit Wandelanleihen sowie Offene Immobilienfonds.

Kurzinfo: Dachfonds – vergleichbar mit einem Mietshaus

Dachfonds legen nicht in einzelne Werte, sondern in fremde Fonds an. Durch breite Streuung und Zugriff auf fremde Produkte steigen verständlicherweise die Kosten. Als Vergleich bietet sich ein Mietshaus mit mehreren Wohnungen an. Es fallen höhere Gebühren an. Das Risikoprofil vom Dachfonds entspricht nicht unbedingt Ihren Vorstellungen. Zielgruppe sind sicherheitsbewusste Anleger.

Dachfonds sind wegen geringeren Risikos weiterhin gefragt, wenngleich sie bei der Rendite meist gehörig hinterherhinken. Oft werden sie in Mischfonds eingereiht, die in Aktien und Anleihen anlegen. Es geht hier nicht nur um Aktienfonds, sondern um unterschiedliche Produkte. Dazu zählen internationale Fonds für Staats- und Unternehmensanleihen, Wandelanleihen, Geldmarkt, Edelmetalle, Rohstoffe usw. Derivative Finanzinstrumente dienen zur Absicherung. Möglicherweise setzt das Management auf steigende oder fallende Märkte. Wer am früheren Geschäftsmodell stur festhält, sich Neuerungen verschließt und nicht die Gebühren durch die Kampfansage der ETFs senkt, dem droht das Aus.

Rentenfonds: US-Hochzins- und Wandelanleihen oft top; Europastaatsanleihen durch Strafzinspolitik eher ein Flop

Rentenfonds sind Investmentfonds, die zumindest großteils in festverzinsliche Wertpapiere anlegen. Dazu zählen Pfandbriefe, Kommunalobligationen, Staats- und Firmenanleihen. Ein Wertzuwachs wird erwirtschaftet mit Zinsen, Handel und Kurssteigerungen wegen veränderter Zinspolitik und Währungseinflüssen. Lange Zeit galten Rentenfonds als solide, attraktive Geldanlage. Sie warfen jährlich Erträge von rund 5 % ab – eine Rendite, die heute eher mit Aktien und Aktienfonds erzielbar ist. Für Rentenfonds scheinen die goldenen Zeiten vorbei. Dies liegt an der Nullzinspolitik. Ein Ausstieg ist zu überlegen, wenn der Fonds nicht flexibel reagiert. 2016 wurden 10-jährige Bundesanleihen mit Strafzinsen von 0,01 % belastet. Seit Juli 2017 gibt es eine kleine Verzinsung von 0,50 %.

Offene Immobilienfonds für erfolgsorientierte Anleger

Offene Immobilienfonds ermöglichen es, auch mit kleinen Summen in Betongold anzulegen. Sie schwimmen oft in Geld. Aber es wird schwierig, preiswerte Objekte in Wachstumsstädten und guter Lage zu finden.

Offene Immobilienfonds erzielten binnen 1, 3, 5 Jahren im Schnitt eine Rendite von 9, 14, 40 %, bezogen auf den 18. April 2019. Im 10-Jahres-Vergleich erwirtschafteten die besten 5 Immobilienfonds ansehnliche Kursgewinne zwischen 250 und 300 %. Ob Einmalanlage oder Sparplan: Auch Offene Immobilienfonds sind geschütztes Sondervermögen. Die Fondsmanager kaufen Gewerbeimmobilien, Büro, Einzelhandel, Logistik, Hotels, mischen Wohnimmobilien bei und bevorzugen REITs. Dies ist die Abkürzung für „**R**eal **E**state **I**nvestment **T**rust".

REITs, wie es sie mit Alstria Office Reit im MDAX und Hamborner Reit im SDAX gibt, besitzen und verwalten steuerbegünstigt Immobilien. Bei Befreiung von der Körperschafts- und Gewerbesteuer muss die Gesellschaft ihre Anleger zu 90 % daran beteiligen. Die Dividende liegt oft über 4 % oder 5 %, ist aber auch abhängig vom Markttrend. Die Verschuldung darf maximal bei 55 % liegen. Also muss das Eigenkapital mindestens 45 % betragen – beides gut für die Sicherheit.

Offene Immobilienfonds profitieren vom Wertzuwachs der Grundstücke und Gebäude sowie steigenden Mieteinnahmen. Probleme entstehen bei hohem Mittelabfluss. Großinvestoren sollen sich zu einer zweijährigen Mindesthaltezeit verpflichten. Notfalls kann die Auszahlung vorübergehend ausgesetzt werden. Auch ein boomender Mittelzufluss bedeutet keine heile Welt. Möglicherweise können Kaufwünsche bei begrenztem Immobilienbestand kleinerer Fonds nicht mehr erfüllt werden, worunter die Qualität leiden kann.

Trotz mittelmäßiger Renditen gegenüber naturreinen Aktienimmobilienfonds verfügen große erfolgreiche Offene Immobilienfonds als Folge der Null- und Strafzinspolitik über genügend Eigenkapital. Probleme gibt es, wenn bei steigenden Preisen nicht mehr sinnvoll angelegt werden kann. Die Qualität leidet, sofern das Management überbewertete Grundstücke und Gebäude erwirbt, nur um Anlegerinteressen zu befriedigen.

- **Überlegen Sie selbst, wie Sie am besten Betongold nutzen können.** Die selbst genutzte Immobilie auch als Altersvorsorge? Sie ist laut einer aktuellen Studie rentabler als die Mietwohnung, vermittelt Gefühle von Verlässlichkeit, Wohlbefinden, Sicherheit und Geborgenheit. Bei Mietshäusern sind die Lage und Infrastruktur entscheidend. Dividendenstarke Aktien, preiswerte ETFs oder Themenfonds als Langzeitanlage? Marktkundige Anleger sollten bevorzugt in Aktienimmobilienfonds statt in Offene Immobilienfonds anlegen. Noch besser ist es, bei Kursschwäche gute Einzeltitel zu ordern.

Bei Geschlossenen Fonds ist größte Vorsicht geboten. Da es sich nur um eine Immobilie oder wenige Objekte handelt, ist bei fehlendem Zuspruch, Scheitern und Insolvenzgefahr kein Ausstieg wie bei Einzelaktien und Offenen Immobilienfonds möglich. Finden Sie keinen Ersatzanleger, müssen Sie bis zum bitteren Ende vielleicht ein Jahrzehnt ausharren und schlimmstenfalls Geld nachschießen.

Offene Immobilienfonds	Geschlossene Immobilienfonds
Gewöhnlich können Sie Ihre Fondsanteile jederzeit zum Tagespreis zurückgeben. In Krisen dürfen Fonds die Rückzahlung bis zu zwei Jahre aussetzen, um bei Mittelabfluss eigene Immobilien nicht zum Schleuderpreis verkaufen zu müssen.	**Eine Rücknahmeverpflichtung besteht nicht. Es gibt keine verbindlichen Rücknahmepreise. Im Allgemeinen ist ein Verkauf nur möglich, wenn ein Ersatzkäufer für Sie einspringt. Nachschussverpflichtungen sind nicht ausgeschlossen. Haben Sie Pech, verlieren Sie sogar Ihre bisherigen Ausschüttungen.**
Mittel- und längerfristig erfolgt im Allgemeinen ein Wertzuwachs.	Das Risiko des Veräußerungsverlustes durch überteuerte Einstandspreise ist hoch.
viele Objekte, Standortstreuung	eine Immobilie bzw. nur wenige Objekte
Einkünfte aus Kapitalvermögen	Einkünfte aus Vermietung/Verpachtung
Laufzeit im Allgemeinen endlos	lange Laufzeit, im Schnitt 15 bis 25 Jahre
gesetzlich geschützt/kontrolliert	kein gesetzlicher Schutz; aber neue Regeln

Flexible, auf Zinssätze angepasste Multi-Asset-Mischfonds sind geeignet für das Nachwuchsdepot Kinder und Enkel

Den modernen Mischfonds mit flexibler Gewichtung Aktien und Anleihen gehört auch bei einer Zinswende die Zukunft

Mischfonds zählten seit vielen Jahren zu den beliebtesten Investmentfonds. Die Null- und Strafzinspolitik drängt sie jedoch in die Randzone der Ladenhüter, sofern nicht als Ersatz für unrentable Staatsanleihen der Aktienanteil bei guter Marktlage stark ansteigt und attraktive Rohstoffe Platz im Portfolio finden. Die Zauberformel heißt heute: **multiple Asset-Struktur.** Statt dem früher üblichen Anteilverhältnis von 50:50 Aktien/Anleihen sind die Anteile je nach Marktlage flexibel zwischen 5 und 95 % in die eine oder andere Richtung ausgerichtet. Also geradezu ideal im Langzeitdepot für Kinder und Enkel, als Sparplan und Einmalanlage.

Derzeit werden über 5.000 Mischfonds gehandelt, im Inland über 1.000, im Ausland rund 4.000. Die neuen dynamisch konzipierten deutschen Produkte schafften im Fünfjahresvergleich eine zufriedenstellende Rendite von 23 %.

Wer an starren Anlagekonzepten festhält, dem laufen die Kunden weg. Aktuell werfen Aktienfonds vom Gesundheitswesen, Nebenwertesektor und den Bereichen Technologie, Telekommunikation, Robotik, Künstliche Intelligenz und Biopharma die höchste Rendite ab. Renten- und Geldmarktfonds können nicht mithalten. Hedgefonds werden abgestraft für überhöhte Gebühren bei mäßigem Ergebnis.

Mischfonds legen in Aktien großer, mittlerer und kleiner Firmen hierzulande und weltweit an, je nach Ausrichtung auch in Staats- und Unternehmensanleihen, Währungen, Geld- und Rentenfonds, öfters mit Gold sowie Hochzinsanleihen aus den USA und Schwellenländern angereichert. Ebenso ist es möglich, dass ein Mischfonds in andere Fonds unterschiedlicher Klassen investiert. All dies dient der Streuung. Banken verdienen recht gut an Mischfonds und bieten sie als Lieblingsprodukt an. Oft werden Derivate zur Absicherung eingesetzt. Mischfonds sind selbst bei dürftiger Rendite infolge der Niedrigzinspolitik im Allgemeinen beliebter als Aktienfonds. Innovative Fondsmanager passen den Anteil von Aktien und Anleihen je nach Marktlage flexibel an. Die besten Mischfonds ähneln derzeit Aktienfonds, die kleine Prozentsätze an Anleihen beimischen, mitunter kaum 10 %. Steigen die Zinsen, erhöhen sich auch die Anleihenanteile.

Moderne Multi-Asset-Mischfonds passen sich der Zinspolitik an

Die große Kluft der Erträge bei den wichtigsten Wertpapierklassen Aktien und Anleihen zeigt, dass Anleger wenig aus der Geschichte lernen. Bis Herbst 2017 wurden in populäre Mischfonds 22 Mrd. € gesteckt. Nur die neuen Produkte mit innovativem, flexiblem Multi-Asset-Anlagekonzept ohne starre Vorgaben beim Anteil Aktien/Anleihen haben Chancen. Solche Mischfonds eignen sich gut als Anlagen für Kinder und Enkel, denn sie dürften bei Rückkehr zu einer normalen Zinspolitik gut dastehen. In zwei Jahrzehnten herrschen andere Zinssätze.

Anleihen werfen wegen abgeschaffter Guthabenzinsen kaum Rendite ab. Selbst Strafzinsen sind wohl noch bis 2020 im Umlauf. Mischfonds sind für sicherheitsbewusste Investoren zu empfehlen, um in unterschiedlichen Anlageklassen dabei zu sein. Ich habe mich auf die Suche nach guten Mischfonds gemacht, auch wenn ich selbst Einzelaktien, ETFs, Branchen- und Themen-Aktienfonds vorziehe und bevorzugt in Nebenwerte von Familienunternehmen aus unterschiedlichen Indizes investiere. Kein Mischfonds befindet sich in meinem Wertpapierdepot.

Positiv ist, dass die niedrigen ETF-Gebühren öfters zum Preisrutsch bei den Kosten führen. Gar nicht so selten ähnelt die Gebührenstruktur bei Misch- und Aktienfonds den ETFs. Produkte mit einem Ausgabeaufschlag von 5 % und jährlichem Verwaltungsaufwand von 2,0 % dürften kaum noch Abnehmer finden. Meine Kursliste von den aus Bestenlisten stammenden Mischfonds bringt einige Produkte mit geringen Gebühren und beachtlicher Kursentwicklung.

Die Rendite hängt von flexibler Gestaltung und innovativem Anlagenmix ab. Es funktioniert nicht immer, nur auf Value, also einen defensiven, konjunkturunabhängigen dividendenstarken Aktienanteil zu setzen. Im Bullenmarkt dominiert Growth mit Aktien in den wichtigen Zukunftsmärkten Industrie 4.0, Internet der Dinge, Digitalisierung, Vernetzung, Cloud-Computing, Künstliche Intelligenz, Robotik. Der demografische Wandel beeinflusst Anlegerverhalten und Produktstruktur.

Mutige Mischfondsauswahl 2019: fair und chancenreich				
Name, Fonds-gesellschaft	**WKN**	**Kurs 12.04.19**	**Hoch/Tief 1 Jahr in €**	**Kursentwicklung 1, 3, 5, 10 Jahre**
Adelca Invest GI Multi Asset	A0M 6JK	358,45 €	358,5/321,8	+8/+77/+106/+275 %
	Alter 11 Jahre, Ausgabeaufschlag **5,00 %,** Gebühr **1,00 %,** thesaurierend. Erträge: Kursgewinn, Dividenden und Zinszahlung.			
Adelca Invest GVI Multi Ass.	A0M 6JL	341,40 €	341,4/310,0	+6/+80/+107/+277 %
	Alter 11 Jahre, Ausgabeaufschlag **5,00 %,** Gebühr **1,00 %,** thesaurierend. Flexibles Anlagekonzept in Aktien und Anleihen.			
Deutsche AM Dynamic Opp.	984 807	45,20 €	45,30/40,25	+8/+24/+55/+175 %
	Alter 19 J., Ausgabeaufschlag **0,00 %,** Gebühr **0,85 %,** thesaurierend. DAX-Titel: Dt. Telekom, Allianz, Bayer, Daimler, SAP.			
Nord/LB AM Global Challenges Index	A0L GNP	195,80 €	196,6/158,3	+22/+57/+95/+353 %
	Alter 12 Jahre, Ausgabeaufschlag **5,00 %,** Gebühr **0,40 %,** ausschüttend. Schwerpunkte: Technologie, Industrie, Ökologie.			
Premium Stars Chance AT	978 707	211,60 €	212,5/181,0	+10/+34/+60/+194 %
	Alter 17 Jahre, Ausgabeaufschlag **2,50 %,** Gebühr **1,00 %,** thesaurierend. Anlage in Aktiendachfonds und Zinswertpapiere.			
Seilern Global Trust (A)	973 105	170,65 €	170,7/144,6	+11/+39/+66/+195 %
	Alter 25 Jahre, Ausgabeaufschlag **3,00 %,** Gebühr **1,50 %,** ausschüttend. Branchenunabhängige Anlage Aktien und Anleihen.			
ZukunftsPlan 1 EUR ACC	DK1 CJ2	247,15 €	263,0/230,8	+11/+29/+48/+183 %
	Alter 10 Jahre, Ausgabeaufschlag **2,00 %,** Geb. **0,35 %,** thesaurierend. Dachmischfonds: Aktien-, Renten-, Geldmarktfonds.			

Aktien-Wandelanleihen: Alternative für Könner bei mehr Sicherheit in Börsenkrisen

Neben den von Großbanken ausgegebenen Aktienanleihen mit Hochzinskupon gibt es die von den Unternehmen begebenen klassischen Wandelanleihen mit Niedrigzinssatz. Hier bestimmen Sie innerhalb einer vorgegebenen Frist, ob Sie die Wandelschuldverschreibung bar ausgezahlt wünschen oder eine im Vorfeld vereinbarte Aktienanzahl vorziehen. Der Ausgabekurs liegt über dem aktuellen Preis. Das Anlagerisiko ist gering, wenn die Ratingeinstufung hoch ist, also im A-Bereich liegt. Wandelanleihen schneiden gelegentlich besser ab als Dividendenpapiere. Das Umwandeln zum im Voraus festgelegten Preis in Aktien lohnt sich, wenn der Aktienkurs danach über dem Wandlungspreis notiert. Die Aktien substanzstarker, nachhaltig wirtschaftender Marktführer dürften auch künftig aufwärts tendieren.

Renommierte börsennotierte Unternehmen entscheiden sich eher für Wandelanleihen als die von Krisen heimgesuchten Mittelstandsanleihen. Gute globale Fonds für Wandelanleihen springen bezüglich Performance nie durch die Decke, erzielen aber verlässliche Renditen, die nur bei hohen Gebühren geschmälert werden.

Drei erfolgreiche Wandelanleihenfonds weltweit				
Fonds-gesellschaft	**WKN**	**Kurs 12.04.19**	**Hoch/Tief 1 Jahr in €**	**Kursentwicklung 1, 3, 5, 10 Jahre**
Convertible Global Diversified UI	**A0M999**	149,60 €	159,5/142,5	**+-0/+16/+18/+83 %**
	Umfang 42 Mio. €, Alter 11 Jahre, Ausgabeaufschlag **3,0 %,** Gebühr **3,0 %,** ausschüttend. Der Fonds investiert über 50 % weltweit in Wandelanleihen und setzt Derivate zur Absicherung ein.			
BMO Global Convertible Investments	**801 625**	**20,25 €**	**20,30**/18,80	**+6/+10/+23/+107 %**
	Umfang 189 Mio. €, Alter 16 Jahre, Ausgabeaufschlag **5,0 %,** Gebühr **2,0 %,** ausschüttend. Der Fonds konzentriert sich auf große Unternehmen, wie Siemens, Dt. Post, BP, Total, LVMH.			
Selection Global Convertibles	**848 495**	129,20 €	131,9/121,8	**+1/+11/+16/+77 %**
	Umfang 55 Mio. €, Alter 34 Jahre, Ausgabeaufschlag **3,50 %,** Gebühr **0,80 %,** thesaurierend. Dieser Traditionsfonds investiert mindestens 50 % in internationale Wandel- und Optionsanleihen.			

Der Demografiewandel beeinflusst das Anlegerverhalten

Eine neue Studie von 2018/2019 mit 2.100 Interviews zeigt bei den „Babyboomern“, den heutigen 50- bis 65-Jährigen, fatale Auswirkungen auf die Anlagekultur. Knapp zwei Drittel der nächsten Rentengeneration beurteilt die Geldanlagen an der Börse als „unkontrolliertes Risiko“. Ebenfalls zwei Drittel schätzen die Börse „nur für Experten geeignet“ ein. Ein solch negatives, durch Ablehnung und Unwissenheit gekennzeichnetes Aktienbild führt zu dramatischen Folgen.

Skepsis und Unwissenheit sind ein Schlag ins Gesicht der deutschen Aktienkultur. Schließlich hat die Generation der geburtenstärksten Jahrgänge einiges an Vermögen angesammelt. Durch die längere Lebenserwartung steigt der Druck, privat für das Alter vorzusorgen. Aber genau da hapert es. Das Geld dümpelt durch Nullzins und Inflationsrate als schleichende Kapitalvernichtung auf dem Giro-, Tagesgeld- oder Festgeldkonto dahin oder schlummert mit Verlust unter der Matratze.

Nur ein Viertel der sogenannten Babyboomer hält Aktien, ETFs oder Aktienfonds für die beste Anlage zum Vermögensaufbau. Die Ablehnung gegenüber den Dividendenpapieren wird gespeist durch Unkenntnis und Bequemlichkeit. Über die Hälfte der nächsten Rentengeneration kann keine Aussage dazu machen, welche Rendite bei einer Geldanlage über fünf oder zehn Jahre zu erwarten ist.

Auch zur aktuellen Inflationsrate fehlen aus Unwissenheit oder Gleichgültigkeit zutreffende Antworten. Als „ideale Anlagedauer“ werden im Schnitt etwas über zwei Jahre genannt, nicht aber die risikoarme, breit gestreute Langzeitanlage von einem Jahrzehnt und darüber. Nur jeder achte Deutsche bezeichnet „mehr als ein Jahrzehnt“ als besten Zeithorizont, um Vermögen aufzubauen. Offensichtlich besteht ein gespaltenes Verhältnis zur Geldanlage am Kapitalmarkt. Nur das schnelle Rein und Raus, das kurzfristige Spekulieren an der Börse gilt als interessant.

Kleine Bestenauswahl unterschiedlicher Fondsarten

Name, Fondsgesellschaft	**WKN**	**Kurs 12.04.19**	**Hoch/Tief 1 Jahr in €**	**Kursentwicklung 1, 3, 5, 10 Jahre**
Mischfonds	**A0M 6JK**	**358,45 €**	**358,5**/321,8	**+8/+77/+106/+275 %**
Adelca Invest GI Multi Asset	Alter 11 Jahre, Ausgabeaufschlag **5,00 %,** Gebühr **1,00 %,** thesaurierend. Erträge: Kursgewinn, Dividenden und Zinszahlung.			
Mischfonds	**A0L GNP**	195,80 €	196,6/158,3	**+22/+57/+95/+353 %**
Nord/LB AM Global Chall.	Alter 12 Jahre, Ausgabeaufschlag **5,00 %,** Gebühr **0,40 %,** ausschüttend. Schwerpunkte: Technologie, Industrie, Ökologie.			
Dachfonds	**532 656**	56,75 €	60,30/49,75 €	**+7/+26/+41/+156 %**
BBBank Dynamik Union	Umfang 69 Mio. €, Alter 18 Jahre, Ausgabeaufschlag **2,50 %,** Geb. **1,30 %,** ausschüttend. Einzelaktien, Aktien-/Rentenfonds.			
Dachfonds	**DK1 CJ2**	268,00 €	269,4/230,4 €	**+10/+29/+48/+183 %**
Zukunfts-Plan I	Umfang 1,16 Mrd. €, Alter 10 Jahre, Ausgabeaufschlag **2,00 %,** Gebühr **0,35 %,** thesaurierend. Stets Anpassung an Marktlage.			
Rentenfonds	**A1J 7Z1**	**446,60 €**	**446,6**/316,8 €	**+33/+113/+192/+349%**
H20 Multibonds R EUR	Umfang 4,5 Mrd. €, Alter 10 J., Ausgabeaufschlag **1,00 %,** Geb. **0,73 %,** thesaurierend. Schuldtitel Portugal/Italien/Griechenland.			
Rentenfonds	**A0N E6U**	194,65 €	199,9/178,2 €	**+4/+11/+30/+68 %**
Vanguard Goverment	Umfang 3,0 Mrd. €, Alter 10 J., Ausgabeaufschlag **0,00 %,** Geb. **0,15 %,** thesaurierend. Langfristige Schuldtitel Großbritannien.			
Immofonds	**A0Y FRV**	**18,10 €**	**18,10**/16,75 €	**+9/+58/+90/+127 %**
Catella Max	Umfang 315 Mio. €, Alter 9 Jahre, Ausgabeaufschlag **5,00 %,** Gebühr **0,70 %,** ausschüttend. Der Fonds konzentriert sich auf München und Umfeld mit unterschiedlichen Nutzungsformen.			
Immofonds	**989 232**	49,65 €	50,45/43,00 €	**+10/+25/+78/+297 %**
Janus Henderson Europ.	Umfang 282 Mio. €, Alter 21 J., Ausgabeaufschlag **5,00 %,** Gebühr **1,20 %,** thesaurierend. Der Ertrag stammt aus Besitz, Verwaltung, Entwicklung von Grundstücken/Gebäuden in Europa.			

⑨ Aktiensteuerrecht: unangenehm, aber wichtig

9.1 Wissenswertes zum Aktiensteuerrecht

Neues Steuerrecht für den Fonds-Altbestand ab 2018

Zum Jahresbeginn 2018 wurden die vor 2009 erworbenen Investmentfonds vom steuerfreien Alt- in den steuerpflichtigen Neubestand umgewandelt. Der Altbestand bleibt nur bis Ende 2017 von der Steuer verschont. Das neue Steuerrecht ist jedoch nur für reiche Privatanleger nachteilig; denn es gilt ein Freibetrag von 100.000 €. Erst nach Überschreiten der Freigrenze greift das Finanzamt auf den vom Altbestand zum umgewandelten Neubestand zu.

Aufgepasst: Alt- und Neubestand in getrennten Depots

Schon 2019?

Sie lesen dieses Kapitel frühestens im Sommer 2019. Dennoch sollten Sie den kurzen Rückblick seit 2008 nicht ignorieren. Trauern Sie verpassten Chancen nicht nach. Es gilt, mit Blick auf das geltende Steuerrecht die Weichen fortan richtig zu stellen.

Rückblick 2008!

2008 zählt zu den besonders schlechten Jahren der Börsengeschichte mit der Großchance für entschlossene Börsianer, die Gunst der Stunde mit dem Aufbau eines steuerfreien Aktienaltbestands zu nutzen. Der Crash, entfacht durch einen die Gesamtwirtschaft heimsuchenden Flächenbrand, wurde zum Glücksbringer für Mutige. Auslöser war die sich zum Finanzdesaster ausweitende Subprime- bzw. Immobilienkrise in Amerika. Begleiterscheinungen waren ein zunächst starker Euro und ein explodierender, danach abstürzender Ölpreis.

Die anfangs hohe Inflationsrate wurde abgelöst von Deflationsfurcht und folgenden Aktionen: Drehen an Zinsschrauben, staatliche Konjunkturprogramme und Rettungsschirme, Abschied vom Wirtschaftswachstum und sich auftürmende Überschuldungsfallen. Weltwirtschaft im Würgegriff bedeutet Vertrauensverlust, starker Auftrags- und Gewinnrückgang, Investitionsstopp, Massenentlassungen, Kreditklemme, drohende Insolvenz bis hin zur Pleite. Dies ist die Rezeptur für einen Bärenmarkt – befeuert durch Russland-Sanktionen! Gerade deshalb: Trennen Sie sich nicht von Ihren Qualitätsaktien! Koppeln Sie sich vom Herdentrieb ab!

Gab es eine bessere Gelegenheit, als sich vor 2009 einen steuerfreien Altbestand an Aktien, ETFs und Aktienfonds aufzubauen? Im Nachhinein taugte die Zeit vor 2009 als Zauberformel für den nachhaltigen Börsenerfolg. Seit 2009 greift das Finanzamt mit der Abgeltungsteuer von 25 % unerbittlich zu. Die deutschen Steuereinnahmen befinden sich auf Rekordhöhe. Sie wuchsen binnen 12 Jahren von 452 Mrd. € auf 725 Mrd. € im Jahr 2017.

Den Altbestand vom Neubestand ab 2009 im Depot trennen

> *„Die Kunst der Besteuerung liegt darin, die Gans so zu rupfen, dass sie unter wenig Geschrei so viele Federn wie möglich lässt!“*
>
> Jean Baptiste Colbert, französischer Staatsmann

Keinesfalls sollten Sie Ihren steuerfreien Altbestand an Standardaktien, ETFs und guten Aktienfonds voreilig verkaufen. Vor allem: Lassen Sie sich nicht unüberlegt ausstoppen! Beim Verkauf gilt: *„First in – first out!“* Immer werden die zuerst gekauften Aktien, ETFs und Aktienfonds veräußert. Falls dies bislang noch nicht geschah, ist es Zeit, sich ein Zweitdepot bei Ihrer Hausbank oder einem Discountbroker einzurichten. Bekommen Sie statt der üblichen Dividende eine steuerfreie **Ertragsgutschrift** ausbezahlt, ist nicht zu befürchten, dass das Finanzamt beim Altbestand zugreift. Die hohe Ausschüttung bleibt – wie bei Telekom oder Freenet – auf lange Sicht sicherlich steuerfrei.

Verrechnen Sie im selben Jahr Ihre Gewinnmitnahmen vom Neubestand mit Verlusten zwecks Steuerausgleichs

> **Steuerhinterziehung – kein Kavaliersdelikt**
>
> Wer in der Steuererklärung unwahre Angaben notiert oder Einkünfte nicht einträgt, macht sich der Steuerhinterziehung schuldig. Es drohen schärfere Geld- und Freiheitsstrafen sowie längere Verjährungsfristen. Steuern und Zinsen sind nachzuzahlen.

Die Steuerpflicht bei Aktienverkäufen und Dividendeneinnahmen beginnt, sobald Sie den jährlichen Pauschalfreibetrag von 801 €, Ehepaare mit gemeinsamer Veranlagung 1.602 €, aufgebraucht haben. Wenn Sie im Jahr 2018 mit deutschen Aktien Kursgewinne von 40.000 € erzielten, führt Ihre Depotbank automatisch einschließlich Kirchensteuer rund 11.200 € an das Finanzamt ab. Betragen Ihre realisierten Aktienverluste im selben Jahr 20.000 €, erstattet Ihnen Ihre Depotbank rund 28 %, also etwa 5.600 € zurück. Allerdings muss die von Ihnen bezahlte Steuer für Gewinnmitnahmen immer höher sein als der Steuerausgleich für erlittene Kursverluste. Sie müssen also im selben Jahr einen Gewinnüberhang durch Verkäufe erzielen. Dividenden dürfen für den Steuerausgleich nicht herangezogen werden.

Der Preis für mehr Steuerehrlichkeit und der Verzicht auf das Kontenabrufverfahren bedeuten einen empfindlichen Rückschritt bei Vermögensaufbau und Altersvorsorge. Die Kleinverdiener stellen sich schlechter, die Großverdiener besser. Seitdem der Präsident vom FC Bayern München, **Uli Hoeneß,** bei hochspekulativen Börsengeschäften Steuern in Millionenhöhe unterschlug, hat sich die Einschätzung in der Öffentlichkeit im Hinblick auf Steuerbetrug verändert. Einerseits schnellen aus Angst vor Entdeckung die Selbstanzeigen in die Höhe. Andererseits wird Steuerhinterziehung mehrheitlich nicht mehr als „Kavaliersdelikt", sondern als Straftat bewertet. Das Bundesfinanzministerium hat die Strafen einhergehend mit einer auf 10 Jahre verlängerten Verjährungsfrist drastisch verschärft.

Ein Blick auf die Quellensteuersätze ausgewählter Länder

Beläuft sich der Gewinn auf nur wenige Hundert Euro, dürfte es sich kaum lohnen, einen Erstattungsantrag gegenüber dem ausländischen Finanzamt zu stellen. Im Allgemeinen sind nur 15 % anrechenbar. Die Erstattung selbst bewegt sich in ähnlicher Größenordnung.

Um einer doppelten Besteuerung bei **Dividenden** zu entgehen, hat die Bundesregierung ein **Doppelbesteuerungsabkommen** abgeschlossen. Als Anleger dürfen Sie einen Teil der ausländischen Quellensteuer auf die deutsche Abgeltungsteuer anrechnen. Gewöhnlich sind es 15 %. Dieses Verfahren erhöht die Rendite, ist aber lästig, mühsam und nur lohnend ab deutlich dreistelligem Dividendenertrag pro Titel. Kontaktieren Sie Ihre Depotbank, um sich über Details zu informieren.

Die Quellensteuersätze ausgewählter Länder

Land	Steuer, Erstattung, Anrechnung	Land	Steuer, Erstattung, Anrechnung
Belgien	25 %, 10 %, 15 %	**Norwegen**	25 %, 25 %, 0 %
Finnland	30 %, 15 %, 15 %	**Österreich**	25 %, 10 %, 15 %
Frankreich	30 %, 15 %, 15 %	**Schweden**	30 %, 15 %, 15 %
England	**0 %, 0 %, 0 %**	**Schweiz**	35 %, 20 %, 15 %
Italien	20 %, 5 %, 15 %	**Spanien**	21 %, 21 %, 0 %
Japan	15 %, 0 %, 15 %	**USA**	30 %, 15 %, 15 %
Niederlande	15 %, 0 %, 15 %		

Anmerkung: Nach **Registrierung** als ausländischer Investor gelten in Frankreich, Italien, Schweden und USA ermäßigte Quellensteuersätze. Steuerlich günstig ist es, englische Aktien zu kaufen. Hier schlägt die Doppelsteuerfalle trotz Brexit nicht zu.

9.2 Was bewirkt steuerlich die Ertragsgutschrift?

Die steuerfreie Ausschüttung gilt als Rückzahlung des Eigenkapitals an die Aktionäre – und nicht als Gewinnausschüttung. Eigenkapitalrückzahlungen sind steuerfrei. Geregelt ist dies im § 20 Einkommensteuergesetz. Ihre Bank kennzeichnet Ertragsgutschriften mit Hinweis auf § 27 KStG. Wermutstropfen gibt es im Neubestand. Dauerhaft von der Abgeltungsteuer verschont bleibt wohl nur die Ertragsgutschrift im Altbestand. Sonst gilt die Dividende als „steuerverstrickt". Sie mindert für das Finanzamt den Einstandspreis, sodass beim späteren Verkauf evtl. mehr Steuern durch die größere Differenz beim Kauf- und Verkaufspreis anfallen.

Solange Sie die Aktie behalten, bleiben Sie verschont. Verkaufen Sie nach einem Jahrzehnt, bleibt abzuwarten, wie das Finanzamt reagiert. Schüttet die AG nur einen Teil steuerfrei aus, dürfte der Vorteil nicht dauerhaft sein. Umgekehrt ist es möglich, dass Sie sich erstmals über eine Ertragsgutschrift freuen.

Auswahl deutscher Indexaktien mit Ertragsgutschrift

Aktien mit Ertragsgutschrift	Aktien-index	WKN	Kurs am 08.04.19	Div. (e) 2020	Divid.-Rendite
Alstria Office R.	MDAX	A0L D2U	14,15 €	0,56 €	3,8 %
Dt. Euroshop	MDAX	748 020	26,60 €	1,60 €	5,8 %
Deutsche Post	DAX	555 200	30,20 €	1,35 €	4,1 %
Deutsche Telekom	DAX	555 750	14,95 €	0,65 €	4,0 %
Deutsche Wohnen	MDAX	A0H N5C	41,00 €	1,00 €	2,3 %
Deutz	SDAX	630 500	8,25 €	0,19 €	2,1 %
DIC Asset	SDAX	A1X 3XX	10,10 €	0,52 €	5,0 %
Freenet	TecDAX	A0Z 2ZZ	20,10 €	1,75 €	8,5 %
Infineon	DAX	623 100	20,15 €	0,31 €	1,4 %
Innogy	MDAX	A2A ADD	41,15 €	1,60 €	3,9 %
Jenoptik	TecDAX	A2N B60	34,85 €	0,40 €	1,0 %
LEG Immobilien	MDAX	LEG 111	106,90 €	3,90 €	3,5 %
S&T	TecDAX	A0X 9EJ	23,60 €	0,20 €	0,8 %
Telefónica Dt.	TecDAX	A1J 5RX	2,90 €	0,28 €	9,3 %
TLG Immobilien	SDAX	A12 B8Z	27,20 €	1,00 €	3,5 %
Vonovia	DAX	A1M L7J	45,35 €	1,65 €	3,4 %
WashTec	SDAX	750 750	70,90 €	3,10 €	3,9 %

Deutsche Aktien in keinem Index mit Ertragsgutschrift					
Aktien/ Firmen	**WKN**	**Kurs am 12.04.19**	**52 Wochen-Hoch/-Tief**	**Div. (e) 2020**	**Divid.-Rendite**
Adesso	A0Z 23Q	52,80 €	67,00/46,70 €	0,50 €	0,9 %
KPS	A1A 6V4	6,75 €	10,00/5,10 €	0,40 €	6,0 %
Mensch & Ma.	658 080	30,70 €	31,00/21,30 €	0,75 €	2,4 %
NEXUS	522 090	20,90 €	24,10/15,10 €	0,18 €	0,7 %
PSI	A0Z 1JH	17,60 €	17,85/13,30 €	0,27 €	1,5 %
QSC	513 700	1,30 €	1,70 €/1,20 €	0,05 €	3,9 %
SinnerSchrad.	514 190	13,00 €	13,10/11,90 €	0,25 €	1,9 %
SYZYGY	510 480	9,30 €	10,95/7,70 €	0,42 €	4,5 %

Tipp: Führen Sie bitte genau Buch über Ihre steuerfreien Ertragsgutschriften, solange sie gelten. Google und andere Suchmaschinen helfen Ihnen hier kaum weiter. Vollständige Listen sind nirgends auffindbar. Eine überholte und fortan nicht mehr geltende Angabe könnte Anleger und Anwaltskanzleien auf den Plan bringen, auch hier Klagen einzureichen. Nachdem Ihnen bei der Dividende zumindest so lange, wie Sie nicht verkaufen, keine Abgeltungsteuer von 25 % plus Solidaritätszuschlag und Kirchensteuer für Mitglieder automatisch abgezogen wird, ist dies als ein erhebliches Plus für die betreffende Aktie zu bewerten. Dies gilt insbesondere bei hohen Ausschüttungen und einem langen Anlagehorizont.

Umso mehr sollten Sie darüber nachdenken, ob sich hier überhaupt ein Teil- oder gar ein Komplettverkauf lohnt. Bei prozentual hohen Ertragsgutschriften bzw. üppigen Dividendenrenditen, wie bei der Dt. Telekom oder Freenet, habe ich bislang auf Teilverkäufe verzichtet – trotz ansehnlicher Buchgewinne.

Verlassen Sie sich nicht auf Ertragsgutschriften! Plötzlich und ohne jede Ankündigung kann damit Schluss sein!

Im letzten Jahr freute ich mich noch über die Ertragsgutschriften folgender Aktien aus den deutschen Indizes MDAX, TecDAX und SDAX: Deutsche Pfandbrief, Drillisch, GEA Group und KION. Sobald die Rückkehr zur üblichen Ausschüttung erfolgt, dürfte es auch künftig mit der Herrlichkeit vorbei sein. Außerhalb der Indizes entfiel die Ertragsgutschrift bei Basler, Mühlbauer, Schaltbau, U.C.A., VIB Vermögen und Viscom. Da in diesem Bereich für Anleger keine Verlässlichkeit besteht, ist einzusehen, dass Banken und andere Finanzdienstleister keine Listen über Ertragsgutschriften veröffentlichen. Tritt die Ankündigung nicht ein, drohen wie gesagt Klagen, auch wenn es hier keine Gewährleistung geben kann. Wer will sich diesem Ärger schon aussetzen?

⑩ Zauberformel Hoch/Tief-Mutstrategie

10.1 Fortsetzung: Die Hoch/Tief-Mutstrategie mit Ausnutzen von Kursschwankungen

Was tun Sie in unsicheren, von Angst, Panik und Herdentrieb geprägten Börsenzeiten? Seit dem Crash von 2000 bis 2003 und dem Absturzszenario 2008/2009 wegen der zum Finanzdesaster aufgeplusterten Subprimekrise mit der Pleite Lehman Brothers sind praxisnahe Strategien gefragt.

Viele Anleger versäumten es damals, vernünftig zu reagieren. Ich berichte über mein eigenes Anlageverhalten, um Ihnen und anderen Lesern Mut zu machen. Die Dokumentation ist anhand der Kauf- und Verkaufsorders exakt überprüfbar. Meine damals entwickelte und längst erprobte Strategie erwies sich als Zauberformel für den Börsenerfolg. Der intensive Zukauf im letzten Vierteljahr 2008 und im Frühjahr 2009 mit Schwerpunkt Maschinenbau, Autoindustrie, Edel-, Industriemetalle sowie Bergbau bildet die Grundlage für hohe Kursgewinne bei etlichen Titeln. Günstige Kaufkurse gab es auch im Januar/Februar 2016 und durch den Brexit Ende Juni 2016. Ebenso galt es, die durch Leerverkäufe dramatisch abgestürzten Kurse von Wirecard, TecDAX, und Ströer, MDAX, für den Zukauf zu nutzen. Erstklassige Zukaufmöglichkeiten brachte insbesondere der Dezember im schlechten Börsenjahr 2018. Der DAX verlor rund 20 %. Auch der Nasdaq 100 mit seinen Technologie-, Software- und Biotechtiteln ging einige Wochen auf Tauchstation. So ergaben sich auch gute Koppelgeschäfte für Zukäufe auf Tiefkurs, finanziert bevorzugt mit Bauindustrie- und Immobilienaktien nahe dem Jahreshoch.

Aktieneinkauf auf Kredit – alles andre als ein Hit! Was aber tun, wenn das Guthaben aufgebraucht ist, jedoch ein Aktienkauf auf Pump kein Thema sein darf? Dann ist nur über das gleichzeitige Veräußern ein attraktiver Zukauf möglich. Doch wie soll dies gehen? Also kam ich auf die Idee des Hoch/Tief-Tradings. So verkaufte ich von solchen Aktien einen Teil, die sich bezüglich des Kursgewinns zumindest verdoppelt und aktuell so gut wie nichts verloren hatten. Sie sollten bevorzugt zum steuerpflichtigen Neubestand zählen, um den steuerfreien Altbestand, sofern es ihn gibt, zu schonen. Bedingung beim Zukauf abgestürzter Titel ist, dass die Fundamentaldaten stimmen. Es bringt nichts, eine Aktie mit geringem Abschlag bei starker Korrektur oder Crash zu verkaufen, um sie durch eine andere mit schlechter Prognose zu ersetzen. Dies schränkt die Wahl ein.

Ein Crash ist gut – für Leute mit Mut! Ich wollte daraus große Vorteile ziehen und in einer Marktlage gewinnen, wo viele ängstliche Anleger panikartig alles verkaufen. So hoffe ich, dass diese Dokumentation dazu beiträgt, bei Kursabschlägen nicht gleich die Nerven zu verlieren, sondern im Rahmen des verfügbaren Kapitals solche Börsenkrisen bestmöglich zu nutzen. Es gilt, in Krisen beherzt zuzugreifen. Im Nachhinein ist es einfach, aber unehrlich und unfair, beste Aktien auszuwählen und sich zu brüsten. Eine fiktive „Hätte"-Strategie – gern für fragwürdige Börsenbriefwerbung genutzt – steht der eigenen Glaubwürdigkeit im Wege.

Entscheidend ist die Gesamtperformance im Depot – vergleichbar mit der Fußball-Bundesligasaison. Es kommt nicht darauf an, dass jeder Spieler stets seine Höchstform abruft. Die Teamleistung muss stimmen, damit die drei Siegpunkte eingefahren werden und der erhoffte Tabellenplatz zum Abschluss der Saison erreicht wird – sei es Meisterschaft und europäischer Wettbewerb oder Nichtabstieg.

Meine Hoch/Tief-Mutstrategie: Ja oder Nein? Wann und wann eher nicht für Sie empfehlenswert?

Wann funktioniert es?	Börsenklima	Wann klappt es nicht?
tägliche Marktbeobachtung sehr gute Marktkenntnisse genauer Depotüberblick Kenntnis der Kursentwicklung kaufenswerter Aktien breit gestreutes Depot Risikobewusstsein, Mut, Disziplin, Entschlossenheit Zugang Onlinebanking und/oder Telefonhandel Zugriff auf Aktien im Depot mit hohem Buchgewinn Einsatz nicht unter 1.000 €	scharfe Korrektur oder Crash ein sehr schwankungsfreudiger Markt große Nervosität an der Börse Kursabsturz fundamental unbegründet Auswirkungen auf einzelne Branchen unterschiedlich	zu kleines Depot und erst seit kurzem aktiv „Heimatliebe"-DAX-Depot Mangel an Aktien mit Kursplus für Geldbeschaffung wenig Börsenwissen, geringe Marktbeobachtung stark ausgeprägtes Sicherheitsbewusstsein kein Zugang zum Internet und/oder Telefonhandel Angst, Mangel an Mut und Entschlossenheit Bauchgefühl, Herdentrieb und Verdrängung

Wie sieht die Hoch/Tief-Mutstrategie seit 2008 aus?

Seit 2002 fliehen Privatanleger aus Aktien und verweilen beim Spar- und Festgeldkonto – und dies bei abgeschafften Guthabenzinsen. Mit schleichender Kapitalvernichtung gelingen Vermögensaufbau und Altersvorsorge nicht. Bei Ausnutzung unterschiedlicher Kursentwicklungen lässt sich selbst im Bärenmarkt mit Aktien auf Grundlage der Hoch/Tief-Mutstrategie Geld verdienen.

Vorausgesetzt werden Geduld, Disziplin, Wissen und gute Marktbeobachtung. Die Orientierung allein am DAX-Punktestand bringt wenig. Es geht um das Umsetzen von ***„Kaufen bei Angst, Verkaufen bei Hoffnung"***, um das Gegenteil des von Gefühlsüberschwang und Gier bzw. Angst und Panik geprägten Herdentriebs. Wer mindestens 14 Jahre in Aktien investiert, erzielt bei breiter Streuung Gewinne. Je nach Können, Glück und Zeitpunkt sind es alljährlich 5 % bis 15 %. Wichtig ist, sich nicht auf andere zu verlassen, sondern verantwortungsbewusst seinen eigenen Weg zu gehen und den Tricks von Börsengurus zu widerstehen.

Wann und wie funktioniert die Hoch-/Tief-Mutstrategie im Crash?

Diese Strategie setzt ein breit gestreutes Aktiendepot und eine langfristige Anlagestrategie voraus. Zukäufe in zwei oder drei Tranchen bereiten den Boden für einen späteren attraktiven Teilverkauf. Bei einem Komplettverkauf wird die Chance vertan, von einer weiterhin positiven Kursentwicklung zu profitieren.

In der Bodenbildungsphase beim Crash bietet sich ein Teilverkauf an, wenn einzelne Aktien wie am 24. August 2015, als der DAX binnen Stunden um 5 bis 8 % abstürzte, dennoch nahe dem Jahreshoch notieren. Mit dem Kapital aus Teilverkäufen wird der Einstieg bzw. Zukauf solcher Aktien finanziert, die zwar dank Qualität und Chancen über ein hohes Kurspotenzial verfügen, aber dennoch stark einbrechen. Im Crash trennen sich Anleger, die nicht panikartig in Herdentriebmanier sämtliche Aktien in den Markt werfen, gerade von solchen Titeln, die bislang gut liefen und noch Kursgewinne bringen. Massive Verkäufe (mehr Angebot als Nachfrage) bewirken, dass der Kurs immer weiter sinkt und automatische Computerverkäufe auslösen. Stop-Loss-Orders und Leerverkäufe verstärken die Kettenreaktion. Wer mit Stoppkursen arbeitet, darf nicht darauf vertrauen, dass auf Stoppkursniveau verkauft wird. Stoppkurse garantieren keinen Ausführungspreis. Entscheidend ist die nächste Kursfeststellung nach Erreichen der Stoppkursmarke.

Die Hoch-/Tief-Mutstrategie lässt sich am leichtesten praktisch umsetzen, wenn Sie selbst Ihr Depot elektronisch am Computer führen. Die Depotauszüge der Banken listen die einzelnen Käufe und Verkäufe nicht auf, sondern bringen die Gesamtzahl der Aktien mit dem Durchschnittskaufkurs. Je länger Sie die elektronische Buchführung verzögern, umso schwieriger wird es, ältere Daten noch einzuarbeiten. Orientieren Sie sich am Beispiel auf den **Seiten 107 und 108.**

Drei Übersichten zeigen die Umsetzung der Hoch-/Tief-Mutstrategie. Die erste Übersicht ❶ zeigt **Käufe im Jahr 2008 zum Aufbau des steuerfreien Altbestands** – mein heute gehüteter Schatz und Quell künftiger Kursgewinne und hoher Ausschüttungen. Die zweite Tabelle ❷ bringt Käufe 2016 bis 2018 zum Aufstocken bei Kursschwäche. Die dritte Tabelle ❸ zeigt **Teilverkäufe aus dem Jahr 2018 zur Finanzierung von Zukäufen und unerwarteten hohen Ausgaben.**

Die Teilverkaufsmethode mit Zukaufkoppelgeschäften bei Kapitalbedarf und Übergewichtung MDAX, TecDAX, SDAX, Nasdaq stärken das Nervenkostüm. Technologie boomt. Der Biotech-, Software- und Immobiliensektor entwickelt sich positiv, ebenso das „blaue Gold" Wasser durch Verknappung bei wachsender Weltbevölkerung. Der Gesundheitsbereich profitiert vom demografischen Wandel, angetrieben von neuartigen Wirkstoffen und Behandlungsformen wie Immuntherapie, Gentherapie und personalisierte Medizin. Der Ölpreis hängt ab von der Konjunktur und der politischen Lage. Die Zukunftsmärkte werden von der Industrie 4.0, dem Internet der Dinge, Cloud-Computing, Automatisierungsprozessen mit Robotik und künstlicher Intelligenz, Digitalisierung und Vernetzung geprägt.

Wie sieht die Zukunft aus? Zwar lässt sich kein steuerfreier Altbestand mehr aufbauen. Es sei denn, dass nach 10-jähriger Aktienanlage, wie vereinzelt vorgeschlagen, die Steuerpflicht entfällt. Solange die SPD in der Bundesregierung mitwirkt, wird dies nicht geschehen. Scharfe Kurseinbrüche bieten ideale Plattformen getreu: ***„Ein Crash ist gut – für Leute mit Mut!"*** Ein Crash ist unvermeidbar. Es fragt sich nur: Wann? Wie heftig? Wie lange? Zum Jahresende 2018 erlebten wir bereits einen starken Kursrückgang beim DAX um über 18 % auf rund 10.500 Punkte und einen Branchencrash, bezogen auf Hochtechnologiewerte.

10.2 Nur wer sät und pflanzt, kann ernten: Aktienkäufe bei plötzlichem Kurseinbruch

Wer nicht sät und pflanzt, kann später nicht ernten. So blieb bis 2008 die Chance für den steuerfreien Altbestand oft ungenutzt.

Aktienkäufe während der Weltwirtschaftskrise im Herbst 2008 bilden die Basis für den Vermögensaufbau im steuerfreien Altbestand. Die damaligen Käufe waren die Wegbereiter meiner Erfolgsformel. Beim weiteren Kursrutsch im März 2009 ließ sich die Kursgewinn-Story fortsetzen – jedoch nicht mehr steuerfrei. Nicht zu vergessen die Kurseinbrüche ab Herbst 2018 bevorzugt im Hightechsektor, aber keineswegs nur dort. Haben Sie bei unterbewerteten guten Titeln zugegriffen?

1. Hoch-/Tief-Mutstrategie mit Käufen 2008 für Altbestand. Die Dividendenrendite bezieht sich immer auf den Kaufkurs.

Aktien-auswahl	WKN	Kaufpreis im Jahr 2008 €	Kurs 08.04.19	Hoch/Tief 1 Jahr in €	2020 (e) Div.-Rend.
BASF	BAS F11	13.10.08/27,10	63,15 €	98,70/57,25	3,20 €/12 %
Dürr	556 520	16.09.08/5,08 €	33,30 €	57,15/27,15	1,20 €/24 %
Fortec El.	577 410	30.12.08/6,05 €	19,05 €	26,80/17,20	0,60 €/9,9 %

Aktien-auswahl	WKN	Kaufpreis im Jahr 2008 €	Kurs 08.04.19	Hoch/Tief 1 Jahr in €	2020 (e) Div.-Rend.
Hermle	**605 283**	29.09.08/65,50	316,00 €	417,0/265,0	**12,9 €/20 %**
Jungheinr.	**621 993**	15.07.08/6,05 €	24,20 €	42,05/21,50	**0,58 €/9,6 %**
Mensch &	**658 080**	13.03.08/4,90 €	26,50 €	30,60/19,10	**0,55 €/11 %**
MTU Aero	**A0D 9PT**	15.07.08/18,30	165,20 €	198,2/128,0	**3,00 €/16 %**
Nabaltec	**A0KPPR**	13.09.08/3,85 €	22,00 €	30,30/20,70	**0,25 €/6,5 %**
Rational	**701 080**	26.03.08/118,0	518,00 €	695,5/462,0	**12,1 €/10 %**
Sartorius V	**716 563**	24.04.08/9,65 €	115,70 €	159,9/86,35	**0,73 €/7,6 %**
Sixt Vz	**723 133**	20.06.08/24,40	53,00 €	76,20/45,00	**2,42 €/9,9 %**
VIB Vermö.	**245 751**	29.12.08/3,70 €	20,70 €	23,50/19,50	**0,60 €/16 %**

Auswertung: Viele Kurse haben sich seit 2008 verfünffacht und mehr. Vergleichen Sie den Kaufpreis mit dem jetzigen Kurs. Hinzu gesellt sich im Schnitt eine **Dividendenrendite von über 10 %** auf den Einstandspreis bezogen. Begnügen Sie sich bei guten Aktien mit Teilverkäufen. So bleiben Ihre besten Titel im Depot.

Hoch/Tief-Strategie mit Neubestand ab 2009

Nicht jeder verfügt über ein steuerfreies Altdepot. Aber auch im Frühjahr 2009, Sommer und Herbst 2011, Januar/Februar 2016 sowie durch den Brexit im Juli 2016 gab es heftige Kurseinbrüche. Dramatisch fiel der Absturz bei vielen Titeln im miserablen Börsenjahr 2018 aus. DAX, MDAX und SDAX verloren über 18 %. Nur der TecDAX hielt sich mit einem Minus von 5 % wacker. Im Ausland sah es nicht viel besser aus. Lediglich die US-Börsenbarometer und der russische Aktienindex kamen mit einem niedrigen einstelligen Buchverlust davon.

DAX-Aufsteiger Wirecard, Ströer aus dem SDAX und Aurelius vom m:access stürzten 2016 durch Leerverkäufe und Verdacht auf Kursmanipulation seitens dubioser Research-Institute in den Keller. Solche Geschehnisse bleiben auch künftig nicht aus. Es gilt, Einstiegschancen zu nutzen und ja nicht in Panik alles zu verkaufen. Nutznießer sind Banken, Börsen, Broker durch vereinnahmte Gebühren.

Wählen Sie Aktien aus, die in Zukunftsmärkten aktiv, exportstark, fair bewertet und gering verschuldet sind. Dazu zählen ein im Branchenvergleich niedriges KGV, ein ansehnlicher Buchwert, eine ausreichende Eigenkapitalquote, ein verlässlicher Ergebnisanstieg und eine bei Value-Titeln attraktive Dividende. Es bringt wenig, nur auf Verlierer zu setzen. Zumindest der Ausblick sollte ermutigen. Ich kenne keinen Berater, der auf die hohe Dividendenrendite hinweist, wenn Sie eine „Marathonaktie" zehn Jahre lang halten. Ich führe die wichtigsten Transaktionen in den Krisenmonaten 2016, bei Kursschwäche 2017 und vor allem 2018 auf.

Aktienkäufe 2016 bis 2018, um Kursschwankungen zu nutzen

2. Käufe 2016 bis 2018, um Kursschwäche zu nutzen					
Zukauf im Zusammenhang mit Teilverkauf und Koppelgeschäft bei hohem Kursgewinn. Lohn für Mut: üppige Rendite oft in kurzer Zeit.					
Aktie, Unternehmen	**Index**	**WKN**	**Kauftag**	**Kaufpreis**	**Kurs am 12.04.19**
Adesso	Prime St.	A0Z 23Q	04.01.16	**22,50 €**	**53,80 €**
Adobe	Nasdaq	871 981	**09.02.18**	**151,50 €**	**203,15 €**
Alibaba	Hongkong	A11 7ME	19.01.17	**90,60 €**	**130,25 €**
Allianz	DAX	840 400	06.07.16	**118,95 €**	**177,50 €**
Alphabet C	Nasdaq	A14 Y6H	**28.03.18**	**807,00 €**	**928,55 €**
Amazon	Nasdaq	906 866	03.02.16	**478,50 €**	**1.430,0 €**
AMD	S&P 500	863 186	**22.06.18**	**13,65 €**	**17,30 €**
Atoss Software	Prime St.	510 440	04.01.16	**61,90 €**	**78,40 €**
BASF	DAX	BAS F11	**10.12.18**	**58,20 €**	**63,65 €**
Booking Hold.	Nasdaq	A2J EXP	09.02.16	**875,00 €**	**1.407,0 €**
Broadcom	Nasdaq	A2J G9Z	**13.07.18**	**178,00 €**	**211,90 €**
Carl Zeiss Med.	TecDAX	531 370	22.03.17	**38,80 €**	**74,85 €**
Covestro	DAX	606 214	07.01.16	**30,05 €**	**46,60 €**
Daimler	DAX	710 000	**29.10.18**	**51,85 €**	**49,30 €**
Dt. Pfandbrief	MDAX	801 900	25.06.16	**8,35 €**	**9,30 €**
Evotec	TecDAX	566 480	21.11.17	**12,75 €**	**20,05 €**
Facebook	Nasdaq	A1J WVX	09.02.16	**88,95 €**	**124,40 €**
Fresenius	DAX	578 560	**07.12.18**	**39,70 €**	**43,40 €**
Gerresheimer	MDAX	A0L D6E	**23.12.18**	**61,95 €**	**69,65 €**
Grenke	SDAX	A16 1N3	16.11.16	**71,10 €**	**73,75 €**
Hannover Rück	MDAX	840 221	08.02.16	**86,85 €**	**121,30 €**
Hypoport	SDAX	549 336	**27.12.18**	**141,20 €**	**181,60 €**
Illumina	Nasdaq	927 079	11.10.16	**124,15 €**	**263,25 €**
Isra Vision	TecDAX	548 810	**14.12.18**	**26,15 €**	**26,90 €**
Jost Werke	SDAX	JST 400	**27.12.18**	**26,05 €**	**29,15 €**
Lang & Schwarz	Prime St.	645 932	17.11.16	**17,20 €**	**20,70 €**
Lukoil	RTX Russl.	A14 20E	**10.04.18**	**49,00 €**	**65,80 €**
MERCK KGaA	DAX	659 990	**15.05.18**	**79,80 €**	**90,75 €**

Aktie, Unternehmen	Index	WKN	Kauftag	Kaufpreis	Kurs am 12.04.19
Mowi Marine H.	Norwegen	924 848	10.03.17	15,35 €	19,10 €
MUM Mensch &	m:access	658 080	06.02.18	19,80 €	28,00 €
Munich Re	DAX	843 002	05.07.16	142,25 €	188,90 €
Nemetschek	TecDAX	645 290	17.12.18	96,15 €	105,10 €
Netflix	Nasdaq	552 484	03.04.18	228,00 €	275,75 €
Norilsk Nickel	RTX Russl.	A14 0M9	10.04.18	12,60 €	17,25 €
Nvidia	Nasdaq	918 422	03.11.16	61,30 €	123,70 €
PayPal	Nasdaq	A14 R7U	20.11.18	69,20 €	77,30 €
PUMA	MDAX	696 960	27.07.18	427,00 €	465,00 €
Rational	SDAX	701 080	25.11.16	415,00 €	572,00 €
Salesforce	S&P 500	A0B 87V	11.10.18	117,10 €	125,30 €
Samsung	Südkorea	881 823	12.09.16	468,00 €	628,00 €
Sartorius St	Prime St.	716 560	16.01.16	61,25 €	105,00 €
Siemens	DAX	723 610	11.02.16	79,65 €	98,35 €
Siltronic	TecDAX	WAF 300	15.03.17	55,10 €	80,10 €
Sixt Vorzüge	Prime St.	723 133	28.12.18	47,90 €	69,25 €
Symrise	MDAX	SYM 999	11.11.16	54,75 €	69,25 €
Tatneft	RTX Russl.	A2A BS0	11.04.18	49,00 €	55,35 €
Tencent	China	A11 38D	19.01.17	24,35 €	36,55 €
UPM Kymmene	Finnland	881 026	31.01.17	21,60 €	23,60 €
VARTA	Prime St.	A0T GJ5	01.11.17	20,95 €	27,10 €
Vestas	STXE 600	913 769	08.12.16	54,15 €	68,90 €
WashTec	SDAX	750 750	21.11.18	59,60 €	64,00 €
Wirecard	DAX/TecD.	747 206	24.02.16	33,15 €	142,60 €
XING	TecDAX	XNG 888	07.03.16	150,40 €	255,50 €

Warum gab es neben den meisten Käufen im Jahr 2018 auch zahlreiche Transaktionen 2016? Und wie wurde alles finanziert?

Anfang 2016 ging es an den Börsen turbulent zu. Bei guten Aktien, die bis zur Hälfte verloren, stieg ich ein oder kaufte zu. Ende Juli kam es zum unerwarteten Ausstieg Großbritanniens aus der Europäischen Union, dem Brexit. Die Kurse stürzten kurzfristig ab. Wieder eine gute Gelegenheit, jetzt in preiswerte Aktien zu investieren, in und außerhalb Englands. Der Brexit ist selbst im April 2019 noch nicht abgewickelt. Hoffentlich bleibt uns der ungeordnete Austritt erspart.

Das wäre für Gesamteuropa, nicht nur für Großbritannien, sondern auch für Deutschland als bislang wichtiger Handelspartner, von großem Nachteil. Leidtragende wären nicht nur Unternehmen und Institutionen, sondern auch viele Menschen. Ist es mit der Freizügigkeit der Arbeitsplatzwahl und dem Wohnsitz vorbei? Werden Handelszölle erhoben? Droht bei Aktien ein Doppelsteuerabkommen?

Insbesondere im 2. Halbjahr 2018 stürzten die Aktien vor allem bei den deutschen Titeln und in China gewaltig ab. Selbst gute Titel wurden plötzlich wegen verhaltener Prognosen und sinkender Erträge übertrieben abgestraft, teilweise um 30 oder 40 %, ja sogar 50 bis 60 % verprügelt. Statt Logik war oft genug der Herdentrieb mit hoher Ansteckungsgefahr Hauptverursacher. Ich griff zu, wo immer ich es finanzieren konnte. Ohne Erbschaft und gehortetem Geld auf Girokonto, Tagesgeld oder Sparbuch ging dies nur mit Teilverkäufen. Glücklicherweise gab es immer wieder einige Aktien, die gegen den Trend kaum oder gar nicht verloren, manchmal sogar auf Jahreshoch notierten. Mein Geld musste also arbeiten, mein Depot sich mit Koppelgeschäften selbst finanzieren. Und dass dies tatsächlich mit einem breit gestreuten, wachsenden Depot möglich ist, zeigen sowohl die Käufe als auch die folgenden Teilverkäufe. So wächst mein Aktienbestand Jahr für Jahr. Bei einem realisierten Kursgewinn von gut 200 % brauche ich nur ein Drittel vom Bestand zu verkaufen, um die Summe für den Neukauf beisammenzuhaben. Beim Kursgewinn von 500 % reicht ein Viertel, denn Steuern fallen ja auch an.

10.3 Teilverkäufe in der Krise 2018 mit Beispielen

Im „Salamicrash“ 2000 bis 2003, im Herbst 2008 und Frühjahr 2009, im Januar/Februar 2016 sowie für kurze Zeit durch den Brexit und Überraschungswahlsieg von Donald Trump gab es heftige Kurseinbrüche. Extrem schlimm verlief das 2. Halbjahr 2018. Zum Jahresschluss lagen der DAX mit über -18 %, der MDAX ebenfalls mit -18 %, der SDAX sogar mit -20 % in der Verlustzone. Nur der TecDAX schlug sich mit -5 % wacker. **Wirecard**, **Ströer** und **Aurelius** stürzten 2016 durch Leerverkauf und Verdacht auf Kursmanipulation seitens dubioser Research-Institute in den Keller. Es ist absolut unklug, in Panik alles zu verkaufen.

Wählen Sie in Krisen Aktien aus, die chancenreich, in Zukunftsmärkten aktiv, export- und finanzstark, fair bewertet und gering verschuldet sind. Dazu zählen ein im Branchenvergleich niedriges KGV, ein möglichst hoher Buchwert, eine ansehnliche Eigenkapitalquote, ein Ergebnisanstieg als Beleg für Substanzkraft und eine attraktive Dividendenrendite. Es ist riskant, nur auf Verlierer zu setzen. Bankberater raten zwar zu Stop-Loss-Orders zwecks Verlustbegrenzung. Aber sie weisen selten darauf hin, dass eine Dividendenrendite bei Langzeitstrategie pro Jahr zweistellig wachsen kann. Ich kaufte **Fuchs Petrolub** für 4 €. Da beträgt die Dividendenrendite 25 %. Wichtig sind faire Bewertung und verlässlich steigende Ausschüttungen.

3. Teilverkaufsauswahl 2018 zum Finanzieren der Käufe					
<u>Nur Teilverkauf</u> statt Komplettverkauf von Aktienorders seit 2017: So bleiben beste Aktien als Kurs- und Dividendenstars im Depot					
Aktie, Unternehmen	**WKN**	**Kaufjahr & Preis in €**	**Teilverkaufstag**	**Preis Verkauf**	**Kurs am 12.04.19**
Abbvie	A1J 84E	**2013: 35,90**	14.03.18	**71,70 €**	76,65 €
Adesso	A0Z 23Q	**2016: 22,50**	20.08.18	**60,50 €**	53,20 €
Adidas	A1EWWW	**2014: 59,50**	24.08.18	**213,30 €**	225,45 €
Airbus	938 914	**2012: 25,50**	15.02.18	**92,00 €**	119,10 €
Allgeier	A2G S63	**2015: 15,45**	30.01.18	**27,30 €**	25,10 €
Alphabet A	A14 Y6F	**2016: 241,0**	24.07.18	**1.078,3 €**	1.076,0 €
AMD Advanc.	863 186	**2017: 9,25**	24.08.18	**19,75 €**	24,65 €
Atoss Softw.	510 440	**2013: 26,50**	02.02.18	**85,40 €**	100,00 €
Aurubis	676 650	**2012: 38,50**	12.02.18	**80,50 €**	48,70 €
Basler	510 200	**2013: 21,25**	16.02.18	**217,50 €**	151,20 €
BB Biotech	A0N FN3	**2014: 23,50**	01.10.18	**63,70 €**	62,40 €
Bechtle	515 870	**2015: 35,55**	15.08.18	**87,30 €**	86,00 €
Biogen	789 617	**2013: 26,50**	02.02.18	**297,00 €**	208,10 €
Booking Hol.	A2J EXP	**2012: 465,0**	23.04.18	**1.752,00 €**	1.620,0 €
Cancom	541 910	**2012: 6,25**	03.04.18	**44,60 €**	44,20 €
Dt. Wohnen	A0H N5C	**2013: 13,50**	12.11.18	**41,40 €**	40,45 €
Fabasoft	922 985	**2015: 3,40**	04.08.18	**13,20 €**	16,65 €
Hermle Berth.	605 283	**2013: 134,0**	05.04.18	**376,00 €**	321,00 €
Hypoport	549 336	**2016: 61,80**	19.06.18	**163,50 €**	180,40 €
Isra Vision	548 810	**2014: 8,95**	05.01.18	**46,20 €**	37,20 €
KION	KGX 888	**2014: 35,50**	29.03.18	**75,70 €**	58,75 €
LEG Immobilie	LEG 111	**2013: 42,00**	14.11.18	**101,45 €**	104,40 €
MorphoSys	663 200	**2013: 30,95**	19.07.18	**117,60 €**	88,15 €
MOWI/Harwest	924 848	**2014: 9,20**	10.10.18	**20,00 €**	19,60 €
Nemetschek	645 290	**2012: 7,80**	27.07.18	**123,50 €**	152,50 €
Netflix	552 484	**2015: 106,4**	27.03.18	**259,30 €**	312,50 €

Aktie, Unternehmen	WKN	Kaufjahr & Preis in €	Teilverkaufstag	Preis Verkauf	Kurs am 12.04.19
Nvidia	918 422	**2016: 61,30**	27.03.18	**197,30 €**	169,00 €
Rational	701 080	**2013: 208,0**	15.08.18	**645,50 €**	571,50 €
S&T AG	A0X 9EJ	**2016: 9,85**	20.08.18	**24,50 €**	23,50 €
Sartorius Vz	716 563	**2015: 43,30**	08.04.18	**117,00 €**	160,60 €
Siltronic	WAF 300	**2017: 55,10**	09.03.18	**144,00 €**	82,30 €
TAG Immo.	830 350	**2015: 10,30**	20.11.18	**20,90 €**	20,65 €
Tatneft	A2A BS0	**2015: 22,45**	08.08.18	**58,90 €**	61,50 €
UPM Kymme.	881 026	**2014: 11,40**	22.03.18	**32,80 €**	26,85 €
Vertex	882 807	**2012: 37,60**	10.10.18	**161,20 €**	164,85 €
WashTec	750 750	**2015: 28,65**	08.10.18	**76,10 €**	70,40 €
Wirecard	747 206	**2016: 33,15**	16.08.18	**175,50 €**	110,80 €

Warum so viele Teilverkäufe? Um damit preisgünstige Zukäufe in einem sich selbst finanzierenden Depot zu ermöglichen.

Den richtigen Zeitpunkt für geschickte Aktienkäufe zu finden, ist nicht einfach. Aber es ist viel schwieriger, klug und weitsichtig zu verkaufen und dabei große Fehler zu vermeiden. Es spielen so viele Einzelfaktoren eine Rolle. Und so taucht ein Bündel von Fragen auf:

- **Befinden wir uns im Bullenmarkt, wo es sich hier und da mal anbietet, dreistellige Kursgewinne mitzunehmen?** Bleiben noch genügend Aktien im Depot übrig? Es ist dumm, sich von seinen besten Aktien komplett zu trennen.
- **Sind die Kursschwankungen extrem häufig und heftig?** Deutet das unruhige Börsenklima auf einen überfälligen Crash hin? Dann lohnt es sich auch aus diesem Blickwinkel betrachtet, die Ernte bei guten Aktien einzufahren.
- **Steigt bei starkem Kursrückgang die Dividendenrendite auf mehr als 4 % bis fast 10 %?** Dann sollte ich zumindest noch die Hauptversammlung abwarten und überlegen, ob ein Teilverkauf überhaupt ratsam ist.
- **Werden manche Aktien nur abgestraft, weil der Marktführer gepatzt hat? Oder erleben wir gerade einen Branchencrash?** Dann sollte ich nicht beim Teilverkauf übertreiben. Früher oder später wird es zur Erholung kommen.
- **Muss ich einen Teil verkaufen, weil große Rechnungen zu bezahlen sind?** Stehen dagegen größere Erträge an, kann ich weniger Titel veräußern.

- **Gilt auch beim Teilverkauf „breit gestreut – nie bereut"?** Da niemand eine Glaskugel besitzt und auch ich nur spekulieren kann, ob das momentane Hoch ein Strohfeuer ist oder ein Signal ist für Trendumkehr, mache ich pro Woche nur wenige Geschäfte. Ich suche Aktien, die besonders stark gestiegen sind.
- **Die Hoch-/Tief-Mutstrategie** mit Zukauf und Teilverkauf funktioniert nur bei einem Depot mit einer Aktienanzahl von über 40 Titeln. Es können auch mehr als 50 oder 100 Werte sein. Die wichtigsten Voraussetzungen sind aber ein langer Zeithorizont, Börsenwissen, Marktbeobachtung, Geduld und Disziplin.

Bei steigender Inflation wird das Sparbuch zum Geldvernichter

Bei einer Preissteigerungsrate von 1,0 % verlieren die Bundesbürger mit ihren Sparbüchern alljährlich 50 Mrd. €. Legt die Inflationsquote um 2,0 % zu, sind es bereits 100 Mrd. €, die pro Jahr vernichtet werden. Niemand muss sich enteignet fühlen, wenn er langfristig in Aktien anlegt und sich vom gewohnten Anleihesparen verabschiedet. Aber es ist schwierig, sein Anlageverhalten der veränderten Welt anzupassen. Mein Vorgehen bietet Ihnen Orientierungshilfen.

Ein Fallbeispiel: ***Ich war von Prof. Georg Nemetschek, dem Gründer der Bausoftwarefirma „Planen – Bauen – Nutzen – Media", so begeistert, dass ich mir 2005 im März für 4,00 € und im Juni für 3,85 € splitbereinigt Nemetschek-Aktien ins Depot legte.*** *Ich orderte jeweils für gut 1.000 €. Bei Kursen zwischen 150 € und 170 € machte ich zwei Teilverkäufe. Der Kursgewinn pendelte zwischen 3.500 % und über 4.000 %. Ich musste nur 10 bis 12 Aktien verkaufen, um rund 1.500 € für einen Zukauf verfügbar zu haben. Auf die Frage: „Warum verkaufen Sie nicht alles?" lautete meine Antwort: „Meine besten Rennpferde bleiben im Stall!" Hier und da ein Teilverkauf, um besonders günstig neue Aktien zu erwerben, ist Kern meiner Hoch-/Tief-Mutstrategie. Aber den größten Teil halte ich langfristig. Obwohl Nemetschek kein Dividendenstar ist, beträgt bei einer Ausschüttung von 90 Cent die Dividende bei mir über 20 %. Wo bekomme ich sonst schon eine solch hohe Rendite Jahr für Jahr? Die Formel lautet: Dividende multipliziert mit 100 dividiert durch den Kaufpreis. Bald wird die Rendite bei 30 % liegen.*

Wer sich im Laufe von Jahrzehnten ein großes Depot aufbaut, kann mithilfe der Ausschüttungen zumindest den Unterschied zwischen dem Einkommen als Berufstätiger und der späteren Rente oder Pension voll ausgleichen. Dies gilt beispielsweise für meine beiden Kinder, die diese Depots erben und weiterführen wollen. Also hüte ich den Altbestand wie einen Schatz.

Der größte Fehler, der immer wieder gemacht wird, besteht darin, den Alt- und Neubestand nicht klar zu trennen durch das Führen von zwei Depots bei der gleichen oder einer anderen Bank. Automatisch muss immer zuerst verkauft werden, was zuerst gekauft wurde: ***„First in – first out!"***

10.4 Kursgewinn 1000 % bei Langzeitstrategie

Meine überprüfbaren gerundeten Kursgewinne ab 500 % bis über 3.000 % in 5 bis 15 Jahren, großteils wegen dieses oft langen Zeitraums im Altbestand, sind öfters gewürzt mit einer zweistelligen Dividende. Einige Aktiensätze, die ich erst ab 2009 kaufte, beeindrucken bereits mit einem Plus von mehr als 500 %. Im Bullenmarkt stabilisieren sich solche Kursträume. Während scharfer Korrektur oder Crash sind entsprechende Abstriche vorzunehmen. Fazit: Teilverkauf: Ja, um Gewinne mitzunehmen und Cash zu beschaffen. Komplettverkauf bester Aktien: Nein!

Wenn Aktienkursträume von 500 – 4.000 % wahr werden

Der steuerfreie Altbestand bis 2008 braucht ein eigenes Depot. Bei den Kursraketen verkaufen Sie nur einen Teil, sofern der Restbestand pro Titel nicht zu klein gerät: Untergrenze 1.000 €. So behalten Sie beste Werte. Die Dividendenrendite ist bei vielen Spitzenwerten zweistellig.

Aktien/Unternehmen	WKN	Kauftag	Kaufpreis	Kurs am 12.04.19	Kursgewinn gerundet
Aurelius	A0J K2A	02.09.2009	2,70 €	41,90 €	1.550 %
BB Biotech	A0N FN3	29.04.2003	8,85 €	62,70 €	700 %
Bechtle	515 870	20.09.2004	13,20 €	86,25 €	650 %
Datagroup	A0J C8S	15.01.2007	3,10 €	39,00 €	1.250 %
Eurofins	910 251	05.11.2001	15,90 €	361,00 €	2.250 %
Fuchs Vz	579 043	31.03.2005	3,80 €	38,50 €	1.000 %
Grenke	A16 1N3	14.11.2001	9,95 €	93,25 €	950 %
Hermle	605 283	28.04.2011	59,05 €	321,00 €	550 %
Hochtief	607 000	29.05.2003	13,50 €	130,60 €	950 %
Hugo Boss	A1P HFF	24.02.2003	11,40 €	61,15 €	550 %
Infineon	623 100	15.08.2009	2,85 €	20,25 €	700 %
Jungheinrich	621 993	15.07.2008	6,05 €	31,40 €	500 %
Isra Vision	548 810	28.04.2004	2,60 €	37,40 €	1.450 %
Mensch & Ma.	658 080	15.07.2008	4,90 €	32,30 €	650 %
MTU Aero	A0D 9PT	15.07.2008	18,30 €	204,70 €	1.100 %
Nabaltec	A0K PPR	13.09.2008	3,85 €	32,80 €	850 %

Aktien/Unternehmen	WKN	Kauftag	Kaufpreis	Kurs am 12.04.19	Kursgewinn gerundet
Nemetschek	645 290	10.06.2005	3,80 €	152,30 €	4.000 %
Pfeiffer Vac.	691 660	29.05.2003	23,40 €	147,60 €	650 %
PSI Software	A0Z 1JH	29.12.2008	3,65 €	17,95 €	500 %
Rational	701 080	08.05.2003	33,80 €	571,50 €	1.700 %
Samsung	881 823	11.03.2003	50,90 €	738,00 €	1.450 %
Sartorius Vz	716 563	10.01.2006	5,40 €	160,60 €	2.950 %
Softbank	891 624	17.07.2003	7,80 €	91,35 €	1.150 %
Symrise	SYM 999	29.12.2008	9,80 €	82,60 €	850 %
VIB Vermögen	245 751	29.12.2008	3,70 €	25,50 €	700 %

Tragen Sie hier Ihre Spitzenaktien mit drei- und vierstelligem Kursgewinn ein, und rechnen Sie zugleich Ihre Dividendenrendite aus! Dokumentieren Sie alles sofort in der elektronischen Depotführung.

Aktien/Unternehmen	WKN	Kauftag	Kaufpreis	Kurs am xxx	Kursgewinn gerundet

11 Die innovative Börsenwerkstatt

11.1 Kreativpunktsystem mit Umwandlungsmodell

Der aktuelle „Aktien- und Börsenführerschein" in 9. Auflage mit Komplettüberarbeitung bringt die ursprüngliche Version meines praktischen Punktesystems, um Ihnen Entscheidungen zu erleichtern. Dabei habe ich die wichtigsten Kennziffern doppelt gewichtet gegenüber den als weniger bedeutsam eingeschätzten Daten. Ich empfahl, jeweils einen Punkt bis zu drei Punkte zu vergeben. Stehen mehrere Aktien auf Ihrer Beobachtungsliste, greifen Sie auf den Punktesieger zu. In den Grundzügen habe ich dieses System schon vor ein paar Jahrzehnten entwickelt, um meinen Kindern eine demokratische Auswahl des Urlaubsziels anzubieten oder die am besten passende Depotbank ausfindig zu machen.

Wie setzen Sie das Aktienauswahlsystem am besten ein?

Das Aktienauswahl-Punktesystem ist besonders nutzbringend, wenn Sie die wichtigsten Finanzkennzahlen einbeziehen. Dazu zählen ein geringes Kurs-Gewinn-Verhältnis (KGV) im Branchenvergleich, ein attraktiver Buchwert gegenüber dem Kurs, ein günstiges Kurs-Umsatz- (KUV) und Kurs-Buchwert-Verhältnis (KBV) mit einer Null oder Eins vor dem Komma sowie ein niedriges Kurs-Cashflow-Verhältnis (KCV). Besonders wichtig sind mit Blick auf die Minimalzinsen für Sparkonten eine hohe Dividendenrendite, außerdem eine ansehnliche Eigenkapitalquote, eine steigende Ergebnisentwicklung und positive Analysteneinstufungen. Niemals darf eine Finanzzahl allein den Ausschlag geben. Es kommt auf die Gesamtsicht an, wozu auch die Marke zählt. Chancenreich sind unterbewertete Aktien von Unternehmen, bei denen der Firmenwert über oder nahe dem Aktienkurs liegt.

Warum sollten Sie die Chance nutzen, hier etwas zu verändern?

Das Modell ❶ dient als Orientierungsmuster für Ihre Eingabe am Computer. Wandeln Sie das Punktesystem so um, dass es Ihren eigenen Vorstellungen entspricht. Dazu dient das Muster ❷. Die Liste muss, um übersichtlich und schnell ausfüllbar zu sein, immer auf eine A4-Seite passen. Danach sollten Sie Ihr persönliches Aktienauswahl-Punktesystem vorrätig ausdrucken oder kopieren. Dieses Verfahren habe ich auch den Studenten der EBZ Business School in Bochum bei einer ganztägigen Vorlesung vorgestellt. Handeln Sie oft, geht es bald auch ohne Punktesystem. Das, worauf es ankommt, haben Sie dann abrufbar im Kopf.

Grundmuster: Das Punktesystem für Ihre Aktienauswahl

Bewertungsfaktor	0 P.	1 P.	2 P.	3 P.	Punktzahl
Doppelte Gewichtung: Jeder Punkt zählt hier zweifach.					
Kurs-Gewinn-Verhältnis					
Börsensegment/Index					
Kursentwicklung 1 Jahr					
Portfoliostreuung					
Eigenkapital oder KCV					
G+V und Bilanz					
Dividendenrendite					
Ergebnisentwicklung					
52 Wochen-Hoch/-Tief					
Value, nachhaltig					
Growth, wachstumsstark					
Marke, Bekanntheit					
technische Analyse					
Zwischensumme					
Bewertungsfaktor	0 P.	1 P.	2 P.	3 P.	Punktzahl
Normale Gewichtung: Alle Ergebnisse zählen nur einfach.					
Geschäftsmodell					
Buchwert oder KBV					
Analysen/Rating					
Nachrichten/Meldungen					
Sympathie/Standards					
Internationalität					
Marktkapitalisierung					
Handelbarkeit					
Zwischensumme					
Endergebnis					

② Kreative Umwandlung: Das Aktienauswahl-Punktesystem

Bewertungsfaktor	0 P.	1 P.	2 P.	3 P.	Punktzahl
Dreifache Gewichtung: Jeder Punkt zählt hier dreifach.					
Kurs-Gewinn-Verhältnis					
Börsensegment/Index					
Portfoliostreuung					
Dividendenrendite					
Ergebnisentwicklung					
52 Wochen-Hoch/-Tief					
Zwischensumme					
Doppelte Gewichtung: Jeder Punkt zählt hier zweifach.					
Kursentwicklung 3 Jahre					
Eigenkapital oder KCV					
G+V und Bilanz					
Value, nachhaltig					
Growth, wachstumsstark					
Marke, Bekanntheitsgrad					
Marktkapitalisierung					
Investitionen in F&E					
Zwischensumme					
Normale Gewichtung: Alle Ergebnisse zählen nur einfach.					
Geschäftsmodell					
Buchwert oder KBV					
Stellung im Wettbewerb					
Analysen/Rating					
Meldung/Kommunikation					
Sympathie/Standards					
Internationalität					
Handelbarkeit					
Zwischensumme					
Endergebnis					

11.2 Weltweite Fundgrube für innovative Anleger: Aufbaumodell Aktien, ETFs, aktive Fonds

Kreative Börsenwerkstatt: Das Baukastensystem mit dem Aufbaumodell aus Aktienfonds, ETFs und Einzelaktien

Als ein Orkan mein Eigenheimdach abdeckte, bot mir die Baufirma eine Sanierung nach dem Baukastensystem an: Dachziegel unverzichtbar, Dämmung später möglich. So kam mir die Idee von einer Anlage als Stufenmodell, das ich Ihnen nun vorstelle und eine ausgewogene Auswahl erleichtert.

Es geht um die Kombination Aktien – ETFs – Aktienfonds. Mit dem Start für sicherheitsbewusste Anleger soll ein Aufbaumodell entstehen. Das Baukastensystem hat Auswahlcharakter und will Ihnen helfen, Ihr Depot wunschgemäß aufzubauen. Mit Wissen und Erfahrung basteln Sie sich Ihr eigenes Modell. Der Vordruck fordert zum Ausprobieren auf. Nutzen Sie die Digitalisierung, arbeiten Sie elektronisch.

Baukastensystem und Aufbaumodell für Geldanlage		
Ein Anlagekonzept für sicherheitsbewusste Privatanleger: Bei den Einzelaktien wurden mehrere Familienfirmen ausgewählt.		
Investmentfonds	**ETFs**	**Edelmetall: Barren/Münzen**
DJE Dividende & Substanz (164 325)	**iShares MDAX UCITS** (593 392)	
DWS Aktien Strategie Deutschland (976 986)	**Lyxor World Water** (LYX 0CA)	**Gold physisch oder als ETC**
DWS Vermögensbildg. (847 652)	**db x-trackers Immobilien** (DBX 0F1)	**Gold/Silber/Platin Palladium als ETC**
DAX-Aktien	**MDAX-Aktien**	**SDAX-Aktien**
Munich Re [Rückversicherung] (843 002)	**Dürr** [Lackiermaschinenbau] (556 520)	**Sixt St** [Autovermietung] (723 132)
Fresenius [Gesundheit, Pharma] (578 560)	**Aareal Bank** [Spezialbank] (540 811)	**Grenke** [Büroleasing] (A16 1N3)
BASF [Großchemie] (BAS F11)	**Fuchs Petrolub** [Schmierstoff] (579 043)	**INDUS** [Beteiligungen] (620 010)
Siemens [Elektrotechnik] (723 610)	**KION** [Gabelstapler, Logistik] (KGX 888)	**Aurubis** [Kupferbearbeitung] (676 650)

Anlageaufbaumodell für erfolgsorientierte Privatanleger		
Investmentfonds	**ETFs**	**DAX-Aktien**
UniSector HighTech A (921 559)	**Comstage SDAX TR** (ETF 005)	**BMW** [Autobauer] (519 000)
Quest Cleantec B SICAV (A0N C68)	**iShares MSCI USA Small Cap** (A0X 8SB)	**Allianz** [Erstversicherer] (840 400)
UniDeutschland XS (975 049)	**iShares ST.EU.600 Konsum** (A0H 08N)	**Adidas** [Sportartikel) (A1E WWW]
MDAX-Einzelaktien	**SDAX-Einzelaktien**	**DAXplus Family 30**
HELLA [Autozulieferer, Lichtsysteme] (A13 SX2)	**Wacker Neuson** [Baumaschinen] (WAC K01)	**Rational** [Großküchengeräte] (701 080)
Hannover Rück [Rück-Versicherung] (840 221)	**WashTec** [Fahrzeugwäsche] (750 750)	**Software AG** [IT-Software] (A2G S40)
Deutsche Pfandbrief [Spezialbank] (801 900)	**Hypoport** [Immobilienfinanzierung] (549 336)	**Symrise** [Duftstoffe] (SYM 999)
MTU Aero [Flugzeugindustrie] (A0D 9PT)	**Dt. Beteiligung** [Übernahmen] (A1T NUT)	**United Internet** [Software] (508 903)
Euro-Stoxx-50-Aktien	**TecDAX-Aktien**	**Dow-Jones-Aktien**
ASML [Technologie, Halbleiter] (A1J 4U4)	**Bechtle** [Systemhaus Software] (515 870)	**Visa** [Kreditkarten/Bezahldienst] (A0N C7B)
VINCI [Bauindustrie] (867 475)	**Nemetschek** [Bausoftware] (645 290)	**Johnson & Johnson** [Gesundheit] (853 260)
LVMH [Luxuskonsum] (853 292)	**Sartorius** [Biopharmaindustrie] (716 563)	**Microsoft** [Betriebssysteme] (870 747)

Anlageaufbaumodell für risikofreudige Privatanleger		
Investmentfonds	**ETFs**	**Nasdaq-Aktien**
DJE Asia High Dividende (A0Q 5KZ)	**iShares Nasdaq-100** (A0F 5UF)	**Alphabet** [Suchmaschine] (A14 Y6F)
Nordinternet Online-Infrastruktur (978 530)	**iShares TecDAX (DE)** (593 397)	**Amazon.com** [Online-Handel] (906 866)
Magna Frontiers Umbrella (A1H 7JG)	**ISHSTR-Nasdaq Biotech** (657 791)	**Nvidia Corp.** [IT-Grafik, Hardware] (918 422)
China First State Greater Growth (A0Q YLQ)	**Invesco Markets III Dynamic US** (A0M 2EH)	**Netflix** [Videos, Filme, TV] (552 484)

Anlage-Aufbaumodell für risikofreudige Privatanleger (Forts.)		
DAX-Aktien	**TecDAX-Aktien**	**GEX und Sonstige**
SAP [Betriebssoftware] (716 460)	**XING** [Berufsnetzwerk] (XNG 888)	**Hermle** [Maschinenbau] (605 283)
Infineon [Halbleiter] (623 100)	**CompuGroup** [Ärzte-software] (543 730)	**VARTA** [Hörgeräte-batterien] (A0T GJ5)
Continental [Automobil-technologie] (543 900)	**Drillisch** [Internet] (554 550)	**Basler** [Bildbearbeitung Technologie] (510 200)
Wirecard [Online-bezahldienst] (747 206)	**Freenet** [Telekommuni-kation] (A0Z 2ZZ)	**TUI** [Reisekonzern] (TUA G30)
China-Einzelaktien	**Japan-Einzelaktien**	**Sonstige Aktien**
Geely [Elektroautos] (A0C ACX)	**Fanuc** [Robotik] (863 731)	**Samsung** [Elektronik, Südkorea] (881 823)
Alibaba [Suchmaschine Internet] (A11 7ME)	**SoftBank** [Technologie] (891 624)	**Lukoil** [Mineralöl, Russland] (A14 20E)
Tencent [Internet] (A11 38D)	**Sony** [Elektronik/Konsum] (853 687)	**Norilsk Nickel** [Roh-stoff, Russl.] (A14 0M9)
Baidu [Internet] (A0F 5DE)	**Toyota Motor** [Autos] (853 510)	**UPM Kymmene, FI** [Papier] (881 026)
Lenovo [Computer-hardware] (894 983)	**Nintendo** [Technologie] (864 009)	**Rio Tinto, GB** [Rohstoffe] (852 147)

Wählen Sie selbstbewusst aus. Philosoph Immanuel Kant: *„Wer sich zum Wurm macht, soll nicht klagen, wenn er getreten wird."*

Kopieren Sie den umseitigen Vordruck mehrmals. Tragen Sie Ihren eigenen Entwurf für ein Aufbaumodell ein, das Ihren Vorlieben und Erwartungen, Ihrem Naturell und Ihrer Kapitaldecke entspricht. Seien Sie offen für Neuentwicklungen, konjunkturelle Trends und sich ändernde Einschätzungen bei der Rückkehr zu einer Finanzpolitik mit steigendem Zinssatz. Da würden sich die Chancen von flexiblen Misch- und Rentenfonds deutlich erhöhen. In der ersten Stufe **„Sicherheitsbewusstsein"** biete ich drei Aktienfonds, drei ETFs und je vier DAX-, MDAX- und SDAX-Aktien mit mittlerem Risiko an. in der zweiten Stufe **„Erfolgsorientierung"** gibt es bei Fonds, ETFs und Aktien neue Titel. Außerdem kommen als Ergänzung DAXplusFamily, Euro Stoxx 50, Dow Jones mit einigen Aktienvorschlägen hinzu. Die dritte Stufe **„Risikofreude"** erhöht bei Fonds, ETFs und Aktien Chance und Risiko. Das betrifft auch die Auswahl Nasdaq, China, Japan, sonstige Titel. Bei ausländischen Titeln ist Hochtechnologie in Zukunftsmärkten gefragt.

Basteln Sie sich Ihr Aufbaumodell nach eigenen Vorstellungen!

Baukastensystem und Aufbaumodell für Geldanlage		
Ein Anlagekonzept für sicherheitsbewusste Privatanleger		
Investmentfonds	**ETFs**	**Edelmetall: Barren/Münzen**
DAX Einzelaktien	**MDAX-Einzelaktien**	**SDAX-Einzelaktien**
Anlageaufbaumodell für erfolgsorientierte Privatanleger		
Investmentfonds	**ETFs**	**DAX-Aktien**
MDAX-Einzelaktien	**SDAX-Einzelaktien**	**DAXplusFamily**
Euro-Stoxx-50-Aktien	**TecDAX-Einzelaktien**	**Dow-Jones-Aktien**
Anlageaufbaumodell für risikofreudige Privatanleger		
Investmentfonds	**ETFs**	**Nasdaq-Aktien**
DAX-Einzelaktien	**TecDAX-Einzelaktien**	**Stoxx 50-Aktien**

11.3 Alles verstanden? 5 Tests zum Aktienwissen

Erst, wenn Sie fertig sind, sollten Sie Ihren Test mit der Lösung vergleichen!

Schnelltest Nr. 1 zur Wissensüberprüfung				
Nr.	**Aufgabenstellung – Lösung auf S. 330**			**Punkte**
1	**Börsenrätsel: Setzen Sie die fehlenden Buchstaben ein. Das aus elf Anfangsbuchstaben zu bildende Lösungswort gehört zur Börse.**			**11 [ ]**
1.1	bewerten Aktien/Firmen/Fonds			1 [ ]
1.2	Ziel Aktien- und Fondsanlagen			1 [ ]
1.3	Nebenwerte-Index			1 [ ]
1.4	steigende Preise			1 [ ]
1.5	aktuelles Ziel Autoindustrie			1 [ ]
1.6	Vorgänger vom TecDAX			1 [ ]
1.7	Firmenzusammenschluss			1 [ ]
1.8	wichtiger Zukunftsmarkt			1 [ ]
1.9	Technologiebörse USA			1 [ ]
1.10	Absicherungsinstrumente			1 [ ]
1.11	wichtig für Börsenerfolg			1 [ ]
2	**Wissen: Was stimmt komplett? Was ist falsch? Kreuz!**	**Ja**	**Nein**	**12 [ ]**
2.1	„Aus dem Bauch“, emotional handeln wird empfohlen.			1 [ ]
2.2	Als vorsichtiger Anleger in Hedgefonds investieren.			1 [ ]
2.3	Fundiertes Börsenwissen bietet Schutz vor Manipulation.			1 [ ]
2.4	Eine Infoquelle reicht für Fondskauf/-verkauf locker aus.			1 [ ]
2.5	Stimmt oft: Gier frisst Hirn, und Panik tötet den Verstand.			1 [ ]
2.6	Guter Rat: Gewinne laufen lassen, Verluste stets aussitzen.			1 [ ]
2.7	Bei ETFs ist Ausgabeaufschlag niedriger als bei Aktienfonds.			1 [ ]
2.8	Prime Standard: MDAX, TecDAX, SDAX und Nasdaq.			1 [ ]
2.9	Ethikthemenfonds können bezüglich Rendite mithalten.			1 [ ]
2.10	Value-Aktienfonds: konjunkturunabhängig, substanzstark.			1 [ ]
2.11	Growth-Strategie: Versorger, Konsumgüter, Versicherungen.			1 [ ]
2.12	Offene Immobilienfonds sind sehr sicher und ertragreich.			1 [ ]
3	**Zuordnungstest: Welche Aussagen treffen völlig zu?**	**Nr.**		**8 [ ]**
3.1	**Risikofreudiger Typ:** 1) Nur Value-Fonds. 2) DAX-Fonds. 3) TecDAX-/Nasdaq-Aktienfonds 4) Auch Nebenwertefonds.	Nr.		**4 [ ]**
3.2	**Kaufsignale:** 1) Ölpreis stürzt ab. 2) Strafzins wird erhöht. 3) Fondsgebühren sinken wegen ETFs. 4) Exportquote steigt.	Nr.		**4 [ ]**
	30–31 P. = 1, 27–29 P. = 2, 24–26 P. = 3, 20–23 P. = 4	**Ziel: 31 P.**		**[ ]**

Schnelltest Nr. 2 zur Wissensüberprüfung

Nr.	Aufgabenstellung – Lösung auf S. 331			Punkte
1	**Börsenrätsel: Setzen Sie die fehlenden Buchstaben ein. Das aus 12 Anfangsbuchstaben bestehende Lösungswort stuft Anleger ein.**			12 [ ]
1.1	Wertpapierertrag			1 [ ]
1.2	Oberbegriff, Name für ETF			1 [ ]
1.3	Anlagestrategie			1 [ ]
1.4	Wachstumsmarkt			1 [ ]
1.5	Charttechnik liefert:			1 [ ]
1.6	Wachstumsregion			1 [ ]
1.7	deutscher Finanzplatz			1 [ ]
1.8	Aktienfondsbewertung			1 [ ]
1.9	bei Banken oft zu gering			1 [ ]
1.10	engl. Abkürzung bei Fonds			1 [ ]
1.11	Bevölkerungsentwicklung			1 [ ]
1.12	Anlage mit gutem Gewissen			1 [ ]
2	**Wissenstest: Was stimmt? Was ist falsch? Ankreuzen!**	**Ja**	**Nein**	**12 [ ]**
2.1	Finanzkennzahlen und Charttechnik schließen einander aus.			1 [ ]
2.2	Gesundheits-/Software-/Bauindustriebranche chancenreich.			1 [ ]
2.3	Unverzichtbar bei Hightechfonds: Digitalisierung/Vernetzung.			1 [ ]
2.4	Rohstoffmarkt spielt langfristig weltweit keine Rolle mehr.			1 [ ]
2.5	Risikofreudige meiden US-Hochzins- und Wandelanleihen.			1 [ ]
2.6	Thesaurierung: Dividende wird in weitere Anteile angelegt.			1 [ ]
2.7	Schnelles Rein/Raus bringt bei Fonds die höchste Rendite.			1 [ ]
2.8	Meide die gefährlichen Vier: Euphorie, Panik, Angst und Gier			1 [ ]
2.9	Bei Konsumgütern ist das Risiko viel höher als bei Biotech.			1 [ ]
2.10	Immobilienaktienfonds Nutznießer vom Flüchtlingszustrom.			1 [ ]
2.11	Aktienfonds sind aktiv gemanagt, klassische ETFs passiv.			1 [ ]
2.12	Kleiner Ausgabeaufschlag am wichtigsten bei Fondsauswahl.			1 [ ]
3	**Welche Aussagen stimmen zur Beispielreihe Crash?**	**Nr.**		**6 [ ]**
	1) Nur im Oktober zu befürchten. 2) Nur bei Platzen von Spekulationsblasen möglich. 3) Droht bei großen Krisenherden. 4) Völlig undenkbar bei stabiler Konjunktur. 5) Beim Kernkraft-GAU. 6) Kommt kaum vor: Depot-Panikausverkauf.	**Nr.**		**6 [ ]**
4	**Welche Aussagen gelten für eine kluge Aktienanlage?**	**Nr.**		**6 [ ]**
	1) Keine Order unter 1.000 €. 2) Bei Panik alles blitzschnell verkaufen. 3) Sich für sein Tun verantwortlich fühlen. 4) Auf Stammtischtipps hören. 5) Bei Hektik Bauchgefühl vertrauen. 6) Anlegerprofil und Renditeerwartung richtig einschätzen.	**Nr.**		**6 [ ]**
	34–36 P. = 1, 31–33 P. = 2, 27–30 P. = 3, 23–26 P. = 4	**36 P.**		**[ ]**

Schnelltest Nr. 3 zur Wissensüberprüfung

Nr.	Aufgabenstellung – Lösung auf S. 332			Punkte
1	**Börsenrätsel: Setzen Sie die fehlenden Buchstaben ein. Das aus 14 Anfangsbuchstaben bestehende Lösungswort zählt zur Strategie.**			14 [ ]
1.1	Fondsart mit großem Anteil			1 [ ]
1.2	vorn beim Kursgewinn			1 [ ]
1.3	Grund für Kursausschläge			1 [ ]
1.4	leitet Hauptversammlung			1 [ ]
1.5	Fondsart			1 [ ]
1.6	Hauptziel vom Börsengang			1 [ ]
1.7	beeinflusst Börsentrends			1 [ ]
1.8	großer Aktienindex			1 [ ]
1.9	Zahlungsunfähigkeit			1 [ ]
1.10	Begriff Charttechnik			1 [ ]
1.11	wichtige Zukunftsbranche			1 [ ]
1.12	VW-Manipulation			1 [ ]
1.13	Order bis zum Monatsende			1 [ ]
1.14	kleine Nebenwerte			1 [ ]
2	**Nebenwerte: Was stimmt? Was ist falsch? Ankreuzen!**	Ja	Nein	8 [ ]
2.1	Risiko ist bei Aktienfonds genauso hoch wie bei Einzelaktien.			1 [ ]
2.2	Zahlreiche Aktienfonds mit MDAX-/TecDAX-/SDAX-Werten.			1 [ ]
2.3	Seit 20 Jahren: MDAX-Kursgewinn doppelt so hoch wie DAX.			1 [ ]
2.4	Anlageerfolg bei Nebenwertefonds reine Glückssache.			1 [ ]
2.5	Alle Mischfonds ohne Goldbeimischung sind hoch im Minus.			1 [ ]
2.6	Bei allen Dividendenfonds sind die Gebühren extrem hoch.			1 [ ]
2.7	Neuordnung deutsche Indizes beeinflusst ETF & Aktienfonds.			1 [ ]
2.8	Auf- und Abstieg bei MDAX, TecDAX, SDAX einmal jährlich.			1 [ ]
3	**A sucht B. Bilden Sie die passenden Wortpaare.**	A/B		13 [ ]
3.1	A1) Defensivstrategie. A2) Offensivstrategie. A3) Small-Cap-Index. A4) Klassischer Mid-Cap-Index. A5) Nasdaq. A6) Familienfirmenindex. A7) Totalverlust droht. A8) Zukunftsmarkt. A9) Crash-Riesenfehler. A10) Kurseinbruch 2018. A11) Breite Streuung. A12) Ordergebühren. A13) Mischfonds.	A1/B A2/B A3/B A4/B A5/B A6/B A7/B		1 [ ] 1 [ ] 1 [ ] 1 [ ] 1 [ ] 1 [ ] 1 [ ]
3.2	B1) MDAX. B2) Besteht aus Aktien/Anleihen. B3) Ostasien/ Lateinamerika. B4) Transaktionskosten. B5) Value-Fonds. B6) Technologiebörse USA. B7) Diversifikation. B8) Technologie. B9) Geschlossene Schifffonds. B10) Growth-Fonds. B11) SDAX. B)12 Panikausverkauf. B13) DAXplus Family.	A8/B A9/B A10/B A11/B A12/B A13/B		1 [ ] 1 [ ] 1 [ ] 1 [ ] 1 [ ] 1 [ ]
	33–35 P. = 1, 30–32 P. = 2, 27–29 P. = 3, 23–26 P. = 4	**35 P.**		[ ]

Schnelltest Nr. 4 zur Wissensüberprüfung

Nr.	Aufgabenstellung – Lösung auf S. 333		Punkte
1	**Börsenrätsel: Setzen Sie die fehlenden Buchstaben ein. Das 10 Anfangsbuchstaben umfassende Lösungswort nennt eine Aktienart.**		10 [ ]
1.1	Technologiebörse Amerika		1 [ ]
1.2	Zukunft Autoindustrie		1 [ ]
1.3	größter Fondsanbieter		1 [ ]
1.4	mehr Risiko als beim ETF		1 [ ]
1.5	Börsengang/IPO		1 [ ]
1.6	erneuerbare Energie		1 [ ]
1.7	ausgebende Bank		1 [ ]
1.8	abhängig von Konjunktur		1 [ ]
1.9	Anleger fürchten sich vor		1 [ ]
1.10	Aktienindex		1 [ ]
2	**Welche Aussagen passen nicht? Nummern einsetzen!**		14 [ ]
2.1	**Gesundheitsbranche:** 1) Biotech, 2) Medtech, 3) Pharma, 4) Nanotechnologie, 5) Wirkstoffforschung, 6) Suchmaschine		2 [ ]
2.2	**ETF:** 1) Sondervermögen, 2) stets aktiv gemanagt, 3) kleiner Ausgabeaufschlag, 4) deckt den Index ab, 5) Indexfonds		2 [ ]
2.3	**Zukunftstrends:** 1) Industrie 4.0, 2) Cloud-Computing, 3) Internet der Dinge, 4) Kosmetik, 5) Big Data, 6) Hardware		2 [ ]
2.4	**MDAX:** 1) 50 klassische Werte, 2) nur deutsche Titel, 3) Auf-/Abstieg einmal jährlich, 4) Mid Caps, 5) besser als DAX		2 [ ]
2.5	**TecDAX:** 1) 50 Technologietitel, 2) auch ausländische Titel, 3) Nachfolger Neuer Markt, 4) Micro Caps, 5) keine Software		2 [ ]
2.6	**SDAX:** 1) 30 klassische Werte, 2) nur deutsche Titel, 3) Prime Standard, 4) Small Caps, 5) Industrietitel, 6) Konsumtitel		2 [ ]
2.7	**Investmentfonds:** 1) breit gestreut, 2) viele Arten, 3) Ausgabeaufschlag üblich, 4) sehr billig, 5) weltweit 1.000 Fonds		2 [ ]
3	**A sucht B. Bilden Sie die passenden Wortpaare.**	A/B	12 [ ]
3.1	A1) Anlage in Aktien und Anleihen. A2) Handel mit geliehenen Aktien. A3) Aktiv gemanagt. A4) Familienindex. A5) Nichts für Anfänger. A6) September 2018. A7) Schlägt seit 20 Jahren den DAX. A8) Mit Mietshaus vergleichbar. A9) Offene Immobilienfonds. A10) Anlage mit Sparplänen. A11) Voraussetzung Fondsanlageerfolg. A12) Zur Absicherung.	A1/B A2/B A3/B A4/B A5/B A6/B	1 [ ] 1 [ ] 1 [ ] 1 [ ] 1 [ ] 1 [ ]
3.2	B1) Dachfonds. B2) Derivate Long/Short. B3) MDAX. B4) Neuordnung deutsche Indizes. B5) Mehrere Projekte. B6) Investmentfonds. B7) Langfristiger Anlagehorizont. B8) Bei zahlreichen Investmentfonds möglich. B9) DAXplus Family. B10) Hedgefonds. B11) Leerverkauf. B12) Mischfonds.	A7/B A8/B A9/B A10/B A11/B A12/B	1 [ ] 1 [ ] 1 [ ] 1 [ ] 1 [ ] 1 [ ]
	34–36 P. = 1, 31–33 P. = 2, 27–30 P. = 3, 23–26 P. = 4	**36 P.**	[ ]

Schnelltest Nr. 5 zur Wissensüberprüfung				
Nr.	**Aufgabenstellung – Lösung auf S. 334**			**Punkte**
1	**Börsenrätsel: Setzen Sie die fehlenden Buchstaben ein. Das aus 14 Anfangsbuchstaben bestehende Lösungswort nennt eine Branche.**			**14 [ ]**
1.1	Auswahlhilfe bei Aktien			**1** [ ]
1.2	Basis für Wertpapierorder			**1** [ ]
1.3	Absicherung bei Fonds			**1** [ ]
1.4	Zukunftsmarkt			**1** [ ]
1.5	Einfluss auf Aktienanlage			**1** [ ]
1.6	Aktie DAX/TecDAX			**1** [ ]
1.7	Firma soll … wirtschaften			**1** [ ]
1.8	droht z. B. bei Schifffonds			**1** [ ]
1.9	Anlage für gutes Gewissen			**1** [ ]
1.10	Börseninformationsquelle			**1** [ ]
1.11	TecDAX-Merkmal			**1** [ ]
1.12	US-Technologieindex			**1** [ ]
1.13	Oberbegriff, Name für ETF			**1** [ ]
1.14	gefährdet Leben der Erde			**1** [ ]
2	**Nebenwerte: Was stimmt? Was ist falsch? Ankreuzen!**	**Ja**	**Nein**	**8 [ ]**
2.1	Nasdaq 100: Es ist der Index für Technologieaktien weltweit.			**1** [ ]
2.2	Den MDAX und TecDAX gibt es schon seit über 20 Jahren.			**1** [ ]
2.3	Der Index DAXplus Family besteht nur aus Nebenwerten.			**1** [ ]
2.4	Themen- und Branchenfonds sind oft besser als ein ETF.			**1** [ ]
2.5	Dividendenfonds: Das Management behält die Ausschüttung.			**1** [ ]
2.6	Thesaurierung: Dividende wird in weitere Anteile angelegt.			**1** [ ]
2.7	Auch flexible Mischfonds haben keine Zukunftschancen.			**1** [ ]
2.8	Biotech-Aktienfonds gewinnen im Bullenmarkt gegen ETFs.			**1** [ ]
3	**Welche Aussagen treffen zu? Bitte Nummern einsetzen.**			**8 [ ]**
3.1	**Nasdaq 100:** 1) Vergleichbar mit TecDAX. 2) Auch einige Aktien vom Dow Jones. 3) Biotech dabei. 4) Keine Nasdaq-Fonds im Angebot. 5) Nasdaq-Fonds dividendenstark.	Nr.		**2** [ ]
3.2	**Biotech:** 1) Europa-Boom. 2) Viele Übernahmen Pharma & Biotech. 3) Value: Biotechfonds. 4) MDAX: auch Biotechtitel. 5) Biotech-ETF USA. 6) Verbot: Fonds mit Gentechnik-AGs.	Nr.		**2** [ ]
3.3	**Rechtslage:** 1) Altbestand vor 2010 steuerfrei. 2) Keine Abgeltungsteuer bei ETF. 3) ETF: Sondervermögen. 4) Aktienfonds passiv gemanagt. 5) Kein Ausgabeaufschlag bei ETFs.	Nr.		**2** [ ]
3.4	**Strategie:** 1) DAX-Aktienfonds am besten. 2) Nie Immofonds kaufen. 3) Geld/Glück/Geduld. 4) Wenig Zeit: Aktienfonds.	Nr.		**2** [ ]
	29–30 P. = 1, 26–28 P. = 2, 23–25 P. = 3, 19–22 P. = 4	**30 P.**		**[ ]**

11.4 Lösungen der 5 Leistungsschnelltests

Schnelltestlösung Nr. 1 zur Wissensüberprüfung

Nr.	Aufgabenstellung auf Seite 325												Punkte
1	**Börsenrätsel: Setzen Sie die fehlenden Buchstaben ein. Das aus elf Anfangsbuchstaben zu bildende Lösungswort gehört zur Börse.**												11 [ ]
1.1	bewerten Aktien/Firmen/Fonds	**A**	N	A	L	Y	S	T	E	N			1 [ ]
1.2	Ziel Aktien- und Fondsanlagen	**K**	U	R	S	G	E	W	I	N	N	E	1 [ ]
1.3	Nebenwerte-Index	**T**	E	C	D	A	X						1 [ ]
1.4	steigende Preise	**I**	N	F	L	A	T	I	O	N			1 [ ]
1.5	aktuelles Ziel Autoindustrie	**E**	L	E	K	T	R	O	A	U	T	O	1 [ ]
1.6	Vorgänger vom TecDAX	**N**	E	U	E	R		M	A	R	K	T	1 [ ]
1.7	Firmenzusammenschluss	**F**	U	S	I	O	N						1 [ ]
1.8	wichtiger Zukunftsmarkt	**O**	S	T	A	S	I	E	N				1 [ ]
1.9	Technologiebörse USA	**N**	A	S	D	A	Q		1	0	0		1 [ ]
1.10	Absicherungsinstrumente	**D**	E	R	I	V	A	T	E				1 [ ]
1.11	wichtig für Börsenerfolg	**S**	T	R	A	T	E	G	I	E			1 [ ]

2	**Wissen: Was stimmt komplett? Was ist falsch? Kreuz!**	Ja	Nein	12[ ]
2.1	„Aus dem Bauch", emotional handeln wird empfohlen.		X	1 [ ]
2.2	Als vorsichtiger Anleger in Hedgefonds investieren		X	1 [ ]
2.3	Fundiertes Börsenwissen bietet Schutz vor Manipulation.	X		1 [ ]
2.4	Eine Infoquelle reicht für Fondskauf/-verkauf locker aus.		X	1 [ ]
2.5	Stimmt oft: Gier frisst Hirn, und Panik tötet den Verstand.	X		1 [ ]
2.6	Guter Rat: Gewinne laufen lassen, Verluste stets aussitzen.		X	1 [ ]
2.7	Bei ETFs ist Ausgabeaufschlag niedriger als bei Aktienfonds.		X	1 [ ]
2.8	Prime Standard: MDAX, TecDAX, SDAX und Nasdaq.		X	1 [ ]
2.9	Ethikthemenfonds können bezüglich Rendite mithalten.	X		1 [ ]
2.10	Value-Aktienfonds: konjunkturunabhängig, nachhaltig.	X		1 [ ]
2.11	Growth-Strategie: Versorger, Konsumgüter, Versicherungen.		X	1 [ ]
2.12	Offene Immobilienfonds sind sehr sicher und ertragreich.		X	1 [ ]

3	**Zuordnungstest: Welche Aussagen treffen völlig zu?**	Nr.	8[ ]
3.1	**Risikofreudiger Typ:** 1) Nur Value-Fonds. 2) DAX-Fonds. 3) TecDAX-/Nasdaq-Aktienfonds 4) Auch Nebenwertefonds.	**Nr. 3, 4**	4 [ ]
3.2	**Kaufsignale:** 1) Ölpreis stürzt ab. 2) Strafzins wird erhöht. 3) Fondsgebühren sinken wegen ETFs. 4) Exportquote steigt.	**Nr. 3, 4**	4 [ ]
	30–31 P. = 1, 27–29 P. = 2, 24–26 P. = 3, 20–23 P. = 4	**Ziel: 31 P. [ ]**	

Schnelltestlösung Nr. 2 zur Wissensüberprüfung

Nr.	Aufgabenstellung auf S. 326			Punkte
1	**Börsenrätsel: Setzen Sie die fehlenden Buchstaben ein. Das aus 12 Anfangsbuchstaben bestehende Lösungswort stuft Anleger ein.**			12 [ ]
1.1	Wertpapierertrag	**R**	E N D I T E	1 [ ]
1.2	Oberbegriff, Name für ETF	**I**	N D E X F O N D S	1 [ ]
1.3	Anlagestrategie	**S**	T R E U U N G	1 [ ]
1.4	Wachstumsmarkt	**I**	N D O N E S I E N	1 [ ]
1.5	Charttechnik liefert:	**K**	A U F S I G N A L E	1 [ ]
1.6	Wachstumsregion	**O**	S T A S I E N	1 [ ]
1.7	deutscher Finanzplatz	**F**	R A N K F U R T	1 [ ]
1.8	Aktienfondsbewertung	**R**	A T I N G	1 [ ]
1.9	Bei Banken oft zu gering	**E**	I G E N K A P I T A L	1 [ ]
1.10	engl. Abkürzung bei Fonds	**U**	C I T S	1 [ ]
1.11	Bevölkerungsentwicklung	**D**	E M O G R A F I E	1 [ ]
1.12	Anlage mit gutem Gewissen	**E**	T H I K A K T I E N	1 [ ]

Nr.	Aufgabenstellung	Ja	Nein	Punkte
2	**Wissenstest: Was stimmt? Was ist falsch? Ankreuzen!**	**Ja**	**Nein**	**12 [ ]**
2.1	Finanzkennzahlen und Charttechnik schließen einander aus.		X	1 [ ]
2.2	Gesundheits-/Software-/Bauindustriebranche chancenreich.	X		1 [ ]
2.3	Unverzichtbar bei Hightechfonds: Digitalisierung/Vernetzung.	X		1 [ ]
2.4	Rohstoffmarkt spielt langfristig weltweit keine Rolle mehr.		X	1 [ ]
2.5	Risikofreudige meiden US-Hochzins- und Wandelanleihen.		X	1 [ ]
2.6	Thesaurierung: Dividende wird in weitere Anteile angelegt.	X		1 [ ]
2.7	Schnelles Rein/Raus bringt bei Fonds die höchste Rendite.		X	1 [ ]
2.8	Meide die gefährlichen Vier: Euphorie, Panik, Angst und Gier.	X		1 [ ]
2.9	Bei Konsumgütern ist das Risiko viel höher als bei Biotech.		X	1 [ ]
2.10	Immobilienaktienfonds Nutznießer vom Flüchtlingszustrom.	X		1 [ ]
2.11	Aktienfonds sind aktiv gemanagt, klassische ETFs passiv.	X		1 [ ]
2.12	Kleiner Ausgabeaufschlag am wichtigsten bei Fondsauswahl.		X	1 [ ]

Nr.	Aufgabenstellung	Nr.	Punkte
3	**Welche Aussagen stimmen zur Beispielreihe Crash?**	**Nr.**	**6 [ ]**
	1) Nur im Oktober zu befürchten. 2) Nur bei Platzen von Spekulationsblasen möglich. 3) Droht bei großen Krisenherden. 4) Völlig undenkbar bei stabiler Konjunktur. 5) Beim Kernkraft-GAU. 6) Kommt kaum vor: Depot-Panikausverkauf.	**Nr. 3) 5)**	**6 [ ]**
4	**Welche Aussagen gelten für eine kluge Aktienanlage?**	**Nr.**	**6 [ ]**
	1) Keine Order unter 1.000 €. 2) Bei Panik alles blitzschnell verkaufen. 3) Sich für sein Tun verantwortlich fühlen. 4) Auf Stammtischtipps hören. 5) Bei Hektik Bauchgefühl vertrauen. 6) Anlegerprofil und Renditeerwartung richtig einschätzen.	**Nr. 1) 3) 6)**	**6 [ ]**
	34–36 P. = 1, 31–33 P. = 2, 27–30 P. = 3, 23–26 P. = 4	**36 P.**	**[ ]**

Schnelltestlösung Nr. 3 zur Wissensüberprüfung

Nr.	Aufgabenstellung auf S. 327	Punkte
1	**Börsenrätsel: Setzen Sie die fehlenden Buchstaben ein. Das aus 14 Anfangsbuchstaben bestehende Lösungswort zählt zur Strategie.**	14 [ ]

Nr.	Aufgabe													Punkte
1.1	Fondsart mit großem Anteil	**A**	K	T	I	E	N	F	O	N	D	S		1 [ ]
1.2	vorn beim Kursgewinn	**N**	E	B	E	N	W	E	R	T	E			1 [ ]
1.3	Grund für Kursausschläge	**L**	E	E	R	V	E	R	K	A	U	F		1 [ ]
1.4	leitet Hauptversammlung	**A**	U	F	S	I	C	H	T	S	R	A	T	1 [ ]
1.5	Fondsart	**G**	E	L	D	M	A	R	K	T				1 [ ]
1.6	Hauptziel vom Börsengang	**E**	I	G	E	N	K	A	P	I	T	A	L	1 [ ]
1.7	beeinflusst Börsentrends	**Z**	I	N	S	P	O	L	I	T	I	K		1 [ ]
1.8	großer Aktienindex	**E**	U	R	O		S	T	O	X	X			1 [ ]
1.9	Zahlungsunfähigkeit	**I**	N	S	O	L	V	E	N	Z				1 [ ]
1.10	Begriff Charttechnik	**T**	R	E	N	D	K	A	N	A	L			1 [ ]
1.11	wichtige Zukunftsbranche	**R**	O	B	O	T	I	K						1 [ ]
1.12	VW-Manipulation	**A**	B	G	A	S	S	K	A	N	D	A	L	1 [ ]
1.13	Order bis zum Monatsende	**U**	L	T	I	M	O							1 [ ]
1.14	kleine Nebenwerte	**M**	I	C	R	O		C	A	P	S			1 [ ]

Nr.	Aufgabe	Ja	Nein	Punkte
2	**Nebenwerte: Was stimmt? Was ist falsch? Ankreuzen!**	**Ja**	**Nein**	8 [ ]
2.1	Risiko ist bei Aktienfonds genauso hoch wie bei Einzelaktien.		X	1 [ ]
2.2	Zahlreiche Aktienfonds mit MDAX-/TecDAX-/SDAX-Werten.	X		1 [ ]
2.3	Seit 20 Jahren: MDAX-Kursgewinn doppelt so hoch wie DAX.	X		1 [ ]
2.4	Anlageerfolg bei Nebenwertefonds reine Glückssache.		X	1 [ ]
2.5	Alle Mischfonds ohne Goldbeimischung sind hoch im Minus.		X	1 [ ]
2.6	Bei allen Dividendenfonds sind die Gebühren extrem hoch.		X	1 [ ]
2.7	Neuordnung deutsche Indizes beeinflusst ETF & Aktienfonds.	X		1 [ ]
2.8	Auf- und Abstieg bei MDAX, TecDAX, SDAX einmal jährlich.		X	1 [ ]

Nr.	Aufgabe	A/B	Punkte
3	**A sucht B. Bilden Sie die passenden Wortpaare.**	**A/B**	13 [ ]
3.1	A1) Defensivstrategie. A2) Offensivstrategie. A3) Small-Cap-Index. A4) Klassischer Mid-Cap-Index. A5) Nasdaq. A6) Familienfirmenindex. A7) Totalverlust droht. A8) Zukunftsmarkt. A9) Crash-Riesenfehler. A10) Kurseinbruch 2018. A11) Breite Streuung. A12) Ordergebühren. A13) Mischfonds.	**A1/B5** **A2/B10** **A3/B11** **A4/B1** **A5/B6** **A6/B13** **A7/B9**	1 [ ] 1 [ ] 1 [ ] 1 [ ] 1 [ ] 1 [ ] 1 [ ]
3.2	B1) MDAX. B2) Besteht aus Aktien/Anleihen. B3) Ostasien/ Lateinamerika. B4) Transaktionskosten. B5) Value-Fonds. B6) Technologiebörse USA. B7) Diversifikation. B8) Technologie. B9) Geschlossene Schifffonds. B10) Growth-Fonds. B11) SDAX. B)12 Panikausverkauf. B13) DAXplus Family.	**A8/B3** **A9/B12** **A10/B8** **A11/B7** **A12/B4** **A13/B2**	1 [ ] 1 [ ] 1 [ ] 1 [ ] 1 [ ] 1 [ ]
	33–35 P. = 1, 30–32 P. = 2, 27–29 P. = 3, 23–26 P. = 4	**35 P.**	[ ]

Schnelltestlösung Nr. 4 zur Wissensüberprüfung

Nr.	Aufgabenstellung auf S. 328	Lösung	Punkte
1	**Börsenrätsel: Setzen Sie die fehlenden Buchstaben ein. Das 10 Anfangsbuchstaben umfassende Lösungswort nennt eine Aktienart.**		10 [ ]
1.1	Technologiebörse Amerika	**N** A S D A Q 1 0 0	1 [ ]
1.2	Zukunft Autoindustrie	**E** L E K T R O A U T O S	1 [ ]
1.3	größter Fondsanbieter	**B** L A C K R O C K	1 [ ]
1.4	mehr Risiko als beim ETF	**E** I N Z E L A K T I E N	1 [ ]
1.5	Börsengang/IPO	**N** E U E M I S S I O N	1 [ ]
1.6	erneuerbare Energie	**W** I N D K R A F T	1 [ ]
1.7	ausgebende Bank	**E** M I T T E N T	1 [ ]
1.8	abhängig von Konjunktur	**R** O H S T O F F E	1 [ ]
1.9	Anleger fürchten sich vor	**T** O T A L V E R L U S T	1 [ ]
1.10	Aktienindex	**E** U R O S T O X X	1 [ ]
2	**Welche zwei Aussagen passen nicht? Nummern einsetzen!**		14 [ ]
2.1	**Gesundheitsbranche:** 1) Biotech, 2) Medtech, 3) Pharma, 4) Nanotechnologie, 5) Wirkstoffforschung, 6) Suchmaschine	4) 6)	2 [ ]
2.2	**ETF:** 1) Sondervermögen, 2) stets aktiv gemanagt, 3) kleiner Ausgabeaufschlag, 4) deckt den Index ab, 5) Indexfonds	2) 3)	2 [ ]
2.3	**Zukunftstrends:** 1) Industrie 4.0, 2) Cloud-Computing, 3) Internet der Dinge, 4) Kosmetik, 5) Big Data, 6) Hardware	4) 6)	2 [ ]
2.4	**MDAX:** 1) 50 klassische Werte, 2) nur deutsche Titel, 3) Auf/Abstieg einmal jährlich, 4) Mid Caps, 5) besser als DAX	2) 3)	2 [ ]
2.5	**TecDAX:** 1) 50 Technologietitel, 2) auch ausländische Titel, 3) Nachfolger Neuer Markt, 4) Micro Caps, 5) keine Software	1) 4)	2 [ ]
2.6	**SDAX:** 1) 30 klassische Werte, 2) nur deutsche Titel, 3) Prime Standard, 4) Small Caps, 5) Industrietitel, 6) Konsumtitel	1) 2)	2 [ ]
2.7	**Investmentfonds:** 1) breit gestreut, 2) viele Arten, 3) Ausgabeaufschlag üblich, 4) sehr billig, 5) weltweit 1.000 Fonds	4) 5)	2 [ ]
3	**A sucht B. Bilden Sie die passenden Wortpaare.**	**A/B**	12 [ ]
3.1	A1) Anlage in Aktien und Anleihen. A2) Handel mit geliehenen Aktien. A3) Aktiv gemanagt. A4) Familienindex. A5) Nichts für Anfänger. A6) September 2018. A7) Schlägt seit 20 Jahren den DAX. A8) Mit Mietshaus vergleichbar. A9) Offene Immobilienfonds. A10) Anlage mit Sparplänen. A11) Voraussetzung Fondsanlageerfolg. A12) Zur Absicherung.	**A1/B12** **A2/B11** **A3/B6** **A4/B9** **A5/B10** **A6/B4**	1 [ ] 1 [ ] 1 [ ] 1 [ ] 1 [ ] 1 [ ]
3.2	B1) Dachfonds. B2) Derivate Long/Short. B3) MDAX. B4) Neuordnung deutsche Indizes. B5) Mehrere Projekte. B6) Investmentfonds. B7) Langfristiger Anlagehorizont. B8) Bei zahlreichen Investmentfonds möglich. B9) DAXplus Family. B10) Hedgefonds. B11) Leerverkauf. B12) Mischfonds.	**A7/B3** **A8/B1** **A9/B5** **A10/B8** **A11/B7** **A12/B2**	1 [ ] 1 [ ] 1 [ ] 1 [ ] 1 [ ] 1 [ ]
	34–36 P. = 1, 31–33 P. = 2, 27–30 P. = 3, 23–26 P. = 4	**36 P.**	**[ ]**

Schnelltestlösung Nr. 5 zur Wissensüberprüfung

Nr.	Aufgabenstellung auf Seite 329													Punkte
1	**Börsenrätsel: Setzen Sie die fehlenden Buchstaben ein. Das aus 14 Anfangsbuchstaben bestehende Lösungswort nennt eine Branche.**													14 [ ]
1.1	Auswahlhilfe bei Aktien	**M**	U	S	T	E	R	D	E	P	O	T		1 [ ]
1.2	Basis für Wertpapierorder	**E**	C	H	T	Z	E	I	T	K	U	R	S	1 [ ]
1.3	Absicherung bei Fonds	**D**	E	R	I	V	A	T	E					1 [ ]
1.4	Zukunftsmarkt	**I**	N	D	O	N	E	S	I	E	N			1 [ ]
1.5	Einfluss auf Aktienanlage	**Z**	I	N	S	P	O	L	I	T	I	K		1 [ ]
1.6	Aktie DAX/TecDAX	**I**	N	F	I	N	E	O	N					1 [ ]
1.7	Firma soll … wirtschaften	**N**	A	C	H	H	A	L	T	I	G			1 [ ]
1.8	droht z. B. bei Schifffonds	**T**	O	T	A	L	V	E	R	L	U	S	T	1 [ ]
1.9	Anlage für gutes Gewissen	**E**	T	H	I	K	F	O	N	D	S			1 [ ]
1.10	Börseninformationsquelle	**C**	H	A	R	T	T	E	C	H	N	I	K	1 [ ]
1.11	TecDAX-Merkmal	**H**	I	G	H	T	E	C	H					1 [ ]
1.12	US-Technologieindex	**N**	A	S	D	A	Q		1	0	0			1 [ ]
1.13	Oberbegriff, Name für ETF	**I**	N	D	E	X	F	O	N	D	S			1 [ ]
1.14	gefährdet Leben der Erde	**K**	L	I	M	A	W	A	N	D	E	L		1 [ ]

Nr.	Aufgabe	Ja	Nein	Punkte
2	**Nebenwerte: Was stimmt? Was ist falsch? Ankreuzen!**	**Ja**	**Nein**	8 [ ]
2.1	Nasdaq 100: Es ist der Index für Technologieaktien weltweit.		**X**	1 [ ]
2.2	Den MDAX und TecDAX gibt es schon seit über 20 Jahren.		**X**	1 [ ]
2.3	Der Index DAXplus Family besteht nur aus Nebenwerten.		**X**	1 [ ]
2.4	Themen- und Branchenfonds sind oft besser als ein ETF.	**X**		1 [ ]
2.5	Dividendenfonds: Das Management behält die Ausschüttung.		**X**	1 [ ]
2.6	Thesaurierung: Dividende wird in weitere Anteile angelegt.	**X**		1 [ ]
2.7	Auch flexible Mischfonds haben keine Zukunftschancen.		**X**	1 [ ]
2.8	Biotech-Aktienfonds gewinnen im Bullenmarkt gegen ETFs.	**X**		1 [ ]

3	**Welche Aussagen treffen zu? Bitte Nummern einsetzen.**		8 [ ]
3.1	**Nasdaq 100:** 1) Vergleichbar mit TecDAX. 2) Auch einige Aktien vom Dow Jones. 3) Biotech dabei. 4) Keine Nasdaq-Fonds im Angebot. 5) Nasdaq-Fonds dividendenstark.	**1, 2**	2 [ ]
3.2	**Biotech:** 1) Europa-Boom. 2) Viele Übernahmen Pharma & Biotech. 3) Value: Biotechfonds. 4) MDAX: auch Biotechtitel. 5) Biotech-ETF USA. 6) Verbot: Fonds mit Gentechnik-AGs.	**2, 5**	2 [ ]
3.3	**Rechtslage:** 1) Altbestand vor 2010 steuerfrei. 2) Keine Abgeltungsteuer bei ETF. 3) ETF: Sondervermögen. 4) Aktienfonds passiv gemanagt. 5) Kein Ausgabeaufschlag bei ETFs.	**3, 5**	2 [ ]
3.4	**Strategie:** 1) DAX-Aktienfonds am besten. 2) Nie Immofonds kaufen. 3) Geld/Glück/Geduld. 4) Wenig Zeit: Aktienfonds.	**3, 4**	2 [ ]
	29–30 P. = 1, 26–28 P. = 2, 23–25 P. = 3, 19–22 P. = 4	**30 P.**	**[ ]**

12 Erbschaft & anderes plötzliches Geld: Wie 10.000 bis 100.000 Euro anlegen?

12.1 Die Formel für Ihren Börsenerfolg

Die Niedrigzinspolitik wird Sie davon überzeugt haben, dass mit Bargeld unter der Matratze, einem Tagesgeld- oder Festgeldkonto sowie dem immer noch beliebten Sparbuch kein Geld zu verdienen ist. Wegen fehlender Guthabenzinsen und einer steigenden Teuerungsrate wird eine solche Sparform zum Verlustgeschäft – wahrscheinlich noch einige Jahre. Die Zinswende wird in Trippelschritten stattfinden. Der demografische Wandel mit dem längeren Leben um 2 Jahre in einem Jahrzehnt macht Vermögensaufbau und Altersvorsorge bei den bescheidenen Renten wichtiger als früher.

Immer mehr Sparer, auch die Teilnehmer an meinen seit 15 Jahren allwöchentlich stattfindenden Volkshochschul-Börsenseminaren in Ulm sowie die Leser und Hörer meiner Kolumnen und Interviews, wollen praktische Hilfen. Fast immer geht es um die bestmögliche Geldanlage. Für ein schnelles Rein/Raus, ein spekulatives Zocken ist da kein Platz. Gefragt ist eine langfristige Vermögensanlage mit begrenztem Risiko. Sie setzt übriges Geld voraus. Über 5.000 € sollten es schon sein, um mit Aktien, Aktien- und Mischfonds sowie ETFs langfristig Geld zu verdienen. Je höher die Vermögensdecke ist, umso interessanter und mit mehr Gewinnchancen verbunden sind die Vorschläge. Sie sind abhängig von: Wie viel Geld habe ich übrig? Was bin ich für ein Anlegertyp? Welche Rendite erwarte ich? Welchen Anlagezeitraum plane ich? Wie ist es um mein Börsenwissen bestellt?

Die wichtigsten Erfolgsgrundsätze rund um plötzliches Geld

1. **Breit gestreut – nie bereut. Niemals dürfen Sie das gesamte Ersparte in einen Aktientitel – z. B. aus dem DAX – anlegen.** Wenn Sie ein glückliches Händchen haben und eine der besten Aktien rund um den Globus aufspüren, kann dies funktionieren. Aber wahrscheinlich werden Sie schon bei 10 bis 30 % alles verkaufen, weil Sie Angst haben: *„Wie gewonnen – so zerronnen!“* Richtig reich werden Sie mit einer Einwertstrategie höchst selten – eher arm. Und was machen Sie, wenn die Aktie um 5 % oder 10 % sinkt? Schnell alles verkaufen? Verluste, Ärger, Frust und Sündenbocksuche sind vorprogrammiert.

2. **Mit einer Anlage von nur 5.000 € und darunter sind Einzelaktien mangels Streuung zu riskant.** Hier bieten sich einige wenige Aktien- und Mischfonds sowie ETFs an, um breite Märkte abzudecken und besser schlafen zu können. Was für Sie gut ist, hängt auch davon ab, ob Sie ein vorsichtiger oder eher risikofreudiger Anlegertyp sind. Wirksames Sparen läuft über Konsumverzicht. Wenn Sie einem Sonderangebot von 30 % widerstehen, sparen Sie 70 %.

3. **Eine Anlage unter 1.000 € pro Titel rechnet sich nicht. Die Transaktionskosten sind dann prozentual hoch. Und es fehlen die Grundlagen für spätere Teilverkäufe, außer Sie legen nach.** Selbst bei einem Gewinn von 10 bis 30 % wächst Ihr Vermögen nur im Schneckentempo. Bei einem Verkauf reicht es vielleicht noch zum gemütlichen Abendessen im netten Restaurant.

4. **Lassen Sie sich am Stammtisch oder von einem Bankberater nicht irgendein Produkt aufdrängen, woran nur der Gesprächspartner verdient.** Je weniger Sie wissen, umso eher werden Sie über den Tisch gezogen. Meine Vorschläge sollen Ihnen helfen, das zu kaufen, was Sie selbst wollen. Beherrschen Sie Onlinebanking, können Sie über das Internet ohne Beratung kostengünstig Wertpapiergeschäfte tätigen. Der Telefonhandel als Alternative zur Onlineorder wird durch lange Warteschleifen, umständliche, schwer verständliche und zeitraubende Dokumentationen erschwert. Gewöhnen Sie es sich an, unabhängig von Banköffnungszeiten zu ordern, zumal bei Tradegate von 8 bis 22 Uhr gehandelt wird. Beliebt ist auch der außerbörsliche Onlineabendhandel z. B. bei **Lang & Schwarz,** ein börsennotierter Mittelständler. Der technologische Fortschritt kommt dem Börsenhandel zugute: schnell, einfach, preiswert.

5. **Das beste Investieren, wird leicht gemacht, wenn Sie sich bei der Anlagehöhe und bezüglich des Anlegertyps richtig einordnen.** Dies setzt eine ungeschönte ehrliche Einschätzung voraus. Ihr Selbstbild muss stimmig sein. Dazu gehört, dass Sie Ihre laufenden finanziellen Verpflichtungen lieber etwas zu hoch als zu niedrig ansetzen. Ein gewisser Sicherheitspuffer ist ratsam.

6. **Je größer die Anlagesumme ist, umso höher kann die einzelne Order sein. Ich empfehle 1.200 € bis 3.000 € je Order.** Extrem wichtig ist, fünf- und sechsstellige Beträge nicht auf einmal anzulegen. Es gilt, Chancen beherzt aufzugreifen, wobei es um Zukunftsmärkte und wichtige Branchen, aber auch um Länder und Indizes geht. Nebenwerte dürften auch künftig die Dickschiffe schlagen. Je nach Anlegerprofil ist nicht nur Value, sondern Growth ebenso wichtig. Auch für die langfristige Kapitalanlage gilt: **„Breit gestreut – nie bereut!“**

Eine Umfrage vom Bundesverband deutscher Banken ergab: Interesse an wirtschaftlichen Themen: sehr stark: 10 %, stark: 24 %, etwas: 39 %, kaum: 20 %, gar nicht: 7 %. Bei *„Was habe ich in der Schule über Wirtschaft gelernt?“* hieß es: Viel: 29 %, nicht so viel: 45 %, wenig: 18 %, kein Wirtschaftsunterricht: 8 %.

12.2 Mit 10.000 € erste Börsenchancen nutzen

Mit 10.000 € Startkapital sind keine großen Sprünge möglich. Aber Sie beackern den Boden für eine langfristig erfolgreiche Vermögensbildung mit breiter Streuung und niedrigem Risiko. Dies betrifft auch die Geldanlage für den Nachwuchs. Es empfiehlt sich pro Titel ein Einsatz von etwa 1.250 €. Übersteigt das Startkapital 10.000 €, sind ein paar dividendenstarke Aktien interessant, z. B. aus DAX, MDAX und SDAX, aber auch internationale Blue Chips mit hoher Dividende. Streuen Sie unbedingt auch zeitlich. Und nutzen Sie Kursschwäche aus.

Startkapital ab 10.000 €, vorsichtiger Typ; Tipp: 2 Mischfonds, 2 Aktienfonds, 3 ETFs, 1 bis 3 Aktientitel je 1.250 €				
Name, Fondsgesellschaft	**WKN**	**Kurs 30.01.19**	**Hoch/Tief 52 Wochen**	**Kursentwicklung 1, 3, 5, 10 Jahre**
Mischfonds DJE Concept	**625 797**	255,60 €	279,4/242,5 €	**-14/+11/+18/+124 %**
	Umfang 163 Mio. €, Alter 17 J., Ausgabeaufschlag **0,00 %,** Geb. **0,60 %,** thesaurierend. Anlage: Aktien/Genussscheine/Anleihen.			
Mischfonds Seilern Global Trust (A)	**973 105**	153,65 €	166,9/143,6 €	**-1/+33/+52/+152 %**
	Umfang 33 Mio. €, Alter 24 J., Ausgabeaufschlag **3,00 %,** Gebühr **1,50 %,** ausschüttend. Flexible Anteile Aktien und Anleihen.			
Aktienfonds DKB Pharma Fonds AL	**921 869**	66,75 €	69,75/55,85 €	**+10/+15/+60/+236 %**
	Umfang 43 Mio. €, Alter 19 J., Ausgabeaufschlag **5,00 %,** Geb. **1,40 %,** ausschüttend. Aktien wie J&J, Novartis, Pfizer, Roche.			
Aktienfonds DJE Dividende & Substanz P	**164 325**	380,35 €	419,1/356,3 €	**-8/+15/+39/+122 %**
	Umfang 1,1 Mrd. €, Alter 15 Jahre, Ausgabeaufschlag **5,00 %,** Gebühr **1,32 %,** thesaurierend. Der Fonds investiert weltweit.			
ETF iShares MDAX	**593 392**	203,45 €	233,9/179,0 €	**-13/+22/+39/+320 %**
	Umfang 1,64 Mrd. €, Alter 17 Jahre, Gebühr **0,50 %,** thesaurierend. Der ETF bildet den MDAX mit jetzt 60 Mid Caps nach.			
ETF Lyxor World Water	**LYX 0CA**	34,00 €	36,60/29,05 €	**-6/+17/+64/+252 %**
	Umfang 576 Mio. €, Alter 11 Jahre, Jahresgebühr **0,60 %,** ausschüttend. Eine Anlage in das „blaue Gold Wasser" ist risikoarm.			
ETF db x-trackers Immobilien	**DBX 0F1**	26,10 €	27,10/22,60 €	**+1/+15/+53 %**
	Umfang 420 Mio. €, Alter 9 Jahre, Gebühr **0,33 %,** thesaurierend. Vonovia, DAX, Dt. Wohnen und LEG, MDAX, sind dabei.			

Name, Fonds-gesellschaft	WKN	Kurs 30.01.19	Hoch/Tief 52 Wochen	Kursentwicklung 1, 3, 5, 10 Jahre
Einzelaktie BASF DAX	BAS F11	66,00 €	95,15/57,10 €	-30/+9/-17/+126 %
	KGV: 11, Dividendenrendite: 4,8 %. BASF SE ist der weltweit größte Chemiekonzern und als typische Value-Aktie beliebt.			
Einzelaktie Grenke SDAX	A16 1N3	80,85 €	106,1/69,20 €	-16/+38/+250/1.084%
	KGV: 23, Div.-Rendite: 1,0 %. Grenke konzentriert sich auf IT-Leasing für Firmen im Bürosektor, z. B. Kopierer/Drucker.			
Einzelaktie Munich Re DAX	843 002	196,35 €	200,5/174,9 €	+3/+12/+30/+70 %
	KGV: 10, €, Div.-Rendite 4,6 %. Der größte Rückversicherer erweitert das Geschäftsmodell, z. B. Policen Cyberkriminalität.			

Startkapital ab 10.000 €, erfolgsorientierter Anlegertyp, sehr gut geeignet auch als Kapitalanlage für Partner, Kinder und Enkel. Multi-Asset-Mischfonds passen sich der Marktlage flexibel an.

Startkapital ab 10.000 €, erfolgsorientiert; Tipp: 2 Mischfonds, 3 Aktienfonds, 3 ETFs, 2 bis 4 Aktien ca. 1.000 €				
Name, Fonds-Gesellschaft	**WKN**	**Kurs 30.01.19**	**Hoch/Tief 52 Wochen**	**Kursentwicklung 1, 3, 5, 10 Jahre**
Mischfonds Adelca Invest GI Multi Ass.	A0M 6JK	335,20 €	353,8/321,8 €	-4/+71/+94/+247 %
	Umfang 69 Mio. €, Alter 11 J., Ausgabeaufschlag **5,00 %,** Geb. **1,00 %,** thesaurierend. Ertrag aus Kursgewinn/Dividende/Zins.			
Mischfonds DWS Dynamic Opp.	984 807	42,30 €	44,80/40,25 €	-3/+22/+54/+149 %
	Umfang 650 Mio. €, Alter 18 J., Ausgabeaufschlag **0,00 %,** Gebühr **0,85 %,** thesaurierend. Anlage in zukunftsfähige Firmen.			
Aktienfonds Uni Deutschland	975 049	165,50 €	195,0/150,5 €	-16/+23/+55/+498 %
	Umfang 1,28 Mrd. €, Alter 12 Jahre, Ausgabeaufschlag **4,00 %,** Gebühr **1,55 %,** thesaurierend. Mid, Small, Micro Caps Europa.			
Aktienfonds Quest Cleantech	A0N C68	235,50 €	274,5/214,4 €	-11/+25/+43/+263 %
	Umfang 198 Mio. €, Alter 10 J., Ausgabeaufschlag **2,00 %,** Geb. **1,25 %,** thesaurierend. Wasseraufbereitung/Abfallentsorgung.			
Aktienfonds Immobilien Janus JHHF	989 232	47,70 €	48,95/42,15 €	+3/+24/+75/+286 %
	Umfang 262 Mio. €, Alter 20 J., Ausgabeaufschlag **5,00 %,** Geb. **1,20 %,** thesaurierend. Aktien von Immobilienfirmen Europa.			

ETF **ComStage SDAX TR**	**ETF 005**	95,90 €	118,5/83,90 €	**-16/+24/+42 %**
	Umfang 112 Mio. €, Alter 7 Jahre, Gebühr **0,70 %,** ausschüttend. Abbildung der Wertentwicklung vom SDAX mit 70 Titeln.			
ETF **iShares Konsum**	**A0H 08N**	72,10 €	83,00/66,30 €	**-11/+7/+45 %**
	Umfang 73 Mio. €, Alter 16 Jahre, Jahresgebühr **0,45 %,** ausschüttend. Index Stoxx Europe 600 Personal & Household.			
ETF **iShares MSCI USA Small**	**A0X 8SB**	273,70 €	309,1/234,3 €	**-5/+48/+44 %**
	Umfang 514 Mio. €, Alter 9 Jahre, Gebühr **0,43 %,** thesaurierend. Der ETF bildet den Index MSCI USA Small Cap ab.			
Einzelaktie **BMW** **DAX**	**519 000**	74,60 €	93,85/68,80 €	**-20/-4/-9/+294 %**
	KGV: 6,8, Div.-Rendite: 5,5 %, BMW verfolgt bei Autos/Motorrädern Premiummarkenstrategie, sportliche Note, E-Mobilität.			
Einzelaktie **Bechtle** **TecDAX/MDAX**	**515 870**	69,25 €	90,65/62,05 €	**-5/+71/+158/+999 %**
	KGV: 18, Div.-Rendite: 1,4 %. Der Anbieter von Informationstechnologie entwickelt hochwertige IT-Softwarekonzepte.			
Einzelaktie **Hannover Rück, MDAX**	**840 221**	126,10 €	129,7/105,2 €	**+16/+32/+115/+440%**
	KGV: 12, Div.-Rendite: 4,2 %. Der Konzern zählt zu den führenden Rückversicherern und deckt alle Schadenssparten ab.			
Einzelaktie **WashTec** **SDAX**	**750 750**	63,30 €	83,80/56,10 €	**-23/+129/+476/+989**
	KGV: 19, Div.-Rendite: 4,0 %. Führender Anbieter von Waschanlagen für Autos, Schienenfahrzeuge, Trambahnen usw.			

Börsengehandelte Indexfonds liefern eine Erfolgsstory ohne Ende. Immer mehr Indizes werden nachgebildet – sowohl für institutionelle als auch für Privatanleger. Weltweit stiegen die Mittelzuflüsse 2017 von 360 auf 609 Mrd. €. Europaweit investierten Anleger bis Ende August 2017 rund 65 Mrd. € in Exchange Traded Funds, kurz ETFs. Das sind neue Rekorde. Letztes Jahr lag der Höchststand bei 40 Mrd. €, ebenfalls eine Bestmarke.

Der Chefvolkswirt von der **Quirin Privatbank, Philipp Dobbert,** meint: *„Der Markt wird weiter wachsen und kann in den nächsten Jahren die Marke von 650 Mrd. € erreichen.“* Weltmarktführer ist der US-Vermögensverwalter **BlackRock,** gefolgt von **Dt. Asset Management** und der französischen **Lyxor.** Als Anleger profitieren Sie vom starken Wettbewerb. Obwohl ETFs auf längere Zeiträume zugeschnitten sind, werden sie auch fürs Kurzzeit-Trading genutzt – sogar mit zweifachem Hebel. Wer sich für dividendenstarke ETFs interessiert, sollte **thesaurierend** wählen. Im Laufe der Zeit wächst die Menge der Anteile, weil die Dividende nicht ausgeschüttet wird. – Man muss nicht nur die Sieger, sondern kann auch verprügelte Verlierer mit seriösem Geschäftsmodell und Zukunftschancen nehmen.

Startkapital ab 10.000 €, Vorschlag risikofreudiger Anlegertyp

Im DAX, MDAX, TecDAX, SDAX gibt es jetzt 190 Aktien, darunter zahlreiche Familienfirmen. Die höhere Anzahl kommt vor allem dadurch zustande, dass 26 von 30 TecDAX-Aktien zusätzlich im MDAX oder SDAX einen Platz finden. Da es rund um den Globus sehr viele ausgezeichnete Aktien gibt, bringe ich bei jedem Vorschlag andere Titel. Tauschen Sie ruhig nach Ihren Vorlieben aus. Auch in ein Depot für risikofreudige Anleger passen substanzstarke Value-Dividendenstars.

Startkapital 10.000 €, risikofreudig; Tipp: 2 Mischfonds, 3 Aktienfonds, 3 ETFs, 2 bis 4 Aktientitel je 1.000 €

Name, Fonds-gesellschaft	WKN	Kurs 31.01.19	Hoch/Tief 52 Wochen	Kursentwicklung 1, 3, 5, 10 Jahre
Mischfonds ACATIS Datini Value	A1H 72F	116,50 €	124,5/91,10 €	+23/+53/+143 %
	Umfang 312 Mio. €, Alter 7 J., Ausgabeaufschlag **5,00 %,** Geb. **0,30 %,** thesaurierend. Große Branchen: Biotech, IT, Konsum.			
Mischfonds Adelca Invest GVI Multi Ass.	A0M 6JL	323,35 €	340,2/310,0 €	+4/+75/+99/+256 %
	Umfang 72 Mio. €, Alter 11 J., Ausgabeaufschlag **5,00 %,** Gebühr **1,00 %,** thesaurierend. Flexible Anlage in Aktien/Anleihen.			
Aktienfonds Bellevue Adamant M.	A0R P23	441,90 €	486,5/351,6 €	+18/+60/+124 %
	Umfang 445 Mio. €, Alter 9 J., Ausgabeaufschlag **5,00 %,** Geb. **1,60 %,** thesaurierend. Aktien von Medtronic, Stryker, Abbott.			
Aktienfonds Nordinternet EUR ACC	978 530	120,85 €	124,9/96,65 €	+19/+101/+145/+613
	Umfang 82 Mio. €, Alter 21 J., Ausgabeaufschlag **5,00 %,** Geb. **1,00 %,** thesaurierend. Dabei: Amazon, Facebook, Alphabet.			
Aktienfonds UniSector BioPharma	921 556	110,95 €	118,2/93,95 €	+2/+15/+50/+201 %
	Umfang 271 Mio. €, Alter 18 J., Ausgabeaufschlag **4,00 %,** Geb. **1,55 %,** ausschüttend, z. B. Pfizer, Amgen, Biogen, J&J, Merck.			
ETF iShares Nasdaq 100	A0F 5UF	57,65 €	64,90/49,00 €	-4/+62/+96/+472 %
	Umfang 1,04 Mrd. €, Alter 12 Jahre, Gebühr **0,30 %,** ausschüttend. Der ETF bildet die US-Hochtechnologiebörse mit KI ab.			
ETF iShares TecDAX (DE)	593 397	23,95 €	28,10/21,50 €	-2/+58/+111/+409 %
	Umfang 832 Mio. €, Alter 17 Jahre, Jahresgebühr **0,50 %,** thesaurierend. Schwerpunkte: Technologie, IT, Biotech, Medtech.			
ETF Invesco Dynamic	A0M 2EH	15,85 €	17,55/14,45 €	-5/+44/+48/+236 %
	Umfang 479 Mio. €, Alter 11 J., Gebühr **0,75 %,** ausschüttend Dabei: Verizon, Mastercard, AbbVie, Citrix, Microsoft, Amgen.			

Einzelaktie **SAP** **DAX/TecDAX**	**716 460**	90,00 €	109/82,1 €	**-1/+22/+56/+219 %**
	KGV: 21, Div.-Rendite: 1,6 %. SAP bietet Firmen branchenspezifische Lösungen an, um profitabel arbeiten zu können.			
Einzelaktie **Sartorius Vz** **TecDAX/MDAX**	**716 563**	132,50 €	160/88,5 €	**+47/+124/+442/+7175 %**
	KGV: 55, Div.-Rendite: 0,6 %. Der Labor-/Technologieanbieter ist in der Biotech-, Pharma-, Nahrungsmittelindustrie aktiv.			
Einzelaktie **Hypoport** **SDAX**	**549 336**	185,60 €	205/114 €	**+46/+163+1862/+4064 %**
	KGV: 37, Div.-Rendite: 0,0 %. Internationaler Anbieter von Immobilienfinanzierungen, Bausparprodukten, Ratenkrediten.			
Einzelaktie **Microsoft** **Dow Jones**	**870 747**	90,50 €	101/67,4 €	**+23/+82/+241/+525 %**
	KGV: 20, Div.-Rendite: 1,8 %. Der Weltmarktführer bietet Software-Anwenderprogramme sowie Windows-Betriebssysteme.			

Generell deuten **Value,** niedrige Bewertung und üppige Dividende mit Geschäftsmodellen in klassischen Branchen eher auf ein vorsichtiges Anlegerprofil hin. **Growth** und Aktivitäten in Zukunftsmärkten wie Industrie 4.0, digitalisierte und vernetzte Welt, Internet der Dinge, Künstliche Intelligenz signalisieren Anlagen für Risikofreudige. Aber auch Konjunktur, demografischer Wandel und Börsenklima, die Kursentwicklung im Mehrjahresvergleich und eine hohe oder geringe Volatilität beeinflussen die Auswahlkriterien entscheidend.

12.3 Schon bei 20.000 € Startkapital Anlagevielfalt

Bei meinen Modellen sollen Aktienfonds, ETFs und Einzelaktien an ein Symphonieorchester erinnern, in dem die Instrumente ein harmonisches Ganzes bilden. Die vier Mischfonds setzen die flexible Multi-Asset-Strategie um.

Startkapital ab 20.000 €, vorsichtiger Typ; Tipp: 4 Mischfonds, 4 Aktienfonds, 4 ETFs, 5 Aktientitel je 1.200 €				
Name, Fondsgesellschaft	**WKN**	**Kurs 31.01.19**	**Hoch/Tief 52 Wochen**	**Kursentwicklung 1, 3, 5, 10 Jahre**
Mischfonds **DJE Concept**	**625 797**	255,60 €	279,4/242,5 €	**-14/+11/+18/+124 %**
	Umfang 163 Mio. €, Alter 17 J., Ausgabeaufschlag **0,00 %,** Geb. **0,60 %,** thesaurierend. Anlage: Aktien/Genussscheine/Anleihen.			
Mischfonds **Seilern Global Trust (A)**	**973 105**	153,65 €	166,9/143,6 €	**-1/+33/+52/+152 %**
	Umfang 33 Mio. €, Alter 24 J., Ausgabeaufschlag **3,00 %,** Gebühr **1,50 %,** ausschüttend. Flexible Anteile Aktien und Anleihen.			

Name, Fonds-Gesellschaft	WKN	Kurs 31.01.19	Hoch/Tief 52 Wochen	Kursentwicklung 1, 3, 5, 10 Jahre
Mischfonds ZukunftsPlan 1 EUR ACC	DK1 CJ2	247,15 €	263,0/230,8 €	-3/+22/+40/+151 %
	Umfang 1,16 Mrd. €, Alter 10 J., Ausgabeaufschlag **2,00 %,** Geb. **0,35 %,** thesaurierend. Anlage Aktien-, Renten-, Geldmarktfonds.			
Mischfonds VM Long Term Value	A1J 17U	1.530,0 €	1.543/1.308 €	+14/+37/+66 %
	Umfang 32 Mio. €, Alter 5 J., Ausgabeaufschlag **3,00 %,** Gebühr **1,35 %,** ausschüttend. Anlage Value-Aktien, Geldmarkt, Banken.			
Aktienfonds DKB Pharma Fonds AL	921 869	66,75 €	69,75/55,85 €	+10/+15/+60/+236 %
	Umfang 43 Mio. €, Alter 19 J., Ausgabeaufschlag **5,00 %,** Geb. **1,40 %,** ausschüttend. Aktien wie J&J, Novartis, Pfizer, Roche.			
Aktienfonds DJE Dividende & Substanz P	164 325	380,35 €	419,1/356,3 €	-8/+15/+39/+122 %
	Umfang 1,1 Mrd. €, Alter 15 Jahre, Ausgabeaufschlag **5,00 %,** Gebühr **1,32 %,** thesaurierend. Der Fonds investiert weltweit.			
Aktienfonds DWS Vermögensbildung	847 652	153,25 €	165,2/141,1 €	+-0/+28/+58/+159 %
	Umfang 7,49 Mrd. €, Alter 48 Jahre, Ausgabeaufschlag **5,00 %,** Geb. **1,45 %,** ausschüttend. Anlage: Dow Jones und Nasdaq.			
Aktienfonds KBC ECO Fund World	A0J J55	934,50 €	1.019/894,8 €	-4/+26/+53/+215 %
	Umfang 210 Mio. €, Alter 26 Jahre, Ausgabeaufschlag **3,00 %,** Gebühr **1,50 %,** thesaurierend. Hauptziel sind hohe Renditen.			
ETF iShares MDAX	593 392	203,45 €	233,9/179,0 €	-13/+22/+39/+320 %
	Umfang 1,64 Mrd. €, Alter 17 Jahre, Gebühr **0,50 %,** thesaurierend. Der ETF bildet den MDAX mit jetzt 60 Mid Caps nach.			
ETF Lyxor World Water	LYX 0CA	34,00 €	36,60/29,05 €	-6/+17/+64/+252 %
	Umfang 576 Mio. €, Alter 11 Jahre, Jahresgebühr **0,60 %,** ausschüttend. Anlagen in das „blaue Gold Wasser“ sind risikoarm.			
ETF db x-trackers Immobilien	DBX 0F1	26,10 €	27,10/22,60 €	+1/+15/+53 %
	Umfang 420 Mio. €, Alter 9 Jahre, Gebühr **0,33 %,** thesaurierend. Vonovia, DAX, Dt. Wohnen und LEG, MDAX, sind dabei.			
ETF ComStage Dow Jon. Industrie	ETF 010	253,40 €	269,9/220,4 €	-5/+57/+69/+242 %
	Umfang 72 Mio. €, Alter 10 J., Gebühr **0,45 %,** thesaurierend. Anlage in den Dow Jones mit Aktien wie 3M, Apple, Boeing.			
Einzelaktie Siemens DAX	723 610	111,80 €	126,0/99,80 €	+10/+14/+34/+50 %
	KGV: 15, Div.-Rendite: 3,8 %. Die Schwerpunkte sind Elektrifizierung, Automatisierungsprozesse, KI und Digitalisierung.			

Einzelaktie **Symrise** **MDAX**	**SYM 999**	73,15 €	81,55/61,00 €	**+10/+25/+115/+767%**
	KGV: 27, Div.-Rendite: 1,4 %. Der Marktführer in der Aroma-, Duft- und Geschmackstoffindustrie entwickelt viele Produkte.			
Einzelaktie **Sixt Stämme** **SDAX**	**723 132**	79,40 €	119,1/63,90 €	**-3/+86/+238/+1.528%**
	KGV: 14, Div.-Rendite: 3,2 %. Der Mobilitätsdienstleister mit Mietwagenservice hat 6 Vermietstationen an USA-Flughäfen.			
Einzelaktie **Dt. Wohnen** **MDAX**	**A0H N5C**	42,60 €	44,00/32,25 €	**+24/+81+218/+297 %**
	KGV: 25, Div.-Rendite: 2,0 %. Der Immobilienkonzern konzentriert sich auf die Bewirtschaftung und das Management.			
Einzelaktie **Samsung** **Südkorea**	**881 823**	743,20 €	830,0/585,0 €	**-1/+108/+120/+925 %**
	KGV: 7,1, Div.-Rendite: 3,9 %. Die Schwerpunkte sind Elektronik mit KI, Halbleiterchips, Smartphones, Fernsehgeräte usw.			

Das Modell für erfolgsorientierte Anleger mit 20.000 € Kapital

Die Zuordnung nach Typen ist bei einer Anlage von 20.000 € nicht zementiert. Auch erfolgsorientierte Anleger finden gute Produkte in anderen Listen. Das hängt auch davon ab, ob Sie beim Einstieg und Zukauf eher Kursschwäche nutzen oder auf langjährige Favoriten setzen, ob Sie ein Freund von Value sind oder Growth-Titel von der amerikanischen Technologiebörse Nasdaq 100 mit KI schätzen.

Startkapital 20.000 €, erfolgsorientiert; Tipp: 3 Mischfonds, 4 Aktienfonds, 4 ETFs, 5 Aktientitel je 1.200 €

Name, Fonds-Gesellschaft	WKN	Kurs 13.06.18	Hoch/Tief 52 Wochen	Kursentwicklung 1, 3, 5, 10 Jahre
Mischfonds **Adelca Invest** **GI Multi Ass.**	**A0M 6JK**	335,20 €	353,8/ 321,8€	**-4/+71/+94/+247 %**
	Umfang 69 Mio. €, Alter 11 J., Ausgabeaufschlag **5,00 %,** Geb. **1,00 %,** thesaurierend. Ertrag aus Kursgewinn/Dividende/Zins.			
Mischfonds **FU Fonds Multi Asset I**	**A12 ADZ**	784,60 €	899,7/772,0 €	**-5/+37/+61 %**
	Umfang 83 Mio. €, Alter 5 Jahre, Ausgabeaufschlag **0,00 %,** Gebühr **0,70 %,** ausschüttend. Dieser Fonds legt 2/3 in Aktien an.			
Mischfonds **DWS** **Dynamic**	**984 807**	42,30 €	44,80/40,25 €	**-3/+22/+54/+149 %**
	Umfang 650 Mio. €, Alter 18 J., Ausgabeaufschlag **0,00 %,** Gebühr **0,85 %,** thesaurierend. Anlage in zukunftsfähige Firmen.			
Aktienfonds **Uni** **Deutschland**	**975 049**	150,50 €	195,0/165,0 €	**-16/+23/+55/+498 %**
	Umfang 1,28 Mrd. €, Alter 12 Jahre, Ausgabeaufschlag **4,00 %,** Gebühr **1,55 %,** thesaurierend. Mid, Small, Micro Caps Europa.			

Aktienfonds **Quest Cleantech**	**A0N C68**	235,50 €	274,5/214,4 €	**-11/+25/+43/+263 %**
	Umfang 198 Mio. €, Alter 10 J., Ausgabeaufschlag **2,00 %,** Geb. **1,25 %,** thesaurierend. Wasseraufbereitung/Abfallentsorgung.			
Aktienfonds **Immobilien Janus JHHF**	**989 232**	47,70 €	48,95/42,15 €	**+3/+24/+75/+286 %**
	Umfang 262 Mio. €, Alter 20 J., Ausgabeaufschlag **5,00 %,** Geb. **1,20 %,** thesaurierend. Aktien von Immobilienfirmen Europas.			
Aktienfonds **FTIF Franklin Templeton**	**A0K EDF**	19,45 €	20,95/17,45 €	**-2/+24/+53/+210 %**
	Umfang 394 Mio. €, Alter 12 J., Ausgabeaufschlag **0,00 %,** Geb. **0,70 %,** thesaurierend. Anlage in wichtigen Zukunftsmärkten.			
ETF **ComStage SDAX TR**	**ETF 005**	95,90 €	118,5/83,90 €	**-16/+24/+42 %**
	Umfang 112 Mio. €, Alter 7 Jahre, Gebühr **0,70 %,** ausschüttend. Abbildung der Wertentwicklung vom SDAX mit 70 Titeln.			
ETF **iShares Konsum**	**A0H 08N**	72,10 €	83,00/66,30 €	**-11/+7/+45 %**
	Umfang 73 Mio. €, Alter 16 Jahre, Jahresgebühr **0,45 %,** ausschüttend. Index Stoxx Europe 600 Personal & Household.			
ETF **iShares MSCI USA Small**	**A0X 8SB**	273,70 €	309,1/234,3 €	**-5/+48/+44 %**
	Umfang 514 Mio. €, Alter 9 Jahre, Gebühr **0,43 %,** thesaurierend. Dieser ETF bildet den Index MSCI USA Small Cap ab.			
ETF **ComStage Construction**	**ETF 065**	77,45 €	92,55/69,20 €	**-13/+13/+38/+166 %**
	Umfang 6 Mio. €, Alter 10 J., Gebühr **0,25 %,** ausschüttend. Der ETF bildet die Wertentwicklung großer Europa-Baufirmen ab.			
Einzelaktie **Allianz DAX/DivDAX**	**840 400**	186,95 €	205,0/170,2 €	**-9/+24/+50/+183 %**
	KGV: 9,7, Div.-Rendite: 4,7 %. Der globale Konzern bedient Erstversicherung, Finanzdienstleistung, Vermögensverwaltung.			
Einzelaktie **Hermle General St.**	**605 283**	331,00 €	420,0/265,0 €	**-9/+60/+98 %**
	KGV: 18, Div.-Rendite: 3,9 %. Der Fräsmaschinenbauer bearbeitet mit Universalmaschinen Werkzeuge, Formen, Serienteile.			
Einzelaktie **Rational SDAX**	**701 080**	554,00 €	695,0/460,0 €	**-3/+33/+144/+714 %**
	KGV: 36, Div.-Rendite: 2,0 %. Rational versorgt Großküchen mit Kombidämpfern für die thermische Speisenzubereitung.			
Einzelaktie **Carl Zeiss M. TecDAX/MDAX**	**531 370**	79,50 €	80,80/44,00 €	**+50/+190/+263/+770**
	KGV: 44, Div.-Rendite: 0,7 %. Marktführer in der Augenheilkunde mit neuartigen Diagnostik- und Therapietechnologien.			
Einzelaktie **BB Biotech Schweiz**	**A0N FN3**	61,65 €	65,45/48,80 €	**+1/+50/+128/+544 %**
	KGV: 11, Div.-Rendite: 5,3 %. Internationale Beteiligungsfirma für Biotech, Gentechnologie und forschende Pharmaindustrie.			

Zielgruppe: risikofreudiger Anlegertyp mit Startkapital 20.000 €

Da die Tipps für die drei Anlegergruppen einen flexiblen Austausch zulassen, wählen Sie vor allem Ihre Einzelaktien nach eigenem Ermessen aus. Um Ihnen die Aktiensuche zu erleichtern, folgt als letzter Abschnitt eine Zuordnung der ausgewählten Aktien mit Hinweisen zur Seitenzahl und den Abkürzungen für die Anlegertypen: **S** bedeutet sicherheitsbewusst, **E** erfolgsorientiert, **R** risikofreudig. Auch die in Grün gehaltenen Farbmarkierungen dürften für Sie hilfreich sein.

Startkapital 20.000 €, risikofreudig; Tipp: 2 Mischfonds, 4 Aktienfonds, 4 ETFs, 4 bis 6 Aktientitel je 1.400 €

Name, Fondsgesellschaft	WKN	Kurs 31.01.19	Hoch/Tief 52 Wochen	Kursentwicklung 1, 3, 5, 10 Jahre
Mischfonds ACATIS Datini Value	**A1H 72F**	116,50 €	124,5/91,10 €	**+23/+53/+143 %**
	Umfang 312 Mio. €, Alter 7 J., Ausgabeaufschlag **5,00 %,** Geb. **0,30 %,** thesaurierend. Große Branchen: Biotech, IT, Konsum.			
Mischfonds Adelca Invest GVI Multi Ass.	**A0M 6JL**	323,35 €	340,2/310,0 €	**+4/+75/+99/+256 %**
	Umfang 72 Mio. €, Alter 11 J., Ausgabeaufschlag **5,00 %,** Gebühr **1,00 %,** thesaurierend. Flexible Anlage in Aktien/Anleihen.			
Aktienfonds Bellevue Adamant Med.	**A0R P23**	441,90 €	486,5/351,6 €	**+18/+60/+124 %**
	Umfang 445 Mio. €, Alter 9 J., Ausgabeaufschlag **5,00 %,** Geb. **1,60 %,** thesaurierend. Aktien von Medtronic, Stryker, Abbott.			
Aktienfonds Nordinternet EUR ACC	**978 530**	120,85 €	124,9/96,65 €	**+19/+101/+145/+613**
	Umfang 82 Mio. €, Alter 21 J., Ausgabeaufschlag **5,00 %,** Geb. **1,00 %,** thesaurierend. Dabei: Amazon, Facebook, Alphabet.			
Aktienfonds UniSector BioPharma	**921 556**	110,95 €	118,2/93,95 €	**+2/+15/+50/+201 %**
	Umfang 271 Mio. €, Alter 18 J., Ausgabeaufschlag **4,00 %,** Geb. **1,55 %,** ausschüttend, z. B. Pfizer, Amgen, Biogen, J&J, Merck.			
Aktienfonds DWS Smart Industr.	**515 248**	108,55 €	123,0/97,00 €	**-6/+39/+47/+287 %**
	Umfang 668 Mio. €, Alter 12 J., Ausgabeaufschlag **5,00 %,** Geb. **1,45 %,** ausschüttend. Anlage in Infrastruktur/Logistik/Industrie.			
ETF iShares Nasdaq 100	**A0F 5UF**	57,65 €	64,90/49,00 €	**-4/+62/+96/+472 %**
	Umfang 1,04 Mrd. €, Alter 12 Jahre, Gebühr **0,30 %,** ausschüttend. Der ETF bildet die US-Hochtechnologiebörse mit KI ab.			
ETF iShares TecDAX (DE)	**593 397**	23,95 €	28,10/21,50 €	**-2/+58/+111/+409 %**
	Umfang 832 Mio. €, Alter 17 Jahre, Jahresgebühr **0,50 %,** thesaurierend. Schwerpunkte: Technologie, IT, Biotech, Medtech.			

ETF Invesco Dynamic	**A0M2EH**	15,85 €	17,55/14,45	**-5/+44/+48/+236 %**
	Umfang 479 Mio. €, Alter 11 J., Geb. **0,75 %,** ausschütt. Hoher Anteil: Verizon, Mastercard, AbbVie, Citrix, Microsoft, Amgen.			
ETF ComStage HSI China/Asien	**ETF 022**	36,10 €	40,85/31,00	**-13/+51/+41 %**
	Umfang 131 Mio. €, Alter 8 J., Geb. **0,55 %,** thesaurierend. Der ETF investiert in Blue Chips wie Tencent, China Mobile, ICBC.			
Einzelaktie Wirecard DAX/TecDAX	**747 206**	145,15 €	199/83,60 €	**+19/+148/+257/+2.459 %**
	KGV: 37, Div.-Rendite: 0,1 %. Wirecard (DAX) bietet elektronische Zahlungssysteme & automatisierte Zahlungsprozesse an.			
Einzelaktie Isra Vision TecDAX/SDAX	**548 810**	30,25 €	61,30/22,40	**-21/+138/+270/+2.077 %**
	KGV: 25, Div.-Rendite: 0,4 %. Isra ist führend bei Oberflächeninspektionssystemen und Bildverarbeitungsprogrammen.			
Einzelaktie Mensch und Masch. MUM	**658 080**	27,50 €	30,80/19,00	**+24/+203/+415/+713 %**
	KGV: 31, Div.-Rendite: 2,0. MUM ist ein CAD-Anbieter für Bauwirtschaft und Maschinenbau mit Planung und Konstruktion.			
Einzelaktie Amazon Nasdaq 100	**906 866**	1.450,0 €	1.774/1.025	**+27/+169/+433/+2.997 %**
	KGV: 45, Div.-Rendite: 0,0 %. Der Onlineversandhändler ist fast überall im Konsumsektor tätig, z. B. Bücher, Musik, DVD.			
Einzelaktie Alphabet C Nasdaq 100	**A14Y6H**	976,60 €	1.099/797 €	**+3/+50/+161 %**
	KGV: 19, Div.-Rendite: 0,0 %. Die in 130 Ländern angebotene Suchmaschine wird weltweit am häufigsten verwendet.			
Einzelaktie Tencent China	**A1138D**	38,50 €	48,95/27,75	**-18/+128/+283 %**
	KGV: 29, Div.-Rendite: 0,3 %. Der Internetriese besitzt viele Forschungspatente und betreibt Chinas größtes Serviceportal.			

12.4 Mit 30.000 € auf dem Weg zum Wohlstand

Meine Umfragen und Kolumnen zeigen ein großes Interesse an Anlagemodellen mit Startkapital 30.000 €, angepasst auf die drei Anlegertypen. Auch bei größeren Summen wünschen die Investoren eine Aufteilung in Aktienfonds, ETFs, Einzelaktien. Bei Kursschwäche empfehlen sich Einmalanlagen, im Bullenmarkt eher Sparpläne. Schwerpunkte bilden substanzstarke, nachhaltig wirtschaftende Familienfirmen und fair bewertete konjunkturunabhängige defensive Value-Aktien mit hoher Dividende. Meine Anlagemodelle erlauben den Austausch mit Titeln für erfolgsorientierte Anleger und einen Blick zurück auf die Auswahlliste beim Startkapital 20.000 €. Dies gilt vor allem für Einzelaktien. Hier gibt es für jedes Modell neue Empfehlungen. Aber auch bei Aktienfonds und ETFs zählen Ihre Vorlieben.

Zielgruppe: vorsichtiger Anlegertyp mit Startkapital 30.000 €. Jetzt sollte nicht länger auf gute Einzeltitel verzichtet werden.

Startkapital ab 30.000 €, vorsichtiger Typ; Tipp: 5 Mischfonds, 5 Aktienfonds, 5 ETFs, 5 bis 8 Aktientitel je 1.300 €				
Name, Fondsgesellschaft	**WKN**	**Kurs 01.02.19**	**Hoch/Tief 52 Wochen**	**Kursentwicklung 1, 3, 5, 10 Jahre**
Mischfonds DJE Concept	**625 797**	255,60 €	279,4/242,5 €	**-14/+11/+18/+124 %**
	Umfang 163 Mio. €, Alter 17 J., Ausgabeaufschlag **0,00 %,** Geb. **0,60 %,** thesaurierend. Anlage: Aktien/Genussscheine/Anleihen.			
Mischfonds Seilern Global Trust (A)	**973 105**	153,65 €	166,9/143,6 €	**-1/+33/+52/+152 %**
	Umfang 33 Mio. €, Alter 24 J., Ausgabeaufschlag **3,00 %,** Gebühr **1,50 %,** ausschüttend. Flexible Anteile Aktien und Anleihen.			
Mischfonds ZukunftsPlan 1 EUR ACC	**DK1 CJ2**	247,15 €	263,0/230,8 €	**-3/+22/+40/+151 %**
	Umfang 1,16 Mrd. €, Alter 10 J., Ausgabeaufschlag **2,00 %,** Geb. **0,35 %,** thesaurierend. Anlage Aktien-, Renten-, Geldmarktfonds.			
Mischfonds VM Long Term Value	**A1J 17U**	1.530,0 €	1.543/1.308 €	**+14/+37/+66 %**
	Umfang 32 Mio. €, Alter 5 J., Ausgabeaufschlag **3,00 %,** Gebühr **1,35 %,** ausschüttend. Anlage Value-Aktien, Geldmarkt, Banken.			
Mischfonds Nord/LB AM Global Chall.	**A0L GNP**	173,15 €	185,0/151,8 €	**+9/+37/+78/+294 %**
	Umfang 83 Mio. €, Alter 11 J., Ausgabeaufschlag **5,00 %,** Geb. **0,33 %,** ausschüttend. Schwerpunkte: Technologie, Industrie.			
Aktienfonds DKB Pharma Fonds AL	**921 869**	66,75 €	69,75/55,85 €	**+10/+15/+60/+236 %**
	Umfang 43 Mio. €, Alter 19 J., Ausgabeaufschlag **5,00 %,** Geb. **1,40 %,** ausschüttend. Aktien wie J&J, Novartis, Pfizer, Roche.			
Aktienfonds DJE Dividende & Substanz P	**164 325**	380,35 €	419,1/356,3 €	**-8/+15/+39/+122 %**
	Umfang 1,1 Mrd. €, Alter 15 Jahre, Ausgabeaufschlag **5,00 %,** Gebühr **1,30 %,** thesaurierend. Der Fonds investiert weltweit.			
Aktienfonds DWS Vermögensbildung	**847 652**	153,25 €	165,2/141,1 €	**+-0/+28/+58/+159 %**
	Umfang 7,494 Mrd. €, Alter 48 J., Ausgabeaufschlag **5,00 %,** Gebühr **1,45 %,** ausschüttend. Anlage: Dow Jones & Nasdaq.			
Aktienfonds KBC ECO Fund World	**A0J J55**	934,50 €	1.019/894,8 €	**-4/+26/+53/+215 %**
	Umfang 210 Mio. €, Alter 26 Jahre, Ausgabeaufschlag **3,00 %,** Gebühr **1,50 %,** thesaurierend. Hauptziel sind hohe Renditen.			
Aktienfonds HGF Henderson Gartmore	**A0D NEW**	15,80 €	17,20/14,30 €	**+1/+35/+76/+235 %**
	Umfang 1,08 Mrd. €, Alter 14 Jahre, Ausgabeaufschlag **5,00 %,** Gebühr **1,50 %,** thesaurierend. Ziel: viel Wachstum und Ertrag.			

<table>
<tr><th>Name, Fonds-gesellschaft</th><th>WKN</th><th>Kurs 01.02.19</th><th>Hoch/Tief 1 Jahr €</th><th>Kursentwicklung 1, 3, 5, 10 Jahre</th></tr>
<tr><td rowspan="2"><u>ETF</u> iShares MDAX</td><td>593 392</td><td>203,45 €</td><td>233,9/179,0</td><td>-13/+22/+39/+320 %</td></tr>
<tr><td colspan="4">Umfang 1,64 Mrd. €, Alter 17 Jahre, Gebühr 0,50 %, thesaurierend. Der ETF bildet den MDAX mit jetzt 60 Mid Caps nach.</td></tr>
<tr><td rowspan="2"><u>ETF</u> LYXOR World Water</td><td>LYX 0CA</td><td>34,00 €</td><td>36,60/29,10</td><td>-6/+17/+64/+252 %</td></tr>
<tr><td colspan="4">Umfang 576 Mio. €, Alter 11 Jahre, Jahresgebühr 0,60 %, ausschüttend. Anlagen in das „blaue Gold Wasser“ sind risikoarm.</td></tr>
<tr><td rowspan="2"><u>ETF</u> db x-trackers Immobilien</td><td>DBX 0F1</td><td>26,10 €</td><td>27,10/22,60</td><td>+1/+15/+53 %</td></tr>
<tr><td colspan="4">Umfang 420 Mio. €, Alter 9 Jahre, Gebühr 0,33 %, thesaurierend. Vonovia, DAX, Dt. Wohnen und LEG, MDAX, sind dabei.</td></tr>
<tr><td rowspan="2"><u>ETF</u> ComStage Dow Jones</td><td>ETF 010</td><td>253,40 €</td><td>269,9/220,4</td><td>-5/+57/+69/+242 %</td></tr>
<tr><td colspan="4">Umfang 72 Mio. €, Alter 10 J., Gebühr 0,45 %, thesaurierend. Anlage in den Dow Jones mit Aktien wie 3M, Apple, Boeing.</td></tr>
<tr><td rowspan="2"><u>ETF</u> Com-Stage Europe 600 Health</td><td>ETF 068</td><td>123,00 €</td><td>134,4/111,5</td><td>+2/+4/+38/+188 %</td></tr>
<tr><td colspan="4">Umfang 54 Mio. €, Alter 10 J., Gebühr 0,25 %, thesaurierend. Hauptanteile: Fresenius, Bayer, Novartis, Roche, Novo Nordisk.</td></tr>
<tr><td rowspan="2"><u>Einzelaktie</u> Adidas DAX</td><td>A1EWWW</td><td>203,10 €</td><td>217,8/166,1</td><td>+9/+109/+141/+633 %</td></tr>
<tr><td colspan="4">KGV: 21, Div.-Rendite: 1,6 %. Der DAX-Konzern ist der weltweit größte Sportartikelproduzent für Bälle, Schuhe, Bekleidung.</td></tr>
<tr><td rowspan="2"><u>Einzelaktie</u> Deutsche Börse DAX</td><td>581 005</td><td>116,25 €</td><td>121,1/96,00</td><td>+12/+46/+103/+193 %</td></tr>
<tr><td colspan="4">KGV: 19, Div.-Rendite: 2,3 %. Weltweit führende Börsenorganisation mit Wertpapierbörse Frankfurt und XETRA-Handel.</td></tr>
<tr><td rowspan="2"><u>Einzelaktie</u> Aroundtown MDAX</td><td>A2D W8Z</td><td>7,70 €</td><td>7,95/5,55 €</td><td>+21 %/Neuemission</td></tr>
<tr><td colspan="4">KGV: 9,1, Div.-Rendite: 3,3 %. Luxemburgischer Konzern Gewerbe- und Wohnimmobilien, aktiv Deutschland/Niederlande.</td></tr>
<tr><td rowspan="2"><u>Einzelaktie</u> MTU MDAX</td><td>A0D 9PT</td><td>188,70 €</td><td>198,1/129,0</td><td>+33/+123/+187/+752 %</td></tr>
<tr><td colspan="4">KGV: 19, Div.-Rendite: 1,4 %. Führender Hersteller von Triebwerksmodulen und -komponenten sowie Industriegasturbinen.</td></tr>
<tr><td rowspan="2"><u>Einzelaktie</u> Adobe Syst. Nasdaq 100</td><td>871 981</td><td>217,50 €</td><td>240,0/147,0</td><td><u>+36/+163/+392/1.276%</u></td></tr>
<tr><td colspan="4">KGV: 25, Div.-Rendite: 0,00 %. Grafik- und Bildbearbeitungsprogramme, Audio-/Videoschnittsysteme, Webanalysetools.</td></tr>
<tr><td rowspan="2"><u>Einzelaktie</u> Sony Japan Nikkei 225</td><td>853 687</td><td>44,25 €</td><td>52,80/36,50</td><td>+3/+92/+250/+156 %</td></tr>
<tr><td colspan="4">KGV: 10, Div.-Rendite: 0,7 %. Sony deckt den Hightechsektor mit Video-, Audio- sowie Kommunikationstechnologien ab.</td></tr>
</table>

Startkapital 30.000 €, Vorschlag für erfolgsorientierte Anleger

Viele Anleger handeln erfolgsorientiert. Dies zeigen meine Umfragen in den ganzjährig laufenden Börsenseminaren. Mit steigendem Startkapital wächst das Interesse, gut abzuschneiden, neue Strategien zu erproben und mehr Risiko einzugehen. Der Start in erfolgreiche Aktien kann sich zum Hobby entwickeln mit dem Ziel, die Weichen zu stellen für Vermögensaufbau und Altersvorsorge. Es geht vielleicht auch um neue Kontakte, Karriere, Erweiterung des geistigen Horizonts.

Startkapital ab 30.000 €, erfolgsorientiert; Tipp: 4 Mischfonds, 5 Aktienfonds, 5 ETFs, 6 bis 8 Aktien je 1.300 €

Name, Fondsgesellschaft	WKN	Kurs 01.02.19	Hoch/Tief 52 Wochen	Kursentwicklung 1, 3, 5, 10 Jahre
Mischfonds Adelca Invest GI Multi Ass.	A0M 6JK	335,20 €	353,8/ 321,8 €	**-4/+71/+94/+247 %**
	Umfang 69 Mio. €, Alter 11 J., Ausgabeaufschlag **5,00 %,** Geb. **1,00 %,** thesaurierend. Ertrag aus Kursgewinn/Dividende/Zins.			
Mischfonds FU Fonds Multi Asset I	A12 ADZ	784,60 €	899,7/772,0 €	**-5/+37/+61 %**
	Umfang 83 Mio. €, Alter 5 Jahre, Ausgabeaufschlag **0,00 %,** Gebühr **0,70 %,** ausschüttend. Der Fonds legt 2/3 in Aktien an.			
Mischfonds DWS Dynamic	984 807	42,30 €	44,80/40,25 €	**-3/+22/+54/+149 %**
	Umfang 650 Mio. €, Alter 18 J., Ausgabeaufschlag **0,00 %,** Gebühr **0,85 %,** thesaurierend. Anlage in zukunftsfähige Firmen.			
Mischfonds FU Multi Asset Fonds P	A0Q 5MD	202,45 €	232,8/194,7 €	**-5/+28/+49/+114 %**
	Umfang 84 Mio. €, Alter 10 Jahre, Ausgabeaufschlag **5,00 %,** Gebühr **1,70 %,** ausschüttend. Anlage in Aktien und Aktienfonds.			
Aktienfonds Uni Deutschland	975 049	165,50 €	195,0/150,5 €	**-16/+23/+55/+498 %**
	Umfang 1,28 Mrd. €, Alter 12 Jahre, Ausgabeaufschlag **4,00 %,** Gebühr **1,55 %,** thesaurierend. Mid, Small, Micro Caps Europa.			
Aktienfonds Quest Cleantech	A0N C68	235,50 €	274,5/214,4 €	**-11/+25/+43/+263 %**
	Umfang 198 Mio. €, Alter 10 J., Ausgabeaufschlag **2,00 %,** Geb. **1,25 %,** thesaurierend. Wasseraufbereitung/Abfallentsorgung.			
Aktienfonds Immobilien Janus JHHF	989 232	47,70 €	48,95/42,15 €	**+3/+24/+75/+286 %**
	Umfang 262 Mio. €, Alter 20 J., Ausgabeaufschlag **5,00 %,** Geb. **1,20 %,** thesaurierend. Aktien von Immobilienfirmen Europas.			
Aktienfonds Fidelity Global Consumer	A0N GWX	31,85 €	35,25/29,55 €	**+1/+27/+72/+295 %**
	Umfang 994 Mio. €, Alter 10 J., Ausgabeaufschlag **0,00 %,** Geb. **1,10 %,** thesaurierend. Anlage in Aktien von Konsumkonzernen.			

<table>
<tr><th>Name, Fonds-gesellschaft</th><th>WKN</th><th>Kurs 01.02.19</th><th>Hoch/Tief 52 Wochen</th><th>Kursentwicklung 1, 3, 5, 10 Jahre</th></tr>
<tr><td rowspan="2"><u>Aktienfonds</u>
Morgan Stanley Infrastruc.</td><td>A1H 586</td><td>45,05 €</td><td>47,95/41,7 €</td><td>-6/+22/+18 %</td></tr>
<tr><td colspan="4">Umfang 738 Mio. €, Alter 7 J., Ausgabeaufschlag 1,00 %, Geb. 0,85 %, thesaurierend. Infrastrukturprojekte und Immobilien.</td></tr>
<tr><td rowspan="2"><u>ETF</u>
ComStage SDAX TR</td><td>ETF 005</td><td>95,90 €</td><td>118,5/83,9 €</td><td>-16/+24/+42 %</td></tr>
<tr><td colspan="4">Umfang 112 Mio. €, Alter 7 Jahre, Gebühr 0,70 %, ausschüttend. Abbildung der Wertentwicklung vom SDAX mit 70 Titeln.</td></tr>
<tr><td rowspan="2"><u>ETF</u>
iShares MSCI USA Small</td><td>A0X 8SB</td><td>273,70 €</td><td>309,1/234 €</td><td>-5/+48/+44 %</td></tr>
<tr><td colspan="4">Umfang 514 Mio. €, Alter 9 Jahre, Gebühr 0,43 %, thesaurierend. Der ETF bildet den Index MSCI USA Small Cap ab.</td></tr>
<tr><td rowspan="2"><u>ETF</u>
ComStage Construction</td><td>ETF 065</td><td>77,45 €</td><td>92,55/69,2 €</td><td>-13/+13/+38/+166 %</td></tr>
<tr><td colspan="4">Umfang 6 Mio. €, Alter 10 J., Gebühr 0,25 %, ausschüttend. Der ETF bildet die Wertentwicklung großer Baufirmen Europas ab.</td></tr>
<tr><td rowspan="2"><u>ETF</u>
iShares Stoxx Technologie</td><td>A0H 08Q</td><td>40,40 €</td><td>49,05/36,1 €</td><td>-7/+23/+52 %</td></tr>
<tr><td colspan="4">Umfang 83 Mio. €, Alter 18 Jahre, Gebühr 0,45 %, ausschüttend. Große Anteile: SAP, ASML, Ericsson, Infineon, Cap Gemini.</td></tr>
<tr><td rowspan="2"><u>ETF</u>
ComStage <u>MSCI USA</u></td><td>ETF 113</td><td>65,15 €</td><td>70,95/57,7 €</td><td>-5/+45/+54/+257 %</td></tr>
<tr><td colspan="4">Umfang 182 Mio. €, Alter 10 J., Gebühr 0,25 %, ausschüttend, Dabei: Apple, Microsoft, Amazon, J&J, Alphabet, Exxon Mobil.</td></tr>
<tr><td rowspan="2"><u>Einzelaktie</u>
HeidelCement DAX</td><td>604 700</td><td>61,60 €</td><td>87,20/51,90 €</td><td>-29/-8/+12/+99 %</td></tr>
<tr><td colspan="4">KGV: 9,5, Div.-Rendite: 3,5 %. Weltweit führender Baustoffkonzern mit Zement, Beton, nachgelagerten Aktivitäten, 40 Länder.</td></tr>
<tr><td rowspan="2"><u>Einzelaktie</u>
Daimler DAX</td><td>710 000</td><td>52,80 €</td><td>72,75/44,45 €</td><td>-25/-17/-14/+144 %</td></tr>
<tr><td colspan="4">KGV: 6,3, Div.-Rendite: 5,0 %. Daimler zählt mit der Marke Mercedes zu den weltweit größten Premiumautoherstellern.</td></tr>
<tr><td rowspan="2"><u>Einzelaktie</u>
Rio Tinto-Stoxx 50 GB</td><td>852 147</td><td>48,60 €</td><td>51,50/39,20 €</td><td>+8/+114/+23/+246 %</td></tr>
<tr><td colspan="4">KGV: 11, Div.-Rendite: 5,6 %. Multinationaler Bergbaukonzern, Schwerpunkt Mineralvorkommen, Raffinerien, Schmelzhütten.</td></tr>
<tr><td rowspan="2"><u>Einzelaktie</u>
Visa Dow Jones</td><td>A0N C7B</td><td>122,4 €</td><td>131,9/88,50 €</td><td><u>+22/+79/+205/+1.328</u></td></tr>
<tr><td colspan="4">KGV: 25, Div.-Rendite: 0,7 %. Globale Kreditorganisation für digitale Bezahlung, Telekommunikations-/Computernetzwerke.</td></tr>
<tr><td rowspan="2"><u>Einzelaktie</u>
L'Oréal Euro Stoxx 50</td><td>853 888</td><td>212,20 €</td><td>214,5/165,2 €</td><td>+17/+34/+75/+304 %</td></tr>
<tr><td colspan="4">KGV: 27, Div.-Rendite: 1,9 %. Der Konzern entwickelt Haut-, Schönheits- und Haarpflegeprodukte unter bekannten Marken.</td></tr>
</table>

Einzelaktie **HELLA KGaA** **MDAX**	**A13 SX2**	40,25 €	53,90/31,8 €	**+28/+31 %/IPO**
	KGV: 13, Div.-Rendite: 2,0 %. Beleuchtungssysteme und Fahrzeugelektronik, Batteriesensoren und Fahrerassistenzsysteme.			
Einzelaktie **Hochtief** **MDAX**	**607 000**	132,40 €	160,7/130,4 €	**-4/+138/+212/+138 %**
	KGV: 13, Div.-Rendite: 3,9 %. Internationale Infrastrukturprojekte Verkehr, Energie, Hoch-, Tief-, Ingenieur-/Verkehrswegebau.			
Einzelaktie **Wacker Neus.** **SDAX**	**WAC K01**	20,00 €	32,70/16,15 €	**-38/+51/+59/+266 %**
	KGV: 11, Div.-Rendite: 4.4 %. Bauindustrie mit KI, hochwertige mittelgroße Baumaschinen und Baugeräte der Kompaktklasse.			

Startkapital 30.000 €, Vorschlag für risikofreudige Anleger mit dem Rat, aus allen angebotenen Aktien beliebig auszuwählen, abhängig von Vorlieben, Kenntnissen, bisherigen Erfahrungen.

Startkapital ab 30.000 €, risikofreudig; Tipp: 2 Mischfonds, 5 Aktienfonds, 5 ETFs, 8 bis 10 Aktien je 1.400 €

Name, Fondsgesellschaft	WKN	Kurs 01.02.19	Hoch/Tief 52 Wochen	Kursentwicklung 1, 3, 5, 10 Jahre
Mischfonds **ACATIS Datini Value**	**A1H 72F**	116,50 €	124,5/91,10 €	**+23/+53/+143 %**
	Umfang 312 Mio. €, Alter 7 J., Ausgabeaufschlag **5,00 %,** Geb. **0,30 %,** thesaurierend. Große Branchen: Biotech, IT, Konsum.			
Mischfonds **Adelca Invest GVI Multi Ass.**	**A0M 6JL**	323,35 €	340,2/310,0 €	**+4/+75/+99/+256 %**
	Umfang 72 Mio. €, Alter 11 J., Ausgabeaufschlag **5,00 %,** Gebühr **1,00 %,** thesaurierend. Flexible Anlage in Aktien/Anleihen.			
Aktienfonds **Bellevue Adamant Med.**	**A0R P23**	441,90 €	486,5/351,6 €	**+18/+60/+124 %**
	Umfang 445 Mio. €, Alter 9 J., Ausgabeaufschlag **5,00 %,** Geb. **1,60 %,** thesaurierend. Aktien von Medtronic, Stryker, Abbott.			
Aktienfonds **Nordinternet EUR ACC**	**978 530**	120,85 €	124,9/96,65 €	**+19/+101/+145/+613**
	Umfang 82 Mio. €, Alter 21 J., Ausgabeaufschlag **5,00 %,** Geb. **1,00 %,** thesaurierend. Dabei: Amazon, Facebook, Alphabet.			
Aktienfonds **UniSector BioPharma**	**921 556**	110,95 €	118,2/93,95 €	**+2/+15/+50/+201 %**
	Umfang 271 Mio. €, Alter 18 J., Ausgabeaufschlag **4,00 %,** Geb. **1,55 %,** ausschüttend, z. B. Pfizer, Amgen, Biogen, J&J, Merck.			
Aktienfonds **HGF Henderson Gartmore**	**A0D NEW**	15,80 €	17,20/14,30 €	**+1/+35/+76/+235 %**
	Umfang 1,08 Mrd. €, Alter 14 Jahre, Ausgabeaufschlag **5,00 %,** Gebühr **1,50 %,** thesaurierend. Ziel: viel Wachstum und Ertrag.			

Name, Fondsgesellschaft	WKN	Kurs 01.02.19	Hoch/Tief 1 Jahr	Kursentwicklung 1, 3, 5, 10 Jahre
Aktienfonds DNB Fund Technology	**A0M WAN**	480,80 €	498,1/390 €	**+13/+80/+140/+751 %**
	Umfang 497 Mio. €, Alter 11 J., Ausgabeaufschlag **5,00 %,** Geb. **1,50 %,** thesaurierend. Anlage: Technologie Zukunftsmärkte.			
ETF iShares Nasdaq 100	**A0F 5UF**	57,65 €	64,90/49,0 €	**-4/+62/+96/+472 %**
	Umfang 1,04 Mrd. €, Alter 12 Jahre, Gebühr **0,30 %,** ausschüttend. Der ETF bildet die US-Hochtechnologiebörse mit KI ab.			
ETF iShares TecDAX (DE)	**593 397**	23,95 €	28,10/21,5 €	**-2/+58/+111/+409 %**
	Umfang 832 Mio. €, Alter 17 Jahre, Jahresgebühr **0,50 %,** thesaurierend. Schwerpunkte: Technologie, IT, Biotech, Medtech.			
ETF ComStage Construction	**ETF 065**	77,45 €	92,55/69,2 €	**-13/+13/+38/+166 %**
	Umfang 6 Mio. €, Alter 10 J., Gebühr **0,25 %,** ausschüttend. Der ETF bildet die Wertentwicklung großer Europa-Baufirmen ab.			
ETF Invesco Dynamic	**A0M 2EH**	15,85 €	17,55/14,4 €	**-5/+44/+48/+236 %**
	Umfang 479 Mio. €, Alter 11 Jahre, Geb. **0,75 %,** ausschüttend. Dabei: Verizon, Mastercard, AbbVie, Citrix, Microsoft, Amgen.			
ETF ComStage HSI China/Ostasien	**ETF 022**	36,10 €	40,85/31,0 €	**-13/+51/+41**
	Umfang 131 Mio. €, Alter 8 J., Geb. **0,55 %,** thesaurierend. Der ETF investiert in Blue Chips wie Tencent, China Mobile, ICBC.			
Einzelaktie Cancom TecDAX	**541 910**	34,30 €	52,6/27,30 €	**-12/+56/+102/+3.551%**
	KGV: 21, Div.-Rendite: 1,6 %. Der IT-Infrastrukturspezialist übernimmt das Management seiner Beteiligungsgesellschaften.			
Einzelaktie PVA Tepla	**746 100**	12,30 €	18,50/9,45 €	**-15/+293/+311/+357 %**
	KGV: 24, Div.-Rendite: 0,0 %. Vakuumspezialist für Hochtemperaturen, Plasmaprozesse, Hartmetall-Sinteranlagen.			
Einzelaktie Allgeier Prime Stand.	**A2G S63**	29,60 €	36,00/23,5 €	**+4+76/+69 %**/IPO
	KGV: 13, Div.-Rendite: 2,5 %. IT-Dienstleister für Full-Service mit Management, SAP-Beratung, Rechenzentrum, Web-Shops.			
Einzelaktie Alibaba China	**A11 7ME**	147,50 €	182,1/114,5	**-4/+138 %**/IPO
	KGV: 28, Div.-Rendite: 0,3 %. Der Internetkonzern betreibt Plattformen für Auto & Motorrad, Kleidung, Büro & Schule usw.			
Einzelaktie Alphabet C Nasdaq 100	**A14 Y6H**	997,70 €	1.004/759,3	**+4/+41/+17/+410 %**
	KGV: 19, Div.-Rendite: 0,0 %. Die Onlinesuchmaschine wird weltweit am meisten genutzt und in 130 Sprachen angeboten.			

Einzelaktie Netflix Nasdaq	552 484	299,85 €	368,0/195,8 €	+40/+243/+583 %
	KGV: 82, Div.-Rendite: 0,0 %. Weltmarktführer bei TV-Serien und Filmen durch Abo-Service für unbegrenztes Streaming.			
Einzelaktie Nvidia Nasdaq 100	918 422	127,45 €	253/109 €	-34/+369/+984/+1.957 %
	KGV: 22, Div.-Rendite: 0,5 %. Der IT-Hardwarespezialist vermarktet Grafik- und Medienkommunikationsprozessoren.			
Einzelaktie Novo Nordisk Stoxx 50	A1X A8R	42,55 €	44,30/35,35 €	+3/-17/+45 %
	KGV: 18, Div.-Rendite: 2,6 %. Der dänische Pharmakonzern hat sich auf Hormone und Gerinnungsfaktoren spezialisiert.			
Einzelaktie Norilsk Nick. RTX Russland	A14 0M9	18,25 €	18,40/11,90 €	+9/+75/+50/+456 %
	KGV: 7,8, Div.-Rendite: 11,0 %. Internationaler Produzent von Nickel, Platin, Palladium, Kupfer, Gold, Silber, Chrom, Kobalt.			
Einzelaktie BHP Group Billiton	850 524	19,70 €	20,55/15,50 €	+9/+115/-11/+39 %
	KGV: 11, Div.-Rendite: 8,5 %. Australisch/britischer Rohstoffkonzern mit dem Schwerpunkt Eisenerz- und Kohleförderung.			

12.5 Mit 50.000 € große Reichtumsträume verwirklichen

Es gibt viele Gründe, dass jemand plötzlich über ein Startkapital von 50.000 € verfügt, sich für Aktien, Aktienfonds und ETFs interessiert und einen langfristigen Vermögensaufbau anstrebt. Es ist schwierig, wenn das geerbte Depot schlecht geführt wurde und vielleicht Jahrzehnte verstreichen, bis etwas geschieht.

Oft führt eine Erbschaft zum Geldsegen, weil die Eltern oder Großeltern gestorben sind. Es kann sich auch um ein Abfindungsangebot vom Arbeitgeber, um Prämien und Bonuszahlungen handeln. Ebenso ist es möglich, dass ab Ruhestand das große Haus verkauft und eine kleinere Eigentumswohnung bezogen wird. Selten ist ein Glücksspielgewinn der Grund für eine solch ansehnliche Summe. Jetzt sind Börsenwissen mit Interesse am Wirtschafts- und Marktgeschehen gefragt.

Mein Modell zeigt Ihnen, wie Sie chancenreich und mit überschaubarem Risiko anlegen können. Wohlgemerkt sind dies langfristige Bausteine für Vermögensaufbau und finanziell sorgenfreien Ruhestand. Überfordert werden Sie nicht, nachdem Sie Modelle mit unterschiedlich hohem Startkapital vorfinden. Der letzte Crash begann im Herbst 2008 und endete im Frühjahr 2009 mit einem DAX-Stand von nur 3.600 Punkten. Scharfe Korrekturen gab es ab Herbst bis Ende Dezember 2018. Die Niedrigzinspolitik lässt kaum Alternativen zur Aktienanlage zu.

Der demografische Wandel führt zu einem längeren Leben von rund zwei Jahren pro Jahrzehnt. Sie können über 20 Jahre mit einer niedrigen Rentenbezugsdauer rechnen. Mit langfristiger Aktienanlage winkt Wohlstand statt Altersarmut. Wenn Sie sich für Familienfirmenfonds interessieren, wird Ihre Suche kaum Erfolg haben. Noch herrscht ein Mangel an solchen Produkten. Schon heute sei verraten: Hier tut sich Erfreuliches ab 2019. Ein Familienfirmen-Aktienfonds wird vorbereitet. Bislang sind in deutschen Nebenwerte-Aktienfonds und ETFs die besten familiengeführten Firmen vertreten. Es wird Zeit, regelmäßig über den **DAXplus Family 30** und **GEX** zu berichten, in den Printmedien den souveränen mehrjährigen Tabellenführer TecDAX wieder aufzunehmen und sich nicht mit dem Doppellisting MDAX/TecDAX oder SDAX/TecDAX zu begnügen.

Bleibt es dabei, den TecDAX nur in den MDAX oder SDAX einzugliedern, wird der Index für Technologie, Software, Biotechnologie und Medizintechnik bald vergessen. Dies betrifft nicht nur, wie zu beobachten, viele Privatanleger, sondern ebenso Börsenberichterstatter. Hat der TecDAX, der in einem Jahr, in 3 und 5 Jahren drei- bis viermal so gut abschnitt wie der deutsche Leitindex DAX, dies verdient? Ist es zu verantworten, Privatanlegern so wichtige Informationen vorzuenthalten? Printmedien, wacht endlich auf und löst euch vom Herdentrieb!

Startkapital 50.000 €, Vorschlag für vorsichtige Anleger. Großes Interesse: weniger ETFs und Aktienfonds, mehr Einzelaktien

Startkapital 50.000 €, sicherheitsbewusst; Tipp: 6 Mischfonds, 7 Aktienfonds, 7 ETFs, 10 Aktientitel je 1.800 €				
Name, Fondsgesellschaft	**WKN**	**Kurs am 01.02.19**	**Hoch/Tief 52 Wochen**	**Kursentwicklung 1, 3, 5, 10 Jahre**
Mischfonds DJE Concept	**625 797**	255,60 €	279,4/242,5 €	**-14/+11/+18/+124 %**
	Umfang 163 Mio. €, Alter 17 J., Ausgabeaufschlag **0,00 %,** Geb. **0,60 %,** thesaurierend. Anlage: Aktien/Genussscheine/Anleihen.			
Mischfonds Seilern Global Trust (A)	**973 105**	153,65 €	166,9/143,6 €	**-1/+33/+52/+152 %**
	Umfang 33 Mio. €, Alter 24 J., Ausgabeaufschlag **3,00 %,** Gebühr **1,50 %,** ausschüttend. Flexible Anteile Aktien und Anleihen.			
Mischfonds ZukunftsPlan 1 EUR ACC	**DK1 CJ2**	247,15 €	263,0/230,8 €	**-3/+22/+40/+151 %**
	Umfang 1,16 Mrd. €, Alter 10 J., Ausgabeaufschlag **2,00 %,** Geb. **0,35 %,** thesaurierend. Anlage Aktien-, Renten-, Geldmarktfonds.			
Mischfonds VM Long Term Value	**A1J 17U**	1.530,0 €	1.543/1.308 €	**+14/+37/+66 %**
	Umfang 32 Mio. €, Alter 5 J., Ausgabeaufschlag **3,00 %,** Gebühr **1,35 %,** ausschüttend. Anlage Value-Aktien, Geldmarkt, Banken.			

<table>
<tr><td rowspan="2">Mischfonds
Nord/LB AM Global Chall.</td><td>A0L GNP</td><td>173,15 €</td><td>185,0/151,8 €</td><td>+9/+37/+78/+294 %</td></tr>
<tr><td colspan="4">Umfang 83 Mio. €, Alter 11 J., Ausgabeaufschlag 5,00 %, Geb. 0,33 %, ausschüttend. Schwerpunkte: Technologie, Industrie.</td></tr>
<tr><td rowspan="2">Dach-mischfonds
BB Bank Dyn.</td><td>532 656</td><td>58,75 €</td><td>59,30/53,40 €</td><td>+6/+8/+45/+68 %</td></tr>
<tr><td colspan="4">Umfang 66 Mio. €, Alter 17 J., Ausgabeaufschlag 2,50 %, Geb. 1,30 %, ausschüttend. Anlage: Aktien, Aktien- und Rentenfonds.</td></tr>
<tr><td rowspan="2">Aktienfonds
DKB Pharma Fonds AL</td><td>921 869</td><td>66,75 €</td><td>69,75/55,85 €</td><td>+10/+15/+60/+236 %</td></tr>
<tr><td colspan="4">Umfang 43 Mio. €, Alter 19 J., Ausgabeaufschlag 5,00 %, Geb. 1,40 %, ausschüttend. Aktien wie J&J, Novartis, Pfizer, Roche.</td></tr>
<tr><td rowspan="2">Aktienfonds
DJE Dividende & Substanz P</td><td>164 325</td><td>380,35 €</td><td>419,1/356,3 €</td><td>-8/+15/+39/+122 %</td></tr>
<tr><td colspan="4">Umfang 1,1 Mrd. €, Alter 15 Jahre, Ausgabeaufschlag 5,00 %, Gebühr 1,32 %, thesaurierend. Der Fonds investiert weltweit.</td></tr>
<tr><td rowspan="2">Aktienfonds
DWS Vermö-gensbildung</td><td>847 652</td><td>153,25 €</td><td>165,2/141,1 €</td><td>+-0/+28/+58/+159 %</td></tr>
<tr><td colspan="4">Umfang 7,49 Mrd. €, Alter 48 Jahre, Ausgabeaufschlag 5,00 %, Gebühr 1,45 %, ausschüttend. Anlage: Dow Jones & Nasdaq.</td></tr>
<tr><td rowspan="2">Aktienfonds
KBC ECO Fund World</td><td>A0J J55</td><td>934,50 €</td><td>1.019/894,8 €</td><td>-4/+26/+53/+215 %</td></tr>
<tr><td colspan="4">Umfang 210 Mio. €, Alter 26 Jahre, Ausgabeaufschlag 3,00 %, Gebühr 1,50 %, thesaurierend. Hauptziel sind hohe Renditen.</td></tr>
<tr><td rowspan="2">Aktienfonds
HGF Hender-son Gartmore</td><td>A0D NEW</td><td>15,80 €</td><td>17,20/14,30 €</td><td>+1/+35/+76/+235 %</td></tr>
<tr><td colspan="4">Umfang 1,08 Mrd. €, Alter 14 Jahre, Ausgabeaufschlag 5,00 %, Gebühr 1,50 %, thesaurierend. Ziel: viel Wachstum und Ertrag.</td></tr>
<tr><td rowspan="2">Aktienfonds
Belfius Equit. Glob. Finance</td><td>541 439</td><td>546,40 €</td><td>590,1/495,0 €</td><td>-6/+21/+44/+158 %</td></tr>
<tr><td colspan="4">Umfang 60 Mio. €, Alter 18 J., Ausgabeaufschlag 2,50 %, Geb. 1,50 %, thesaurierend. Anlage in Versicherungs- und Banktitel.</td></tr>
<tr><td rowspan="2">Aktienfonds
UniFavorit: Akt. EUR DIS</td><td>847 707</td><td>139,90 €</td><td>151,4/125,2 €</td><td>+1/+28/+70/+269 %</td></tr>
<tr><td colspan="4">Umfang 3,1 Mrd. €, Alter 13 J., Ausgabeaufschlag 5,00 %, Geb. 1,20 %, ausschüttend. Angelegt wird in weltweite Blue Chips.</td></tr>
<tr><td rowspan="2">ETF
iShares MDAX</td><td>593 392</td><td>203,45 €</td><td>233,9/179,0 €</td><td>-13/+22/+39/+320 %</td></tr>
<tr><td colspan="4">Umfang 1,64 Mrd. €, Alter 17 Jahre, Gebühr 0,50 %, thesaurierend. Der ETF bildet den MDAX mit jetzt 60 Mid Caps nach.</td></tr>
<tr><td rowspan="2">ETF
Lyxor World Water</td><td>LYX 0CA</td><td>34,90 €</td><td>36,50/30,55 €</td><td>+-0/+20/+50/+256 %</td></tr>
<tr><td colspan="4">Umfang 484 Mio. €, Alter 11 J., Geb. 0,60 %, ausschüttend. Dabei: Geberit, Veolia, Masco, Xylem, Pentair, Severn Trend.</td></tr>
<tr><td rowspan="2">ETF
db x-trackers Immobilien</td><td>DBX 0F1</td><td>26,10 €</td><td>27,10/22,60 €</td><td>+1/+15/+53 %</td></tr>
<tr><td colspan="4">Umfang 420 Mio. €, Alter 9 J., Gebühr 0,33 %, thesaurierend. Vonovia (DAX), Dt. Wohnen und LEG (MDAX) gehören dazu.</td></tr>
</table>

<table>
<tr><th>Name, Fonds-gesellschaft</th><th>WKN</th><th>Kurs am 01.02.19</th><th>Hoch/Tief 52 Wochen</th><th>Kursentwicklung 1, 3, 5, 10 Jahre</th></tr>
<tr><td rowspan="2">ETF Com-Stage Dow Jon. Industrie</td><td>ETF 010</td><td>253,40 €</td><td>269,9/220,4 €</td><td>-5/+57/+69/+242 %</td></tr>
<tr><td colspan="4">Umfang 72 Mio. €, Alter 10 J., Gebühr 0,45 %, thesaurierend. Anlage in den Dow Jones mit Aktien wie 3M, Apple, Boeing.</td></tr>
<tr><td rowspan="2">ETF Com-Stage Europe 600 Health</td><td>ETF 068</td><td>123,00 €</td><td>134,4/111,5 €</td><td>+2/+4/+38/+188 %</td></tr>
<tr><td colspan="4">Umfang 54 Mio. €, Alter 10 J., Gebühr 0,25 %, thesaurierend. Hauptanteile: Fresenius, Bayer, Novartis, Roche, Novo Nordisk.</td></tr>
<tr><td rowspan="2">ETF Com-Stage Stoxx Europe Food</td><td>ETF 067</td><td>118,55 €</td><td>125,3/108,3 €</td><td>+2/+8/+52/+251 %</td></tr>
<tr><td colspan="4">43 Mio. €, Alter 10 J., Geb. 0,25 %, ausschüttend. Abbildung der Wertentwicklung des Nahrungsmittel-/Getränkegewerbes.</td></tr>
<tr><td rowspan="2">ETF iShares Core S&P 500</td><td>622 391</td><td>23,55 €</td><td>25,45/20,50 €</td><td>-2/+46/+64/+280 %</td></tr>
<tr><td colspan="4">7,3 Mrd. €, Alter 17 J., Geb. 0,40 %, ausschüttend. Größte Posten: Apple, Microsoft, Amazon, Facebook, Berkshire, Alphabet.</td></tr>
<tr><td rowspan="2">Einzelaktie Fresenius DAX</td><td>578 560</td><td>46,30 €</td><td>71,20/38,35 €</td><td>-31/-23/+20 %</td></tr>
<tr><td colspan="4">KGV: 12, Div.-Rendite: 1,8 %. Der Gesundheitskonzern konzentriert sich auf Medizindienstleistung, Kliniken und Produkte.</td></tr>
<tr><td rowspan="2">Einzelaktie Vonovia DAX</td><td>A1M L7J</td><td>44,50 €</td><td>44,90/34,70 €</td><td>+14/+58/+145 %</td></tr>
<tr><td colspan="4">KGV: 17, Div.-Rendite: 3,3 %. Vonovia verwaltet, saniert und modernisiert Wohnungen und besitzt über 394.000 Projekte.</td></tr>
<tr><td rowspan="2">Einzelaktie Covestro DAX</td><td>606 214</td><td>49,30 €</td><td>95,70/41,40 €</td><td>-47 %/Börsengang</td></tr>
<tr><td colspan="4">KGV: 8,2, Div.-Rendite: 4,9 %. Spezialchemiekonzern, weltweit führender Hersteller von Hightech-Polymerwerkstoffen.</td></tr>
<tr><td rowspan="2">Einzelaktie PUMA MDAX</td><td>696 960</td><td>488,00 €</td><td>538,0/305 €</td><td>+44/+159/+129/+241 %</td></tr>
<tr><td colspan="4">KGV: 28, Div.-Rendite: 0,7 %. Internationaler Hersteller von modischer Freizeitkleidung, Sportschuhen und Accessoires.</td></tr>
<tr><td rowspan="2">Einzelaktie Airbus MDAX</td><td>938 914</td><td>100,60 €</td><td>111,1/78,60 €</td><td>+10/+74/+92/+634 %</td></tr>
<tr><td colspan="4">KGV: 17, Div.-Rendite: 1,8 %. Größter Luft-, Raumfahrt- und Rüstungskonzern Europas, Hubschrauber und Kampfflugzeuge.</td></tr>
<tr><td rowspan="2">Einzelaktie TALANX SDAX</td><td>TLX 100</td><td>33,05 €</td><td>37,65/28,70 €</td><td>-7/+26/+38 %/IPO</td></tr>
<tr><td colspan="4">KGV: 8,8, Div.-Rendite: 4,3 %. Führender Mehrmarkenanbieter der Versicherungs- und Finanzdiensleistungsbranche mit HDI.</td></tr>
<tr><td rowspan="2">Einzelaktie J&J Dow Jones</td><td>853 260</td><td>117,60 €</td><td>131,2/100,6 €</td><td>+5/+22/+79/+161 %</td></tr>
<tr><td colspan="4">KGV: 17, Div.-Rendite: 2,8 %. Viele Gesundheitsprodukte, Arzneimittel gegen Pilzinfektionen, Schuppenflechte, Rheuma.</td></tr>
</table>

Einzelaktie **Hermès International**	**886 670**	526,80 €	615,8/416,9 €	**+18/+68/+183 %**
	KGV: 37, Div.-Rendite: 1,0 %. Luxusmode: Uhren, Schmuck, Schuhe usw; Verwechslungsgefahr mit Logistikfirma Hermes.			
Einzelaktie **Apple** **Dow Jones**	**865 985**	146,50 €	201,9/120,6 €	**+9/+64/+174/+1.345 %**
	KGV: 12, Div.-Rendite: 1,5 %. Der markenstarke Marktführer liefert Mobilgeräte, Musikplayer, digitale Inhalte sowie Apps.			
Einzelaktie **Aareal Bank** **MDAX**	**540 811**	28,50 €	42,90/25,80 €	**-29/+15/+4/+698 %**
	KGV: 10, Div.-Rendite: 8,7 %. Strukturierte Immobilienfinanzierungen und Beratungsdienstleistungen im Wohnungsbereich.			

Startkapital 50.000 € für Erfolgsorientierte. Bei kluger Strategie mit Aktienübergewicht ist ein sechsstelliges Depot erreichbar.

Dieses Modell wendet sich an erfolgsorientierte Anleger mit entsprechender Kapitaldecke. Die meisten Titel decken Zukunftsmärkte ab. Ziel ist, für ein Jahrzehnt und länger zu investieren. Es gibt neue Vorschläge für Einzelaktien. Wählen Sie jene Titel aus, die Sie mögen, verstehen und kennen. Erfolgsorientierte Anleger sind mit einer Mischstrategie Value/Growth gut bedient. DAX, MDAX, SDAX bringen eine große Auswahl – unterstützt durch umfassende Kommentierung.

Fallen Sie nicht auf haltlose Beschimpfungen von fragwürdigen Börsenbriefgurus hinein! Sie machen ETFs aus Eigennutz madig! Es ist schon starker Tobak, was dubiose Investorverlage so alles veröffentlichen, um Anleger von ETFs abzuhalten und selbst das dicke Geschäft zu machen. Nach kostenloser Probezeit mit netten Geschenken sind jährliche Gebühren von rund 1.000 € gang und gäbe. Beim Depot von 50.000 € müssen Sie 5 % Rendite erzielen, um nach Abzug solcher Kosten nicht im Minus zu landen. Mit passiv gemanagten ETFs, die erfolgreiche Indizes abbilden, werden Sie nicht über den Tisch gezogen.

Startkapital 50.000 €, erfolgsorientiert; Tipp: 5 Mischfonds, 7 Aktienfonds, 7 ETFs, 10 bis 14 Aktien je 1.500 €

Name, Fondsgesellschaft	WKN	Kurs am 01.02.19	Hoch/Tief 52 Wochen	Kursentwicklung 1, 3, 5, 10 Jahre
Mischfonds **Adelca Invest GI Multi Ass.**	**A0M 6JK**	335,20 €	353,8/321,8 €	**-4/+71/+94/+247 %**
	Umfang 69 Mio. €, Alter 11 J., Ausgabeaufschlag **5,00 %,** Geb. **1,00 %,** thesaurierend. Ertrag aus Kursgewinn/Dividende/Zins.			
Mischfonds **FU Fonds Multi Asset I**	**A12 ADZ**	784,60 €	899,7/772,0 €	**-5/+37/+61 %**
	Umfang 83 Mio. €, Alter 5 Jahre, Ausgabeaufschlag **0,00 %,** Gebühr **0,70 %,** ausschüttend. Der Fonds legt 2/3 in Aktien an.			

Fonds	WKN	Kurs	Hoch/Tief	Wertentwicklung
Mischfonds DWS Dynamic Opp.	**984 807**	42,30 €	44,80/40,25 €	**-3/+22/+54/+149 %**
	Umfang 650 Mio. €, Alter 18 J., Ausgabeaufschlag **0,00 %,** Gebühr **0,85 %,** thesaurierend. Anlage in zukunftsfähige Firmen.			
Mischfonds FU Multi Asset Fonds P	**A0Q 5MD**	202,45 €	232,8/194,7 €	**-5/+28/+49/+114 %**
	Umfang 84 Mio. €, Alter 10 Jahre, Ausgabeaufschlag **5,00 %,** Gebühr **1,70 %,** ausschüttend. Anlage in Aktien und Aktienfonds.			
Dachmischfonds Sauren Global Opport.	**930 921**	31,00 €	33,45/28,85 €	**-5/+25/+34/+134 %**
	Umfang 196 Mio. €, Alter 19 J., Aufschlag **5,00 %,** Geb. **1,00 %,** thesaurierend. Nebenwerte, Schwellenländer, Zukunftsmärkte.			
Aktienfonds Uni Deutschland	**975 049**	165,50 €	195,0/150,5 €	**-16/+23/+55/+498 %**
	Umfang 1,28 Mrd. €, Alter 12 Jahre, Ausgabeaufschlag **4,00 %,** Gebühr **1,55 %,** thesaurierend. Mid, Small, Micro Caps Europa.			
Aktienfonds Quest Cleantech	**A0N C68**	235,50 €	274,5/214,4 €	**-11/+25/+43/+263 %**
	Umfang 198 Mio. €, Alter 10 J., Ausgabeaufschlag **2,00 %,** Geb. **1,25 %,** thesaurierend. Wasseraufbereitung/Abfallentsorgung.			
Aktienfonds Immobilien Janus JHHF	**989 232**	47,70 €	48,95/42,15 €	**+3/+24/+75/+286 %**
	Umfang 262 Mio. €, Alter 20 J., Ausgabeaufschlag **5,00 %,** Geb. **1,20 %,** thesaurierend. Aktien von Immobilienfirmen Europas.			
Aktienfonds Fidelity Global Consumer	**A0N GWX**	31,85 €	35,25/29,55 €	**+1/+27/+72/+295 %**
	Umfang 994 Mio. €, Alter 10 J., Ausgabeaufschlag **0,00 %,** Geb. **1,10 %,** thesaurierend. Anlage in Aktien von Konsumkonzernen.			
Aktienfonds Nordinternet Information	**978 530**	122,30 €	122,4/82,55 €	**+40/+91/+204/+408%**
	Umfang 40 Mio. €, Alter 19 J., Ausgabeaufschlag **5,00 %,** Geb. **1,00 %,** thesaurierend. Internetinfrastruktur, Onlineplattformen.			
Aktienfonds DJE ASIA High Dividend	**A0Q 5K0**	255,15 €	265,3/229,3 €	**+11/+31/+45/+123 %**
	Umfang ohne Angabe, Alter 10 J., Ausgabeaufschlag **0,0 %,** Geb. **1,00 %,** thesaurierend. Konsumgüter, Software, Industrie.			
Aktienfonds Monega Innovation	**532 102**	66,60 €	67,50/59,90 €	**+9/+30/+96/+128 %**
	Umfang 27 Mio. €, Alter 17 J., Ausgabeaufschlag **3,50 %,** Geb. **1,30 %,** ausschüttend. Aktien mit zukunftsfähigen Patenten.			
ETF ComStage SDAX TR	**ETF 005**	95,90 €	118,5/83,90 €	**-16/+24/+42 %**
	Umfang 112 Mio. €, Alter 7 Jahre, Gebühr **0,70 %,** ausschüttend. Abbildung der Wertentwicklung vom SDAX mit 70 Titeln.			
ETF iShares MSCI USA Small	**A0X 8SB**	273,70 €	309,1/234,3 €	**-5/+48/+44 %**
	Umfang 514 Mio. €, Alter 9 Jahre, Gebühr **0,43 %,** thesaurierend. Der ETF bildet den Index MSCI USA Small Cap ab.			

Name, Fondsgesellschaft	WKN	Kurs am 04.02.19	Hoch/Tief 52 Wochen	Kursentwicklung 1, 3, 5, 10 Jahre
ETF ComStage Construction	ETF 065	77,45 €	92,55/69,20 €	-13/+13/+38/+166 %
	Umfang 6 Mio. €, Alter 10 J., Gebühr **0,25 %,** ausschüttend. Der ETF bildet die Wertentwicklung großer Europa-Baufirmen ab.			
ETF iShares Stoxx Technologie	A0H 08Q	40,40 €	49,05/36,10 €	-7/+23/+52 %
	Umfang 83 Mio. €, Alter 18 J., Gebühr **0,45 %,** ausschüttend. Große Anteile: SAP, ASML, Ericsson, Infineon, Cap Gemini.			
ETF iShares Europ. Chemicals	A0H 08E	83,80 €	99,10/76,55 €	-11/+20/+28 %
	Umfang 81 Mio. €, Alter 16 Jahre, Geb. **0,45 %,** ausschüttend. Große Anteile: Bayer, BASF, Linde, Symrise und Givaudan.			
ETF ComStage MSCI USA	ETF 113	65,15 €	70,95/57,75 €	-5/+45/+54/+257 %
	Umfang 182 Mio. €, Alter 10 J., Gebühr 0,25 %, ausschüttend. Dabei: Apple, Microsoft, Amazon, J&J, Alphabet, Exxon Mobil.			
ETFS Physical Basket ETC Edelmet.	A0N 62H	87,70 €	89,30/74,15 €	+6/+24/+13/+86 %
	ETC: 91 Mio. €, 11 Jahre, Gebühr **0,43 %,** thesaurierend, kein Sondervermögen. Die Edelmetalle sind physisch hinterlegt.			
Einzelaktie Fuchs Petrolub MDAX	579 043	41,45 €	51,40/33,80 €	-6/+7/+22/+739 %
	KGV: 19, Div.-Rendite: 2,4 %. Globaler Anbieter von Schmierstoffen und Speziallösungen für industrielle Marktnischen.			
Einzelaktie KION MDAX	KGX 888	50,85 €	79,00/41,00 €	-30/+14/+50 %
	KGV: 11, Div.-Rendite: 2,1 %. KION zählt zu den internationalen Anbietern von Gabelstaplern bzw. Flurförderzeugen.			
Einzelaktie Atoss Softw. Prime Stand.	510 440	93,65 €	96,80/73,80 €	+10/+43/+218 %
	KGV: 27, Div.-Rendite: 4,8 %. Anwendersoftware für das strategische Management und innerbetriebliche Arbeitsprozesse.			
Einzelaktie VARTA Prime Standard GEX	A0T GJ5	33,10 €	33,50/17,60 €	+62 %/Börsengang
	KGV: 37, Div.-Rendite: 0,0 %. VARTA produziert Knopfzellen für Hörgeräte und Mikrobatterien für Unterhaltungselektronik.			
Einzelaktie Compugroup TecDAX/SDAX	543 730	48,80 €	53,85/37,65 €	0/+35/+143/+952 %
	KGV: 19, Div.-Rendite: 0,8 %. Software mit Kommunikationslösungen und Vernetzungsplattformen für Ärzte, Zahnärzte.			
Einzelaktie TAG Immob. MDAX	830 350	22,20 €	22,4/14,3	+47/+111/+150/+1635 %
	KGV: 15, Div.-Rendite: 3,3 %. Wohn- und Gewerbeimmobilien in den Metropolen Hamburg, Berlin, München, Leipzig usw.			

Name, Fonds-gesellschaft	WKN	Kurs am 05.02.19	Hoch/Tief 52 Wochen	Kursentwicklung 1, 3, 5, 10 Jahre
Einzelaktie Basler AG Prime Stand.	510 200	148,50 €	223,5/118,4 €	-26/+191/+414/+3062 %
	KGV: 24, Div.-Rendite: 1,2 %. Basler stellt digitale Industriekameras her, die man in vielen Produktionsprozessen einsetzt.			
Einzelaktie Amgen Nasdaq 100	867 900	163,65 €	188,3/134,6 €	+10/+20/+87/+235 %
	KGV: 13, Div.-Rendite: 2,9 %. Der Forschungskonzern entwickelt Biopharmaprodukte mithilfe von DNA-Technologien.			
Einzelaktie Caterpillar Dow Jones	850 598	114,90 €	137,2/98,55 €	-10/+99/+42/+328 %
	KGV: 10, Div.-Rendite: 2,7 %. Caterpillar führt bei Bautechnik, Motoren, Gasturbinen, Riesenbaggern, schwerem Baugerät.			
Einzelaktie AMD S&P 500	863 186	20,65 €	29,10/7,30 €	+123/+997/+756/+963
	KGV: 32, Div.-Rendite: 0,0 %. Internationaler Halbleiteranbieter integrierter Schaltkreise für PC und Computernetzwerke.			
Einzelaktie Biogen Nasdaq 100	789 617	295,05 €	326,4/204,4 €	-2/+33/+18/+587 %
	KGV: 11, Div.-Rendite: 0,0 %. Schwerpunkt: lebensrettende, lebensverlängernde, die Lebensqualität fördernde Präparate.			
Einzelaktie Salesforce S&P 500	A0B87V	139,10 €	139,5/83,95 €	+42/+135/+159/2.052%
	KGV: 51, Div.-Rendite: 0,0 %. Der große SAP-Wettbewerber entwickelt Cloud-Computing-Software und Speicherlösungen.			
Einzelaktie Lukoil RTX Russland	A14 20E	72,60 €	72,80/48,20 €	+22/+147/+44/+157 %
	KGV: 5,8, Div.-Rendite: 4,6 %. Kernkompetenz: Förderung und Produktion von Erdöl, Erdgas; Vermarktung Mineralölprodukte.			
Einzelaktie Dassault Frankreich	901 295	116,70 €	141,0/94,25 €	+14/+63/+154/+644 %
	KGV: 32, Div.-Rendite: 0,6 %. Das Familienunternehmen entwickelt 3-D-Design-Softwarelösungen für digitale Prototypen.			
Einzelaktie Kering Euro Stoxx 50	851 223	514,50 €	521,6/293,5 €	+13/+191/+205/+1.030
	KGV: 16, Div.-Rendite: 2,5 %. Kering ist ein Großhändler für Luxus-, Sport- und Lifestyle-Produkte mit Vertrieb über Filialen.			

Die Zauberformel Dividende als passive Altersvorsorge

Bei Value-Titeln steigt die Dividende meist alljährlich – bei Caterpillar und Johnson & Johnson das 25. Jahr in Folge. Im Laufe von 10 oder 20 Jahren kann auf den Kaufpreis bezogen die Ausschüttung zweistellig sein. Da sind Teilverkäufe außer zur Gewinnsicherung und bei finanziellem Engpass unvernünftig. Genießen Sie mit Dividenden keine Urlaubsfreuden. Stocken Sie den Bestand auf.

Verteilen Sie die Dividenden am besten reihum ab 1.000 €. Dies ist eine gute Möglichkeit, den **Zinseszinseffekt** zu nutzen. Die von den Ausschüttungen finanzierten neuen Aktien sorgen für weitere Dividenden.

Fallbeispiel: Wenn es Leerverkäufe gibt, die Chancen nutzen!

Mehr Wagemut macht höhere Gewinne möglich. Zugleich steigt das Verlustrisiko zumindest bei einzelnen Posten. Dazu ein Fallbeispiel, Freitag, 1. Februar 2019 zum Thema: *„Ist der Ruf erst ruiniert, lügt es sich ganz ungeniert!"*

*Am 24. Februar 2016 hatte der DAX-Aufsteiger **Wirecard**, ein Internet-Bezahldienstleister aus dem TecDAX, ab Beginn des Börsenhandels eine Leerverkaufsattacke zu überstehen. Kriminelle Research-Institute (BaFin und Polizei ermitteln) nutzten zeitnahe die hohe Bewertung für große Verkäufe gemieteter Aktien. Hedgefonds schlossen sich an. Gesetzte Stoppkurse verstärkten im Computerhandel die Kettenreaktion. Der Kurs stürzte bis zum Abend um rund die Hälfte ab, von 60 auf 30 €. Als sich eine Trendumkehr abzeichnete, griff ich bei 33,15 € zu. Nach dem DAX-Aufstieg im September 2018 stieg der Kurs in luftige Höhen. Ich machte einen Teilverkauf nahe dem Allzeithoch bei 199 €. Solches Geld, hier ein Kursgewinn von rund 600 %, setzte ich am Freitag, 1. Februar 2019, kurz vor der Abfahrt zu meinem Börsenseminar ein, als es erneute Leer- und Panikverkäufe bei Wirecard gab. Ich hatte Glück, konnte nahe dem Tagestief für 101 € kaufen. Heute, zwei Börsentage später, kostet der Titel 133 €, ein Buchgewinn von einem Drittel. Ich empfahl den Teilnehmern vom Fortgeschrittenen-Seminar an der Ulmer Volkshochschule, unbedingt noch den Abendhandel bis 22:00 Uhr bei Tradegate zu nutzen. Fast alle Seminarteilnehmer haben günstig zugegriffen. Ich empfahl aber dringend, nur in gewohnter Höhe zu ordern, weil es ein spekulatives Geschäft sei. Als **Nemetschek** vor wenigen Wochen für 94 € zu haben war, empfahl ich dies auch – ein ähnlich hoher Kursanstieg zwar nicht in zwei Tagen, aber wenigen Wochen.*

Startkapital ab 50.000 € für risikofreudige Investoren. Hebelprodukte erfordern gute Börsenkenntnisse und Nervenstärke.

Eine breite Streuung in Aktienfonds, ETFs und Einzelaktien, darunter möglichst ein größerer Teil familiengeführt, dürfte auf Dauer von zehn oder 20 Jahren kaum zu Verwerfungen führen. Bei scharfer Korrektur oder einem Crash, der uns früher oder später heimsuchen wird, ist Aussitzen durchaus angezeigt. Komplett verkaufen sollten Sie nur solche Werte, deren Geschäftsmodell nicht zukunftsfähig und deren Bilanzierung unseriös ist. Ansonsten bieten sich nur Teilverkäufe an. Könner schaffen bei breit gestreuten Aktienanlagen im Laufe eines Jahrzehnts aufs Jahr umgerechnet im Schnitt 8 %, 10 %, mitunter auch mehr. Fast alle Aktien, die ich in den Modellen 5.000 bis 100.000 Euro vorschlage, befinden sich in meinem Depot. Darunter gibt es mehrere Titel mit vierstelligem Kursgewinn.

Startkapital 50.000 €, risikofreudig; Tipp: 2 Mischfonds, 7 Aktienfonds, 7 ETFs, 10 bis 15 Aktientitel bis 1.800 €				
Name, Fonds-gesellschaft	**WKN**	**Kurs am 01.02.19**	**Hoch/Tief 52 Wochen**	**Kursentwicklung 1, 3, 5, 10 Jahre**
Mischfonds ACATIS Datini Value	A1H 72F	116,50 €	124,5/91,10 €	+23/+53/+143 %
	Umfang 312 Mio. €, Alter 7 J., Ausgabeaufschlag **5,00 %,** Geb. **0,30 %,** thesaurierend. Große Branchen: Biotech, IT, Konsum.			
Mischfonds Adelca Invest GVI Multi Ass.	A0M 6JL	323,35 €	340,2/310,0 €	+4/+75/+99/+256 %
	Umfang 72 Mio. €, Alter 11 J., Ausgabeaufschlag **5,00 %,** Gebühr **1,00 %,** thesaurierend. Flexible Anlage in Aktien/Anleihen.			
Aktienfonds Janus Henderson global	A0D NEW	16,05 €	17,35/14,35 €	+3/+42/+82/+237 %
	Umfang 532 Mio. €, Alter 14 J., Ausgabeaufschlag **5,00 %,** Gebühr **1,50 %,** thesaurierend. Hauptziel: Wachstum und Ertrag.			
Aktienfonds Nordinternet	978 530	120,85 €	124,9/96,65 €	+19/+101/+145/+613
	Umfang 82 Mio. €, Alter 21 J., Ausgabeaufschlag **5,00 %,** Geb. **1,00 %,** thesaurierend. Dabei: Amazon, Microsoft, Alphabet.			
Aktienfonds UniSector BioPharma	921 556	110,95 €	118,2/93,95 €	+2/+15/+50/+201 %
	Umfang 271 Mio. €, Alter 18 J., Ausgabeaufschlag **4,00 %,** Geb. **1,55 %,** ausschüttend, z. B. Pfizer, Amgen, Biogen, J&J, Merck.			
Aktienfonds DWS Smart Industrie	515 248	110,80 €	123,2/97,10 €	-2/+42/+52/+287 %
	Umfang 668 Mio. €, Alter 12 J., Ausgabeaufschlag **5,00 %,** Geb. **1,45 %,** ausschüttend. Anlage in Infrastruktur/Logistik/Industrie.			
Aktienfonds DNB Fund Technology	A0M WAN	480,80 €	498,1/390,5 €	+13/+80/+140/+751 %
	Umfang 497 Mio. €, Alter 11 J., Ausgabeaufschlag **5,00 %,** Geb. **1,50 %,** thesaurierend. Anlage: Technologie Zukunftsmärkte.			
Aktienfonds KBC Equity Strategie	779 078	222,80 €	245,3/197,5 €	+4/+41/+84/+217%
	Umfang 1,0 Mrd. €, Alter 18 J., Ausgabeaufschlag **3,00 %,** Geb. **1,50 %,** thesaurierend. Konzentration Telekom/Technik/Medien.			
Aktienfonds DEKA-Technologie CF	515 262	35,85 €	38,85/31,20 €	+9/+68/+129/+360 %
	Umfang 473 Mio. €, Alter 18 J., Ausgabeaufschlag **3,75 %,** Geb. **1,25 %,** ausschüttend. Globale Aktien Technologiesektor. Große asiatische Titel: Samsung, Tencent, Taiwan Semiconductor.			
ETF iShares Nasdaq 100	A0F 5UF	57,65 €	64,90/49,05 €	-4/+62/+96/+472 %
	Umfang 1,04 Mrd. €, Alter 12 Jahre, Gebühr **0,30 %,** ausschüttend. Der ETF bildet die US-Hochtechnologiebörse mit KI ab.			

Name, Fonds-gesellschaft	WKN	Kurs am 06.02.19	Hoch/Tief 52 Wochen	Kursentwicklung 1, 3, 5, 10 Jahre
ETF iShares TecDAX (DE)	593 397	23,95 €	28,10/21,55 €	-2/+58/+111/+409 %
	Umfang 832 Mio. €, Alter 17 Jahre, Jahresgebühr **0,50 %,** thesaurierend. Schwerpunkte: Technologie, IT, Biotech, Medtech.			
ETF Invesco Dynamic	A0M 2EH	15,85 €	17,55/14,40 €	-5/+44/+48/+236 %
	Umfang 479 Mio. €, Alter 11 Jahre, Geb. **0,75 %,** ausschüttend. Dabei: Verizon, Mastercard, AbbVie, Citrix, Microsoft, Amgen.			
ETF ComStage HSI China/Asien	ETF 022	36,10 €	40,85/31,05 €	-13/+51/+41 %
	Umfang 131 Mio. €, Alter 8 J., Geb. **0,55 %,** thesaurierend. Der ETF investiert in Blue Chips wie Tencent, China Mobile, ICBC.			
ETF ComStage Construction	ETF 065	77,45 €	92,55/69,20 €	-13/+13/+38/+166 %
	Umfang 6 Mio. €, Alter 10 J., Gebühr **0,25 %,** ausschüttend. Der ETF bildet die Wertentwicklung großer Baufirmen Europas ab.			
ETF ComStage Europe Tech.	ETF 076	63,25 €	75,40/54,70 €	-4/+35/+65/+222 %
	Umfang 22 Mio. €, Alter 10 J., Geb. **0,25 %,** ausschüttend. Anlage in den Stoxx Europe 600 Technology; z. B. SAP, Infineon.			
ETF Russland db x-trackers (oder ETF 118)	DBX 1RC	25,25 €	25,40/24,80 €	-2/+108/-3/+140 %
	Umfang 115 Mio. €, Alter 11 J., Gebühr **0,45 %,** thesaurierend. Hauptanteil: Gazprom, Lukoil, Sberbank, Norilsk Nickel, Tatneft.			
Einzelaktie MorphoSys TecDAX/MDAX	663 200	95,70 €	124,9/70,55 €	+24/+128/+50/+503%
	KGV: neg., Div.-Rendite: 0,0 %. Entwicklung von Antikörpern und neuartigen Krebswirkstoffen für die Pharmaindustrie.			
Einzelaktie Freenet TecDAX/MDAX	A0Z 2ZZ	18,80 €	30,00/16,10 €	-37/-31/-15+384 %
	KGV: 9,4, Div.-Rendite: 9,5 %. Der Telekommunikationskonzern bietet viele Produkte für mobile Sprach- und Datendienste an.			
Einzelaktie S&T AG TecDAX/SDAX	A0X 9EJ	21,70 €	28,05/15,20 €	+4/+289/+693 %
	KGV: 20, Div.-Rendite: 0,8 %. Unabhängiges Systemhaus aus Österreich für IT-Dienste/Lösungen in Zentral- und Osteuropa.			
Einzelaktie Adesso Prime Stand.	A0Z 23Q	54,40 €	66,50/46,50 €	-11/+138/+417/+1207
	KGV: 18, Div.-Rendite: 0,9 %. IT-Dienstleister, Softwareentwicklung und Beratung für übergreifende Geschäftsprozesse.			
Einzelaktie Broadcom Nasdaq 100	A2J G9Z	237,50 €	239,9/172,2 €	+26/+105/+496 %
	KGV: 28, Div.-Rendite: 4,0 %. Anbieter von integrierten Schaltkreisen für Netzwerkanwendungen und Datenübertragungen.			

Name, Fondsgesellschaft	WKN	Kurs am 06.02.19	Hoch/Tief 1 Jahr, €	Kursentwicklung 1, 3, 5, 10 Jahre
Einzelaktie Taiwan-Semiconductor	909 800	33,75 €	38,45/29,85	+27/+27/+97/+1.269 %
	KGV/Dividende: keine Angabe. Produktion Halbleiterelemente, Hochfrequenz- und Signalhalbleiter, Service/Tests/Montage.			
Einzelaktie Tatneft RTX Russland	A2A BS0	64,70 €	66,25/44,75	+25/+179/+123/+670 %
	KGV: 8,0, Div.-Rendite: 6,7 %. Tatneft fördert nicht nur Mineralöl und Erdgas, sondern besitzt Raffinerien und Tankstellen.			
Einzelaktie UPM Kymmene, Finnland	881 026	27,80 €	34,65/21,50	+1/+84/+143/+266 %
	KGV: 11, Div.-Rendite: 4,5 %. Der Forstwirtschaftskonzern zählt zu den führenden Holzverarbeitern mit Papierproduktion.			
Einzelaktie Micron Tech. Nasdaq 100	869 020	36,55 €	55,60/26,70	+5/+247/+103/+868 %
	KGV: 5,0, Div.-Rendite: 0,0 %. Globaler Hersteller von Halbleiterbauelementen; Speichertechnologie, Verpackungslösungen.			
Einzelaktie Vertex Phar. Nasdaq 100	882 807	165,50 €	172,0/119,9	+30/+104/+195/+451 %
	KGV: 44, Div.-Rendite: 0,0 %. Produktion kleinmolekularer Arzneimittel gegen Autoimmunkrankheiten/Krebs/Virusinfektion.			
Einzelaktie Baidu Nasdaq 100	A0F 5DE	153,30 €	242,4/135,7	-21/+21/+16/+1.307 %
	KGV: 23, Div.-Rendite: 0,0 %. Chinas große Suchmaschine, vor allem Sportergebnisse, Karten, Bilder, Videos, mp3-Dateien.			
Einzelaktie Booking Hold. Nasdaq 100	A2J EXP	1.660,5 €	1.865/1.397	+5/+87/+69/+2.518 %
	KGV: 17, Div.-Rendite: 0,0 %. Großer US-Reiseanbieter für Hotels, Flugtickets, Mietwagen, Pauschalreisen, Kreuzfahrten.			
Einzelaktie MOWI ASA Marine Harv.	924 848	19,45 €	21,85/13,70	+37/+59/+136 %
	KGV: 12, Div.-Rendite: 5,5 %. Norwegische Nahrungsmittelfirma, Marktführer bei Zuchtlachs, Weißfisch, Meeresfrüchten.			
Einzelaktie SoftBank Nikkei 225	891 624	74,85 €	87,30/55,00	+9/+80/+35/+437 %
	KGV: 6,4, Div.-Rendite: 0,5 %. Zum breit gestreuten Portfolio gehören auch Kleinroboter für unterschiedliche Anwendungen.			
Einzelaktie Vestas Wind Dänemark	913 769	71,45 €	73,15/50,10	+39/+32/+199/+98 %
	KGV: 17, Div.-Rendite: 1,7 %. Produktion, Vertrieb, Forschung, Technologie dienen dem Ziel, Windkraft in Strom umzuwandeln.			

Lassen Sie es nicht zu, dass bei Ihnen „alte Zöpfe“ und Vorurteile dominieren und eine vernünftige Sichtweise ausbremsen. Ohne Aktien wird es bereits bei mittlerem Einkommen im Alter knapp. Es droht womöglich Altersarmut statt Wohlstand in der für hohe Lebensqualität so wichtigen finanziellen Freiheit und Unabhängigkeit.

12.6 Weichenstellung zum Millionär mit einem Geldzufluss von 100.000 €

Wer ein Aktiendepot von den Eltern oder Großeltern erbt, sollte sich nicht darauf verlassen, dass das Geld klug angelegt wurde. Vielleicht wurde durch Demenz die Depotführung in den letzten Jahren vernachlässigt. Möglicherweise steckt alles in Misch-, Renten- und Anleihefonds oder in Fest- und Tagesgeld, Girokonten und Sparbüchern. Möglicherweise sind Aktien von Firmen dabei, die seit Jahrzehnten Verluste schreiben oder wegen Insolvenz vom Kurszettel verschwunden sind. Es ist höchste Zeit, Ordnung zu schaffen und vom Vermögen zu retten, was geht.

Jetzt heißt es, nicht wegzuschauen und die unangenehme Sache zu verdrängen, sondern beherzt und zielstrebig mit dem Geldsegen umzugehen. Mit Aktienfonds, ETFs und Einzeltiteln können Sie alle wichtigen Märkte abdecken. Auch Umschichten erfordert Wissen, umsichtiges Handeln, Geduld und Disziplin. Breit gestreut auch zeitlich, niedrige Kurse für Käufe, steigende Kurse für Verkäufe gehören zur Strategie für Könner. Unangenehm ist es, sich von Verlustbringern zu trennen. Es ist einfacher, mit einem Barvermögen von 100.000 € zu starten, als aus einem unglücklich geführten Depot etwas zu machen. Aber Ihre Mühe dürfte sich lohnen. Mit 100.000 € ist der Millionärstraum erfüllbar, wenn Sie aus Fehlern lernen.

Bei Einzelaktien gibt es jetzt nicht nur neue Titel, sondern auch Favoriten aus den Anlagemodellen von 10.000 bis 50.000 €.

Schon bei den drei Vorschlägen für 50.000 € war es schwierig, noch erstklassige Aktien ausfindig zu machen, die zum Anlegertyp passen, und ebenso gute Anlagechancen zu bieten wie bei den bisherigen Anlagemodellen. Bei einem Startkapital von 100.000 € ist dies nicht mehr möglich, zumal dann auch die Anzahl der Aktien steigt. Ich wähle deshalb für jeden Anlegertyp sorgfältig nach derzeitiger Marktlage chancenreiche Titel aus. Ich bin mir bewusst, dass sich nicht jede Aktie wie gewünscht entwickelt. Interne und externe Einflussfaktoren, Konjunktur, Handelskriege, Politik, Naturkatastrophen und neue Seuchen können vieles zunichtemachen, an das man jetzt noch glaubt. Wie entwickelt sich die Industrie 4.0 mit dem demografischen und klimatischen Wandel, der digitalisierten und vernetzten Welt, dem wachsenden Anteil von Künstlicher Intelligenz mit Robotik? Möglicherweise entsteht aus dem einen oder anderen Start-up urplötzlich ein sogenanntes Einhorn mit riesigem Wachstum. Beobachten Sie so etwas, dann greifen Sie bei anfangs kleinem Einsatz unbedingt zu!

Bei Sartorius, Nemetschek, Rational, Eurofins und Bechtle war ich frühzeitig dabei und wurde mit vierstelligen Kursgewinnen belohnt. Bei Carl Zeiss Meditec, Amazon, Alphabet, Netflix, Facebook, Hypoport und Wirecard griff ich etwas später zu.

Startkapital 100.000 € für Vorsichtige. Weg mit dem Sparbuch. Bei unerwarteten Ausgaben klappt Aktienverkauf!

Ein Startkapital von 100.000 € eröffnet auch bei begrenztem Risiko langfristig gute Renditen: jährlich 5 % und viel mehr bei langem Anlagezeitraum. Aber Sie müssen dabeibleiben, dürfen bei scharfer Korrektur und Crash nicht hektisch und übertrieben ängstlich alle Aktien und Fonds auf den Markt werfen. Verzichten Sie auf teure Absicherungssysteme. Fallen Sie nicht auf Tipps gieriger Gurus rein.

100.000 €, vorsichtiger Typ: 6 Mischfonds, 8 Aktienfonds, 8 ETFs, 15 bis 25 Aktientitel mit je 2.000 bis 3.000 €

Name, Fondsgesellschaft	WKN	Kurs am 01.02.19	Hoch/Tief 52 Wochen	Kursentwicklung 1, 3, 5, 10 Jahre
Mischfonds DJE Concept	625 797	255,60 €	279,4/242,5 €	-14/+11/+18/+124 %
	Umfang 163 Mio. €, Alter 17 J., Ausgabeaufschlag 0,00 %, Geb. 0,60 %, thesaurierend. Anlage: Aktien/Genussscheine/Anleihen.			
Mischfonds Seilern Global Trust (A)	973 105	153,65 €	166,9/143,6 €	-1/+33/+52/+152 %
	Umfang 33 Mio. €, Alter 24 J., Ausgabeaufschlag 3,00 %, Geb. 1,50 %, ausschüttend. Flexible Anteile in Aktien und Anleihen.			
Mischfonds ZukunftsPlan 1 EUR ACC	DK1 CJ2	247,15 €	263,0/230,8 €	-3/+22/+40/+151 %
	Umfang 1,16 Mrd. €, Alter 10 Jahre, Ausgabeaufschlag 2,00 %, Geb. 0,35 %, thesaurierend. Aktien-, Renten-, Geldmarktfonds.			
Mischfonds VM Long Term Value	A1J 17U	1.530,0 €	1.543/1.308 €	+14/+37/+66 %
	Umfang 32 Mio. €, Alter 5 Jahre, Ausgabeaufschlag 3,00 %, Geb. 1,35 %, ausschüttend. Value-Aktien, Geldmarkt, Banken.			
Mischfonds Nord/LB AM Global Chall.	A0L GNP	173,15 €	185,0/151,8 €	+9/+37/+78/+294 %
	Umfang 83 Mio. €, Alter 11 J., Ausgabeaufschlag 5,00 %, Geb. 0,33 %, ausschüttend. Schwerpunkte: Technologie, Industrie.			
Dachmischfonds BBBank Dynamik Uni	532 656	58,75 €	59,30/53,40 €	+6/+8/+45/+68 %
	Umfang 66 Mio. €, Alter 17 J., Ausgabeaufschlag 2,50 %, Geb. 1,30 %, ausschüttend. Bis 90 % in Aktien, bis 30 % in Fonds.			
Aktienfonds DKB Pharma Fonds AL	921 869	66,75 €	69,75/55,85 €	+10/+15/+60/+236 %
	Umfang 43 Mio. €, Alter 19 J., Ausgabeaufschlag 5,00 %, Geb. 1,40 %, ausschüttend. Aktien wie J&J, Novartis, Pfizer, Roche.			

Name, Fondsgesellschaft	WKN	Kurs am 01.02.19	Hoch/Tief 52 Wochen	Kursentwicklung 1, 3, 5, 10 Jahre
Aktienfonds DJE Dividende & Substanz P	164 325	380,35 €	419,1/356,3 €	-8/+15/+39/+122 %
	Umfang 1,1 Mrd. €, Alter 15 Jahre, Ausgabeaufschlag **5,00 %,** Gebühr 1,32 %, thesaurierend. Der Fonds investiert weltweit.			
Aktienfonds DWS Aktien-Strategie DE	976 986	368,80 €	453,9/321,7 €	-13/+21/+49+311 %
	Umfang 3,5 Mrd. €, Alter 19 J., Ausgabeaufschlag **5,00 %,** Geb. **1,45 %,** thesaurierend. Anlage: DAX, MDAX, TecDAX, SDAX.			
Aktienfonds KBC ECO Fund World	A0J J55	934,50 €	1.019/894,8 €	-4/+26/+53/+215 %
	Umfang 210 Mio. €, Alter 26 Jahre, Ausgabeaufschlag 3,00 %, Gebühr **1,50 %,** thesaurierend. Hauptziel sind hohe Renditen.			
Aktienfonds HGF Henderson Gartmore	A0D NEW	15,80 €	17,20/14,30 €	+1/+35/+76/+235 %
	Umfang 1,08 Mrd. €, Alter 14 Jahre, Ausgabeaufschlag **5,00 %,** Gebühr **1,50 %,** thesaurierend. Ziel: viel Wachstum und Ertrag.			
Aktienfonds Belfius Equit. Glob. Finance	541 439	546,40 €	590,1/495,0 €	-6/+21/+44/+158 %
	Umfang 60 Mio. €, Alter 18 J., Ausgabeaufschlag **2,50 %,** Geb. **1,50 %,** thesaurierend. Anlage in Versicherungs- und Banktitel.			
Aktienfonds UniFavorit: Akt. EUR DIS	847 707	139,90 €	151,4/125,2 €	+1/+28/+70/+269 %
	Umfang 3,1 Mrd. €, Alter 13 J., Ausgabeaufschlag **5,00 %,** Geb. **1,20 %,** ausschüttend. Angelegt wird in weltweite Blue Chips.			
Aktienfonds DWS Vermögensbildung	847 652	153,25 €	165,2/141,1 €	+-0/+28/+58/+159 %
	Umfang 7,494 Mrd. €, Alter 48 J., Ausgabeaufschlag **5,00 %,** Gebühr **1,45 %,** ausschüttend. Anlage: Dow Jones & Nasdaq.			
ETF iShares MDAX	593 392	203,45 €	233,9/179,0 €	-13/+22/+39/+320 %
	Umfang 1,64 Mrd. €, Alter 17 Jahre, Gebühr **0,50 %,** thesaurierend. Der ETF bildet den MDAX mit jetzt 60 Mid Caps nach.			
ETF Lyxor World Water	LYX 0CA	34,90 €	36,50/30,55 €	+-0/+20/+50/+256 %
	Umfang 484 Mio. €, Alter 11 Jahre, Gebühr **0,60 %,** ausschüttend. Mit Geberit, Veolia, Masco, Xylem, Pentair, Severn Trend.			
ETF db x-trackers Immobilien	DBX 0F1	26,10 €	27,10/22,60 €	+1/+15/+53 %
	Umfang 420 Mio. €, Alter 9 Jahre, Gebühr 0,33 %, thesaurierend. Vonovia (DAX), Dt. Wohnen und LEG (MDAX) sind dabei.			
ETF ComStage Dow Jon. Industrie	ETF 010	253,40 €	269,9/220,4 €	-5/+57/+69/+242 %
	Umfang 72 Mio. €, Alter 10 Jahre, Gebühr **0,45 %,** thesaurierend. Anlage in Dow Jones mit Aktien wie 3M, Apple, Boeing.			

Name, Fondsgesellschaft	WKN	Kurs am 07.02.19	Hoch/Tief 52 Wochen	Kursentwicklung 1, 3, 5, 10 Jahre
ETF Com-Stage Europe 600 Health	**ETF 068**	123,00 €	134,4/111,5 €	**+2/+4/+38/+188 %**
	Umfang 54 Mio. €, Alter 10 J., Gebühr 0,25 %, thesaurierend. Hauptanteile: Fresenius, Bayer, Novartis, Roche, Novo Nordisk.			
ETF Com-Stage Stoxx Europe Food	**ETF 067**	118,55 €	125,3/108,3 €	**+2/+8/+52/+251 %**
	43 Mio. €, Alter 10 J., Geb. **0,25 %,** ausschüttend. Abbildung der Wertentwicklung des Nahrungsmittel-/Getränkegewerbes.			
ETF iShares Core S&P 500	**622 391**	23,55 €	25,45/20,50 €	**-2/+46/+64/+280 %**
	7,3 Mrd. €, Alter 17 J., Geb. **0,40 %,** ausschüttend. Größte Posten: Apple, Microsoft, Amazon, Facebook, Berkshire, Alphabet.			
ETF Amundi MSCI World EX EMU	**A0R PV6**	273,00 €	286,2/238,7 €	**+10/+40/+75 %**
	219 Mio. €, Alter 9 J., Gebühr **0,35 %,** thesaurierend. Eine Anlage in rund 1.400 erfolgreiche Unternehmen aus aller Welt.			
Einzelaktie Allianz DAX	**840 400**	184,75 €	201,4/107,1 €	**-1/+36/+50/+175 %**
	KGV: 9,7, Div.-Rendite: 4,7 %. Weltweit führend: Erstversicherungen, Vermögensverwaltung, neue Policen Cyberkriminalität.			
Einzelaktie BASF DAX	**BAS F11**	63,60 €	90,00/57,35 €	**-25/+11/-15/+153 %**
	KGV: 19, Div.-Rendite: 2,3 %. Der weltweit größte Chemiekonzern: Chemikalien, Kunststoffe und Veredelungsprodukte.			
Einzelaktie Deutsche Börse, DAX	**581 005**	114,75 €	121,2/101,2 €	**+14/+52/+99/+177 %**
	KGV: 19, Div.-Rendite: 2,2 %. Weltweit führende Börsenorganisation, Frankfurt, elektronische Handelsplattform XETRA.			
Einzelaktie Fresenius DAX	**578 560**	46,80 €	71,35/38,30 €	**-25/-14/+23/+274 %**
	KGV: 13, Div.-Rendite: 1,7. Internationaler Gesundheitskonzern; pharmazeutische Produkte und eigene Privatkliniken.			
Einzelaktie Siemens DAX	**723 610**	94,80 €	121,7/94,00 €	**-14/+13/+3/+99 %**
	KGV: 15, Div.-Rendite: 4,0 %. Schwerpunkte: Elektrifizierung, Automatisierung/KI, Digitalisierung, 9 große Geschäftsfelder.			
Einzelaktie Dt. Wohnen MDAX	**A0H N5C**	42,80 €	44,10/32,45 €	**+32/+87/+209/+666%**
	KGV: 16, Div.-Rendite: 1,6 %. Schwerpunkte: Wohnungsbewirtschaftung und Wohnungsprivatisierung, 165.000 Einheiten.			
Einzelaktie LEG Immobilien MDAX	**LEG 111**	103,90 €	106,9/83,50 €	**+24/+49/+142 %**
	KGV: 11, Div.-Rendite: 1,9 %. 130.000 Mietwohnungen, stadtnahe Wohnsiedlungen mit Garagen in Nordrhein-Westfalen.			

Name, Fonds-gesellschaft	WKN	Kurs am 07.02.19	Hoch/Tief 52 Wochen	Kursentwicklung 1, 3, 5, 10 Jahre
Einzelaktie Fuchs Petrolub MDAX	579 043	40,40 €	51,40/33,80 €	-7/+15/+18/+703 %
	KGV: 20, Div.-Rendite: 2,4 %. Der Schmierstoffkonzern produziert Standardprodukte und Speziallösungen für die Industrie.			
Einzelaktie Gerresheimer MDAX	A0L D6E	58,80 €	80,10/51,60 €	-10/+1/+20/+246 %
	KGV: 15, Div.-Rendite: 2,1 %. Globaler Anbieter hochwertiger Verpackungs- und Systemlösungen aus Glas und Kunststoff.			
Einzelaktie Hann. Rück MDAX	840 221	126,20 €	130,2/105,3 €	+15/+42/+109/+368%
	KGV: 12, Div.-Rendite: 4,1 %. Alle Sparten der Schaden- und Personenrückversicherung, Schutz bei Umweltkatastrophen.			
Einzelaktie Symrise MDAX	SYM 999	72,10 €	81,40/60,50 €	+10/+22/+106/+820%
	KGV: 20, Div.-Rendite: 1,3 %. Internationaler Geschmackstoff- und Duftspezialist für Nahrungsmittel, Kosmetik, Parfüm usw.			
Einzelaktie Sartorius Vz TecDAX/MDAX	716 563	134,00 €	160/92,7 €	+36/+137/+444+4.848 %
	KGV: 50, Div.-Rendite: 0,5 %. Globaler Labor-/Prozesstechnologieanbieter für Biotech, Pharma, Nahrungsmittelindustrie.			
Einzelaktie Sixt Stämme SDAX	723 132	79,40 €	119/63,9 €	+2/+110/+213/+1.364 %
	KGV: 14, Div.-Rendite: 3,3 %. Mobilitätsdienstleister mit Mietwagenservice und sechs Verleihstationen an USA-Flughäfen.			
Einzelaktie WashTec SDAX	750 750	60,80 €	83,40/56,50 €	-10/+107 %/IPO
	KGV: 19, Div.-Rendite: 4,2 %. Waschanlagen mit Bürsten und Hochdrucktechnik für Autos, Nutz- und Schienenfahrzeuge.			
Einzelaktie BB Biotech Schweiz	A0N FN3	61,65 €	65,45/48,80 €	+1/+50/+128/+544 %
	KGV: 11, Div.-Rendite: 5,3 %. Internationale Beteiligungsfirma für Biotech, Gentechnologie und forschende Pharmaindustrie.			
Einzelaktie McDonald's Dow Jones	856 958	154,65 €	169,2/119,3 €	+15/+50/+120/+238%
	KGV: 21, Div.-Rendite: 2,6 %. Weltweiter Fast-Food-Anbieter in gleichnamigen Gaststätten mit Spezialangeboten und Menüs.			
Einzelaktie Johnson & J. Dow Jones	853 260	116,50 €	130,9/100,8 €	+8/+29/+77/+154 %
	KGV: 11, Div.-Rendite: 2,7 %. Gesundheitsprodukte und Wirkstoffe gegen Pilzinfektionen, Wundsalben, Augentropfen usw.			
Einzelaktie L'Oréal Euro Stoxx 50	853 888	216,20 €	219,9/170,5 €	+23/+41/+75/+293 %
	KGV: 27, Div.-Rendite: 1,8 %. Globaler Markenkosmetikkonzern, vor allem Schönheits-, Gesichts- und Haarpflegeprodukte.			

Name, Fondsgesellschaft	WKN	Kurs am 08.02.19	Hoch/Tief 52 Wochen	Kursentwicklung 1, 3, 5, 10 Jahre
Einzelaktie Microsoft Dow Jones	870 747	92,45 €	101,5/68,65 €	+27/+107/+247/+512
	KGV: 21, Div.-Rendite: 1,7 %. Etliche Softwareprodukte, Betriebssysteme für PCs, Mobilgeräte, Netzwerke und Server.			
Einzelaktie Nestlé Euro Stoxx 50	A0Q 4DC	76,00 €	77,10/62,10 €	+11/+18/+28/+126 %
	KGV: 20, Div.-Rendite: 2,8 %. Großer Nahrungsmittelkonzern, Tiefkühlkost, Getränke, Milchprodukte, Süßwaren, Tiernahrung.			
Einzelaktie Royal Dutch Stoxx 50 GB	A0E R6S	28,40 €	32,65/23,60 €	+5/+60/+10/+46 %
	KGV: 15, Div.-Rendite: 3,2 %. Der globale Energiekonzern ist an Explorations- und Förderprojekten in 70 Ländern beteiligt.			
Einzelaktie Samsung Südkorea	881 823	700,00 €	825,4/585,0 €	-2/+97/+117/+702 %
	KGV/Div.: keine Angaben. Weltweit führend: Speicherchips, DVD-Spieler, Fernsehgeräte, Videorecorder, Digitalkameras.			
Einzelaktie Sony Nikkei 225	853 687	40,15 €	52,18/36,45 €	-6/+95/+214/+136 %
	KGV: 11, Div.-Rendite: 0,6 %. Führend bei PlayStation, Fernseh- und Rundfunkgeräten sowie Künstlicher Intelligenz (KI).			
Einzelaktie Toyota Motor Nikkei 225	853 510	51,90 €	58,90/50,00 €	-3/+3/+24/+96 %
	KGV: 7,8, Div.-Rendite: 3,4 %. Japans größter Autokonzern: bekannte Marken, Pkws, Minivans, Jeeps, Sportwagen, Trucks.			
Einzelaktie Visa Dow Jones	A0N C7B	128,60 €	131,6/93,80 €	+18/+102/+160/+949
	KGV: 12, Div.-Rendite: 2,5 %. Führende Kreditkartenorganisation, digitale Bezahlung, 47.000 Transaktionen pro Sekunde.			

Sollten Sie sich als sicherheitsbewusster Anleger für einige amerikanische Hochtechnologie- und Internetaktien von den wertvollsten Unternehmen der Welt interessieren, so greifen Sie ruhig auch auf meine Vorschläge für erfolgsorientierte und risikofreudige Anleger zu. Es verträgt sich durchaus, zwar hauptsächlich sicherheitsbewusst anzulegen und die dividendenstarken defensiven, weitgehend konjunkturunabhängigen Value-Aktien aus der vorstehenden Liste zu bevorzugen. Ausnahmen bestätigen die Regel und ermutigen zu innovativem Handeln entgegen dem Herdentrieb und eingefahrenen Verhaltensweisen.

Wichtig ist, dass Sie zu Aktien Zugang finden. Wer 20 Jahre breit gestreut angelegt hat, erzielte mit DAX-Titeln im Jahresschnitt 9 % Rendite. Vor allem wenn Sie zu der einkommensstärksten Gruppe der 50- bis 65-Jährigen zählen, sollten Sie nicht länger passiv am Börsenspielfeldrand stehen, sondern beherzt handeln. Aktien bedeuten kein unkontrollierbares Risiko und sind nicht nur für Experten geeignet.

Startkapital von 100.000 € für erfolgsorientierte Anleger

Das Modell wendet sich an Anleger, die über eine Kapitalreserve verfügen und vielleicht wenig Zeit und Lust haben, ihr Depot ständig auf die aktuelle Börsenlage anzupassen. In diesem Fall bewährt sich die Dreiteilung ETF, aktive Fonds, Einzelaktien.

Die Multi-Asset-Mischfonds, Aktienfonds und ETFs habe ich unter vielen Produkten ausgewählt. Sie decken Zukunftsmärkte ab und wenden sich an Anleger mit langem Zeithorizont. Wählen Sie solche Einzelaktien aus, die Sie mögen, verstehen, kennen und die Ihren eigenen Einschätzungen entsprechen. Sicherlich finden Sie einige Lieblinge auch in der vorhergehenden oder folgenden Liste. Öfters entschied ich mich für erfolgreiche Familienfirmen. Sie alle zu kennen, ist schon wegen der miserablen Kommunikation kaum möglich. Es gibt weitere nachhaltig wirtschaftende Gesellschaften, die in Perlenfischermanier zu entdecken sind. Die Neuordnung der Indizes MDAX, TecDAX, SDAX Ende September 2018 hat weitreichende Folgen für die Zusammensetzung von Aktienfonds und ETFs.

Startkapital 100.000 €, erfolgsorientiert; 5 Mischfonds, 8 Aktienfonds, 9 ETFs, 18 bis 26 Aktien je 2.000 bis 3.000 €

Name, Fondsgesellschaft	WKN	Kurs am 01.02.19	Hoch/Tief 52 Wochen	Kursentwicklung 1, 3, 5, 10 Jahre
Mischfonds Adelca Invest GI Multi Ass.	**A0M 6JK**	335,20 €	353,8/321,8 €	**-4/+71/+94/+247 %**
	Umfang 69 Mio. €, Alter 11 J., Ausgabeaufschlag **5,00 %,** Geb. **1,00 %,** thesaurierend. Ertrag aus Kursgewinn/Dividende/Zins.			
Mischfonds FU Fonds Multi Asset I	**A12 ADZ**	784,60 €	899,7/772,0 €	**-5/+37/+61 %**
	Umfang 83 Mio. €, Alter 5 Jahre, Ausgabeaufschlag **0,00 %,** Gebühr **0,70 %,** ausschüttend. Der Fonds legt 2/3 in Aktien an.			
Mischfonds DJE Europa - I EUR ACC	**164 316**	366,50 €	425,8/340,2 €	**-4/+27/+43/+111 %**
	Umfang 156 Mio. €, Alter 16 Jahre, Ausgabeaufschlag **0,00 %,** Gebühr **1,07 %,** thesaurierend. Der Fonds investiert flexibel in Europa-Aktien, auch Nebenwerte, zudem weltweit in Anleihen.			
Mischfonds FU Multi Asset Fonds P	**A0Q 5MD**	202,45 €	232,8/194,7 €	**-5/+28/+49/+114 %**
	Umfang 84 Mio. €, Alter 10 Jahre, Ausgabeaufschlag **5,00 %,** Gebühr **1,70 %,** ausschüttend. Anlage in Aktien und Aktienfonds.			
Dachmischfonds Sauren Global Opport.	**930 921**	31,00 €	33,45/28,65 €	**-1/+27/+37/+135 %**
	Umfang 198 Mio. €, Alter 19 J., Aufschlag **5,00 %,** Geb. **1,00 %,** thesaurierend. Nebenwerte, Schwellenländer, Zukunftsmärkte.			

Name, Fondsgesellschaft	WKN	Kurs am 01.02.19	Hoch/Tief 52 Wochen	Kursentwicklung 1, 3, 5, 10 Jahre
Aktienfonds Uni Deutschland	975 049	165,50 €	195,0/150,5 €	-16/+23/+55/+498 %
	Umfang 1,28 Mrd. €, Alter 12 Jahre, Ausgabeaufschlag **4,00 %,** Gebühr **1,55 %,** thesaurierend. Mid, Small, Micro Caps Europa.			
Aktienfonds Quest Cleantech	A0N C68	235,50 €	274,5/214,4 €	-11/+25/+43/+263 %
	Umfang 198 Mio. €, Alter 10 J., Ausgabeaufschlag **2,00 %,** Geb. **1,25 %,** thesaurierend. Wasseraufbereitung/Abfallentsorgung.			
Aktienfonds Immobilien Janus JHHF	989 232	47,70 €	48,95/42,15 €	+3/+24/+75/+286 %
	Umfang 262 Mio. €, Alter 20 J., Ausgabeaufschlag **5,00 %,** Geb. **1,20 %,** thesaurierend. Aktien von Immobilienfirmen in Europa.			
Aktienfonds UniSector HighTech	921 559	94,65 €	104,4/83,15 €	+9/+58/+104/+296 %
	Umfang 143 Mio. €, Alter 19 J., Ausgabeaufschlag **4,00 %,** Geb. **1,55 %,** ausschüttend. Computer-, Software-, Hochtechnologie.			
Aktienfonds Nordinternet	978 530	122,40 €	122,5/82,55 €	+40/+91/+204/+408%
	Umfang 40 Mio. €, Alter 19 J., Ausgabeaufschlag **5,00 %,** Geb. **1,0 %,** thesaurierend. Internetinfrastruktur, Onlineplattformen.			
Aktienfonds DJE ASIA High Dividend	A0Q 5K0	255,15 €	265,3/229,3 €	+11/+31/+45/+123 %
	Umfang ohne Angabe, Alter 10 Jahre, Ausgabeaufschlag **0,0 %,** Geb. **1,00 %,** thesaurierend. Konsumgüter, Software, Industrie.			
Aktienfonds Monega Innovation	532 102	66,60 €	67,50/59,90 €	+9/+30/+96/+128 %
	Umfang 27 Mio. €, Alter 17 J., Ausgabeaufschlag **3,50 %,** Geb. **1,30 %,** ausschüttend. Aktien mit zukunftsfähigen Patenten.			
Aktienfonds Fidelity Glob. Consumer	A0N GWX	31,85 €	35,25/29,55 €	+1/+27/+72/+295 %
	Umfang 994 Mio. €, Alter 10 J., Ausgabeaufschlag **0,00 %,** Geb. **1,10 %,** thesaurierend. Anlage in Aktien von Konsumkonzernen.			
ETF ComStage SDAX TR	ETF 005	95,90 €	118,5/83,90 €	-16/+24/+42 %
	Umfang 112 Mio. €, Alter 7 Jahre, Gebühr **0,70 %,** ausschüttend. Abbildung der Wertentwicklung vom SDAX mit 70 Titeln.			
ETF iShares MSCI USA Small	A0X 8SB	273,70 €	309,1/234,4 €	-5/+48/+44 %
	Umfang 514 Mio. €, Alter 9 Jahre, Gebühr **0,43 %,** thesaurierend. Der ETF bildet den Index MSCI USA Small Cap ab.			
ETF iShares Stoxx Eur. Konsum	A0H 08N	73,35 €	82,95/67,00 €	-4/+4/+30 %
	Umfang 81 Mio. €, Alter 16 Jahre, Gebühr **0,45 %,** ausschüttend. Abbildung Stoxx Europe 600 Personal & Household.			

Name, Fondsgesellschaft	WKN	Kurs am 01.02.19	Hoch/Tief 52 Wochen	Kursentwicklung 1, 3, 5, 10 Jahre
ETF ComStage Construction	ETF 065	77,45 €	92,55/69,20 €	-13/+13/+38/+166 %
	Umfang 6 Mio. €, Alter 10 J., Gebühr **0,25 %,** ausschüttend. Der ETF bildet die Wertentwicklung großer Baufirmen in Europa ab.			
ETF iShares Europ. Technology	A0H 08Q	39,75 €	49,05/35,50 €	+2/+42/+68 %
	Umfang 86 Mio. €, Alter 18 J., Geb. **0,45 %,** ausschüttend. Abbildung: zukunftsfähiger Index Stoxx Europe 600 Technology.			
ETF iShares Europ. Chemicals	A0H 08E	83,80 €	99,10/76,55 €	-11/+20/+28 %
	Umfang 81 Mio. €, Alter 16 Jahre, Gebühr **0,45 %,** ausschüttend. Große Anteile: Bayer, BASF, Linde, Symrise, Givaudan.			
ETF iShares Public MSCI World	A0H GV0	37,75 €	40,75/33,40 €	-1/+41/+384/+175 %
	Umfang 5,1 Mrd. €, Alter 14 J., Geb. **0,50 %,** ausschüttend. Aktien mit mittlerem und hohem Börsenwert aus Industrieländern.			
ETF ComStage Stoxx Europe	ETF 060	73,85 €	82,90/66,65 €	+1/+22/+30/+152 %
	Umfang 278 Mio. €, Alter 10 Jahre, Geb. **0,20 %,** ausschüttend. Blue Chips Europa, wie Nestlé, Novartis, Roche, SAP, Siemens.			
ETFS Physical Basket ETC Edelmet.	A0N 62H	87,70 €	89,30/74,15 €	+6/+24/+13/+86 %
	ETC: 91 Mio. €, 11 Jahre, Gebühr **0,43 %,** thesaurierend, kein Sondervermögen. Die Edelmetalle sind physisch hinterlegt.			
Einzelaktie Adidas DAX	A1E WWW	199,20 €	217,8/168,4 €	+13/+130/+133/+577
	KGV: 20, Div.-Rendite: 1,6 %. Weltmarktführer rund um den Sport mit bekannten Marken für Schuhe, Fußbälle, Bekleidung.			
Einzelaktie Merck KGaA DAX	659 990	95,30 €	100,2/74,65 €	+17/+29/+62/+178 %
	KGV: 16, Div.-Rendite: 1,3 %. Unternehmensbereiche Pharma, Chemie und Live Science; operatives Geschäft in 4 Sparten.			
Einzelaktie Munich ReDAX	843 002	198,05 €	201,7/175,0 €	+12/+16/+29/+81 %
	KGV: 11, Div.-Rendite: 4,6 %. Weltmarktführer Rückversicherung für Leben, Krankheit, Haftpflicht, Unfall, Transport, Feuer.			
Einzelaktie SAP DAX/TecDAX	716 460	91,85 €	108,5/81,10 €	+11/+39/+63/+208 %
	KGV: 24, Div.-Rendite: 1,6 %. Betriebssoftware für Firmen beliebiger Größe, um profitabel zu wirtschaften und zu wachsen.			
Einzelaktie Vonovia DAX	A1M L7J	43,85 €	45,00/35,85 €	+21/+70/+142 %
	KGV: 17, Div.-Rendite: 3,2 %. Kauf, Verkauf, Instandhaltung, Modernisierung von rund 394.000 Wohnungen in Deutschland.			

Name, Fondsgesellschaft	WKN	Kurs am 08.02.19	Hoch/Tief 1 Jahr €	Kursentwicklung 1, 3, 5, 10 Jahre
Einzelaktie Alstria Office Reit, MDAX	A0L D2U	13,40 €	13,60/11,75	+9/+21/+36/+191 %
	KGV: 19, Div.-Rendite: 4,0 %. Alstria hat sich auf Übernahmen, Besitz, Verwaltung deutscher Bürogebäude spezialisiert.			
Einzelaktie Bechtle, TecDAX/MDAX	515 870	71,45 €	90,40/62,00	+6/+94/+153/+937 %
	KGV: 18, Div.-Rendite: 1,4 %. Führender Anbieter von Cloud-Computing und Informationstechnologie für Gewerbekunden.			
Einzelaktie Carl Zeiss Me. TecDAX/MDAX	531 370	74,60 €	84,55/48,50	+50/+164/+244/+598 %
	KGV: 43, Div.-Rendite: 0,7 %. Innovative Augenheilkunde und Mikrochirurgie; auch Mikroskope, Messtechnik, Brillengläser.			
Einzelaktie Dt. Pfandbrief MDAX	801 900	9,80 €	14,50/8,35	-20/-28/+17 %
	KGV: 9,6, Div.-Rendite: 8,1 %. Spezialbank zur Finanzierung von Bürogebäuden, Einzelhandels- und Logistikunternehmen.			
Einzelaktie Nemetschek TecDAX/MDAX	645 290	119,10 €	154,9/70,95	+62/+244/+800/+7.080
	KGV: 49, Div.-Rendite: 0,7 %. Umsetzung Industrie 4.0 durch Software für Architektur/Bau mit 1,8 Mio. Kunden, 142 Länder.			
Einzelaktie PUMA, MDAX	696 960	480,50 €	539,0/338,0	+33/+145/+135/+291 %
	KGV: 27, Div.-Rendite: 0,8 %. Entwicklung und Vertrieb von hochwertigen Sportschuhen und modischer Freizeitkleidung.			
Einzelaktie Rational, SDAX	701 080	585,00 €	696,0/460,0	+9/+41/+152/+676 %
	KGV: 35, Div.-Rendite: 2,0 %. Weltmarktführer Geräte und Service für thermische Speisenzubereitung in Gewerbeküchen.			
Einzelaktie Hermle Masch. Berth.	605 283	326,00 €	420,0/265,0	-4/+62/+105/+700 %
	KGV: 12, Div.-Rendite: 4,0 %. Die Universalfräsmaschinen bearbeiten Werkzeuge, Formen und Serienteile für die Industrie.			
Einzelaktie Mensch & Ma. m:access	658 080	26,10 €	30,80/19,40	+27/+199/+385/+580 %
	KGV: 31, Div.-Rendite: 2,0 %. Anbieter von CAD-Lösungen für Konstruktion und Planung im Maschinenbau, Bauwesen usw.			
Einzelaktie Tradegate, Prime Stand.	521 690	26,20 €	40,40/24,85	-12/+257/+376/+487 %
	KGV: 37, Div.-Rendite: 2,5 %. Die Wertpapierhandelsbank bietet blitzschnellen Börsenhandel mit Tausenden von Aktien an.			
Einzelaktie VARTA Prime Stand.	A0T GJ5	33,65 €	35,00/17,60	+67 %/Börsengang
	KGV: 39, Div.-Rendite: 0,0 %. Mikrobatterien für Hörgeräte und wieder aufladbare Batterien für Unterhaltungselektronik.			

Name, Fonds-gesellschaft	WKN	Kurs am 08.02.19	Hoch/Tief 1 Jahr €	Kursentwicklung 1, 3, 5, 10 Jahre
Einzelaktie 3M Dow Jones	851 745	176,50 €	200,0/160,1	-3/+28/+84/+330 %
	KGV: 12, Div.-Rendite: 1,5 %. 3M produziert mit 45 Basistechnologien mehr als 50.000 Produkte und besitzt 25.000 Patente.			
Einzelaktie Alphabet A (Google)	A14 Y6F	973,70 €	1.113/798,0	+18/+55/+125/+572 %
	KGV: 20, Div.-Rendite: 0,0 %. Alphabet besitzt viele Tochterfirmen. Google ist die am häufigsten genutzte Suchmaschine.			
Einzelaktie Amazon Nasdaq 100	906 866	1.401,0 €	1.774/1.038	+27/+221/+429/+2620 %
	KGV: 61, Div.-Rendite: 0,0 %. Amazon beherrscht als Händler die Konsumgüterindustrie mit Büchern, Musik, DVD, Fotos usw.			
Einzelaktie Boeing Dow Jones	850 471	357,60 €	364,6/248,0	+32/+234/+283/+972 %
	KGV: 18, Div.-Rendite: 2,1 %. Marktführender Luft-, Raumfahrt- und Rüstungskonzern, integrierte Verteidigungssysteme.			
Einzelaktie BHP Group Billiton	A2N 9WV	19,55 €	20,50/15,50	+19/+112/-11/+24 %
	KGV: 12, Div.-Rendite: 5,4 %. Die Aktie des globalen Bergbaukonzerns gibt es in englischer und australischer Version.			
Einzelaktie LVMH	853 292	286,35 €	312,7/230,7	+21/+87/+112/+469 %
	KGV: 20, Div.-Rendite: 2,2 %. Der Luxusgüterkonzern hat 60 Prestigemarken wie Wein, Spirituosen, Mode, Schmuck, Uhren.			
Einzelaktie Lukoil, RTX Russland	A14 20E	72,10 €	72,90/47,65	+43/+155/+73/+195 %
	KGV: 6,0, Div.-Rendite: 4,4 %. Die Politik ausgeklammert, verdient die niedrig bewertete, dividendenstarke Aktie Zuspruch.			
Einzelaktie Marine Harv. MOWI ASA	924 848	19,40 €	21,80/14,60	+31/+65/+133/+1044 %
	KGV: 12, Div.-Rendite: 5,6 %. Der norwegische Nahrungsmittelkonzern züchtet neben Lachs Weißfisch und Meeresfrüchte.			
Einzelaktie SoftBank Nikkei 225	891 624	79,60 €	86,60/55,40	+24/+104/+50/+536 %
	KGV: 6,4, Div.-Rendite: 0,5 %. Japans Technologiekonzern ist als Großinvestor und bei Künstlicher Intelligenz/Robotik aktiv.			
Einzelaktie UPM Kymmene, Finnland	881 026	26,85 €	34,60/21,70	+1/+87/+116/+263 %
	KGV: 12, Div.-Rendite: 4,3 %. Der dividendenstarke Forst- und Papierkonzern stellt zahlreiche Zellstoff- und Holzprodukte her.			
Einzelaktie VINCI Euro Stoxx 50	867 475	76,45 €	87,20/70,00	-10/+26/+51/+159 %
	KGV: 13, Div.-Rendite: 3,5 %. Der französische Bau- und Infrastrukturkonzern verfügt über wichtige Autobahnkonzessionen.			

Ein Startkapital von 100.000 € für risikofreudige Anleger

Risikofreudige Anleger setzen auf neue Trends, die Industrie 4.0 mit Internet der Dinge, Hochtechnologie, Künstliche Intelligenz, Robotik, digitale und vernetzte Welt. Es ist wichtig, Fachausdrücke zu verstehen. Das Lexikon hilft weiter.

Startkapital 100.000 €, risikofreudig; 2 Mischfonds, 10 Aktienfonds, 9 ETFs, 10 – 25 Aktien je 2.000 – 3.000 €

Name, Fonds-gesellschaft	WKN	Kurs 01.02.19	Hoch/Tief 52 Wochen	Kursentwicklung 1, 3, 5, 10 Jahre
Mischfonds	**A1H 72F**	116,50 €	124,5/91,10 €	**+23/+53/+143 %**
ACATIS Datini Value	Umfang 312 Mio. €, Alter 7 J., Ausgabeaufschlag **5,00 %,** Geb. **0,30 %,** thesaurierend. Große Branchen: Biotech, IT, Konsum.			
Mischfonds	**A0M 6JL**	323,35 €	340,2/310,0 €	**+4/+75/+99/+256 %**
Adelca Invest GVI Multi Ass.	Umfang 72 Mio. €, Alter 11 J., Ausgabeaufschlag **5,00 %,** Gebühr **1,00 %,** thesaurierend. Flexible Anlage in Aktien/Anleihen.			
Aktienfonds	**A0D NEW**	16,15 €	17,25/14,35 €	**+4/+45/+77/+429 %**
Janus Henderson Global	Umfang 530 Mio. €, Alter 15 J., Ausgabeaufschlag **5,00 %,** Geb. **1,50 %,** thesaurier. Schwerpunkt: Software/Finanzen/Konsum.			
Aktienfonds	**978 530**	120,85 €	124,9/96,65 €	**+19/+101/+145/+613%**
Nordinternet EUR ACC	Umfang 82 Mio. €, Alter 21 J., Ausgabeaufschlag **5,00 %,** Geb. **1,00 %,** thesaurierend. Dabei: Amazon, Facebook, Alphabet.			
Aktienfonds	**A0M WAN**	480,80 €	498,1/390,5 €	**+13/+80/+140/+751 %**
DNB Fund Technology	Umfang 497 Mio. €, Alter 11 J., Ausgabeaufschlag **5,00 %,** Geb. **1,50 %,** thesaurierend. Anlage: Technologie Zukunftsmärkte.			
Aktienfonds	**921 559**	95,40 €	105,0/83,45 €	**+8/+56/+99/+291 %**
UniSector HighTech A	Umfang 142 Mio. €, Alter 20 J., Ausgabeaufschlag 4,00 %, Geb. 1,55 %, ausschüttend. Anlage: Computer, Software, Hightech.			
Aktienfonds	**779 078**	222,80 €	245,3/197,5 €	**+4/+41/+84/+217 %**
KBC Equity Strategie	Umfang 1,0 Mrd. €, Alter 18 J., Ausgabeaufschlag **3,00 %,** Geb. **1,50 %,** thesaurierend. Konzentration: Telekom/Technik/Medien.			
Aktienfonds	**515 262**	35,85 €	38,85/31,20 €	**+9/+68/+129/+360 %**
DEKA-Technologie	Umfang 473 Mio. €, Alter 18 J., Ausgabeaufschlag **3,75 %,** Geb. **1,25 %,** ausschüttend. Internationale Aktien Technologiesektor.			
Aktienfonds	**756 455**	66,80 €	78,95/58,50 €	**-5/+51/+105/+249 %**
Comgest Growth China	Umfang 264 Mio. €, Alter 18 J., Ausgabeaufschlag **4,00 %,** Geb. **1,50 %,** thesaurierend. Ziel: langfristig viel Wachstum/Ertrag.			

Name, Fondsgesellschaft	WKN	Kurs 01.02.19	Hoch/Tief 52 Wochen	Kursentwicklung 1, 3, 5, 10 Jahre
Aktienfonds T. Rowe US Large Cap Gr.	A0B MAB	35,95 €	37,40/29,80 €	**+9/+87/+83/+387 %**
	Umfang 2,0 Mrd. €, Alter 16 J., Ausgabeaufschlag **5,00 %,** Geb. **1,50 %,** thesaurierend. Schwerpunkt Technologie/Software.			
Aktienfonds DWS Smart Industrie	515 248	110,80 €	123,2/97,10 €	**-2/+42/+52/+287 %**
	Umfang 668 Mio. €, Alter 12 J., Ausgabeaufschlag **5,00 %,** Geb. **1,45 %,** ausschüttend. Anlage in Infrastruktur/Logistik/Industrie.			
Aktienfonds UniSector Biopharma	921 556	112,80 €	119,0/94,10 €	**+12/+25/+52/+200 %**
	Umfang 301 Mio. €, Alter 20 J., Ausgabeaufschlag **4,00 %,** Geb. **1,55 %,** ausschüttend. Hauptanteile: Merck, Pfizer, J&J, CIGNA.			
ETF iShares Nasdaq 100	A0F 5UF	57,65 €	64,90/49,05 €	**-4/+62/+96/+472 %**
	Umfang 1,04 Mrd. €, Alter 12 Jahre, Gebühr **0,30 %,** ausschüttend. Der ETF bildet die US-Hochtechnologiebörse mit KI ab.			
ETF iShares TecDAX (DE)	593 397	23,95 €	28,10/21,50 €	**-2/+58/+111/+409 %**
	Umfang 832 Mio. €, Alter 17 Jahre, Jahresgebühr **0,50 %,** thesaurierend. Schwerpunkte: Technologie, IT, Biotech, Medtech.			
ETF Invesco Dynamic	A0M 2EH	15,85 €	17,55/14,45 €	**-5/+44/+48/+236 %**
	Umfang 479 Mio. €, Alter 11 Jahre, Geb**. 0,75 %,** ausschüttend. Dabei: Verizon, Mastercard, AbbVie, Citrix, Microsoft, Amgen.			
ETF ComStage Construction	ETF 065	77,45 €	92,55/69,25 €	**-13/+13/+38/+166 %**
	Umfang 6 Mio. €, Alter 10 J., Gebühr **0,25 %,** ausschüttend. Der ETF bildet die Wertentwicklung großer Europa-Baufirmen ab.			
ETF Russland db x-trackers (oder ETF118)	DBX 1RC	25,25 €	25,35/24,80 €	**-2/+108/-3/+140 %**
	Umfang 115 Mio. €, Alter 11 J., Gebühr **0,45 %,** thesaurierend. Vertreten: Gazprom, Lukoil, Sberbank, Norilsk Nickel, Tatneft.			
ETF ComStage Europe Tech.	ETF 076	63,25 €	75,40/54,70 €	**-4/+35/+65/+222 %**
	Umfang 22 Mio. €, Alter 10 J., Geb. **0,25 %,** ausschüttend. Anlage in den Stoxx Europe 600 Technology; z. B. SAP, Infineon.			
ETF ComStage HSI China/Asien	ETF 022	36,10 €	40,85/31,05 €	**-13/+51/+41 %**
	Umfang 131 Mio. €, Alter 8 J., Geb. **0,55 %,** thesaurierend. Der ETF investiert in Blue Chips wie Tencent, China Mobile, ICBC.			
ETF ISHSIV Automation & Rob.	A2A NH0	6,20 €	6,90 €/5,25 €	**+1 %**/erst 3 Jahre alt
	Umfang 2,2 Mrd. €, Alter 3 Jahre, Geb. **0,40 %,** thesaurierend. Anlage in Aktien von Firmen mit KI, Automatik und Robotik.			

Name, Fonds-gesellschaft	WKN	Kurs 12.02.19	Hoch/Tief 1 Jahr €	Kursentwicklung 1, 3, 5, 10 Jahre
ETF ComStage MSCI World	ETF 110	50,30 €	53,65/43,90	+1/+41/+39/+190 %
	Börsenwert: 1,8 Mrd. €, Alter 11 J., Geb. **0,20 %,** thesaurierend. Abbildung der Aktienmärkteentwicklung in Industrienationen.			
Einzelaktie BMW DAX	519 000	69,55 €	93,85/68,35	-20/+3/-17/+207 %
	KGV: 6,9, Div.-Rend.: 5,5 %. Ein Premiumsportwagenbauer mit starken Marken, der sich auf Elektromobilität konzentriert.			
Einzelaktie Wirecard DAX/TecDAX	747 206	103,35 €	199,1/86,25	+13/+161/+218/+2.400
	KGV: 29, Div.-Rendite: 0,2 %. Internationaler Anbieter elektronischer Zahlungssysteme und Risikomanagementlösungen.			
Einzelaktie Compugroup TecDAX/SDAX	543 730	50,00 €	53,85/37,60	+6/+51/+156/+960 %
	KGV: 14, Div.-Rendite: 2,5 %. Medizinsoftware und Kommunikationslösungen für Ärzte, Zahnärzte, Kliniken und Institute.			
Einzelaktie Hypoport SDAX	549 336	183,40 €	205,0/115,6	+44/+230/+1.913 %
	KGV: 38, Div.-Rendite: 0,0 %. Vertrieb digitaler Finanzleistungen mit Kreditplattform und Beratung für Privat-/Firmenkunden.			
Einzelaktie Isra Vision TecDAX/SDAX	548 810	28,35 €	61,30/22,40	-24/+161/+230/+3.072
	KGV: 25, Div.-Rendite: 0,4 %. Oberflächeninspektionssysteme und Bildbearbeitungsprogramme mit 3-D-Vision/-Robotersehen.			
Einzelaktie Jenoptik TecDAX/SDAX	A2N B60	29,25 €	39,50/22,65	+4/+159/+133/+438 %
	KGV: 19, Div.-Rendite: 1,1 %. Opto-Elektronik für Medtech, Halbleiter- und Autoindustrie, Sicherheits-, Mess-/Wehrtechnik.			
Einzelaktie XING TecDAX/SDAX	XNG 888	278,50 €	329,0/223,5	+6/+99/+237/+485 %
	KGV: 37, Div.-Rendite: 0,7 %. Sozialnetzwerk Berufskontakte 11 Mio. Mitglieder. Onlineplattform für Geschäft, Job, Karriere.			
Einzelaktie ATOSS Software, Prime	510 440	90,50 €	97,00/74,20	+5/+62/+208 %
	KGV: 30, Div.-Rendite: 1,4 %. Anwendersoftware für Managementstrategie und innerbetriebliche Prozesse Arbeit und Zeit.			
Einzelaktie Eckert & Ziegler, Prime	565 970	96,00 €	101,0/32,45	+175/+443/+270 %
	KGV: 28, Div.-Rendite: 1,0 %. Strahlungstechnologien, radioaktive Komponenten für Medizin, Messtechnik und Forschung.			
Einzelaktie PVA Tepla DAXplus Fam.	746 100	283,00 €	303,0/227,0	+15/+87/+425/+485 %
	KGV: 24, Div.-Rendite: 0,0 %. Vakuumspezialist für Hochtemperatur- und Plasmaprozesse, Hartmetall-Sinteranlagen.			

Name, Fonds-gesellschaft	WKN	Kurs 11.02.19	Hoch/Tief 1 Jahr €	Kursentwicklung 1, 3, 5, 10 Jahre
Einzelaktie Adobe Nasdaq 100	871 981	232,00 €	240,0/152,5	+49/+245/+386/+1248%
	KGV: 44. Div.-Rendite: 0,0 %. Grafik- und Bildbearbeitungs-programme, Software, um digitale Inhalte erstellen zu können.			
Einzelaktie Amgen Nasdaq 100	867 900	165,05 €	187,2/133,6	+8/+31/+52/+227 %
	KGV: 14, Div.-Rendite: 3,0 %. Biopharmazeutische Produkte; Forschung Krebs, Blutkrankheiten, Nierenleiden, Rheuma usw.			
Einzelaktie Biogen Nasdaq 100	789 617	281,85 €	331,5/206,8	+8/+41/+88/+855 %
	KGV: 12, Div.-Rendite: 0,0 %. Lebensrettende und Lebensqualität bietende Medikamente, Forschung Alzheimer und Krebs.			
Einzelaktie Illumina Nasdaq 100	927 079	252,50 €	322,5/178,7	+33/+107/+79/+717 %
	KGV: 46, Div.-Rendite: 0,0 %. Der Gen-Forschungskonzern entwickelt Systeme für genetische Funktionen und DNA-Profile.			
Einzelaktie Netflix Nasdaq 100	552 484	309,75 €	368,0/204	+36/+303/+464/+6.289 %
	KGV: 86. Div.-Rendite: 0,0 %. Videos für TV-Serien und Filme mit Internet-Service-Abonnement für unbegrenztes Streaming.			
Einzelaktie Norilsk Nickel RTX Russland	A14 0M9	18,90 €	18,95/11,90	+7/+98/+29/+276 %
	KGV: 8,8. Div.-Rendite: 10,5 %. Russischer Bergbaukonzern; Schwerpunkt: Nickel, Palladium, Platin, Kupfer, Chrom, Kobalt.			
Einzelaktie Novo Nordisk Dänemark	A1X A8R	58,75 €	59,75/31,25	+6/+2/+38 %
	KGV: 19, Div.-Rendite: 2,5 %. Marktführer bei Diabetesarznei, Produktion Insulin, Wachstumshormone, Gerinnungsfaktoren			
Einzelaktie Nvidia Nasdaq 100	918 422	130,70 €	253,6/111,6	-28/+12/+42/+238 %
	KGV: 26, Div.-Rendite: 0,4 %. IT-Software, Grafik- & Medien-Kommunikationsprozessoren für Desktop-PC & Smartphones.			
Einzelaktie PayPal Nasdaq 100	A14 R7U	82,90 €	83,15/58,90	+35/+188 %
	KGV: 44. Div.-Rendite: 0,0 %. Sicherer elektronischer Internet-zahlungsverkehr mit Überweisungen, Lastschrift, Kreditkarten.			
Einzelaktie Rio Tinto Stoxx 50	852 147	49,50 €	51,65/39,20	+10/+109/+17/+168 %
	KGV: 11, Div.-Rend.: 5,5 %. Abbau Mineralvorkommen; neben Aluminium, Kupfer, Gold auch Diamanten, Kohle, Uran usw.			
Einzelaktie Salesforce S&P 500	A0B 87V	143,00 €	143,1/86,0	+49/+169/+154/+2.289 %
	KGV: 33, Div.-Rendite: 0,0 %. Cloud-Computing, Software-Speicherlösungen, Kundenmanagement, Kostensparmodelle.			

Name, Fonds-gesellschaft	WKN	Kurs 11.02.19	Hoch/Tief 1 Jahr €	Kursentwicklung 1, 3, 5, 10 Jahre
Einzelaktie Stryker S&P 500	**864 952**	163,60 €	163,7/123,3	**+21/+91/+130/+411 %**
	KGV: 21, Div.-Rendite: 1,2 %. Medizinische und chirurgische Produkte, orthopädische Implantate, auch Unfallversorgung.			
Einzelaktie Tatneft RTX Russland	**A2A BS0**	63,00 €	66,30/44,95	**+39/+191/+149/+535 %**
	KGV: 8,2. Div.-Rendite: 6,5 %. Öl- und Erdgasproduktionsstätten, Raffinerien, petrochemische Produkte, Tankstellen.			
Einzelaktie Vertex Nasdaq 100	**882 807**	161,55 €	172,0/122,1	**-2/+12/+42/+438 %**
	KGV: 44, Div.-Rendite: 0,0 %. Entwicklung kleinmolekularer Arzneimittel zur Behandlung schwerer Krankheiten wie Krebs.			
Einzelaktie Alibaba China	**A11 7ME**	150,55 €	182,1/114,0	**+4/+182 %**
	KGV: 35, Div.-Rendite: 0,0 %. Chinas größte Onlinehandelsplattform: Auto, Motorrad, Mode, Büro, Schule, Sport, Kosmetik.			
Einzelaktie Tencent China	**A11 38D**	40,05 €	48,90/27,75	**-6/+167/+295/+2.360%**
	KGV: 30, Div.-Rendite: 0,3 %. Chinas größtes Onlineserviceportal; Spieleplattform und mobile Kommunikationslösungen.			

Wagemut ermöglicht mehr Gewinn. Zugleich steigt das Verlustrisiko. Breites Streuen in Fonds und Aktien erfreut langfristig. Im Crash sollten Sie gute Titel halten. Verkaufen Sie nur, was nicht zukunftsfähig ist und den globalen Wandel verpasst hat. Risikofreudige Anleger mögen meist Aktien aus den Sektoren Künstliche Intelligenz, Hochtechnologie, Digitalisierung, Vernetzung. Ich betrachte meine Unterlegenheit gegenüber Künstlicher Intelligenz mit selbstlernenden Maschinen in vielen Lebensbereichen als Herausforderung, nicht klein beizugeben, sondern selbst noch etwas zu verändern, zu bewegen, zu verbessern. Die Roboter können innovative Ideen aufgreifen und weiterverarbeiten.

Warren Buffett bevorzugt niedrig bewertete Aktien von Unternehmen, deren Produkte er kennt und versteht. Risikofreudige Anleger setzen auf neue Trends, die Industrie 4.0 mit Internet der Dinge, Hochtechnologie, Künstliche Intelligenz, Robotik, digitale und vernetzte Welt. Es ist wichtig, Fachausdrücke zu verstehen. Hier hilft bei Unklarheiten das Internet oder mein Lexikon am Buchschluss weiter.

Zum Sparverhalten wichtiger Altersgruppen

- **Auf 250 Mrd. € entgangene Zinseinnahmen wird der „Schaden" für deutsche Sparer beziffert.** Aber ist Mitleid geboten, nachdem der Aktienmarkt seit Jahren große Chancen bietet? An der Börse spielt der Wunsch nach Reichtum, der Traum vom Millionärsstatus, eine wichtige Rolle.

➢ **Reichtum selbst wird uneinheitlich gedeutet. Das Sparverhalten zeigt bei den Altersgruppen ab 20 Jahren erhebliche Unterschiede. Abweichungen bestehen auch bezüglich Wissen und Gefühl der Sicherheit.**

Das Ergebnis einer aktuellen Umfrage zeigt: 80 % der Befragten sprechen von Reichtum, wenn jemand einschließlich Immobilien zumindest 1 Mio. € besitzt. Wird das Eigenheim oder Mietshaus ausgeklammert, schätzt ein Drittel der Befragten jemand als reich ein, wenn er mehr als 250.000 € besitzt. Als „hochvermögend" gilt, wenn der Betreffende über mindestens 1 Mio. € frei verfügen kann.

Blick auf die wertvollsten Unternehmen der Welt 2018

Die Wirtschaftsmacht USA untermauert den Spitzenrang. Die wertvollsten Konzerne weltweit nach Börsenwert:				
2017	**2018**	**Land & Konzern (2018)**	**Börsenwert**	**KGV**
03	01	USA: Microsoft	639 Mrd. €	22,8
01	02	USA: Apple	612 Mrd. €	11,8
02	03	USA: Alphabet (Google)	598 Mrd. €	18,9
04	04	USA: Amazon	577 Mrd. €	53,3
06	05	USA: Berkshire Hathaway	406 Mrd. €	19,1
07	06	China: Tencent	331 Mrd. €	33,0
05	07	USA: Facebook	313 Mrd. €	15,8
08	08	China: Alibaba	300 Mrd. €	26,2
09	09	USA: Johnson & Johnson	289 Mrd. €	15,7
10	10	USA: JP Morgan Chase	269 Mrd. €	10,4
11	11	USA: Exxon Mobil	243 Mrd. €	14,7
19	12	USA: Visa	236 Mrd. €	24,1
12	13	China: ICBC	234 Mrd. €	6,2
18	14	Schweiz: Nestlé	222 Mrd. €	20,8
17	15	USA: Walmart	219 Mrd. €	18,1
Quellenhinweis:		Handelsblatt-Grafik, Nr. 248, Ausgabe 17. Dezember 2018		
Anmerkungen:		Letztlich geht es um den Platz 1 als Wirtschaftsgroßmacht im sich zuspitzenden Kampf zwischen Amerika und China. Im Hinblick auf erfolgreichste Märkte und Branchen führen ganz eindeutig Hochtechnologie mit Künstlicher Intelligenz, Internet der Dinge, IT-Software. Es folgt der Handel.		

12.7 Erfolgreiche rasche Aktiensuche beim Depotaufbau

Alle im Kapitel 12 besprochenen Aktien finden Sie hier gegliedert mit WKN, Index oder Land, Anlegertyp (S sicherheitsbewusst, E erfolgsorientiert, R risikofreudig) aufgeführt. Wichtig sind die Seitenhinweise. Drucken Sie sich diese alphabetische Aufstellung interessanter Aktien am besten einige Male aus. Halten Sie die Übersicht griffbereit, wenn Sie nachschauen oder ordern wollen.

Aktiensuche leicht gemacht nicht nur für das Kapitel 14					
A bis Z	**Aktie, Unternehmen**	**WKN**	**Index/ Land**	**Risiko-stufe**	**Seiten-zahl**
3	3M	**851 745**	Dow Jones	S/E	375
A	Aareal Bank	**540 811**	MDAX	S/E	357
A	Adesso	**A0Z 23Q**	Prime Stand.	E/R	363
A	Adidas	**A1EWWW**	DAX	S/E	348/373
A	Adobe	**871 981**	Nasdaq 100	E/R	348/379
A	Airbus	**938 914**	MDAX	E/R	356
A	Alibaba	**A117ME**	China	E/R	352/380
A	Allgeier	**A2G S63**	Prime Stand.	S/E	352
A	Allianz	**840 400**	DAX	S/E	344/368
A	Alphabet A	**A14 Y6F**	Nasdaq 100	E/R	375
A	Alphabet C	**A14 Y6H**	Nasdaq 100	E/R	346/352
A	Alstria Office Reit	**A0L D2U**	MDAX	S/E	374
A	Amazon	**906 866**	Nasdaq 100	E/R	346/375
A	AMD	**863 186**	Nasdaq 100	E/R	360
A	Amgen	**867 900**	Nasdaq 100	E/R	360/379
A	Apple	**865 985**	Dow/Nasdaq	S/E	357
A	Aroundtown	**A2DW8Z**	MDAX	S/E	348
A	Atoss Software	**510 440**	Prime Stand.	E/R	359/378
B	Baidu	**A0F 5DE**	China	E/R	364
B	BASF	**BAS F11**	DAX	S/E	338/368
B	Basler	**510 200**	Prime Stand.	E/R	360
B	BB Biotech	**A0N FN3**	Schweiz	E/R	344/369

B	**Bechtle**	**515 870**	TecDAX/MDAX	E/R	339/374
B	**Biogen**	**789 617**	Nasdaq 100	E/R	360/379
B	**BHP Group Billit.**	**850 524**	GB/Australien	E/R	353/375
B	**BMW**	**519 000**	DAX	S/E	339/378
B	**Boeing**	**850 471**	Dow Jones	S/E	375
B	**Booking Holding**	**A2J EXP**	Nasdaq 100	S/E	364
B	**Broadcom**	**A2J G9Z**	Nasdaq 100	E/R	363
C	**Cancom**	**541 910**	TecDAX/SDAX	E/R	352
C	**Carl Zeiss Med.**	**531 370**	TecDAX/SDAX	E/R	344/374
C	**Caterpillar**	**850 598**	Dow Jones	S/E	360
C	**CompuGroup**	**543 730**	TecDAX/SDAX	E/R	359/378
C	**Covestro**	**606 214**	DAX	S/E	356
D	**Daimler**	**710 000**	DAX	S/E	350
D	**Dassault**	**901 295**	HAFixE	E/R	360
D	**Deutsche Börse**	**581 005**	DAX	S/E	348/368
D	**Dt. Pfandbrief**	**801 900**	MDAX	S/E	374
D	**Dt. Wohnen**	**A0H N5C**	MDAX	S/E	343/368
E	**Eckert & Ziegler**	**565 970**	Prime Stand.	E/R	378
F	**Freenet**	**A0Z 2ZZ**	TecDAX	E/R	363
F	**Fresenius**	**578 560**	DAX	S/E	356/368
F	**Fuchs Petrolub**	**579 043**	MDAX	S/E	359/369
G	**Gerresheimer**	**A0L D6E**	MDAX	S/E	369
G	**Grenke**	**A16 1N3**	SDAX	S/E	338
H	**Hannover Rück**	**840 221**	MDAX	S/E	339/369
H	**HeidelCement**	**604 700**	DAX	S/E	350
H	**Hella**	**A13 SX2**	MDAX	S/E	351
H	**Hermès Internat.**	**886 670**	Frankreich	S/E	357
H	**Hermle**	**605 283**	Prime Stand.	S/E	344/374
H	**Hochtief**	**607 000**	MDAX	S/E	351
H	**Hypoport**	**549 336**	SDAX	E/R	341/378
I	**Illumina**	**927 079**	Nasdaq 100	E/R	379
I	**Isra Vision**	**548 810**	TecDAX/SDAX	E/R	346/378
J	**Jenoptik**	**A2N B60**	TecDAX/SDAX	E/R	378
J	**Johnson & John.**	**853 260**	Dow Jones	S/E	356/369

K	Kering	851 223	HAFix E	E/R	360
K	KION	KGX 888	MDAX	S/E	359
L	LEG Immobilien	LEG 111	MDAX	S/E	368
L	L'Oréal	853 888	Euro Stoxx 50	S/E	350/369
L	Lukoil	A14 20E	Russland RTX	E/R	360/375
M	Marine H. MOWI	924 848	Norwegen	S/E	364/375
M	McDonald's	856 958	Dow Jones	S/E	369
M	Mensch + Masch.	658 080	m:access Mü.	E/R	346/374
M	Merck KGaA	659 990	DAX	S/E	373
M	Micron Techno.	869 020	Nasdaq 100	E/R	364
M	Microsoft	870 747	Dow Jones	E/R	341/370
M	MorphoSys	663 200	TecDAX/MDAX	E/R	363
M	MTU Aero Eng.	A0D 9PT	MDAX	S/E	348
M	Munich Re	843 002	DAX	S/E	338/373
N	Nemetschek	645 290	TecDAX/MDAX	E/R	374
N	Nestlé	A0Q 4DC	Euro Stoxx 50	S/E	370
N	Netflix	552 484	Nasdaq 100	E/R	379
N	Norilsk Nickel	A14 0M9	Russland RTX	E/R	353/379
N	Novo Nordisk	A1X A8R	Stoxx 50 DK	E/R	353/379
N	Nvidia	918 422	Nasdaq 100	E/R	353/379
P	PayPal	A14 R7U	Nasdaq 100	E/R	379
P	PUMA	696 960	MDAX	S/E	356/374
P	PVA Tepla	746 100	DAXplus Fam.	E/R	352
R	Rational	701 080	SDAX	S/E	344/374
R	Richemont	A1W 5CV	Schweiz	E/R	350
R	Rio Tinto	852 147	Stoxx 50	E/R	379
R	Royal Dutch	A0D 94M	Stoxx 50	S/E	370
S	Salesforce	A0B 87V	Nasdaq 100	E/R	360/379
S	Samsung	881 823	Südkorea	E/R	343/370
S	SAP	716 460	DAX/TecDAX	E/R	341/373
S	Sartorius	716 563	TecDAX/MDAX	E/R	341/369
S	Siemens	723 610	DAX	S/E	342/368
S	Sixt Stämme	723 132	SDAX	S/E	343/369
S	SoftBank	891 624	Nikkei 225	E/R	364/375

S	**Sony**	**853 687**	Nikkei 225	S/E	348/370
S	**Stryker**	**864 952**	S&P 500	S/E	380
S	**S&T AG**	**A0X 9EJ**	TecDAX/SDAX	E/R	363
S	**Symrise**	**SYM 999**	MDAX	S/E	343/369
T	**TAG Immobilien**	**830 350**	MDAX	S/E	359
T	**Taiwan Semicon.**	**909 800**	Taiwan	E/R	364
T	**Talanx**	**TLX 100**	SDAX	S/E	356
T	**Tatneft**	**A2A BS0**	Russland RTX	E/R	364/380
T	**Tencent**	**A11 38D**	China	E/R	346/380
T	**Toyota Motor**	**853 510**	Nikkei 225	S/E	370
T	**Tradegate**	**521 690**	Prime Stand.	E/R	374
U	**UPM Kymmene**	**881 026**	Finnland	S/E	364/375
V	**VARTA**	**A0T GJ5**	SDAX	S/E	359/374
V	**Vertex Pharma**	**882 807**	Nasdaq 100	E/R	364/380
V	**Vestas Wind**	**913 769**	Dänemark	E/R	364
V	**VINCI**	**867 475**	Euro Stoxx 50	S/E	375
V	**Visa**	**A0N C7B**	Dow Jones	E/R	350/370
V	**Vonovia**	**A1ML7J**	DAX	S/E	356/373
W	**Wacker Neuson**	**WAC K01**	SDAX	S/E	351
W	**WashTec**	**750 750**	SDAX	S/E	339/369
W	**Wirecard**	**747 206**	DAX/TecDAX	E/R	346/378
X	**XING**	**XNG 888**	TecDAX/SDAX	E/R	378

Aktiensuche leicht gemacht mit Ihren eigenen Favoriten

A bis Z	Aktie, Unter-nehmen	WKN	Index/ Land	Aktien-kurs	Hoch/Tief 52 Wochen

12.8 Wie und warum Geldanlage für Kinder und Enkel?

Praktische Tipps für den Start der Kinder und Enkel in eine gute Zukunft ohne finanzielle Sorgen mit Vorschlag deutsche Aktien

Das Börsen- und Wirtschaftswissen gilt in Deutschland als so schlecht, dass nicht selten von „Analphabetentum" geschrieben und gesprochen wird. Dies liegt großteils daran, dass nicht in allen Schulformen ein Wirtschaftsunterricht stattfindet. Wenn Eltern eigene Lücken nicht geschlossen haben, wird es schwierig, ihren Kindern vorzuleben, wie man klug und richtig spart und sein übriges Geld so anlegt, dass es mehr statt weniger wird. Auch dafür gibt es Anregungen.

Die Sparrate stieg in Deutschland 2017 im vierten Jahr in Folge um fast ein Zehntel. Das private Geldvermögen wuchs um gut 5 % auf ein Rekordhoch von über 6 Billionen €, eine Zahl mit zwölf Nullen. Da aber die Bundesbürger für mehr als 1,5 Billionen € so gut wie keine Zinsen erhalten und die Teuerungsrate um knapp 2 % zulegte, bedeutet dies für viele Privathaushalte einen gewaltigen Wertverlust ihres Geldvermögens: immerhin 38 Mrd. €. Das muss nicht sein! Mit langfristiger Aktienanlage winken schöne Gewinne. Das Geldvermögen ist in Deutschland 2018 geschrumpft, weil Sparbuch und Staatsanleihen kaum Zinsen abwerfen.

Was können Eltern nun tun, um ihre Kinder zu sinnvollem Sparen und erfolgreicher Geldanlage anzuleiten? Entscheidend ist das gute Vorbild, das Vorleben im Alltag. Statt Bevormundung sollte die Motivation dann groß genug sein, um mit dem Eintritt in das Berufsleben freiwillig den Vermögensaufbau voranzutreiben.

Für Eltern und Großeltern, die sich in finanziellen Dingen gut auskennen, sich für Aktien, Aktienfonds und ETFs interessieren und ihr Geld selbst klug anlegen und vermehren, ist es natürlich viel leichter, Mädchen und Jungen zum klugen Sparen zu erziehen. Wer selbst um Börse und Aktien einen hohen Bogen macht, viel Geld für unnötigen Konsum ausgibt, falsch oder gar nicht spart, braucht Hilfen. Das A und O ist beispielhaftes Verhalten in vielen Alltagssituationen.

Einige Vorschläge, wie Sie die Geldanlage für Kinder fördern

Machen Sie Sparen und Geldanlage zum Gesprächsthema bei gemeinsamen Mahlzeiten und sobald sich dazu eine Gelegenheit bietet. Dies kann ein interessanter Bericht in der Tageszeitung, eine Bank-, Internet- oder Fernsehinformation sein. Vielleicht ist es auch der Weltspartag oder eine Aktion in Vorschule und Schule. Greifen Sie solche Anregungen auf. Statt Vorlesen kann auch Erzählen über Geld und Aktien beim Zubettgehen spannend sein.

Besitzen Sie selbst Aktien, gibt es zwei tolle Modelle, den Nachwuchs zu begeistern. Dies habe ich beim ersten Enkel erfolgreich ausprobiert. Verschenken Sie aus Ihrem Depot eine gute Aktie von einer Firma, deren Produkte der Nachwuchs kennt, mag, versteht.

Ich denke an das Auto, das Sie selbst fahren, ein **VW, BMW** oder **Daimler** mit Reifen von **Continental.** Vielleicht stammt Ihr Fernsehgerät von **Samsung,** das Handy von **Apple,** der Fußball von **Adidas,** die Freizeitklamotten von **PUMA** oder **Nike;** die Spielfiguren von **Walt Disney,** das Getränk von **Coca-Cola,** der Burger von **McDonald's**, der Kühlschrank von **Siemens,** der Urlaubsflug von der **Lufthansa,** das Katzenfutter von **Nestlé** bzw. **Zooplus** und das Buch von **Amazon.** Die amerikanischen Technologie- und Internetriesen **Google (Alphabet), Microsoft, Netflix, Nvidia** und **Electronic Arts (EA)** sind den meisten Kindern bekannt.

Im Bereich Internet, Unterhaltungselektronik und Sozialnetzwerken zeigt der Nachwuchs bereits vielen Großeltern, wo es heute langgeht. Natürlich birgt diese neue Erlebniswelt auch gehörige Gefahren mit sich. Nicht alles ist gesund und macht glücklich, was heute auf den Markt kommt und werbewirksam junge Kunden an sich und die Marke bindet. Zu viel Handy steht schulischem Lernen im Wege. Nicht auszuschließen sind Konzentrationsmängel und regelrechte Suchtsymptome.

Immer dann, wenn Sie Ihrem Kind zu Fest- und Feiertagen etwas schenken, kann dies eine dieser Aktien sein. Sie stellen dann auf einem A4-Blatt (möglichst dickes Papier) in großer Schrift die Aktie vor mit Wertpapierkennnr., Stückzahl, Kauftag und Kaufpreis. Dabei orientieren Sie sich selbst an den Börsennachrichten in Presse, Internet oder Fernsehen. Der aktuelle Kaufpreis bildet die Basis. Sie können diese „Urkunde" mit einer Zeichnung oder einem Ausschnitt aus einem Werbeprospekt verzieren. Legen Sie für sich selbst zur Kontrolle und für Ihr Kind einen Ordner an.

Wird die Dividende ausgeschüttet, bei Daimler 3,50 Euro, bei BMW 4,00 Euro, wandert die Auszahlung ins Sparschwein. Das ist eine ideale Gelegenheit, mehr über Dividenden und sinnvolles Sparen zu erzählen und Gespräche anzuregen.

Bei großen Kaufwünschen, z. B. das eigene Fahrrad oder Handy, darf Ihr Kind Aktien bei Ihnen einlösen. Sie bezahlen so viel, wie sie aktuell kosten. Geschieht dies im Crash, überzeugen Sie Sohn oder Tochter, dass das jetzige Einlösen ungünstig ist. Springt ein Wertpapier aufwärts, berichten Sie, wie gewinnbringend Aktien sein können, wenn man sie lange genug hält. Da kommt die Frage auf: Soll ich mich überhaupt von bestimmten Aktien trennen, wenn die Dividende hoch ist?

Reden Sie mit Ihrer Bank, ob es möglich ist, die verschenkten Aktien kostenfrei auf das Depot von Kind oder Enkel zu übertragen. Im Laufe der Jahre wächst das Kinderdepot. Bei Volljährigkeit übertragen Sie Ihr Verfügungsrecht auf den Nachwuchs. Verdienen Tochter oder Sohn ihr erstes Geld, kann die Sparsumme in selbst gekaufte Aktien wandern. Erst dann fallen Gebühren an.

Zwölf deutsche Aktien von börsennotierten Unternehmen aus den deutschen Börsenbarometern, deren Produkte, Marken und Aktivitäten wohl alle Kinder und Jugendlichen kennen

12 deutsche Aktien für die jüngere Generation: DAX & Co.				
Aktien/ Unternehmen	**WKN**	**Kurs 16.04.19**	**52 Wochen-Hoch/-Tief €**	**Kursverlauf 1, 3, 5 Jahre**
Adidas, DAX	A1E WWW	202,90 €	215,5/163,5 €	**+9/+165/+154 %**
Internationaler Sportartikelhersteller, KGV: 21, Dividendenrendite: **1,6 %**				
BMW, DAX	**519 000**	90,30 €	97,50/77,05 €	**+2/-21/+30 %**
Globaler Sportwagen-/Motorradkonzern, KGV: 7,2, Dividendenrendite: **5,4 %**				
BVB, SDAX	**549 309**	5,50 €	8,30 €/5,00 €	**-10/+72/+97 %**
Einziger börsennotierter deutscher Fußballclub, KGV: 10, Div.-Rend.: **0,7 %**				
Conti, DAX	**543 900**	224,00 €	257,4/186,6 €	**+10/-3/+148 %**
Globaler Autozulieferer Hochtechnologie, KGV: 9,8, Dividendenrendite: **3,0 %**				
Daimler, DAX	**710 000**	65,10 €	76,50/59,00 €	**-5/-27/+58 %**
Premium Mercedes-Pkw & Nutzfahrzeuge, KGV: 7,2 Dividendenrendite: **6,0 %**				
Dt. Post, DAX	**555 200**	24,00 €	31,25/15,75 €	**-10/+30/+34 %**
Logistikkonzern mit Paketdienst DHL, KGV: 12, Dividendenrendite: **4,1 %**				
Fielmann, MDAX	**577 220**	65,45 €	77,45/64,65 €	**-8/+5/+45 %**
Führender europäischer Augenoptiker, KGV: 26, Dividendenrendite: **3,3 %**				
Lufthansa, DAX	**823 212**	24,00 €	31,25/15,75 €	**+54/+100/+71 %**
Führende europäische Fluggesellschaft, KGV: 4,6, Dividendenrendite: **4,3 %**				
Pro7SAT.1, MD.	**PSM 777**	29,55 €	41,20/24,85 €	**-11/-30/-12 %**
Globaler Medienkonzern mit Free-TV, KGV: 6,5, Dividendenrendite: **7,3 %**				
PUMA, MDAX	**696 960**	400,50 €	437,0/285,6 €	**+11/+105/+74 %**
Sportartikel: Schuhe/Fußbälle/Freizeitkleidung, KGV: 26, Div.-Rendite: **0,8 %**				
Siemens, DAX	**723 610**	104,75 €	133,5/100,0 €	**-21/+3/+36 %**
Führender Elektrotechnik-/Elektronikkonzern, KGV: 13, Div.-Rrendite: **3,8 %**				
VW Vz, DAX	**766 403**	170,75 €	192,5/124,8 €	**+15/-32/+10 %**
Weltmarktführer Autos, alle Preisklassen, KGV: 5,2, Dividendenrendite: **4,4 %**				

12.9 Den Vermögensaufbau bei jungen Leuten fördern mit internationalen Aktien

Über 10 Millionen Bundesbürger legen derzeit in Aktien, ETFs und Aktienfonds an. Die Niedrigzinspolitik macht Deutschland zu einem aktiveren Volk mit mehr Aktionären. Schön, wenn Kinder, Jugendliche und Heranwachsende mitmachen. Helfen Sie mit, die nächste Million zu erreichen – auch im eigenen Interesse.

Endlich knackten 2017 die deutschen Aktienanleger die Zehn-Millionen-Marke. Dies sind fast 16 % der deutschen Bevölkerung. Allerdings ist dieser Wert noch ein dickes Stück von der alten Rekordmarke um die Jahrtausendwende zu den Zeiten des Neuen Marktes entfernt.

Die größte Gruppe sind die über 50-Jährigen mit einem höheren Einkommen. Da sollten die jungen Leute möglichst bald nachrücken. Ob und wie erfolgreich dies gelingt, hängt weitgehend vom Verhalten der Eltern, oft auch der Großeltern ab. Die Politik sollte hier nicht untätig bleiben, sondern den Vermögensaufbau unterstützen. Wer langfristig breit gestreut in Aktien angelegt hat, machte bei einer Zeitdauer ab 14 Jahren immer Gewinne. Je nach Glück, Können, Geschick und Geldbeutel waren dies auf das Jahr umgerechnet 5 % bis 15 % im Schnitt. Vieles ist Erziehungssache, also eine wichtige Aufgabe für Eltern, Großeltern, aber auch für Lehrer im Fachbereich Wirtschaft und Recht.

In der ersten Folge dieses zweiteiligen Themas stellte ich geeignete deutsche Aktien vor. Heute geht es um ausländische Aktien, die Kinder, Jugendliche und Heranwachsende kennen, verstehen und oft auch mögen. Insbesondere die modernen amerikanischen Titel aus den Branchen Elektronik, Industrie 4.0, digitalisierte und vernetzte Welt, Software, Internet der Dinge, Künstliche Intelligenz mit Robotik entwickeln sich zu Kursraketen mit einem erstaunlichen Aufwärtstrend. Dieses große Plus wird nicht immer anhalten. Größere Kursabschläge sind gleichzeitig Chancen für einen Einstieg und Zukauf bzw. eine neue Geschenkidee für den Nachwuchs. Immer daran denken: Worte belehren – Beispiele überzeugen. Hier wird gesät und gepflanzt, um später eine gute Ernte einfahren zu können.

Besprechen Sie mit Ihrer Haus- bzw. Direktbank, ob es möglich ist, die verschenkten Aktien aus Ihrem Bestand kostenfrei auf das Nachwuchsdepot zu übertragen. Im Laufe der Jahre wächst es vielleicht auch mithilfe eines Sparplans. Mit Volljährigkeit sollten Sie bei intakter Beziehung und vollem Vertrauen Ihr Verfügungsrecht auf Sohn oder Tochter übertragen. Verdienen die jungen Leute ihr erstes Geld, kann die Sparsumme auch in selbst gekaufte Aktien wandern. Erst dann sollten für junge Leute die üblichen Gebühren anfallen.

Internationale Aktien für junge Leute, Favorit Amerika				
Aktien/ Unternehmen	**WKN**	**Kurs 26.4.18**	**Hoch/Tief 1 Jahr €**	**Kursverlauf 1, 3, 5 Jahre**
Alphabet, Nasdaq	**A14 Y6F**	856,20 €	967,0/760,1	**+15/+78/+151 %**
Amazon, Nasdaq	**906 866**	1.237,0 €	1.309/771,0	**+45/+195/+473 %**
Apple, Dow Jones	**865 985**	136,80 €	152,6/121,8	**+3/+12/+202 %**
Booking Holdings	**A2J EXP**	1.640,0 €	1.867/1.403	**-6/+41/+84 %**
Coca-Cola, Dow J.	**850 663**	35,35 €	41,15/34,05	**-13/-8/+6 %**
Danone, € Stoxx	**851 194**	66,85 €	72,00/62,00	**+4/-1/+14 %**
Facebook, Nasdaq	**A1J WVX**	143,40 €	158,4/119,6	**-2/+73/+549 %**
L'Oréal, € Stoxx	**853 888**	190,20 €	192,9/166,0	**+3/+6/+45 %**
McDonald's, Dow	**856 958**	129,75 €	148,7/119,3	**-1/+42/+63 %**
Microsoft, Dow J.	**870 747**	78,00 €	78,90/59,50	**+22/+73/+203 %**
Nestlé, Stoxx 50	**A0Q 4DC**	64,00 €	79,15/62,10	**-12/-13/+16 %**
Netflix, Nasdaq	**552 484**	259,00 €	276,0/126,3	**+101/+283/+901%**
Nike, Dow Jones	**866 993**	55,65 €	56,70/42,50	**+8/+16/+128 %**
Nintendo, Nikkei	**864 009**	337,50 €	378,0/216,1	**+50/+119/+292 %**
Nvidia, Nasdaq	**918 422**	183,40 €	205,4/93,4	**+107/+884/+1509**
Samsung, Korea	**881 823**	801,50 €	987,0/651,0	**+17/+69/+154 %**
SoftBank, Nikkei	**891 624**	62,30 €	80,60/57,00	**-12/+1/+66 %**
Sony, Nikkei	**853 687**	41,65 €	42,80/30,40	**+11/+105/+74 %**
Walt Disney, Dow	**855 686**	82,85 €	106,8/79,35	**-12/-8/+63 %**

Ein spezieller Aktienfonds für die junge Generation auch als Sparplan oder Einmalanlage geeignet

Aktienfonds/ Name	**WKN**	**Kurs 26.04.18**	**52 Wochen-Hoch/-Tief €**	**Kursverlauf 1, 3, 5 Jahre**
GAMAX FXP Junior I EUR ACC	A1J U6B	19,05 €	19,75/17,65 €	**+5/+13/+68 %**
	Umfang 160 Mio. €, Alter 6 Jahre, Ausgabeaufschlag **0,00 %,** Gebühr **0,90 %,** thesaurierend. Der Branchenfonds bevorzugt Aktien von Konsumgüterfirmen, die junge Leute mögen. Dazu zählen Apple, Amazon, Alphabet, Danone, Nike, Walt Disney. Die wichtigsten Sektoren sind nach Konsumgütern IT-Software und Telekommunikation, Finanzdienste, Gesundheitswesen.			

Aktien im 1. Quartal 2019 im Zeichen des Bullen: Die 23 besten Produkte von allen Fondsarten belegen Aktienfonds

Das meiste Geld war nach dem starken Kurseinbruch 2018 im Fondssektor mit Technologie-, Internet-, Software-, Nachhaltigkeits-, Rohstoff- und Gesundheitstiteln zu verdienen. Die amerikanischen und chinesischen Hightech- und Nebenwerte-Aktienfonds führen im ersten Vierteljahr 2019 die Rangliste aller Fondsarten an. Frühestens im Mittelfeld tauchen hier einige Anleihefonds auf.

Die Fondsbilanz Gesamtjahr 2018 mit Wertentwicklung in wichtigen Anlageschwerpunkten 1 und 5 Jahre

Rang	Durchschnittliche Wertentwicklung	Q1 2019	5 Jahre
01	Aktien Technologie Welt	+21,2 %	+16,9 %
02	Aktien China	+19,4 %	+12,0 %
03	Aktien Nordamerika Nebenwerte	+17,3 %	+10,8 %
04	Aktien Nordamerika	+15,7 %	+12,6 %
05	Aktien Rohstoffe und Energie	+14,7 %	+0,4 %
06	Aktien Welt Nebenwerte	+14,0 %	+8,3 %
07	Aktien Nachhaltigkeit/Ethik Welt	+13,8 %	+8,5 %
08	Aktien Asien Pazifik ohne Japan	+13,7 %	+9,0 %
09	Aktien Welt	+13,2 %	+8,7 %
10	Aktien Gesundheitswesen Welt	+12,4 %	+11,3 %
11	Aktien Europa	+12,2 %	+4,3 %
12	Aktien Europa Nebenwerte	+12,2 %	+6,3 %
13	Aktien Emerging Markets	+11,9 %	+6,6 %
14	Aktien Euroland	+11,3 %	+4,4 %
15	Aktien Telemedien Welt	+11,3 %	+6,6 %
16	Aktien Euroland Nebenwerte	+11,2 %	+5,4 %
17	Aktien Deutschland Nebenwerte	+10,9 %	+6,7 %
18	Aktien Goldminen	+10,5 %	+2,5 %
19	Aktien Japan Nebenwerte	+9,6 %	+12,4 %
20	Aktien Deutschland	+9,2 %	+3,5 %
21	Aktien Mittel-/Osteuropa	+9,1 %	+3,3 %
22	Aktien Lateinamerika	+9,0 %	+2.9 %
23	Aktien Japan	+9,0 %	+9,9 %

Quelle: Handelsblatt-Grafik und Scope Analysis vom 14. Januar 2019

13 Anhang

13.1 Das kleine Börsenlexikon

A

Abgeltungsteuer. Kursgewinne beim Altbestand vor 2009 sind steuerfrei. Für alle Kursgewinne im Aktienneubestand fällt eine Abgeltungsteuer von 25 % plus Solidaritätszuschlag und Kirchensteuer für Mitglieder an. Sie wird automatisch von der Depotbank eingezogen. Das Finanzamt greift zu, sobald der Pauschalfreibetrag von 801 € für Singles und 1.602 € für Ehepaare aufgebraucht ist. Während im Neubestand Verluste mit der für Kursgewinne abgeführten Abgeltungsteuer ausgleichbar sind, gilt dies nicht für Dividenden. Sie sind mit Ausnahme von Ertragsgutschriften immer steuerpflichtig. Sind die Verluste höher als die Kapitalerträge, entfällt der Steuerausgleich. Aktiengewinne aus Vorjahren sind nicht übertragbar.

Aktien. Die Aktie verbrieft einen Anteil am Grundkapital. Der Aktionär ist Miteigentümer der AG. Es gibt folgende Rechte: **a) Verwaltungsrechte** (Teilnahme an der HV, Auskunfts- und Rederecht, Stimmrecht) und **b) Vermögensrechte** (Anspruch auf **Dividende,** wenn Gewinn ausgeschüttet wird; **Bezugsrecht** bei Kapitalerhöhung gegen Bareinzahlung; **Berichtigungs- bzw. Gratisaktien** bei Kapitalerhöhung aus Gesellschaftsmitteln). Nach **Art der Übertragbarkeit** unterscheiden wir: **Inhaber-, Namens- und vinkulierte Namensaktien** (die AG entscheidet, ob jemand Aktionär wird). Bezüglich der **Rechte** gibt es **Stammaktien** (ST = Stimmrecht auf der HV) und **Vorzugsaktien** (VZ = keine oder begrenzte Stimmrechte bei der HV, dafür oft eine etwas höhere Dividende).

Aktienanalyse. Der Analyst bewertet Aktien und zieht Rückschlüsse auf die künftige Entwicklung. Aus Rücksicht gegenüber Arbeitgeber und guten Kunden überwiegen Kaufempfehlungen. Darum sollte nie eine einzige Analyse als Entscheidungshilfe dienen. Niedrig kapitalisierte Werte werden selten beobachtet.

Aktienanleihen. Üblich sind einjährige Laufzeit, fester Zinssatz und Aktienandienungsrecht. Bei **Aktienanleihen** mit hohem Zinskupon entscheidet die ausgebende Bank, ob sie das Geld bar oder in Aktien zurückgibt. Der hohe Zinskupon ist der Anreiz. Mit Aktienanleihen lässt sich im Seitwärtstrend Geld verdienen. Fällt der Aktienkurs stark, ist der attraktive Zinssatz nur ein kleines Trostpflaster für erlittene Verluste. Die **Aktiengesellschaften** begeben selbst **Wandelanleihen** mit **Niedrigzinskupon.** Hier bestimmt der Anleger, ob er Barauszahlung oder Aktien vorzieht. Bei Wandelanleihen ist das Risiko gering, wenn das Rating im A-Bereich liegt.

Aktienfonds, Investmentfonds. Die Fondsgesellschaften bieten unterschiedliche Finanzprodukte an. Es gibt Produkte mit Garantie auf Kapitalerhalt und alternative Investments in Form von Hedgefonds. Aktiv gemanagte Aktienfonds decken Märkte, Länder, Branchen, Themen und Indizes schwerpunktmäßig ab.

Aktienrückkauf. Der auf der HV zu genehmigende Aktienrückkauf dient dazu, Aktien einzuziehen, als Belegschaftsaktien auszugeben oder als Akquisitionswährung Übernahmen zu finanzieren. Der Rückkauf wird begrüßt; denn die einzelne Aktie gewinnt an Wert.

Aktionärsschützer. Die Vertreter der Deutschen Schutzvereinigung für Wertpapierbesitz (DSW) und der Schutzgemeinschaft der Kapitalanleger (SdK) sehen sich als Anwalt der Privatanleger. Sie üben auf der HV Kritik, erklären ihr Abstimmungsverhalten. Zu viele Detailfragen sind nicht im Sinne der meisten Aktionäre.

Algorithmus. Algorithmen sind formal Handlungsvorschriften für Problemlösungen. Auch außerhalb der Informatik wird der Begriff verwendet. Selbst Kochrezepte sind mit Algorithmen vergleichbar; da sie aus etlichen Einzelschritten bestehen. Algorithmen für Computer und im Internet werden heute vielfältig als Kern von Apps, Anwenderprogrammen und Dienstleistungen eingesetzt. Man denke an Algorithmen für Onlinesuchmaschinen, Rechtschreib- und Satzbaukontrolle in Textverarbeitungsprogrammen oder Analysen in Finanz-, Termin- und Aktienmärkten.

Allzeithoch. Hochstände zeigen den Aktienspitzenpreis an. Charttechnisch gibt es keine Widerstandslinie mehr, die den Aufwärtstrend abbremst. Vereinzelt gab es nach dem Kurseinbruch im 4. Quartal 2018 im Frühjahr 2019 neue Jahreshochs.

Altersvorsorge. Das Ungleichgewicht längeren Lebens bei noch niedriger Geburtenrate stellt Renten und Arbeitsmarkt vor Probleme. Das auf 67 Jahre erhöhte Renteneintrittsalter schwächt negative Folgen etwas ab. Die Frühverrentung mit 63 Jahren hebelt dies bei dem Fachkräftemangel dramatisch aus. Bei 0 % Zinsen bewirkt das Sparbuch eine schleichende Kapitalvernichtung. Die Betriebsrente gewinnt an Zuspruch. **Fazit:** Raus aus dem Sparbuch, rein in nachhaltige Aktien!

Anlagebetrug. Alljährlich landen rund 40 Mrd. € in den Kassen der Betrüger. Alle Warnlampen sollten aufleuchten, wenn dubiose Berater ungebeten anrufen, Traumrenditen versprechen, Zeitdruck aufbauen, Supergeschäfte vorgaukeln und das angeblich so tolle Produkt kaum erklären. Viele Leute ordnen Produkte vom Grauen Kapitalmarkt nicht richtig zu. Sie reihen hier Beteiligungen und Börsengänge ein und erkennen nicht, wie spekulativ geschlossene Fonds sind.

Anlagestrategie. Das A und O für den Börsenerfolg ist eine passende Strategie. Grob unterscheiden wir: **Sicherheitsbewusstsein, Chancenorientierung, Risikofreude.** Große Gewinnchancen sind mit höherem Verlustrisiko verbunden!

Eine vernünftige Strategie berücksichtigt: Einkommen, Monatsaufwand, Vermögensdecke, Anlagezeitraum, Renditeziele, familiäre Lage, finanzielle Pflichten, Lebensalter, Steuern und Marktlage. Das höchste Risiko bei Nullzinsen ist, kein Risiko einzugehen und das Sparbuch für schleichende Kapitalvernichtung zu pflegen.

Anleihen. Es sind mit festem oder variablem Zinssatz ausgestattete Staats- und Firmenanleihen. Schuldverschreibungen zur Beschaffung von Fremdkapital haben feste Rückzahlungstermine. Je nach Kreditwürdigkeit vergeben die Agenturen ein **Rating** von AAA (höchste Bonität) bis DDD (Zahlungsunfähigkeit). Seriöse Staatsanleihen wie die 10-jährige Bundesanleihe bringen nur minimale Zinsen.

Antizyklisches Handeln. Dies ist ein beherztes Handeln entgegen dem Trend. Mutige greifen in der Bodenbildungsphase bei starker Korrektur und Crash zu, während Angsthasen auf dem vermeintlichen Gipfel schrittweise verkaufen.

AS-Fonds. Die **Altersvorsorge-Sondervermögen-Fonds** investieren in Aktien, Anleihen und Immobilien, haben also Mischfonds-Charakter. Die AS-Fonds werden im Gegensatz zu Riester-Renten-Produkten nicht staatlich gefördert.

Aufsichtsrat. Er besteht aus mindestens drei Mitgliedern und wählt selbst den Vorsitzenden. Der Aufsichtsrat überwacht das Management und beruft die Hauptversammlung ein. Die Anforderungen steigen. Eine Frauenquote von 30 % ist für alle in den Indizes notierten Aktiengesellschaften verpflichtend.

Ausgabeaufschlag. Bei vielen Investmentfonds besteht ein Ausgabe- und Rücknahmepreis. Der bei Investmentfonds verhandelbare Ausgabeaufschlag beträgt meist 5 % und fällt bei der Kauforder an. Im Schnitt wird bei Aktienfonds eine jährliche Managementgebühr von 1,8 %, bei ETFs nur 0,3 % erhoben.

Außerbörslicher Handel. Dies ist der stark im Auftrieb befindliche Wertpapierhandel außerhalb der Börsenzeiten. Kurz vor dem Börsengang erleichtern die hier erzielten Preise die Entscheidung, die Aktie zu zeichnen oder es nicht zu tun.

B

Baisse. Damit ist ein länger anhaltender Kursrückgang gemeint, verursacht durch konjunkturelle Schwächen bis hin zu Rezession und Deflation. Hinweise für einen Umschwung liefern günstige Frühindikatoren zu wichtigen Wirtschaftsdaten.

Behavioral Finance. Dieser moderne Zweig der **Börsenpsychologie** schlägt eine Brücke zur Wirtschaft und untersucht Einflüsse irrationaler Verhaltensmuster. Angst vor Gesichtsverlust, Selbstwertprobleme, Verdrängung, Herdentrieb, Hektik, Ungeduld und Unbeherrschtheit begünstigen folgenschwere Fehler.

Benchmark. Fondsmanager wollen die Vergleichsmarke schlagen. Bei DAX und Dow Jones glückt dies wegen der geringen Anzahl von nur 30 Titeln selten.

Eher klappt dies bei Nebenwerte-, Branchen und Themenfonds sowie bei Investments in Entwicklungsländern. Die boomenden passiv gemanagten preiswerten ETFs gewinnen nicht gegen den Referenzindex, aber sie verlieren auch nicht.

„Bestens“. Dies ist eine **unlimitierte Verkaufsorder.** Die Depotbank soll das Wertpapier möglichst teuer verkaufen. Orders ohne Limit werden an den führenden Börsenplätzen wie Tradegate bei den meisten Titeln blitzschnell ausgeführt.

Bezugsverhältnis. Es geht um das Verhältnis der Zahl alter und neuer Aktien bei Kapitalerhöhungen. Ein Bezugsverhältnis von 5:1 zeigt an, dass ein Altaktionär für je 5 Anteilsscheine eine junge Aktie erwerben kann – oft mit hohem Nachlass.

„Billigst“. Dies sind **unlimitierte Kaufaufträge**. Die Depotbank versucht, den Titel preiswert zu erwerben. Unlimitierte Orders werden schnell ausgeführt, haben aber den Nachteil, dass bei starken Schwankungen vielleicht zu viel bezahlt wird.

Biotechaktien. Üppige Kursgewinne winken, wenn die klinische Phase III erfolgreich ist, ein Präparat zugelassen und ein Bestseller wird. Weniger riskant sind Biotechfonds oder ETFs. Forschungsabbrüche, schlechte Ergebnisse bei neuen Projekten und Meldungen über schädliche Nebenwirkungen führen zum Kurssturz.

Blockchain-Technologie. Sie beruht auf dem Ansatz, alle Informationen über wichtige vertrauensvolle Vorgänge wie Finanztransaktionen, nicht auf einem Server bei einem Unternehmen zu speichern, sondern auf viele Computer zu verteilen. Keine Institution, Behörde oder Person hat die Macht über diese Daten. Alle Teilnehmer haben gleiche Zugriffsrechte und Einsichtsmöglichkeiten. Die Visionäre sehen bei Blockchain kaum Risiken bezüglich Manipulation und Korruption. Anwendungsgebiete bestehen in der Musikindustrie, im Vertragswesen, bei internationalen Banküberweisungen oder anderen Transaktionen in der Finanzbranche.

Blue Chips. Dieser Begriff ist für große Standardwerte, für bekannte Qualitätstitel beispielsweise aus dem DAX, Euro Stoxx 50, Dow Jones oder Nikkei reserviert.

Bookbuilding-Verfahren. Vor dem Börsengang (IPO) wird die **Preisspanne** festgelegt, zu der Sie zeichnen können. In schlechten Börsenzeiten ist eher mit einem fairen Preis zu rechnen, als wenn die Börse boomt. Erfolgt die Neuemission zum überhöhten Preis, kann der Börsengang scheitern. Ein Blick auf die außerbörsliche Kursentwicklung dient zur Orientierung und erleichtert die Entscheidung.

Börse. Die Börse als hoch organisierter Handelsplatz ist ein Treffpunkt von Angebot und Nachfrage. Der Börsenhandel findet in Frankfurt (Handelssystem XETRA) und an den Regionalbörsen Berlin-Bremen, Düsseldorf, Hamburg, Hannover, München und Stuttgart statt. Die Deutsche Börse AG ist im DAX notiert. Die Transparenz wird durch Presse, Börsenmagazine, TV, Internet und Onlinebanking erhöht. An den Präsenzbörsen sind Börsenhändler und Skontroführer tätig.

Branchenanalyse. Fundamentalanalysten untersuchen die Folgen einer anziehenden oder sich abschwächenden Konjunktur auf die Branche, zu der die zu beurteilende AG gehört, z. B. Chemie, Maschinenbau, Konsumgüter, Logistik.

Branchenfonds. Dies kann eine Zauberformel für den besten Einstieg sein. Mal gibt es hohe Kursgewinne bei Biotech und Abschläge bei Edelmetall und Rohstoffen. Etwas später verhält es sich vielleicht umgekehrt. Momentan werden die Zukunftsmärkte von Industrie 4.0, Internet der Dinge, Digitalisierung, vernetzter Welt, Künstlicher Intelligenz mit Robotik und Automatisierungsprozessen geprägt.

Branchenrotation. Je nach Konjunktur laufen zyklische oder nichtzyklische Aktien gut. Heute schwört man vielleicht auf Industrie 4.0 und soziale Netzwerke. Morgen sind Biotechaktien (Growth) und übermorgen Konsum (Value) begehrt.

Break-even, Gewinnschwelle. Es stellt sich die Frage, ob und wann eine Firma wieder profitabel arbeitet und schwarze Zahlen schreibt. Einflussfaktoren sind Kostensenkung, Schrumpfung, neue Produktpaletten oder Übernahmen.

BRIC- und BRICS-Staaten. Die Abkürzung betrifft die Schwellenländer **B**rasilien, **R**ussland, **I**ndien, **C**hina. Wird das Quartett zum Quintett ausgebaut, steht das **S** für **S**üdafrika. Das **I** kann bei guter Entwicklung auch für **I**ndonesien gelten.

Briefkurs. „B“ für Brief zeigt an, zu welchem Kurs Sie kaufen können. Der Briefkurs ist der höhere Kaufpreis, der **Geldkurs** der niedrigere Verkaufspreis.

Buch-/Substanzwert. Damit sind Immobilien, Fahrzeuge, Anlagen, Maschinen usw. gemeint. Der **Buchwert** betrifft Vermögensgegenstände bzw. das Eigenkapital. Liegt der Buchwert über dem Kurs, spricht dies für faire Bewertung.

Bullen-/Bärenfalle. Die Bullenfalle liefert charttechnisch falsche Kaufsignale. Anleger erleiden Verluste. Umgekehrt signalisiert die Bärenfalle sinkende Kurse. Aber der Preis steigt wider Erwarten. Bei schnellem Rein/Raus tut dies weh.

C

CAC-40-Index. Der französische Aktienindex Börse Paris ist in seiner Bedeutung mit dem DAX vergleichbar und umfasst die größten 40 französischen Aktien.

Cashflow. Dies ist die wohl wichtigste Kennzahl zur Beurteilung der **Finanz-** und **Ertragskraft** eines Unternehmens. Der Cashflow umfasst Jahresüberschuss, Abschreibungen, Rückstellungen sowie Steuern auf Einkommen und Ertrag.

Charttechnik. Ein Chart stellt den Kursverlauf über eine bestimmte Zeit wie Tages-, Wochen-, Jahres- und Mehrjahreschart mittels Linien, Balken, Kerzen dar. Aus der Kursentwicklung der Vergangenheit ziehen Experten Rückschlüsse für die Zukunft, da menschliches Verhalten wiederkehrende Regelabläufe zeigt.

China. Das Riesenreich ist auf Wachstums- und Exportkurs und erwirbt ausländische Währungen und globale Beteiligungen. Nutznießer sind der Rohstoffsektor, die Textil- und Solarindustrie und künftig die Automobilindustrie mit dem Umbruch Elektromobilität und autonomes Fahren. Leidtragende sind Produktpiraterie-Opfer. Zu den Börsenfavoriten zählen **Alibaba, Baidu, Tencent** und wohl auch **Geely.**

Cloud-Computing gilt weiterhin als Zukunftsmarkt der vernetzten und digitalisierten Welt. Immer mehr Konzerne steigen ins Cloud-Geschäft ein und bieten für das Internet der Dinge alles aus einer Hand. Beim Cloud-Computing herrscht harter Konkurrenzkampf seitens der vielen Softwarefirmen im In- und Ausland.

Computerhandel. Es ist der vollelektronische, sekundenschnelle Aktienhandel, der weltweit Kauf- und Verkaufsaufträge durch zentrale Computernetze vermittelt.

Cost average/Cost averaging kommt bei **Sparplänen für Aktienfonds** und **ETFs** zum Tragen und ist auf Einzelaktien übertragbar. Der Durchschnittspreis sinkt, indem Sie mit gleichem Einsatz bei fallenden Preisen mehr und bei Kursanstieg weniger Wertpapiere erwerben.

Crash. Dies sind **massive Kurseinbrüche** auf breiter Front. Die größten Crashs gab es 1929 und 1987 im Oktober. Beim dreijährigen Crash von Frühjahr 2000 bis März 2003 stürzte der DAX von 8.150 auf 2.200 Punkte ab. Der Neue Markt büßte über 95 % ein. Auch die US-Technologiebörse Nasdaq verlor vom Allzeithoch rund zwei Drittel des Wertes. Im Herbst 2008 und Frühjahr 2009 kam es infolge der weltweiten Finanz- und Wirtschaftskrise zum erneuten Crashszenario. Der DAX sank auf 3.600 Punkte. Untergangspropheten malen den nächsten Crash in düsteren Farben aus. Aber niemand weiß: Wann? Wie lange? Wie heftig? Einen Technologiecrash bei Nasdaq und TecDAX gab es im Dezember 2018. Seitdem haben sich die Kurse kräftig erholt. Am 17. April 2019 notierten der DAX bei 12.222 Punkten, Dow Jones 26.555, Nasdaq 7.690, MDAX 25.856, TecDAX 2.803 Zähler.

D

Dachfonds. Sie erinnern an Mietshäuser, unter dessen Dach sich mehrere Wohnungen befinden. Die Manager investieren in Fonds anderer Emittenten, verbunden mit höherer Gebühr. Bei der Rendite sind sie besten Aktienfonds unterlegen.

D-A-CH-Region. Die Abkürzung wird im Wirtschaftsleben gern für den deutschsprachigen Raum, also Deutschland, Austria (Österreich) und Schweiz verwendet.

DAX. Dies ist die Abkürzung für **D**eutscher **A**ktieninde**X.** Im DAX werden die Kurse der 30 führenden deutschen AGs notiert. Neben dem Börsenwert ist der **Streubesitz,** der Anteil **frei handelbarer** Aktien, **Free Float** genannt, entscheidend.

DAXplus Family 30. Der 2010 eingeführte Familienfirmenindex galt als GEX-Kampfansage. Es gibt keine Sperrklausel bei längerer Mitgliedschaft als 10 Jahre.

So werden große Traditionsfirmen nicht mehr ausgebremst. Der DAXplus Family Index enthält 3 DAX-Titel. MDAX-, TecDAX-, SDAX-Aktien überwiegen. Obwohl der neue Familienindex gut abschneidet, wird er im Printbereich nicht publiziert.

Day Trading. Damit ist der Kauf und Verkauf am selben Tag gemeint. Ziel ist das Ausnutzen von Preisschwankungen. Bevorzugt werden volatile, liquide Aktien. Day Trading eignet sich nur für disziplinierte, nervenstarke, spekulative Anleger.

Demografie. Die Lebenserwartung nimmt bei niedriger Geburtenrate weiter zu – pro Jahrzehnt um 2 Jahre. Interessant für die Aktienauswahl sind der Biotech-, Medtech- und Pharmasektor, Bauindustrie und Senioreneinrichtungen, Wellness, Touristik, Haustierhaltung, gediegene Kleidung, Körperpflege, Ernährung. Die Autoindustrie muss bei Elektromobilität und autonomem Fahren vorankommen.

Depot, Depotgebühren. Vor dem Aktienkauf ist ein Wertpapierdepot einzurichten. **Depotauszug** heißt das erstellte detaillierte Verzeichnis über alle geführten Wertpapiere. Für das Verwalten darf die Bank Depotgebühren berechnen.

Deutsche Bundesbank. Sie setzt die geldpolitischen Beschlüsse der Europäischen Zentralbank um. Die Deutsche Bundesbank übernimmt gemeinsam mit der Bundesanstalt für Finanzdienstleistungsaufsicht (BaFin) die Bankenaufsicht.

Deutsches Aktieninstitut (DAI). Der Verband börsennotierter Unternehmen will rechtliche und wirtschaftliche Rahmenbedingungen am Aktienmarkt und die Aktienkultur durch Grundlagenforschung, Beratung und Information verbessern.

Digitalisierung. Wir befinden uns im Zeitalter der Digitalisierung, Vernetzung, Robotik und neuartiger Maschinen. Ob autonomes Fahren, Drohnen, Roboter oder Künstliche Intelligenz: Was alles möglich ist, übersteigt unser Vorstellungsvermögen. Die Industrie 4.0 prägt Produktionsprozesse und Arbeitswelt. Digitale Technologien, die Vernetzung riesiger Datenmengen (Big Data) verändern die Welt.

Disruptive Innovation. Fachleute schwärmen von disruptiver Innovation, Unterbrechung oder Abbruch, auch **Sprunginnovation** genannt. Es geht um Herausforderungen bei Produktlinien oder Marktpositionen, damit etwas digital Neues entstehen kann. Der Niedergang der Erfolgsfirma **Kodak**, einst Weltmarktführer bei Fotos und Filmen, zeigt das Scheitern am Digitalisierungstrend beispielhaft auf.

DivDAX. Den Index gibt es seit 2005 mit den 15 dividendenstärksten DAX-Werten. Alljährlich aktualisiert die Deutsche Börse die Zusammensetzung. Beim Blick auf eine üppige Dividende wird oft übersehen, dass vor allem diejenigen Konzerne prozentual viel ausschütten, deren Kursentwicklung nicht vorankommt.

Diversifikation. Das A und O erfolgreicher Strategien ist eine breite **Streuung** nach Indizes, Branchen, Ländern und vom Zeitpunkt her. Wer zu wenig Kapital hat, um mit Einzelaktien zu streuen, sollte auf ETFs und Aktienfonds zurückgreifen.

Dividende. Wer den Titel am HV-Tag hält, bekommt die volle Gewinnausschüttung an einem der nächsten drei Werktage ausgezahlt. Bei Vorzugsaktien ist die Dividende oft höher als bei Stämmen. Eine verlässlich steigende Ausschüttung gilt neben der Rückbesinnung auf Substanzkraft, Nachhaltigkeit und Seriosität als wichtiges, aber nicht einziges Kaufargument.

Dividendenaktienfonds. Bei der **ausschüttenden** Form bündelt das Management die Dividende und zahlt sie ein- oder zweimal jährlich aus. Bei **thesaurierend** wird die Dividende in weitere Anteile angelegt, sodass sich der Bestand im Laufe der Jahre erhöht. Auf ideale Weise wird der Zinseszinseffekt genutzt.

Dow Jones. Der an der New Yorker Börse (NYSE) gehandelte **Dow Jones** erfasst als Leitindex die Kurse der 30 größten US-Firmen und gibt weltweit die Marschroute vor. Der DAX kann sich nicht abkoppeln und vollzieht die Entwicklung am US-Markt übertrieben nach. Institutionelle orientieren sich eher am **S&P 500**.

E

EBIT, EBITDA. Als EBIT wird der Gewinn einer Firma vor Zinsen und Steuern bezeichnet. EBITDA ist der Gewinn vor Zinsen, Steuern und Abschreibungen.

Eigenkapital. Dies sind die finanziellen Mittel, über die ein Betrieb nach Abzug aller Verbindlichkeiten verfügt. Kapitalerhöhungen stärken die Eigenkapitalbasis der Gesellschaft und machen F&E, Investitionen und Übernahmen möglich.

Einzelanalyse. Die Fundamentalanalyse überprüft die AG gründlich. Im Blickpunkt stehen KGV, Buchwert, Cashflow, EBIT, EBITDA, Ergebnis je Aktie, Dividendenrendite, Eigenkapitalquote, Zukunftschancen, Geschäftsmodell, Marke.

Emerging Markets. Damit sind aufstrebende Volkswirtschaften Ostasiens, Afrikas und Lateinamerikas gemeint. Hier werden bei intakter Konjunktur überdurchschnittliches Wirtschaftswachstum und steigender Lebensstandard mit Angleichung an westliche Industrieländer erwartet.

Emittent. Der Begriff trifft zu, wenn ein Unternehmen neue Aktien oder Anleihen anbietet oder eine Bank Aktienanleihen, Anlage- und Hebelzertifikate auflegt.

Entry Standard. Er wurde 2017 von der Deutschen Börse im Zuge der Umstrukturierung durch das neue Segment SCALE für profitable, innovative Mittelständler ersetzt. Keineswegs dürfen hier Zustände wie beim Neuen Markt einkehren.

Ethikanlagen. Das Ethik-Rating ***„mit gutem Gewissen Geld anlegen“*** fordert: a) Umweltverträglichkeit (Erneuerbare Energie, Schutz bedrohter Tiere und Pflanzen, energiesparendes Bauen, Recycling, Schadstoffvermeidung); b) Sozialverträglichkeit (keine Niedriglöhne, Ausbeutung, Diskriminierung); c) Kulturverträglichkeit. Nachhaltige Geldanlagen werden immer beliebter, bei Einzelaktien und Fonds.

Euro Stoxx 50. Der Leitindex der EU umfasst die 50 größten Firmen mit etlichen Energie- und Finanztiteln. Der dividendenstarke Euro Stoxx 50 für die Europäische Union (EU) ist vergleichbar mit der Champions League im Fußball.

Exchange Traded Funds (ETF). Dies sind preiswerte börsengehandelte Indexfonds, die weder besser noch schlechter als der Index abschneiden. Mit passiv gemanagten ETFs lassen sich wichtige Märkte abdecken. Der Ausgabeaufschlag entfällt. Passiv gemanagte ETFs sind vorteilhaft, um große globale Indizes breit gestreut abzudecken. In Zukunftsmärkten sind Aktienfonds oft die bessere Wahl.

F

Finanztermingeschäftsfähigkeit. Zu den spekulativen Finanztermingeschäften zählen Derivate (Optionen/Futures) und Optionsscheine. Die Bank muss bei Termingeschäften Risiken genau darlegen und Beratungsprotokolle erstellen.

Fonds. Während Standardwertefonds meist schlechter abschneiden als der Index und preiswerte ETFs vorzuziehen sind, liegt die Stärke in Themenfonds wie Biotech, Software, Hightech. Da kann ein aktives, innovatives Management zeigen, was in ihm steckt. Aktien, Aktienfonds, ETFs sind geschütztes Sondervermögen.

Footsie, FTSE-100-Index. Der seit 1984 bestehende und von der Financial Times betreute Aktienindex der Londoner Börse umfasst die 100 wichtigsten Titel.

Free Float. Frei handelbare Aktien befinden sich im Streubesitz statt in fester Hand. Für die DAX-Gewichtung sind Börsenwert und Streubesitz maßgebend.

Freibetrag. Liegt der Bank ein Freistellungsauftrag (Pauschalbetrag 801 €) vor, schreibt sie Dividenden, Zinseinkünfte und Kursgewinne bis zum Ausschöpfen steuerfrei gut. Wer seinen Freistellungsauftrag ändert oder erstmals einreicht, muss seine Steueridentifikationsnummer angeben, um Missbrauch vorzubeugen.

Frontierfonds, Frontiermärkte. Die Emerging Markets der 2. Generation sind an einem Entwicklungspunkt angelangt, wo gängige Schwellenländer vor 20 Jahren standen. Es gibt wachstumsstarke Frontier-Nebenwertefonds für Mutige.

Fundamentalanalyse. Analysten untersuchen die unternehmerischen Einflussfaktoren auf den Geschäftsverlauf. So ist leichter erkennbar, ob die Aktie fair bewertet ist und wie die künftige Entwicklung einzuschätzen ist. Die Fundamentalanalyse stützt sich auf die Global-, Branchen- und Einzelanalyse.

Fusion. Der Zusammenschluss von Unternehmen durch freundliche oder feindliche Übernahmen soll Kosten senken, die Marktstellung stärken und die Umsatz- und Gewinnchancen erhöhen. Fusionen führen wegen unterschiedlicher Firmenkulturen nicht immer zum erhofften Erfolg. Bei einer Übernahme steigt der Aktienkurs der Zielfirma meist deutlich, während er bei der Bieterfirma eher sinkt.

G

Geldkurs. Börse und Nachrichtensender informieren, zu welchem Preis Sie handeln können. Aus Anlegersicht ist der Geldkurs „G“ der **niedrigere Verkaufspreis** (englisch: **bid**) und der Briefkurs „B“ (englisch: **ask**) der höhere Kaufpreis.

Genehmigtes Kapital. Eine AG darf ihr Grundkapital nur aufstocken, also eine **Kapitalerhöhung** durch Ausgabe junger Aktien starten, wenn ein HV-Beschluss vorliegt. Im Aktienrecht wird vom „genehmigten Kapital“ gesprochen.

Genussschein. Als eine Art Zwitter mit aktien- oder rentenähnlichen Merkmalen gewährt er **kein Mitgliedschaftsrecht** und berechtigt **nicht zur HV-Teilnahme**. Es gibt Genussscheine mit fester oder ergebnisabhängiger Ausschüttung, evtl. mit Wandelrecht in Aktien. Sie verbriefen ein Genussrecht aus dem Bilanzgewinn.

Geschäftsfähigkeit. Die volle Geschäftsfähigkeit setzt Volljährigkeit ab dem 18. Geburtstag voraus. Sie berechtigt zur Kreditaufnahme, zur Landtags- und Bundestagswahl, zum alleinigen Autofahren und Aktienhandel ohne elterliche Erlaubnis.

Geschlossene Fonds. Dies sind riskante Beteiligungen an Unternehmen. Hier wird Geld für bestimmte Objekte eingesammelt, z. B. Immobilien-, Schiffs-, Flugzeug- und Filmbeteiligungen. Geschlossene Fonds haben eine Laufzeit ab einem Jahrzehnt. Ohne Ersatzperson ist ein vorzeitiger Ausstieg unmöglich. Bei Verlust wird häufig Nachschuss verlangt. Am Ende steht oft die Zahlungsunfähigkeit.

Gesundheitswesen als Zukunftsmarkt. Die Lebenserwartung nimmt durch den Medizinfortschritt weiter zu – pro Jahrzehnt um 2 Jahre. Biotechfirmen profitieren durch neuartige Wirkstoffe, Therapien und Operationstechniken. Die Medizintechnik hat Wachstumspotenzial, entwickelt sich der alternde Mensch doch oft zum Ersatzteillager von Kopf bis Fuß. Hier gibt es innovative Themenaktienfonds.

Gewinnschwelle. Der **Break-even** bedeutet **„schwarze Zahlen“**. Die Gewinnschwelle, ab der eine Firma Erträge erwirtschaftet, erscheint greifbar nahe.

Gewinnwarnung. Das Unwort warnt nicht vor Gewinn. Es ist eine negative Ergebniserwartung. Je schlimmer die Abweichung, umso größer der Kurssturz!

GEX. Seit 2004 gibt es im Prime Standard den GEX (German Entrepreneurial Index) für Familienfirmen aller Branchen. Der GEX krankt daran, dass die Börsennotiz höchstens 10 Jahre zurückliegen darf. Danach erfolgt der Rauswurf.

Girosammelverwahrung. Bei dieser rationellen Art der Wertpapierverwahrung erhalten Aktionäre ein Miteigentumsrecht an den eingebuchten Wertpapieren.

Globalanalyse. Die Fundamentalanalysten durchforsten die Wirtschafts-, Sozial- und Steuerpolitik, Ölpreis, Währung, Wechselkurse, Zinsen, politische Ereignisse.

Gold. Das von Mythen umrankte Edelmetall gilt in Krisen als sicherer Hafen mittels Barren und Münzen. Interessant sind physisch unterlegte Edelmetall-ETCs. 5 % bis 15 % Vermögensanteil in unterschiedlicher Form sind vernünftig.

Gratisaktien, Berichtigungsaktien. Bei **Kapitalerhöhungen aus Gesellschaftsmitteln** werden Unternehmensrücklagen in Grundkapital umgewandelt. Die Altaktionäre erhalten weitere Aktien. Der Anteil am Grundkapital bleibt gleich.

Growth. Damit sind wachstumsstarke Wertpapiere gemeint. Langfristig lässt sich mit der Kombination Value/Growth eine bessere Rendite erzielen. Hier gilt: Bei Konjunkturschwäche Value, bei Wirtschaftswachstum Growth übergewichten.

Grundkapital. Das Grundkapital einer AG wird in Aktien zerlegt, muss also mit der Stückelung der ausgegebenen Aktien übereinstimmen. Aktionäre sind entsprechend ihrer Aktienzahl als Miteigentümer am Grundkapital beteiligt.

H

Hauptversammlung. Auf dem Jahresaktionärstreffen werden Beschlüsse über Kapitalerhöhungen, Rückkaufprogramme usw. gefasst. Pro Aktie eine Stimme. Wer am HV-Tag den Titel besitzt, erhält die Dividende 3 Werktage später ausgezahlt.

Hausse. Sie bildet das positive Gegenstück zur **Baisse** und steht für länger anhaltenden Kursanstieg. Antizyklisch handelnde Aktionäre realisieren einen Teil ihrer Kursgewinne in der Höhepunktphase und kaufen in der Baisse wieder zu.

Hebel (Leverage). Das Basisinstrument ist z. B. eine Aktie oder Währung. Bei positiver Einschätzung werden mit einem Hebel **Call-OS** bzw. **Long-** oder **Bull-**Derivate gekauft. Beim **Put-OS, Short-** oder **Bear-**Zertifikat ist es umgekehrt.

Hedgefonds. „To hedge“ steht für absichern. Hedgefonds haben viel Freiraum. Anleger können auch im Abwärtstrend Geld verdienen. Die Assetklasse gerät wegen mangelnder Transparenz, hoher Gebühren, Pleiten, zeitweilig enttäuschender Kursentwicklung, massivem Leerverkauf und aggressivem HV-Auftritt in Verruf.

Hoch-/Tief-Mutstrategie. Bei Korrektur und Crash gilt es, Kursschwankungen zu nutzen. Nicht jede Aktie versinkt im Kellerloch. Mancher Wert notiert nahe am Allzeithoch. Beim Teilverkauf dienen hohe Gewinne zur Finanzierung übertrieben abgestürzter Aktien mit Zukunftschancen. Niemals werden beste Aktien komplett verkauft, zumal Dividenden langfristig oft zweistellige Renditen bringen. Grundlage bildet die elektronische Depotführung mit aufgeschlüsselten Transaktionen.

I

Index, Aktienindex. Allgemein sind die Aktien nach **Marktkapitalisierung** bzw. **Börsenwert** gewichtet. Dies gilt neben der Umsatzentwicklung beim Streubesitz auch für den Auf- und Abstieg in DAX, MDAX, TecDAX und SDAX.

Indexfonds (ETF). Im Gegensatz zu Zertifikaten sind ETFs geschütztes Sondervermögen und bilden Aktien vom Börsenbarometer wie DAX, MDAX, TecDAX, Euro Stoxx 50, Dow Jones usw. genau nach. Die passiv gemanagten preiswerten ETFs sind vorteilhaft bei zahlenmäßig kleinen Indizes wie DAX und Dow Jones. Ein Ausgabeaufschlag entfällt. Die jährliche Verwaltungsgebühr ist niedrig.

Industrie 4.0. Die industrielle Evolution mit Industrie 4.0, Internet der Dinge, Digitalisierung und Vernetzung soll hierzulande bis 2025 zum Mehrwert von 11 Billionen $ führen. 3,7 Billionen dürften vom Industriesektor, 1,7 Billionen von der Infrastruktur der Kommunen, 1,6 Billionen vom Gesundheitswesen stammen. Industrie 4.0 bezeichnet die vierte industrielle Revolution, nach der ersten durch Kohle und Stahl, der zweiten im Zeichen der Elektrifizierung, der dritten durch Mikroelektronik und Mikrochips. Es geht um die industrielle Digitalisierung mit maßgeschneiderter Produktion nach individuellen Wünschen statt Massenfertigung. Die Künstliche Intelligenz mit neuen Mensch-Maschine-Schnittstellen, 3-D-Druckern und Robotern spielt hier eine entscheidende Rolle. Lernfähige Maschinen sollen untereinander kommunizieren und den Produktionsprozess, die Logistikketten und Lieferwege verbessern. Neue Chancen bietet im Gesundheitswesen. beim Kampf gegen Krebs und anderen schweren Krankheiten die personalisierte Medizin mit Immun- und Gentherapie sowie Robotik bei Operationen und neuen Verfahren.

Inflation. Zum Preisanstieg kommt es, wenn die Nachfrage das Angebot übertrifft oder Spekulanten agieren. Ungleichgewichte bei Dollar, Euro, Yen gefährden die Stabilität. Notenbanken drehen je nach konjunktureller Entwicklung an der Zinsschraube nach oben oder unten. In der EU dürften vor 2020 keine Zinsen steigen.

Insidergeschäft. Wer dank seiner beruflichen Position über Insiderinformationen verfügt, darf sein Wissen erst nach erfolgter Veröffentlichung weitergeben und die Aktie handeln. Verstöße werden mit Geld- oder Freiheitsstrafe geahndet.

Insolvenz ist die Unfähigkeit, Zahlungsverpflichtungen zu erfüllen. Das Ranking sinkt auf die niedrigste Stufe. Ab C lautet das Vokabular Schrott oder Ramsch. Zinsen werden nicht ausgezahlt. Aktien stürzen bodenlos ab. Warnung: Nicht jeder, der zu Boden geht, steht wieder auf. Mittelstandsanleihen mit hohem Zinskupon führten oft zur Pleite. Dadurch geriet diese Anlageform in Verruf.

Investmentclub. In Städten tun sich mitunter engagierte Privatanleger zusammen, um zu diskutieren, Erfahrungen auszutauschen, gemeinsam ein Aktiendepot aufzubauen, Kosten zu sparen und gute Renditen zu erzielen.

Investmentfonds. Dies ist das von Kapitalgesellschaften aktiv gemanagte angelegte und verwaltete Vermögen. Je nach Ausrichtung investiert das Fondsmanagement in Aktien, Anleihen, Immobilien, Rohstoffe usw. Häufig werden derivative Techniken mit Swaps zur Absicherung gegen Währungseinflüsse eingesetzt.

ISIN. Seit 2003 gilt die zwölfstellige ISIN neben der sechsstelligen WKN. Die ersten zwei Positionen nennen das Land, DE für Deutschland. Die drei Nullen dienen Erweiterungen. Bei deutschen Aktien folgt als Kern die frühere WKN. Eine einprägsame WKN wird bevorzugt. Bei zu kleiner Schrift droht Verwechslungsgefahr.

J

Junge Aktien. Bei einer Kapitalerhöhung werden neue Aktien mit oder ohne Bezugsrechte für Altaktionäre ausgegeben. Dies führt zur Verwässerung und löst nur bei hohem Preisabschlag und günstigem Bezugsverhältnis Freude aus.

K

Kapitalerhöhung. Eine AG kann nach Genehmigung auf der jährlichen HV ihr Grundkapital aufstocken durch Ausgabe junger Aktien, Genussscheine oder Wandelanleihen. Ein solcher Beschluss steht auch bei einer Übernahme an.

Kaufsignal. Die Technische Analyse liefert Kauf- und Verkaufssignale. Durchbricht der Kurs die obere **Widerstandslinie** oder hält die untere **Unterstützungslinie,** entsteht ein Kaufsignal. Bullen- und Bärenfallen zeigen falsche Signale.

Konjunktur. Ein Konjunkturzyklus verläuft wellenförmig. Günstig im Abwärtstrend ist der **V**-Verlauf. Die Wirtschaft erholt sich rasch. Beim **U**-Verlauf wird die Talsohle nur langsam durchschritten. Das **W** markiert den gefürchteten **Double-Dip.** Nach kurzem Auftrieb geht es erneut abwärts. Am gefährlichsten ist der **L**-Verlauf. Weder Zins- noch Steuersenkungen bringen bei Deflation die Wirtschaft auf Trab.

Konsolidierung, Korrektur. Ein mäßiger Abwärtstrend wird Konsolidierung, ein stärkerer Einbruch Korrektur genannt. Ein heftiger Absturz gilt als Crash.

Kurs-Gewinn-Verhältnis. Das **KGV** bildet die wichtigste Kennziffer der **Fundamentalanalyse** und erleichtert Aktienbewertungen. Ein möglichst niedriges KGV zeigt, mit welch Vielfachem des Jahresgewinns die Aktie gehandelt wird.

Kurszusätze. Der Zusatz **B** für **Brief** (der höhere Kaufkurs) und **G** für **Geld** (der niedrigere Verkaufskurs) erleichtert bei Nebenwerten aktuelle Entscheidungen. Der Hinweis **exD** zeigt die Kursnotierung am Tag des Dividendenabschlags an.

L

Leerverkauf. Diese Spekulation setzt auf fallende Kurse überbewerteter Aktien. **Hedgefonds** nutzen solche Finanzinstrumente. Der **Short Seller** verkauft an der Börse Papiere, die er sich gegen Zahlung einer Gebühr in der Annahme leiht, sie später zum geringeren Kurs an der Börse zurückzukaufen.

Leitzins EZB. Die Europäische Zentralbank mit Präsident **Mario Draghi** legt den EU-Leitzinssatz fest. Zu diesem Zinssatz erhalten Banken Geld von der EZB.

Leitzinspolitik Fed. Im Zuge der Weltwirtschaftskrise senkte die US-Notenbank Fed mit dem damaligen Präsidenten Bernanke den Leitzinssatz auf das historische Tief von 0,0 % bis 0,25 %. Der Leitzinssatz wurde im Jahr 2018 zum vierten Mal um ein Viertel Prozent angehoben auf einen Zinskorridor von 2,25 bis 2,50 %, um den Aufschwung im überschuldeten Amerika nicht zu gefährden. Wegen des nachlassenden Weltwirtschaftswachstums sind für 2019 keine Zinsschritte geplant.

Limit, Limitierung. Um Überraschungen bei marktengen Werten zu vermeiden, ist es ratsam, ein Limit bis zum Monats- oder Quartalsende einzugeben. Beim Kauf ist das Limit der höchste Kurs, beim Verkauf der niedrigste akzeptierte Kurs. Wer das Limit zu eng setzt, läuft Gefahr, dass Aufträge nicht ausgeführt werden.

Liquidität bezeichnet die Fähigkeit, seine Zahlungsverpflichtungen zu erfüllen. Bei hoher Liquidität werden Wertpapieraufträge sekundenschnell abgewickelt.

M

Marathonaktien, Highflyer. Dies sind Aktien, die sich dauerhaft zu Kursraketen entwickeln. Es zahlt sich nur selten aus, Gewinne vorzeitig mitzunehmen. Spitzenaktien setzen ihren drei- oder vierstelligen Höhenflug meist fort.

Marktkapitalisierung. Der Börsenwert ist neben dem Umsatz entscheidend für Aufnahme und Gewichtung im Index. Der Börsenwert ergibt sich, indem der Kurs mit der Aktienanzahl multipliziert wird. Kleine AGs sind anfällig für Kursmanipulationen durch unseriöse Gurus. Aktienfonds greifen oft erst beim Börsenwert ab 100 Mio. € oder sogar nur bei Aktien milliardenschwerer Großkonzerne zu.

MDAX. Seit der Indexneuordnung umfasst der MDAX nach dem DAX die Aktien der nächstgrößeren 60 Titel und ist vergleichbar mit der 2. Fußballbundesliga. Auf- und Abstieg erfolgen halbjährlich. Der MDAX ist nicht mehr klassisch nur mit Value-Aktien bestückt. Hier sind seit Sept. 2018 zusätzlich 15 TecDAX-Titel notiert, um mit Growth-Technologie, Software, Biotech, Medtech die Attraktivität zu steigern. Der MDAX entwickelt sich seit 20 Jahren doppelt so gut wie der DAX. Das Geheimnis liegt in Blutauffrischung, Neuemissionen und SDAX-Nachrückern. Schlecht laufende DAX-Dickschiffe steigen wegen des hohen Börsenwerts höchst selten ab. Der MDAX, der bis Dezember 2018 rund 20 % im Minus notierte, hat sich bis Mitte April 2019 wieder deutlich erholt und peilt nun immerhin die Marke 26.000 an.

Micro Caps. Die niedrig kapitalisierten Werte unterhalb des SDAX befinden sich in den wenigsten Anlegerdepots. Oft liegt die Kommunikationspolitik im Argen. Bei einer Turnaround-Story locken hohe Kursgewinne. Es ist ratsam, ausländische Nebenwerte über einen Indexfonds (ETF) oder Themenfonds abzudecken.

Mid Caps. Die Aktien mittelgroßer AGs sind im MDAX mit 60 Titeln und im TecDAX mit 30 Hightechwerten aus dem In- und Ausland notiert.

Mischfonds. Sie setzen sich gewöhnlich aus Aktien und Rententiteln zusammen. Bei einem festgezurrten Verhältnis 50:50 sind kaum Erträge zu erwirtschaften. Es sei denn, Hochzinsanleihen zählen zum Anlagekonzept. Ebenso lässt sich mit flexiblen Multi-Asset-Strategien die Rendite steigern und das Risiko senken. Hier beträgt das Verhältnis Aktien und Anleihen nicht mehr 1:1. Abhängig von der Markt- und Börsenlage können die Anteile auch zwischen 90:10 oder 10:90 % schwanken. Auch beigemischte Edelmetalle und andere Rohstoffe sind denkbar. Für das Nachwuchsdepot Kinder/Enkel bieten Multi-Asset-Mischfonds interessante Perspektiven, nachdem sich bei einem langen Anlagehorizont von einem Jahrzehnt und mehr die Zinssätze garantiert verändern.

N

Nanotechnologie. Den Strukturen in Nanometergröße (Nano = Zwerg), der millionste Teil eines Millimeters, werden beeindruckende Eigenschaften nachgesagt. Ein Nanometer steht zum Fußball im gleichen Verhältnis wie der Fußball zur Erdkugel. Die Grundlagenforschung umfasst vor allem Naturwissenschaften. Problem: Ist tatsächlich immer drin, was draufsteht? Die Missbrauchsgefahr ist groß.

Nasdaq 100. An der US-Technologiebörse sind Hightech-, Biotech-, Internet- und Medienaktien gelistet. Der Nasdaq 100 eilte jahrelang von einem zum nächsten Allzeithoch, wurde im Dezember 2018 vom Technologiecrash ausgebremst, notiert aber Ende April 2019 mit knapp 7.000 Punkten bereits wieder in Augenhöhe zum Allzeithoch. Der TecDAX orientiert sich am Nasdaq 100 mit so bekannten Titeln wie **Adobe, Alexion, Alphabet, Amazon, AMD, Amgen, Apple, Applied Materials** und **ASML**, um allein beim Buchstaben A aufzuzeigen, wie hoch hier das Zukunftspotenzial der Growth-Titel ist.

Nebenwerte. Dazu zählen der MDAX mit 50 Titeln, der SDAX mit 70 Werten aus dem Value- und Growth-Bereich sowie der TecDAX mit 30 Hightechaktien. Marktkundige Investoren stöbern hier substanzstarke Titel mit üppiger Dividende und guter Gewinnentwicklung auf. ETFs und Themenfonds sind durch die Doppelnotiz der TecDAX-Aktien im MDAX oder SDAX in jeweils zwei Segmenten vertreten.

Neuemission. Eine AG tritt ihren Börsengang (**IPO: I**nitial **P**ublic **O**ffering) an. Bei Notierung im Prime Standard besteht die Aussicht, bei späteren Indexüberprüfungen in den DAX, MDAX, TecDAX oder SDAX aufzusteigen. Das **Bookbuilding-Verfahren** nennt die Preisspanne, zu der Zeichnungsangebote möglich sind. Es ist riskant, die Aktien milliardenschwerer Unternehmen zu zeichnen, die trotz überzeugender Umsätze Schulden in mehrfacher Millionenhöhe fabrizieren.

Nichtzyklische Aktien. Dies sind die nicht konjunkturabhängigen Aktien, wie Energie, Versorger, Nahrungsmittel, Haushaltsbedarf, Versicherungen. An Essen, Trinken, Pflegemitteln, Strom und Heizung wird auch in Krisen kaum gespart. Diese defensiven, oft substanzstarken und nachhaltigen Aktien zählen zum Value-Sektor.

Nikkei. Dem Leitindex für 225 japanische Aktien an der Börse Tokio gelang seit dem Absturz von 40.000 auf 7.000 Punkte Ende April 2019 eine Erholung auf rund 22.220 Punkte. Interessant ist auch der breiter aufgestellte TOPIX mit 1.700 Titeln.

NYSE (New York Stock Exchange). Die NYSE an der Wall Street gilt als wichtigste Aktienbörse. Der Dow-Jones-Index mit den 30 größten US-Industrie-Konzernen liefert Vorgaben für die weltweite Kursentwicklung der Standardwerte.

O

Offene Immobilienfonds. Wer sich keine eigene Immobilie leisten kann, investiert vielleicht mit geringeren Summen in Immobilienaktien aus DAX, MDAX, SDAX oder entscheidet sich für Aktienimmobilienfonds oder offene Immobilienfonds. Das Management investiert in mehrere Projekte. Dies können Wohn- oder Gewerbeimmobilien sein. Bei starkem Mittelabschluss kann die Rückzahlung zeitweilig gesperrt werden. Umgekehrt besteht bei starkem Andrang das Risiko, dass beste Objekte ausgebucht sind oder dass zu deutlich überhöhten Preisen zugegriffen wird.

OGAW/UCITS. Beide Abkürzungen bedeuten mehr Anlegerschutz für Publikumsfonds. Die OGAW-Richtlinie informiert über Rechts- und Verwaltungsvorschriften sowie Vorgaben und Anforderungen für Fondsgesellschaften. OGAW ist die deutsche Abkürzung für **O**rganismus **G**emeinsame **A**nlagen **W**ertpapiere, auch OGAW-konform oder EU-richtlinienkonform genannt. UCITS ist die englische Abkürzung von **U**ndertakings for **C**ollective **I**nvestments in **T**ransferable **S**ecurities.

Order. Hier geht es um Aufträge im Wertpapierhandel. Bei marktengen Werten begrenzen Sie mittels Limit die Preisspanne beim Verkauf nach unten, beim Kauf nach oben. Preisgünstig ist eine Order bei Discountbrokern. Beim Einsatz unterhalb von 1.000 € fressen die Transaktionsgebühren oft den Kursgewinn auf.

P

Penny Stock. Durch den Kurssturz am längst beerdigten Neuen Markt sind manche Aktien so stark abgestürzt, dass sie unter 1 € notieren. Penny Stocks sind beliebte Spielwiesen für Zocker, aber oft ungeeignet bei langem Anlagehorizont. In China ist es nicht ungewöhnlich, beim Börsengang als Penny Stock zu starten.

Performance. Dies ist die Entwicklung des Depots und einzelner Wertpapiere. Ein gutes Abschneiden verlangt eine auf das Marktgeschehen angepasste Anlagestrategie mit Blick auf dividendenstarke Qualitätstitel. Wer breit gestreut mindestens 14 Jahre in Aktien anlegte, zählte bislang immer zu den Siegern.

Photovoltaik/Solarstrom. Mit verringerten Einspeisevergütungen in Deutschland und riesigem Preisdruck wegen starker Konkurrenz aus China und Amerika ist vom früheren Boom in Deutschland nichts mehr zu spüren. Eine Bereinigung des übersättigten Marktes durch Abbau zu hoher Kapazitäten war unumgänglich.

PIN. Die **p**ersönliche **I**dentifikations-**N**ummer sollte auswendig gelernt und raffiniert verschlüsselt, z. B. in einem Telefonnummerversteck, verwahrt werden.

Portfolio. So wird der Depotbestand von Anlegern, die Wertpapierzusammensetzung bei Fondsmanagern und die Produktpipeline von Firmen genannt.

Prime Standard. Seit 2003 gibt es den Prime Standard mit strengen und den General Standard, ein Auslaufmodell, mit milderen Auflagen. Im Prime Standard sind alle Aktien von DAX, MDAX, TecDAX, SDAX, DAXplus Family vertreten.

Publikumsfonds. Sie können von institutionellen Investoren und Privatanlegern erworben werden. Aktien-, Renten-, Geldmarkt-, Dach- und Mischfonds zählen zu dieser Großgruppe. All diese Produkte werden von der Bundesanstalt für Finanzdienstleistungsaufsicht BaFin kontrolliert.

Q

Quanto. Der Zusatz besagt, dass der Aktienfonds oder ETF währungsgesichert ist und die Kursentwicklung nicht unter dem Wechselkurs Euro/Dollar/Yen leidet.

Quartalsbericht. Von im Prime Standard notierten AGs verlangt die Deutsche Börse vierteljährlich nur noch verkürzte Berichte über die Umsatz- und Gewinnentwicklung. Die Halbjahreskommentare müssen weiterhin ausführlich sein.

R

Rallye. Die Rezeptur lautet: Nachhaltigkeit, Substanzkraft, steigender Umsatz und Ertrag, gesunde Bilanzstruktur, hohe Dividende, erstklassiges Management.

Rating/Ranking. Die Ratingskalen der Agenturen S&P, Moody's, Fitch und Feri Trust beurteilen die Kreditwürdigkeit von Staaten und Fonds. AAA ist die höchste Bonitätsstufe. Rating bewertet qualitative Kriterien wie das Management, Ranking quantitative Maßstäbe wie die Rendite und verwendet das Sternesystem.

Realtimekurse. Im Internet erscheinen Börsenkurse oft zeitverzögert um 15 Minuten, teilweise auch sekundengenau wie auf der Bildtafel Nr. 216 beim TV-Sender n-tv für den DAX. Discountbroker bieten den Kunden aktuelle Notierungen an.

Referenzindex. Bei Indexangleichungen greifen Investmentfonds zu Tauschgeschäften mit Banken und setzen Swaps und andere derivative Techniken ein. Klassische ETFs bilden den Referenzindex möglichst genau nach. Aktiv gemanagte Investmentfonds haben je nach Vorgabe mehr Freiraum bei der Gestaltung.

Regenerative Energie. Ob Solarstrom, Windkraft, Erdwärme oder Biodiesel: Bevölkerungswachstum, knapper werdende fossile Energieträger und Klimawandel machen erneuerbare Energien für Strom und Heizung unverzichtbar. Sie sollten bei guter Marktkenntnis mit Einzeltiteln in Zukunftsmärkten vertreten sein.

Regionalbörsen. Neben der Leitbörse in Frankfurt gibt es die Regionalbörsen Berlin-Bremen, Düsseldorf, Hamburg, Hannover, München, Stuttgart. Nach Frankfurt sind Stuttgart und München gut positioniert. Einige Regionalbörsen kämpfen ums nackte Überleben. Zielgruppe der Regionalbörsen sind Privatanleger.

Rendite. Sie bezeichnet den Wertpapierertrag im Verhältnis zum eingesetzten Kapital. Die Dividendenrendite bezieht sich auf die prozentuale Ausschüttung für bestimmte Zeiträume. Langfristig erzielen substanzstarke Aktien hohe Renditen. Dies gilt insbesondere im Langzeitvergleich von ein oder zwei Jahrzehnten. Aktien und Aktienfonds mit Schwerpunkt Nachhaltigkeit, Ethik, sozialer Kompetenz werden immer beliebter und können bezüglich Rendite durchaus mithalten. Dies zeigt auch die neueste Fondsbilanz vom ersten Vierteljahr 2019.

Reverse-Split(t). Beim Umkehrsplit werden Aktien zusammengelegt, z. B. im Verhältnis 5:1 oder 10:1, um einen Kapitalschnitt vorzunehmen und eine Kapitalerhöhung zu ermöglichen. Dies wäre bei einer Notierung unter 1 € unzulässig.

Riester-Rente. Nutznießer dieses staatlich geförderten Altersvorsorgemodells sind Personen, die in die gesetzliche Rentenversicherung einzahlen. Gefördert werden zertifizierte Rentenversicherungen, Investmentfonds und Banksparpläne. Viele Riesterverträge erzielten allerdings ein enttäuschendes Gesamtergebnis.

Risikoneigung. Jeder sollte seine Risikobereitschaft und Renditeerwartung kennen. Nur so lässt sich eine passende Strategie aufbauen. Ein risikofreudiger Anleger setzt nicht nur auf die Trumpfkarte Sicherheit. Er weiß, dass es bei Sparbuchzinsen nahe 0 % das größte Risiko ist, überhaupt kein Risiko einzugehen.

Robo Advisor. Robo bedeutet Roboter, Advisor steht für Beratung. Ein Robo Advisor stützt sich auf systematische, großteils automatisierte Prozesse, um im Finanzbereich Anlegern Zugang zur professionellen Vermögensverwaltung zu geben. Gleichzeitig soll der Kunde vor emotional getriebenen Anlageentscheidungen geschützt werden. Hier wird jedoch übersehen, dass die Börse selbst höchst emotional statt rational reagiert. Dies ist bei besonderen Vorkommnissen, schweren Krisen und Leerverkäufen oft binnen weniger Stunden oder Tage erkennbar. Vorteilhaft sind mehr Transparenz und geringere Mindestanlagebeträge. Umgekehrt wird die menschliche Komponente gelegentlich stark vernachlässigt.

Rohstoffmarkt. Der Experte Jim Rogers setzt für den Rohstoffzyklus eine Zeitspanne von ein bis zwei Jahrzehnten an. Neben der physischen Edelmetallanlage bieten sich Rohstoff-ETCs, Themenfonds und chancenreiche Einzelaktien an.

Rückkaufprogramm. Das bei der HV beschlossene Rückkaufprogramm ist beliebt, wenn die AG damit nicht Aktienoptionen der Führungskräfte finanziert, sondern eigene Titel einzieht, vernichtet und den Wert der übrigen Aktien erhöht. Bejaht wird auch, wenn der Rückkauf als Akquisitionswährung für Übernahmen dient.

Rürup-Rente. Wer hier einzahlt, nutzt Steuervorteile und sichert sich eine Leibrente bis zum Tod. Die Lebenszeit wird voll abgesichert. Die Rürup-Rente darf nicht beliehen, verkauft und vererbt werden, gilt aber auch für Selbstständige. Wer die Wahl hat, soll sich um seine Betriebsrente kümmern und – soweit es sich beim Arbeitergeber um eine börsennotierte Gesellschaft handelt – bei günstig angebotenen Belegschaftsaktien unbedingt zugreifen.

S

SCALE. Das Mittelstandssegment für junge börsennotierte Firmen löste im März 2017 den untransparenten und durch Skandale belasteten Entry Standard ab. Die Deutsche Börse erhofft sich dadurch einen Schub für Börsengänge. Wer zum Wachstumssegment SCALE gehören will, muss über 2 Jahre alt sein mit positivem Eigenkapital, profitabel wirtschaften, schwarze Zahlen schreiben, Jahresumsätze ab 10 Mio. € und einen Börsenwert ab 30 Mio. € nachweisen. Hoffentlich werden diese Vorgaben strikt eingehalten, damit es nicht wieder zu Zuständen wie früher am Neuen Markt kommt. Imagepflege ist wichtig.

Schuldverschreibung. Sie heißen auch Bonds, Anleihen, Renten, Obligationen und verbriefen Gläubigerrechte. Der Inhaber ist kein Anteilseigner, sondern hat Anspruch auf Nennwertrückzahlung. Indexzertifikate sind Schuldverschreibungen, Indexfonds (ETFs) geschütztes Sondervermögen.

Schulter-Kopf-Schulter-Chart. Diese charttechnische Formation besteht aus Kopf und Schultern. Um den Scheitelpunkt bilden sich links und rechts zwei Scheitel. Die Nackenlinie verbindet die Tiefpunkte. Ein Durchstoß nach unten bildet ein Verkaufssignal. Hält die Unterstützungslinie, bietet sich ein Kauf an.

Schwarmintelligenz. Die Intelligenz der Masse übertrifft im Allgemeinen die Geisteskraft eines Einzelnen. Expertenteams hebeln jedoch die Performance von Mitmachfonds in aller Regel deutlich aus. Der MSCI-World-Index liegt im Mehrjahresvergleich weit vorn. Das Börsenwissen des Schwarms kann es bezüglich Stabilität und Verlässlichkeit mit dem geballten Expertenwissen nicht aufnehmen.

SDAX. Bei der Neusegmentierung 2003 wurde der SDAX umstrukturiert. Und am 24. September 2018 richtete die Deutsche Börse AG den SDAX erneut stark verändert aus. Er umfasst nach dem MDAX die 70 größten AGs klassischer Value-Branchen, ergänzt um 11 TecDAX-Titel. Technologie zieht nun in den MDAX und SDAX ein und macht diesen Sektor attraktiver. ETFs und Aktienfonds bilden neben dem TecDAX nun auch immer den MDAX und SDAX ab. Die Anpassung geschieht halbjährlich. Hier dominieren flexible familiengeführte Mittelständler, die sich in Nischen behaupten. Neuemissionen sorgen für Blutauffrischung. Der SDAX schnitt in einem Jahrzehnt doppelt so gut wie der deutsche Leitindex ab, weil manövrierfähige Schnellboote rascher reagieren als die oft etwas behäbigen Dickschiffe. Dies betrifft auch die heutigen Ansprüche an Ethik, Nachhaltigkeit, Sozialkompetenz.

Sell in may and go away. Der Rat, im Mai seine Aktien zu verkaufen und später wieder einzusteigen, fußt auf der Erfahrung, dass im Sommer Kursabschläge drohen. Nutznießer dieser Transaktionen sind die drei großen **B**: **B**örse – **B**roker – **B**anken. Die Gebühren schmälern die Rendite. Hinzu kommt, dass im Mai und Juni viele Konzerne ihre Dividende ausschütten. Wer vor 2009 diesen Rat befolgte, versäumte es, sich einen steuerfreien Altbestand aufzubauen – ein Riesenpatzer!

Sell on good news. Der Tipp, nach positiven Nachrichten auszusteigen, beruht auf der Erfahrung, dass gute Geschäftszahlen oft vorweggenommen werden. Der Ratschlag übersieht jedoch, dass die besten Aktien langfristig steigen, es also unklug ist, sich von ihnen komplett zu trennen. Klüger ist ein Teilverkauf.

Sell-out. Der panikartige Aktienverkauf zu Tiefstpreisen zeigt schon die Crashbodenbildung an. Die Chance auf Trendumkehr steigt. Gut, wer die Nerven behält und günstig zukauft, statt verlustreich seine Aktien aus dem Depot zu werfen.

Shareholder Value. Die Firmenpolitik orientiert sich an den Interessen der Aktienhalter. Viele werthaltige Industriefirmen sind auf Shareholder Value ausgerichtet. Dazu gehören eine attraktive Dividende und eine gute Informationspolitik.

Short Seller. Leerverkäufe sind bei Hedgefonds, dubiosen Research-Instituten und Spekulanten beliebt. Short Seller verkaufen von Brokern oder Banken gemietete hoch bewertete Aktien, um sie später an der Börse billig zurückzukaufen.

Short-Strategie: Untergangspropheten schüren Crashangst. Manch einer sichert sich mit Short-Produkten ab, um im fallenden Markt Geld zu verdienen. Die durch Absicherung anfallenden Gebühren schwächen die Gewinnentwicklung. Beim Anschlag auf den Mannschaftsbus von Borussia Dortmund im April 2017 kaufte der Täter zuvor Tausende von Short-Optionsscheinen und Short-Derivaten, um durch den geplanten Tod und die Verletzung von BVB-Spielern den Aktienkurs in die Tiefe zu treiben. Die von unglaublicher Niedertracht, Habgier und Brutalität zeugende kriminelle Handlung wurde durch Mithilfe von Börse und Banken aufgedeckt. Ungewöhnliche Aktivitäten werden untersucht. Statt aus 80.000 € Gewinne von 4 Mio. € zu machen, droht dem Kriminellen langer Knast. Im Übrigen sank der BVB-Kurs viel weniger als erwartet. Fans handeln anders als Finanzinvestoren.

Sparplan. Berufsstarter sollten für Vermögensaufbau und Altersvorsorge einen Sparplan über preiswerte Indexfonds (ETF) mit niedrigen Gebühren abschließen und den Cost-Average-Effekt nutzen. Bei gleich hohem Monatseinsatz werden bei fallendem Preis mehr und steigendem Kurs weniger Anteile eingebucht.

Spekulationsblase. Die Börse neigt zu Über- und Untertreibungen, angeheizt durch Gier und Panik. Es türmen sich Spekulationsblasen auf, die irgendwann platzen. Der Mensch lernt kaum aus Fehlern und zeigt wiederkehrende Verhaltensweisen. Die Frage lautet nur: Wann, wie heftig und wie lange der nächste Crash?

Split/Splitt. Mithilfe eines Aktiensplit(t)s wirkt der Titel optisch billiger. Zuvor teure Papiere sind durch Stückelung im Verhältnis von 1:2, 1:3, 1:5 usw. besser handelbar. Der Wert ändert sich dadurch nicht. **Ein Vergleich:** Ich kann eine Torte in mehrere Stücke aufteilen. Solange ich sie nicht aufesse, bleibt die Gesamtmenge gleich. Ein Split(t) signalisiert, dass der Vorstand mit weiterem Wachstum rechnet. Kreist der Pleitegeier über der AG, stückelt sich der Kurs mit Wertverfall von selbst.

Spread. Bei Zertifikaten bedeutet der Spread die Spanne zwischen dem aus Anlegersicht etwas höheren Briefkurs beim Kauf (Ask) und dem niedrigeren Geldkurs beim Verkauf (Bid). Dafür entfällt ein Ausgabeaufschlag.

Squeeze-out. Die Regelung erlaubt es, bei **feindlichen Übernahmen** verbleibende Aktionäre mit einer dem tatsächlichen Wert entsprechenden Zwangsabfindung herauszudrängen. Der Bieter muss 95 % der Anteile kontrollieren. Aufpassen! Wird die Börsennotierung danach eingestellt, ist die Aktie wertlos!

Stammaktien. Stämme (St) verbriefen ein volles Stimmrecht bei der HV. Zunehmend werden Vorzüge – von Spöttern als „kastriert" tituliert – in Stämme umgewandelt. Die früher wegen der oftmals höheren Dividende beliebten Vorzüge (Vz) lehnen vor allem Großaktionäre wegen der verminderten Rechte ab. Die Deutsche Börse berücksichtigt nur eine Aktienart bezüglich Index und Gewichtung.

Stoppkurs, Stop-Loss-Order. Um bei einem Kurssturz glimpflich davonzukommen, werden Stop-Loss-Orders zur Gewinnabsicherung und Verlustbegrenzung eingesetzt und bei Bedarf nachgezogen. Dies ist im Abwärtstrend oder bei längerer Abwesenheit vorteilhaft. Bei einem Minutenblitzcrash wie am 6. Mai 2010 wird das Depot jedoch leergefegt mit unübersehbaren Folgen. Frust kommt auf, wenn die Aktie kurz vor der Gewinnausschüttung ausgestoppt wurde oder vor 2009 den Aufbau steuerfreier Altbestände verhinderte. In der Hausse erholen sich Qualitätstitel. Die Baisse wird von sinkenden Kursen geprägt. Bei Blue Chips kann die Spanne knapper, bei volatilen Titeln weiter sein. Die drei großen **B** – **B**örse, **B**roker, **B**anken – halten Stoppkurse für unverzichtbar, sorgen sie doch für sprudelnde Einnahmen. Marktkundige Aktionäre verkaufen, wenn Fundamentaldaten dafür sprechen und die Charttechnik Ausstiegsignale liefert. Bei Hebelzertifikaten und hochspekulativen Aktien sind Stop-Loss-Orders zu empfehlen.

Strategie. *„Für einen Seemann, der nicht weiß, welches Ufer er ansteuern soll, ist kein Wind der richtige."* Nur wer sich über Anlageziel, Risiko, Anlagezeitraum usw. klar ist, findet das für ihn passende Konzept. Sonst stochert er im Nebel.

Streubesitz. Damit ist der nicht im festen Besitz befindliche Aktienanteil gemeint. Für die DAX-Gewichtung gelten Börsenwert und **frei handelbare** Stücke, **Free Float** genannt. Bei hohem Streubesitz steigt die Gefahr feindlicher Übernahmen, wenn ein verlässlicher Ankeraktionär bzw. „weißer Ritter" fehlt.

Substanz- bzw. Buchwert. Er bezieht sich auf Immobilien, Fuhrpark, Anlagen, Maschinen. Liegen Aktienkurs und Buchwert nahe beieinander, ist die Bewertung angemessen. Übertrifft der Buchwert den Kurs, erscheint der Titel unterbewertet.

S&P 500. Der bei institutionellen Investoren geschätzte S&P 500 umfasst 500 der größten US-Firmen. Niemand ist fähig, für sich selbst die 20 oder 30 besten Aktien aus dem riesigen Index herauszufiltern. Ein aktiv gemanagter S&P-Aktienfonds ist chancenreicher als ein ETF, der den gesamten Referenzindex abbildet, also auch die Schwächlinge aufnehmen muss.

Swaps. Es handelt sich um Austauschgeschäfte der Fondsmanager mit Großbanken. Es geht also um derivative Techniken mit dem Ziel, Verluste bei Investmentfonds durch veränderte Wechselkurse bei Währungen oder schwankenden Rohstoffpreisen auszugleichen. Bei aktiv gemanagten Aktienfonds sind Derivate mit zuvor festgelegten Obergrenzen zulässig. Sie werden genutzt, um Kursschwankungen niedriger zu halten. Volatilität zu verteufeln, ist allerdings der falsche Ansatz. Aber es ist schwierig, die verfestigten Vorteile wieder abzubauen.

T

TecDAX. Im Frühjahr 2003 wurde der skandalumwitterte Neue Markt durch den TecDAX ersetzt. Er umfasst die 30 größten AGs nach dem DAX aus dem Hightechsektor und schneidet im Mehrjahresvergleich etwa dreimal so gut wie der DAX ab. Die Indexanpassung erfolgt halbjährlich. Zunächst dominierten die Solarstromtitel. Vom „Sonnen-DAX" war die Rede. Von elf Titeln blieb nicht einmal mehr SMA Solar, Weltmarktführer für Wechselrichter, übrig. Biotech-, Medtech- und Software-/IT-Aktien bringen den Index nun nach vorn. Die Neuordnung der Indizes Ende September 2018 bewirkte, dass vom DAX die Deutsche Telekom, Infineon und SAP in den TecDAX einzogen und der DAX-Aufsteiger Wirecard zusätzlich den TecDAX schmückt. Von den verbleibenden 26 TecDAX-Aktien zogen die 15 größten Werte zusätzlich in den MDAX ein und die restlichen 11 Titel in den SDAX. Es ist für mich absolut unverständlich, wegen dieser Doppelnotiz den TecDAX in den Tageszeitungen und der Wirtschaftspresse im Printbereich nicht mehr zu veröffentlichen.

Technische Wertpapieranalyse. Der Charttechniker richtet sein Augenmerk auf die Entwicklung von Wertpapieren, Rohstoffen, Währungen usw. Er stellt die Kursverläufe grafisch mittels Linien, Balken, Kerzen dar. Langzeitcharts erlauben Rückschlüsse auf künftige Entwicklungen von Aktien, Indizes, Branchen usw. Da das menschliche Verhalten Regelabläufen unterliegt, zieht der technische Analyst aus den Charts der Vergangenheit Erkenntnisse für die Zukunft. Dabei sind Trend und Trendumkehr, Unterstützungs- und Widerstandslinien wegweisend.

Themenaktienfonds. Sie investieren in Industrie 4.0, Robotik, Digitalisierung, Internet der Dinge, vernetzte Welt, Umweltschutz, Klimawandel und Künstliche Intelligenz. Breit gestreut und geschickt ausgewählt winken attraktive Renditen.

Thesaurierung. Dies trifft zu, wenn Fondshäuser bei ETFs und Aktienfonds die Dividende nicht auszahlen, sondern den Ertrag in neue Anteile investieren. Bei Aktienfonds im Altbestand vor 2009 bleiben die Thesaurierungserträge steuerfrei. Bei langem Anlagezeitraum steigen die Anteile ohne weitere Ordergebühren. Hier wird der für Vermögensaufbau so wichtige Zinseszinseffekt bei dividendenstarken Aktienfonds und ETFs geradezu ideal umgesetzt.

Trading, Day-Trading. Der Zugriff auf die sekundenschnell arbeitenden elektronischen Handelssysteme ermöglicht es, auf kleinste Kursbewegungen blitzschnell zu reagieren. Tradegate zeigt Privatanlegern, wie dies funktioniert.

Trend, Trendkanal. ***„Der Trend ist dein Freund"*** zeigt, dass es unklug ist, sich gegen den vorherrschenden Trend zu stemmen. Das prozyklische Handeln stimmt die eigene Strategie auf den Markttrend ab. Mutiges antizyklisches Handeln heißt, entgegen dem Herdentrieb frühzeitig auf Trendwenden zu reagieren.

Turnaround. In Kürze sollte der Boden gebildet sein und die Firma schwarze Zahlen schreiben. Bleibt die Rückkehr in die Gewinnzone aus, droht ein erneuter Kurssturz. Auf eine Turnaround-Story zugeschnittene seriöse Börsenbriefe sorgen für Informationen, die über marktenge Titel sonst nur schwer zu beschaffen sind.

U

Übernahme. Von **feindlichen** Übernahmen sind vor allem Unternehmen bedroht, die keinen treuen Ankeraktionär, aber einen hohen Streubesitz (Free Float) haben. **Freundliche** Übernahmen sind üblich, wenn das **Zielunternehmen** gut zur **Bieterfirma** passt. Oft aber zerstören Kulturkämpfe die erhofften Synergieeffekte.

Überzeichnung. Bei begehrten Neuemissionen sind **Zeichnungsgewinne** zu erwarten. Der Ausgabepreis dürfte am oberen Ende der **Bookbuilding-Spanne** liegen. Ein Blick auf außerbörsliche Kurse macht Chancen berechenbar. Wer bei der Zeichnung leer ausgeht, sollte Geduld üben. Oft geht der Kurs später zurück.

Ultimo. Zum einen läuft die Kauf- oder Verkaufsorder bis zum Monatsende. Zum anderen ist damit der letzte Börsentag im laufenden Monat gemeint.

Umkehrformation. Dies sind Chartformationen, die auf eine Trendumkehr hinweisen, wie die **M-**, **W-**, **Schulter-Kopf-Schulter-** und **Untertassenformation.**

Unterstützungslinie. Wird sie nach unten durchbrochen, ist dies ein **Verkaufssignal.** Hält sie, deuten Chartexperten dies positiv und raten zum Kauf.

V

Value-Aktien. Ab 2000, als die Kurse weltweit in den Keller rauschten, erntete **Warren Buffett,** der alles, was er nicht kennt und versteht, verschmäht, neuen Ruhm. Value ist auf substanzstarke, nachhaltige Aktien zugeschnitten.

Verkaufssignal. Bei der Technischen Analyse deuten bestimmte Kursverläufe auf sinkende Notierungen hin. Ein Verkaufssignal wird gebildet, wenn der Aktienkurs an einer Widerstandslinie abprallt, ohne sie nach oben zu durchstoßen. Ebenso wird ein Verkaufssignal gesendet, wenn die Unterstützungslinie nicht hält.

Verlustbegrenzung. Vernünftig ist es, Gewinne substanzstarker Aktien laufen zu lassen und bei schlechten Nachrichten Verluste rasch und beherzt zu begrenzen. Im Crash ist bei Qualitätstiteln das Aussitzen nicht verkehrt. Das Geheimnis des Börsenerfolgs liegt darin, dass es nach oben keine Grenzen gibt. Es ist also unsinnig, Aktien mit Raketen zu vergleichen, deren Treibstoffmenge begrenzt ist.

Verwaltungsgebühr. Bislang betrug die Managementgebühr bei Aktienfonds im Schnitt 1,90 %, bei ETFs 0,35 %. Wegen starken Wettbewerbsdrucks senken einige Fondsmanager die Verwaltungsgebühr, den Ausgabeaufschlag oder beides.

Verzinsliche Wertpapiere. Dazu zählen Staats- und Unternehmensanleihen, auch Schuldverschreibung, Rentenpapiere, Bonds oder Obligation genannt. Es sind Gläubigerpapiere mit festem oder variablem Zinssatz, vereinbarter Laufzeit und Tilgungsform. Gläubiger sind Käufer von Schuldtiteln. Mischfonds bestehen aus Aktien und Anleihen unterschiedlich gewichtet oder im Verhältnis 1:1.

Volatilität. Hightechaktien und marktenge Werte sind besonders schwankungsfreudig. Wer das heftige Auf und Ab nervlich nicht aushält, vertraut lieber auf große Standardwerte oder investiert in ETFs und Branchenfonds. Es ist unsinnig, Kursschwankungen zu verteufeln. Sie bieten Chancen für spontanen Kauf/Verkauf und sind für Anhänger meiner Hoch-/Tief-Mutstrategie durchaus willkommen.

Volumen Fondsvermögen. Es gibt alteingesessene Misch-, Renten- und Aktienfonds mit einem Fondsumfang im zweistelligen Milliardenbereich. Demgegenüber stehen Winzlinge, die nicht einmal einen zweistelligen Millionenbetrag aufweisen. Dies ist nicht beunruhigend, wenn der Fonds erst vor einem Jahr aufgelegt wurde. Sonst besser Hände weg! Sie müssen als Anleger damit rechnen, dass solche Fonds aufgelöst oder mit anderen Produkten zusammengelegt werden.

Vorzugsaktien. Sie sind wegen fehlender Stimmrechte nicht beliebt. Da tröstet die oft höhere Dividende kaum. Manchmal werden Vorzüge in Stämme umgewandelt, weil für Indexgewichtung und Indexaufstieg nur eine Aktiengattung zählt.

W

Wachstumswerte. Dazu zählen Hightech-, Biotech-, Medtech-, Internet-, Nanotechnologie- und Medienwerte. Growth-Aktien sind attraktiv, wenn die Konjunktur anzieht und die Eroberung neuer Märkte zum Umsatz- und Gewinnanstieg führt.

Wall Street. Dies ist die Straße, in der die amerikanische Leitbörse New York Stock Exchange (NYSE) ihren Geschäftssitz hat.

Wandelanleihen. Hier gibt die AG Wandelanleihen an ihre Aktionäre aus. Die Anteilseigner können wählen, Einsatz und Zinsen ausgezahlt zu bekommen oder bis zu einem bestimmten Termin die vereinbarte Anzahl von Aktien zum festgelegten Kurs ins Depot zu nehmen. Wandelanleihen sind mit einem eher niedrigen Zinskupon ausgestattet und gelten wegen des Wandlungsrechts als fair. Sie sind beliebt, weil niemand über den Tisch gezogen wird und der Aktionär entscheidet.

Wertgesicherte Fonds. Die bei Privatanlegern beliebten Garantiefonds sind strukturierte Fonds mit Kapitalgarantie. Die Rendite kann jedoch nicht überzeugen. Im Schnitt erzielten wertgesicherte Fonds in einem Jahr ein Minus von 0,11 %, in drei Jahren ein winziges Plus von 1,87 % und in fünf Jahren dürftige 8,84 % – das schlechteste Ergebnis unter allen Fondsarten. Dabei wollen wertgesicherte Fonds für Langzeitanleger in guten wie in schlechten Zeiten ansehnliche Renditen erwirtschaften und besser abschneiden als Lebensversicherungen. Deshalb mischen sie Aktien, Anleihen, sonstige Produkte und setzen Derivate zur Absicherung ein.

Wertpapierkennnummer (WKN). Wer Aktien telefonisch oder online ordert, verwendet gern die sechsstellige WKN. Die zwölfstellige ISIN ist schwer zu entziffern und verleitet zu Fehlern. Bei **0** und **D,** bei **G, 6, 8, B,** bei **L, I** und **J** sowie **M** und **N** wird bei kleiner Schrift leicht verwechselt. Ein Namensvergleich ist wichtig.

Widerstandslinie. Charttechnisch wird die Ampel auf „grün" gestellt, wenn die Widerstandszone nachhaltig nach oben durchstoßen wird. Größere Barrieren liegen psychologisch bedingt bei runden Zahlen und früheren Indexhöchstständen.

X

XETRA. Das vollelektronische Handelssystem der Deutschen Börse AG in Frankfurt macht den Parketthandel entbehrlich. XETRA führt Aufträge über Computer blitzschnell zusammen. Der XETRA-Handel beginnt um 09:00 Uhr und endet um 17:30 Uhr. Die anderen Börsenplätze nehmen Orders ab 08:00 Uhr entgegen und sind abends bis 20:00 Uhr, teilweise sogar wie Tradegate bis 22:00 Uhr aktiv.

Z

Zeichnung. So heißt die Abgabe eines Kaufangebots für neue Aktien zum Ausgabepreis. Hohe Zeichnungsgewinne am ersten Börsentag sind im Gegensatz zu den Zeiten des Neuen Marktes heutzutage nur bei attraktiven Titeln zu erwarten.

Zinspolitik. Ab 2006 war Ben Bernanke Notenbankchef der US-Fed. Sein langjähriger Vorgänger Alan Greenspan ging erst mit 79 Jahren in den Ruhestand. Ab Februar 2014 führte Janet Yellen die Geschicke der US-Notenbank Fed. Seit 2. November 2017 ist Jerome Powell im Amt. Mit der schwersten Finanz- und Weltwirtschaftskrise 2008/2009 seit 80 Jahren sowie dem Überschuldungsszenario wurde zur Stabilisierung des Finanzsystems eine Niedrigzinspolitik eingeläutet.

Die historischen Tiefstände lagen in den USA anfangs bei 0,0 % bis 0,25 %, wurden im März 2017 auf 0,75 % bis 1,00 % angehoben. Der Zinskorridor stieg nach vier weiteren Anhebungen im Jahr 2018 auf 2,25 bis 2,50 %. Für 2019 ist mit keinen weiteren Zinsschritten wegen des nachlassenden Weltwirtschaftswachstums zu rechnen. Die Europäische Zentralbank (EZB) mit ihrem Präsidenten Mario Draghi (Vorgänger Jean-Claude Trichet) legt den Leitzinssatz für die Länder der EU fest. Der Leitzinssatz wurde am 10. März 2016 auf glatte 0,0 % abgesenkt – schlecht für Sparer, positiv für Kreditschuldner. Daran hat sich bislang nichts geändert.

Zukunftsmärkte. Der demografische Wandel mit ungebremst steigender Lebenserwartung in den Industrienationen führt weltweit zu gewaltigen gesellschaftlichen und wirtschaftlichen Veränderungen. Einerseits sterben etliche Geschäftsfelder und Berufe aus. Andererseits kommt es zu neuen Höhenflügen in bestimmten Branchen und dort tätigen innovativen Unternehmen.

Zu den großen Zukunftsmärkten gehören das Gesundheitswesen mit Altenpflegeeinrichtungen, Kliniken, Pharma, Biotech und Medtech. Kein Weg führt vorbei an Industrie 4.0, Künstlicher Intelligenz, Internet der Dinge, Digitalisierung, vernetzter Welt. Siehe Robotik, Drohnen, selbst fahrende Autos. Die Werbung verführt zu neuen Produkten und Verfahren. Nicht alles, was möglich ist und angeboten wird, tut uns gut. Branchen-ETFs und innovative Aktienfonds bilden große Zukunftsmärkte rund um den Globus chancenreich ab. Immer beliebter werden bei institutionellen wie bei privaten Anlegern Einzelaktien und Fonds mit Schwerpunkt Ethik, Nachhaltigkeit, Sozialkompetenz. Aktien aus MDAX, TecDAX und SDAX sowie noch kleinere Nebenwerte vor allem aus dem Prime Standard schneiden großteils besser als die meisten DAX-Dickschiffe ab.

Zykliker, zyklische Aktien. Dieser Begriff bezieht sich auf konjunkturabhängige Unternehmen und trifft zu für Maschinen- und Autobauer, Chiphersteller, Stahl-, Bergbau,- Biotech- und Chemiekonzerne. Beim Konjunkturaufschwung werden zyklische Titel (Growth) favorisiert. Ist der Hochpunkt überschritten, nehmen vorsichtige Anleger nichtzyklische Titel (Value) wie Versorger, Konsum- und Energiewerte in ihr Depot.

13 ANHANG: Sachwort – Wo steht was?

Die fett gedruckten Seitenzahlen zeigen Kerninformationen an. Der Kursivdruck bringt Angaben zum Lexikon. Die violetten Angaben weisen auf wichtige Schwerpunkte und Innovationen hin.

A

E

13 ANHANG: Wichtige Börsenindizes 2019

Weltweite Börsenbarometer für raschen Überblick

Globale Indexübersicht April 2019: Punkte & Kurse				
Index/Börsen-Barometer	**WKN**	**Kurs am 17.04.19**	**Kursverlauf 1, 3, 5, 10 J.**	**Hoch/Tief 52 Wochen**
DAX Perform.	846 900	12.222 P.	-3/+21/+30/+161 %	13.204/10.279
DAX Kursindex	846 744	5.589 P.	-6/+11/+13/+90 %	6.095/4.734 P.
MDAX	846 741	25.856 P.	-1/+27/+60/+381 %	27.346/21.161
TecDAX	720 327	2.803 P.	+5/+70/+134/+391 %	3.050/2.376 P.
SDAX	965 338	11.716 P.	-5/+33/+67/+335 %	12.749/9.264 P.
DivDAX Perform.	A0C 33D	331 P.	+-0/+31/+35/+184 %	347/277 Punkte
DAXplus Family	A0Y KTN	5.949 P.	+1/+21/+72 %	6.526/4.991 P.
GEX	A0A ER0	2.019 P.	-15/+16/+77/+74 %	2452/1.583 P.
Euro Stoxx 50	965 814	3.499 P.	+-0/+14/+11/+49 %	3.596/2.909 P.
STOXX 50	965 816	3.170 P.	+4/+10/+9/+59 %	3.190/2.674 P.
Dow Jones	969 420	26.511 P.	+7/+48/+62/+227 %	26.952/21.713
S&P 500	A0A ET0	2.906 P.	+7/+39/+56/+234 %	2.941/2.347 P.
Nasdaq 100	A0A E1X	7.702 P.	+13/+68/+118/+468 %	7.715/5.895 P.
Nikkei 225	A1R RF6	22.218 P.	+-0/+26/+54/+155 %	24.448/18.949
Hang Seng China	145 733	29.910 P.	-1/+41/+31/+92 %	31.516/24.583
RTX Russland	965 707	**1.887 P.**	+14/+53/+12/+39 %	1.887/1.510 P.
SMI Schweiz	969 000	9.571 P.	+8/+19/+14/+84 %	9.628/8.139 P.
FTSE/London	969 378	7.460 P.	+2/+17/+13/+82 %	7.904/6.537 P.
MSCI WORLD	969 273?	**6.894 P.**	+7/+41/+58/+236 %	6.894/5.695 P.

Anmerkung: Die unterstrichenen Angaben zeigen im 1-, 3-, 5-, 10-Jahresüberblick die siegreichen Börsenbarometer im In- und Ausland. Die Übersicht ist nützlich, wenn es darum geht, einen Index mit einem ETF bzw. Aktienfonds abzudecken und Charts auszuwerten oder bei Einzelaktien bevorzugt zu investieren wie TecDAX/Nasdaq.

13 ANHANG: Notfallplan bei Börsencrash

1. **Der größte Fehler ist, jetzt alle Aktien zum Tiefpreis aus dem Depot zu schleudern.** Nach jedem Crash haben sich über Jahrhunderte die Börsenkurse immer erholt und waren höher als vor dem Kurseinbruch, Ausnahme Japan.
2. **Wer als Einsteiger keine Erfahrung und wenig Börsenwissen hat, macht am besten gar nichts.** Ruhe bewahren, Füße still halten und abwarten!
3. **Wer Geld übrig hat und über Börsenwissen verfügt, sich vielleicht auch über eine große Erbschaft freut, kann jetzt günstig einsteigen und zukaufen.** Vorsichtige Anleger mögen ETFs und Aktienfonds. Risikofreudige wählen Aktien aus, die sie kennen und deren Geschäftsmodell sie verstehen.
4. **Wer Kindern und Enkeln etwas Gutes tun will, macht jetzt eine Einmalanlage statt Sparplänen, um die hohen Kursabschläge voll zu nutzen.** *Jetzt gilt: Was du heute kannst besorgen, das verschiebe nicht auf morgen!"*
5. **Selbst im schlimmsten Crash kürzen nur ganz Unternehmen ihre Dividende, sondern schütten wie gewohnt aus: gleich viel oder sogar mehr.** Die Dividendenformel lautet: Ausschüttung mal Hundert geteilt durch den aktuellen Kurs oder Ihren Einkaufspreis.
6. **Im Crash empfehlen sich vor allem dividendenstarke Aktien, ETFs und Aktienfonds. Eine hohe Ausschüttung sichert die meisten Werte nach unten ab.** Da halten sich die Kursverluste eher in Grenzen. Kaufen Sie einen Fonds, nehmen Sie **„thesaurierend"**. Die Ausschüttung wandert in neue Anteile. Und mit jeder Dividende steigt die Anzahl. So nutzen Sie den **Zinseszinseffekt** auf beste Weise. In 10 oder 20 Jahren können Sie doppelt so viele Anteile haben. Genau das ist die Zauberformel, um richtig reich zu werden.
7. **Wenn Sie viele Aktien besitzen, schon lange investiert sind und aktiv handeln wollen, so wenden Sie meine Hoch-/Tief-Mutstrategie an mit klugen Teilverkäufen und Zukäufen. Beispiel:** Heute stieg die Gabelstapler-Aktie **KION** vom MDAX um 15 % auf 47 €. Ich habe von meinen KION-Aktien für 20 € einen Teil verkauft, um dafür **AMD** mit einem Kursabschlag von 26 % zu kaufen, nämlich für knapp 16 €. So finanziert sich mein Depot ohne neues Geld.
8. **Warum Teil- statt Komplettverkauf?** Ganz einfach: So behalten Sie Ihre besten Titel und haben nicht nur Mitläufer und Verlierer im Depot. Kaufen und verkaufen Sie nicht unter 1.000 €. Sonst fressen die Kosten Ihren Gewinn weg.

Der Aktien- und Börsenführerschein

Beate Sander

Die 9., komplett neu bearbeitete Auflage des Aktien- und Börsenführerscheins erschien jetzt neu mit Musterdepots für erfolgsorientierte Anleger (Aktien und EFTs) und weiterhin mit großem Frage- und Antwortteil für Selbsttests zum Thema Börsenwissen.

Vom Portfolio-Management über unterschiedliche Anlageklassen bis hin zu ETFs, Fundamentalanalyse, Charttechnik und Börsenpsychologie deckt Der Aktien- und Börsenführerschein von Beate Sander alle wichtigen Bereiche ab und gibt viele ganz konkrete Tipps für einen erfolgreichen Start als Anleger oder Trader.

336 Seiten | Hardcover | 29,99 € (D) | 30,90 € (A) | ISBN 978-3-95972-147-9

Wohlstand sichern im demografischen Wandel

Beate Sander

Wirtschaft und Gesellschaft befinden sich im Umbruch. Die Auswirkungen des demografischen Wandels, verbunden mit einem immer höheren Lebensalter (im Schnitt um bis zu 2 Jahre pro Jahrzehnt) wirken sich auf fast alle Wirtschaftszweige und Sektoren aus. Damit prägt der demografische Wandel nicht nur das Gesundheitswesen mit Biotech, Medtech und Pharma, sondern er beeinflusst auch Bauen, Wohnen und sogar die Automobilindustrie, die Konsumgüterindustrie und den Medien- und Finanzsektor.

Beate Sander, Grande Dame der Geldanlage und Bestsellerautorin, zeigt auf, wie sich gute Anlagekonzepte entwickeln und zukunftsfähige Aktien, ETFs und Aktienfonds themen- und branchenbezogen auswählen lassen. Und sie zeigt, wie jeder die richtigen Anlageentscheidungen treffen kann, um das eigene Kapital vernünftig einzusetzen und renditeorientiert zu investieren.

384 Seiten | Hardcover | 34,99 € (D) | 36,00 € (A) | ISBN 978-3-95972-240-7